量化股票组合管理

积极型投资组合构建和管理的方法

QUANTITATIVE
EQUITY
PORTFOLIO MANAGEMENT

An Active Approach to Portfolio Construction and Management

[美] 路德维希 B. 钦塞瑞尼　　　金大焕　　著　陈志岗 李腾 译
　　　（Ludwig B. Chincarini）　（Daehwan Kim）

机械工业出版社
CHINA MACHINE PRESS

图书在版编目（CIP）数据

量化股票组合管理：积极型投资组合构建和管理的方法 /（美）路德维希 B. 钦塞瑞尼（Ludwig B. Chincarini），（美）金大焕（Daehwan Kim）著；陈志岗，李腾译 . —北京：机械工业出版社，2018.8（2025.5 重印）

（华章经典·金融投资）

书名原文：Quantitative Equity Portfolio Management: An Active Approach to Portfolio Construction and Management

ISBN 978-7-111-60612-3

I. 量… II. ①路… ②金… ③陈… ④李… III. 股票投资 IV. F830.91

中国版本图书馆 CIP 数据核字（2018）第 177286 号

北京市版权局著作权合同登记 图字：01-2013-4251 号。

量化股票组合管理：积极型投资组合构建和管理的方法

出版发行：机械工业出版社（北京市西城区百万庄大街 22 号 邮政编码：100037）	
责任编辑：黄姗姗	责任校对：殷 虹
印　　刷：固安县铭成印刷有限公司	版　　次：2025 年 5 月第 1 版第 5 次印刷
开　　本：185mm×260mm　1/16	印　　张：32.25
书　　号：ISBN 978-7-111-60612-3	定　　价：129.00 元

客服电话：（010）88361066　68326294

本书特点

两位作者创作本书的主要目的在于既为专业的投资经理提供有价值的参考资料，又为本科生、MBA以及博士生学习高级投资课程提供有用的教材。从我们的角度来看：本书不仅为专业投资者提供了一幅常规地图，供其查缺补漏，审视自己的投资体系；更为重要的是为学生、刚接触量化股票组合管理（QEPM）的新人提供了一本操作指引，能够引导他们一步一步完成其投资体系的基础搭建工作。

本书共分为五个部分，我们在此想重点向读者推荐第一部分的内容，我们认为仅凭此部分的内容就已值回"票价"。第一部分主要介绍了量化股票组合管理的概念。其中，最为重要的可能就是量化股票组合管理的七原则了。事实上，我们认为该七条原则不但适用于量化股票组合管理，而且适用于所有类型的股票组合管理。

原则一：市场在大多数情况下是有效的

原则一是主动投资的基石。事实上，原则一既可以认为是客观事实，也可以认为是主动投资经理的信仰。说它是客观事实，是因为美股历史表明：1980～2000年，仅有18％的股票型共同基金跑赢了标普500指数；说它是主动投资经理的信仰，是因为这一原则从侧面说明了"市场有时是无效的"，而正因为市场无效的情形时有发生，所以才选择主动管理股票组合。

原则二：纯套利机会是不存在的

就原则二而言，可能有读者会有一些异议。认为纯套利机会是存在的，就如股指期货在中国刚上市的时候，期现套利的机会随处可见。事实上，就如期现套利确定性如此之高的机会也并非无风险的。A股2014年年底至2015年年中的牛市行情中，期现套利的投资者在基差大幅扩大的行情中，由于保证金管理不善，"阵亡"的投资者随处可见。

原则三：量化分析创造统计套利机会

原则四：量化分析以有效的方式结合所有可得的信息

原则三与原则四合起来是说：通过有效的方式利用信息，是可能创造出统计套利的机会的。正如 Grinold 和 Kahn（1997）提出的"主动管理的基本法则"所述：信息比率（information ratio，IR）是信息系数（informatioin coefficient，IC）与宽度（breadth，BR）平方根的乘积。用通俗的语言来说，信息系数代表能力，宽度代表机会，而投资结果正是能力与机会的综合反映。关于信息的有效利用，本书中反复强调"不要重复使用同样的信息"。这一原则同样适用于定性管理组合的投资经理。例如：假定投资者对上市公司的估值源于公司的盈利以及盈利的增长，那么当一位投资者告诉你他认为某家公司的管理层非常优秀，愿意给予更高的估值时，我们首先会对此表示怀疑。原始估值所基于的公司优秀的业绩以及业绩的增长不也蕴含了公司管理层优秀这一信息吗？如果根据"管理层优秀"这一信息再提高一次估值，是否过度放大了该信息的影响呢？在我们看来，这有违背信息准则的嫌疑。

原则五：量化模型应当以可靠的经济理论为基础

本书自始至终都强调量化模型应当符合经济理论，并且不止一次旗帜鲜明地反对数据挖掘。我们相信，在数据挖掘盛行的今天，坚持可靠的经济理论才是获取超额收益的关键。市场中存在着大量的相关关系，我们应当透过相关关系来思考其中是否隐含着因果关系。

原则六：量化模型应当反映持续与稳定的模式

原则六是量化模型理解市场的基础。既然量化模型是基于历史数据来做预测，我们就必须假设历史会重演，即假设模型的参数具备一定的稳定性。事实上，持续而稳定的模式对投资而言异常重要。我们认为，历史数据上拟合效果最好并不是一个好模型的充分条件，因为并不能分辨是发现了真正的规律还是过度挖掘的结果，如果是后者，则模型在向未来外推时的持续性和稳定性堪忧。我们建议，好的模型不仅应该有较好的历史拟合效果，同时从逻辑和常识角度看应该具有可持续性和稳定性。

原则七：组合与比较基准之间的偏离只有当不确定性足够小时才是合理的

原则七告诉我们要耐得住寂寞，学会等待。只有等到有足够的胜率，或足够的赔率时才下注。而这也是巴菲特的名言："股票市场很像棒球比赛，只是没有所谓的好球区域，你就在那里，等待，等待，等待那个属于你的全垒打。"

量化投资的从业选择

·什么样的人适合做量化投资？

一般而言，量化投资对数学、物理、计算机专业的人门槛较低，因为实现量化投资需要具备对现实世界建模的能力和编程能力，而理工科人士已经在学校中对此进行过系统的训练。但想要成为卓越的量化投资者，仅有这些技术工具是不够的，还需要有**洞察力**（insight），即对市场、政策和人性的深刻理解。不幸的是，多数数理计算机出身的人并不具备洞察力，他们虽然能够轻易迈入量化投资领域，却往往在两三年后进入瓶颈期，再也无法深入。洞察力常常诞生于那些勇敢又不盲目、勤勉而不拘一格的其他各种派别的投资者（例如价值投资者、成长股挖掘者、政策博弈者、技术分析者）脑中，而他们又较少会使用量化投资的基本工具。简言之，市场上熟练掌握量化工具但缺乏原创想法的人和有独到想法但不懂量化的人都有不少，但真正兼备技术和原创想法的卓越的量化投资者总是凤毛麟角。

综上所述，如果你不是只想在量化投资界混口饭吃，那就保持持续学习的心态，尽快掌握量化投资的基本工具，并始终向有着原创想法独门秘诀的其他各派别投资者学习。

·就业形势

对于想要走上量化投资职业道路的新人，请冷静。国内量化投资已经过了飞速发展的黄金时代，目前各机构的量化团队基本上是一个萝卜一个坑，除非你能力出众或际遇非凡，否则很难获得顶级团队的青睐。国内量化投资界目前不缺新人，尤其是核心投研岗位不缺新人。

然而硬币的另一面是，大多数团队都严重缺乏兼备量化基本技术和原创想法还不固步自封持续学习的人才。如果有办法证明你就是这种类型的人才，那么优秀团队的核心岗位指日可待。

·量化投资的不同平台

简单介绍一下国内量化投资的不同平台，可能有管窥蠡测之嫌，属一家之言，供读者参考。

公募：公募基金的量化投资团队。 典型的买方，可以接触到实盘账户管理的内容。平台资源较多，有大量的卖方研究支持，既有卖方金融工程团队不断地来介绍新的量化策略，也可以向卖方的宏观、策略、固收、行研分析师学习基本面投资的知识与经验。该平台的缺点是一般不招应届生，而且对人特别挑剔，工作压力很大。

卖方：券商研究所金融工程团队。 典型的卖方，可以接触到全市场的买方，并与他们愉快地交流，对于新人而言是学习进步较快的平台，尤其是大量的路演会帮助新人获得重要的表达能力和人脉，为下一步跳槽到买方打下基础。此外由于隶属于券商研究所，还可以向本所的宏观、策略、固收、行研同事学习基本面分析技术。该平台的缺点是不直接管钱，如果缺少有经验的老师指导，研发的量化策略可能只是个"花瓶"。

私募：纯量化私募或综合型私募的量化团队。 通常属于小一点的买方平台，卖方资源不像买方那样多，业务也可能朝不保夕。但一般机制较好，有能力的新人能学到真本领，并快速出位。对于无后顾之忧但想把事做好的新人，不失为一种好的选择。该平台的缺点就是业务波动比较大，目前资管新规对其发展不太有利，综合资源较少。

保险资管、银行资管：买方的买方，顶级金主。 拥有极多的市场资源，公募、券商都围着你转。该平台的缺点主要是激励机制可能没有想象空间，但相对稳定，对于只追求把事做好的新人不失为一种选择。

总而言之，各种平台对新人而言各有利弊，而且综合而言较好的平台也更难进，所以对新人没有什么一般性建议，只能到时候多做功课，一事一议地选择最适合自身情况的平台。

·量化团队内部的几种主要岗位

虽然不同量化团队的具体岗位划分可能有所不同，但主要岗位应该均可归入以下几个类别。新人加入团队主要是策略研究员、金融工程师和量化交易员三个岗位，可以根据自己的特长和团队的需求来选择，日后在不同岗位之间转型也是有可能的，但需要付出额外的努力。

策略研究员： 投研序列的新人入职后主要进入这个岗位，工作目标就是为团队提供底层投资标的，即各种各样的量化策略。策略研究员一方面基于自己的兴趣和特长自主设计开发新策略，另一方面根据组合投资经理或专业销售的要求来设计开发具有特定特征的量化策略。

组合投资经理：组合投资经理负责管理一个或多个实盘账户，根据账户设计要求在其投资组合中配置策略研究员维护的一个或多个底层策略，并负责对实盘账户的监控、汇报、日常运维等工作。组合投资经理通常由具有数年投资经验的策略研究员担任。

金融工程师：负责开发和维护量化团队的策略研发系统、实盘交易系统、账户管理系统以及各种数据库。

量化交易员：量化策略的交易具有其独特的特点，包括高频交易、算法下单、策略拆分等，需要有熟悉量化策略特点的专门的交易员进行执行和监督。

量化策略面临困境

量化策略为投资引入了科学的流程，这着实是一种进步。然而量化策略在国内市场上的发展并非一帆风顺，甚至可以说面临困境，原因有以下几点。

· 内因

多数模型没有深度：国内量化界虽存在少数有原创能力的先锋团队，但大部队还都停留在守成水平。多数团队的模型严重同质化，而且对 Size 因子暴露过多（当然这种情况也可能是被倒逼的，例如明知插队可能被罚，但如果大家都插队，也只能选择同流合污）。2014 年年底和 2017 年年中之后，暴露 Size 的团队大都交了学费，优胜劣汰，国内量化界从此更加合理地使用 Size 之类的因子。

· 外因

市场结构多变：国内市场还在持续改革和变化，这种市场基本结构的不断演变，使得任何一种量化策略都可能在某一天突然失效。基本面投资者也面临同样的挑战，有自适应特征的量化策略可以和基本面投资者做得一样好。

对冲工具受限：量化选股策略稳健可观的超额收益本来可以利用对冲工具精准地分离出来，形成绝佳的绝对收益资产。但由于国内股指期货交易受限，产生显著期货贴水，因此对冲后的策略收益基本被期货贴水消耗殆尽。这使得海外市场量化策略的一个最重要的产品形式，即市场中性产品在国内几乎不可行。希望股指期货恢复功能后，能够助力量化策略重新崛起。

缺少懂量化的管理层：作为新生事物，很多量化团队所在的公司高管层没有人懂量化投资，不适用的传统考核机制导致量化团队不能健康地发展成长。

鱼龙混杂：由于量化投资相对而言是新生事物，销售起来更有噱头，所以吸引很多伪量化或者对量化一知半解的团队在市场上兜售"量化策略",结果可想而知。这些蹭流量的人极大影响了量化投资的声誉和发展。相信几轮市场周期后,大浪淘沙,只有金子会被留下。

量化投资如何深入

通过系统的学习,新人一般能在2~3年掌握量化投资的基本技术,开始能够独立寻找和开发量化投资策略。但此时往往会遇到一次瓶颈期,身陷其中的从业者会发现自己对现有策略难以提高,也找不到新策略的思路,甚至会开始怀疑量化投资的基本方法论——回测。怀疑方法论的人一般是注意到:无论怎样精心设计回测,都永远无法摆脱数据挖掘或过度拟合的嫌疑。

当然,这种忧虑是缺乏逻辑支撑的缘故。一个好的量化模型应该得到数据和逻辑双重验证,这样才能获得双倍的信心。而国内的量化从业者大都偏年轻,并且是纯粹数学、物理或计算机出身,对经济、金融、交易、心理、市场、政策、产业链、政治、军事等诸多方面的基本常识严重缺乏。一般而言,只要不放弃,不断思考,每个人最终都能找到一条具有个人特色的突破瓶颈之路。下面是我们注意到的几个方向,仅做抛砖引玉之用。

·利用爬虫技术寻找新的数据源

寻找有效并且与现有因子低相关的差异化因子(下称"新因子")无疑是量化策略研究院投入精力的大头。寻找新因子主要有两个方向:一是在现有基础数据上构建出新的因子;二是寻找新的数据源。有朋友将这两个方向与《笑傲江湖》中华山派的"剑气之争"类比。其中新的因子构建是气宗,讲究修炼内功,要把每个现有因子不断细化修订,打磨到最优状态;而新的数据源是剑宗,讲究修炼招式,要借助各种工具寻找到以前没有的数据集。

新的因子构建的一个思路是下文的与基本面研究相结合。新的数据源主要是借助爬虫工具的发展和普及。当前各量化团队正在疯狂地爬取着互联网上每一个角落的数据,并测试其是否能够预测股票未来的涨跌。从逻辑上看,一定会获得一些很好的成果。例如,如果你通过爬取航空公司在携程网上的票价,来推测各航空公司每天的收入情况,那么对其下季度盈利的预判可能比读季报的投资者早1个月,势必有信息上的优势。当然,各大网站目前反爬虫工作组均已设立,道高一尺魔高一丈,只有技术更高的人才能利用数据胜出。

·与基本面研究相结合

以选股因子为例，大部分人都是看着 BARRA 的多因子模型入行的，所以对 BARRA 模型中的 10 多个风格因子（例如 Size、Value、Vol、Liquidity、Growth 等）耳熟能详。但一旦超出 BARRA 公布的这些因子，就很难再进一步，关键还是缺乏行业和个股基本面研究的经验，所以提不出原创的想法。

如果稍微向某个行业的基本面分析师请教一下，你就会发现原有模型的许多可以改进的问题。以电力行业为例，行业内的公司分为发电厂、电网两类，并且各环节的利润分配在 2015 年以前是完全行政决定的，即不太市场化的，而在此后才逐步向市场化转变，但这个进程很慢，如今仍在途中。有了对行业的进一步认识，我们就会察觉到，电力行业内的盈利或成长类因子的历史表现很可能无法向未来简单地外推，于是就应该着手考虑如何在该行业内为这类因子打补丁细化处理。打完补丁后，重新测试修补后的因子有效性是否提高，是否按照与逻辑一致的方向提高。通过这种思路，你就会发现有大量可以尝试改进的方向。

择时模型亦是如此。好的择时因子大都出于妙手偶得的灵感，这种灵感随机出现在所有投资者的脑海中，由于量化投资者属于少数派，思路又容易被长期模型研究所固化，所以量化投资者的最优策略是不断与其他派别的投资者讨论，以丰富择时因子的原创想法，之后再利用自己在量化回测技术上的优势，去伪存真，构造出优秀的择时策略。

量化技术能帮助所有投资者

量化投资起源于 20 世纪 60 年代学术界对于投资组合的**业绩评价**和**风险度量**的研究，而当时市场上尚未有任何典型的量化投资产品，这一点足以说明，量化技术生来就是为了帮助主动投资经理更好地分析自身得失成败，并更好地度量和控制风险的工具。如今，很多量化技术被封装为普通人稍加学习就会使用的傻瓜式投资辅助系统。我们想说的是，基本面投资者只要稍微投入一点精力，掌握这些量化工具的使用，就能够如虎添翼。在我们看来，量化工具能够帮助其他投资者的地方，至少有以下几处。

业绩归因：搞清楚每一分钱从哪里来，哪里做得好，哪里做得不好。通过业绩归因了解自己能力圈，争取在自己擅长的地方做得更好，在自己不擅长的地方做到不坏或者不做。这样才能在下一次投资中做得更好。例如我们曾见过多位历史业绩靓丽的主动股票型基金经理，声称自己长期坚持价值型或成长型投资理念，然而通过业绩归因我们发现他们的超额收益实际上均来于小盘股暴露。

风险控制：事前定量预估组合风险，发现和控制意外暴露的风险。例如你每月都参考几位卖方分析师的报告，构建一个 10 只股票的投资组合，假设这个月碰巧这 10 只股票都是业务与汇率高度相关的股票，而你并没有留意，那么你可能在汇率暴跌中蒙受意外的损失。如果你使用的某个版本的量化风险分析工具包含汇率敏感度因子，那么它会提示你组合对汇率的暴露超过阈值，这样你可以注意到问题并思考是否需要调整组合。

利用量化工具提高下注的效率：如果你看好一个投资机会，例如看好某个可能受益于即将公布的政策的行业，你可以借助量化工具构建一个该行业弹性最高的股票的组合，也可以通过特定的手段为该行业组合加杠杆。利用量化风险模型，你还可以精准暴露于你有把握预测的市场变量，同时对冲掉你高度不确定的风险因子对组合的影响。

量化打底：站在量化模型的肩膀上，利用自己的独特优势进一步增强收益。其实很多基本面投资者已经在使用量化工具了，他们会根据自己长期投资经验总结出一系列指标或规则，并用这套规则定期在全部股票池中自动筛选，例如从 1 800 只股票中精选出前 30 只，然后再对这 30 只股票进行深度的基本面研究。

译者

2018 年 8 月

这是一部雄心勃勃的书籍，不仅建造了量化股票投资管理所需的各式各样的重型装备，还为读者提供了大量相关的实用案例。作者们坚信主动管理能够成功，他们的著作既为有效市场/指数基金世界的量化被动管理，也为主动投资经理提供了可靠的实践指南。在绝大多数情况下，人们将量化管理与被动管理画上了等号，认为主动量化管理是不可能的。本书的作者们通过严格的论述推翻了这些陈旧的观念，为主动投资经理利用量化工具管理组合开辟了道路。本书读者会很快了解到，量化管理是一种值得利用的工具，能帮助他们更好地评估和实施其基本面投资想法，并且能帮助他们精确控制投资组合的风险水平。

投资想法常常是那些在新古典主义有效市场理论下无法被解释的市场异象。典型的这类异象（投资想法）是通过研究股票市场的历史收益率而形成的。本书概述了当前主动量化投资领域正在使用的各种各样的市场异象，提供了一份丰富的异象列表。对于投资组合管理专业的学生，如果你想了解学界和业界对市场异象有哪些发现，那么本书正是你所需要的。什么是小盘股效应和动量效应？本书为投资经理了解这些重要市场异象营造了一个最佳场所。

然而，本书真正的卓越之处在于它将理论与实践完美地融合。在其他投资方式中相对边缘化的一些问题，诸如流动性、杠杆、市场中性、交易成本以及历史回测的优点和陷阱，在本书中成为主角。本书还对其他书籍极少提及的最优税后组合管理进行了深入的讨论。作者们在全书中竭力避免不必要的数学细节，同时保持分析的实用性。

虽然书中不时涉及一些数学推导，但需要的数学水平大致在 CFA 的要求之内，应该能被绝大多数组合投资经理所掌握。

在讨论金融领域涉及的数学公式时，本书用活泼的语言代替了佶屈聱牙的传统推导。大量课后习题帮助读者测试自己对书中内容的理解，这使得本书完美地满足了 MBA 或相关专业的博士生对高级投资管理课程的需求。

斯蒂芬 A. 罗斯（Stephen A. Ross）

麻省理工学院弗兰科·莫迪利亚尼金融学教授

　　过去几年中，主动投资组合管理界发生了一些变化，本质上讲变得越来越量化了。这种趋势令人振奋，因为对于资产管理而言，量化使得投资过程更加可控。这种转变最终将使个人投资者与机构投资者受益。从某些方面来看，量化资产管理对我们并不陌生，但是在更多方面，它仍是一个糅合了许多旧概念的崭新领域。该领域十分广阔并且多样化，因为量化投资经理需要使用多种技术来管理投资组合。然而，虽然量化技术多种多样，但是绝大多数的量化资产管理公司的核心工作均围绕着一些中心主题。

　　当我们第一次接触量化组合管理时，我们以及我们的同事都感觉到该领域中的许多焦点问题含糊不清。事实上，当时关于这一论题并没有正式的、权威的资料可供参考。自然而然地，我们在首尔大学、加州大学伯克利分校、哈佛大学、麻省理工学院的求学期间学习了许多与量化组合管理相关的知识，如统计学、基础金融理论等。在组合管理公司工作期间，我们学到了一些实际交易方面的知识。尽管如此，我们从未拥有过一本覆盖全面的参考书籍来帮助我们理解量化股票组合管理的基本要点。我们也时常发现一些从业者在使用量化管理方法的分析过程中存在漏洞，或者一些学者在其学术报告中忽视了现实组合管理中的一些细节。我们开始在各自任教的大学向学生讲授一些量化方面的知识，这使得我们意识到在这一领域写一本涵盖量化股票组合管理方方面面（包括理论知识与实践应用）的书籍是非常有益的。

　　由于量化股票组合管理（QEPM）的领域是如此之大，因此我们选择聚焦在其核心概念上。我们将在本书中介绍构建量化组合整个过程中的每一个步骤。我们会为刚刚接触这一领域的新手详细讲解相关概念，同时也会为这一领域中的老手提供（QEPM 中）数学的严谨性与一些新的概念。我们写书的主要目的在于既为专业的投资经理提供有价值的参考资料，又为本科生、MBA 以及博士生学习高级投资课程提供有用的教材。尽管我们的主题是 QEPM，但是本书的部分章节可以用于绝大多数高级金融经济学课程中基本概念的讲解。本书部分章节的内容还能够帮助与组合管理业务相关的其他部门的人员理解 QEPM 的主要驱动力。因此市场营销、业务拓展以及销售人员在使用本书时也会感到非常有益。

我们要感谢乔治城大学的研究生 Emilie Striker，感谢其出色的编辑工作。她对本书付出的热情与努力在当今的年轻人中是难能可贵的。她不仅使本书更具文采，而且还对本书进行了全面的勘错，同时对本书做出了一系列重要的改进。我们要感谢 Joe Abboud，Stela Hristova 以及 Mariya Mitova，感谢他们出色的研究支持。另外，我们要感谢 Steve Ross，Dan DiBartolomeo，Mark Holowesko 以及 William Seale 全面的评论与建议，同时也要感谢 Eric Rosenfeld，David Blitzer，Lawrence Pohlman，Prem Jain，Laurens Leerink，Ron Kahn，Wayne Wagner，Wolfgang Chincarini，Neer Asherie，Kevin Garrow，Mark Schroeder 以及 Mark Esposito 的评论。我们要感谢 David Bieri 与 KLD，感谢他们提供的宏观经济数据与社会责任数据。

我们还要感谢麦格劳-希尔公司的全体成员，感谢 James K. Madru，Cheryl Hudson，特别感谢 Stephen Isaacs 与 Daina Penikas，是他们的努力使得本书得以面世。

我们为本书面世以来所收到的积极反馈感到欣慰。自本书出版以来，我们收到了许多评论与建议，包括来自读者的、量化投资领域从业人员的以及教授的。我们要感谢他们，感谢 Teimur Abasov，Mark Bradshaw，Yuan Chumming，Levon Goukasian，Allen Huang，Gergana Jostova，Natalie Michelson，Masaka Mori，Marco Navone，Lucio Sarno，Robert Schumaker，Michael Verhofen，Marilynn Waters，Russ Wermers，Arthur Young，Giovanna Zanotti，Guofu Zhou 以及在波莫纳学院学习量化投资管理的学生们。如果您使用本书作为教材，我们非常感激您的评论及建议。请您联系我们，以便我们将您的名字加入到我们的致谢中。我们还要感谢 George Wolfe，感谢他为使用本书的宽客（quants）专门开通了一个博客 http://qepm. blogspot. com/。

路德维希 B. 钦塞瑞尼想要感谢乔治城大学听他衍生品、投资及全球金融市场课程的本科生们（特别是某位写下了"出书吧，先生！"的同学），以及选修他投资分析与投资领域特别专题课程的 2005 级、2006 级以及 2007 级的 MBA 们。同时，还要感谢 Mellissa Cobb，Emma Curtis，John Carpenter，Juanita Arrington，David Walker，Keith Ord，Rohan Williamson，George Daly，Lee Pinkowitz，Gary Blemaster，Reena Aggarwal 以及乔治城大学其他的教职人员，是他们让其在乔治城大学的生活丰富多彩。路德维希还要感谢 James Angel，William Droms，Joseph Mazzola 以及乔治城大学校方，是他们最初鼓励他回来教学。没有他们的鼓励，本书可能永远也无法面世。最后，他要感谢已故的费希尔·布莱克和 Rudiger Dornbusch，感谢他们给予他的启迪。

路德维希要将本书献给他的家人：感谢兄弟作为最好的朋友一直在鼓励他；感谢母亲的关爱与鼓励，感谢母亲总想将最好的给予他，感谢母亲教育他以积极的心态面对世界，特别感谢母亲给予了他就读一流大学的机会；感谢父亲的言传身教令他明白了思考与提问的重要性；感谢姐妹鼓励他相信未来；感谢家庭中的每一位成员给予了他思考与言论的自由（尽管有些时候他的某些言论令人惊讶），也令他意识到要想实现任何理性或非理性的想法都要靠自己的努力。

金大焕想要感谢保加利亚美国大学与高丽大学，感谢校方在他写书期间为他提供了稳定的收入。这两所大学的学生是他灵感的源泉，不管他们是否选修了金融课程。感谢韩国科学技术院（KAIST）管理研究生院的同事 Taeyoon Sung 为本书提供的各种帮助。还要感谢他可爱的妻子 Ksenia Chizhova，不仅感谢她尽职尽责地扮演着一位专著作者妻子的传统角色（独力担负起照顾家庭的重任），还要感谢她作为一位出色的语言文学学生所承担的改善他文风的艰巨任务。

在电影《华尔街》中，戈登·盖柯关于贪婪的演讲十分著名，该演讲由早些年伊凡·博斯基（Ivan Boesky）在加利福尼亚大学毕业典礼上的演讲改编而成。在演讲中，盖柯说"贪婪（因为没有更合适的词）是好的，贪婪是正确的，贪婪是有效的。贪婪阐明、解释、捕捉了进化精神的本质……并且是人类积极上进的印记"。可惜盖柯与博斯基都理解错了。比贪婪更好的词是真相。人类对真相的探求才能阐明、支撑以及标志着人类的积极上进。说出真相才能够消除各种无效性；探求真相才会有伟大的发现；亲人之间传递真相才能够带来跨越空间、时间和生死的力量。诚实本可以避免过去几年内发生的企业灾难，真相最终会将那些受贪婪驱使的罪犯绳之以法。事实上，真相才是我们需要到达的巅峰，不论我们是管理一个投资组合，经营一家公司，维系一段恋情，还是在日常生活的其他方面。

如果你想就本书向我们提一些建议或评论，请发电子邮件给我们，并注明"书评"（Book comments）。

路德维希 B. 钦塞瑞尼（Ludwig B. Chincarini），CFA，博士

chincarini@hotmail.com

金大焕（Daehwan Kim），博士

kimdaewan@hotmail.com

记号与缩写

数学符号

$d_{i,t}$ 时期 t 上股票 i 支付的股利

$f_{k,t}$ 因子 k 在时期 t 上的溢价

$\mathbf{f_t}$ 多个因子在时期 t 上的溢价向量

F_t 期货合约价格

$\mathbf{I}$ 单位矩阵

$I_{t,t+k}$ 现金头寸的总利息，其中现金头寸可以由不同利率的几种子头寸构成

l 杠杆率

m_f 期货合约要求的保证金率

N_f 期货合约数量

N_O 看涨期权数量

$p_{i,t}$ 股票 i 在时期 t 期末的价格

q 期货合约乘数

q_s 个股期货合约乘数

$r_{i,t}$ 股票 i 在时期 t 的收益率

$r_{B,t}$ 比较基准在时期 t 的收益率

$r_{P,t}$ 投资组合在时期 t 的收益率

R^2 回归的拟合优度

$\bar{R}^2$	回归的修正拟合优度
s_i	持有股票 i 的数量
S_t	股票指数点位
V_t	投资组合在时刻 t 的美元价值
w_i^B	股票 i 在比较基准中的权重
$\mathbf{w}^B$	比较基准权重向量
w_i^P	股票 i 在投资组合 P 中的权重
$\mathbf{w}^P$	投资组合权重向量
x_t	时期 t 上组合相对于比较基准的超额收益率($=r_{P,t}-r_{B,t}$)
$x_{i,t}$	时期 t 上股票 i 对组合超额收益率的贡献$[=r_{i,t}(w_{i,t}^P-w_{i,t}^B)]$
$z_{i,k,t}$	股票 i 在时期 t 期末对因子 k 的 Z 值
$\mathbf{z}_{i,t}$	股票 i 在时期 t 期末对多个因子的 Z 值向量
$\bar{z}_{i,t}$	股票 i 在时刻 t 的加总 Z 值
α_i^B	股票 i 的比较基准 α
α_i^{CAPM}	股票 i 的 CAPMα
α_i^{MF}	股票 i 的多因子 α
$\beta_{i,k,t}$	股票 i 在时期 t 期末对因子 k 的暴露度
$\boldsymbol{\beta}_{i,t}$	股票 i 在时期 t 期末对多个因子的暴露度向量
Δ	期权的 Delta 值
ϵ_i	股票 i 的残差收益率
$\boldsymbol{\iota}$	全 1 向量
μ_B	比较基准的预期收益率
μ_i	股票 i 的预期收益率
μ_P	投资组合的预期收益率
$\boldsymbol{\mu}$	全体股票的预期收益率向量
ξ	权益资本中现金资产所占比例
$\rho_{i,j}$	股票 i 与股票 j 收益率之间的相关系数
σ_B	比较基准收益率的标准差

σ_i	股票 i 收益率的标准差
σ_P	组合 P 收益率的标准差
σ_x	组合相对于比较基准的超额收益率的标准差
Σ	股票收益率的方差-协方差矩阵
τ	税率
ω_i	股票 i 的残差风险

数学函数

$C(\cdot)$	协方差函数
$E(\cdot)$	期望值函数（返回一个随机变量的均值）
$I(\cdot)$	示性函数（表达式为真则返回 1，否则返回 0）
$M(\cdot)$	中位数函数
$P(\cdot)$	概率函数
$p(\cdot)$	概率密度函数
$S(\cdot)$	标准差函数
$V(\cdot)$	方差函数
$\phi(\cdot)$	标准正态分布概率密度函数
$\Phi(\cdot)$	标准正态分布累积概率函数
$\rho(\cdot)$	相关系数函数

缩写

ADV	日均成交额
AE	行业配置效应
APT	套利定价理论
BR	宽度
CAPM	资本资产定价模型
GLS	广义最小二乘法
IC	信息系数
IL	信息损失

IR	信息比率
MAD	最小绝对离差
MVO	均值方差优化
OLS	普通最小二乘法
QEPM	量化股票组合管理
SD	标准差
SR	夏普比率
SSE	股票选择效应
TC	交易成本
TE	跟踪误差
TWR	时间加权收益率
VAR	向量自回归
VaR	在险价值

因子名称缩写

缩　写	英 文 全 称	中 文 名 称
BB	the Bollinger band	布林带
BSG	the growth rate of the business confidence index	商业信心指数增长率
CR	the cash ratio	现金比率
CRD	the change in cash ratio	现金比率的变化
CCG	the growth rate of consumer confidence index	消费者信心指数增长率
CFCR	the cash flow coverage ratio	现金流覆盖率
CFCRD	the change in the cash flow coverage ratio	现金流覆盖率的变化
CFCRX	the cash flow coverage ratio in excess of the industry average	现金流覆盖率减去行业平均
CFOR	the cash flow from operations ratio	经营现金流比率
CG	the corporate governance index	公司治理指数
CGX	the corporate governance index in excess of the industry average	公司治理指数减去行业平均
CIG	the growth rate of the commodity price index	商品价格指数增长率
CPIG	the growth rate of the consumer price index	消费者价格指数增长率
CSG	the growth rate of the consumer sentiment index	消费者情绪指数增长率
CUR	the current ratio	流动比率
CURD	the change in current ratio	流动比率的变化

（续）

缩　写	英 文 全 称	中 文 名 称
D/E	the debt-to-equity ratio	债务股本比
DED	the change in debt-to-equity ratio	债务股本比的变化
DEX	the debt-to-equity ratio in excess of the industry average	债务股本比减去行业平均
DIV	the diversity index	多样性指标
DIVX	the diversity index in excess of the industry average	多样性指标减去行业平均
D/P	the dividend yield	股利收益率
EBIT	earnings before interest and taxes	息税前利润
EBITDA	earnings before interest，taxes，depreciation，and amortization	息税折旧及摊销前利润
EPS	earnings per share	每股盈利
EPSFD	the percent of downward revisions in earnings-per-share forecasts	下调每股盈利预测的分析师百分比
EPSFM	the median earnings-per-share forecasts	每股盈利预测值中位数
EPSFMD	the change in the median earnings-per-share forecasts	每股盈利预测值中位数的变化
EPSFN	the number of analysts making earnings-per-share forecasts	做出每股盈利预测的分析师人数
EPSFSD	the standard deviatioin of earnings-per-share forecasts	每股盈利预测值的标准差
EPSFU	the percent of upward revisions in earnings-per-share forecasts	上调每股盈利预测的分析师百分比
ER	the employee relation index	劳资关系指标
ERX	the employee relation index in excess of the industry average	劳资关系指标减去行业平均
ET	equity turnover	净资产周转率
EV/EBITDA	enterprise value divided by earnings before interest，taxes，depreciation，and amortization	公司价值与息税折旧及摊销前利润比
FAT	fixed asset turnover	固定资产周转率
GDPFR	the revision in forecast of gross domestic product	GDP 预测值的修正
GDPFS	the surprise in forecast of gross domestic product	GDP 超预期
GDPG	the growth rate of gross domestic product	GDP 增长率
GPM	the gross profit margin	毛利率
GPMD	the change in gross profit margin	毛利率的变化
ICR	the interest coverage ratio	利息覆盖率
HML	the returns of a portfolio of high book-to-price stocks minus a portfolio of low book-to-price stocks	高净市率股票组合与低净市率股票组合收益率之差
ICRD	the change in the interest coverage ratio	利息覆盖率的变化
ICRX	the interest coverage ratio in excess of the industry average	利息覆盖率减去行业平均
IPG	the growth rate of industrial production	工业生产总值增长率
IPR	the revision in industrial production	工业生产总值修正
IT	inventory turnover	存货周转率

（续）

缩　写	英　文　全　称	中　文　名　称
ITD	the change in inventory turnover	存货周转率的变化
ITX	the inventory turnover in excess of the industry average	存货周转率减去行业平均
MMF	the market return over the riskfree rate	市场收益率与无风险收益率之差
M1M	one-month momentum	1个月动量
M3M	three-month momentum	3个月动量
M12M	12-month momentum	12个月动量
NPM	the net profit margin	净利率
NPMD	the change in net profit margin	净利率的变化
OBV	on-balance volume	能量潮指标
OLBI	odd lot balance index	零股平衡指标
OPM	the operating profit margin	营业利润率
OPMD	the change in operating profit margin	营业利润率的变化
P/B	the price-to-book ratio	市净率
P/CF	the price-to-cash flow ratio	市现率
PCG	the growth rate of personal consumption	个人消费增长
PCGR	the revision in personal consumption growth	个人消费增长修正
P/E	the price-to-equity ratio	市盈率
P/EBITADA	the price divided by the earings before interest, taxes, depreciation, and amortization	股价与每股息税折旧及摊销前利润比
PEG	the price-to-earnings-to-growth ratio	市盈率与盈利增长比
PEGF	the forecasted price-to-earnings-to-growth ratio	市盈率与预期盈利增长比
PEGH	the historical price-to-earnings-to-growth ratio	市盈率与历史盈利增长比
PEGY	the price-to-earnings-to-growth-to-dividend yield ratio	市盈率与盈利增长及股利率比
P/S	the price-to-sales ratio	市销率
QR	the quick ratio	速动比率
QRD	the change in quick ratio	速动比率的变化
RECB	the percent of buy recommendations	建议买入的分析师百分比
RECD	the percent of recommendation downgrades	下调股票评级的分析师百分比
RECM	the median recommendation	分析师推荐中位数
RECMD	the change in the median recommendation	分析师推荐中位数的变化
RECS	the percent of sell recommendations	建议卖出的分析师百分比
RECSD	the standard deviation in analyst recommendations	分析师推荐的标准差
RECU	the percent of recommendation upgrades	上调股票评级的分析师百分比
RNDS	the research-and-development-to-sales ratio	研发与销售收入比
RNDSD	the change in the research-and-development-to-sales ratio	研发与销售收入比的变化
ROA	the return on assets	总资产收益率
ROCE	the return on common equity	普通股权收益率
ROTC	the return on total capital	总资本收益率

（续）

缩　写	英 文 全 称	中 文 名 称
RSI	the relative strength index	相对强弱指数
SIZE	the market capitalization of a company	公司市值
SMB	the returns of a portfolio of small-cap stocks minus a portfolio of large-cap stocks	小盘股组合与大盘股组合收益率之差
SB	stock buybacks	股票回购
SS	the swap spread	互换价差
SSD	the change in the swap spread	互换价差的变化
SUE	standardized unanticipated earnings	标准化的超预期盈利
TAT	total asset turnover	总资产周转率
TATD	the change in total asset turnover	总资产周转率的变化
TATX	the total asset turnover in excess of the industry average	总资产周转率减去行业平均
TDR	the total debt ratio	资产负债率
TP2Y	the term premium（10-year rate over 2-year rate）	期限溢价（10年利率减2年利率）
TP3M	the term premium（10-year rate over 3-month rate）	期限溢价（10年利率减3个月利率）
TT	trading turnover	换手率
UDR	upside-downside ratio	上涨-下跌量比率
UDV	upside-downside volume	上涨-下跌量指标
UR	the unemployment rate	失业率
URD	the change in the unemployment rate	失业率的变化

目 录

| 第一部分 | 全书内容总述

｜第三部分｜ alpha 巫术

⊖　原书光盘内容见 www.hzbook.com。打开网站后,键入书名,选择"资料下载"—"配书资源",即可找到。

QUANTITATIVE EQUITY PORTFOLIO MANAGEMENT

全书内容总述

现代金融理论一直认为股票市场是一个能够回报那些长期承担适当风险的投资者的地方。然而，如今我们对市场的理解却提出了另一种风险承担的方法，该方法与过去几十年间所流行的大为不同。过去，传统观点认为：股票的收益率仅由股票与整个市场的相关性所确定[⊖]，最好的投资策略就是简单地跟踪市场指数。最近的研究表明：其他的风险来源也能够提高股票的收益率，市场会回报那些承担此类风险的投资者。

具体而言，最近的金融研究发现：使用某些因子可以预测一年或更长时间的股票收益率。股票价格不再像布朗运动所描述的那样随机游走。而且，当我们通过正确的因子视角来观察股价时，股价将遵循某种可认知的模式运动。这些金融理论的新见解不仅仅揭示了使用主动投资策略获利的可能性，而且为具体的量化方法提供了依据。如果使用多因子能够最准确地预测股票的收益率，那么股票收益率量化模型就需要对因子进行有效地识别与组合。如果长期来看股票收益率在某种程度上是可预测的，那么稳定的量化模型要比基于定性信息时不时地挑选某些股票更可靠。当前，支持大数据量化研究与复杂交易策略的技术使得上述想法成为可能。

量化股票组合管理（quantitative equity portfolio management，QEPM）正是我们所说的组合管理方法。它使我们能够充分地利用当下对市场更深入的理解，以及使用更强大的技术来实现复杂的投资。量化股票组合管理是一个丰富而灵活的方法库，包括投资经理依据本书所介绍的量化方法自行开发的多种策略。各种量化股票组合管理应用的共同之处在于其都体现了通过数学方法来追求回报与控制风险的严谨性与准确性。在本书的前 3 章介绍了量化股票组合管理的基础知识，包括量化股票组合管理的依据、原理及其运行的基本框架。

⊖　换言之，传统观点认为股票的收益率由 CAPM β 所确定。——译者注

第 1 章

量化股票组合管理的威力

智者的首要职责是不断重复显而易见的道理。

——乔治·奥威尔

1.1 引言

个人投资者之所以将其储蓄委托给专业的基金经理，是因为他们认为具有专业技能的基金经理能够为其做出最好的投资决策。事实上，超过 9 100 万的美国人（相当于约一半的美国家庭）将自己的钱委托给共同基金[⊖]。这也是为什么市场上存在着大约 9 000 只美国股票共同基金以及大约 5 000 只美国对冲基金[⊜]。但是，尽管数万亿美元的资金投资于此类基金，仍有许多人开始怀疑：专业投资者是否真的比业余投资者强。有证据表明：1980～2000 年，仅有 18％的股票型共同基金跑赢了标普 500 指数。尽管有些基金的业绩不佳，但是我们坚定地认为：当专业投资者使用合适的工具进行量化分析并且能够真正地理解他们所承担的风险时，专业投资者**确实**要优于普通投资者。因此，通过**量化股票组合管理**（QEPM）来获得优异的组合回报是有可能的。

在本书中，我们所说的**量化股票组合管理**主要是指以主动、量化的方式来进行股票组合的管理，当然，该方法也能够非常容易地应用在被动管理策略上。一般而言，

⊖ 详见 Donaldson（2004）。

⊜ 还有大约 1 800 只国际股票共同基金以及超过 3 000 只离岸对冲基金。全球的对冲基金总数大约是 8 100。共同基金的数据来自晨星（Morningstar）2005 年 9 月 28 日的数据。对冲基金的数据来自 Van Hedge Advisors 2003 年的数据。

股票组合管理的方式可以分为两个维度：**被动**与**主动，定性**与**定量**。被动与主动这一维度反映的是组合管理的目标是为了简单地跟踪比较基准的收益率还是为了超越比较基准的收益率。被动管理，也被称为**指数化**管理，主要是尽可能地跟踪一个股票指数（如标普 500 指数）或其他比较基准，并获得与之相匹配的收益率。"被动"组合投资经理只有在发生如下情况时才会进行交易：所跟踪的指数成分股发生了变化；股利再投资；组合有现金流入或流出；对影响指数成分股的公司行为做出相应的反应。指数投资经理通常根据其复制指数的能力来获得回报。在过去 25 年，被动管理得以发展的主要原因是许多主动型基金经理并没有战胜相应的股票指数。被动管理的隐含假设是：组合投资经理并不能战胜市场。

主动管理的基本观点是：通过选股来战胜股票指数或其他比较基准是可能的。"主动"投资经理有时也会以某个绝对的绩效水平作为目标，而不参照某个股票指数或其他比较基准。当发生以下情况时主动投资经理会进行交易：投资经理想要买入其预期有超额回报的股票；股利再投资；组合有现金流入或流出。在很多情况下，主动管理组合的换手率要高于被动管理组合的换手率，因为主动投资经理比被动投资经理更倾向于频繁交易。主动投资经理通常根据其组合的绝对收益率或相对于比较基准的风险调整后收益率来获得报酬。

第 2 个定义组合管理的维度是观察投资经理做决策时主要是基于定性分析还是定量分析。在这两种方式中，普通投资者可能更容易理解**定性管理**（qualitative management），有时也被称作**基本面管理**（fundamental management）（尽管这个术语可能存在误导，因为量化投资经理也会看股票的基本面）。定性管理实际上是指，研究重点放在股票的无形特征上，并且通常不使用数学公式或计算机程序来区分"好股票"与"坏股票"。定性管理几乎都是主动管理，因为定性管理的投资经理倾向于选择那些他们预期能够超越市场的股票。他们选股所使用的信息基于利润表、资产负债表、财务比率、与公司人员的电话交流、研究报告以及其他的一些分析方法。他们也依赖于自身的直觉反应。大多数情况下，定性管理的投资经理依据自己的判断与粗略的计算来对他们以及分析师所搜集的信息进行筛选。

彼得·林奇是最著名的定性管理投资经理之一，他带领富达麦哲伦基金（Fidelity Magellan Fund）在其任期 1977~1990 年内获得了超过 2 700％的复合收益率。"L'eggs"（"L'eggs"是恒适（Hanes）公司的女袜产品，其外包装为蛋形，在当地药店与超市均有销售)是林奇在麦哲伦基金最大的投资之一,而该投资的灵感源于他妻子对"L′eggs"的热爱。当"L′eggs"受到消费者的热烈追捧时,麦哲伦基金对恒适的投资获得了极大的成功。随后,恒适公司的竞争对手,凯塞·劳斯公司(Kayser-Roth Corporation)试图通过推销自家品牌的连裤袜来复制"L′eggs"的成功。考虑到恒适公司的市场份额可能会被蚕食,林奇对此进行了他所谓的"基本面研究"。他买了 48 双凯塞·劳斯公司的"No Nonsense"连裤袜,并邀请了一组女性合作者试用了几周。根据她们的评估,"No Non-sense"产品完全无法与"L′eggs"相匹敌,林奇因此决定继续持有恒适的股票。后来,恒适的股票继续上涨,并最终被现在的莎莉公司(Sara Lee Corporation)收购。由于运用了这一非常规的定性方法,林奇获得了高额的回报⊖。

与定性管理相对直观的过程不同,**定量管理**(quantitative management)是基于数学与统计学的,并且对股票无形特征的考虑较少。在投资决策中,量化组合投资经理会使用所有可用的与投资相关的数据或可量化的信息。这些信息包括从股票利润表与资产负债表中所获得的基本面数据、技术面数据(如股价与成交量)、宏观经济数据、调查数据、分析师推荐数据以及其他被收集并储存在数据库中的数据。与定性管理的投资经理不同,量化投资经理使用他们所收集的数据来建立股票收益率的量化模型。这些模型运用高级统计学、数学以及计算机软件来区分"好股票"与"坏股票"。本质上,量化投资经理通过数学方法而非直观感觉来筛选信息。

与绝大多数定性管理一样,本书所介绍的量化股票组合管理(这一特殊的定量管理领域)也代表着一种主动投资策略。运用量化股票组合管理,投资经理的目标是获得超越比较基准或市场指数的回报。当然,运用量化股票组合管理工具来衡量并控制风险能够精准地进行被动管理。但是,量化股票组合管理能够做到的远不止纯粹的复制指数,因此我们将聚焦于研究以获得超额收益为目的的量化方法。

定量管理主要用于大型的机构投资者,个人投资者较少使用这一方法,许多成功的共同基金均使用量化股票组合管理。巴克莱全球投资公司(Barclays Global Investors)、道富投资顾问公司(State Street Investment Advisor)、百能投资公司(Putnam Investments)、泛安戈拉资产管理公司(Panagora Asset Management)、高盛资产管理公司(Goldman Sachs Asset Management)、参数投资公司(Parametric Associates)等公司都有

⊖ 见"Interview with Peter Lynch," www. pbs. org/wgbh/pages/frontline/shows/betting/pros/lynch. html.

着很强的定量管理能力。许多对冲基金的组合也是基于量化股票组合管理的。甚至许多指数增强基金(介于主动管理与被动管理之间的一种投资风格)的投资经理,也会使用量化股票组合管理来达到适度超越比较基准的目的。

近几年来,定量管理逐渐流行起来,甚至自称运用定性管理的投资经理也开始接受某些量化的方法。有许多力量在推动着量化投资的发展,其中最重要的力量是科技在过去 10 年间的发展。过去,复杂的股票收益率模型需要计算机花上数天的时间才能完成计算,而现在则只需要几分钟就能完成。计算速度的大幅提升同样使得计算机程序能够通过对海量数据的挖掘来发现"被埋藏的宝藏"。与此同时,互联网使得大量数据的获取变得容易起来。然而,由于掌握了如此大量的信息,投资者有时可能会变得过度自信而做出错误的投资决策。数据的过剩增加了对量化分析的需求,从而加强了投资决策过程的纪律性。

从某种程度上讲,在安然事件风波之后的监管环境下,定量方法要比定性方法更有优势。例如,既然公司现在被要求对事件进行**公平的信息披露**,那么组合投资经理以及分析师就不再能够通过与首席财务官交谈而先于其他投资者获得信息。公平的信息披露意味着所有的信息必须统一发布,并可以从公开的数据源获得,这对于量化投资经理而言是一个福音,因为他们通常使用软件程序来获取大量的数据;而对于使用定性方法的投资经理而言则是一个打击,因为他们习惯通过与公司管理层非正式的、一对一的交流来获取大量的信息。

定量方法能够为委托人提供更高的透明度。普通投资者变得越来越精明,并且要求资金管理者提供更多的信息。雇员们想要确切地知道他们的养老基金是如何投资其退休储蓄的。当被问到投资策略时,量化基金经理能够提供作为投资决策基础的明确、客观的方法。

最后,对于投资者来说量化管理投资组合的稳定性也成为其卖点。量化策略能够精确地控制风险。精确的风险控制不仅能够帮助组合避免净值的大幅波动,还能够提供可靠的回报(如果对回报的要求合理),而这正是许多投资者所追求的。尽管有许多明星投资经理能够不断地想出战胜市场的办法,但是许多使用定性方法的投资经理长期的平均收益率却无法战胜标普 500 指数。他们的投资组合偶尔会获得极高的收益率,但总是在之后的几年业绩欠佳。使用量化风险控制的投资组合波动比较小,因此对于净值如过山车似的产品而言这是一个具有吸引力的替代品。

1.2 量化股票组合管理的优势

一方面，通过运用高级统计学与数学方法对海量数据进行分析处理，量化股票组合投资经理相对于传统的、采用定性方法管理的对手而言，具有多方面的优势。另一方面，量化股票组合管理也存在着一些劣势，其主要的劣势是有可能错误地使用了量化模型与历史数据。表 1-1 列出了量化股票组合管理相对于定性管理的优势与劣势。

表 1-1　量化股票组合管理与定性管理之间的优劣对比

优　　势		
标　　准	量化股票组合管理	定性管理
客观性	高	低
宽度	高	低
行为错误	低	高
可复制性	高	低
成本	低	高
风险控制	高	低
劣　　势		
定性输入	低	高
历史数据依赖性	高	低
数据挖掘	高	低
反应性	低	高

量化股票组合管理最大的优势之一是：当股票收益率模型给定时，构建组合的过程具有高度的客观性。量化投资经理通过基本的财务数据以及其他类型的数据来构建股票收益率的量化模型，而这些模型会告诉投资经理如何构建最优的股票组合。量化组合投资经理的买、卖决策均直接来源于模型。这显著降低了投资经理个人偏好对投资组合的影响。与之相反，定性投资经理的买、卖决策常常仅基于个人的观点，因此相对而言更易受到个人行为偏好的影响。量化股票组合管理的客观性提升了投资组合的收益率，也支持了管理的透明化，并且其清晰的选股过程也能向投资者呈现。

量化股票组合管理另一个主要的优势是：计算机化的量化模型能够在很短的时间内分析大量的数据以及大量的股票。我们称之为**宽度优势**(advantage of breadth)。对于同等的宽度，使用彼得·林奇所用的定性管理在实践中是行不通的，因为存在太多的股票了，以至于不可能一只股票一只股票地研究⊖。在使用计算机程序对成千只股

⊖　详见 Morgenson (1997)。

票逐个分析的过程中，量化投资经理可能会挖掘出定性投资经理还未意识到的"璞玉"。尽管一些定性投资经理也会使用股票筛选法以及一些量化管理的元素来帮助他们对股票池进行排序。但是，最终，相比这种混合分析方法，一套完整的量化股票组合管理方法能够更加全面地分析整个股票池。

正如我们前文所述，在某种程度上，量化股票组合管理在构建投资组合的过程中能够预防个人行为的偏见与错误。近年来，随着经济学家对导致不理性投资策略的行为冲动的识别，行为金融学得到了迅速的发展。组合投资经理在控制这些行为冲动方面可能要比普通投资者强，但是组合投资经理同样具有这些行为冲动。其中一种行为冲动被称作**处置效应**（disposition effect），即倾向于长期持有亏损的股票或表现较差的股票。尽管所有的证据都不支持其判断，但是投资者仍然常常寄希望于那些亏损的股票能够反弹。严格坚持量化股票组合管理方法能够帮助组合投资经理避免根据这类"希望"来进行交易，因为从某种程度来讲，投资决策的决定权不在投资经理手中。如果股票收益率量化模型识别出了"坏股票"，那么就触发了卖出该股票的信号（对于模型而言，做出该"艰难的卖出抉择"是非常容易的，毕竟，模型对于股票不带任何感情）。另一种常见的行为偏见是**过度自信**（overconfidence），它会导致频繁交易，并增加交易成本。量化股票组合管理能够限制过度自信，因为最优化模型能够精确地控制交易成本。**确认偏误**（confirmation bias）会导致一些投资者对他们所喜爱股票的负面信息视而不见。同样，量化股票组合管理能够客观地处理所有相关信息。

可复制也是量化股票组合管理的一个优势。组合投资经理在离职时可以将他们的模型交给继任者。这样，公司就不会完全依赖于明星投资经理。可复制性还使我们可以在不同时期、不同市场的历史数据上，使用各种不同参数对投资策略进行回测。与定量方法不同，对市场事件的定性解释极大地依赖于亲历者的观察，在处理该事件的投资经理缺席的情况下，我们很难复制原来的决策，因而很难进行回测，也很难将定性方法向投资者清晰地表述。

一般而言，相对于定性管理，运用量化股票组合管理的投资组合的管理费要更低一些。聘请一位博士或者其他"宽客"（即量化投资者）来构建股票模型自然需要付出较高的薪酬，但是，当模型开始运作之后，计算机将承担起大部分的工作。与定性管理所需的大量深入的定性研究相比，量化股票组合管理所需的员工人数较少。

量化股票组合管理最重要的优势之一是：它能够精确地衡量风险。深入理解股票对风险因子的暴露是构建投资组合的基础。具体而言，能够衡量投资组合相对于某个比较基准的风险为指数增强的管理打开了大门。通过量化投资组合的跟踪误差（tracking error），投资经理能够选择那些既能获得高收益又能将风险控制在某个范围内的股票。如果没有使用量化的风险控制机制，则很难做到这一点。

量化股票组合管理也有一些劣势，最突出的问题是在使用量化模型时，如何将定性的思想转换为定量的指标。尽管在定性投资中存在着一些问题，但是定性分析的一些观点是有价值的，例如，访问一个商店并评估该商店的客户服务水平。将这类评估纳入量化模型却不是一件容易的事。商店的客户满意度评分可能是对投资经理很有用的第一手资料，但是这样的信息可能很难获得。即使获得了这样的信息，又该如何将其加入到已经依据其他数据所建立的模型中呢？在本书之后的章节，我们将说明如何将基本面分析师的定性分析转换为适用于量化模型的定量数据⊖。

量化股票组合管理对历史数据的严重依赖也是一个劣势。由于数据在历史上的关系未必能在将来继续保持，因此这对股票收益率预测而言是一项严重的挑战。新的公司类型与新的市场环境，如 20 世纪 90 年代末的网络泡沫，降低了基于过去模式所做的推断与预期的有效性。然而，并非只有量化股票组合管理才会对历史信息具有依赖性，更何况量化投资经理所使用的统计检验能够帮助他们确定历史数据中的哪些部分已经不再起作用了。统计检验可以解决部分历史数据的趋势延续性问题，但绝非全部问题。

量化股票组合管理还可能存在错误使用统计检验的问题。数据挖掘（data mining）是一种非常不恰当的方法，该方法通过测试历史数据的多种统计关系，并选择其中对股票的历史收益率解释得最为准确的一种⊜。此类"挖掘"出来的策略几乎可能与当前的市场状况没有任何关系，因此也几乎不具备预测未来股票收益率的能力⊜。不幸的是，许多量化投资经理以及分析师还是不断地尝试数据挖掘，因为该方法（通过不断地检验模型、废弃模型直至找到一个能够很好地解释历史数据的模型）操作起来非常简单。要抵御这种

⊖ 第 14 章解释了如何使用贝叶斯统计将定性数据转换为定量数据。

⊜ 一般地，量化股票组合管理要求对统计方法有良好的理解。不当地使用统计方法可能会造成一系列的问题。数据挖掘仅是其中的一种。忽略参数的不确定性与对小样本估计的过度解释是其他比较严重的问题。我们将在第 2 章中讨论这些问题中的一部分。但是，应当为此负主要责任的是统计方法的滥用以及错误理解，而非量化股票组合管理本身。

⊜ 我们将在第 2 章详细讨论数据挖掘的问题。

诱惑只能依靠职业操守与纪律[○]。由于定性投资经理也会受到**数据探察**（data snooping）（数据挖掘的一种）的影响[○]，因此，对历史关系的错误应用在整个主动投资的组合管理中都非常常见。

量化股票组合管理的最后一个劣势是其反应时间过长[○]。由于依赖历史数据，量化股票组合管理可能对经济模式的变化以及投资环境的变化反应缓慢。高级的统计分析、研究以及精心设计的模型能够提高反应速度。对新情况的延迟反应这一问题并非是定量管理所独有的，定性管理也有同样的问题，虽然受到影响的程度较小。面对环境的变化，定性策略可以更快地做出调整。当然，这些调整是否奏效取决于投资经理与分析师是否准确地解读了发生的事情。

总的来说，我们认为量化股票组合管理的优势远多于其劣势。许多量化股票组合管理的劣势也是所有类型的主动投资组合管理（active portfolio management）所共同面对的。然而，量化股票组合管理所独有的优势使得该方法极度适合于在当前这个信息爆炸、投资基金之间竞争不断加剧的时代中，寻找好的/未被发现的投资机会。

1.3　相似投资情景中的定量与定性方法

我们已经大致介绍了量化股票组合管理的优势，但是你可能想知道：当面对具体的市场情景时，量化投资经理与定性的投资经理会有什么不同的反应。在本节，我们将通过实际的投资问题来对比定量策略与定性策略[○]。

美国联邦储备系统（简称"美联储"）通过联邦基金的目标利率来调节市场利率，而联邦基金目标利率通常是在联邦公开市场委员会（FOMC）的会议上公布的。例如，在2006年1月31日的会议中，美联储将联邦基金利率提高到4.5%。该利率的变化会对债券市场与股票市场造成影响，因此投资者会想办法去预测该事件的影响，并且估计

○　我们注意到数据挖掘在被办公室政治主导的投资部门中发生得尤其频繁。
○　第2章将给出这个概念的解释。
○　这与"skid"（执行延误）的概念是不同的，"skid"是一个业界术语，它指的是一个投资想法从被识别到被实施（根据该想法通过交易调整投资组合）期间的股价变动。对于组合投资经理而言，"skid"同样是一个问题，因为股价一旦变动，投资机会可能就丧失了。
○　值得一提的是，在附送CD的附录E中，我们将看到在骰子游戏中，定量投资经理与定性投资经理之间会有什么不同。

市场其他参与者对该利率变化所做出的反应。市场将根据这些预期来交易以有效联邦基金利率为标的的联邦期货（有效联邦基金利率是指上月联邦基金利率的日平均值）。

随着联邦公开市场委员会的会议临近，定性投资组合经理会说："伯南克非常有可能将利率提高 25 个基点。我们应当降低投资组合对 β 的暴露。"这个判断可能是准确的，尤其是对于具有多年市场观察经验的定性投资经理而言。然而，量化投资经理更可能使用市场数据，如联邦基金期货价格数据，去确定美联储可能提高利率的隐含概率。使用这样的方法，量化投资经理能够充满信心地说："市场已经通过期货价格反映出，美联储将联邦基金利率提高 25 个基点的发生概率是 98%。"量化投资经理还能运用模型来量化利率提高对各种类型股票的影响，包括市场已经预期利率会提高的情况[⊖]。就投资目的而言，该方法的分析要比定性投资经理的直觉更加精确。

近来，某大国政府认为利率将上升，因此希望投资于与利率反向相关的股票组合。虽然有许多种类的固定收益产品能够抵御利率上升的影响，但是该政府想要投资一个纯股票组合。一位定性分析师可能会依据其经验来构建投资组合，如筛选低债务-股本比的公司，或者选择公用事业公司，而这些公司在面临高利率时通常表现良好。筛选结果列出了一组在即将到来的高利率环境下应当具有优异表现的股票。

相比之下，一位量化分析师首先会建立一个经济因子模型，即用股票收益率对所需要考虑的宏观变量——利率进行建模，然后通过模型来构建投资组合[⊖]。使用该模型，分析师就能够构建一个对利率具有低暴露或负暴露的股票组合。与定性投资经理基于经验仅能给出方向性的预测不同，量化模型能够给出每只股票以及整个组合对更高利率所做出的反应**程度**，并且估计出各种预期行为的不确定程度。由于不仅能够预测股票价格的方向，而且能够预测股票价格变动的幅度与不确定性，量化投资经理就能够制定出一个更精确的利率对冲方案。

有时，公司可能会有一些意料之外的营业收入，比如当公司突然获得了另一家公司所提供的一份合同时。例如，蛋白质设计实验室（Protein Design）公司就曾发生过这样的事，该公司赢得了生物基因公司（Biogen）的一份合同。2005 年 8 月 3 日，在收市之后，两家公司宣布了一项交易，生物基因公司同意购买蛋白质设计实验室大约 1.4 亿美元的

[⊖] 更详细的内容请参考 Bieri 和 Chincarini（2005）。
[⊖] 我们将在第 3 章介绍经济因子模型，并在第 7 章对该模型进行深入地讨论。

产品。一位定性投资经理看到公告后可能会说："股票才涨了 1 美元，我感觉这项交易的利好远不止于此，让我们做一次短线买进。"这种直觉可能是有价值的，但是可能不够精确。给定可用的信息，使用量化方法可能能够获得更为精确的分析。

量化投资经理同样可以使用修正后的现金流折现模型来估计这桩交易对蛋白质设计实验室公司股价的影响。投资经理可以观察该公司股价的实际变化，再与模型所预测的股价变化进行比较，然后做出一个明智的决策：是短线买入还是短线卖出该股票⊖。

量化技术所带来的另一个好处是绩效归因分析。使用经典的绩效归因分析，一位量化分析师能够将投资组合相对于比较基准的超额收益率分解成各种来源，因此更容易确定投资决策是增加还是减少了投资组合的绩效。风险调整后业绩的计算将告诉分析师投资组合的超额收益是来源于承担额外风险的回报（伪超额收益），还是来源于没有承担额外风险的回报（真正的超额收益）。在对竞争对手的投资组合进行绩效分析时，如风格分析等技术能够帮助分析师在不知道组合具体持仓的情况下了解竞争对手的投资策略。基于量化股票组合管理的绩效评价是一套严格的绩效分析方法，可以为组合投资经理与投资委员会提供大量的信息与反馈。

最后，投资者关心的是其投资组合的税后收益率。定性投资经理与量化投资经理均会尝试各种各样的方法来降低税负。定性投资经理使用一些非常好的经验准则，如首先卖出时间最长或收益最低的计税单位（tax lots）。他们也会持有期货头寸用于短线交易，因为用期货做短线交易所承担的税负较少。量化方法也会使用这些技术，并且能够构建更多的税负减免策略。此外，可以将税负方面的考虑直接整合到量化投资模型中⊖。使用量化股票组合管理方法，投资经理在决定买卖之前就能考虑到交易的税负影响。量化股票组合管理还提供了这样一种解决方案：通过影响股票组合的再平衡来减少税负。例如，在年底卖出表现差的股票，以产生的资本亏损来冲抵资本利得。相对于比较基准而言，这样的做法可能使得投资组合并非最优，或者可能增加了投资组合的跟踪误差。一种名为**特征匹配**（characteristic matching）的方法能够帮助我们找到那些与为了产生资本损失而卖出的股票相似的股票。出于税负考虑暂时卖出一些原有股票并同时买入特征与之相匹配的股票可以恢复投资组合的一些整体特征。诸如此类

⊖ 在附送 CD 的附录 B 中，我们讨论了现金流折现模型更多的实际应用。

⊖ 详见第 11 章的税务管理。

的量化税务管理策略可以保护并且常常能够显著增加投资组合的税后收益。

　　金融市场经常是无效的。例如，当公司发布了高于预期的盈利报告时，其股票往往在接下来的几周会获得超常收益。定性投资经理可能抓住或错过这类市场异象。如果他们抓住了市场异象，比如确实在公告后买入了盈利超预期的股票，那也往往是在特定的情形下。量化股票组合管理方法能够帮助量化投资经理详细研究这些市场异象，并且通过计算的方式来发现这些市场异象。量化方法能够帮助我们确定市场异象的根源，包括确定市场异象所发生的具体时间与具体行业，以及据此策略可能带来的预期超额收益。通过量化市场异象的风险、收益以及其他特征将帮助投资者做出明智的交易决策。

　　管理一个投资组合包括不断地买卖股票。买卖交易将产生交易成本，包括佣金、股价冲击成本以及延后交易的机会成本。股票共同基金的相关研究表明，在考虑了交易成本后，大多数共同基金经理无法战胜标普 500 指数⊖。定性投资经理通常只隐含地考虑交易成本。量化投资经理能够使用最优化算法来直接研究交易成本对组合收益率的影响。既然一些商业研究报告提供商收集了关于交易成本的详细数据，包括佣金、股价冲击成本以及延后交易的机会成本，那么就有可能相当精确地确定交易成本对组合收益率的影响。一些投资基金也会自行测算交易成本。不管是使用自行测算的数据，还是使用数据提供商所提供的数据，量化投资经理都能判断所付出的交易成本是否值得，并且能够避免过高的换手率⊜。

　　许多股票组合投资经理使用杠杆来增加投资组合的收益。典型的增加投资组合杠杆的方法是使用股指期货，如标普 500 指数期货，来达到对整体市场的杠杆暴露，但这并不总是最优路径，因为它可能会稀释投资经理的超额收益率。大多数定性投资经理忽略了这种稀释作用，不假思索地使用指数期货来加杠杆。量化股票组合管理则提供了一种不稀释超额收益率的方法。个股期货或一篮子股票互换可以在不增加市场暴露的条件下达到为组合超额收益率加杠杆的目的，从而增加而非减少组合的超额收益率。从投资经理能够产生超额收益的程度来看，通过量化的方法来加杠杆能够获得更好的结果⊜。

　　使用量化股票组合管理方法来进行**因子倾斜**（factor tilting），是定性方法与定量方法的又一个明显区别。定性投资经理通常买入那些他们认为能够获得超额收益的股票，

　⊖　见 Bogle（1999）。
　⊜　我们将在第 10 章进一步讨论交易成本。
　⊜　关于杠杆的进一步内容，请参考第 12 章。

并承担相关股票的所有风险。尽管这可能不是一个坏的决策，并且量化投资经理有时也会使用同样的方法，但是，使用因子倾斜，就能够准确知道投资组合在不同类型的风险因子上的暴露。假设一位投资经理非常擅长预测股票价值因子的因子溢价，但是不擅长预测其股票收益率模型中其他因子的因子溢价。那么因子倾斜能够帮助投资经理构建这样一个投资组合，即相对于比较基准而言，该投资组合只对价值因子有适度的暴露，而对其他因子零暴露。依靠这样的模型，投资经理可以选择性地对其擅长预测的因子保持较高暴露，同时对其不擅长预测的因子保持较少暴露。因子倾斜是管理股票组合的一种非常有效的方法，也是量化股票组合管理工具库中一个强大的工具。

以上仅仅列举了一些例子来说明使用量化股票组合管理方法与不使用量化股票组合管理方法的投资经理在投资决策上的差异。显然，不同的投资经理对某个具体的投资情景的应对方式是不同的。纵观各种管理风格，一些定性投资经理常常使用量化方法，而一些量化投资经理也常常采用定性信息。正如我们所看到的，一位投资经理越是坚持使用量化方法，那么就越是能够获得持续、高确定性的组合回报。量化股票组合管理方法结构化了投资决策过程，并且该分析结构几乎适用于所有的投资情景。

1.4 本书概览

量化股票组合管理的领域非常广阔，并且存在着数以千计的方法来构建量化选股模型。在本书中，我们关注于最为流行的量化股票组合管理方法。我们的目标是覆盖量化股票组合管理的整个流程，从股票收益率模型的构建，到实际投资组合的构建，再到投资组合的绩效评价。

本书分为五个部分。第一部分介绍了量化股票组合管理的概念。第 1 章是量化股票组合管理概述。第 2 章讨论了量化股票组合管理的基本原理、市场有效性的概念以及量化股票组合管理为什么在大多数有效市场中都适用。第 3 章描述了量化股票组合管理的典型流程，并介绍了最常用的股票收益率模型。

本书的第二部分讨论投资组合的构建与维护。构建股票收益率模型的第 1 步是为模型选择相应的解释变量。第 4 章定义了建模所需的最常用的因子以及筛选因子的简单方法。因子同样能够被用于股票的初步筛选与排序。第 5 章介绍了股票筛选的基本方法，并且引入了股票评级的简单模型——加总 Z 值（aggregate Z-score）模型。我们还介绍了一些著名投资经理的投资哲学，并效仿他们的投资策略为股票筛选提供了一些建议。

第 6～7 章详细讨论了如何构建基本面因子模型与经济因子模型，量化投资经理使用这两种模型来估计与解释股票的收益率以及收益率的波动。第 8 章在因子模型的框架下，讨论了如何预测未来的因子溢价（因子溢价被用于预测股票的收益率以及风险）。在投资组合中加入或剔除股票均需要基于这些预测。

第 9 章将第 4～8 章的内容联系起来，并从最优化理论的角度说明了在遵守相关投资约束的条件下，如何应用股票收益率模型及相关概念去确定组合中各股票的最优权重。

第 10～11 章完善了前几章所讲的基本结构与维护过程。第 10 章介绍了在考虑交易成本的情况下，提高组合绩效的方法。投资经理通过将交易成本明确地纳入到股票收益率模型中，来避免过高的换手率与过高的交易成本。第 11 章介绍了通过税务管理来提高投资组合绩效的方法。通过在模型中考虑税负，投资经理可以对交易时间与交易标的进行更巧妙地管理。

在本书的第三部分，我们走出量化股票组合管理的核心，去探索与实际选股不相关的却能够增加投资组合绩效的方法。我们将这些方法统称为"**α 巫术**"，因为这些方法提高了 α，其中 α 是指投资组合高于其比较基准或其参考组合的那部分收益率。

第 12 章介绍了 α 巫术的第一种形式——杠杆。许多组合投资经理使用杠杆来增加组合对市场的暴露。本章介绍了为股票组合加杠杆以提高超额收益的多种方法。

第 13 章讨论了市场中性组合的构建。市场中性与多空组合在过去 10 年间越来越流行，特别是在对冲基金中。这类组合消除或减少了对市场的暴露，并增加了 α，进而提高了投资组合的风险-收益特征。对于那些想要专注于选择好股票的量化股票组合经理而言，市场中性组合是一种理想的投资策略。

第 14 章我们使用了一些高级的统计概念，统称为**贝叶斯分析**（Bayesian analysis），旨在说明量化投资经理如何利用定性的观点。我们同样说明了情景分析（scenario analysis）方法如何用于量化股票收益率模型。

本书第四部分讲述了组合管理的最后一个阶段——绩效分析。尽管常常被忽视，但是投资公司能够获得成功的关键因素之一是：培养一个优秀的业绩度量部门。第 15 章讨论了业绩度量的各种标准做法，以及关于量化业绩度量与归因的一些新概念。

本书第五部分实现了前面四个部分的所有思想。通过一个量化股票组合管理实际应用的例子，我们讨论了与量化组合的构建相关的所有环节，包括数据方面的问题、参数估计方面的问题、使用实际数据进行组合的构建、交易成本、税负方面的问题、杠杆以及绩效分析。

　　附送的 CD 中有五个附录。附录 A 为希望快速了解金融理论概述的读者准备了金融理论发展史。附录 B 介绍了 3 个著名的股票收益率模型：股利折现模型（DDM）、资本资产定价模型（Capital Asset Pricing Model，CAPM）以及套利定价理论模型（APT）。附录 C 为本书的读者介绍了数学与统计学相关的基础概念。附录 D 包括对投资研究部门组织架构相关考虑的探讨，并对能够帮助量化股票组合管理的商业数据库与软件建模程序进行了总结。最后，附录 E 将骰子游戏当作一个有趣的例子，说明了使用量化技术的重要性。

1.5　结论

　　量化股票组合管理在专业的组合投资经理之间正变得越来越流行。相对于传统的定性组合管理，量化股票组合管理具有众多优势。作为高级统计学、数学以及规范方法的结合，量化股票组合管理能够以较高的精确度量化股票的预期收益率以及风险，并且还能量化这些预测值的不确定性。在本书的开始，我们介绍了量化股票组合管理在资产管理方面相对于定性方法所具有的主要优势，并举例说明了在面对具体的投资决策时，两种管理方法之间的差异。在本书的后面，我们将引导读者认识量化股票组合管理的广阔领域。我们将带领读者一步一步走过量化股票组合管理的每一个流程，从股票收益率的预测，到组合的构建，再到业绩度量。

· 习　题 ·

1.1　请列举量化股票组合管理相对于定性股票管理的 3 个优势。

1.2　请列举量化股票组合管理相对于定性股票管理的 3 个劣势。

1.3　请列举 4 种实际投资情形，用以说明量化组合投资经理与定性组合投资经理所采用的方法之间的差异。

1.4　从某种程度而言，一位定性组合投资经理不可能真正成为一名指数投资经理，而一位量化组合投资经理却可以。请解释为什么。

1.5　什么是因子倾斜？什么类型的投资经理会使用该方法？

1.6　联邦基金期货是芝加哥交易所中交易活跃的品种之一。该合约根据交割月的日有
　　　效联邦基金利率的简单平均值进行现金结算。尽管日有效联邦基金利率并不完全
　　　等于联邦基金目标利率，但两者非常接近。市场参与者使用联邦基金利率期货来
　　　衡量市场对美联储将改变联邦基金利率的预期。假定本月的第 10 日将举行 FO-
　　　MC 会议。设定以下变量：i_t^f 为联邦基金期货利率，i_t^{pre} 为 FOMC 会议之前市场
　　　主流的目标利率，i_t^{post} 为 FOMC 会议之后市场主流的预期目标利率，p 为目标利
　　　率发生改变的概率，d_1 为上月底至 FOMC 会议的天数，d_2 为 FOMC 会议至当月
　　　底的天数，B 为当月的总天数。

　　　(a) 写出 FOMC 目标利率发生变化概率的一般公式。

　　　(b) 给定当前的目标利率为 3.5%，会议后的预期利率为 3.75%，联邦利率期货
　　　　　的隐含利率为 3.60%，本月有 30 天，FOMC 会议将在本月第 10 日举行，那
　　　　　么根据市场价格推导出的美联储提高利率的概率是多少？

第 2 章

量化股票组合管理的基本原则

有些人能够先于别人发现美，有些人能看到别人
看不到的美，而有些人则无法看到美。

2.1 引言

　　量化股票组合投资经理不能简单地走走量化分析的过场。要正确地运用量化股票组合管理就必须掌握量化分析的内在思想。由于量化股票组合投资经理的目标通常是战胜比较基准或指数，因此我们对相关概念的讨论就从 alpha(α) 开始，α 衡量的是组合的风险调整后收益率超过某个参考标的的部分。α 有很多种，但不管投资经理所追求的是何种 α，他的工作都应当以量化股票组合管理的七条原则为指导。这七条原则包含了量化股票组合管理存在的必要思想。其中的一个基本思想是：金融市场的运行并非完全有效。在完全有效的市场中，不论是量化股票组合管理，还是其他的主动管理方式都不可能取得成功。我们检验了市场无效的证据，这些证据主要发现于对市场异象的研究中，同时我们也探讨了这些异象可能的解释。量化股票组合管理的这七条原则同样为量化股票组合管理的实践提供了重要的原则，包括在量化模型中有效地使用信息。我们讨论了非常流行却常常被误解的主动管理的基本法则，该法则常被当作理解主动管理并有效实施主动管理的重要框架。最后，这七条原则要求使用者对与量化股票组合管理中复杂统计方法直接相关的统计学问题有深入的理解。在本章的最后，我们将考虑这些问题，包括数据挖掘、参数的不稳定性以及参数的不确定性。

2.2 量化股票组合管理 α

α 经常出现在主动投资组合管理的世界里。主动投资经理在许多场合均会使用到该术语，有时他们在使用 α 时指代的对象并不明确。最简单、最口语化的 α 含义是指超额收益率。你可能听到一个组合投资经理说："我正在试图获得正 α。"他的意思可能是想要他的投资组合的收益率超越某些参考标的。一般地，α 是指组合收益率超越某个参考标的的部分。然而，有许多不同的方法来定义**超额收益率**（excess performance）。在量化股票组合管理中，α 是对**风险调整**后的超额收益率的一种度量，即考虑到组合相对于参考标的的风险后的收益率。因此，增加 α 就意味着在没有增加组合相对于参考标的的直接风险暴露的情况下，增加了投资组合的收益率。当参考标的为组合投资经理的比较基准时，我们称 α 为**比较基准 α**（benchmark α）或 α^B。$^{\ominus}$当参考标的为一系列多因子比较基准时，我们称 α 为**多因子 α**（multifactor α）或 α^{MF}。当参考标的为市场组合时，我们称 α 为 CAPM α 或 α^{CAPM}。$^{\ominus}$

给定参考标的的收益率，我们可以使用统计技术将组合的收益率分解为两部分：一部分与参考标的相关，另一部分与之不相关。与参考标的相关的部分通常被称为**预期收益率**（expected return）或**一致预期收益率**（consensus return），而与之不相关的部分则被称为**残差收益率**（residual return）或**未被模型解释的收益率**（the return not explained by the model）。对于以上 3 种类型的 α，将投资组合的收益率分解为这两部分的方法略有不同。

2.2.1 比较基准 α

给定投资组合的收益率 r_P 与比较基准收益率 r_B，我们可以对下式进行估计$^{\ominus}$：

$$r_P = \alpha + \beta r_B + \epsilon \tag{2-1}$$

⊖ 实际中，许多量化投资经理简单地使用 α 来表示比较基准 α，因为最终他们是以比较基准来衡量成败的。当追求 α 时，组合投资经理通常会增加其残差风险。理论上，组合投资经理能够增加其 α 而不增加其风险，但实际上这是非常罕见的。

⊜ CAPM α 有时也被称作詹森 α（Jensen's α）。

⊜ 读者可以将该回归式中的收益率看作已经减去无风险利率后的收益率。

在该式中，βr_B 为预期收益率或一致预期收益率，是投资组合收益率中与比较基准相关的部分。剩余的 $\alpha + \epsilon$ 为残差收益率[○]。

量化组合投资经理最关心的就是残差收益率，因为投资经理的目标就是提高其风险调整后收益率。如果比较基准的收益率为正，那么通过增加组合对比较基准的暴露来提高组合的收益率是非常容易的，但是通过这种做法组合投资经理并没有增加价值。在组合所增加的收益率中，通过直接增加组合对比较基准的暴露而获得的部分并非残差收益率，与之不相关的部分才是残差收益率。比较基准 α 是残差收益率的期望值，而残差收益率的第二部分 ϵ 为残差收益率与其均值的离差。式(2-1)被构造成 ϵ 的均值为 0。因此，比较基准 α，也被称为 α^B，有其特别的重要性：它是超过比较基准的风险调整后收益率。

2.2.2 CAPM α

给定投资组合的收益率 r_P 与市场收益率 r_M，我们可以对下式进行估计：

$$r_P = \alpha + \beta r_M + \epsilon \tag{2-2}$$

在该式中，βr_M 为预期收益率或一致预期收益率，是投资组合收益率中与市场相关的部分。剩余的 $\alpha + \epsilon$ 为残差收益率。

读者可能会注意到，该版本 α 与比较基准 α 非常相似。事实上，市场收益率通常是指标普 500 指数的收益率，如果比较基准为标普 500 指数，那么这两种形式的 α 是相同的。然而，在该式中，α 之所以被称为 CAPM α，是因为投资组合收益率是根据资本资产定价模型(CAPM)而分解的[○]。该式表明所有投资组合的收益率均与市场组合有关。根据 CAPM 理论，CAPM α 应当等于 0。当该 α 显著为正时，组合投资经理就获得了超额的风险调整后收益率。CAPM α，也被称为 α^{CAPM}，即为超过市场的风险调整后收益率。

2.2.3 多因子 α

给定投资组合的收益率 r_P 以及一系列因子收益率 $f_1, \cdots, f_K$，我们可以对下式进行估计：

○ 注意，此处残差的用法与计量经济学中残差的标准用法有一些差异。在计量经济学中，残差特指 ϵ，并不包含 α。不幸的是，从业者的用法并不总是与学术上的用法一致。

○ 对于不熟悉 CAPM 的读者，请参考本书附送 CD 的附录 B 中，关于股票收益率基本模型的简介。

$$r_P = \alpha + \beta_1 f_1 + \cdots + \beta_K f_K + \epsilon \qquad (2\text{-}3)$$

其中，$\beta_1 f_1 + \cdots + \beta_K f_K$ 为股票收益率多因子模型（multifactor model）的预期收益率或一致预期收益率（即组合收益率中与经济中潜在的风险因子相关的部分）。与前面一样，剩余的 $\alpha + \epsilon$ 为残差收益率。

注意，该版本的 α 是由影响股票收益率的多个因子所构建的模型创造出来的。我们将在下面的章节中更多地讨论这一框架。该模型中的 α 被称为**多因子** α，或 α^{MF}，它衡量的是相对于给定的一组解释变量的风险调整后超额收益率。

2.2.4　各种各样的 α

式（2-1）～式（2-3）中的 α 是相互关联的。在特殊情况下，它们是等价的。

（1）若市场收益率是模型中的唯一因子，那么某只股票或某个组合的多因子 α 与 CAPM α 相同。

（2）若以市场组合为比较基准，那么某只股票或某个组合的比较基准 α 与 CAPM α 相同。

（3）若市场收益率是模型中的唯一因子，且同时也是比较基准，那么某只股票或某个组合的多因子 α 与比较基准 α 相同。

在其他情况下，3 种 α 并不是等价的。假设投资经理使用的是一个无效的比较基准（可通过比较基准相对于市场收益的 α 为负这一事实来证实），那么其结果是组合的比较基准 α 将会高于组合的市场 α，即 $\alpha^B > \alpha^{CAPM}$。因此，相对于使用整个市场来作为比较基准而言，使用无效的比较基准会使得投资组合的表现看起来更好一些⊖。

许多从业者与学者可能会问，正的比较基准 α 是否与套利定价理论（APT）相符⊜。事实上，答案是肯定的。尽管在实际中很难检验套利定价理论（APT），因为该理论并没有给出影响股票收益率的具体因子，但这里我们暂时假定影响股票收益率的真实因子是已知的。假设根据套利定价理论，股票的收益率可以表示为：

⊖ 假设我们设定下列股票收益率模型：$r_P = \alpha' + \beta' r_B + \epsilon'$，$r_P = \alpha'' + \beta'' r_M + \epsilon''$，以及 $r_B = \alpha + \beta r_M + \epsilon$。通过变量替换，我们得到 $r_P = \alpha' + \beta' \alpha + \beta' \beta r_M + \beta' \epsilon + \epsilon'$。通过该式，我们可以看到 $\alpha'' = \alpha' + \beta' \alpha$。因此，对于一个正的 β'，当 $\alpha < 0$ 时，$\alpha'' < \alpha'$，反之亦然。

⊜ 对于不熟悉套利定价理论（APT）的读者，请参考本书附送 CD 的附录 B 中，关于股票收益率基本模型的简介。

$$r_P = \alpha + \beta_1 f_1 + \cdots + \beta_K f_K + \epsilon \tag{2-4}$$

我们同时假设上式第 1 个因子 f_1 为比较基准（如标普 500 指数）。那么，在这种情况下，比较基准 α 是什么？其可能为正吗？

回想一下，比较基准 α 是平均收益率中与比较基准不相关的那部分。如果套利定价理论模型中的所有其他因子均与第 1 个因子（比较基准）不相关，那么比较基准 α 可以表示为：

$$\alpha^B = E(\alpha + \beta_2 f_2 + \cdots + \beta_K f_K) \tag{2-5}$$

即比较基准 α 包括所有其他因子的影响。因此，比较基准 α 很可能为正。一般地，如果比较基准与其他因子相关，那么比较基准 α 可以表示为：

$$\alpha^B = E(\alpha + \beta_2 f_2 + \cdots + \beta_K f_K) - (\beta_2 \gamma_2 + \cdots + \beta_K \gamma_K) E(f_1) \tag{2-6}$$

其中，γ_j 为 f_j 对 f_1 的回归系数，即 $C(f_1, f_j)/V(f_1)$。尽管公式有些复杂，但结论是一样的。比较基准 α 包括了除比较基准以外的其他所有因子的影响，因此比较基准 α 很可能为正。

分析表明，当使用比较基准 α 来衡量投资经理的绩效时，即使多因子 α 为零，比较基准 α 也可以为正。尽管多因子 α 等于零，但如果组合投资经理将其组合对套利定价理论模型中因子溢价为正的因子进行正向暴露，那么比较基准 α 仍然为正。因此，一个正的比较基准 α 是与套利定价理论模型相符的，在套利定价理论模型中，投资经理因统计套利而获得回报。

2.2.5 事前与事后 α

不管我们使用哪一种类型的 α，通常我们预期未来能实现的价值与最终实现的价值会有一定的差异。**事前 α**（ex-ante α）是预期的 α，而**事后 α**（ex-post α）是实现的 α。当投资经理构建其组合时，其所关心的是事前 α。显然，当投资经理构建符合相关约束的投资组合时，会努力实现事前 α 的最大化。一旦投资组合运行了一段时间，事后 α 将表明实际的风险调整后业绩是否达到预期。投资经理的奖金是基于事后 α 的[⊖]。投资经理最现实的期望是：事前与事后 α 高度相关。

⊖ 在高尔夫球界，有这样一句话，"一号木杆给人看，推杆打好能赚钱"。在量化股票组合管理中，就是"事前 α 给人看，事后 α 能赚钱"。

2.2.6 事前与事后信息比率

尽管 α 本身是衡量组合超额收益率的主要手段，但还有另一个重要的衡量标准——**信息比率**（information ratio），该比率根据组合的残差风险来调整 α。与 α 相似，也存在着事前与事后信息比率。在此，我们仅讨论事前信息比率，因为事后信息比率将在第 15 章业绩度量中详细讨论。信息比率与比较基准 $\alpha(\alpha^B)$ 直接相关。事前信息比率（IR）由下式给出：

$$IR = \frac{\alpha^B}{\omega} \tag{2-7}$$

其中，α^B 为组合投资经理预期或预测的 α，ω 为预测的残差标准差，即 $S(\epsilon)$。事前信息比率衡量的是超过比较基准的每单位风险所获得的预期超额收益率。事前信息比率越高，我们预期组合的表现就会越好。若其他条件相同，则预期信息比率越高越好。

2.3 量化股票组合管理的七条原则

量化股票组合投资经理的目标有两个：高 α 与高信息比率。要实现这两个目标就得了解游戏规则。量化股票组合管理是根据一定的原则组织起来的。我们称这些原则为**量化股票组合管理的七原则**。

原则 1：市场在大多数情况下是有效的。

原则 2：纯套利机会是不存在的。

原则 3：量化分析创造统计套利机会。

原则 4：量化分析以有效的方式结合所有可得的信息。

原则 5：量化模型应当以可靠的经济理论为基础。

原则 6：量化模型应当反映持续与稳定的模式。

原则 7：组合与比较基准之间的偏离只有当不确定性足够小时才是合理的。

原则 1 与原则 2 设置了量化股票组合管理的边界。市场在大多数情况下是有效的，就意味着不太可能在不承担风险的情况下获得收益。无风险（套利）机会，或纯套利机会是不存在的。但市场并非完全有效的，因此仍然存在着承担相对较小的额外风险而获得收益的空间。正如原则 3 所述，量化股票组合管理是寻找"统计套利机会"的过程。

统计套利机会的存在是因为股票价格并不总是合理地反映所有可得的信息。量化股票组合管理提供了一些统计方法来识别被市场所忽略的信息。正如原则 4 所述，量化投资经理必须结合所有可得的信息，并将其输入一个有效的模型，以识别能够带来更高收益的信息。

原则 5～原则 7 为投资组合选择的过程中所运用的计量经济学技术建立了标准。原则 5 是构建股票收益率量化模型最基本的原则。所有用于选股的模型都应当基于可靠的经济学理论。数据挖掘违背了该原则。使用数据挖掘的方法从数据中所得到的因子可能在表面上看起来是与股票收益率相关的，但是这些因子不可能揭示统计套利的真实机会。投资经理在选择纳入模型的每个因子时应当具有好的理由。投资经理应当有理由相信：股票价格虽然目前还没有，但最终将会反映出模型中每个因子或每组因子的信息。没有强有力理论所支持的模型是没有意义的。

同样地，因子与股票收益率之间的关系需要在一定的时间内保持稳定。正如原则 6 所述，模型应当只使用那些持续与稳定的数据模式。参数的稳定性对于使用模型进行精确估计与可靠预测是必不可少的。

原则 7 提醒我们，量化股票组合管理并非总是要偏离比较基准。许多量化组合投资经理错误地认为在量化股票组合管理中偏离比较基准是必需的。事实上，只有当估计误差（对不确定性的一种度量）足够小时，偏离比较基准才是合理的。量化投资经理在调整组合之前（即将组合由比较基准调整到由模型所决定的另一条路径之前），应当始终考虑到参数的不确定性⊖。

在下面的章节，我们将详细讨论量化股票组合管理的七条原则。我们将从市场有效性及其对于量化股票组合管理的含义开始。然后，我们将讨论在接受主动管理基本法则的框架下，如何有效地使用信息。

最后，我们会探讨将计量经济学的技术用于量化股票组合管理时会出现的相关问题。

2.4 原则 1 与原则 2： 市场有效性与量化股票组合管理

量化股票组合管理的原则 1 与原则 2 基于这样的信念，即市场在大多数（但并非所

⊖ 除了其他因素，参数的不确定性还取决于样本的规模。如果样本很小，参数的不确定性就会很大。通过适当地考虑参数的不确定性，组合投资经理能够避免夸大小样本估计这类常见的错误。

有)的情况下是有效的。如果市场是完全有效的，那么量化股票组合管理的努力将是徒劳的。一位主动组合投资经理应当相信市场中存在着某些可以被利用的无效性。在本节，我们将讨论对市场而言，什么是有效的以及市场在某种程度上无效的证据。

2.4.1 有效市场假说

有人说金融市场是有效的，也有人说金融市场并非有效，那么这些人到底谈论的是什么？一般而言，市场有效是指市场中的所有信息均已反映在当前的股票价格中。例如，在有效市场中，投资者根据"预期公司新任 CEO 能够改善公司的运营"这种消息买入股票，是不可能获得超额收益的。股价应当已经反映了该信息以及其他相关的信息。在完全有效的市场中，投资者在不承担额外风险的前提下是不可能获得超额收益的，因此，组合投资经理不能创造 α。$^{\ominus}$

在一个有效市场中，股票价格是随机游走的。如果我们观察有效市场中任意股票的历史价格，我们将发现其股价每日的变动将不会表现出某种可识别的模式。当股价确实以某种预定的模式变动时，投资者就能够根据该模式来交易进而获利，这就意味着市场是无效的。

在完全有效的市场中，即使**相似套利**(near-arbitrage)的机会也是不存在的。例如，如果一个在市场上公开交易的公司股价为 100 美元，那么其拥有 95％股权的子公司的股价不可能为 200 美元。如果其子公司的股价确实为 200 美元，那么投资者可以以每股 100 美元的价格买入母公司的股票，并以每股 200 美元的价格卖出子公司的股票，当两者的股票价格最终一致时，投资者就获得了收益。前几年，当 PALM 公司从 3COM 公司剥离时，这两家公司的股价就表现出类似的不平衡，导致人们对股票市场的有效性产生了严重的怀疑。

资产泡沫也是市场无效的标志。2000 年年初，不论以何种估值方法来看，纳斯达克的股票几乎都被高估了。互联网初创公司的市值是已经存在并且拥有相似业务的实体企业市值的数倍。2000 年 3 月至 2003 年 1 月，纳斯达克指数下跌了 71％。2000 年

$\ominus$ 如果市场是完全有效的，那么沃伦·巴菲特可能在 1965～2003 年间获得 22.2％的平均年化收益率(年化收益率超越标普 500 指数 11.8％)吗？(资料来源：Berkshire Hathaway 2003 Annual Report, Chairman's Letter to Shareholders, p. 2.)。即使是在一个完全有效的市场中，一小部分投资者确实获得了很高的收益率，因为在收益率分布中仍然会有一些异常值。然而，在真正有效的市场中，巴菲特的收益应当是由于其承担了额外的风险，而非 α。另外，他的业绩可能只是运气好而不是有能力找到那些股价低于内在价值的公司。

投资于新技术革命股票组合的 1 亿美元在不到 3 年的时间里缩水到仅剩 2 900 万美元。互联网泡沫是对有效市场的一个巨大的、不可持续的偏离。

20 世纪 70 年代，芝加哥大学的教授尤金·法玛（Eugene Fama）决定为市场的有效性建立一套可测试的标准。法玛认识到市场有效性的水平与股票价格对投资决策相关信息的反映程度有关。与投资相关的信息天然形成一道从最透明的公开信息到最私密的内幕信息的连续谱线。在法玛的标准中，市场有效性的程度与这道谱线中多大比例的信息已被市场价格所反应直接相关。

法玛描述了 3 种递增的市场有效水平——**弱式有效**（weak-form efficiency），**半强式有效**（semistrong-form efficiency），**强式有效**（strong-form efficiency），在这三种类型中，市场价格反映了信息谱线中越来越多的部分（表 2-1 提供了这 3 种有效性定义的概览）。在最低有效性水平，即弱式有效，**股票价格已经反映了从历史股票价格中可获得的信息**。这意味着股票的历史价格不会给投资者提供任何可操作的信息。对于组合投资经理而言，这意味着**技术分析**（technical analysis）不可行。

表 2-1 市场有效性的定义

有效性类型	定 义	实 际 含 义
弱式有效	股票价格已经反映了从历史股票价格中可获得的信息	不要期望技术分析能够帮助你挑选股票
半强式有效	股票价格已经反映了所有可获得的公开信息	不要期望通过宏观经济、基本面、分析师或任何其他公开可获得的信息所建立的模型来帮助你挑选股票
强式有效	股票价格已经反映了所有的信息，包括公开信息或非公开信息	不要期望内幕信息或私有信息来帮助你挑选股票

技术分析在许多投资者，尤其是交易员中盛行。约翰·墨菲（John Murphy）的一篇经典文章将技术分析定义为：通过图表与/或统计技术的运用来研究市场的行为，并预测价格未来的趋势。[⊖] 相对地，基本面分析师是通过经济数据或业务数据来寻找市场变动的原因，而技术分析师更关注市场变动模式本身。技术分析师利用从股票上能够直接获得的数据，如历史价格、交易量以及公开持仓量，来寻找股票价格变动的模式。与基本面分析师相似，技术分析师认为：当新的信息到达市场时，股价将缓慢地调整到适合的价格水平，因为并非所有的投资者都公平地获得了相关信息。信息从专业交易者渗透到一般的投资大众是需要时间窗口的，这就为技术分析师创造了一个利用其

⊖ 详见墨菲（1999）。

从数据中识别的模式进行交易的机会。

技术分析师识别的一个最简单的模式是**动量**(momentum)。其思想是：如果股票在上一时间周期（如上周）获得了正收益，那么股票有很大的可能在下一时间周期（如本周）也获得正收益。如果该模式具有持续性，那么市场就不是弱式有效的，因为历史价格所显示的历史收益率能够对你未来的投资提供帮助。在一个弱式有效市场中，当前价格已经反映了所有历史价格所包含的信息。

第二种级别的有效性包含了从公开到私密的这道信息谱线的更多部分。在半强式有效市场中，**股票价格已经反映了所有公开可获得的信息**。这意味着量化组合投资经理以及其他的投资者通过公开可获得的信息所选择的股票是无法获得风险调整后超额收益的。半强式有效性对于量化股票组合管理来说是一个坏消息。大部分量化组合投资经理使用一些宏观经济或基本面数据来挑选优秀的股票。如果市场是半强式有效的，那么这些模型都不可能有效。例如，一些组合投资经理会买入低市净率(P/B)的股票，因为他们认为这样的股票可能被低估了。在半强式有效市场这是不可行的，因为市净率(P/B)是公开信息，因此股票价格已经正确地反映了股票的低市净率(P/B)。主动管理只有寻找到市场处于非半强式有效的时机（这可能是由于信息扩散缓慢造成的），或者采用了专有的投资策略（从本质上讲使用了非公开信息）才可能成功。在半强式有效市场中，市场价格并不包含非公开信息。

强式有效市场处于有效市场的最高水平，即**股票价格已经反映了所有信息，包括公开信息或非公开信息**。在强式有效市场中，投资者即使使用非公开信息选股也不可能获得持续优异的业绩。强式有效性在各种市场有效性的类型中是最难验证的，因为验证时需要对非公开信息进行精确的定义，而公开信息与非公开信息的边界是不断变动的。多年以前(1998 年 11 月 4 日)，美国劳工统计局意外地在其网站上刊登了周度失业报告，而该报告本应在两天后公布。一些投资者发现了该数据，并据此行动，获得了异常的收益。由于没有人预料到该报告提前了两天发布，所以本应是作为公开信息发布的数据，却被一小部分幸运的或特别勤奋的投资者提前获取了。非公开信息经常转换为公开信息，但是由于当局发布日期的疏忽，信息也可能从非公开信息的范畴进入到非公开信息与公开信息的中间状态。法律至少通过禁止**内幕交易**的方式在公开信息与非公开信息之间划出了明确的界线。公司内部人士以及从内部人士那里得到信息的人是不允许利用信息优势来获得利益的。如果法律能够有效地禁止人们使用这种非公开信息进行交易，那么市场就不可能是强式有效市场。

　　整个主动管理，包括量化股票组合管理的前提是：市场的无效性是普遍存在以及能够预测的，因此可以持续地利用这些无效性来获得高额的收益。半强式与强式有效市场将使得主动管理成为几乎不可能的任务。毕竟，组合投资经理不可能仅依赖于偶然的投资机会，如美国劳工统计局提前发布的失业率数据，更不用说依靠非法的股票内幕信息了。一些主动投资经理持续战胜市场或比较基准的事实已经足以使得一些人相信市场并非是完全有效的。反对市场强式有效甚至半强式有效更严谨的证据来自于研究员所记录的一些市场价格无效的现象。

2.4.2　异象

　　投资专家与学者均观察到历史金融数据中存在着一些与有效市场理论相矛盾的现象。表 2-2 列举了一些所谓的异象，以及对其进行研究的参考文献。

表 2-2　著名的异象

异　　象	相关因子	研究文献
1. **价值效应**。低市盈率股票的股价表现要优于高市盈率股票。出现类似结果的还有市净率、市销率以及股利收益率	市盈率，市净率，市销率，股利收益率	Ball（1978），Barberis 和 Schleifer（2003），Basu（1977，1983），Bhanderi（1988），Conrad 等（2003），Daniel 和 Titman（1997），Cook 等（1984），Fama 和 French（1992，1993），Goodman 等（1986），Reinganum（1981，1988），Rosenberg 等（1985）以及 Senschak 等（1987）
2. **规模效应**。小盘股的表现优于大盘股	规模（市值）	Banz（1981），Fama 和 French（1992，1993），Person 和 Harvey（1999），Kim 和 Moon（2002），以及 Reinganum（1997）
3. **1月效应**。小盘股与上一年表现不佳的股票在 1 月份倾向于表现优异	小市值，上一年低收益率	Blume 和 Stambaugh（1983），Constantinides（1984），Ferris 等（2001），Givoly（1983），Haugen 和 Jorion（1996），Keim（1983，1985，1986），Lakonishik（1984，1986），Reinganum（1983），Ritter（1988），Roll（1983），Schultz（1985），Thaler（1987）
4. **其他日历效应**（不包括1月效应）	星期效应、万圣节、天气、夏时制以及其他日历事件	Ariel（1987），Bouman 和 Jacobsen（1997），Cross（1973），Harris（1986a，1986b），Hensel 和 Ziemba（1996），Hirshleifer 和 Shumway（2001），Jaffe 和 Westerfield（1985），Kamstra 等（2000，2003），Rogalski（1984），Smirlock（1986），Sullivan 等（2001），Thaler（1987），Wang 等（1997）

（续）

异　象	相关因子	研究文献
5. **被忽视公司 (冷门股) 效应**。分析师覆盖率较低的股票倾向于有风险调整后的超额收益率	跟踪股票的分析师人数	Arbel(1985)，Arbel 和 Strabel(1982，1983)，Arbel 等（1983），Dowen 和 Bauman（1984，1986），Beard 和 Sias(1997)，Merton(1987)
6. **市盈率与盈利增长比 (PEG) 效应**。股票的收益率、市盈率与盈利增长比二者之间存在反向关系	市盈率与盈利增长比	Peters(1991)，Reilly 和 Marshall(1999)
7. **IPO (首次公开发行) 效应**。IPO 的股票在最初的 3～5 年，其风险调整后的收益倾向于表现不佳	虚拟变量标识股票最近是否经历了 IPO	Carter 等（1998），Dharan 和 Ikenberry（1995），Loughran 和 Ritter(1995)，Carter 和 Ritter(1991)
8. **指数成分股调整效应**。将要被调入指数成分股的股票有着显著的正收益，而将要调出指数成分股的股票有着显著的负收益。（每年，罗素 1000、罗素 2000 以及罗素 3000 指数均会重新调整。标普 500 指数也由其指数委员会决定成分股的调整）	虚拟变量标识股票是否将被调入或调出指数成分股	Jain(1987)，Harris 和 Gurel(1986)
9. **动量**。在上一个投资周期中表现优异的股票将会在接下来的一个投资周期继续表现优异	上一投资周期的股票收益率	Chan 等(1996)，Chan 等(2000)，Grundy 和 Martin(2001)，Hong 和 Stein(2000)，Jegadeesh(1990)，Jegadeesh 和 Titman（1993，2001），Moskowitz 和 Grinblatt(1999)，O'Neal(2000)，Richards(1997)，Rouwenhorst(1999)，Swinkels(2002)
10. **其他技术 (指标) 效应**（不包括动量）。某些技术指标表明其将提供超额收益率	各种技术指标，包括成交量、反转、相对强弱指标、布林带、移动平均线以及其他技术指标	Brock 等(1992)
11. **华尔街分析师预期**。被评为买入评级的股票表现优异，但是这种效应近年来有所减弱。分析师评级的调整已被证明能够预测股票的收益率。盈利惊喜，即财务报告所公布的盈利大于一致预期所估计的盈利，被证明能够产生超额收益率	分析师对股票的推荐	Alexander 和 Ang(1998)，Arnott(1985)，Barron 和 Stuerke(1998)，Bartov 等（2000），Bauman 等(1995)，Brown 和 Chen(1990，1991)，Brown 和 Rozeff（1978，1980），Chopra（1998），Clement(1999)，Cornell(1989)，Dowen(1990)，Dreman 和 Berry(1995)，Givoly 和 Lakonishok(1980)，Jones 等(1984)，Kim 和 Kim(2003)，LaPorta(1996)，Latane 和 Jones（1977），Mendhall（2004），Peters(1993)，Womack(1996)
12. **内部人员的交易**。内部人员最近买入的股票会产生超额收益率。内部人员最近卖出的股票会产生负收益	内部人员的净买入或卖出	Fishe 和 Roby(2004)，Givoly 和 Palmon(1985)，Jaffe(1974)，Seyhun(1986，1988)

（续）

异　象	相关因子	研究文献
13. **过度反应**。研究发现投资者对新闻事件（不论好坏）都会过度反应。一个基本的结果是过去表现不佳的股票在未来 3～5 年的表现将优于过去表现优异的股票	以或不以某些新闻事件为条件的股票的历史收益率	Chincarini 和 Llorente（1999），Chopra 等（1992），Conrad 和 Kaul（1993），Daniel 等（1998），Debondt 和 Thaler（1985，1987），Hong 和 Stein（1999），Lo 和 MacKinlay（1990），Veronesi（1999）
14. **股票回购**。当公司回购其股票时，股票随后会有正的风险调整后收益率	库存股票的变化	Choi 和 Chen（1997），Ikenberry 等（1995）
15. **股票分拆与合并效应**。股票分拆后会带来正收益	股票分拆的信号	Desai 和 Jain（1997），Doran（1994），Dowen（1990），Ikenberry 等（1996），Ye（1999）
16. **剥离效应**。母公司剥离子公司后会有正收益	剥离的信号	Cusatis 等（1993），Desai 和 Jain（1999）

　　异象对于那些宣称市场完全有效的理论提出了重大的挑战。有效市场的拥护者可能会对某些价格不遵守有效市场理论的异象进行反驳，认为这可能只是普遍有效市场中的一次价格偏离。异象不能被如此简单地反驳，因为其反复出现。一个异象表明了投资者习惯性地没有考虑和正确解读与其投资决策相关的所有信息，或者是制度障碍阻止了他们按照某种信息行动，又或者是即使所有相关的信息都摆在他们眼前，他们还是坚持做出非理性的选择。我们可以观察到许多与市场有效性定义（从弱式有效至强式有效）相矛盾的异象。

1. 弱式有效异象

　　弱式有效市场典型的检验方法是：试图确定个股的历史价格是否能够被用于预测其未来价格。例如，研究者可能会测试股票收益率序列是否存在显著的自相关。**自相关**（autocorrelation）是一个统计术语，其表示的是不同时期的收益率序列之间的相关性。如果股票收益率随着时间的推移表现出正的自相关，那么股票在一个时期内获得正收益将表明其在下一时期内也将获得正收益。投资者可以利用这种被技术分析师称之为**动量**（momentum）的模式，即买入那些在上一期表现优异的股票来获得收益。

　　投资者已经在股票指数的日频率、周频率、月频率数据中发现了其存在着自相关。一项研究发现某个股票指数 1962 年 7 月至 1994 年 12 月间的自相关性大约为 35%。个股显示出轻微的负的自相关，但是这种自相关在经济与统计上都是不显著的。[⊖] 其他研

　　⊖　详见 Lo，MacKinlay 和 Campbell（1997），第 66 页。

究发现股票近 1～4 个季度的收益率，与其随后 1～4 个季度的收益率之间存在显著为正的自相关性[一][二]。然而，在一周或一个月的周期上，个股的收益率似乎表现出负的自相关[三][四]。也有证据表明行业收益率可能表现出正的自相关[五]。

对于其他的技术指标则存在着一些不一致的证据。交易员相信技术指标是有效的，但是对技术的检验并没有清楚地证实这一点。检验技术指标的标准并不统一。许多从业者在检验时没有考虑到交易成本，从而使得超额收益率看起来要比实际的高。在检验中也经常使用收盘价，收盘价或许是可获得的最好的、最完整的数据，但并不一定是实际交易中所使用的价格。一般而言，检验并不能轻易地复制交易员在使用技术指标时的自主决策。一个交易员可能认为：某个技术指标在这一时期适用，但在另一时期却不适用。技术面交易与投资组合管理也不一定具有可比性。一些交易规则可能在日内数据中起作用，但并不能够作为投资组合的策略，因为投资组合的策略应当在数月或数年中起作用。考虑到这些限制，对技术指标的检验结果倾向于支持弱式有效市场，因为大多数的技术指标似乎并不具备持续性。

2. 半强式有效异象

如果技术面数据不能提供可靠的投资策略，那么其他公开可得的信息又如何呢？许多异象表明市场价格并没有反映所有的公开信息，因此市场并非半强式有效。

一个著名的异象是**盈利惊喜异象**（earnings surprise anomaly）。披露高于预期盈利的股票在公告后的几周倾向于获得风险调整后的超额收益率。那么什么是**高于预期**的盈利？华尔街股票分析师通常会预测其所覆盖公司每一季度报表中的盈利。所有分析师对该公司盈利预测的平均值就被称为该公司盈利的**一致（估计）预期**。当公司的（实际）盈利超过一致预期的盈利时，就被称为高于预期。盈利惊喜异象违反了半强式有效性，因为一些股票在盈利公告后的几周内能够持续获得超额收益。在半强式有效市场中，盈利报告应当会立刻反映到股价上，但真实市场对此却反映缓慢。研究表明：事实上，在盈利惊喜发生后的 13～26 周，股票均能获得超额收益。

另一个著名的异象是**1 月效应**（January effect）。小盘股与上一年表现不佳的股票在

[一]　详见 Conrad 和 Kaul（1988），以及 Jegadeesh 和 Titman（1993，2001）。

[二]　原文似有笔误，译者根据参考文献进行了调整。——译者注

[三]　详见 Jegadeesh（1990）。也可以参见异象表中所列的文献。

[四]　原文似有笔误，译者根据上下文意重写了本句。——译者注

[五]　详见 Moskowitz 和 Grinblatt（1999）。

当年的 1 月份倾向于表现优异，特别是在 1 月份的第 1 周。该异象存在一些符合逻辑的解释。一种解释是：税务管理中的亏损收割，即机构与个人投资者在 12 月会卖出表现不佳的股票以产生资本亏损，以此来冲抵资本利得，并在一定程度上冲抵所得税[⊖]。12 月的抛售使得这些股票的价格下跌，以至于低于其真实的税前价值，因此投资者可能会在新年伊始重新买入这些股票[⊜]。当越来越多投资者参与到这种税务敏感策略后，1 月效应会变得更加明显。

除了税务管理中的亏损收割，共同基金的投资经理在年底向美国证券交易委员会（SEC）提交持仓报告（遵守一年报告两次的要求）之前，同样也会卖出亏损的股票。通过卖出亏损的股票，共同基金的投资经理就不需要将其作为持仓上报，也就不会被关注 SEC 报告的投资者批评。该战略被称为**橱窗粉饰**（window dressing）。在 SEC 的报告中，投资者可以看到共同基金整体的收益率较低，但是橱窗粉饰能够避免他们看到投资经理所做出的每个错误的选股决策。

1 月效应的产生也可能是因为许多共同基金的投资经理在年初"孤注一掷"。大多数基金的年终奖制度会激励投资经理在 1 月份承担巨大的风险。投资经理可能认为如果他们在年初就锁定了高收益，那么他们将在获取奖金的道路上拔得头筹；同时，如果他们在年初就亏损很多，那么他们将用当年余下的时间努力使得收益率回到像样的水平[⊜]。不管是什么原因导致了 1 月份的买入，有意思的是，我们可能能观察到市场的有效性在该异象上所起到的作用。由于套利者与量化投资经理通过将交易提前到 12 月这一方法来获得收益，1 月效应正在逐渐减弱。

其他日历效应也同样存在。在日历事件中，星期一、夏时制的第一个交易日这两个日历事件与交易模式相关。**星期一效应**（Monday effect）是指市场倾向于在星期一轻微下跌。**夏时制效应**（daylight savings effect）是指市场倾向于在实行夏时制后的第 1 个交易日轻微下跌，据说这是因为交易员昼夜生物钟的扰乱增加了其对风险的厌恶。

⊖ 当前的法律只允许冲抵 3 000 美元的所得税。

⊜ 虚售规则不允许在卖出股票的 30 天内再次买入该股票，因此当出售者要重新买入股票时就需要加上一定的延迟。

⊜ 一般而言，组合投资经理都可能会下大注，这与月份无关，因为他们认为，对于他们自身而言最坏的结果就是没有奖金。业绩不佳一般是没有收入惩罚的。当然，如果投资经理多年业绩不佳，那么他失去的就不仅仅是奖金了，很可能会失去工作。关于共同基金在一年中其他时间的激励信息，请参考 Brown 等（1996），Busse（2001），Taylor（2003）。

　　还有许多与基本面数据相关的异象，基本面数据是指从公司的利润表、资产负债表以及现金流量表中所获取的数据。一些研究表明，低市净率(P/B)或低市盈率(P/E)的股票组合将会获得较高的风险调整后收益率。如果一个简单的基于公开可得的 P/B 或 P/E 的选股策略就能获得超额收益率，那么市场一定不是半强式有效的。在一个较长的时期内，相对于大盘股，小盘股倾向于获得更高的风险调整后收益率，即使大盘股的表现可能在某些给定的时期内优于小盘股。那么对于这种情形的出现有什么理论解释吗？一些人认为事实上小盘股的内在风险要高于大盘股，因为关于小盘股的信息更少，并且标准的风险度量方法可能无法捕捉小盘股与大盘股在可得信息数量上的差异。然而，小盘股的优异表现可能是**被忽视公司效应**(neglected-firm effect)的一个实例，即分析师覆盖率较低或机构持仓较低的公司倾向于具有更高的风险调整后收益率。不管对此是何种解释，长期来看小盘股的确表现优异这一事实表明：小盘股与大盘股在公开信息数量上的差异本身就是一种信息，而这类二阶信息并没有有效地反映在股票价格上。

　　还有许多研究指出了一些违反半强式有效市场的异象(见表 2-2)。一些学者仍然认为这些种类的异象并不足以为成功的投资组合策略提供基础。加州大学洛杉矶分校的教授理查德·罗尔(Richard Roll)曾经写道："从市场有效性的轻微偏离中获利是极度困难的。"⊖然而，相当多主动管理的投资经理正是以此为生的。

3. 强式有效异象

　　强式有效市场可能是最难让人相信的，因为其意味着市场价格反映了**所有**的信息，包括公开信息与非公开信息。同样，强式有效市场也很难去检验。尽管已经出现了一些聪明的检验。

　　其中的一种检验被称为**内部交易者检验**(insider-traders test)。在**其他条件相同**的情况下，公司的高管及其他内部人士要比外部人士更加了解公司的经营与财务状况⊜。根据美国证券交易委员会的要求，公司高管买卖本公司的股票是需要向美国证券交易委员会披露的。研究员获得这些报告，并提出以下问题：当内部人士买入或卖出股票时，如果外部人士也跟着买入或卖出该股，那么外部人士能够获得风险调整后的超额收益率吗？回答是响亮的"是"。内部信息并没有如强式有效市场所应该表现的那样，立即

⊖　顺便一提，罗尔教授与麻省理工学院（MIT）的斯蒂芬·罗斯教授合伙开了一家资金管理公司。

⊜　正如盖柯在电影《华尔街》中所说："如果你不是局内人，那你就出局了。"

反映到股价上[⊖]。

另一种检验被称为**做市商检验**(specialists test)。[⊜]交易所做市商被认为应当维持一个有序的市场并管理好他们的限价委托单簿(limit-order book)。获得限价委托单簿等同于拥有非公开信息,因为其包含了潜在买家与潜在卖家准备买入或卖出该股的价格。人们可以想象做市商可能会使用这种信息来获利,事实上,过去几年做市商的收益都特别高。这种收益是源于他们逆向交易的本质——必须平衡买卖报单?还是源于他们能够使用非公开信息这一事实?如果是后者,那么做市商的获利就是市场并非强式有效的另一个信号。

4. 异象的行为学解释

传统的投资者行为理论很难解释市场异象。有效市场的坚定信徒通常辩解:任何获得超额收益的策略都比其他策略承担了更高的风险。关于有效市场的另一种辩解是:任何在统计上存在的套利机会都极小,不可扩展,转瞬即逝,并且发现的成本很高[⊜]。这些辩解与那些寻找长期能够产生风险调整后超额收益策略的研究并不一致。这些看起来在市场中无效的小漩涡有时能够创造出巨大的统计套利机会。统计套利中的风险(包括错误判断异象持续时间的可能性)并不总是与收益对立。为了完全理解一个不那么有效的市场,我们有必要从 CAPM 模型转到股票收益率的多因子模型上。

关于现存异象更多的解释能够在经济学中相对较新的领域——**行为金融理论**(behavioral finance theory)中找到。基于投资者行为是理性的这一理论假设,研究者是无法完全解释现存的异象的。行为金融理论试图通过研究投资决策中的心理学效应与非理性行为来解释异象。正如表 2-3 中所列举的,行为偏差有助于解释导致股票错误定价的买卖行为。

2.4.3 有效市场与量化股票组合管理

异象与行为偏差能够有力地证明市场可能不比弱式有效市场强很多,或者只是偶尔为半强式有效市场。归纳证据后,下面的 10 大理由说明了为什么市场并非完全有效

⊖ 使用重要的非公开信息进行交易是非法的。然而,在某种程度上,内部人士比外部人士更具有信息优势。内部人士使用某些信息进行交易是合法的,这使得他们在交易自己公司的股票时获利。根据美国证券交易委员会的法规 10b5-1,如果在高管获得重要的非公开信息之前,就已经建立了详细的交易计划,并且严格按照书面提供的交易计划执行交易,那么高管的交易就不会被认为是"内幕交易"。

⊜ 详见 Coughenour 和 Harris (2004),Fishe 和 Robe (2004),Schultz 等 (1985)。

⊜ 详见 Ross (2002)。

以及为什么主动管理（如量化股票组合管理）是值得努力的。

（1）获取信息是需要付出成本的。并非所有人都能够或愿意为信息支付成本。

（2）信息，即使是公开信息，在市场里的传播也比较缓慢。

（3）并不是每一个投资者都有能力处理大量的信息，特别是量化信息。

（4）通过过滤公开信息，一些投资者可能能够创造出相当于非公开信息的信息。

（5）一些投资者的投资决策是基于感性认识而非对信息的逻辑理解。

（6）一些挖掘其他人非理性行为的尝试事实上创造了更多的无效性。

（7）经济环境，特别是科技环境，一直在发生变化，人们需要花时间来接受这些改变。

（8）交易成本造成了经济模型与现实之间的鸿沟。

（9）税务导致了市场的扭曲。

（10）政府对金融市场的管制造成了经济模型与现实之间的鸿沟。

表 2-3　普通的行为偏差

名　称	描　述	例　子
模糊厌恶（ambiguity aversion）	规避不熟悉的股票，偏好熟悉的股票，即使一些不熟悉股票的**性价比很高**	即使分散化投资要求投资者持有更多的外国股票，但大多数投资者还是将他们大部分的资金投资到本国。在养老金固定缴款计划（defined-contribution plan）中，许多雇员将大笔钱投入到本公司的股票中，这对于分散化投资是非常可怕的。一些研究已经表明投资者将大部分钱都投进了在报纸上作为大字标题的股票中，这可能是由于投资者更熟悉这些股票（Barber 和 Odean，2005）
易得性偏差（availability bias）	倾向于以记忆中的事件来评估未来与之相似的事件，即使记忆可能会被扭曲	一个交易员可能会认为每当发生战争时，股票市场就会反弹，即使他只有一次这样的经历
确认偏差（confirmation bias）	倾向于对证实原来想法的信息赋予更多的权重，而对违背原来想法的信息赋予更少的权重	对于首推某只股票的分析师而言，当股票出现利多消息时提高其评级的可能性要大于当股票出现利空消息时降低其评级的可能性。华尔街分析师所跟踪的股票往往是他们所喜爱的，确认偏差可以解释为什么华尔街分析师对大多数股票的评级一般都是相当正面的（不是"买入"就是"强烈推荐买入"）
处置效应（disposition effect）	**持有败者**（亏损的股票）的时间太长，而卖出**胜者**太快。心理学的解释是：相比赚钱，人们更害怕亏钱。持有一只表现不佳的股票能使投资者避免实现账面亏损，并且更容易假装买入该股票并不是那么差的选择	作者认识的一个外汇交易员习惯称其为："希望，忧郁，麻木。"基本上，你买入一只股票后，当股票下跌了，你首先是希望其反弹。当股票继续下跌时，你开始变得忧郁。最后，当股票真的下跌了很多后，你已经变得麻木了

（续）

名　　称	描　　述	例　　子
增值偏差（escalation bias）	倾向于将更多的钱投入到已有的一笔投资中，即使最初的买入决策是基于错误的分析，因此加剧了潜在的亏损	假设一个投资者以 40 美元的价格买入了一只股票，并告诉每一个人这只股票的性价比有多高。随后股票价格下跌至 30 美元。有两种方式来看待这种情形。一种反应是："我做了一个错误的决策。"另一种是："如果40 美元还算是买的话，那 30 美元就算是偷了！"通常你会按照第 2 种方式来思考。因此，投资者会买入更多的该股票，而这从一开始就是一个错误的投资
知识幻觉（illusion of knowledge）	对一只股票拥有的数据越多，就越不自觉地认为对这只股票有更好的理解	这也可能是研究发现在网上交易的投资者的交易更频繁的一个原因。券商给投资者所提供的大量信息导致了知识幻觉，使投资者认为自己"赢"的确定性更高。以轮盘赌游戏为例。一位玩家选择轮盘上的一个数字下注。假设你给了那位玩家过去 1 000 次轮盘赌结果的纸条。如果他/她所下注的数字在最近几期轮盘赌的结果经常出现，那么他/她就会对下注更具信心。然而这只是一种知识幻觉，因为每次的结果是相互独立的，无论如何，玩家的胜率是一样的
狭窄性框架（narrow framing）	将单项赌博或投资与其他相关的投资分开来考虑。正如费希尔·布莱克曾经说过的，投资者有不同的心理账户	投资者可能会回避那些短期波动较大的股票，即使这些股票长期来看能够降低整个组合的波动水平（如果这些股票与投资者组合中的其他股票是负相关的，那么就能够降低组合的波动）
过度自信（overconfidence）	人类倾向于过度自信。研究者已经发现普通投资者对其自身的能力会过度自信，从而导致交易太过频繁，产生更多的交易费用，降低了收益。 过度自信可能源于**自我归因偏差**（self-attribution bias），即倾向于把成功归因于自身的才华，而把失败归因于别人或环境的问题。过度自信也与**后视偏差**（hind-sight bias）相关，即人们认为他们事前已经知道一个决策将变得如何（事后诸葛亮）	过度自信的一个例子在许多课堂上都有过说明。教授问学生："有多少人认为自己比教室里的其他人驾驶技术更好？"通常，超过 50% 的学生将会举手，但这在概率上是不可能的。只有 50% 的人会好于教室里所有学生的平均水平。自我归因偏差可能助了互联网泡沫一臂之力。在 20 世纪 90 年代后期，投资者在看到他们的股票在飙升时会认为自己是选股方面的天才。在泡沫破裂后，他们将自己的亏损归因于恶劣的经济环境或世界疯了
代表性偏差（representativeness）	使用经验法则过度简化了投资决策。投资者试图提出简单的检验方法来分辨**好股票**与**坏股票**。大多数时间，经验法则有助于概括大量复杂的信息，但是当单独使用经验法则时，其也可能导致非理性决策	投资者可能把钱投入那些近期有好的盈利公告的股票，仅仅因为这被认为是好公司的标志。其实还应当考虑市场是否已经预期到了该盈利，在这种情况下，股票价格应该已经反映了该盈利信息。这可能是股票价格对近期的盈利公告过度反应的一个原因

有效意味着市场将所有相关的信息都包含在股票价格中了，而这只有当所有投资者都获得了与投资决策相关的信息时才可能发生。在现实中，投资者是根据不同的信息集来进行操作的，部分原因是：获取信息是有成本的。组合投资经理能够获得由其公司所付费的、广泛的市场数据库。即使有互联网的介入，个人投资者也不太可能简单地复制出包括历史数据与实时数据的商业数据库的容量与功能。

由于人们所获得的信息各不相同，因此信息在市场中的扩散是缓慢的、不均衡的。非公开信息显然只存在于一个相当小的范围内，但即使是公开信息，其扩散也是缓慢的，并且会在到达每一位投资者之前就停止扩散。许多人很少与市场亲密接触，不追踪市场新闻，也从不接收信息。同时，非公开信息常常最终会转变为公开信息，但经常以一种延迟的、不均衡的方式进行转变。特别是在公司有负面消息的情况下，公司为了避免股票价格大跌，可能会零散地发布信息。

一旦信息是可公开获得的，那么量化组合投资经理就处于使用这些信息的最佳位置。通过电子数据服务，量化组合投资经理几乎立刻就会对某些信息警惕起来，而普通投资可能要到晚些时候才能从电视或报纸头条上获得这些信息。与其他使用数据服务的专业投资经理相比，量化投资经理也拥有极大的优势，因为他们所使用的软件与量化方法在处理大量数据方面会相对快一些，从而使得他们的股票收益率模型能够得到相应地更新。股票收益率量化模型将在极短的时间内（电脑运行程序所需要的时间）警示投资经理是否存在任何促使其卖出股票的信息。

利用量化分析和专有模型来过滤公开信息，量化组合投资经理能够洞察到市场运行的细微规律，并以此开发出有效的策略，这些策略虽然仍基于公开信息，但由于专有量化模型的加工，本质上已经进入了私有信息的范畴。由于大多数投资者都无法发现这些信息，因此这些信息就没有被包含在股票价格中，那么也就意味着存在统计套利的潜在可能。即使一些组合投资经理使用类似的模型，但只要他们相对于整个投资者群体来说是少数，那么他们就仍然能够获得超额收益。

投资者的（行为）偏差同样会创造统计套利的机会，因为他们会导致错误的定价。人们不可避免地把非理性的希望与恐惧带入到投资决策中，这导致他们忽略或误判了某些相关信息。量化股票组合投资经理在避免甚至利用非理性决策方面处于有利地位。股票收益率量化模型能够帮助投资经理在做投资决策时控制自身的情绪，同时也能识别出容易进行统计套利的非理性价格运动。

统计套利通常有助于股票价格回到有效水平。然而，有时它也会加剧市场的无效性。例如，在互联网泡沫期间，许多股票被高估了。亚马逊（AMZN）与巴诺书店（BN）从事同样的业务，但亚马逊的市值是巴诺书店市值的许多倍。如果有人假定如此高的倍数是股票短期高估的一个标志，那么他就应当买入巴诺书店的股票并卖空亚马逊的股票。另一方面，如果有人假定互联网泡沫将变得更大，那么他就应当买入亚马逊的股票而卖空巴诺书店的股票，而这将加剧亚马逊的高估。

互联网泡沫也可以作为市场没有充分意识或理解经济环境变化的一个案例。有时候，信息没有被包含在股票的价格中，是因为信息没有被理解，甚至没有被识别出。即使是最好的分析师、经济学家以及战略家也需要一定的时间才能理解经济环境变化所带来的真正影响。而在学习阶段，市场很可能没有将这些变化正确地包含在股票价格中。例如，在20世纪90年代后期，投资者对新兴电子商务模式前景的热情超过了许多初创公司实际增长的潜力。

在市场中买卖这一过程本身也带来了无效性。交易成本使得资金无法得到最有效的运用。尽管一个经济模型可能能够说明什么价格是均衡的，但是由于交易成本的存在，实际价格可能会与之有很大的出入。这些成本可能以**佣金**、**价格冲击**（price impact）以及**延迟交易**的形式存在。由交易成本所导致的错误定价可能不能被普通投资者所利用，只有那些能够保持自身交易成本很低的投资者才能利用。例如，佣金与延迟交易阻碍了许多小投资者像专业投资者那样频繁交易，也阻碍了小投资者使用需要大规模资金的策略。

在投资中，税负是另一项显著的成本，其也带来了无效性。投资者最终考虑的是税后收益率，因此税负在投资策略中占有重要的比重。投资者的税率分布，以及由于税法的变化而引起的该分布的变化，都会影响到证券的相对价格。即使只有少数的大机构出于税负的原因买卖股票，股票的价格也可能会偏离其真实的无税价值。有时由价格偏离所创造的市场无效性是可以被利用的。

市场的无效性也可能是政府法规的副产品。一些固定汇率的国家曾经经历过在区区几个小时内汇率突然暴跌40%的波动。剧烈的汇率修正导致了国外投资者的巨额亏损。显然，这种固定汇率并不是根据市场中所有可得的信息来给货币定价的。政府管制体系也造成了一些不那么剧烈的扭曲。在股票方面，大量的政府法规改变了投资流向，包括卖空限制、（价格）最小增加量法规（即小数化定价）以及与股票所有权相关的法规⊖。尽管法规的目的是要确保公共利益，但是这些法规仍然可能会导致市场的扭曲，因此可以利用这些市场扭曲来获得超额收益率。

存在着一些根本原因可以解释为什么市场不是完全有效的，而这对量化投资组合经理是有利的。为什么量化股票组合管理经理与其他套利者没能消除市场的无效呢？这个问题有两个简单的答案。第一，市场无效并不会带来纯套利机会，而是带来统计套利机会，即低风险但并非零风险的套利机会（正如原则 2 与原则 3 中所表述的）。第二，相对于其他的投资者群体而言，套利者在市场中所拥有的投资力量是不足的，因此不可能消除市场中所有的无效。对于主动投资经理而言，市场上仍然存在着大量的由于错误定价而导致的可以获利的潜在机会。

2.5 原则 3 与原则 4： 基本法则、 信息准则以及量化股票组合管理

组合投资经理需要使用好的量化分析方法来研究市场数据，进而发现、挖掘隐藏在市场无效中的超额收益机会。量化股票组合管理的原则 3 与原则 4 指出，只要所使用的方法与模型能够有效地结合所有可获得的信息，那么量化分析就提供了统计套利的可能性。这两条原则在 Grinold 和 Kahn(1997) 所提出的**主动管理的基本法则**框架下能够得到很好的阐释。最近，基本法则在组合投资经理中非常流行。通过一个简单的公式，清楚地表明了在组合管理的过程中组合投资经理所做出的贡献。从 2.2.6 节中我们了解到，高信息比率是量化股票组合管理的目标之一，而基本法则能够帮助我们理解：如何运用统计方法以及如何全面有效地使用信息来达到这一目标。

基本法则表明**信息比率**(information ratio，IR)是**信息系数**(informatioin coefficient，IC)与**宽度**(breadth，BR)平方根的乘积，即：

$$IR = IC \cdot \sqrt{BR} \qquad (2\text{-}8)$$

给定式(2-7)对信息比率的定义，我们将信息比率改写为：

$$\frac{\alpha^B}{\omega} = IC \cdot \sqrt{BR} \qquad (2\text{-}9)$$

该式表明提高信息比率可以通过提高信息系数或者提高宽度的方式来实现。对于构建

⊖ 例如，美联储的 T 条例允许股票融资的比例仅为投资总额的 50%。因此，实际上，融资融券并非是无限的。Markowitz (2005) 最近重申，缺乏无限的融资融券，市场组合将不会有效。

股票收益率模型的量化投资经理而言，可以通过寻找比模型中现存因子更显著的因子来提高信息系数；也可以通过寻找更多的、与模型中现存因子不相关的因子来提高宽度。

基本法则最初被引入时是作为深入理解量化组合管理（quantitative portfolio management）过程的一种方法，但是其本质与用法有时被误解了。我们使用标准计量经济学的结果来对基本法则的组成部分进行精确地量化与清晰地表述，这对于使用线性股票收益率模型来构建组合的投资经理尤其有用。然而，我们需要强调的是：基本法则是为了**理解**而非**实施**量化股票组合管理的。事实上，一位量化组合投资经理并不使用基本法则来构建组合，但是，基本法则为投资经理提供了一套有用的、分析量化股票组合管理过程的概念性框架。

2.5.1 关于基本法则的真相

量化股票组合管理的一项基本任务是：估计一个能够确定股票收益率与一系列解释变量（即**因子**）之间关系的模型，并以此来预测股票未来的收益率。假设模型认定：股票 i 在时期 t 的收益率 r_{it} 为时期 t 的 K 个因子溢价 f_{1t}, $\cdots$, f_{Kt} 的线性方程：

$$r_{it} = \alpha_i + \beta_{i1} f_{1t} + \cdots + \beta_{iK} f_{Kt} + \epsilon_{it} \tag{2-10}$$

其中 α_i, β_{i1}, $\cdots$, β_{iK} 是需要估计的参数，ϵ_{it} 是随机误差（random error）项（即股票收益率与其期望值之间的偏差）。假设组合投资经理使用时期 1 至时期 T 的数据，即 $t = 1 \cdots T$，来估计上述方程。

基本法则能够评价式(2-10)对股票收益率过程解释得如何，并且还以**解释变量个数**与每个变量**平均贡献**的乘积表示了方程的拟合优度。考虑到组合投资经理在估计式(2-10)后的具体决策，基本法则可能会有不同的表述方式，但是以下结论始终存在：

(1) IR^2 约等于收益率预测方程的拟合优度（R^2）[⊖]；

(2) 宽度是收益率预测方程中解释变量的个数[⊖]；

(3) IC^2 是每个解释变量对 R^2 增加量的平均贡献；

(4) 基本法则将拟合优度分解为解释变量个数与它们的平均贡献；

⊖ 有的读者可能会注意到，R^2 的取值是有界的，而 IR^2 并非如此。这种结果上的差异来源于基本法则里引入的一些近似值。如果 IR^2 很高，那么基本法则所引入的近似值会造成巨大的近似误差。

⊖ 理论上，如果计算独立信号的个数，那么宽度可以远大于解释变量的个数。我们将在附送 CD 的附录 2A 中证明，这种计算独立信号个数来确定宽度的方法在实际应用中存在着局限性。

（5）当忽略比较基准，且无风险利率也从组合收益率中减去后，*IR* 本质上是所能达到的最大夏普比率（Sharpe ratio），并且基本法则将最大夏普比率分解为解释变量个数与它们的平均贡献。

由于涉及的数学内容相当深，我们将这些结论的推导放在了附送 CD 的附录 2A 中。

2.5.2　信息准则

对于基本法则的一个误解是认为其适用于所有的主动投资组合管理。事实上，**仅当组合投资经理构建最优组合**（optimal portfolio）**时，基本法则才适用**。尽管可能令人惊讶，但许多组合投资经理下意识地构建了次优组合，这通常是因为他们并没有以最有效的方式使用所有可得的信息（从而违背了原则 4）。当构建投资组合时，投资经理应当使用从式（2-10）的估计中所得到的所有信息。而这一重点并没有得到基本法则拥护者的充分强调，因此我们想将其作为一个基本原则加以陈述。

引理 1（信息准则）：由式（2-9）所表述的，主动投资组合管理的基本法则只有当组合投资经理通过最有效的方式结合了所有可得信息时才是有效的。

通过一个例子来说明上述原则。一位组合投资经理可能使用分析师（预期）修正策略，即筛选出上个月被分析师提高了评级的股票，并构建一个等权股票组合。我们将"包含在组合中"当作一个变量。也就是说，我们可以定义一个变量 β_{it}，如果股票 i 在时期 t 被上调了评级，那么 β_{it} 等于 1，否则 β_{it} 等于 0。投资经理通过历史数据来估计下列方程：

$$r_{i,t+1} = \alpha + \beta_{it} f + \epsilon_{i,t+1} \tag{2-11}$$

其中 $r_{i,t+1}$ 为股票 i 在时期 $t+1$ 的收益率，α 与 f 是需要被估计的参数，$\epsilon_{i,t+1}$ 为误差项（收益率中不能被模型解释的部分）。如果 f 的值为正，那么该方程表明：$\beta_{it}=1$ 的股票在未来将获得更高的收益率。因此，组合投资经理可能会构建 $\beta_{it}=1$（即上个月评级上调）的等权重股票组合。

然而，在构建组合的过程中，组合投资经理并没有使用所有可获得的信息。式（2-11）不仅说明了那些 $\beta_{it}=1$ 的股票将会有更高的期望收益率，而且还确定了哪些股票具有更高的风险（波动率）。具有更高风险的股票最终在组合中应当占有更小的权重。由于组合投资经理并没有使用该信息，因此并不满足信息准则（information criterion）。

我们认为当前一些业界惯例并不满足信息准则。我们将在后面的章节中遇到这样的例子，到时对于每一个案例，我们将详细讨论实践中的哪些方面违背了信息准则。底线是：如果组合的构建策略不满足信息准则，那么一定存在着更好的方法来构建组合。

2.5.3 信息损失

在基本法则的框架下非常容易量化由于没有使用所有信息而导致的损失。基本法则说明组合投资经理的贡献（暗指组合投资经理使用信息来增加组合的收益率）由信息比率概括。类似地，组合投资经理缺乏贡献的情况也反映在信息比率中。通过比较使用所有可得信息能获得的信息比率与组合投资经理实际获得的信息比率（仅使用其可得信息的子集），我们能够量化投资经理所损失的信息，简单地称为**信息损失**（information loss，IL），即：

$$IL = 最大\ IR - 实际\ IR \tag{2-12}$$

从某种程度而言，信息比率与最大夏普比率非常相似，信息比率可以被理解为风险回报比率。如果信息比率为 0.5，那么这意味着承担 10% 的额外风险将获得 5% 的额外收益。另一方面，信息损失表明了风险回报比率的下降。如果信息损失为 0.1，那么组合投资经理每承担 10% 的风险将会错失 1% 潜在的额外收益。

2.6 原则 5～原则 7： 量化股票组合管理中的统计学问题

量化股票组合管理的原则 5～原则 7 关注的是将统计方法应用于投资组合的选择时所涉及的问题。在本节我们将讨论组合投资经理不能忽视的 3 个问题：**数据挖掘、参数的稳定性**以及**参数的不确定性**。

2.6.1 数据挖掘

量化组合投资经理一个最大的挑战就是要避免数据挖掘问题。数据挖掘违反了原则 5，原则 5 要求量化模型基于合理的经济学理论。在某些量化分析中，数据挖掘的使用是显而易见的，而在另一些情况下，数据挖掘很难被发现。

数据挖掘（data mining）是一种将历史股票收益率与大量因子组合进行回归的实践，由于使用了大量的因子组合，因此几乎可以确保找到一个模型或一小撮因子看起来与股票收益率显著相关，实际上却不是特别有意义。假设存在 99 个可能解释股票收益率

的潜在因子 f_1，…，f_{99}。记 f_{1t}，…，f_{99t} 以及 r_t 为 t 月的因子值与股票收益率。假设我们收集了这些因子值与股票收益率 100 个月的观察值，然后我们用股票收益率对这 99 个因子进行回归。即我们估计下列方程：

$$r_t = \alpha + \beta_1 f_{1t} + \cdots + \beta_{99} f_{99t} + \epsilon_t, \quad t = 1, \cdots, 100 \qquad (2\text{-}13)$$

我们从这个估计中能发现什么呢？在本例中，回归的拟合优度（R^2）将会是 100%，因为在回归中不会产生任何误差（即 $\epsilon_t = 0$）。通过上述方程，从表面上看我们完美地"解释"了股票收益率⊖。然而事实上 100% 的拟合优度仅仅反映了我们在回归中包含太多变量的事实。对于该回归，我们不能做出任何关于模型是否有效的统计推断。即使我们使用一个随机数生成器生成 100 个月的因子值，该回归还是能够估计出回归系数，并使得 R^2 等于 100%。事实上，当存在 100 个观察值以及多于 99 个解释变量时，R^2 将总是等于 100%。基础的统计学告诉我们当存在 100 个观察值时不要包含 99 个变量。

有些时候问题并不会如此明显。假设我们做一个所谓的逐步回归，即我们有意地从 100 个变量中寻找出最显著的变量。通过这样的回归，我们能够做出统计推断吗？答案是不能。再次想象我们使用一个随机数生成器生成的因子值。如果我们有意地从 100 个变量中寻找最显著的变量，那么我们保证能找到一个显著的变量，因为我们是从一个如此之大的变量库中进行挑选的。由于事先已经知道无论我们最终所选择的是什么变量，其都将是显著的，因此，我们就建立了一个能产生显著变量的回归。然而，变量在统计上的显著并不真正意味着该变量能够很好地解释股票收益率。

为了说明这一概念，图 2-1 给出了当我们有意地从 100 个随机产生的变量中选择最显著的变量时，t 统计量（t-statistics）绝对值的频数分布。对于每一次模拟，被解释变量的 100 个观察值与 100 个解释变量均是通过标准正态分布独立生成的。给定 100 个解释变量，我们通过被解释变量与每个解释变量、常数项的回归来选择最显著的解释变量。对该模拟重复 1 000 次。

从图中可以看到，在大多数的情况下 t 统计量的绝对值都是大于 2 的。对于较高 t 统计量的标准解释是：所选变量是显著的。但是我们从模拟的设计中就可以知道，所选解释变量与被解释变量之间是没有任何关系的。回归的 R^2 很高仅仅是因为 t 统计量

⊖　我们有 100 个未知参数与 100 个观察值。因此 100 个未知参数可以由一个 100 个等式的方程组所确定。只要 100 个方程不是线性相关的，该方程组就会存在一个唯一解，ϵ_t 也就不存在了。

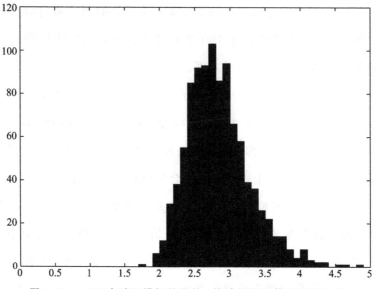

图 2-1 1 000 次随机模拟结果的 t 统计量绝对值的频次分布

很高，因此 R^2 同样没有意义。对上述模拟，我们每次选择 10 个最显著的解释变量，并用被解释变量对所选的 10 个因子及常数项进行回归。图 2-2 给出了 R^2 的频数分布。R^2 大多在 30%～40% 附近，这是相当高的值了，但是同样地，高 R^2 并不意味着真实的统计显著性。在某种程度上，逐步回归的结果是被操纵的，因此这不是组合投资经理应当从事的研究。

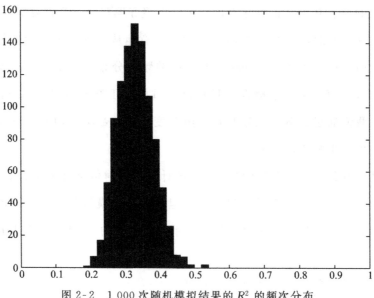

图 2-2 1 000 次随机模拟结果的 R^2 的频次分布

即使在分析中避免使用逐步回归，统计结果仍然可能被数据挖掘间接影响。即使单个研究者并非有意地通过逐步回归来选择变量，但是研究者群体可能是在共同做逐步回归。例如，在 20 世纪 70 年代，芝加哥大学商学院的一位 MBA 学生发现：股票的规模（即市值）可以解释其收益率。我们假设该学生是通过有效的统计方法来得出该结论的。然而，我们知道一定有成千上万的其他 MBA 学生（更不用提大量的学者与从业人员）试图使用其他变量来解释股票的收益率。一位学生得出的关于股票规模的结论获得了广泛的认同，而其他的研究结论没有获得认同这一事实本身就意味着金融研究者群体作为一个整体可能已经从事了一种集体的数据挖掘，即**数据探察**（data snooping）。因此我们不能全盘接受股票规模是一个显著的解释变量。

当我们检验一个因子时，我们不可能完全避免数据挖掘或数据探察，除非我们检验该特定因子所使用的数据是前人从未使用过的。若我们检验一个因子时所使用的数据与其他许多研究者在检验该因子时所使用的数据相同，那么我们所得出的结论可能会受到其他研究者结论的影响。例如，大量投资学教材的作者写到他们与其他研究者使用标准普尔公司（S&P）Compustat 数据库中的美国股票数据来进行因子的检验。事实上，许多这样的检验是使用同一时期相同的股票数据来对相同的因子进行分析的。特别是对市盈率而言，其被研究的是相当得多。因此，当我们在一些教材中读到市盈率能够很好地解释股票收益率时，即使不进行任何回归分析，我们也能知道对于大多数可得的美国股票收益率数据而言，市盈率将是一个很好的解释变量。我们不能通过股票收益率对市盈率的回归分析来做出任何统计推断，除非我们所使用的数据还没有被广泛检验过。

这些问题说明仔细的实证研究并不足以避免数据挖掘的问题。生成有意义的统计量的最好的方法就是遵守原则 5，即确保模型基于合理的经济学理论与常识。仅依靠实证还不足以成为一个好的实践决策的基础。仅当存在一个好的理由认为模型的因子能够解释股票收益率，并且这些因子与股票价格之间的关系还没有被其他投资者发掘时，模型才是有效的。

2.6.2　参数的稳定性

为了基于历史数据来做预测，我们必须假设历史会重演。如果股票的历史平均收益率大约为 1%，那么我们可以假设下个月的股票收益率也大约为 1%。如果历史上股票收益率的标准差大约为 10%，那么我们可以预期下个月的标准差大约也为 10%。

不幸的是，市场的不断变化经常打断我们原以为会持续的历史模式。CEO、员工、产品、市场环境以及法规都会发生变化。随着公司发生变化，其股票的性质也会发生变化。当股票的性质发生变化时，股票收益率模型的参数也会发生变化。因此，如果我们通过 CAPM 来估计股票的 β，比如说通用电气，那么我们必须问自己："通用电气的 β 下个月还是一样吗？下个季度呢？下一年呢？"如果我们估计的是一个更复杂的模型，我们必须确定随着时间的推移该估计是否能保持稳定。

对参数稳定性（parameter stability）的考虑在确定样本数据的大小时起着重要的作用。比如，如果我们认为当时间区间超过 5 年时 β 一般不会保持不变，那么我们就不应该使用一个超过 5 年的数据样本来估计它。或者如果我们知道戴姆勒与克莱斯勒已经合并了，那么我们就不应该构建一个既包含合并前数据又包含合并后数据的样本。对于量化股票组合管理而言，理解参数的稳定性至关重要。在第 16 章，我们将讨论用一些简单的方法来确保参数的稳定性。

2.6.3 参数的不确定性

拥有额外的信息通常只有好处而没有坏处。然而，额外的信息并不一定会改变组合的构成。一位组合投资经理可能构建了一个组合，并预期该组合能够超越比较基准。那么这是否意味着投资经理应当自然而然地选择一个主动投资组合而非一个指数型组合呢？答案是否定的。与预期可以获得的收益率相比，主动投资组合可能承担了更多的风险。风险是否"过大"取决于每位组合投资经理的个人看法，但是原则上风险的大小是可以度量的。

即使主动投资组合从表面上看并不是那么有风险，但其可能具有很高程度的参数不确定性（parameter uncertainty），这也是风险的一部分。标准的统计学忽视了这个重点。参数的不确定性存在于所有股票收益率模型的统计估计中，因为所有的估计都包含了一定程度的估计误差，通常用标准误差（standard error）来衡量。因此，均值-方差优化应当将标准误差作为组合风险的一个方面考虑进来。当考虑到标准误差后，你会发现，一些原本看起来拥有优异风险调整后收益率的主动投资组合，事实上并不优于比较基准。

用来衡量估计误差的标准误差取决于两个因素：模型误差项的方差以及解释变量的方差$^{\ominus}$。误差项的方差表明了模型的精确程度。如果模型是 100% 精确的，那么误差

$\ominus$　不熟悉这些概念的读者可以参考本书附送 CD 中的附录 C。

将总是为 0。解释变量的方差表明了数据的信息程度。如果(解释)变量从未发生改变，那么其方差就为 0，其(回归系数的)标准误差将会是无限大。因此，为了减少标准误差，模型与解释变量都应当仔细选择。

总的来说，组合投资经理不仅应当考虑到估计值，还应当考虑到估计的标准误差。如果标准误差很大，那么这应该被考虑为组合风险的一部分。这是使用贝叶斯计量经济学来选择组合的基本含义之一。贝叶斯计量经济学已经被业内人士所接受，我们将在第 14 章讨论贝叶斯方法。

2.7 结论

本章以讨论 α、信息比率以及风险调整后的超额收益率等概念开始，因为量化股票组合管理的目标是构建具有高收益风险比的组合。然后，我们详细讨论了量化股票组合管理的七条原则，所有的量化股票组合分析师均应遵守这些原则。这七条原则涉及市场有效性的概念、主动管理的基本法则以及统计问题。作为主动管理的一种形式，量化股票组合管理基于这样一个信念：尽管市场大体上是有效的，但仍然包含了许多无效的模式，这为统计套利创造了机会。对基本法则中信息法则与信息损失等概念的理解，有助于组合投资经理尽可能地发掘机会。成功的量化股票组合管理还依赖于投资经理对数据挖掘、参数的不确定性以及参数的不稳定性等问题的警惕。

既然我们对量化股票组合管理的概念有了深入的理解，我们将转向量化股票组合管理的核心部分——股票收益率的量化模型，该模型作为投资组合的选股工具将理论与实际观察结合了起来。

· 习 题 ·

2.1 (a)在量化股票组合管理中所使用的 3 种类型的 α 分别是什么？它们之间有什么不同？

(b)大众投资者所使用的另一种类型的 α 是什么？为什么量化股票组合管理不使用它？

2.2 (a)在什么条件下 $\alpha^B = \alpha^{CAPM}$？

(b)α^{MF} 能够与其他类型的 α 相等吗？

2.3 (a)事前 α 与事后 α 有什么区别?

    (b)在理想状态下,组合投资经理希望这两者之间具有怎样的关系?

2.4 (a)信息比率的定义。

    (b)为什么信息比率对量化股票组合管理非常重要?

2.5 说出量化股票组合管理的七条原则。

2.6 解释纯套利与统计套利之间的区别。

2.7 说出有效市场的 3 种类型。

2.8 弱式有效市场的定义。

2.9 半强式有效市场的定义。

2.10 强式有效市场的定义。

2.11 对于每一种类型的有效市场,请说明哪一类量化分析是无效的。

2.12 说出 3 种有记录的异象。你能想出这些异象的一个理论或行为学的证明吗? 如果可以,请解释。

2.13 说出 3 种最有可能由数据挖掘或数据探察所导致的异象,并加以解释。

2.14 什么是厌恶模糊? 给出一个投资实例。

2.15 什么是处置效应?

2.16 有记录表明,在熊市中成交量会下降。你能用常见的行为偏好来解释该现象吗?

2.17 给出 3 个理由来说明为什么从事量化股票组合管理的人士认为市场并非有效的。

2.18 基本法则蕴含这样一个理念:任何有信息价值的独立预测都能够提高整体预测能力。假设你与你的量化股票组合管理部门决定每个月都预测股票市场。备选项包括:市场上涨,市场下跌,市场平盘。你收集每位参与者的预测,然后,通过以下方式构建量化股票组合管理部门的一致预测。依据多数人原则来确定一致预测的结果。因此,如果有超过 $n/2$ 的人看涨,那么一致预测结果就是看涨;如果少于 $n/2$ 的人看涨,那么一致预测结果就是看跌;如果正好 $n/2$ 的人看涨,那么一致预测结果就由抛硬币来决定。进一步假设每个人的观点都是相互独立的。

    (a)在什么条件下,量化股票组合管理部门的一致预测要优于个人的预测?

    (b)假设每个人正确的概率都相同,为 p。考虑以下个体正确的概率:0.5、0.53、0.60、0.65、0.70 以及 0.75。假设共有 22 位参与者,那么量化股票组合管理部门的一致预测正确的概率是多少?

2.19 基本法则中做出了一些近似运算,其中之一为:

$$\frac{R^2}{1-R^2} \approx R^2$$

(a)当 R^2 为 10％、20％、50％以及 80％时，请计算上述近似运算的误差。

(b)请将近似误差表示为 R^2 的函数。近似误差有界吗？

(c)本章中我们宣称 IR^2 近似于 R^2。然而，R^2 的值是有界的（$0 \leqslant R^2 \leqslant 1$），但 IR^2 并非有界。你能解释这个差异吗？

2.20　可以通过一个非常简单的情境来证明 IR^2 近似于 R^2。假设我们估计股票 XYZ 的下列方程：

$$r_{t+1} = \alpha + \beta_1 f_{1t} + \cdots + \beta_K f_{Kt} + \epsilon_{t+1} \quad t = 1, \cdots, T-1$$

其中：$f_{1t}, \cdots, f_{Kt}$ 为预测的因子。使用该方程，我们预测第 $T+1$ 期的股票收益率。

(a)股票 XYZ 第 $T+1$ 期的预期收益率是多少？股票 XYZ 第 $T+1$ 期收益率的标准差是多少？用数据与估计量来表示股票 XYZ 第 $T+1$ 期的夏普比率。

(b)用数据与估计量来表示 R^2 与 $R^2/(1-R^2)$。

(c)证明股票 XYZ 夏普比率的平方近似于 R^2。在什么情况下该近似会造成很大的误差。

(d)如果组合只由股票 XYZ 构成，并且比较基准为现金收益率，请证明 IR^2 近似于 R^2。

2.21　假设组合投资经理通过 10 位分析师的盈利预测来预测 MSFT 与 GE 的股票收益率。令 r_{MSFT}，r_{GE} 为 MSFT 与 GE 的收益率，$E_{\text{MSFT},1}$，$\cdots$，$E_{\text{MSFT},10}$，$E_{\text{GE},1}$，$\cdots$，$E_{\text{GE},10}$ 为 10 位分析师的盈利预测。

(a)使用历史数据，组合投资经理可以估计下列方程：

$$r_{\text{MSFT},t} = \alpha + f_1 E_{\text{MSFT},1,t} + \cdots + f_{10} E_{\text{MSFT},10,t} + \epsilon_{\text{MSFT},t}$$
$$r_{\text{GE},t} = \alpha + f_1 E_{\text{GE},1,t} + \cdots + f_{10} E_{\text{GE},10,t} + \epsilon_{\text{GE},t}$$

如果组合投资经理基于上述模型来预测股票的收益率，那么宽度是多少？

(b)在现实中更常见的是：组合投资经理仅能获得盈利的一致预期（即盈利预测的平均值），那么组合投资经理对收益率的预测可能基于下列方程：

$$r_{\text{MSFT},t} = \alpha + f \frac{1}{10} \sum_{j=1}^{10} E_{\text{MSFT},j,t} + \epsilon_{\text{MSFT},t}$$

$$r_{\text{GE},t} = \alpha + f \frac{1}{10} \sum_{j=1}^{10} E_{\text{GE},j,t} + \epsilon_{\text{GE},t}$$

此时宽度是多少？

(c)宽度的另一种定义是："不同信号"的个数。如果我们接受该定义，那么你对 (a)、(b)的答案会改变吗？

(d)用"不同信号"的个数定义宽度的一个缺点是：上述两种模型的宽度是相同的。请讨论为什么这是一个缺点。

2.22 假设组合投资经理通过 10 位分析师的盈利预测来预测 MSFT 与 GE 的股票收益率。5 位分析师提供 MSFT 的盈利预测，另 5 位分析师提供 GE 的盈利预测。令 r_{MSFT}，r_{GE} 为 MSFT 与 GE 的收益率，$E_{MSFT,1}$，$\cdots$，$E_{MSFT,5}$，$E_{GE,6}$，$\cdots$，$E_{GE,10}$ 为分析师的盈利预测。使用一致盈利预期（即盈利预测的平均值），那么组合投资经理对收益率的预测可能基于下列方程：

$$r_{MSFT,t} = \alpha + f \frac{1}{5} \sum_{j=1}^{5} E_{MSFT,j,t} + \epsilon_{MSFT,t}$$

$$r_{GE,t} = \alpha + f \frac{1}{5} \sum_{j=6}^{10} E_{GE,j,t} + \epsilon_{GE,t}$$

(a)如果组合投资经理基于上述模型来预测股票收益率，那么宽度是多少？

(b)如果组合投资经理将上述模型同时用于股票 GM、MSFT 以及 GE 上（增加一只股票 GM），那么你对(a)的答案会发生改变吗？

(c)如果我们用"不同信号"的个数来定义宽度，那么你对(b)的答案会发生改变吗？请解释为什么以"不同信号"的个数来定义宽度是不现实的。

2.23 信息损失的定义是：最大信息比率与实际信息比率之间的差值。

(a)信息损失为 0.1 意味着什么？

(b)当满足信息准则时，信息损失的值是多少？

(c)信息比率的最小可能值是多少？信息比率存在最大可能值吗？

2.24 一位组合投资经理认为股票 A、B、C、D 与 E 的预期收益率为：

$$E(r_A) = 10\% \quad E(r_B) = 20\% \quad E(r_C) = 30\%$$

$$E(r_D) = 40\% \quad E(r_E) = 50\%$$

她还认为每只股票的风险（标准差）均为 25%，并且这 5 只股票相互独立。在检验完这些信息后，组合投资经理构建了一个等权组合，由股票 C、D 与 E 所构成。

(a)组合的构建满足信息准则吗？

(b)计算组合的预期收益率与标准差。

(c)用这 5 只股票所能构建的最佳组合是什么？计算最佳组合的预期收益率与标准差。

(d)计算信息损失。

2.25 (a)什么是数据挖掘与数据探察？

(b)量化组合投资经理能够避免它们吗？请解释。

2.26 参数改变意味着什么？什么可能导致参数改变？为什么量化组合投资经理要担心参数的稳定性？

第 3 章

量化股票组合管理的基本模型

工作的伟大之处在于人的内心。

——教皇约翰·保罗二世

3.1 引言

量化股票组合管理的核心是量化模型，它将股票价格的变动与其他市场数据联系起来。量化股票组合投资经理构建这些模型来预测股票的收益率与波动率，而这些预测则为投资组合的选股奠定了基础。

一些读者可能会疑惑，当已经存在如此多优秀的附带模型的商业软件时，是否有必要去了解如何从头开始构建量化模型。当一位组合投资经理完全依赖于商业软件时，他可能无法使用所有可得的信息。不同的模型使用不同类型的信息，而任何给定的软件程序都可能会忽略某些信息。如果组合投资经理试图去"创新"，将自己的计算与预先打包好的模型结合起来，那么这种混合的结果很可能会违反信息准则。适当地依赖于商业软件是不可避免的⊖，但是只有对建模的过程有了一定的理解，投资经理才能知道如何最好地使用软件，了解可以用它来做什么以及不可以用它来做什么。

我们以讨论量化股票组合管理的两个基本模型来开始本章。在讨论模型时，我们将一步一步（从因子的选择到组合权重的确定）来考虑这两个模型是如何融入组合的整个构

⊖ 商业软件包的一个优势是，生产它们的公司倾向于去做大量的数据清洗，这就使其成为优良数据的一个很好的来源。

建中的。结果表明，量化股票组合管理的基本模型具有许多相同的属性，并且在某些条件下，它们会产生相似的投资组合。我们将在 3.3 节中解释模型的等价。组合投资经理常常将一种基本模型与一些特定的股票收益率模型结合起来。在 3.5 节，我们将讨论这些混合模型，并说明为什么在考虑到信息准则时，这些模型的结合是不明智的。在 3.6 节，我们权衡了基本模型的优点与缺点，并讨论了使用某一种模型而非另一种的理由。

3.2 量化股票组合管理的基本模型与组合的构建过程

现代金融经济学的中心思想是：股票的平均收益率是对持股者承担风险的补偿。因子模型描述了风险与收益之间的这种关系。**因子**（factor）是解释变量，它代表了不同种类的风险。因子模型表明，股票的平均收益率正比于股票对风险的暴露（由因子所代表，即**因子暴露**），以及每单位风险暴露所应得的补偿（即**因子溢价**）。

在量化股票组合管理中存在着两类因子模型，均可用于确定股票的收益率与风险是如何随着因子的变化而变化的。这两类因子模型分别为：**基本面因子模型**（fundamental factor model）与**经济因子模型**（economic factor model）。模型的名字源于与其相关的常用的因子类型。基本面因子模型使用基本面因子，如市盈率、市值等股票特征。经济因子模型最初是为了宏观经济变量而开发的，因此往往使用如国内生产总值（GDP）、通货膨胀率等宏观经济因子，但是其也足以处理其他类型的因子。虽然我们是根据模型所使用的因子类型来对模型进行区分的，但是有一点是值得注意的，**基本面因子模型与经济因子模型使用不同的技术来构建股票收益率模型**。

基本面因子模型与经济因子模型均基于以下原则，即股票的平均收益率由**因子溢价**（factor premium）与**因子暴露**（factor exposure）的乘积所确定。因子溢价衡量了投资者为每一个因子所愿意支付的补偿是多少，而因子暴露则衡量了股票收益率对因子的敏感度。因子溢价与因子暴露在基本面因子模型与经济因子模型中的使用方式是不同的。在基本面因子模型中，因子暴露是能够直接观察到的，但在经济因子模型中，因子暴露是不能直接观察到的。对于基本面因子模型，基本面因子的暴露能够通过公司的财务报表或其他数据源直接获得。对于经济因子模型，每只股票对经济（或其他）因子的暴露是无法被观察到的，因此需要通过股票收益率与因子溢价之间的历史关系来估计。

在这两个基本模型中，因子溢价的作用几乎是以相反的形式来表现的。原则上，因子溢价是不能被观察到的，只能对其进行估计。在基本面因子模型中就是如此，因子溢价必须通过股票收益率与因子暴露之间的历史关系来估计。然而，在经济因子模型中，某些情况下因子溢价可以被直接确定，而无须使用统计方法来估计。在其他情况下，因子溢价则需要通过构建**零投资组合**（zero-investment portfolio），或数学方法——**主成分分析**（principal-component analysis）来确定。我们将在稍后解释这些方法。

表 3-1 总结了量化股票组合管理基本模型在估计股票预期收益率与风险时所使用的不同方法。构建一个组合所需要的具体步骤部分取决于所使用的模型。在本章剩余的部分，我们归纳了组合的构建流程，以因子的选择为起点，以组合中个股的赋权为终点。在本综述中所提到的流程将会在之后的章节中详细讨论。

表 3-1　量化股票组合管理的基本模型如何确定股票的期望收益率与风险

	基本面因子模型	经济因子模型
因子暴露(β)	可直接观察到	通过时间序列回归来估计
因子溢价(f)	通过截面回归来估计	可直接观察到[①]
期望收益率	因子暴露×因子溢价	因子暴露×因子溢价
风险	因子暴露×因子溢价风险＋特定风险	因子暴露×因子溢价风险＋特定风险

①占一定比例的因子溢价可直接观察到。取决于所使用的因子，因子溢价可以通过构建零投资组合或主成分分析来确定。

3.2.1　因子的选择

构建量化组合的第一步是挑选那些看起来能够预测股票收益率的因子。好的因子确实是量化股票组合管理的秘方。所有的量化组合投资经理至少能相当熟练地使用各种各样的量化模型。区分投资经理的标准是看其在模型中所使用的特定因子集。投资经理会广泛地使用各种各样的因子来解释股票收益率，但是并非所有的因子都适用于所有的模型。基本面因子模型在某种程度上限制了因子的选择，因为其通常只选择基本面因子。经济因子模型更灵活，不仅可以选择经济因子，还可以选择所有的基本面因子。在第 4 章中，我们对许多因子进行了分类，并且讨论了如何挑选因子，因此在本章接下来关于组合构建的讨论中，我们均假设已经完成了组合构建的第 1 步，即已经选出了 K 个能够预测股票收益率的因子。

3.2.2　数据的选择

模型的数据集是由投资经理心中选用的因子模型类别和因子集共同决定的。一个数据集有两个维度：**截面维度**与**时间序列维度**。截面维度通过股票的某些特征来确定数据集。投资者可能决定收集某一特定行业中的股票数据或标普 500 指数的成分股数据，或纽约证券交易所（NYSE）中全部股票的数据。数据的截面维度很重要，因为数据集的属性将会影响最终组合的属性，而数据集所包含的股票数量将会影响估计的难易程度。时间序列维度考虑的是数据的**周期性**（即数据点被记录的时间间隔）与整个数据集的**时间跨度**。数据可以按日、周、月、季或年来记录。整个数据集的时间跨度可以是几年，也可以仅为 1 年。数据的周期性与时间跨度可能会影响参数的稳定性与不确定性⊖。

给定模型与数据集，组合投资经理可能还需要做出一些抉择。如果组合投资经理使用某个比较基准来衡量其绩效（通常的情况都是如此），那么是否将比较基准作为一个因子包含在模型中就成为一个问题。同样地，组合投资经理需要决定是使用总收益率还是使用对数收益率，以及是否使用超额收益率（即超过无风险收益率的那部分收益率）。

3.2.3　因子暴露

一旦组合投资经理选定了因子，并确定了数据集，那么就可以确定因子暴露与因子溢价。我们从因子暴露开始讨论，因子暴露也被称为**因子载荷**（factor loading）。在基本面因子模型中，因子暴露的确定非常简单。例如，如果因子为市净率（P/B），那么股票 i 的因子暴露就是股票 i 市净率的最新观察值（因子也可以更复杂一些，如平均市净率或预期市净率）。

我们将引入一些数学符号来表示因子暴露。假设模型中有 K 个因子。我们记股票 i 的 K 个因子暴露分别为 β_{i1}，$\cdots$，β_{iK}。如果模型中第 1 个因子为市净率，那么 β_{i1} 就表示股票 i 的市净率⊖。

在经济因子模型中，由于因子暴露不能被直接观察到，因此必须首先确定因子溢价（在下一节我们会解释如何确定因子溢价）。然后，我们可以通过收益率与因子溢价之间的关系来估计出因子暴露。我们记 K 个因子的因子溢价为 f_1，$\cdots$，f_K。给定因子

⊖　我们将在第 6 章与第 7 章中对这些问题做进一步讨论。

⊖　统计学上的惯例是使用希腊字母来表示不可被观察的量，使用拉丁字母表示可被观察的量。在经济因子模型中，因子暴露是不可被观察的，因此使用希腊字母来表示因子暴露是有道理的。在基本面因子模型中，尽管因子暴露是可被观察的，但仍然使用希腊字母 β 来表示，这样两种因子模型的记号就一致了。

溢价，股票 i 收益率 r_i 的方程就能被估计：

$$r_i = \alpha_i + \beta_{i1} f_1 + \cdots + \beta_{iK} f_K + \epsilon_i \qquad (3\text{-}1)$$

其中 β_{i1}，$\cdots$，β_{iK} 为股票 i 的因子暴露，而 α_i 为方程的常数项。最后一项 ϵ_i 为误差项，其反映了收益率的随机性。通常是使用不同时期观察值的时间序列回归来对方程进行估计的。也就是说，组合投资经理首先获得一组因子（即其认为对股票收益率有影响的变量）的因子溢价，再使用股票 i 在数据期中的收益率时间序列对相应的因子溢价进行回归。该回归估计的结果即为因子暴露。例如，因子溢价 f_j 可能代表的是实际 GDP 的增长。那么，通过回归估计所得到的因子暴露 β_{ij} 表明了股票收益率对实际 GDP 增长的敏感度。

3.2.4　因子溢价

量化组合投资经理还必须知道因子溢价。因子溢价本质上是市场对投资者所暴露的风险（由因子代表）做出的补偿。例如，如果我们知道一只股票对市净率有很高的因子暴露，那么我们需要知道市净率能够提供怎样的收益率。将这两条信息结合起来便可以预测股票的收益率。

在基本面因子模型中，因子溢价是通过股票收益率与因子暴露之间的历史关系来估计得到的。基本面因子模型与经济因子模型的方程与式（3-1）是完全相同的，但是在经济因子模型中，因子暴露 β_{i1}，$\cdots$，β_{iK} 是需要被估计的，而在基本面因子模型中，因子溢价 f_1，$\cdots$，f_K 是需要被估计的。基本面因子模型中的因子溢价可以通过截面回归（即一个时间点上不同股票的观察值）来估计得到，也可以通过面板回归（即多个时间点上不同股票的观察值）来估计得到。

在经济因子模型中，首先确定因子溢价，而确定因子溢价的方法取决于因子的性质。对于宏观经济因子，其变量值就可以作为因子溢价。例如，如果当月的通货膨胀率为 3%，那么通货膨胀因子的因子溢价就为 3%。确切地说该值并非因子溢价，其并不意味着投资者愿意为股票每单位的通货膨胀暴露支付 3% 的溢价。然而，实际的溢价是与通货膨胀率成比例的，因此为了预测股票收益率，通货膨胀率本身可以被称为因子溢价。更一般地，因子溢价可以通过构建零投资组合来求得。零投资组合是一个理论上的概念，其假设投资者不需要投入任何资本。例如，如果投资者卖空 100 美元的某只股票，理论上，其能够使用卖空所得到的 100 美元来购买市值 100 美元的另一只股票。在真实世界中，保证金阻止了这样的资金净转移，但是对于理论上的探讨，想象这样一个零投资组合是非常有帮助的。我们可以通过构建因子的零投资组合，并计算该组合的收益率，从而确定因子的溢价。假设规模因子是模型中的一个因子。规模因子的一个零投资组合可以通过以下方式来构建：做多一个小盘股子组合同时卖空一个同等金额的大盘股子组合。那么，规模因子的因子溢价为小盘股子组合与大盘股子组合的收益率之差。

3.2.5 期望收益率

不管使用哪类因子模型，对模型的估计提供了关于股票期望收益率的重要信息。该估计在本质上允许我们基于因子暴露与因子溢价来确定股票的期望收益率。

3.2.6 风险

对模型的估计还提供了关于股票风险的重要信息。该估计在本质上将股票的风险分解为两部分：系统性风险（nondiversifiable risk）与非系统性风险（diversifiable risk）。投资者首要考虑的是系统性风险，因为其来源于股票对市场中风险的暴露，该风险是不能从组合中消除的。系统性风险由式（3-1）中的 $\alpha_i + \beta_{i1} f_1 + \cdots + \beta_{iK} f_K$ 来代表。与之相反，非系统性风险是可以通过分散化投资从组合中消除的，其由 ϵ_i 来代表。非系统性风险常被称为**股票特定风险**（stock-specific risk）。通过计算风险的每个组成部分的方差或标准差，我们就能够估计股票的总风险。

3.2.7 预测

股票的预期收益率就是因子溢价与因子暴露的乘积。一旦确定了股票的风险水平，组合投资经理就已经为构建一个组合集齐了所需的全部信息。但是此时投资经理并没有集齐构建最优组合所需的全部信息，因为模型中的因子溢价与因子暴露是由历史数据所决定的，而收益率、因子暴露与因子溢价之间的关系很有可能在未来发生改变，组合投资经理事实上想要知道的是**未来值**而非历史值。多数情况下，因子暴露在未来短期内不会发生改变，但是因子溢价**很可能**在很短的时间内发生改变。因此，我们通常需要预测因子溢价。我们将在第 8 章中介绍怎样进行预测。

3.2.8 股票赋权

当模型更新了对股票收益率与风险的预测后，组合投资经理就可以使用最优化技术来为组合挑选股票，并为所选的股票赋权了。组合中股票的权重可以通过最大化组合的总收益、最小化组合的风险并且满足其他约束（如分散化要求与特定投资风格要求）来求得。又或者，组合投资经理可以决定最小化组合与比较基准之间的跟踪误差。这些问题将在第 9 章中进行深入探讨。

3.3　基本模型的等价

基本面因子模型与经济因子模型的构建均基于同样的原则：股票的期望收益率能够被表示为因子暴露与因子溢价的乘积。因此，当满足某些假设时，两个模型将产生相同的组合就不那么令人惊讶了。因子模型的等价关系可以由下列命题开始建立。

引理 5(因子模型的等价)：如果股票的期望收益率是基本面因子暴露的线性函数，那么基本面因子模型与经济因子模型等价。

如果基本面因子模型是一个正确的模型，那么经济因子模型也是正确的⊖。这一说法的证明如下。首先，我们假设股票的期望收益率为基本面因子暴露⊖的线性函数，正如基本面因子模型所描述的。那么，在该假设下，我们可以证明股票的期望收益率可以被表示为因子溢价的线性函数，正如经济因子模型所描述的。

让我们首先用基本面因子模型来表示股票收益率。如果有 K 个因子，那么股票 i 的收益率 r_i 为：

$$r_i = c_i + \pi_1 x_{i1} + \cdots + \pi_K x_{iK} + \omega_i \tag{3-2}$$

其中 x_{i1}，$\cdots$，x_{iK} 为股票 i 的因子暴露，π_1，$\cdots$，π_K 为因子溢价，c_i 为方程的常数项。就这一节而言，为了区分基本面因子模型与经济因子模型，我们特意改变了符号。

如果我们在经济因子模型中使用相同的 K 个因子会发生什么？经济因子模型能够正确描述股票收益率吗？答案是肯定的。我们需要证明的是：股票的期望收益率可以

⊖　一般而言，相反的关系是不成立的。也就是说，即使经济因子模型是对现实的正确描述，基本面因子模型仍然可能是不正确的。

⊖　原文此处为因子溢价，但根据文意，应为笔误。——译者注

被表示为因子溢价的线性函数，正如经济因子模型所描述的。我们提供了因子暴露在相互独立情况下的证明[一]。在经济因子模型中，因子溢价由其所构建的零投资组合所确定。为了确定因子 k 的因子溢价，投资者应当基于股票的因子值 x_{ik}，将所有的股票分为两组或三组。假设每一只股票都被分到这三组中的某一组中：高值组（如果 $x_{ik} > \bar{x}_k$），低值组（如果 $x_{ik} < \underline{x}_k$）以及中值组（包括临界值 $\bar{x}_k$ 与 $\underline{x}_k$ 的区间）。因子溢价 f_k 为零投资组合（买入 1 美元高值组并卖空 1 美元低值组）的期望收益率[二]，即：

$$f_k = E(r|x_k > \bar{x}_k) - E(r|x_k < \underline{x}_k) \tag{3-3}$$

如果因子暴露相互独立，那么运用式(3-2)，我们能够将公式重写为：

$$f_k = \pi_k d_k \tag{3-4}$$

其中，d_k 为常数，其定义如下：

$$d_k \equiv \left[E(x_k|x_k > \bar{x}_k) - E(x_k|x_k < \underline{x}_k) \right] \tag{3-5}$$

运用式(3-4)，我们将式(3-2)重写为：

$$r_i = c_i + \left(\frac{f_1}{d_1}\right)x_{i1} + \cdots + \left(\frac{f_K}{d_K}\right)x_{iK} + \omega_i \tag{3-6}$$

该式证明了股票的期望收益率能够被写为因子溢价的线性函数。事实上，该式表明了基本面因子模型与经济因子模型之间的确切关系。经济因子模型中的常数项(α_i)与基本面因子模型中的常数项(c_i)是完全相同的。经济因子模型中的因子暴露(β_{ik})与基本面因子模型中的因子暴露(x_{ik}/d_k)是成比例的。

对于从业者而言，因子模型的等价意味着：在某种程度上，如果基本面因子模型是一个正确的模型，那么是使用基本面因子模型还是经济因子模型就不重要了。两个模型所产生的结果在本质上是相同的。唯一的问题是，如果基本面因子模型不正确，那么最好还是使用经济因子模型，因为其理论基础要强于基本面因子模型。

3.4 使用 Z 值进行股票筛选与排序

许多组合投资经理使用 **Z 值**(Z-scores)来对股票进行筛选与排序。在确定投资组合中股票的配置时，股票的筛选与排序有时是对因子模型的补充。更常见地，它们被用

  ⊖ 经过简单的修改后，该证明可以用于更一般的情况。
  ⊜ 注意期望收益率是从多只股票中得到的，即预期股票收益率的截面平均值。

作因子模型的替代选择。由于股票筛选与排序在投资经理中使用广泛，因此，我们将于第 5 章对此进行详细的探讨。

在股票筛选与排序的背景下，Z 值为标准化后的股票对基本面因子的因子暴露。为了计算某些股票池中的股票 Z 值，我们需要知道每只股票的因子暴露。然后，对于每一只股票，我们用个股的因子暴露减去股票池中所有股票因子暴露的均值，再除以股票池中所有股票因子暴露的标准差。标准化后就得到一组 Z 值，其均值为 0，标准差为 1。

例如，假设我们要计算股票对市净率暴露的 Z 值。如果 β_1，$\cdots$，β_N 为股票 1，$\cdots$，N 的市净率，那么股票 i 的 Z 值即为：

$$z_i = \frac{\beta_i - \mu}{\sigma} \tag{3-7}$$

其中 μ 与 σ 为 β_1，$\cdots$，β_N 的均值与标准差。标准化让我们能够按以下方式来解释 Z 值：如果 z_i 为 2，那么股票 i 的市净率偏离均值 2 个标准差。

给定一个因子的 Z 值——或更一般地，多个因子的 Z 值，组合投资经理就能够开发出许多股票筛选与排序的策略。我们在下一节中会看到一个简单的例子，而更现实的例子将在第 5 章中讨论。

3.5　模型的混合与信息准则

从业者经常尝试将特定模型结合到量化股票组合管理的基本模型中，以此来增加额外的（信息）输入。这样得到的混合模型有时能够合理地描述股票收益率，但是在许多情况下，它们会产生大量不良影响。混合模型最主要的问题就是它们违反了信息准则。

回忆一下，为了遵守量化股票组合管理的原则 4，并满足信息准则，一位组合投资经理必须以最有效的方式使用所有可以获得的信息。一个结合了基于不同信息的两个模型的混合模型，可能因为无效地结合了两个原始信息集而违反信息准则。如果一个混合模型是基于使用相同信息的两个模型，那么混合模型可能会因为"双倍计算"了信息而违反信息准则。考虑下列假设情境：亚当是一位投资经理，构建了一个基本面因子模型，但是决定将该模型与 Z 值分析结合起来。特别地，亚当计算了基于 Z 值方法的期望收益率，并且将该期望收益率以常数项的形式引入基本面因子模型中。亚当使用组合管理软件自带的基本面因子模型，该软件允许用户增加常数项（即式（3-1）中的 α）。

亚当是否以最有效的方式使用了所有可得信息呢？如果他使用同样的数据来构建 Z 值模型与基本面因子模型，那么答案是否定的。增加的 Z 值分析不仅没有体现出任何收益，事实上反而导致了模型的扭曲，从而得到了一个非最优的投资组合。即使亚当使用了不同的信息来构建 Z 值模型及基本面因子模型，这两个信息集仍然没有以最有效的方式结合起来。在以上任意一种情况下，混合模型均不满足信息准则。使用亚当的模型与组合数据，我们可以通过计算信息损失来准确地求得混合模型是多么得无效。下面的例子说明了两个模型结合所产生的问题。

3.5.1　设定

设想世界上仅有两只股票，股票 A 与股票 B。假设当期股票收益率 r 是由上期股票的市盈率因子所决定。特别地，我们假设⊖：

$$r_{A,t+1} = 0.1\left(\frac{P}{E}\right)_{A,t} + \epsilon_{A,t+1} \quad \epsilon_{A,t+1} \sim N(0,20) \tag{3-8}$$

$$r_{B,t+1} = 0.1\left(\frac{P}{E}\right)_{B,t} + \epsilon_{B,t+1} \quad \epsilon_{B,t+1} \sim N(0,10) \tag{3-9}$$

其中 ϵ 是股票收益率的随机部分，假设其服从方差为 10 或 20 的正态分布（normal distribution）。我们同样假设两个随机误差之间的协方差为 0。假设最后一期 T，股票 A 的市盈率为 20，股票 B 的市盈率为 10。因此，平均市盈率为 15（＝（20＋10)/2），方差为 25＝(((20－15)^2＋(10－15)^2)/2)，标准差为 5（＝$\sqrt{25}$）。进一步假设，对于不同的时期与不同的股票，均值和方差均是常数。表 3-2 归纳了该假设并计算了相应的 Z 值。

3.5.2　Z 值模型

Z 值是因子暴露的标准化值。为了计算一只股票的 Z 值，我们用单只股票的因子暴露减去所有股票因子暴露的均值，再除以所有股票因子暴露截面的标准差。表 3-2 中给出了股票 A 与股票 B 的 Z 值。一旦计算得到了 Z 值，那么就可以估计下列方程来预测股票的期望收益率：

⊖　现实中，我们并不知道真实收益的产生过程，因此这个例子可能看起来并不现实。但是我们假设收益产生过程具有确定性的事实并不会影响本例想要表明的道理，即两个模型的结合导致了混合模型的扭曲。

表 3-2　市盈率与 Z 值

	股票 A	股票 B	均值	方差	标准差
$\left(\dfrac{P}{E}\right)_T$	20	10	15	25	5
Z_T	1	-1	0	1	1

$$r_{i,t+1} = a_i + bz_{it} + v_{i,t+1} \quad i = A, B; t = 1, \cdots, T-1 \tag{3-10}$$

其中 z_{it} 为股票 i 在时期 t 的 Z 值，a_i 为常数项，$v_{i,t+1}$ 为误差项。依据表 3-2 所给出的数据，a_A，a_B 以及 b 的估计值如下[⊖]：

$$b = \frac{1}{2}\frac{C(r_A, z_A)}{V(z_A)} + \frac{1}{2}\frac{C(r_B, z_B)}{V(z_B)}$$

$$= \frac{1}{2}\sqrt{V\left[\left(\frac{P}{E}\right)_A\right]}\frac{C\left[r_A, \left(\frac{P}{E}\right)_A\right]}{V\left[\left(\frac{P}{E}\right)_A\right]} + \frac{1}{2}\sqrt{V\left[\left(\frac{P}{E}\right)_B\right]}\frac{C\left[r_B, \left(\frac{P}{E}\right)_B\right]}{V\left[\left(\frac{P}{E}\right)_B\right]} \tag{3-11}$$

$$= \frac{1}{2} \cdot 5 \cdot 0.1 + \frac{1}{2} \cdot 5 \cdot 0.1 = 0.5$$

$$a_A = E(r_A) - bE(z_A) = 1.5 - 0.5 \cdot 0 = 1.5 \tag{3-12}$$

以及

$$a_B = E(r_B) - bE(z_B) = 1.5 - 0.5 \cdot 0 = 1.5 \tag{3-13}$$

给定第 T 期的 Z 值，通过上述估计就能够计算出股票 A 与股票 B 的期望收益率：

$$E(r_{A,T+1}) = a_A + bz_{A,T} = 1.5 + 0.5 \cdot 1 = 2 \tag{3-14}$$

$$E(r_{B,T+1}) = a_B + bz_{B,T} = 1.5 + 0.5 \cdot (-1) = 1 \tag{3-15}$$

注意，股票 A 与股票 B 的期望收益率是正确的。Z 值模型本身在有效地使用信息方面并不会产生问题，但 Z 值模型与其他模型以不正确的方式结合后就会产生问题，正如下文所示。

3.5.3　Z 值模型与基本面因子模型的混合模型

亚当首先估计基本面因子模型，即式(3-1)。然后，他做了 Z 值分析。现在，他根据从 Z 值模型所得到的期望收益率来设定基本面因子模型中的 α 项，从而构造出混合模型。具体而言，他将股票 A 的 α 项调整为 1，并将股票 B 的 α 项调整为 -1，这样 α

⊖　该式可以通过将等式两边同时减去均值，然后应用标准的普通最小二乘法(OLS)得到。

的和还是等于 0。对于第 $T+1$ 期，他错误地将式(3-1)修改为：

$$r_{A,T+1} = 1 + 0.1 \left(\frac{P}{E} \right)_{A,T} + \epsilon_{A,T+1} \quad \epsilon_{A,T+1} \sim N(0,20) \tag{3-16}$$

$$r_{B,T+1} = -1 + 0.1 \left(\frac{P}{E} \right)_{B,T} + \epsilon_{B,T+1} \quad \epsilon_{B,T+1} \sim N(0,10) \tag{3-17}$$

给定第 T 期的市盈率，亚当基于下列数据构建了一个组合：

$$E(r_{A,T+1}) = 1 + 0.1 \cdot 20 = 3 \tag{3-18}$$

$$E(r_{B,T+1}) = -1 + 0.1 \cdot 10 = 0 \tag{3-19}$$

$$V(r_{A,T+1}) = V(\epsilon_{A,T+1}) = 20 \tag{3-20}$$

$$V(r_{B,T+1}) = V(\epsilon_{B,T+1}) = 10 \tag{3-21}$$

$$C(r_{A,T+1}, r_{B,T+1}) = C(\epsilon_{A,T+1}, \epsilon_{B,T+1}) = 0 \tag{3-22}$$

如果股票 A 在组合中的权重为 w，那么组合的期望收益率与方差(根据亚当的计算)为：

$$\mu_P = 3w + 0(1-w) \tag{3-23}$$

$$\sigma_P^2 = 20w^2 + 2 \cdot 0 \cdot w(1-w) + 10(1-w)^2 \tag{3-24}$$

为了构建最优目标组合，亚当找到了使得 μ_P/σ_P 最大的 w 的值，即 $w=1$。因此亚当的组合将买入 100% 的股票 A，以及 0% 的股票 B。

3.5.4 信息损失

亚当认为他构建了最优组合，但事实上他并没有使得组合达到最大的夏普比率，因为他对于期望收益率的估计是不正确的。信息损失准确地揭示了亚当结合两个模型后所损失的潜在夏普比率是多少。首先我们先确定当亚当没有将 Z 值模型与基本面因子模型结合时，他所能达到的最大夏普比率。如果没有结合两个模型，那么我们所获得的股票 A 与股票 B 的期望收益率为：

$$E(r_{A,T+1}) = 2 \tag{3-25}$$

$$E(r_{B,T+1}) = 1 \tag{3-26}$$

我们应该强调一个事实：潜在收益率的损失并非由于选择了一个模型而没有选择另一个模型所导致的。不论亚当是选择 Z 值模型还是基本面因子模型，他都应该得到正确的期望收益率。但是两者的结合使得分析变得混乱。给定个股正确的期望收益率，亚当当前组合(100% 投资于股票 A，0% 投资于股票 B)的期望收益率与方差为：

$$\mu_P = 2w + (1-w) = 2 \tag{3-27}$$

$$\sigma_P^2 = 20w^2 + 10(1-w)^2 = 20 \tag{3-28}$$

因此，亚当组合真实的夏普比率(SR)（忽略无风险利率）为：

$$真实\ SR = \frac{\mu_p}{\sqrt{\sigma_p^2}} = 0.447\ 2 \tag{3-29}$$

亚当当前组合的权重并非最优。当 $w=0.5$ 时，夏普比率达到最大。当 $w=0.5$ 时，组合的期望收益率与方差为：

$$\mu_P = 2w + (1-w) = 1.5 \tag{3-30}$$

$$\sigma_P^2 = 20w^2 + 10(1-w)^2 = 7.5 \tag{3-31}$$

如果组合的构建是最优的，亚当所能够达到的最大夏普比率为：

$$最大\ SR = \frac{\mu_p}{\sqrt{\sigma_p^2}} = 0.547\ 7 \tag{3-32}$$

给定真实夏普比率与最大夏普比率，信息损失(IL)即为二者之差：

$$IL = 最大\ SR - 真实\ SR = 0.100\ 5 \tag{3-33}$$

信息损失为 0.100 5 意味着亚当每承担 1% 的额外风险时，其承担额外风险所能获得的回报比其应得的低 0.1%。由于当前亚当承担了 4.5% 的风险，他比原本应该赚得的收益少了 0.45%。由于不正确地结合了两个模型，他损失了 0.45%（或 45 个基点）的期望收益率。这个故事的寓意是明确的，最好的方式是选择一个模型并且坚持不变。依据信息准则，将基本模型混合起来使用很难说是合理的。该例子的另一个实际含义是：从一开始就建立自己的模型是有益的。许多投资经理想要以特定的方式来对信息建立模型，但是事先就打包好的程序在修改方面并不具备灵活性。将一个特定的模型附加到软件所生成的模型中并不能带来好处，因此设计一个完全定制化的模型可能才是最好的选择。

3.6　选择正确的模型

很显然，最好只选择一个股票收益率模型来构建组合，但是，在给定的情境下，选择两个因子模型中的哪一个才是正确的呢？正如前面所述，经济因子模型能够处理不同类型的因子，并且其运行的方式也与基本面因子模型不同。在此，我们将讨论一些标准来帮助我们在两种因子模型中做出选择（表 3-3 对此进行了归纳）。

表 3-3　选择正确模型的标准

标　准	基本面因子模型	经济因子模型	标　准	基本面因子模型	经济因子模型
理论基础		更好	数据要求	更好	
因子的适用性		更好	直观吸引力	视情况而定	视情况而定
易于实现	更好				

3.6.1　与经济理论的一致性

量化股票组合管理原则 5 表明：量化模型应当基于合理的经济理论。经济因子模型要比基本面因子模型更加遵守原则 5。经济理论认为：高的期望收益率仅仅是对于承担额外风险的补偿。小盘股与价值股可能产生额外收益，这并不是因为小盘股与价值股有什么特别好的地方，而是因为小盘股与价值股的风险更大。如果确实是这种情况，那么一个使用这两个因子的基本面因子模型将不会为我们提供关于风险来源及其如何影响股价的有意义的信息。我们最好是使用能够直接获得股票潜在风险的模型而不是关注其规模因子与价值因子。一个经济因子模型可以衡量股票对不同经济风险因子的敏感度。

当然，如果股票收益率与基本面因子暴露之间是线性关系，那么正如我们前面所证明的，基本面因子模型等价于经济因子模型。然而，如果股票收益率与基本面因子暴露之间不是线性关系，那么基本面因子模型不仅缺少理论支持，而且缺少计量的合理性，因为截面回归将变成错误的模型设定⊖。

3.6.2　结合不同类型因子的能力

并非所有的因子都能够被用于经济因子模型与基本面因子模型中。这两个模型均能处理基本面因子，如市净率、市盈率与规模。它们也都可以使用技术因子（technical factor），如动量与成交量。然而，有一些因子只能被用于经济因子模型中。这些因子包括宏观因子，如 GDP 与通货膨胀。如果一位组合投资经理想要使用所有类型的因子，那么经济因子模型是必然的选择。

⊖　在运用基本面因子模型时，另一个通常的假设是：因子溢价在一段时间内是稳定的。类似地，在运用经济因子模型时，经常假设因子暴露在一段时间内是稳定的。这些假设是否具有意义将成为模型选择的另一个标准。然而，正如我们在第 8 章里关于预测的解释所言，这两个假设并非必须被采用。

3.6.3 易于实现

然而，在实现模型的难易程度方面，基本面因子模型要比经济因子模型更胜一筹。对于基本面因子模型，只有因子溢价是需要被估计的。而对于经济因子模型，个股的因子暴露是需要被估计的，并且因子溢价的预测也是需要被估计的。但是，投资经理应当记住，基本面因子模型的易于实现是以限制其所能使用的因子类型为代价的。

3.6.4 数据要求

基本面因子模型可以在没有大量历史数据的情况下进行估计⊖。与之相比，为了估计经济因子模型，组合投资经理需要收集一个相对长期的历史收益率数据，因为因子暴露的估计需要通过收益率的时间序列分析得到。

对于横截面数据维度（cross-sectional dimension）而言，经济因子模型对数据的要求要低于基本面因子模型。经济因子模型需要对每只股票分别进行估计，在极端的情况下，可能只需要估计一只股票。然而，估计基本面因子模型需要大量的股票（通常是几百只）。

然而，这种差异不应当被夸大。当使用经济因子模型估计少量股票时，因子暴露的估计误差可能在构建组合**之后**仍然显著。如果组合由大量的股票组成，那么一只股票因子暴露的估计误差很可能会被另一只股票的估计误差所抵消。这种抵消不太可能发生在只包含少量股票的组合中。因此，在实践中，为了使得组合构建的过程是有效的，经济因子模型仍然会要求一定量的股票数据⊜。

3.6.5 直观吸引力

模型的直观吸引力比其是否能被经济理论所解释更重要。最好的模型应当是符合

⊖　为了估计每只股票收益率的方差，我们需要每只股票误差项的方差与因子溢价的方差-协方差矩阵。因子溢价的方差-协方差矩阵同样可以通过一个截面回归得到。因此，一个历史时间序列只会增加更多的数据，这或许更好，但并非是必需的。然而，为了估计每只股票误差项的方差，我们确实需要一些历史数据，因为在一个截面回归中，不同股票误差项的方差被假设为相同的。但估计该误差项的重要性在某种程度上要低于其他估计的重要性。由于个股收益率的方差最终将在构建最优组合时起作用，因此，为了能够估计个股收益率的方差，基本面因子模型需要一些历史数据。然而，其对数据的要求仍然低于经济因子模型。

⊜　这也意味着由于基本面因子模型受因子收益率误差而不受因子暴露误差的影响，那么无论组合是否进行分散化投资，基本面因子模型的估计误差都是相似的。因此，可以认为基本面因子模型对非分散化或集中的组合更有效。

常识的，并且很容易通过平实的语言来解释。组合投资经理总是应当理解其所使用的模型。对于不能正确理解模型的人而言，即使是最优秀的模型也是危险的。为了熟知并自如地使用量化模型，仔细阅读本书就向正确的方向迈出了一步。

3.7 结论

本章我们介绍了量化股票组合投资经理用来预测股票收益率的基本模型。量化股票组合管理的主要模型是基本面因子模型与经济因子模型。基本面因子模型主要使用股票的基本面因子来解释股票的收益率，而经济因子模型几乎可以使用任意类型的因子来解释股票的收益率。基本面因子模型与经济因子模型的运作略有不同，但遵循同一个公式：股票的平均收益率等于因子暴露与因子溢价的乘积。我们证明了，在某些条件下，两种类型的模型会产生相同的结果，但我们还是探究了选择其中一个模型而不选另一个的原因。

许多投资经理将股票筛选与排序方法附加到因子模型中，或者用股票筛选与排序方法来替代因子模型。尽管基于股票筛选与排序的 Z 值分析其本身在估计股票收益率时运作良好，但是最好不要将其与因子模型混合起来使用。这样得到的混合模型可能违背了信息准则，从而导致其产生的组合错失潜在的收益。

在本章中我们描述了量化模型是如何融入组合构建的七个步骤的（因子的选择、数据准备、因子暴露的估计、因子溢价的估计、风险的确定、因子溢价的预测以及股票赋权）。我们将在第 6 章、第 7 章详细讨论基本面因子模型与经济因子模型，依旧以整个组合的构建过程为背景，而组合的构建是本书第二部分的主题。

· 习　题 ·

3.1　量化股票组合管理中最常用的两个股票收益率模型是什么？
　　　（a）在上述两个模型中，怎样获得因子暴露？
　　　（b）在上述两个模型中，怎样获得因子溢价？
　　　（c）在上述两个模型中，怎样获得每只股票的期望收益率？
　　　（d）在上述两个模型中，怎样衡量每只股票的风险？
3.2　使用量化股票组合管理方法来构建组合的常规步骤有哪些？请简要描述各步骤。
3.3　横截面数据集与时间序列数据集之间的差异是什么？

3.4　以下是量化组合投资经理的一系列声明。请判断每一个声明是与基本面因子模型更相关，还是与经济因子模型更相关。

(a) 我们组合的平均市净率很高。

(b) 如果石油价格上涨，我们的组合将具有很高的弹性，因为我们组合的因子暴露为负。

(c) 我们金融艺术家对冲基金的投资哲学是：经济驱动股票的收益率；因此我们使用经济数据来预测个股收益率。

(d) 每只股票的因子暴露均是已知的，并且是公开可获得的。

(e) 分析师预测驱动股票的收益率。

(f) 我们投资部非常擅长于预测总统选举。我们据此来挑选股票。

3.5　宏观经济变量不能用于股票收益率模型，因为它们对于所有的股票都是一样的。对还是错。请解释。

3.6　怎样获得经济因子模型与基本面因子模型的因子溢价？对于每一种模型，请给出一个例子。

3.7　美国年度通货膨胀率作为因子溢价的效果怎样？

3.8　为什么预测因子溢价是有必要的？为什么对因子暴露不运用同样的逻辑？请分别联系量化股票组合管理的两种股票收益率模型进行说明。

3.9　在本章中，我们在因子暴露相互独立的假设下证明了因子模型的等价。请在没有该假设的情况下，证明因子模型的等价。

3.10　在本章中，我们证明了如果基本面因子模型是正确的，那么经济因子模型也一定正确。然而，反之则不亦然。考虑下面这个例子。假设股票期望收益率与公司规模的平方成正比，那么股票收益率可以被写为：

$$r_i = \alpha + \pi x_i^2 + \epsilon_i$$

其中 x_i 为股票 i 的规模。

(a) 证明经济因子模型可能是正确的，即股票期望收益率是因子溢价 f 的线性函数。因子溢价 f 的定义如下：

$$f = E(r|x > \mu_x) - E(r|x < \mu_x)$$

其中 μ 为公司规模的均值。

(b) 请解释为什么基本面因子模型可能与前面的设定不一致。

(c) 给定这种单向关系，在实践中你更喜欢用哪个模型？

3.11　在进行股票筛选之前，组合投资经理常用的标准化方法是什么？

3.12　对于量化股票组合经理而言，为什么使用结合 Z 值模型与商业风险模型所得到的混合模型来构建最优组合是非常危险的？

3.13 在本章3.5节的例子中，我们假设了股票真实收益的产生过程为：

$$r_{A,t+1} = 0.1 \left(\frac{P}{E}\right)_{A,t} + \epsilon_{A,t+1} \quad \epsilon_{A,t+1} \sim N(0, 20)$$

$$r_{B,t+1} = 0.1 \left(\frac{P}{E}\right)_{B,t} + \epsilon_{B,t+1} \quad \epsilon_{B,t+1} \sim N(0, 10)$$

即，我们假设了 α 为零。若我们假设 α 不为零，那么股票真实收益的产生过程为：

$$r_{A,t+1} = 1 + 0.1 \left(\frac{P}{E}\right)_{A,t} + \epsilon_{A,t+1} \quad \epsilon_{A,t+1} \sim N(0, 20)$$

$$r_{B,t+1} = 0.1 \left(\frac{P}{E}\right)_{B,t} + \epsilon_{B,t+1} \quad \epsilon_{B,t+1} \sim N(0, 10)$$

(a)如果亚当使用 Z 值模型来估计股票的收益率，那么 Z 值模型所估计的股票 A 与股票 B 的期望收益率是多少？估计值正确吗？

(b)如果亚当将 Z 值模型所估计的期望收益率作为 α 引入基本面因子模型中，那么混合模型所估计的股票 A 与股票 B 的期望收益率是多少？估计值正确吗？

(c)请解释为什么不论 α 是否为零，混合模型均不满足信息准则。

(d)计算信息损失。

3.14 正如本章3.5节中讨论的，一位组合投资经理使用市盈率的 Z 值模型来估计股票的期望收益率，并以此作为基本面因子模型的 α。然而，这次组合投资经理不使用市盈率来估计基本面因子模型，而使用规模来估计基本面因子模型。那么，组合投资经理就没有双倍计算任何信息。现在满足信息准则吗？

3.15 我们列出了一些挑选股票收益率模型的标准。指出哪个因子模型(基本面因子模型或者经济因子模型)更能满足每个标准。

(a)理论基础。

(b)因子的适用性。

(c)易于实现。

(d)数据要求。

(e)直观吸引力。

3.16 经济与基本面因子均被用于实践中。

(a)哪类因子更具理论上的合理性？

(b)给出一个为何如此的理由。

(c)有人可能听到尤金·法玛说过："我最好还是不要使用(a)中的因子类型，因为其样本外的表现不好。"他这话的意思是什么？他说的是正确的吗？

第二部分

QUANTITATIVE EQUITY PORTFOLIO MANAGEMENT

组合的构建与维护

接下来的 8 章可以作为量化股票组合管理的用户手册。我们将展示构建与维护符合投资经理目标的最优组合的具体细节。组合投资经理的工作是什么呢？归根结底，他们是要构建并维护一个持续跑赢市场指数的股票组合。直觉与纯粹定性的投资策略有可能能够实现也有可能无法实现该目标。量化股票组合管理却能够帮助投资经理识别最有可能持续获得高收益的策略。这也是制定组合日常决策的一个系统的、具体的方法。

股票收益率因子模型作为量化股票组合管理的核心元素，使得投资策略具有了科学方法的严谨性。这样做体现了量化股票组合管理七原则中的某些基本原则。模型的思想应当基于可靠的经济理论（满足原则 5）；构建模型所使用的统计分析应当反映持续与稳定的模式（满足原则 6）；所得到的模型能以最有效的方式结合所有可得的信息（满足原则 4）。

量化股票组合管理能够在选择初始股票组合，以及在组合存续期维持最优的股票组合这两方面为投资经理提供指导。通过运用量化股票组合管理，投资经理甚至可以最大化投资组合扣减交易成本与税负后的收益率，而交易成本与税负对组合财富累积的腐蚀效应往往并没有受到个人投资者或专业投资者的充分关注。

第 4 章

因子与因子选择

并非所有能计算清楚的事物都重要， 也并非所有
重要的事物都能计算清楚。

——阿尔伯特·爱因斯坦

4.1　引言

因子是量化股票组合管理的构成要素。只有高质量的原料才能做出美味的佳肴，同理，只有精选因子并以正确的方式将之组合才能构建出业绩优异的模型。因子的类型有许多种，如基本面因子、技术（面）因子、宏观因子以及其他因子等。组合投资经理如何才能为模型挑选合适的因子呢？量化股票组合管理的第 4 和第 5 条原则建议：投资经理所建立的量化模型应当能够反映合理的经济学理论，以及持续、稳定的模式。因此，好的因子所反映的其与股票收益率之间的关系不仅具有持续性与稳定性，而且能被经济学理论所解释。正如我们在第 2 章中所讨论的，找到高质量因子的可能性取决于我们的寻找方式。数据挖掘所找到的因子看似与股票收益率之间有着很高的相关性，但是这种因子与股票收益率之间的相关性仅仅是流于表面的。因此，寻找高质量因子的方法应当基于可靠的、理由充分的量化技术。本章描述了因子的主要类型以及一些挑选因子的方法。

4.2　基本面因子

因子（factor）是能够预测股票收益率的变量。公司的财务状况可能是影响股价表现

的最明显的因素。**基本面因子**(fundamental factors)描述了一个公司的财务状况。最常见的基本面因子是由利润表、资产负债表以及现金流量表中的数据直接计算出的比率。通过财务报表可以构建出无数的财务比率及财务报表变量的组合,并能够以此来预测股票的收益率。由于各种可能的基本面因子之间是相通的,所以我们可以将投资经理应该知道的一些关键因子列举出来。

我们将基本面因子分为 6 小类:估值因子、偿债能力因子、营运效率因子、盈利能力因子、财务风险因子以及流动性风险因子。估值因子(如市净率(P/B)、市盈率(P/E)),试图衡量股票的价格是否相对偏高或偏低。偿债能力因子试图衡量公司未来短期的偿债能力,该类指标包括流动比率、现金比率。营运效率因子(如存货周转率)与盈利能力因子(如毛利率)告诉我们公司管理的好坏。财务风险因子(如债务-股本比、利息覆盖率)衡量公司财务的健康状况。最后,流动性风险因子(如成交量、流通股本)显示了公司股票交易的难易度。附录 4A 中的表 4A-1 至表 4A-6 提供了量化股票组合管理中基本面因子的详细列表。

4.2.1 估值因子

表 4-1 给出了所选股票的一些常见估值因子的值。众多投资经理基于 P/E 来制定投资决策,正如我们在第 2 章中所看到的,很多研究都记录了 P/E 效应[⊖]。低 P/E 股票的风险调整后收益率要优于高 P/E 的股票[⊜]。对于这种现象的一个可能的解释是市场通常对坏消息反应过度,致使一些股票过度下跌。组合投资经理可以以较低的价格买入冷门股,并最终当市场上的其他人意识到该股票被低估时获取丰厚的回报。正因为 P/E 是如此常用的一个因子,那么不陷入默认地将其纳入模型这一陷阱才显得尤为重要。将市盈率因子纳入模型时需要有明确的经济理论支撑。当考虑到将 P/E 或任何其他因子纳入模型时,对该因子和模型中其他因子的契合度进行判断也同样重要。

表 4-1 所列出公司的 P/E 有着巨大的差异。辉瑞(Pfizer Corp)是一家全球领先的医药公司,其 P/E 约为 160,而石油巨头埃克森美孚(Exxon Mobil)的 P/E 仅为 12.97。但是这种跨行业的快速对比并不能告诉我们全部的信息。一个公司的 P/E 或其他财务

⊖ 见表 2-2。

⊜ 本章中,当我们描述一个比率"高"时,我们通常指它落在股票池的前 1/4 或前 1/10。当我们描述一个比率"低"时,通常指它落在股票池的后 1/4 或后 1/10。

指标应当在同行业中进行比较。2003 年，埃克森美孚的 P/E 基本与能源行业 13 倍的
P/E 保持一致。而辉瑞 160 倍的 P/E 远高于医药行业 35 倍的平均 P/E。有些时候，尽
管一只股票的 P/E 可能会高于市场整体 P/E，却很可能略低于其所在行业的平均 P/E。
亚马逊作为专业的互联网零售商，为我们提供了一个低于其行业估值的最好例子。亚
马逊的 P/E 为 23 倍（按 2005 年第 1 季度计算）高于标普 500 指数（S&P 500）19 倍的当
前 P/E 与 17 倍的历史 P/E，却低于专业互联网零售行业整体 28 倍的 P/E。

表 4-1　标普 500 指数成分股中权重排名前十位的公司的估值因子

股票代码	规模	市盈率（P/E）	股利收益率（D/Y）	市净率（P/B）	市销率（P/S）	市现率（P/CF）	市盈率与盈利增长比（PEG）	市盈率与增长及股息比率（PEGY）
GE	311.76	19.86	2.49	3.94	2.33	10.29	7.50	3.02
MSFT	294.80	27.57	0.31	4.53	8.58	18.66	N/A	N/A
PFE	269.53	160.59	1.70	4.14	5.96	22.96	N/A	N/A
XOM	269.29	12.97	2.39	2.99	1.26	9.45	0.14	0.06
C	250.32	13.91	2.27	2.58	2.64	N/A	0.43	0.19
WMT	228.70	26.53	0.67	5.32	0.90	14.30	2.18	3.26
INTC	207.01	37.27	0.25	5.49	6.90	18.06	0.44	1.76
AIG	172.89	18.67	0.34	2.43	2.13	4.78	0.27	0.81
CSCO	169.56	38.98	0.00	4.87	7.22	32.36	0.39	N/A
IBM	157.05	20.97	0.68	5.64	1.76	10.90	0.51	0.75

注：规模是指市值，以 10 亿美元为单位。股利收益率是百分数。2003 年年底数据。股票代码所指公司分别
　　为：通用电气（GE）、微软（MSFT）、辉瑞制药（PFE）、埃克森美孚（XOM）、花旗集团（C）、沃尔玛
　　（WMT）、英特尔（INTC）、美国国际集团（AIG）、思科（CSCO）、国际商业机器（IBM）；若一年期增长率
　　为正，则计算市盈率与增长比率（PEG）。

　　另一个常见的基本面因子为一个公司的市值，通常我们称之为**规模**（size）。有研究
表明：长期而言，小盘股的表现要优于大盘股。尽管从单个较短的投资期来看该效应
可能不成立，但是仍然存在几个理由可以解释为什么该效应长期而言是有效的。一些
人认为小盘股公司比已成熟的大公司面临更大的风险，因此需要获得额外的风险溢价
作为补偿。另一种基于信息论的解释是，小盘股通常只有少量的分析师覆盖，总体上
受关注的程度很小，因此有关它们的信息需要更长的时间才能在市场上扩散开。对于
模糊信息的厌恶也解释了为什么投资者对于并非家喻户晓的小盘股需要更高的风险
溢价。

　　股利收益率（D/P）、市净率（P/B）、市销率（P/S）、市现率（P/CF）以及股价/税息
折旧及摊销前利润（P/EBITDA）等指标均可以衡量股票的价值。由于这些变量之间是

高度相关的，因此组合投资经理可以根据其偏好进行选择⊖。相对于 P/E，有些组合投资经理更偏好使用 P/B，主要是因为 P/E 不适用于亏损的公司。投资经理偏好使用 P/B 的另一个原因则是因为其在学术研究中非常流行。有些量化组合投资经理会选用 P/CF，因为他们认为现金流更不易受到公司管理层的操纵。但所有这些因子都呈现相同的趋势。有研究表明，高 D/P，低 P/B、低 P/S、低 P/CF、低 P/EBITDA 的公司其股价表现优于具有相反属性的股票。对于这种趋势有着多种解释。其中一种解释是估值低的股票可能经历了严重的价格下跌，这会使得投资者在投资时回避这些股票，或持有时要求更高的风险溢价。

高 P/B 的股票通常被认为是**成长股**（growth stocks），而低 P/B 的股票通常被认为是**价值股**（value stocks）。2003 年，保险巨头美国国际集团（AIG）的 P/B 为 2.43，而半导体制造商英特尔的 P/B 为 5.49。从 P/B 的角度来判断，英特尔更像成长股，而 AIG 更像价值股。但是，与研究 P/E 一样，我们需要将这些股票置于其所在的行业中进行分析以获得更加全面的信息。与 2003 年保险行业（财产保险和意外险）约为 1.65 倍的 P/B 对比，AIG 被略微高估了。另一方面，如果 P/B 太低，说明公司的经营管理不能为其股东创造出足够的回报，从而导致股价的下滑。P/S、P/CF 也反映了相似的信息，因为销售额和现金流通常比账面价值更加透明，所以也有可能起到揭露公司盈利操纵的作用。虽然美国国际集团的 P/B 远低于英特尔的 P/B，但是其 4.26 倍的 P/CF 要高于英特尔 1.63 倍的 P/CF⊜⊜。

市盈率与盈利增长比（PEG）是另一种估值因子，常常被用于鉴别优秀的成长型公司。PEG 的背后逻辑是：如果公司的盈利在未来几年内能够大幅增长，那么其较高的市盈率就是合理的。仅从 P/E 的角度来看，一只股票可能会被认为是高估了，但如果其 PEG 值较低，那么在预期公司盈利增长的背景下，高 P/E 是合理的。以网络通信与计算机通信设备制造商思科以及 IBM 的数据为例。2003 年，思科的 P/E 为 39，IBM 的 P/E 为 21。从 P/E 的角度来看，我们可能仓促地下结论认为：相对思科而言，IBM 被低估了。然而，2003 年思科与 IBM 的摊薄每股收益增长率分别为 100% 和 41%，我

⊖ 在本书的实证部分，我们就许多常见因子之间相关性的问题分享了一些我们自己的见解。

⊜ 有趣的是，2004 年年底，美国国际集团卷入了涉嫌操纵准备金的争议中，据称是为了提升其在投资者和债权人眼中的财务状况。

⊜ 本句引用的指标值与表 4-1 不符，但这样的例子是存在的。——译者注

们可以计算两家公司的 PEG 值。思科的 PEG 为 0.39，而 IBM 的 PEG 为 0.51。由于思科盈利的大幅增长，现在看上去，相对于思科而言，IBM 被略微高估了。思科更高的盈利增长率足以补偿其更高的股价乘数。你可能会问，当我们无法准确地预测股票的未来盈利时，该怎样计算 PEG 呢？此时，通常使用股票分析师对公司未来盈利增长率的一致预期数据来计算 PEG。

P/E 可以进一步通过 PEG 除以股票的股利率来调整。调整所得的 PEGY（price-to-earnings-to-growth-to-dividend-yields），反映了在给定股票预期增长率和股利收益率时，股票估值的吸引程度。例如花旗集团与英特尔的 PEG 值大致相等，分别为 0.43 和 0.44。然而，当我们考虑股利收益率时，花旗集团为 2.27%，英特尔为 0.25%，由此我们可以得出相差较大的 PEGY 值，分别为 0.19 和 1.76。从单纯的估值角度来看，相对较低的 PEGY 值使得花旗集团比英特尔更具有吸引力。

股利收益率在确定公司的成熟度以及成长性方面也起到非常重要的作用。稳定成熟的公司往往能够产生充足的现金流并提供相对较高的股利收益率。许多成熟期的公司发现他们从事高回报项目的机会比较有限，因此他们将自由现金流以股息的形式发放给股东，而不是浪费在低回报的投资上。在表 4-1 的十家公司中，历史最为悠久并发展最为成熟的通用电气公司（GE）拥有最高的股利率：2.49%。反之，思科甚至没有发放股利，而是将其盈利全部再投入以支持未来的发展。对股利率的观察可以深入了解到公司成长的前景：是内生成长还是通过兼并收购成长。

4.2.2 偿债能力因子

表 4-2 给出了所选股票的一些常见偿债能力因子的值。流动比率（CUR）、速动比率（QR）、现金比率（CR）以及经营现金流比率（CFOR）均用来衡量一个公司以不同程度的流动资金来偿还负债的能力。偿债能力因子值较高的公司具有更好的流动性及偿债能力，其因债务问题陷入破产境况的可能性较低。大多数的组合投资经理选用其中的一个或多个因子作为筛选财务状况良好的股票的条件。

流动比率和速动比率高度依赖于公司所处的行业，但是评估这些比率的常用经验法则是：流动资产的流动性越高，其大幅超越流动负债的重要性就越低。流动比率是用流动资产除以流动负债所得，给出了公司（流动）资产与（流动）负债大体上的关系；速动比率将流动资产的范围缩小为现金、有价证券以及应收账款，从而改善了评估能力。较高的流动比率通常表明公司短期内具有充足的流动性，但这还需要与其他的比率一起进行检验，如存货周转率（IT）、资产回报率（ROA），以确保这并不是因为对现金及可出售证券的利用效率较低所造成的。大量的存货会提高流动比率，但也可能意味着公司产品出现了滞销甚至废弃。对于依赖大量存货的公司而言，速动比率对公司的偿付能力衡量得更为准确。

表 4-2　标普 500 指数成分股中权重排名前十位的公司的偿付能力因子

股票代码	流动比率（CUR）	速动比率（QR）	现金比率（CR）	经营现金流比率（CFOR）
GE	N/A	N/A	N/A	N/A
MSFT	4.22	3.88	3.51	1.13
PFE	1.26	0.89	0.51	0.50
XOM	1.20	0.91	0.28	0.74
C	N/A	N/A	N/A	N/A
WMT	0.92	0.17	0.14	0.43
INTC	3.33	2.78	2.35	1.67
AIG	N/A	N/A	N/A	N/A
CSCO	1.62	1.21	1.02	0.63
IBM	1.19	0.96	0.20	0.38

注：2003 年年底数据；股票代码所对应的公司名称参见表 4-1。

微软的流动比率为 4.22，速动比率为 3.88，这两个数据包含了公司流动性方面的几个重要事实。微软在短期内资金充足。从流动资产中剔除存货后，速动比率仅略低于流动比率，这说明微软的流动资产中大部分是现金与有价证券，而非存货。相反，沃尔玛的流动比率为 0.92，速动比率为 0.17。从百分比来看，流动比率和速动比率显著的差异揭露了沃尔玛的流动资产中存在着大量的存货，公司很可能面临流动性不足的问题。尽管速动比率显示出了危险的信号，但我们还需要结合其他相关因子的分析，如沃尔玛的债务-股本比与盈利能力比率，这些因子我们将在下文中进行讨论。

4.2.3　营运效率因子

在表 4-3 中我们给出了所选股票常见营运效率因子的值。营运效率因子用于描述公司在短期和长期的经营效率。分析短期营运效率一般会涉及对存货周转率（inventory turnover，IT）的分析。存货周转率等于商品销售成本除以平均存货，其代表着商品从存货转变为销售的比率。高的存货周转率往往是一个好标志，其表示公司产品非常畅销。会计准则和存货状况会影响存货周转率，因此在公司之间进行对比时，调整会计差异并聚焦相似行业的公司是至关重要的。在考察公司的长期营运效率时，用净销售额除以平均总资产所得到的总资产周转率（total asset turnover，TAT）可用于衡量公司利用其资产所产生的销售收入是多少。高的总资产周转率说明公司充分利用了其资产。净资产周转率（equity turnover，ET）和固定资产周转率（fixed-asset turnover，FAT）反映了公司利用这些特定类别的资产产生销售收入的能力。

表 4-3　标普 500 指数成分股中权重排名前十位的公司的运营效率因子

股 票 代 码	存货周转率（IT）	总资产周转率（TAT）	净资产周转率（ET）	固定资产周转率（FAT）
GE	9.13	0.21	1.69	0.21
MSFT	7.18	0.40	0.53	1.56
PFE	0.99	0.39	0.69	0.52
XOM	18.60	1.22	2.37	1.66
C	0.21	0.07	0.97	0.07
WMT	7.34	2.45	5.89	3.65
INTC	3.28	0.64	0.80	1.24
AIG	17.18	0.12	1.14	0.12
CSCO	5.09	0.51	0.67	0.80
IBM	17.73	0.85	3.20	1.50

注：2003 年年底数据；股票代码所对应的公司名称参见表 4-1。

尽管高的存货周转率通常来说是一件好事，但是同时应该记住过快的周转会增加由于存货短缺而无法满足客户需求的风险。当然，快速周转一般还是优于过慢周转的，因为过慢的周转意味着公司产品滞销，或者意味着公司备货占用了过多的资金（通常这会损害利润）。特定行业的"正常"周转率取决于市场竞争、需求以及行业惯例与（行业）要求。以通用电气（GE）、泰科国际（Tyco International）和德事隆（Textron）作为集团类公司中具有代表性的样本，我们发现"行业"的平均周转率在 5.8 左右。通用电气的存货周转率约为 9.13，所以从行业标准来看，它的产品似乎销售得不错。周转率的趋势与最新的数据同样重要。通用电气从 2000 年之后保持着平均约 8.85 的存货周转率（也高于行业平均值）且相对一年前 7.86 的周转率呈现增长态势，这些迹象令人鼓舞。通过日常观察，通用电气的周转率在行业中表现得强劲稳定，说明公司对其供应链有着很好的管理。

与存货周转率类似，总资产周转率、固定资产周转率及净资产周转率在不同的行业之间也有着显著的差异。表 4-4 列出了标普 500 指数中归属半导体行业的公司的总资产周转率、固定资产周转率及净资产周转率。我们同时也计算了这些因子的行业平均值。英特尔的总资产周转率为 0.64，净资产周转率为 0.80，与行业水平基本一致（分别为 0.57 和 0.8）。对于资本密集型行业（如半导体行业）而言，大体为 1 或者更小的周转率是相当正常的。我们可以预期，对于保持大量存货和流动资产的行业（如零售行业）而言，其周转率将会较高。半导体行业内公司的固定资产周转率同样差异明显，英特尔为 1.24，镁光科技为 0.6，而 Q 逻辑半导体公司则接近 7。

表 4-4   2003 年的半导体行业

股票代码	总资产周转率（TAT）	固定资产周转率（FAT）	净资产周转率（ET）
INTC	0.64	1.24	0.80
TXN	0.63	1.26	0.83
ADI	0.50	1.70	0.62
MXIM	0.49	1.44	0.56
XLNX	0.48	0.85	0.56
LLTC	0.29	2.16	0.33
BRCM	0.80	1.58	1.08
ALTR	0.56	3.80	0.75
MU	0.43	0.60	0.62
AMD	0.50	0.84	1.44
QLGC	0.56	6.99	0.60
NVDA	1.30	5.26	1.73
PMCS	0.45	2.82	1.10
LSI	0.49	0.82	0.83
AMCC	0.11	0.47	0.12
NSM	0.87	2.00	N/A
行业均值	0.57	2.11	0.80

注：股票代码所指公司分别为：英特尔（INTC）、德州仪器（TXN）、模拟器件（ADI）、美信（MXIM）、赛灵思（XLNX）、凌力尔特（LLTC）、博通公司（BRCM）、艾特拉（ALTR）、镁光科技（MU）、超微（AMD）、Q 逻辑半导体（QLGC）、英伟达（NVDA）、博安思通信科技（PMCS）、艾萨华（LSI）、应用微电路（AMCC）、国家半导体（NSM）。

4.2.4 盈利能力因子

表 4-5 中我们列出了所选股票常见的盈利能力因子的值。在大多数的量化股票组合管理模型中会出现一个或多个盈利能力因子（或者这些因子的变形）。毕竟，高盈利能力的公司是值得拥有的。表中的所有变量均是对盈利能力因子的标准度量。量化投资经理不仅关注利润，还关注利润的百分比增长情况。他们一般关注毛利率（GPM）、营业利润

率(OPM)或者净利率(NPM)的年同比增长率[⊖]。其他常见的盈利能力因子包括总资本回报率(ROTC)和普通股权回报率(ROCE)。组合投资经理可以利用这些比率进行行业内与跨行业的比较。

表 4-5 标普 500 指数成分股中权重排名前十位的公司的盈利能力因子

股票代码	毛利率 (GPM)	营业利润率 (OPM)	净利率 (NPM)	资产回报率 (ROA)	总资本回报率 (ROTC)	普通股权回报率 (ROCE)
GE	27.68	27.68	11.67	4.64	9.98	18.95
MSFT	85.72	47.58	31.05	17.87	16.38	16.38
PFE	87.27	37.89	3.63	11.17	5.90	5.98
XOM	21.87	15.12	9.83	13.30	22.65	23.92
C	47.65	47.65	18.85	3.45	14.77	18.21
WMT	24.07	6.61	3.45	12.87	15.63	20.76
INTC	72.62	43.63	18.72	17.35	14.71	14.91
AIG	24.99	24.99	11.40	2.72	10.84	13.02
CSCO	76.46	34.52	18.95	13.28	12.76	12.77
IBM	41.49	15.77	8.54	9.67	17.26	27.21

注:2003 年年底数据;股票代码所对应的公司名称参见表 4-1;数据的单位为百分比。

让我们看看微软的盈利能力因子。微软的毛利率为 85.72%,营业利润率为 47.58%,净利率为 31.05%。通过行业内、相对于市场整体以及时间序列等多个维度来检验这 3 个比率是非常重要的。每个维度都会(为我们)提供不同的视角。现在,我们着眼于这些因子在时间序列上的趋势。表 4-6 显示了微软在 2002~2003 年有高达 86% 的毛利率,但是相对于 2001 年 92% 的毛利率还是出现了下降。同时营业利润率从 2001 年的 52% 下降到 2002 年的 48%。营业利润率 4% 的下跌与毛利率 6% 的下跌很接近,但是两者并不完全相等。因为营业利润等于毛利减去销售费用与管理费用,所以与控制销售成本的能力相比,微软控制销售费用与管理费用的能力更强。

表 4-6 微软趋势分析

年 份	毛利率 (GPM)	营业利润率 (OPM)	净利率 (NPM)	年 份	毛利率 (GPM)	营业利润率 (OPM)	净利率 (NPM)
2000	89.83	50.95	41.04	2002	85.27	47.89	27.60
2001	92.41	52.40	30.52	2003	85.72	47.58	31.05

注:数据的单位为百分比。

我们可以更详细地剖析微软的盈利能力。总资本回报率衡量了公司利用全部资本获得

⊖ 一些新的文献注意到,尽管市场可能对所有种类的盈利同等对待,但是应计项目所反映的盈利与现金流所反映的盈利是不同的,并且会影响股票未来的收益率。特别地,应计项目所反映的盈利占比越高,股票未来的收益越低。如需更多的信息,详见 Sloan(1996)。

盈利的能力，而资产回报率与普通股权回报率则只关注公司利用相应的资源获得盈利的能力（这些比率也应该与同行业的其他公司进行比较来衡量其创造盈利的能力）。微软的资产回报率为 17.87%，总资本回报率为 16.38%，普通股权回报率为 16.38%。如果这些比率低于市场上同等风险的其他项目的投资回报率，那么公司破产并将资产重新投资到能创造更高利润的领域将会是更好的选择。而对于微软来说，这些比率值果不其然地证明了公司拥有相对较高的盈利能力。

4.2.5 财务风险因子

表 4-7 列出了所选股票常用的财务风险因子的值。研究人员的一些成果（如来自纽约大学斯特恩商学院运用财务比率来预测公司是否会破产的爱德华·奥尔特曼教授）使得量化股票管理领域的人士更加关注财务风险因子。通过对财务风险信号的监控，组合投资经理可以辨别出当销售暂时下滑或经济不景气时，哪些公司无法渡过难关。即使核心业务稳固，一个有着高债务股本比（D/E）的公司相对于其他公司也更容易破产。高债务股本比再加上低利息覆盖率（ICR，等于息税前利润除以利息费用）将更让人担忧，因为这意味着公司当前的利润不足以覆盖过多的利息支出。

表 4-7　标普 500 指数成分股中权重排名前十位的公司的财务风险因子

股票代码	债务股本比（D/E）	资产负债率（TDR）	利息覆盖率（ICR）	现金流覆盖率（CFCR）
GE	2.15	0.88	2.88	3.54
MSFT	0.00	0.23	N/A	N/A
PFE	0.09	0.44	44.98	59.04
XOM	0.05	0.48	33.26	46.24
C	1.44	0.92	2.52	2.61
WMT	0.46	0.58	11.84	14.91
INTC	0.02	0.20	131.94	212.13
AIG	0.69	0.89	4.47	4.92
CSCO	0.00	0.24	N/A	N/A
IBM	0.61	0.73	63.11	87.87

注：2003 年年底数据；股票代码所对应的公司名称参见表 4-1。

只是高的债务股本比并不会自动引发财务危机。更高的债务水平通常会导致更大的利润波动，并且使得出现财务困境或者破产风险的可能性更大。然而，能够创造大量稳定现金流的企业能够承担相对更大的债务，因为它们能够负担债务所产生的利息支出。相对于现金流短缺的公司，它们更有可能保持较高的债务股本比。2003 年 IBM

的债务股本比为 0.61，行业均值为 0.35。IBM 的资本结构中债务占比超过（行业）平均，但是它的利息覆盖率为 63.11，同样高于行业平均水平。它的盈利能力足以承担其债务负担。

最好的状态是负债很少，同时手头有充足的现金来支付利息费用。辉瑞药业的债务股本比只有 0.09，同时其利息覆盖率为 45。这表明公司能够承担更多债务来开展新的项目。较低的财务风险不单能避免灾难，对于公司的扩张与新增投资来说也是巨大优势。

4.2.6　流动性因子

表 4-8 列出了所选股票最常用的流动性因子，即换手率（TT）的值。流动性因子用于衡量一只股票的流动性是否能够满足其交易需求。换手率由日均成交额（ADV）除以市值计算得出，该指标衡量了一定时期内股票的成交量占其发行量的比例。它反映了股票交易的难易程度。流动性的其他替代指标包括市值与流通市值（市值中可以公开交易的部分）。流通股本与总股本之间一般是高度相关的，但有些股票的流通股本很小。股东数同样也反映投资者建仓或平仓的难易程度。只有当考虑到投资经理的资产组合规模或其计划交易的规模时，这些因子才重要。当一位投资经理想要买入超过现有可买数量的股票或者卖出超出市场所能承受数量的股票时，交易的流动性就需要重点考虑了。一些组合投资经理把流动性因子当作交易成本添加到股票组合的建模中，还有一些则让交易部门通过流动性限制的方式来控制交易成本。

表 4-8　标普 500 指数成分股中权重排名前十位的公司的换手率

股 票 代 码	换手率（TT）	股 票 代 码	换手率（TT）
GE	0.51	WMT	0.49
MSFT	1.52	INTC	2.22
PFE	0.64	AIG	0.61
XOM	0.44	CSCO	2.06
C	0.66	IBM	1.09

注：2003 年年底数据；股票代码所对应的公司名称参见表 4-1。

我们从表中可以看到，即使是大型的、著名的股票之间的换手率也有所差异。2003 年，英特尔的换手率达到 222%，微软为 152%，而埃克森美孚和花旗分别只有 44% 和 66%。

4.3 技术因子

附录 4A 中的表 4A-7 至表 4A-9 罗列了量化股票组合管理模型中最常用的技术因子。潜在的技术因子数以千计[1]。大多数技术因子是由过去的价格、成交量数据（通常是开盘价、最高价、最低价、收盘价、成交量、持仓量、买卖价格）以及其他可获得的金融信息所构建的。技术因子的一大优势是它们是持续更新的。新的基本面数据最多只能按季度获取，即当公司每季度向美国证券交易委员会（SEC）提交财务报表时才能获得。相反，最新的技术指标每隔几秒都可以得到，尽管大多数组合投资经理对日频率或者月频率的技术数据就已经非常满意了。组合投资经理通常使用技术因子来捕捉股票相对价格极短期的变化。

动量是一个十分常用的预测股票未来表现的短期指标。很多学术研究发现股票的收益率存在正的自相关性，这意味着一个时期的正收益往往会导致下一时期的正收益[2]。同样，也有证据表明单只股票的收益率在一周或一月内存在负的自相关性[3]。一些组合投资经理用上一年的股票收益率来衡量动量，还有一些投资经理用上个月的股票收益率来衡量动量，其他人则使用一些更加复杂的计算方法。但流行的一致观点是：近期表现出色的股票在不久的未来的表现往往同样出色。你可能会争辩：因为没有一只股票能永远上涨，所以动量是不能持续的。技术分析者会告诉你：上一时期产生正收益的股票包含着有用的信息，而这些信息可能还没有在投资人群中得到充分地扩散。它可能代表公司高管的内部购买行为（公司高管预期公司利润会增长），或者代表经验丰富的投资者的购买行为（投资者推断出公司存在尚未公布的利好消息，这些消息有利于股票近期表现）。

组合投资经理使用各种各样的移动平均线来捕捉股票价格所传递的信息。相对强弱指数是用来确定股票何时买入以及何时卖出的常用指标。布林带在简单的移动平均线的基础上进行了一些改进，其根据均价划定了上轨与下轨并以此作为买卖依据。当一只股票上穿均线上方的上轨时，是卖出的信号；当它向下穿越均线下方的下轨时，则是买入的信号。移动平均线和布林带有助于辨别具有相对吸引力的股票的短期趋势。

---

[1] 关于许多技术指标的描述以及运用，我们推荐 Achelis（2001）。

[2] 见表 2-2。

[3] 见 Jegadeesh（1990）。

4.4 经济因子

最初的套利定价模型是基于经济指标来构建的,因此在量化股票组合管理模型中经常见到一些经济因子也就不足为奇了⊖。表 4A-10 给出了在量化股票组合管理模型中最常用的经济因子。

对于股票收益率的宏观经济模型,组合投资经理在为该模型选取因子时,应当选取那些在一定程度上对所有股票的收益率均会产生影响的因子。比较流行的经济因子包括:GDP 增速、收益率曲线斜率、失业率以及通货膨胀率等,因为它们几乎会影响到市场的每个角落。尽管对这些因子的定义可能存在着不同的方法,但是对某些因子还是存在标准化的定义的。例如,计算通货膨胀率的通用方法是取最近月度的通胀率并将其年化。量化投资经理在计算宏观经济因子时必须谨慎,特别要注意数据的正确使用。一般而言,宏观经济数据的公布期要滞后于宏观经济数据的度量期。例如,最新公布的月度通货膨胀数据通常度量的是两个月前的通胀情况。同样地,其他的宏观经济数据也存在着不同程度的时滞。组合投资经理应该建立宏观经济数据发布月份的表格并根据信息发布的时滞来调整模型⊖。

4.5 其他因子

我们将剩下的因子归类为"其他因子"(因为没有更好的名字了)。其他因子分为三个子类:分析师因子、公司财务政策因子和社会责任因子。附录 4A 中的表 4A-11~表 4A-13 罗列了量化股票组合管理模型中最常用的其他因子。

⊖ 套利定价理论(APT)是由麻省理工学院的斯蒂芬·罗斯创立的,他建议包含下列宏观经济因子:工业产出的月度增长、通货膨胀率与预期通货膨胀率、实际利率、风险溢价(用 Baa 评级的债券收益率与政府债券收益率之差来衡量)以及期限结构(长期政府债券收益率与短期国库券收益率之差)等。详见 Chen,Roll 和 Ross(1986)。

⊖ 最初的套利定价模型所假定的因子溢价应当是超预期的变量,因为只有超预期的变化才会影响收益率。对于宏观经济变量而言,这常常意味着构建均值为零的能够代表原始变量的超预期程度的衍生变量。大多数经济变量的均值是不等于零的。然而这并不是问题。我们可以简单地认为经济因子与真实的因子溢价是成比例的。我们也可以试图构建更具创新性的经济因子,如构建超预期的通货膨胀率变量。

4.5.1 分析师因子

华尔街与其他地方的分析师对其所覆盖的公司花费了大量的时间来进行研究。华尔街分析师的盈利预测、买卖建议及相关信息在预测股票收益率时是非常有用的[○]。有大量的研究表明：分析师的建议有助于股票收益率的预测[○]。分析师建议的美妙之处在于将无数小时的研究浓缩为一个指令：买或卖。组合投资经理可以将分析师建议转化为因子，并用于量化模型中。

一些研究表明由"强烈建议买入"评级股票所构成的组合表现优于"强烈建议卖出"评级股票所构成的组合。由于分析师建议是公开信息，有人就会疑惑组合投资经理如何能使用这些信息来实现统计套利。一种论点是：在从庞杂的分析师数据中过滤出有用的建议方面，量化投资经理存在着优势。短短几秒内他们就能获得最新公布的分析师评级，然后使用软件来构建或者更新一个具备高评级的股票组合。一般的投资人可能在交易日结束后才听说评级的变化，而且他们很可能并未拥有能够快速分类整理大量分析师评级的软件[○]。

从风险调整后的收益率情况来看，购买上个月评级上升的股票的策略能够跑赢大盘。类似地，卖出评级下降的股票的策略表现同样强于大盘。可以预期卖出被承销商分析师降级的股票的策略表现更优。其他与分析师相关的策略似乎也获取了强有力的收益率。文献还记载了，从风险调整后的收益率情况来看，购买近期盈利向上修正的股票将获得优于大盘的收益。分析师评级的离散程度也可能创造出跑赢大盘的机会。

如果分析师对股票的覆盖研究为股票收益率模型提供了有效信息，那么鲜有或没有分析师覆盖的股票该怎么处理呢？缺少分析师覆盖实际上可能对股票自身来说就是一个优势。"被忽视公司效应"显示相对于被密切关注的股票，很少分析师关注或者很少机构持有的股票有着更高的长期风险调整后收益率。这个效应的产生可能与信息（的传播）有关。如果利好消息渗透到市场需要时间，那么，相对于分析师发表评论和建议

[○] 机构经纪人估计系统（IBES）是分析师数据的主要提供商，尽管彭博和其他数据供应商正在进入该业务领域。过去几年购买了机构经纪人估计系统的汤普森财经同时也拥有第一声（First Call）公司。在汤普森收购机构经纪人估计系统之前，第一声与机构经纪人估计系统之间存在着激烈的竞争。

[○] 相关的研究，请参考表 2-2。

[○] StarMine 构建了一个模型，该模型根据历史上分析师预测股票收益率的能力来给分析师的建议赋权，并考虑了业绩预报，同时还使用了分析师建议的改变来有效地过滤信息。正因为如此，StarMine 声名鹊起。该公司发现该模型是对基本盈利修正模型的改进，并且其信息系数要远高于基本模型。

的股票，被忽视股票的信息传递将更慢。当被忽视的股票有利好消息出现时，它的股价比知名股票价格的调整速度要更慢，在股票获利（价格上涨）之前投资者有更多的时间买入。"被忽视公司效应"建议：对于被忽视公司的股票，当有利好消息发生时买入，当有利空消息发生时卖出。现实中，许多"宽客"（量化分析师）利用多因子模型来寻找被忽视的股票，该模型通过检验股票基本面特征并且利用被忽视的状态来获得收益。给定基本面状况相同的两只股票，相对于知名股票，模型会给予被忽视股票更高的评级。

4.5.2 公司财务政策因子

有两个常见的公司财务政策因子：股票回购与内部（人士）购买。与分析师建议类似，虽然股票回购是公开信息，量化组合投资经理比一般投资人更擅长于筛选数据，这种能力是一种信息优势并且可以创造套利机会。股票回购表明管理层对公司的未来预期乐观。内部购买同样可以代表尚未公开的利好消息或者反映管理层对公司的信心。不管怎样，研究表明被内部购买的股票有着正的超额收益率而被内部抛售的股票收益率较低[⊖]。

4.5.3 社会责任因子

许多投资者认为：为了使组合的收益率最大化，他们必须将财务决策和社会责任区分开。履行社会责任的商业实践可能确实不能对公司的短期业绩产生任何贡献。然而，与那些认为社会责任型投资是为了好名声因而必定牺牲利润的观点不同，许多研究表明将社会责任问题纳入投资决策中并不会减少投资组合的收益[⊜]。抛开个人对于社会责任型投资的哲学立场，被称为"社会责任"因子的数据可能会为组合投资经理提供有用的信息。在这方面最常用的因子或许是雇员关系因子。诚然，将管理层与雇员的关系量化并不如计算市盈率来得直截了当，而且其衡量的质量也会影响到模型[⊝]。但是这个

⊖　见表 2-2。

⊜　见 Hamilton (1993)，Cohen (1995)，Diltz (1995)，Kurtz 和 DiBartolomeo (1996)，Guerard (1997)，Guerard 等 (2002) 以及 Derwall 等 (2005)。

⊝　KLD 研究与分析公司根据社会（责任）标准来收集信息，并将各公司归类。KLD 数据库 Socrates 提供了美国超过 3 000 家公司的概况，包括标普 500 指数、罗素 3000 指数与 KLD 的 Domini 400 社会（责任）指数中的所有公司。该概况针对一系列问题进行了分析，反映出公司的整个社会记录，包括并突出了公司在社会（责任）方面强弱的评级。具体而言该概况针对的问题如下：社区关系、员工与工会的关系、环境责任、公司治理、人权、环境影响、多样性、生产质量与安全、环境政策与实践、人工流产、避孕药具、军事武器、成人娱乐、枪支、核武器、酒精、赌博以及烟草。KLD 的一个竞争者——投资者责任研究中心（IRRC），也提供类似的数据。更多的信息可以在 http://www.kld.com 与 http://www.irrc.com 获得。

因子为一个严格的金融模型增加了深度，因为它包含着从最近财务数据中不能明显看出的信息，而这或许反映了公司运营中所存在问题的萌芽（或者，相反地，未来竞争优势的种子）。其他社会责任变量可能在量化股票组合管理中不是那么有用，不过我们还是将它们列举在表 4A-13 中，以供对这方面感兴趣的人士参考。

4.6　因子选择

在本章的前部分我们将量化股票组合管理的因子与烹饪材料进行了类比。构建投资模型就像烹饪，是科学和艺术的融合，许多组合投资经理很直观地构建模型，并根据个人口味增加因子。但当谈到最量化的模型时，烹饪的类比只能告一段落。厨师可能不需要懂化学，但量化组合经理必须理解金融与经济理论，以便合理地选择及组合因子，同时应当将量化股票组合管理的七大原则牢记于心⊖。投资经理需要扪心自问：为什么他所看到的套利机会市场并没有发现？其需要考虑在历史数据回测时有效的因子在未来是否依然有效。本节我们推荐几种具备理论支持的因子选择技术。正如我们在第 3 章中所讨论的，量化股票收益率模型有两种基本类型：基本面因子模型和经济因子模型。当为基本面因子模型选择因子时，我们建议用一元与多元回归技术。当为经济因子模型选择因子时，我们建议使用一维或多维零投资组合技术⊜。除此之外，我们也建议用简单的相关性统计或者肯德尔秩相关性（Kendall's rank-correlation）统计来确定因子之间的相关性。这些技术有助于对因子进行组合与分组。

4.6.1　一元回归检验

许多组合投资经理通过一系列因子的简单回归来简化寻找相关因子的过程⊜。也就是说，他们先识别出一组能够在理论上解释股票收益率的因子。然后用股票池中股票的收益率对每个因子进行面板回归，即：

$$r_{i,t} = \alpha + f\beta_{i,t} + \epsilon_{i,t} \tag{4-1}$$

其中 $\beta_{i,t}$ 是股票 i 在时间 t 的因子暴露，从面板回归中得到的 f 估计值可以显示因子与

⊖　见第 2 章。

⊜　关于检验因子样本外预测能力的进一步讨论，参见 Campbell 等（1997）的第 9 章。

⊜　简单回归意味着它是一个变量对另一个变量的回归。多元回归是一个变量对其他多个变量的回归。

股票收益率之间的关系。如果一个因子的 f 值显著，那么该因子在解释股票收益率方面是有用的。

一元回归的缺陷在于组合投资经理可能会发现许多在解释股票收益率方面显著的变量，但是这些变量之间是可以相互替代的。例如，投资经理可能发现市盈率(P/E)和市净率(P/B)都可以解释股票收益率，但是它们代表着相同的理念。因此模型中可能只需要它们其中的一个。理想的情况下，人们想要找到既能帮助解释股票收益率又不高度相关的因子集。根据第 2 章所讨论的基本定律，我们知道：**假定**每个因子的平均贡献**不下降**，那么我们所找到的能够解释股票收益的因子越多，信息比率就越高。因此，如果我们增加一个与已有因子高度相关的因子，那么我们可能将减少每个因子的贡献，从而导致模型并未得到改进。那么到底为什么要用简单回归来寻找因子？首先，简单可行。其次，通过该方法可以得到对因子的一个初步看法——什么因子可能（与股票收益率）相关、什么因子可能（与股票收益率）不相关。如果潜在因子太多，简单回归可用来进行第一轮筛选。

4.6.2 多元回归检验

多元回归(multiple regression)在判断（模型）需要包含哪些因子时更加复杂，因为它在估计因子对收益率的影响时考虑到了因子之间的关系。此方法最大的风险是如果组合投资经理在回归中囊括了太多因子，那么有可能存在**设定偏误**(misspecification bias)，这将造成具有误导性的统计推断。

若组合投资经理将解释变量控制在比较合理的数量范围内，比如说少于 10 个，那么可以估计多元面板回归，即：

$$r_{i,t} = \alpha + f_1\beta_{i1,t} + \cdots + f_K\beta_{iK,t} + \epsilon_{i,t} \tag{4-2}$$

其中 K 是考察的因子个数，$\beta_{ik,t}$ 是股票 i 在时间 t 对因子 k 的暴露。一旦进行了回归估计，所有不显著的因子都将被剔除，而显著的因子则进入因子模型⊖。

当然，这里最大的风险之一就是数据挖掘。**数据挖掘**(data mining)是一个过程，即首先选取股票收益率与因子的历史数据，然后测试各种各样的模型，直到组合投资经理找到一个对股票历史收益率具有最佳预测或最佳解释的模型。数据挖掘有多种方

⊖ 随书光盘的附录 C 描述了因子模型中囊括过少或过多因子的一些潜在问题。

法，但这些方法我们都不提倡，主要有两点原因。通过在历史数据上反复挖掘以寻找解释股票收益率的最佳因子组，组合投资经理肯定能找到一组在历史上有效的因子，但是绝对无法保证这些因子在未来也有效。这些因子历史上的 t 统计量或显著性也会具有误导性，因为投资经理没有考虑到其对每个因子组的反复测试。如果把这些情况都考虑进去，实际的 t 统计量会低很多（关于数据挖掘存在问题的更多细节请参见第 2 章）。此外，仅靠寻找历史上具有统计意义的能够解释股票收益率的因子，组合投资经理显然不能提供为什么选取这些因子的理论解释。对于任何严谨的量化组合投资经理而言，这是非常错误的行为。当人们使用**逐步回归**（stepwise regression）的方法时，数据挖掘可能会是一个很严重的问题[⊖]。该方法从一个因子集开始，然后对每种可能的因子组合进行回归，选出 $\bar{R}^2$ 最大的因子组合。

一个与逐步回归相关的技术被称作序贯设定搜索（sequential specification search）。组合投资经理从一系列他认为能够解释股票收益率的因子开始，观察这组因子的估计系数，其可能会因为某个因子的估计系数不显著而去掉该因子，并依据（经济）理论加入另一个因子。投资经理可能重复这一过程数次直到对股票收益率的解释达到让人满意的显著性水平。这也会导致夸大的统计显著性。一般来说，组合投资经理不会报告那些失败的建模尝试，这让投资委员会很难评估最终的股票收益率模型（final stock-return model）的真实性或显著性。

选择因子的最好的方法是基于理论，并从理论中寻找强有力的解释："为什么一个拥有特定因子的模型有效？"投资经理甚至可从少数潜在的模型开始，然后基于数据对模型进行检验，但是对变量的增减都要谨慎。投资经理应该在若干不同的时间区间对模型进行检验以保证模型的稳健性。

4.6.3 一维零投资组合

组合投资经理可以基于一个因子来构建零投资组合并研究该投资组合的特征。一般地，投资经理会将股票池中的股票依据其对于一个特殊因子暴露的大小分成三等份、五等份或十等份。当然，其他的划分方法也是可以的。通常，用第一个分位中的股票

⊖ 不幸的是，我们遇到的很多组合投资经理都是这样做的。大多数计量经济软件实际上都包含了能够简单实现这一方法的程序。

构建一个组合(简称第一组),用最后一个分位中的股票构建另一个组合(简称最后一组)。用第一组的收益率减去最后一组的收益率,就能得到假设的零投资组合(买入第一组并卖空最后一组)的收益率。之所以被称为**零投资**(zero investment),是因为从理论上说构建这样的组合不需要任何资本。该投资组合的收益率衡量了用这一因子选股的收益率。

组合投资经理也可以将股票池分为十份或者五份。我们以将股票池划为五份为例。假设市净率是我们感兴趣的因子。第一步:根据历史上每一期的股票市净率数据来对股票排序。有很多方法都能实现这一点。股票可以按每月、每季或者每年来排序。对于比较长的历史跨度(比如说,5~10 年的历史数据),股票应当每月都进行排序。第二步:以第一个五分位中的股票构建一个等权重组合,同时以第五个五分位中的股票构建另一个等权重组合。第一个五分位就是根据因子(这个例子里是市净率)排序在前 20%的股票。第五个五分位是根据市净率排序在最后 20%的股票。下一步是计算出两个组合的每月收益率。当然,这些组合会根据量化股票组合管理的再平衡(每月、每季或者每年)发生变动。最后一步是计算第一个五分位组合与第五个五分位组合历史收益率之差的统计值。对于投资经理感兴趣的,用来预测股票收益率的每一个因子均重复上述过程。

当算出零投资组合的收益率之后,我们可以用统计检验来判断组合的平均收益率是否显著不等于零。假设我们计算了 T 期的组合收益率并得到 $r_1,\cdots,r_T$。那么 t 统计量的计算如下:

$$\hat{t}=\frac{\bar{r}}{\hat{S}(\bar{r})}=\frac{\bar{r}\sqrt{T}}{\sqrt{\dfrac{1}{T-1}\sum_{S=1}^{T}(r_S-\bar{r})^2}} \tag{4-3}$$

其中 $\bar{r}$ 为样本均值,即 $(1/T)\sum_{S=1}^{T}r_S$;$\hat{S}(\bar{r})$ 为均值的标准误差。t 统计量应该和自由度为 $T-1$ 的 t 分布相比较。尽管应当在 t 统计表中查看决定 t 统计量是否显著的真实临界值,但是一个很好的经验法则是:如果 t 统计量的绝对值大于 2,那么组合的平均收益率显著不等于 0,即因子在统计上是显著的。

4.6.4　多维零投资组合

零投资组合的构建也可以同时考虑多个因子。这种方法比一维方法更严格,因为

我们可以检验因子组合的显著性。构建零投资组合的过程与之前几乎完全相同。组合
投资经理根据其感兴趣的因子将股票分别排序。若有两个因子，例如规模因子与市净
率因子，那么每只股票将会有两个排名，一个是依据规模排序，另一个依据市净率排
序。根据这些排序，组合投资经理可以将股票按两个因子分别划分为五组或十组。如
果投资组合经理想要将每个因子划分为 10 组，那么最终的组合将有 100 个。从规模因
子来看，会有从小到大的 10 个组合。从市净率因子来看，也会有由低到高的 10 组。
取这些组合的交集，即可以得到 100 个组合。

给定这 100 个组合，构建零投资组合的方法取决于投资组合经理的兴趣所在。如
果投资经理关注小规模与低市净率的组合是否会影响股票的收益率，那么他可以通过
买入小（规模）-低（市净率）组合并卖出大（规模）-高（市净率）组合的方式来构建零投
资组合。正如前一小节所解释的那样，当零投资组合构建后，就可以计算 t 统计量并
判断因子组合的效应是否显著。

4.6.5　减少因子数量的方法

有几种方法可用来判断因子间的相关性。量化组合投资经理可以通过这些方法来
判断某些因子之间是否高度相似，从而帮助投资经理将因子分组，或者减少股票收益
率模型中的因子数量。我们在这里讨论两种统计量，一种基于简单相关性，另一种基
于秩相关性。

一般来说，完全相关（即相关系数为 1）表示两个因子几乎相同，而相关系数为 0 则
表示因子彼此非常独立。在极端情况下，即完全正相关或负相关时，两个因子中的一
个很可能是多余的。在介于两者之间的情况下，量化分析师必须要有取舍标准。

我们讨论的第 1 个统计量被称为**内相关系数**（within-correlation coefficient）。该相关
系数会对面板数据（panel data）的结构进行调整。我们首先计算出每一时期的协方差和
标准差，然后将各时期的值相加，最后算出二者的比值。为保证我们是在检验同一时
期的相关性，该调整是必需的。具体而言，给定两个变量 X 和 Y，内相关系数计算
如下：

$$\rho(X,Y) = \frac{\sum_t C_t(X,Y)}{\sum_s \sqrt{V_s(X)V_s(Y)}} \qquad (4\text{-}4)$$

其中 $C_t(\cdot)$ 和 $V_t(\cdot)$ 表示使用第 t 期 X 和 Y 的值所计算出的协方差和方差[一]。

我们讨论的第 2 个统计量基于肯德尔 τ（Kendall's τ）。肯德尔 τ 显示了秩相关（即一个变量的秩是否与另一个变量的秩相关）。从概念上讲，肯德尔 τ 回答了下面的问题："假设你选择了一对观察值。你根据一个变量的值将这一对观察值排序，然后你根据另一个变量的值也将观察值排序，那么这两个排序之间相同的概率有多大？"因此，如果肯德尔 τ 是 100%，那么对每对观察值来说，根据一个变量的排序总是与根据另一个变量的排序相同。如果肯德尔 τ 是负 100%，那么对每对观察值来说，根据这两个变量所进行的排序都是相反的。如果肯德尔 τ 为 0，那么根据这两变量排序的结果有一半时间是相同的，而另一半时间则是相反的。

肯德尔 τ 也需要对面板数据的结构进行调整。我们计算每个时期的分子（两变量排序相同的对数减去两变量排序相反的对数）和分母（总对数），然后将各时期的值相加。这些方法可以用来对因子进行分组或减少模型中显著因子的数量。[二]

4.7　结论

本章中我们描述了量化股票组合管理模型所能使用的各类因子。组合投资经理需要很好地理解为什么某些因子在预测股票收益率时有用或没用。正如我们反复提到的，组合投资经理有别于其他普通投资者的关键就在于其为股票收益率模型选择因子组合的能力。自动选择最优因子的方法是不存在的。我们介绍了一些统计方法来辅助因子的挑选过程，但是它们不能代替人工的判断。为模型挑选因子时，其理论依据与统计证明同等重要。最后，因子的选择归根结底取决于投资经理的偏好。伟大的组合投资经理，就像伟大的厨师，经常依据"口味"添加作料。在第 5 章中，我们将介绍著名投资经理的个性化股票筛选方法，他们依据自己的风格来选择因子的组合。

[一]　注意到这和下式相通：

$$\rho(X,Y) = \frac{C[X - E_t(X), Y - E_t(Y)]}{\sqrt{V[X - E_t(X)]V[Y - E_t(Y)]}}$$

这就是我们称它为**内相关系数**的原因。

[二]　关于减少模型中的因子的方法见 Campbell 等（1997）的第 6 章。

附录4A　因子定义表

表4A-1　基本面估值因子

因　子	描　述
股利收益率（D/P）	每股股利除以每股股价。高的股利收益率也被称为"Dogs"。长期来看，高股利收益率的股票表现得更加出色
公司价值与息税折旧及摊销前利润比（EV/EBITDA）	也被称为企业倍数。由于考虑了公司的负债，因此该指标是从收购方的角度来评估公司的；常被用来寻找具有吸引力的收购目标。低比率意味着公司的估值偏低。同样适用于对比不同国家的公司，因为其忽略了税负的影响
市净率（P/B）	每股股价除以每股净资产。低P/B的股票一般被认为是价值型股票，而高P/B的股票则被认为是成长型股票。长期来看，我们发现低P/B股票的表现要优于高P/B股票
市现率（P/CF）	每股股价除以每股现金流（可以是各种方法计算得到的现金流）。低P/CF股票的表现要优于高P/CF股票。尽管P/CF与P/E、P/B相关，一些组合投资经理还是会使用它，因为现金流不易受到会计操纵
市盈率（P/E）	每股股价除以每股盈利。低P/E的股票被认为是价值型股票，而高P/E的股票则被认为是成长型股票。长期来看，我们发现低P/E股票的表现要优于高P/E股票
股价与每股息税折旧及摊销前利润比（P/EBITDA）	每股股价除以每股息税折旧及摊销前利润。EBITDA在息税前利润的基础上加入了折旧与摊销。低P/EBITDA股票的表现要优于高P/EBITDA股票。EBITDA常被作为现金流的代理指标，但是该指标也存在着一些问题，该指标并未考虑到会计政策的变动，也未考虑到估值时需要考虑到的现金需求、债务的还本付息与其他固定支出的需求以及维持生产力的需求
市盈率与盈利增长比（PEG）	市盈率除以盈利增长率。指标通常使用历史的盈利增长率或分析师一致预期的盈利增长率。常用于股票IPO的定价。它采用了新公司的预期增长率以弥补关于新公司预期净利润信息的缺乏。EV/EBITDA、P/EBITDA或P/E等指标忽略了IPO公司的成长性，从而可能导致这些指标与上市公司之间的巨大差异
市盈率与盈利增长及股利率比（PEGY）	市盈率与盈利增长比除以股利率。有些投资者使用市盈率除以盈利增长率与股利收益率之和来计算该指标
研发与销售收入比（RNDS）	公司的研发总支出除以销售收入。该比率高于行业平均水平可能预示着公司在未来有强劲的增长，这种高增长正是源于公司对研发的大力投入
市销率（P/S）	每股股价除以每股销售收入。该比率具有很高的行业敏感性。低P/S股票的表现要优于高P/S股票
规模	流通市值，其计算方式为：每股股价乘以流通股股数。通常我们称之为**规模**。长期来看，我们发现规模较小的股票的表现要优于规模较大的股票

表4A-2　基本面偿债能力因子

因　子	描　述
经营现金流比率（CFOR）	经营活动所产生的现金流除以流动负债。使用真实现金流而不是当前或潜在可变现的资产来衡量流动性

（续）

因　　子	描　　述
现金比率（CR）	现金与可出售证券之和除以流动负债。若存货、应收账款无法有效地转换为现金，那么该比率是对偿债能力更好的衡量。可用于出现这种情况的行业
流动比率（CUR）	流动资产除以流动负债。若存货、应收账款能够有效地转换为现金，那么该比率是对偿债能力很好的衡量。有较高偿债能力的公司更容易支付其流动负债，因而更不容易破产
速动比率（QR）	现金、可出售证券与应收账款之和除以流动负债。也被称为"酸性测试"（acid test）。当存货无法有效转换为现金时，该比率是对流动性或偿债能力更好的衡量。其本质上等于流动比率减去存货与流动负债之比

表 4A-3　基本面运营效率因子

因　　子	描　　述
资金周转周期	应收账款周转周期加上存货周转周期减去应付账款周转周期。也就是现金支出至现金回收所需的时间。戴尔公司的资金周转周期为负，因为其可以在支付债权人之前就从客户那里收到货款。这可视作在行业中保持强势地位的标志
成本管理指数	销售成本与销售及管理费用之和除以营业收入
成本管理指数（银行业）	非利息支出除以净利息收入与非利息收入之和，其中净利息收入等于利息收入减利息费用
净资产周转率（ET）	销售收入除以平均股东权益
固定资产周转率（FAT）	销售收入除以平均固定资产。其反映了用于提高生产力的投资所带来的销售水平。由于各种原因，包括固定资产投资的离散性、公司发展的特定阶段、折旧以及购买固定资产的时间等，使得该比率很不稳定
存货周转率（IT）	销售成本除以平均存货。这是衡量存货管理效率的一个指标。高的存货周转率说明存货从生产到销售的周转非常快。该比率也受会计方法的影响，因此在比较不同的公司时，分析师应当确保不同公司间的会计方法是相似的
应收账款周转率	销售收入除以平均应收账款。该指标的计算方法有多种，分析师可能使用近两年（或更长、更短时间）应收账款的平均值。该指标衡量了公司信用政策的效用，也衡量了公司为了维持其销售水平所需要的投资水平
总资产周转率（TAT）	销售收入除以平均总资产

表 4A-4　基本面盈利能力因子

因　　子	描　　述
毛利率（GPM）	销售收入减去销售成本之差除以销售收入。该指标衡量了一个公司的盈利能力。这是对公司历史数据的衡量。组合投资经理的隐含假设是：该指标的某种形式在未来依然有效
净利率（NPM）	净利润除以销售收入。净利润也被称为"底线"（bottom line）。该指标显示了公司真实的盈利，是衡量公司盈利能力的重要指标
营业利润率（OPM）	营业利润（销售收入减去销售成本再减去销售与管理费用）除以销售收入
净金融资产收益率	净财务收入除以平均净金融资产。净财务收入（税后）等于利息收入减去利息支出乘以 1 减去税率，平均净金融资产等于金融资产减去金融负债。该指标是对净营运资产收益率的补充

（续）

因　子	描　述
净营运资产收益率	净营业利润除以平均净营运资产。净营业利润（税后）等于净利润减去净财务收入，平均净营运资产等于净资产减去净金融资产。金融资产等于现金与可出售证券之和，而金融负债包括应付票据、短期债务、一年内到期的长期债务、长期债务以及优先股。该指标对于了解非金融公司剔除金融活动后的业务经营回报是非常有用的
总资产收益率（ROA）	净利润与税后利息支出之和除以平均总资产。或者定义为：息税前利润除以平均总资产。该指标衡量了公司在运用资产获利方面的管理能力与效率
普通股权收益率（ROCE）	净利润与优先股利之差除以平均普通股权益。该指标衡量了与普通股股东直接相关的收益率
股权收益率	净利润除以平均总权益。该指标衡量了普通股及优先股股东的收益率
总资本收益率（ROTC）	净利润与总利息支出之和除以平均总资本。该指标衡量了投资者投资于公司所获得的总收益率。总资本包括负债与权益资本，因此该指标衡量了所有投资者的整体收益率

表 4A-5　基本面财务风险因子

因　子	描　述
现金流覆盖率（CFCR）	经营现金流与利息支出之和除以利息支出。该指标与利息覆盖率类似，但是使用现金流代替了常见的会计项
债务股本比（D/E）	长期负债除以普通股权益。非常常见的衡量公司财务风险的指标。许多组合投资经理视相对较高的 D/E 为负面信号（若其他条件相同）
财务杠杆比率	总资产除以普通股权益
利息覆盖率（ICR）	息税前利润除以利息支出，也被称为"利息保障倍数"。该指标给了投资者一个衡量财务风险的信号，因为它反映了公司当前的息税前利润对债务利息的覆盖程度，其表明了公司将来支付利息的能力如何。高利息覆盖率比较令人放心，因为即使公司陷入困境，它仍是一个好公司，不会因为无法支付利息而导致更多的问题
资产负债率（TDR）	总负债（短期与长期负债）除以总资产（总负债与总权益之和）

表 4A-6　基本面流动性风险因子

因　子	描　述
换手率（TT）	在一段时间内交易量占总股本的百分比。常见的算法是日均成交量除以总股本。日均成交量的计算通常用最近 90 日的成交量均值。该指标是一种对流动性的衡量。对于大型基金，该指标会对投资组合中各股票的交易起到限制作用
流通市值	衡量流动性的一个指标，只考虑可以公开交易的股本（流通股本）。计算方式为流通股本乘以每股股价。该指标与股票总市值高度相关，但也并非总是如此。它是一个更贴切的衡量流动性的指标，因为它代表的是可以公开交易的股份数。事实上，许多指数，包括标普 500 指数，最近都将加权方式改为流通市值加权
股东数	该指标代表了持有公司股票的投资者数目。这对股票的流动性是非常重要的。对于大多数股票而言，该指标并不重要，因为股票的持有者非常广泛。然而，对于某些股票，该指标非常重要，因为如果小部分机构投资者拥有大多数的股票，那么买卖这些股票可能非常困难，从而使得这些股票对于组合管理策略缺乏吸引力

表 4A-7 技术因子，基于股价

因　　　子	描　　　述
布林带（Bollinger bands, BBs）	包围股票移动平均线的两条轨道线，一条轨道线在均线之下，另一条轨道线在均线之上，代表股票价格偏离均值若干倍的标准差。k 天的均值为：$\bar{P} = (\sum_{i=1}^{k} P_i)/k$。上轨的算法为：$\bar{P} + l\sqrt{\sum_{i=1}^{k}(P_i - \bar{P})^2/k}$，其中 l 是股价偏离均值标准差的倍数，k 为布林带所使用的历史数据的天数。下轨的计算方法相同，只不过是减去公式的第 2 项。该指标以其发明人约翰·布林命名。该指标的原理：投资者不应该在股价穿越移动平均线时买卖股票，真正的买卖时机是当股价大幅偏离其移动平均线时（如偏离 1 倍标准差）
通道突破	股票价格突破某个由其历史价格所形成的狭窄通道。该通道的定义是过去 n 天股票的最高价在同一时期最低价的 $x\%$ 以内。当股价在经历一个狭窄通道后创出新高，如高于原最高价的 $y\%$，那么是一个买入信号。如果出现相反的情况，则为卖出信号
低股价	低股价的股票。一些证据表明低股价的股票具有较高的收益率。一个论点是散户认为这些股票让他们赚得更多。这是一种心理作用，是由中小投资者（散户）认为名义价格低就是便宜的幻觉所致⊖
动量	在指定的时间区间股票所获得的正收益率。有多种计算动量的方法。最简单的方法是计算 k 个月的股票收益率 $r_{t,t+k}=(P_{t+k}/P_t)-1$。研究表明日频率、周频率、月频率的股票收益率均存在动量
移动平均线	指定历史窗口的股票平均价格。例如，如果你想要 60 日移动平均线，只需简单地对过去 60 日的股价取平均数。每天这样计算就可以获得该股票 60 日移动平均线的历史数据。我们可以使用股价的多种加权方式来计算移动平均线。移动平均线的使用方法：当股价高于移动平均线时买入，当股价低于移动平均线时卖出
指数平滑异同平均线（MA-CD）	最初定义为股价 26 日的指数移动平均线减去 12 日的指数移动平均线。跟随动量指标，这种趋势说明了两条移动平均线的相互关系。该指标由杰拉尔德·阿佩尔发明。有许多方式来解读该指标。一种方法是当该指标上穿零线时买入，下穿零线时卖出。当该指标非常迅速地上升或下降时，也可视为超买/超卖指标
相对强弱指标（RSI）	指标算法为：RSI＝100－[100/(1＋U/D)]，其中 U 等于价格上涨幅度的平均值，D 等于价格下跌幅度的平均值。对于计算 U 所使用的数据，当股价上涨时记录股价上涨幅度的绝对值，当股价下跌时则记录 0。计算这些数据怀尔德（Wilder）周期（如 5 日）的平均值。以同样的方式计算 D，唯一的区别是当股价下跌时记录股价下跌幅度的绝对值。然后即可计算每日的 RSI 值。该指标介于 0～100。一般地，当 RSI 大于 70 时，说明处于超买的市场环境，则应当卖出股票；当 RSI 小于 30 时，说明处于超卖的市场环境，则应当买入股票。该指数于 1978 年 6 月由韦尔斯·怀尔德首次发表在《商品》杂志上
支撑阻力位	该指标被用于寻找股价达到新高或新低的股票。一般地，投资者构建一个回溯窗口，如 30 日。如果股价超过了过去 30 日的最高价，那么发出买入信号。如果股价低于最低价，那么发出卖出信号

⊖　原文语义不明，疑有误。译者根据文意做了调整。——译者注

表 4A-8 技术因子，基于成交量

因　子	描　述
零股平衡指标（OLBI）	该指标衡量了卖出零股与买入零股之比。零股是指所交易的股票数量小于100股。该指标的思想是散户（中小投资者）的投资是不明智的。因此，当 OLBI 很高时，意味着散户的卖出大于买入，这是买入的信号。当 OLBI 很低时，则是卖出的信号。一些从业人员会使用 OLBI 的移动平均线来作为指标
能量潮指标（OBV）	该指标由乔·格兰维尔发明，是一个使用成交量的动量指标。它说明资金是流入还是流出某只股票。如果某一天股票价格上涨，那么所有的成交量都被认为是上涨成交量。如果某一天股票价格下跌，那么所有的成交量都被认为是下跌成交量。具体的计算方式为 $$OBV_t = \begin{cases} OBV_{t-1} + V_t, & 若\ P_t > P_{t-1} \\ OBV_{t-1} - V_t, & 若\ P_t < P_{t-1} \end{cases}$$ 如果股价没有发生变化，则 OBV 保持不变。当 OBV 突然改变趋势时，投资者应当立即行动。因此，如果 OBV 由持续下降突然变为开始上升，那么这是一个买入信号
卖空量	该指标衡量了某只股票的卖空量。有些人将大幅卖空当作反转信号。也就是说，这些卖空股票的投资者可能会被逼空，使其不得不买回股票，从而引起股价的进一步上涨。一般地，应用这个指标时，要比较当前股票卖空量与其历史平均卖空量的水平
成交量	成交量被应用于很多技术指标中。一个简单的规则是，如果股票放量，那么这可能是反应过度，并可能会发生反转。如果股票缩量，则可能意味着股价将持续之前的趋势

表 4A-9 技术因子，整体市场走势

因　子	描　述
涨跌比率	该技术指标衡量了在市场反弹中，有多少比例的股票上涨。它是上涨的股票数量与下跌股票数量的比值。一些投资者通过使用移动平均线来平滑该比率。如果该指标很高，那么表明市场超买，是卖出信号；如果该指标很低，那么表明市场超卖，是买入信号
阿姆氏（Arms）指标	该指标是其他两个众所周知指标的组合，衡量的是上涨股票或下跌股票的成交量流向。计算方式是用上涨-下跌量比率（upside-downside ratio）除以涨跌比率。其表明成交量是流向上涨的股票还是流向下跌的股票。比率小于1表示一个买入信号，而比率大于1则表示一个卖出信号。许多从业者运用的是该指标的移动平均线。该指标以其发明人理查德 W. 阿姆氏命名
上涨-下跌量比率（UDR）	该指标比较了上涨股票与下跌股票的成交量。其计算方式是上涨股票的日成交量除以下跌股票的日成交量。股票池可以为纽约证券交易所、美国证券交易所以及纳斯达克上市的股票
上涨-下跌量指标（UDV）	该指标比较了上涨股票与下跌股票的成交量。其计算方式是用上涨股票的成交量减去下跌股票的成交量。通常，投资者可以参考该指标的历史平均水平。当 UDV 显著为正时，为买入信号；当 UDV 显著为负时，为卖出信号

表 4A-10 经济因子

因　　子	描　　述
消费增长	衡量经济中实际消费的增长，指标基于 GDP 统计中的消费项
公司债息差	该指标以公司债息差来衡量经济中的风险溢价。该指标可以使用垃圾债券（BBB 或更低评级的债券）与美国国债之间的息差。息差越大，市场为更高风险的证券所支付的风险溢价就越大。也可以用与美国国债久期相近的垃圾债的收益率减去美国国债的收益率来计算
工业生产值	该指标衡量了经济的增长率。通常工业生产值的变化或增长被看作一项经济指标。该指标按月公布，因而可能比 GDP 增长率更实用（GDP 增长率按季度公布）。不同的股票在商业周期的不同阶段对工业生产值增长率的因子暴露是不同的
通货膨胀	该指标衡量了经济的月度通货膨胀率。通常使用消费者物价指数（CPI）或生产者价格指数（PPI）来衡量通货膨胀。一些人把实际通货膨胀率作为经济指标，另一些人试图构建一个超预期的通货膨胀率序列，并以此作为经济指标。不同的股票在不同通货膨胀周期的表现不同
商品价格	该指标衡量了经济中石油或其他商品价格的变化。通常用石油价格的变化率或其他一些商品指数的收益率来衡量
实际 GDP 增长	该指标衡量了实际 GDP 的季度增长率。一些人也用经济预测调查来计算实际 GDP 增长的超预期值
收益率曲线斜率	该指标衡量了收益率曲线的斜率。通常的计算方式是用 10 年期（国债）收益率减去 2 年期（国债）收益率，或者用 10 年期（国债）收益率减去 3 个月期的国库券收益率，当然也有其他的算法。收益率曲线斜率代表了债券市场参与者对未来经济状况的预期变化，同时也可作为时间风险溢价的代理变量
失业率	该指标衡量了经济体中的失业率。一些从业人员也可能会使用失业率的变化率

表 4A-11 其他因子，分析师因子

因　　子	描　　述
最高每股盈利（EPS）预测	该指标代表分析师对某公司股票每股盈利的最高预测值
最高推荐	该指标代表分析师对某公司股票的最高推荐
最低每股盈利预测	该指标代表分析师对某公司股票每股盈利的最低预测值
最低推荐	该指标代表分析师对某公司股票的最低推荐
每股盈利预测值中位数（EPSFM）	该指标代表分析师对某公司股票每股盈利预测值的中位数
分析师推荐中位数（RE-CM）	该指标代表分析师对某公司股票评级的中位数。每位分析师的评级可分为 1~5 级。1＝强烈推荐买入；2＝买入；3＝持有；4＝表现低于比较基准；5＝卖出
做出每股盈利预测的分析师人数（EPSN）	该指标也被称作被忽视企业指标，其代表了覆盖公司的分析师数目。该指标的思想是挑选分析师覆盖较少的公司。研究表明分析师覆盖较少的公司或者机构投资者持股比例较低的公司其风险调整后的收益率更高。是否是受小盘股或者其他因素的影响而导致了这一现象，仍然存在着争议
下调每股盈利预测的分析师百分比（EPSFD）	该指标表示上月下调了股票每股盈利预测的分析师占比

（续）

因　子	描　述
下调股票评级的分析师百分比（RECD）	该指标表示上月下调了股票评级的分析师占比
上调股票评级的分析师百分比（RECU）	该指标表示上月上调了股票评级的分析师占比
上调每股盈利预测的分析师百分比（EPSFU）	该指标表示上月上调了股票每股盈利预测的分析师占比
建议买入的分析师百分比（RECB）	该指标表示建议买入该股票或看好该股票的分析师占比
建议卖出的分析师百分比（RECS）	该指标表示建议卖出该股票的分析师占比
分析师推荐的标准差（RE-CSD）	该指标是横截面上所有分析师评级的标准差。该指标表明了分析师预测的异质性程度
每股盈利预测值的标准差（EPSFSD）	该指标表示所有分析师对某公司每股盈利预测值的标准差
标准化的超预期盈利（SUE）	$SUE=(EPS^a-\overline{EPS})/S(EPS)$，其中$\overline{EPS}$表示业绩公布前分析师每股盈利预测的平均值，$S(EPS)$表示分析师每股盈利预测的标准差，$EPS^a$是业绩报告中的实际每股盈利。有研究表明，盈利正向超预期的公司在之后的13～26周里会有出色的表现；反之，盈利负向超预期的公司在未来则表现欠佳

表 4A-12　其他因子，公司财务政策因子

因　子	描　述
内部购买	该指标为内部人士购买股票的人数。对于股票收益率来说，购买该股票的内部人士较多是利好的信号，而卖出该股票的内部人士较多则是利空的信号。有研究表明，如果买入内部人士正在购买的股票，那么将可以获得超常收益率。同样地，如果卖出内部人士正在卖出的股票，那么也将可以获得超常收益率
股票回购	该指标表示公司对自己股票的回购。该指标的一个代理指标是公司持股库存的变化。有研究表明回购自己股票的公司倾向于随后获得超常收益率

表 4A-13　其他因子，社会责任因子

因　子	描　述
社区	该指标衡量公司对慈善事业或类似活动的贡献程度
公司治理	该指标衡量公司支付管理层的报酬。较高的报酬被视为不好的信号
多样性	该指标衡量公司如何对待妇女与少数群体，例如同性恋者
劳资关系	该指标衡量公司是否与员工分享盈利，是否能改善员工的安全与健康以及是否有健全的退休计划与良好的工会关系
环境保护	该指标衡量公司对减少污染与造福环境等活动的投入
人权	该指标衡量公司如何看待人权，甚至包括全世界的人权问题
产品	该指标衡量公司如何提高公司产品的质量，公司是否为市场上新上市产品的研发领军者以及产品是否具有显著的社会价值

· 习　题 ·

4.1　什么是因子？为什么对于量化股票组合管理而言它非常重要？

4.2　量化股票组合管理中，因子的 4 个基本分类是什么？

4.3　常见的基本面估值因子有哪些？

4.4　假设有一组股票 A，其平均市净率低于行业平均值，另一组股票 B，其平均市净率高于行业平均值。一位成长型的组合投资经理将会选择哪一组？价值型的组合投资经理呢？

4.5　对于市盈率因子而言，以下哪一个更加合适，历史市盈率还是预期市盈率？请说明理由。

4.6　运用本书附送 CD 附录 B 中的 DDM 模型，以及本章中的概念，回答下列问题。

　　(a)根据股利支付比例 k，要求的净资产回报率 r_{ce} 以及盈利增长率 g，得出市盈率的表达式。

　　(b)变换该表达式，以得到由股票实际市盈率与其他参数所暗示的隐含盈利增长率。

4.7　为什么基本面偿债能力因子应当包含在股票收益率模型中？

4.8　你认为以下哪个因子在解释股票收益率时更有效，是毛利率还是毛利率的变化率？请解释。

4.9　在其他条件相同的情况下，你更倾向于选择低 D/E 的公司，还是高 D/E 的公司。衡量基本面财务风险的指标还有哪些？

4.10　(a)对于量化股票组合管理而言，为什么基本面流动性因子可能非常重要？

　　　(b)在这方面，你认为哪个因子与之更相关，日均成交量、市值还是流通市值？请解释。

4.11　在量化股票组合管理中越来越多地使用技术因子。

　　　(a)使用技术因子的主要原因是什么？

　　　(b)列出四类技术因子。

　　　(c)哪类量化组合投资经理更可能使用技术指标作为因子，是每个月再平衡一次的投资经理，还是每个季度再平衡一次的投资经理？

4.12　下表给出了股票 RRI 的数据，请回答下列问题。

　　　(a)请使用 2 倍标准差(即 $l=2$)，以及 10 日滚动窗口(即 $k=10$)，来计算 2004年 7 月 26~29 日该股票布林带的均线、上轨及下轨。

　　　(b)假设量化组合投资经理是一位逆向投资者，因此其认为市场会对信息过度反应。那么根据布林带，2004 年 7 月 26~29 日中，她是应该买入股票，卖出股票，还是什么都不做？

(c)使用相同的数据，计算每日的相对强弱指标(RSI)，假设怀尔德周期为9日。

(d)一些技术分析师认为不应当孤立地使用布林带，而是应当与其他指标(如RSI)结合起来使用。根据该逻辑，在2004年7月26日，你是应当买入股票，卖出股票，还是什么都不做？

日　　期	股　　价	日　　期	股　　价
7/13/2004	11.31	7/22/2004	10.51
7/14/2004	11.41	7/23/2004	10.35
7/15/2004	11.28	7/26/2004	9.35
7/16/2004	11.57	7/27/2004	9.65
7/19/2004	11.43	7/28/2004	10.01
7/20/2004	11.41	7/29/2004	9.67
7/21/2004	10.92		

4.13　(a)使用宏观经济因子的3个最大的缺点是什么？

　　　(b)在股票收益率模型中使用经济因子的最大优点是什么？

4.14　一位量化投资经理在为股票收益率模型收集数据。他发现当月通货膨胀率与股票收益率之间正相关。那么在使用这些数据时会不会有什么问题？

4.15　许多因子被归为**其他因子**。请据此分析下列陈述。

　　　(a)分析师因子非常有用，因为分析师将其对公司的分析整合到一个数值中。

　　　(b)由于2000年美国证券交易委员会出台了公平披露原则，因此分析师因子没那么有用了。

　　　(c)在解释股票收益率方面，分析师建议的变化要比分析师建议本身(强烈推荐买入、买入、卖出等)更有用。

　　　(d)在解释股票收益率方面，部分分析师下调股票评级要比全部分析师都下调股票评级要更有用。

　　　(e)什么是标准化的超预期盈利？为什么这可能是一个有效的因子？(**提示**：在你的解释中，尝试使用信息扩散的思想。)

4.16　投资于具有社会责任感的公司，是否会损害组合收益率？

4.17　分析师可以使用哪些检验或技术来为以下模型挑选因子？

　　　(a)基本面因子模型。

　　　(b)经济因子模型。

4.18　为什么单因子的检验方法不足以决定基本面模型的因子？

4.19　判断题：在为股票收益率模型选择最优的因子组合时，逐步回归方法是一种非常强大的方法。组合投资经理应当经常使用这一方法。

4.20　肯德尔统计量或其他秩相关统计量可能会被用于哪些研究？

| 第 5 章 |

股票筛选与排序

我们的生命都被琐碎消耗至尽……简化点儿，再简化点儿。

——亨利·大卫·梭罗

5.1　引言

量化股票组合管理（QEPM）的目的是提炼可靠的、可重复的、可量化的投资方法，从而避免纯定性选股所带来的偏差与错误。**股票筛选**（stock screening）是根据组合投资经理的观点将股票池中的股票排序，从而方便投资经理区分哪些股票是值得投资的，哪些股票是不值得投资的。股票筛选也可用于缩小股票池的范围。股票筛选的方法有两种：顺序法与同步法。在**顺序法**（sequential）中，组合投资经理根据重要性程度对股票筛选的标准进行排序。首先根据最重要的标准对股票池进行筛选，然后根据第二重要的标准继续筛选，依此类推，直到所剩下的股票符合所有的选股标准。股票筛选更先进的方法是多因子同步筛选法。在**同步法**（simultaneous）中，组合投资经理同时使用所有的选股标准来对股票池进行评估。于是，根据选股标准的评估总分，我们就能将股票池中所有的股票进行排序了。

最常见的同步筛选法是**加总 _Z_ 值法**（aggregate Z-score approach）。该方法首先选择那些能够解释股票收益率的因子，然后将诸多因子加总至一个得分，并根据得分对投资标的进行排序。_Z_ 值排序既可以作为整个股票收益率模型的基础，也可以为现有的模型添加信息。独立的 _Z_ 值模型将股票收益率与其 _Z_ 值联系起来，并且有时等价于我们在第 3 章所介绍的基本面因子模型。如果投资经理已经在使用基本面因子模型或经济因子模型，那么当满足一定条件时，Z 值可以作为常数项 α 添加至模型中。

对于刚刚开始学习建立量化组合的投资者来说，本章所介绍的股票筛选与排序方法是一个很好的起点。虽然这些方法并不是构建投资组合最先进的方法，但是这些方法易于实施并且不需要掌握大量的数学与统计知识。许多从业人员也认为这些方法更直观。

5.2 顺序筛选法

设想组合投资经理只按一种标准进行投资，即认为低市净率(P/B)的股票能够获得最高的超额收益率。为了构建投资组合，该投资经理将计算其股票池中所有股票的 P/B 值[⊖]，并将所有股票按低 P/B 至高 P/B 排序。如果组合要包含 60 只股票，那么投资经理将会投资于其股票池中 P/B 最低的 60 只股票。这一简单过程就是股票筛选最基本的形式。

一个好的股票筛选有什么特征呢？一个好的股票筛选应该很容易实现自动化。换言之，当股票数据发生变化时，股票筛选应当照例易于运行。同样，股票筛选应当易于复制。对任意分析师而言，如果其掌握了筛选过程并且拥有股票相应的原始数据，那么就应该能够使用这种筛选方法，并且得到的股票列表应当与其他分析师使用相同数据所得到的股票列表一致。

当然，一个好的股票筛选应当准确地反映组合投资经理的偏好。如果投资目标是为了构建一个**价值型**组合，那么股票筛选应当使用价值因子，如低 P/B。

最后，在使用顺序筛选法时，股票筛选应当按因子的重要性依次进行。这意味着第一轮筛选所使用的因子应当最直截了当地体现投资经理的投资目标。如果市值是投资经理最重视的因子，那么首先就应当用该因子进行第一轮筛选[⊜]。

假设我们想要投资于具有最高利润率的公司(假设我们选取标普 500 指数中净利率排名前 30% 的股票)，并且希望选取这些公司中 P/B 最低的 1/3 的公司。我们将使用净利率指标对股票池(标普 500 指数)进行第一轮筛选，并选取净利率排名在前 150

⊖ 投资股票池是指组合投资经理在其投资组合中所被允许交易的股票集合。例如，一位组合投资经理所管理的投资组合以标普 500 指数作为比较基准，那么该投资经理可能只能购买标普 500 指数当中的 500 只成分股。这样，其**投资股票池**就是组成标普 500 指数的 500 只成分股。其他投资经理的投资股票池可能由其他指数所决定，如罗素 1000 指数，或者其他更复杂的标准。

⊜ 一些人认为第一次筛选应当选择那些能够尽可能地剔除大部分股票的筛选标准，但是我们不认同这样的观点。

（500 家公司的 30%）的公司，这样就从股票池中剔除了 350 只股票。下一步是将这
150 只股票按 P/B 进行排序，选取 P/B 最低的 50 只股票，并剔除其余的 100 只股票。

我们使用 2003 年 12 月的标普 500 指数的股票数据来实施这种筛选方法。表 5-1
给出了通过这种方法所选出的一些股票。首先，我们选取净利率最高的 150 只股票，
结果表明这 150 只股票的净利率都为正。最高净利率的是 MBIA 公司（47.6%），最低
净利率的是联合太平洋公司（Union Pacific）（10.4%）。然后，我们从这 150 只股票中选
出 P/B 最低的 50 只股票。P/B 最低的是东元能源（Teco Energy），为 0.93 倍，而最高
的是先灵葆雅（Schering-Plough），为 2.92 倍。当得到最后这 50 只股票的列表后，我们
就完成了这个虚拟组合的构建。

表 5-1　使用顺序筛选法所选取的股票

股票代码	市净率（P/B）	净利润率（NPM）	股票代码	市净率（P/B）	净利润率（NPM）
TE	0.933	0.111	MTG	1.536	0.402
EOP	1.085	0.203	KG	1.612	0.162
BSC	1.306	0.127	CEG	1.628	0.115
AIV	1.444	0.111	APC	1.635	0.215
UNP	1.524	0.107	KEY	1.705	0.159
MBI	1.524	0.476			

注：上述股票代表由顺序筛选法所选出的股票。股票代码所对应的公司如下：东元能源（TE）、房地产投资信
托公司（EOP）、贝尔斯登公司（BSC）、APT 投资管理公司（AIV）、联合太平洋公司（UNP）、MBIA 公司
（MBI）、MGIC 投资公司（MTG）、金药品公司（KG）、星能源公司（CEG）、阿纳达科石油公司（APC）以及
科凯国际集团（KEY）。数据选自 2003 年 12 月。

5.3　基于著名投资策略的顺序筛选法

组合投资经理的成功与否取决于其是否有能力识别出能够使得股票获取超额收益
率的因子。许多投资经理会依靠某种投资风格或投资哲学来进行选股，并且他们可能
认为这种投资风格或投资哲学是不能被真正量化的。然而，从广泛的投资方法来看，
设计量化的股票筛选方法是有可能的。本节，我们将要审视一些最成功的股票投资经
理的投资策略——有一些策略是定性的或基于基本面的，并将这些策略转化为股票筛
选⊖。每位投资经理的投资哲学以及我们基于此所构建的股票筛选方法都呈现在附

⊖　关于这些著名组合投资经理和教授的描述，以及使用量化股票筛选方法对他们投资方法的阐述，部分基于
对这些投资经理著作的阅读，部分基于美国个人投资者协会（AAII）所提供的信息。我们所提供的股票筛
选方法也许并不是这些投资经理选择股票时所使用的真正方法。这些投资经理也不会赞同我们这里所提供
的股票筛选方法。

录 5A 的表 5A-1～表 5A-6 中。

拉科尼沙克筛选法(Lakonishok screen)是一种价值筛选法,该方法基于约瑟夫·拉科尼沙克(Josef Lakonishok)的研究,他是美国伊利诺伊大学厄巴纳-香槟分校威廉 G. 卡恩斯(William G. Karnes)金融学教授。拉科尼沙克教授作为战略投资顾问向不同的机构投资者提供服务,并且在众多享有很高声望的学术期刊上发表过文章。拉科尼沙克筛选法的关键所在是:过度的悲观预期压低了公司股价,使得某些公司失去了市场的追捧。那么,对于那些能够识别出哪些公司将最终从如此悲观的价格中反弹的投资者来说,存在着巨大的潜在获利空间。该筛选法的目的是剔除那些在经济衰退时没有足够财务能力及客户基础的小公司。因此,该筛选法会将投资列表限制在纽约证券交易所(NYSE)、美国证券交易所(AMEX)以及纳斯达克(NASDAQ)中市值排名前 30% 的公司。为了筛选被低估的股票,股票的市盈率(P/E)与市净率(P/B)均应该低于其所属行业的中位数。下一财政年度盈利的一致预期必须高于本年度盈利的估计。这有助于剔除那些在分析师预期中未来仍然没有起色的公司。拉科尼沙克筛选法的最后一步是利用相对强弱指标(RSI)来发掘那些股价表现相对于过去 13 周已经开始好转的股票。这一上升动量也许预示着转折的开始,同时也帮助投资者剔除那些股票价格可能继续萎靡的公司。

另外一种与拉科尼沙克筛选法相似,但更重视公司潜在财务状况的价值筛选法基于芝加哥大学约瑟夫·皮奥特洛斯基(Joseph Piotroski)教授的研究。皮奥特洛斯基教授是举世闻名的财务报表分析专家,其创立的股票筛选法试图发掘那些拥有迈向成功所需要的财务能力并且价值被低估的公司。与拉科尼沙克筛选法相似,其投资列表也限制在纽约证券交易所(NYSE)、美国证券交易所(AMEX)以及纳斯达克(NASDAQ)中市值排名前 30% 的公司。然而,上述标准的重要性要低于其他的金融比率。所选股票的市净率(P/B)在股票列表中的排名应该在最低的 30% 之内。公司的总资产收益率(ROA)必须为正值,债务股本比(D/E)与长期债务股本比要被合理评估,从而剔除那些债务负担过重以及财务状况不佳的公司。流动比率与现金比率相对于上一财年要有所改善,从而能够为当前的经营提供足够的流动性。最后,资产周转率同比应当有所改善,这将有助于剔除那些资产管理效率低下的公司,并识别出那些真正能实现收入高增长的公司。

大卫·德雷曼(David Dreman)是一位经验丰富的投资经理,他是德雷曼价值管理有限公司的创始人及董事长。同时，他也是关于低市盈率（P/E）投资法、逆向价值投资法的畅销书作者，其著作包括《逆向投资策略：下一代》（*Contrarian Investment Strategies：The Next Generation*）（1998）以及《心理学与股票市场》（*Psychology and the Stock Market*）（1977）。德雷曼股票筛选法吸取了德雷曼逆向投资哲学的一些重要原则。他更加偏好大中型公司，因为他认为在市场反弹时这些企业具有较高的透明度，并且由于面对大量投资者的仔细审查，这些公司不太容易进行会计操纵。因此，我们把投资标的限制在标普 1500 指数成分股中市值最高的 25% 的股票。而逆向投资策略所要寻找的是不受追捧的股票，因此我们所选的投资标的为标普 1500 指数成分股中市盈率（P/E）最低的 40% 的个股。这将有助于识别那些价值被低估的公司。该方法要求公司债务股本比小于 1，总负债与总资产的比率应当低于行业平均水平，这将保证所选公司有足够的财务实力。高于标普 500 指数的股利率可以为投资者提供一个保障，当面临经济持续下滑的风险时使投资者得到保护。最后一个非常重要的指标是：公司当前的以及预期的利润增长率必须持续高于标普 500 指数及其所属行业的中位数。所有这些筛选步骤都试图找出那些现价低于其历史价格水平，但未来仍有较大发展潜力与盈利增长，并且这些特质还未反映在股票价格中的公司。

本书中已经多次提及彼得·林奇，也正如我们所指出的，他的成功源于其非常定性化的组合投资策略。然而，在著作《彼得·林奇的成功投资》⊖（*One Up on Wall Street*）（1989）与《战胜华尔街》（*Beating the Street*）⊜（1993）中，林奇也阐述了一些非常有价值的量化筛选方法。林奇的股票筛选法是成长与价值的结合，他寻找市盈率（P/E）低于行业平均的公司，但同时也要求其市盈率与增长比（PEG）小于 1。这表明市盈率（P/E）小于盈利增长率，即表明了在给定当前市场估值的情况下所选公司具有很强劲的盈利增长。林奇要求所选股票的市盈率与股利率之比要小于 4，因为当市场不景气时，这将有助于为投资者提供足够的收入与下跌保护。通过将盈利增长率限制在 0～50%，我们就把那些具有正向盈利动量的股票包括在内，并剔除了那些由于过度乐观的估计而被林奇认为有一定风险无法达到预期的股票。具有很高增长率的股票也可能会有会计操纵的嫌疑。内部买卖比高于 1.5 也会透露管理层对公司未来业务的观点。内部卖出存在多种原因，分散化投资就是原因之一。但是，内部买入通常只有在管理层对公

⊖⊜　此书最新中文版已由机械工业出版社出版。

司未来的发展比较乐观，并且认为当前的股价被低估时才会发生。更进一步的筛选指标包括长期负债率低于行业中位数，市值低于 50 亿美元以及机构持股小于 50%。这些指标增加了股票被低估以及被错误定价的可能性，因为这些股票缺乏大型的机构以及经验丰富的投资者进行投资。

沃伦·巴菲特大概是历史上最为人们所广泛效仿的投资大师了。大量的书籍均描述了他的"买入并持有"策略。通过罗伯特·哈格斯特朗（Robert Hagstrom）所著的《巴菲特之道》（*The Warren Buffett Way*，1994）⊖以及伯克希尔-哈撒韦的年报，我们基于巴菲特的投资法则构建了一个简单的股票筛选方法。我们首先将投资标的限制在纽约证券交易所（NYSE）、美国证券交易所（AMEX）以及纳斯达克（NASDAQ）中市值排名前 30% 的公司，这将有助于我们剔除小盘股。巴菲特一直主张购买具有如下品质的股票，即要有很强的竞争优势，能够比其他公司做得更出色以及能够为其所提供的服务要求更高的报酬。大多数小盘股公司不具备如此强劲的竞争优势，或者与大型的行业巨头相比公司并不具备规模经济。因此，小公司无法创造出必要的自由现金流来支持其扩张以及掌握定价权。巴菲特极度关心管理层在营运效率以及产生较高的股权回报率方面的能力。较高的自由现金流表明管理层有能力产生充足的现金来支持公司的运营，并给予承担风险的股东相应的回报。那些不能产生充足现金流的公司可能面临流动性不足的困境或者无法及时收回销售货款。因此，两个筛选指标分别为股权回报率（ROE）以及自由现金流，其中股权回报率（ROE）要求大于等于 15%，而自由现金流要求在投资标的中排名前 30% 的公司。净利率应当超过行业平均水平，而当前的债务股本比应当低于行业中位数或与之相当。最后，未来 5 年的预期自由现金流折现应当大于当前股票的市场价格。这表明股票价格被低估，并且对未来收益的不确定性提供了"安全边际"。

另一位著名的投资家是菲利普·费舍（Philip Fisher），巴菲特在发展其自身的投资哲学时曾大量借鉴费舍的理念。费舍著有一些关于投资策略的书，包括《怎样选择成长股》（*Common Stocks and Uncommon Profits*）（1958）、《保守型投资者高枕无忧》（*Conservative Investors Sleep Well*）（1975）。费舍认为，经济周期使得年度销售收入的增长具有天生的不可预测性，并且不能传递出企业是否具有获得成功所需的潜在能力。年度

⊖ 此书最新中文版已由机械工业出版社出版。

同比数据很容易被商业环境的微小变动所扭曲，所以应该使用其他长期趋势指标来进行判断。因此，我们决定筛选那些过去 5 年中销售收入逐年增长，并且过去 3 年销售收入的复合增长率高于同期相应行业的中位数的公司。这有助于平滑经济周期的影响，并只选择那些在各种经济状况下表现一直好于平均水平的公司。费舍对于识别那些由低成本优势、强大的营销组织能力、强大的研发能力以及非常诚信且具有优秀的管理深度等因素所带来增长的公司也有浓厚的兴趣。成长是重要的，但这仅指在价值约束下的成长，因此我们要求 PEG 大于 0.1 且小于 0.5。这有助于确保股票倍数(PE)不会领先也不会远远落后于盈利增长率。费舍认为，研发是保持企业竞争优势的重要组成部分，但这仅当每单位研发费用创造了较高水平的销售收入时才会起作用。因此，我们决定加入下列筛选指标：研发费用在销售收入中的占比高于相应行业的中位数，并且销售收入增长要与研发费用增长持平或更高。最后，我们筛选出那些未支付股利的公司，因为这些公司很可能会使用所有留存收益进行再投资，从而可能带来未来业绩的增长。

比尔·米勒(Bill Miller)是美盛资产管理公司(Legg Mason Capital Management)的现任 CEO，美盛资产管理公司是美盛集团(总部位于巴尔的摩的一家金融服务公司)的一个分公司。自 1982 年接手美盛价值基金以来，米勒带领该基金获得了平均 17.01% 的年回报率，他是唯一一位连续 14 年的业绩都超过标普 500 指数的共同基金经理并且该记录还在持续(截至 2004 年年底的数据)。米勒坚持价值投资策略，他所选择的标的仅仅是那些经过其多因子估值分析后表明交易价格低于内在价值的股票。与众多价值投资者不同，米勒更加重视现金盈利而非会计盈利。他的许多持仓均包含一些"新经济"成长股，如网络巨头谷歌、亚马逊、以及 eBay(截至 2004 年年底)，但鉴于这些股票的投机性与/或成长性，米勒是否为"纯价值投资者"仍备受争议。

比尔·米勒的股票筛选法试图结合各种财务指标来捕捉其投资策略的核心思想。这些财务指标的目标是发掘那些具有必要的竞争优势从而能保持高增长但价值却被低估的公司。米勒筛选法的第一条重要标准是：公司当前市值不能超过其未来 5 年预估自由现金流总和的 3 倍。这是一个价值比率指标，该指标试图剔除那些当前市场估值过于乐观，市值超过了公司未来若干年所能创造的现金流总和的公司。同时，自由现金流同比也应当具有一定的增长。这有助于重申米勒对于现金流与现金盈利的重视，并将其视为价值背后的驱动力。PEG 被限制在 1.5 以下。在米勒筛选法中，将 PEG 的最大值限制在 1 可能太过严格，因为我们并不想剔除成长型公司，它们的市盈率(P/E)可能略高于其增长率，但它们仍然具有巨大的潜力，而这种潜力可能未被正确地反映到股票的价格中。一个好的管理团队是成功的关键，因此，米勒筛选法要求公司的毛利率有所增长，并且股权回报率(ROE)应当高于行业的中位数水平。最后，长期负债率应当低于行业平均水平，以避免未来可能发生的流动性不足或现金短缺。

理查德·德里豪斯(Richard Driehaus)是芝加哥基金管理公司德里豪斯资产管理公司(Drichaus Capital Management)的创始人。德里豪斯资产管理公司是美国国内中小投资管理公司中的领军者。他出色的投资业绩使得他入选了《巴伦周刊》世纪基金经理精英团队，该团队中包括众多杰出人士，如彼得·林奇、约翰·邓普顿爵士。

德里豪斯的股票筛选法是围绕盈利与价格动量所构建的。第一步是聚焦那些同比盈利增长率为正且不断增长的公司。完成这步之后，我们使用 PEG 比率来剔除那些市盈率(P/E)大于盈利增长率的公司。将 PEG 比率限制在小于或等于 1 有助于剔除那些虽然盈利增长强劲，但是盈利增长已经全部反映在股价中的股票。德里豪斯筛选法的下一个主要指标是盈利惊喜。正向的盈利惊喜被视为公司有能力充分利用其在市场中的地位来产生收入。未达预期被视为公司没有有效地执行其战略，这可能会使得公司面临成本的增加或竞争的加剧。该股票筛选法寻找那些具有正向盈利惊喜的公司，这意味着公司近期盈利的真实增长高于分析师的估计。该策略也会考虑分析师估计值的范围或标准差是否较小，或者分析师估计值对未来股票收益率的显著性，并借此来评估盈利惊喜。然后，需要评估股价动量，动量被用来确保股价存在较大的买压，这将推动投资者对股票更强劲的需求从而维持股价的上升趋势。该筛选法要求当前的股票价格高于 200 日移动平均线(代表股价长期趋势的指标)，并且要求 50 日移动平均线高于 200 日移动平均线，这样我们就能剔除那些动量已经到达顶部的股票。之后，使用能量潮指标(OBV)(一种将股票价格与其成交量相比较的技术指标)来确定上述动量是处于股票份额的净积累阶段还是消散阶段。最后，该筛选法要求目标公司的分析师覆盖人数不超过 5 人，这样的投资标的可能由于不合理的估值而带来极好的投资机会，这也给了精明的投资者买入这些被忽视股票的机会，当市场认识到这些股票的潜力时，会给予这些精明的投资者丰厚的回报。

附录 5A 中还列举了一些其他的股票筛选法，包括聂夫(Neff)逆向筛选法、米伦坎普(Muhlenkamp)筛选法、邓普顿(Templeton)筛选法以及道琼斯指数狗股(Dogs of Dow)筛选法。聂夫筛选法源于著名的先锋温莎基金(Vanguard Windsor Fund)经理、巴伦圆桌成员约翰・聂夫(John Neff)。聂夫在其著作《约翰・聂夫的成功投资》(*John Neff on Investing*，1999)中阐述了其价值投资策略，该策略的目标是挑选那些具有强劲销售增长、健康的经营利润率、每股自由现金流不断增长、预期盈利增长率在 7%～20%，但市盈率(P/E)较低的股票。米伦坎普筛选法是一种价值-成长筛选法，基于罗纳德・米伦坎普(Ronald Muhlenkamp)的投资策略以及其共同基金的业绩表现。该筛选法寻找那些过去 5 年股权回报率(ROE)高于平均水平且稳定的公司，并要求公司具有强劲的盈利增长率、低市盈率(P/E)与市净率(P/B)，以及充足的流动性(用流动比率或其他指标来衡量)。邓普顿筛选法具有全球视角，是基于全球投资先锋约翰・邓普顿(John Templeton)爵士的投资策略。该筛选法在全部投资标的(如 Compustat 数据库)中寻找具有价值(低市净率与低市盈率，以及强劲的预期和实际盈利增长)的股票⊖。同时，要求公司过去 12 个月的股权回报率(ROE)与经营利润率高于平均水平，并具有足够强大的财务力量来面对经济环境的恶化。最后，道琼斯指数狗股筛选法是一种很简单的策略，只需年初挑选道琼斯工业指数中 10 只股息率最高的股票并持有即可。

关于上述筛选法以及其他筛选法的进一步信息，包括背景信息、筛选法的描述以及筛选步骤等，可以在附录 5A 的表 5A-1～表 5A-6 中找到。

5.4　同步筛选法与加总 Z 值

在上一节中我们讨论了最简单的股票筛选法——顺序筛选法。而更复杂的精简股票池的方法是使用多因子同步筛选，即**同步筛选法**(simultaneous screening)。在同步筛选法中，组合投资经理仍然根据一系列因子来挑选股票，不过是利用所有因子同时筛选股票而不是一个因子一个因子地对股票进行筛选。因此，在进行股票筛选之前，投资经理并不需要确定因子的优先级。所有因子都被当作单一的一套标准对股票池中所有的股票进行评级。

由于股票只经历一次而非多次筛选，因此该方法不会剔除那些在顺序筛选法的早期环节中不符合相关要求的好股票。例如，假设组合投资经理认为对于选股而言，市净率(P/B)与毛利率的变化率这两个指标同等重要。在顺序法中，投资经理不得不在

⊖　如果相对于未来 3～5 年的预期盈利而言，股票具有较低的价格，那么这也可以作为股票未来价值的衡量。

股票筛选时做出选择，是先使用前者还是先使用后者。如果投资经理首先筛选低市净率的股票，那么就可能会剔除一大批有着很高利润增长的公司。同步筛选法会同时考虑到股票的市净率与利润的增长，从而避开了这个问题。

同步筛选法的另一个好处是组合投资经理在股票筛选时不存在股票数量不足的风险。在顺序筛选法中，股票数量在每一个因子筛选完后会变得越来越少。当使用 4 个或更多的指标进行筛选时，最终的股票列表所包含的股票数量常常会小于 20，这样的股票数量对于整个组合来说基本上是不够的，并且在任何情况下也不足以达到分散化的效果。同步筛选法保留了股票池中所有的股票，并且基于所有的因子来对每一只股票进行打分。

一旦组合投资经理已经确定了因子列表，怎么同时利用这些因子进行筛选呢？不幸的是，由于不同类型的因子具有不同的量纲，因此将所有的因子值加总是没有意义的。对于市净率(P/B)与规模两个因子而言，将市净率 10.13 与规模 36 026 000 000 相加所得到的数值没有任何意义。由于因子不具备相同的量纲，因此股票的评级由绝对值更大的规模因子决定。

处理因子加总的正确方法是将因子**标准化**或**正态化**。标准化或正态化将变量转换为标准的度量单位，从而使得因子之间可以相互比较。最常用的标准化方法是 **Z 值法**（Z-score method）[⊖]。

5.4.1 Z 值

数据总体在一个横截面有均值与方差。例如，在 2003 年 12 月，标普 500 指数所有成分股市净率(P/B)的均值为 4.54，标准差为 8.03。我们可以使用该信息来对 2003 年 12 月所有股票的市净率进行标准化。我们可以计算得到任意股票市净率的 Z 值，即将个股的市净率减去所有股票市净率的均值，然后再除以所有股票市净率的

⊖ 该术语源于将任意正态分布转换为标准正态分布的思想。将原始数据调整为标准的正态分布后所得到的新变量在传统上被称为 Z 值。加总不同变量 Z 值的概念与奥尔特曼 Z 值有一些联系（爱德华·奥尔特曼的原始模型是用于预测哪些公司将可能破产）。然而，QEPM 中所使用的 Z 值与奥尔特曼（1968）最初所提出的 Z 值很不相同。在奥尔特曼的原著中，他使用了**多重判别式分析**（MDA）的概率来加总财务比率，从而判断一个公司是否会破产。财务比率的权重是通过最优化历史数据的统计方法所得到的。最终每只股票均会得到一个 Z 值。该方法常常会设定一个阈值，当股票的 Z 值低于该阈值时就被预测为将会破产。我们的分析与奥尔特曼的略有不同，但 QEPM 中大多数模型的发展均归功于他的原著。

标准差。标准化后的因子值可以让我们清晰地描述任何特定的观察值与总体均值之间的偏离是多少。例如，如果我们发现一个公司市净率的 Z 值为 2，那么我们可以说公司的市净率偏离总体均值 2 倍的标准差。因此，Z 值表明了股票与均值之间偏离的距离。

Z 值同样允许我们对两个不同的因子值进行比较。假设作为一名组合投资经理，你认为应当买入高市净率（P/B）与高盈利增长的公司。现在有家公司市净率标准化后的值为 2（即该公司市净率与所有股票市净率均值之间的距离为 2 倍标准差），其盈利增长标准化后的值也为 2。由于这些值都是进行了正态化（或标准化）的，你可以认为该公司无论是从市净率的角度来看，还是从盈利增长的角度来看都具有相同的投资价值。同时，由于两个因子具有相同的量纲，因此可以将这些因子加总起来得到加总 Z 值。

在某些情况下，标准化就是正态化，这也是使用该术语的部分原因。如果股票因子暴露的原始横截面分布是正态分布（生活中许多事物均服从正态分布），那么，我们就能清晰地表述特定观察值的发生概率。例如，一个正态化后的因子值为 2 就意味着找到一只高于该值的股票的概率低于 2.27%[⊖]。

让我们看看构造 Z 值的步骤。首先，组合投资经理应当确保 Z 值与其相应的因子值相匹配，即如果高 Z 值代表好股票，低 Z 值代表差股票，那么因子本身的表述也应当是高因子值代表好股票，低因子值代表差股票。例如，如果具有高净市率（B/P）的股票被认为是好股票，那么我们应当使用净市率来构建 Z 值，而非市净率（P/B）[⊜]。当解决上述问题后，为了计算一个因子的 Z 值，组合投资经理需要计算股票池中所有股票在该因子上暴露的均值[⊜]。记因子 k 的均值为 $\bar{\beta}_k$[⊕]。下一步是计算股票池中所有股票因子值的

⊖ 标准化或正态化因子值是源于这样一个思想：将一个正态分布转换为标准正态分布。读者可以参考任何一本统计学方面的基础书籍，如 DeGroot（1986）。即使因子潜在的横截面分布不服从正态分布，Z 值概念也仍然适用。Z 值仍然能够度量一个变量与其分布均值之间的距离。如果因子的分布为正态分布，那么这意味着你能描述 Z 值的概率。

⊜ 组合投资经理可以使用市净率来计算 Z 值，但其应当将所得的 Z 值乘以 -1，这样高 Z 值就代表好股票。

⊜ 一些组合投资经理希望行业中性，或者其认为他们所使用的因子对行业非常敏感，那么其会使用股票相对于行业的均值来计算 Z 值。他们将在行业中而非整个投资股票池中对每只股票进行排序，并在每个行业中选取最优秀的股票来构建投资组合。

⊕ 大多数电脑程序和软件都能非常容易地计算出均值。通常公式为：$\bar{\beta}_k = (1/N) \sum_{i=1}^{N} \beta_{i,k}$，其中 N 等于股票池中的股票数，$\beta_{i,k}$ 代表股票 i 在因子 k 上的暴露。

标准差。记因子 k 的标准差为 $S(\beta_k)^{\ominus}$。综上所述，股票 i 在因子 k 上 Z 值的计算为：

$$z_{i,k} = \frac{\beta_{i,k} - \bar{\beta}_k}{S(\beta_k)} \tag{5-1}$$

其中 $z_{i,k}$ 代表了股票 i 在因子 k 上的 Z 值，即该因子值标准化后的值。

5.4.2　加总 Z 值

多因子同步筛选法意味着使用超过一个因子对股票进行筛选（因此命名为**多因子**），但是由于必须使用所有因子同时筛选，所以需要将每只股票的多个因子值加总为单一的筛选值。一旦我们计算出了股票池中每只股票在各因子上的 Z 值，那么计算每只股票的加总 Z 值就变得非常简单了。由于 Z 值是**尺度无关**（scale independent）的，因此我们可以将其简单加总。股票 Z 值的求和即为**加总 Z 值**（aggregate Z-score）。

某些单因子或某只股票的加总 Z 值可能会出现极值。不同的组合投资经理对极值有不同的处理方法。如果这个值是个**异常值**（outlier），那么控制机制之一就是将所有大于 3 的值设为 3，类似地，将所有小于 -3 的值设为 $-3^{\ominus}$。同样，也可以将 Z 值为极值的股票剔除，但是这样可能会损失那些潜在的具有极高或极低收益率的股票的有用信息。

在计算股票加总 Z 值时，我们可以选择如何对因子赋权。一种赋权方式是令所有因子等权重。那么，K 个因子的加总 Z 值等于：

$$\bar{z}_i = \left(\frac{1}{K}\right)(z_{i,1} + z_{i,2} + z_{i,3} + \cdots + z_{i,K}) \tag{5-2}$$

其中 $\bar{z}_i$ 为股票 i 的加总 Z 值，$z_{i,k}$ 代表股票 i 在因子 k 上的 Z 值。因子 Z 值等权重加权是组合投资经理常用的计算加总 Z 值的方法。一些组合投资经理更偏好等权重赋权法，因为，相对于那些更复杂的赋权方法，等权重赋权法所得到的结果相对更稳定。

5.4.3　先验加总 Z 值

在 Z 值加总的过程中，还可以使用一些先验法为各因子的 Z 值赋权。组合投资经

$\ominus$　多数电脑程序和软件都能非常容易地计算出标准差。通常公式为：$S(\beta_k) = \left[1/(N-1) \sum_{i=1}^{N} (\beta_{i,k} - \bar{\beta}_k)^2 \right]^{1/2}$，其中 N 等于股票池中股票的个数，$\beta_{i,k}$ 代表股票 i 在因子 k 上的暴露。

$\ominus$　异常值是指在分布中与均值之间的距离非常远的观察值，其发生的概率非常低。异常值与其他数据看起来并不一致。

理可以根据其事前的投资信念或投资风格来给因子赋权。相对于其他因子，如果投资经理更偏好价值因子，那么为了凸显该因子的重要性，投资经理可以将该因子的权重设为 80％，而其他因子权重的总和为 20％。因子 Z 值也可以根据其对股票收益率影响的相对重要程度来赋权。很重要的一点是：不应受到过去研究或分析的过度影响，因为这样可能会陷入"数据探察"[⊖]。无论如何，根据因子重要性的主观想法给因子赋权，或根据因子的偏好给因子赋权的方法均不是量化组合管理的方法，因此我们是不推荐的。

一些组合投资经理根据因子的信息比率来给因子 Z 值赋权，因子的信息比率是通过构造每个因子的零投资组合(十分位或五分位组合)并计算该组合的历史信息比率而得到的[⊖]。信息比率越高说明因子在股票收益率预测时就越重要。信息比率更高的因子其权重理应更大。尽管该先验法仍然忽略了因子之间相关性的影响，但该方法要比那些仅凭对因子重要性的主观判断来给因子赋权的方法要具有更多的优点。

5.4.4   最优 Z 值加总

等权法是一种简单的给因子 Z 值赋权的方法。然而，该方法忽略了包含在数据中的某些特定的信息。该方法忽略了每个因子的 Z 值在预测股票收益率时的重要性。先验法试图根据对因子重要性的主观判断来给因子赋予不同的权重，但是这些方法太过主观。不管是等权法还是先验法均没有考虑到因子之间的相关性。我们可以找到一些更好的为因子赋权的方法。事实上，存在着几种**最优赋权**(optimal weighting)法。

一种常用的最优赋权法是使用历史样本数据与计量经济学方法来估计因子的最优权重。组合投资经理首先需要获得股票池中所有股票的月度收益率序列以及每只股票月初的因子 Z 值数据，然后对样本期间的这些数据进行横截面回归，并求得最优的 Z 值权重[⊜]。

⊖ 我们在第 2 章讨论了"数据探察"现象，即在没有任何统计证据表明这些因子仍然与股票收益率显著相关的情形下，仅仅依据过去的关于其有效性的报告就选择这些因子。

⊖ 不熟悉该过程的读者，可以详见第 15 章。

⊜ 研究人员应当注意避免先窥偏差 (look-ahead bias)，当组合投资经理使用历史数据时这可能是个问题。数据集可能包括某个月的一个因子值，但是在该月，该因子值可能是无法获得的。使用那些市场上还没有的当月数据，量化组合投资经理就已经对市场进行了"先窥"，从而可能导致模型的参数估计错误。一个解决先窥偏差的常见做法是去了解所有因子的滞后公布期，并在模型中使用因子的滞后项。例如，如果想要使用 3 月的因子数据，但该数据要到 4 月才公布，那么在历史估计中应当使用该因子 $t-1$ 的数据。关于该问题更多的讨论详见第 16 章。

假设股票池中有 N 只股票，我们拥有这些股票在 K 个因子上的 Z 值以及 T 期的股票收益率数据（例如，120 个月的样本数据）。我们可以使用下面的计量经济学方法来估计因子的参数。该方法使用了 Z 值与收益率数据的方差-协方差矩阵（variance-covariance matrix）来计算因子 Z 值的最优权重。我们可以使用一个历史数据样本来对下列回归方程的参数进行估计：

$$r_{i,t} = \gamma_i + \delta_1 z_{i,1,t-1} + \delta_2 z_{i,2,t-1} + \cdots + \delta_K z_{i,K,t-1} + \epsilon_{i,t} \qquad (5\text{-}3)$$

其中 γ_i 代表常数项，δ_k 为因子 k 的 Z 值对股票收益率贡献系数的估计值，ϵ_i 为残差项。该回归可以用面板数据进行估计。δ 即为因子 Z 值的最优权重。组合投资经理可以使用多个时间区间来检验结果的稳定性。

最优赋权法的一个变化是根据不同的经济环境来确定因子的最优权重。组合投资经理设想 3 种或更多种的经济环境，并分别在不同的经济环境下计算出因子 Z 值的最优权重。相比最初的方法，这种方法需要更多的主观判断，但是该方法也给予了投资经理更多的机会来思考未来经济的走势，并依此来给因子赋权。

现在提供一个简单地使用真实股票数据的加总 Z 值的例子，以帮助读者理解。为了简单起见，我们使用标普 500 指数成分股 2003 年 12 月的数据。表 5-2 给出了 10 只从标普 500 指数中选取的股票，以及相应的因子值，包括市盈率（P/E）、市净率（P/B）、债务股本比（D/E）、市值的自然对数（Size）和 12 个月动量（M12M），即过去 12 个月股票的平均月度收益率。这些因子并不代表某些 α 模型，仅作为例子在此使用。读者可能会注意到该表给出了 2003 年 12 月标普指数所有股票在各因子上的均值与标准差。我们在计算 Z 值时将用到这些数据。

为了计算美国国际集团（AIG）市净率（P/B）因子的 Z 值，我们需要美国国际集团 2003 年 12 月的 $\beta_{\text{AIG,P/B}} = 2.56$；标普 500 指数中所有股票市净率的均值 $\bar{\beta}_{\text{P/B}} = 4.54$，标准差 $S(\beta_{\text{P/B}}) = 8.03$。因此美国国际集团市净率因子的 Z 值为 -0.247，即 $z_{\text{AIG,P/B}} = (2.56 - 4.54)/8.03$。尽管 Z 值的符号为负，但这不意味着该 Z 值对加总 Z 值的贡献是负的。这取决于组合投资经理对该因子最终的投资信念[⊖]。

我们可以继续计算美国国际集团其他因子的 Z 值。计算结果均已在表中给出。那

⊖ 基于之前的分析，如果组合投资经理认为高市净率对选股的效用为负，那么在计算 Z 值时，应当在因子 Z 值前乘以 -1，这样高 Z 值就代表了更好的股票。

么，加总 Z 值即为每个因子 Z 值的组合。在本例中，我们假设组合投资经理对每个因子 Z 值赋予相同的权重。因此美国国际集团 2003 年 12 月的加总 Z 值为 -0.789。在加总 Z 值时，组合投资经理应当根据其投资信念来决定因子 Z 值的符号，这是非常重要的。例如，为了计算加总 Z 值，我们做如下运算：

$$z_{\text{AIG}} = \frac{1}{5}\left[-z_{\text{AIG,P/E}} - z_{\text{AIG,P/B}} - z_{\text{AIG,D/E}} - z_{\text{AIG,Size}} + z_{\text{AIG,M12M}}\right]$$

$$= \frac{1}{5} \times \left[-(-0.093) - (-0.247) - (0.533) - (2.519) + (-1.232)\right]$$

$$= -0.789 \tag{5-4}$$

我们在几个因子的前面均加上了负号，因为这些因子被认为对股票收益率起负向作用。所有单因子的 Z 值必须有正确的符号。在本例中，组合投资经理更偏好低市盈率(P/E)、低市净率(P/B)和低债务股本比(D/E)的股票，因此在 Z 值加总时，在这些因子的 Z 值前加上了负号。投资经理也偏好小盘股，因此在规模因子的 Z 值前也加上了负号。其认为股票收益率动量是一个正向的技术指标，因此动量因子的 Z 值前是正号。对于不同的组合投资经理，这些符号可能是不同的，重要的是保持一致性。如果在因子上更大的暴露被认为是对股票收益率起正向的作用，那么就应当把该因子的 Z 值设定为正，反之，则应当把该因子的 Z 值设定为负。

表 5-2 还计算了从标普 500 指数中选取的其他 9 只股票在 2003 年 12 月的 Z 值。组合投资经理需要对股票池中所有的股票计算加总 Z 值，然后按加总 Z 值给股票排序，以此来确定股票的吸引力。

表 5-2　所选股票的因子暴露与 Z 值

股票代码	市盈率 (P/E)	市净率 (P/B)	债务股本比 (D/E)	规模 (Size)	动量 (M12M)	市盈率的 Z 值	市净率的 Z 值	债务股本比的 Z 值	规模的 Z 值	动量的 Z 值	Z 值加总
AIG	23.27	2.56	8.50	11.93	−0.94	−0.093	−0.247	0.533	2.519	−1.232	−0.789
C	15.47	2.84	11.65	12.40	1.82	−0.287	−0.212	0.882	2.950	0.037	−0.659
XOM	13.46	3.21	1.05	12.39	0.56	−0.337	−0.166	−0.290	2.937	−0.543	−0.537
GE	20.33	4.52	8.03	12.57	0.70	−0.166	−0.003	0.482	3.106	−0.475	−0.779
INTC	48.61	6.18	0.25	12.30	4.06	0.536	0.203	−0.378	2.857	1.068	−0.430
IBM	22.86	6.84	3.24	11.96	0.40	−0.104	0.285	−0.048	2.547	−0.614	−0.659
PFE	58.89	12.84	1.32	12.45	0.68	0.792	1.033	−0.259	3.000	−0.484	−1.010
WMT	28.39	6.12	1.41	12.39	0.32	0.034	0.196	−0.250	2.943	−0.652	−0.715
MSFT	32.54	4.55	0.30	12.53	−0.87	0.137	0.001	−0.372	3.073	−1.201	−0.808
CSCO	39.14	5.60	0.32	11.96	3.56	0.301	0.131	−0.369	2.554	0.838	−0.356

（续）

股 票 代 码	市盈率 (P/E)	市净率 (P/B)	债务股本比 (D/E)	规模 (Size)	动量 (M12M)	市盈率 的 Z 值	市净率 的 Z 值	债务股本比 的 Z 值	规模 的 Z 值	动量 的 Z 值	Z 值 加总
标普 500 指数											
均值	27.03	4.54	3.67	9.16	1.74	0	0	0	0	0	0
标准差	40.24	8.03	9.05	1.10	2.17	1	1	1	1	1	N/A

注：规模因子是市值的自然对数。动量是股票过去 12 个月的平均月度收益率（百分比）。为了计算方便将负的市盈率和负的市净率设为 0。所有股票均选自标普 500 指数。股票代码所对应的公司如下：美国国际集团（AIG）、花旗集团（C）、埃克森美孚（XOM）、通用电气（GE）、英特尔（INTC）、国际商业机器（IBM）、辉瑞制药（PFE）、沃尔玛（WMT）、微软（MSFT）、思科（CSCO）。数据选自 2003 年 12 月。数据来自 Compustat。

5.4.5　因子分组与 Z 值加总

　　一些量化组合投资经理会将 K 个因子分为 M 组。例如，假设我们有市盈率（P/E）、市净率（P/B）和市销率（P/S）等因子。投资经理可能构建一个**估值组**，并将这 3 个因子放入估值组中。对于其他因子也以同样的方式处理。

　　尽管将因子分组看起来有些随意，但这么做有几个优点。第一，这种方式简化了筛选的过程。投资经理将只用关注其认为对股票收益率有重大影响的 M 个因子组，而不再需要去跟踪所有对股票收益率有影响的 K 个因子。这既简化了模型的修正又简化了向投资委员会所提交的绩效报告。

　　第二，组合投资经理可能会被诱惑仅使用一个因子来代表某个类别的因子，如估值类因子。然而，在某种程度上，单个因子仅能代表某个概念的某些方面，因此用多个因子来代表某个概念可能会更好（即用市净率（P/B）、市销率（P/S）、市盈率（P/E）等因子来代表估值类因子就要比仅用市净率好）。

　　第三，当构建出影响股票收益率的基本面因子组后，组合投资经理可以根据经济环境的变化或其他原因很容易地调整因子组的权重（这里指相对权重）[⊖]。尽管我们也可以调整 K 个因子之间的相对权重，但是调整 M 个因子组之间的相对权重要更简单，毕竟 $M < K$。

　　运用因子组来构建并合成 Z 值相对比较直观。以下步骤与我们在上一节所讨论的

⊖　针对结构变化与常规检验相关的一些程序，请参考 Chow（1960），Toyoda（1974），Schmidt 和 Sickles（1997），Toyoda 和 Ohtani（1986），Ploberger 等（1989），Banerjee 等（1992），Stock（1994），Chu 等（1995）以及 Hoyo 和 Llorente（1997）。这些论文中的一些内容对于我们在前面章节所讨论的参数的稳定性检验也非常有帮助。

计算加总 Z 值的程序非常相似。

（1）确定因子组 M 的数量。例如，如果 $M=4$，我们可能会构建**估值因子组**、**盈利能力因子组**、**财务状况因子组**以及**技术因子组**。这四类因子组代表了我们所认为的能够预测股票收益率的四个主要类别。

（2）确定每个因子组中所包含的因子。例如，投资经理可能认为市净率（P/B）、市销率（P/S）、市盈率（P/E）均能代表估值因子，并将这些因子归入估值因子组。可能将净利率的同比变化率以及 ROE 的同比变化率归入盈利能力因子组。利息覆盖倍数（ICR）与公司的信用评级可能被归为财务状况因子组。最后，投资经理可能将动量等因子归入技术因子组。

（3）计算投资股票池中所有股票的因子值。如果股票池中有 N 只股票以及 K 个因子，那么投资者将需要进行 $N \times K$ 次计算。

（4）计算投资股票池中所有股票在每个因子上暴露的均值与标准差，并保留这些数据。对于因子 k 而言，因子暴露的均值与标准差分别记为 $\bar{\beta}_k$ 与 $S(\beta_k)$。

（5）计算每只股票在每个因子上的 Z 值。这与上节的内容相似，$z_{i,k}=(\beta_{i,k}-\bar{\beta}_k)/S(\beta_k)$ 代表了股票 i 在因子 k 上的 Z 值，这也是因子值标准化后所得到的值。

（6）计算每只股票在每个**因子组**的加总 Z 值。那么，对于每个因子组，股票 i 在该因子组的加总 Z 值为：

$$\bar{z}_{i,m} = \sum_{k \in S_m} w_k^m z_{i,k} \tag{5-5}$$

其中 S_m 为第 m 个因子组中的因子集，w_k^m 为因子 k 在第 m 个因子组中的权重（因此有 $\sum_{k \in S_m} w_k^m = 1$），$z_{i,k}$ 为股票 i 在因子 k 上的 Z 值。对每只股票分别计算各因子组的加权 Z 值。

（7）计算股票池中每只股票的加总 Z 值。这是给股票排序的最后一步，其计算公式为：

$$\bar{z}_i = \sum_{m=1}^M w_m \bar{z}_{i,m} \tag{5-6}$$

其中 $\bar{z}_i$ 为股票 i 的加总 Z 值，w_m 为因子组 m 的权重，$\bar{z}_{i,m}$ 为股票 i 在因子组 m 上的 Z 值。

这些步骤与计算加总 Z 值的步骤几乎完全相同。两者间真正意义上的区别在于我们将单因子归类为特定的因子组。我们没有讨论如何给因子组赋权，也没有讨论如何给因子组内的因子赋权。但可行的赋权方法与我们在前面章节中所讨论的相似。如果在组内与组间对因子赋权的方法与不进行因子分组的赋权方法相似，那么最后一步所得到的结果应当与不进行因子分组所得到的结果相似。

对于因子分组，我们来看一个简单的例子。我们使用前面章节所使用的数据，即2003 年 12 月标普 500 指数的数据。依照因子分组的 7 个步骤，我们首先确定因子组的数目。我们选择了 4 个因子组（$M=4$），分别为**估值因子组**、**盈利能力因子组**、**财务状况因子组**以及**技术因子组**。

第 2 步是确定每个因子组中包含哪些因子。假设我们为该模型选择了下列因子：市盈率（P/E）、市净率（P/B）和市销率（P/S）；毛利率（GPM）；利息覆盖率（ICR），债务股本比（D/E）以及 12 个月动量（M12M）。我们将前三个因子归入估值因子组，接下来的一个因子归入盈利能力因子组，再接下来的两个因子归入财务状况因子组，最后一个因子归入技术因子组（详见表 5-3）。

表 5-3　可能的一种因子分类

组　数	因　子　组	因　　　子
1	估值组	市盈率（P/E）
		市净率（P/B）
		市销率（P/S）
2	盈利能力组	毛利率（GPM）
3	财务状况组	利息覆盖率（ICR）
		债务股本比（D/E）
4	技术因子组	12 个月动量（M12M）

第 3 步是计算所有股票的因子值。我们已在表 5-4 中列出了所选股票的因子值。第 4 步是计算各因子在投资股票池中的均值与标准差。在本例中，标普 500 指数就是我们的投资股票池。每个因子的均值与标准差也已列入表 5-4 中。第 5 步是计算每个因子的 Z 值，第 6 步是计算每个因子组的 Z 值。我们赋予所有因子组中每个因子相等的权重，以此来得到表中每只股票的因子组 Z 值。

下一步是计算因子组的 Z 值。与计算加总 Z 值时步骤一样，因子 Z 值会被相加或相减，这取决于因子对股票收益率是正向贡献还是负向贡献。例如，为了得到思科在估值类因子的 Z 值，我们使用 3 个估值因子并对其赋予相等的权重，注意应当确保因子符号的正确[⊖]。由于组合投资经理认为高市盈率(P/E)、高市净率(P/B)以及高市销率(P/S)对股票的收益起负向贡献，因此我们在每个 Z 值前均乘以 -1，然后再将它们相加，即，

$$z_{CSCO,V} = \frac{1}{3}\left[-z_{CSCO,P/E} - z_{CSCO,P/B} - z_{CSCO,P/S}\right]$$

$$= \frac{1}{3}\times\left[-\left(\frac{39.14-27.03}{40.24}\right) - \left(\frac{5.60-4.54}{8.03}\right) - \left(\frac{8.31-2.67}{3.33}\right)\right]$$

$$= \frac{1}{3}\times\left[-(0.30)-(0.13)-(1.69)\right] = -0.709 \tag{5-7}$$

对每个因子组均使用同样的计算步骤，我们就可以计算出思科在其他因子组上的 Z 值。如盈利能力因子组的 Z 值($z_{CSCO,P}=0.442$)，财务状况因子组的 Z 值($z_{CSCO,F}=1.685$)，技术因子组的 Z 值($z_{CSCO,T}=0.838$)。思科在估值因子组上的评级非常糟糕，这主要是因为异乎寻常的高市销率(P/S)；在盈利能力因子组上的评级还不错；在财务状况因子组上的评级非常出色，但这主要是由于公司没有利息支出，因此其利息覆盖率(ICR)达到了 3。思科在动量因子上表现出色，因为相对于投资股票池的其他股票，思科上一年的股价是增长的。根据本例中运用的一系列标准，思科的加总 Z 值为 0.564，说明其在 2003 年 12 月相对具有吸引力(见表 5-4)。

表 5-4　所选股票的因子暴露与因子组 Z 值

股票代码	价值因子组			盈利能力因子组	财务状况因子组		技术因子组	价值因子组 Z 值	盈利能力因子组 Z 值	财务状况因子组 Z 值	技术因子组 Z 值	加总 Z 值
	市盈率(P/E)	市净率(P/B)	市销率(P/S)	毛利率(GPM)	利息覆盖率(ICR)	债务股本比(D/E)	动量(M12M)					
AIG	23.27	2.56	2.24	0.08	2.52	8.50	-0.940	0.156	0.136	-0.261	-1.232	-0.300
C	15.47	2.84	2.64	0.15	1.63	11.65	1.817	0.169	0.319	-0.437	0.037	0.022
XOM	13.46	3.21	1.34	0.06	14.36	1.05	0.556	0.301	0.079	0.177	-0.543	0.003
GE	20.33	4.52	2.20	0.12	2.48	8.03	0.704	0.103	0.233	-0.235	-0.475	-0.094
INTC	48.61	6.18	8.19	0.12	38.11	0.25	4.058	-0.799	0.235	0.275	1.068	0.194
IBM	22.86	6.84	1.92	0.07	30.63	3.24	0.403	0.014	0.090	0.093	-0.614	-0.104
PFE	58.89	12.84	7.91	0.28	33.91	1.32	0.685	-1.134	0.709	0.206	-0.484	-0.176
WMT	28.39	6.12	0.98	0.03	7.77	1.41	0.319	0.092	-0.003	0.142	-0.652	-0.105
MSFT	32.54	4.55	8.63	0.31	N/A	0.30	-0.875	-0.643	0.785	1.686	-1.201	0.157
CSCO	39.14	5.60	8.31	0.19	N/A	0.32	3.559	-0.709	0.442	1.685	0.838	0.564

⊖　当然，也可以使用其他的加权方式。

（续）

股票代码	价值因子组			盈利能力因子组	财务状况因子组		技术因子组	价值因子组Z值	盈利能力因子组Z值	财务状况因子组Z值	技术因子组Z值	加总Z值
	市盈率(P/E)	市净率(P/B)	市销率(P/S)	毛利率(GPM)	利息覆盖率(ICR)	债务股本比(D/E)	动量(M12M)					
标普500指数												
均值	27.03	4.54	2.67	0.03	−0.02	3.67	1.737					
标准差	40.24	8.03	3.33	0.35	222.19	9.05	2.174					

注：股票代码所对应的公司详见表5-2。所有数据均基于2003年12月的数据，数据来源于Compustat数据库。为了计算方便将负的市盈率和负的市净率设为0。某些公司，如思科和微软截至2003年12月没有利息支出，所以从技术上来讲，这些公司的利息覆盖率为无穷大。对于这些值，我们对其Z值设为3。

5.5 加总Z值与期望收益率

5.5.1 Z值所暗示的预期收益率

通过实际的股票收益率对加总Z值的回归，我们可以得到预期的股票收益率。这可以使用由股票收益率与Z值所组成的历史面板数据并进行面板数据回归得到。回归方程具有下列形式：

$$r_{i,t} = \gamma_i + \delta z_{i,t-1} + \epsilon_{i,t} \tag{5-8}$$

其中γ_i代表了常数项⊖，δ是回归系数，其将加总Z值与股票收益率联系了起来，$\epsilon_{i,t}$是误差项。给定γ_i与δ的参数估计，股票i在$T+1$期的预期收益率为（见图5-1）：

$$E(r_{i,T+1}) = \gamma_i + \delta z_{i,T} \tag{5-9}$$

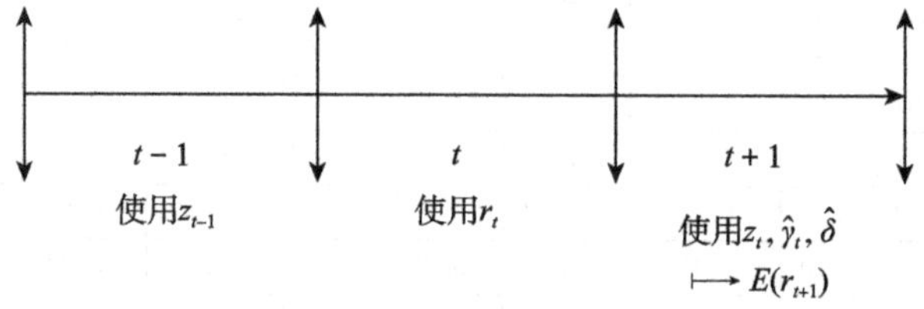

图5-1　时间轴

这种方法也存在着一些问题。第一，从一个时期到另一个时期，Z值可能不会有明显的变化，但因子溢价可能会出现显著的变化。因此，回归系数的估计可能不那么

⊖ 如果使用单期的横截面回归替代面板数据回归，那么每只股票的常数项就不再是不同的γ_i，这时用γ来代替γ_i。

稳定，也不那么可靠。减少这个问题的办法是使用更长时期的历史数据来进行面板回归，而不是仅仅针对某一特定的时期进行单个横截面的回归[⊖]。

第 2 个问题是 Z 值与股票收益率之间的相关性可能比较低。当我们使用第 t 期的 Z 值来预测 $t+1$ 期的股票收益率时，由于计算所使用的方程并未基于严格的理论，因此它们之间的相关性可能比较低。

第 3 个问题是这种方法增加了复杂度，而简便恰恰是加总 Z 值模型的最大优势。

5.5.2 预测的经验法则

许多组合投资经理都非常熟悉**预测的经验法则**（forecasting rule of thumb），并且热衷于谈论这一法则[⊜]。我们并不知道是什么导致了该法则如此流行，因为该法则仅仅只是简单回归方程的代数运算。尽管如此，我们还是将对该法则做出一些评论，因为它对量化股票组合管理（QEPM）还是能起到一定作用的。

我们将式(5-8)进行变形，得到：

$$E(r_{it} \mid z_{i,t-1}) - E(r_{it}) = \delta[z_{i,t-1} - E(z_{t-1})]$$

$$= \frac{C(r_t, z_{t-1})}{V(z_{t-1})} z_{i,t-1} \qquad (5\text{-}10)$$

$$= \rho(r_t, z_{t-1}) S(r_t) z_{i,t-1}$$

$$\equiv IC \cdot 波动率 \cdot 分值$$

在该式中，IC 为加总 Z 值或原始信号与真实股票收益率之间的相关系数，在这里，波动率为股票收益率的横截面波动率，分值是指加总 Z 值[⊜]。

尽管这是一个很简洁的方程，但是如果组合投资经理精通计量经济学，那么其不需要转换变量就能够建立起原始 Z 值或加总 Z 值与股票真实收益率或残差收益率之间的联系。出于某些理由（例如相对于使用回归的方法，计算 IC 与波动率更容易实现），该方程还是有些帮助的。否则，该方程对于筛选过程的意义就不大了[⑱]。

5.5.3 Z 值模型与基本面模型的等价

我们将证明，在某些情况下，式(5-8)Z 值模型计算出的预期收益率与基本面因子模型所得到的预期收益率相等。特别地，**如果因子溢价与因子暴露的标准差成反比**，**那么加总 Z 值模型与基本面因子模型所得到的结果完全相同**。

我们设因子溢价与因子暴露的标准差成反比。令 β_k 为第 k 个因子的因子暴露，f_k 为第 k 个因子的因子溢价。那么：

$$f_k = \frac{c}{\sqrt{V(\beta_k)}} \tag{5-11}$$

其中 c 为常数。那么基本面因子模型可被改写为：

$$
\begin{aligned}
r_i &= \alpha_i + \beta_{i,1} f_1 + \cdots + \beta_{i,K} f_K + \epsilon_i \\
&= \alpha_i + c\frac{\beta_{i1}}{\sqrt{V(\beta_1)}} + \cdots + c\frac{\beta_{iK}}{\sqrt{V(\beta_K)}} + \epsilon_i \\
&= \tilde{\alpha}_i + cz_i + \epsilon_i
\end{aligned} \tag{5-12}
$$

其中 $\tilde{\alpha}_i$ 为常数，且被定义为：

$$\tilde{\alpha}_i = \left[\alpha_i + c\frac{E(\beta_1)}{\sqrt{V(\beta_1)}} + \cdots + c\frac{E(\beta_N)}{\sqrt{V(\beta_N)}} \right] \tag{5-13}$$

式(5-12)表明了加总 Z 值模型参数与基本面因子模型参数之间的关系。

某些情况下，因子溢价与因子暴露的标准差可能会成反比。当因子暴露的标准差很大时，即使很小的因子溢价也会对超额收益率产生巨大的影响。因此，为了保持股票池的整体超额收益率，让因子溢价与因子暴露的标准差成反比就是有意义的。这意味着：若一个因子拥有极高的标准差，那么该因子的因子溢价就会非常低，因此从某种意义上保持了超额收益率的平衡。

5.6 加总 Z 值与多因子 α

最后，大多数组合投资经理将根据其比较基准来最优化他们的投资组合，而不会对组合中的股票采用先验赋权法。通常，许多组合投资经理会使用一些商业软件来构建基于比较基准的最优组合$^\ominus$。商业软件允许使用者提供多因子 α（即不能被多

$\ominus$　常见的商业软件平台包括：Barra，Birr，Bitaplus，FactSet 与 Northfield。更详细的内容见附送 CD 中的附录 D。在第 9 章中，我们将说明量化组合投资经理如何构造组合最优化模型。

因子模型所解释的那部分预期收益率）。许多组合投资经理会将加总 Z 值转换为多因子 α。在本节，我们会检验实现这一思想的 3 种流行的方法，并讨论这些方法的优点与缺点。

　　最简单的方法是一对一的转换，即将实际 Z 值当作 α。尽管加总 Z 值并不代表股票真实的超额收益率，却代表了股票在投资经理心目中的相对排名。因此，我们可以使用 Z 值代替每只股票的 α。这么做存在着一个问题：如果 Z 值并不代表股票的真实收益率，那么这种方法将赋予具有极端预测 Z 值的股票远超其预期收益率能够解释的权重，这会扭曲股票选择的过程。幸运的是，Z 值法（修正后）将 Z 值的范围限制在 -3 至 3 之间。因此一只特定股票所能拥有的最高 α 只能比期望收益率高 3%，最低 α 只能比期望收益率低 3%，而大部分的数值将落在 $+1$ 至 -1 之间[⊖]。因此，这时就可以将每只股票的加总 Z 值与风险模型所预测的股票预期收益率相加。如果使用标准的商业软件来构建投资组合，那么该软件会根据其风险模型将加总 Z 值与每只股票的预期收益率相加，然后再利用最优化的方法来构建组合。这些概念将在第 9 章进行详细的讨论。这里的基本观点在于：如果组合投资经理已经得到了修正后的加总 Z 值，一种将加总 Z 值转换为股票 α 的方法是将 Z 值与 α 一一映射，使得每只股票的 α 均等于其加总 Z 值。

　　第 2 种方法是以式(5-10)中所得到的预期超额收益率作为 α。

　　第 3 种方法更加复杂。该思想是求得所有股票的因子暴露与因子溢价，并使用这些数据计算历史 α。然后就能通过下列回归方程估计 α 与加总 Z 值之间的关系：

$$r_{i,t} - \boldsymbol{\beta}_i' \mathbf{f}_t = \gamma_i + \delta z_{i,t-1} + \epsilon_{i,t} \tag{5-14}$$

其中 γ_i 为常数项，δ 为加总 Z 值与 α 之间的相关系数，$\epsilon_{i,t}$ 为误差项。给定第 t 期的加总 Z 值，组合投资经理就能使用上述方程所得的估计值来预测下一期($t+1$ 期)所有股票的 α。因此，通过使用估计的系数，组合投资经理就能够将加总 Z 值转换为 α。这些值最终将与风险优化器一起使用来构建股票投资组合。

　　这些方法均有一些缺陷。如果 Z 值与因子模型的数据没有显著的差异，那么这些方法会造成严重的扭曲。在这种情况下，将会违反信息准则[⊜]。第 2、第 3 种方法需要

⊖　如果因子服从标准正态分布，那么 68% 的股票将会落在这个范围内。

⊜　我们在第 3 章中所讨论的问题。

更多的计算，但相对于计算的复杂度，这些改进可能是得不偿失的。

5.7 结论

本章介绍了用于选股的加总 Z 值模型。我们一开始讨论了顺序筛选法，因为这是最简单的量化选股方法之一，并且易于大多数投资者理解。我们同样讨论了一些著名投资经理的投资风格，并将他们的投资方法转化为顺序筛选法。

尽管顺序筛选法是一个不错的开始，但是这种方法并不如多因子同步筛选法有效，也不如多因子同步筛选法在组合管理领域使用得广泛。在使用我们称之为加总 Z 值的模型时，为了运用多因子同步筛选法，我们展示了如何对影响股票收益率的因子进行标准化或正态化。我们着重讨论了对整个股票池的股票进行 Z 值标准化，但是也提到了一些组合投资经理会先分行业或板块来进行 Z 值标准化，然后再在行业或板块内选择具有代表性的股票样本。最后，为了进一步构建和阐明股票筛选过程，我们介绍了因子组的概念。

由于简便，加总 Z 值模型非常有用，但该模型也存在着缺陷，即该模型只是对股票进行了相对的排序，而并没有直接估计股票的预期收益率或 α。不基于某一比较基准进行投资的组合投资经理无须担忧这一点，因为他们可以简单选择那些最具吸引力的股票，然后使用不同的方法对其赋权（如对排名前 100 名的股票赋予相等的权重）。然而，对于基于某一特定的比较基准（如标普 500 指数）进行投资的组合投资经理，由于需要基于比较基准进行风险最优化，那么知道预期收益率是非常必要的。我们推荐了一些将加总 Z 值转换为股票预期收益率或 α 的方法。对于那些使用加总 Z 值模型的组合投资经理而言，构建组合的最后一步就是将该模型与风险优化器相结合，并以优化出来的股票权重构建股票投资组合。

股票筛选法可以当作股票收益率模型的基础，但是在量化股票组合管理中，这通常只是构造投资组合的初步阶段。下一章，我们将要探究量化股票组合管理的核心——因子模型。我们在第 3 章中介绍过因子模型。现在我们已经熟悉并掌握了各类因子，以及一些选择因子、筛选股票池的方法，接下来我们准备再进一步，讨论如何将因子与量化股票收益率模型结合起来。我们首先在第 6 章讨论基本面因子模型，然后在第 7 章讨论经济因子模型。

附录 5A　基于著名投资策略的股票筛选法

表 5A-1　著名的股票投资策略

筛选策略名称	背　景	描　述
巴菲特	巴菲特或许是迄今为止最著名的投资家。他目前是伯克希尔-哈撒韦公司的董事长。伯克希尔曾经是一家纺织品公司，巴菲特于 1965 年买下了该公司，并将其转变为一个投资工具。1965～2003 年，巴菲特获得了平均 22.2% 的年化收益率，每年跑赢标普 500 指数 11.8%[①]。在此期间伯克希尔-哈撒韦的收益率为 259 485%，而标普 500 指数的收益仅为 4 743%。巴菲特每年在伯克希尔-哈撒韦的年报上发表的"致股东的信"是被华尔街阅读得最为广泛的市场评论之一。巴菲特的机智、遵循常识的投资方法以及持续的成功使得他成为当代各类投资家中的传奇	许多人都知道"买入并持有"的投资策略，这一策略专注于不懈地寻找那些股票价格低于其内在价值的公司，巴菲特对公司内在价值的描述为："公司存续期所能获得的现金流折现。"[②]这种估值方法依赖于分析师对多种情况的预测，包括利率、对未来现金流的估计、商业前景以及其他有价值的竞争优势。一些衡量估值的方法可能包括：与参照公司相比更低的市盈率（P/E），更高的净市率（B/P），或者更高的自由现金流-股东权益比。巴菲特认为，一个人对一个特定公司、板块或行业的了解越深，那么在估值时所做出的假设可能越准确。因此，遵循巴菲特的策略要求我们只购买那些被我们所真正理解的公司的股票，而避开我们不熟悉、不理解的公司的股票，即使它们可能具有巨大的成长潜力。巴菲特从来不投资科技股，因为他不认为他能够很好地理解这些科技公司的商业模式（即使微软公司的董事长比尔·盖茨是巴菲特最好的朋友之一）
德雷曼：逆向价值	大卫·德雷曼，一位经验丰富的投资家，德雷曼价值管理有限公司的创始人与董事长。同时，他也著有一些关于低市盈率（P/E）、逆向价值投资法的优秀书籍，包括《逆向投资策略：下一代》(1998) 以及《心理学与股票市场》(1977)。他是《福布斯》的定期专栏作者，并且在学术期刊，如《机构投资者》以及投资出版物，如《华尔街日报》《巴伦周刊》《财富》上发表了一系列文章。德雷曼价值管理有限公司当前为企业、基金、公益基金、政府以及高净值个人客户管理了超过 110 亿美元的资金[③]	逆向投资策略试图挑选那些大众不感兴趣的股票，并且避开"热门股"。该策略往往会先选择股票池中低市盈率的股票。德雷曼提倡应当先选择股票池中市盈率排名最低的 40% 的股票。德雷曼选择高分红的股票来增加总体的投资收益率。他更偏好大中型公司，这些公司更透明，并且由于投资者的审查，这些公司不易受到会计操纵的影响。他喜欢那些财务健康的公司，当公司不被投资者看好时也能坚持。便宜并不意味着就是好股票，因此德雷曼寻找那些相于标普 500 指数盈利增长更高的公司。最后，德雷曼认为分散化投资极为重要。因此，投资者应当至少选择 20～30 只股票，并且这些股票应当分布在不同的行业

（续）

筛选策略名称	背　景	描　述
德里豪斯：成长	理查德·德里豪斯的公司——德里豪斯资产管理公司坐落在芝加哥，其本人被认为是中小型资产管理公司中最优秀的投资经理之一。他是《巴伦周刊》世纪团队的成员之一，该团队由25名投资经理组成，包括著名投资家彼得·林奇和约翰·邓普顿。他的投资策略在彼得 J. 塔诺斯（Peter J. Tanous）的著作《投资大师》中讨论过	德里豪斯成长策略偏好具有盈利动量与价格动量的公司。该策略的核心是**盈利惊喜**。买入正向盈利惊喜的公司，卖出负向盈利惊喜的公司。盈利惊喜有多种定义方式。一种常见的定义方式是：实际盈利与分析师一致预期之间的差异。该策略也用分析师盈利预期的范围或标准差来衡量盈利惊喜，标准差越小，说明该盈利惊喜对股票未来收益的影响越大。投资者还应当关注盈利预告，这能预示未来公司的业绩。在该策略中，投资者必须确定：是什么构成了一个足够大的盈利惊喜，以及追踪一只股票的分析师人数最少应当是多少位才能被认为是合理的。这些都是主观变量。该策略寻找那些在过去4周具有正向价格动量的公司。同时，也考虑股票相对于标普500指数、股票相对于其行业的相对强弱。德里豪斯更偏好中小盘股票，并且避开国际化的股票，因此排除了 ADR。投资者还希望根据成交量来管理流动性，以确保被选中的股票相对于投资组合的规模是能够成交的
费舍：成长/价值	在菲利普 A. 费舍的著作中描述了他的投资哲学，其著作包括《怎样选择成长股》（1958）、《保守型投资者高枕无忧》（1975）以及《发展投资哲学》（1980）。他的成果后来被发布在《怎样选择成长股》（1996）中	费舍认为应当依据投资专家的建议来做一些股票的筛选，因此分析师推荐可以作为基于费舍思想的策略的一个很好的数据源。基于费舍思想的策略包括通过不同的维度来衡量股票的成长性，包括：优秀的管理层、基于公司产品线的长期增长潜力以及公司在其行业中的相对竞争优势。费舍寻找符合其15点要求的公司。这15点要求包括：能给未来销售收入带来显著增长的产品，在行业内具有低成本优势，强大的营销组织，强大的研发部门，有效的成本分析与会计，财务稳健，高超的管理技能，管理团队具有良好的合作关系，有深度的管理阶层，管理层之间具有良好的协同性，管理层诚实，良好的员工关系，良好与诚信的投资者关系，平均水平之上的盈利能力以及能够阻止竞争者进入该公司市场的能力。费舍主要关注其最了解的制造业。但是他的投资方法也能被用于其他行业。该策略对大、中、小企业一视同仁。费舍并不完全相信分散化，认为组合中有20只股票就足够了。他建议，当你意识到你对股票的分析是错误（并非出于短期的考虑）的时候，才卖出股票

① 见巴菲特（2003）。

② 见巴菲特（1996）。

③ 见 http://www.dreman.com。

表 5A-2　著名股票投资策略

筛选策略名称	背　景	描　述
拉科尼沙克：价值	约瑟夫·拉科尼沙克目前是美国伊利诺伊大学厄巴纳-香槟分校商学院的威廉 G. 卡恩斯金融学教授。作为战略投资顾问，他为美国与欧洲的各类养老基金及货币基金服务。拉科尼沙克教授在众多学术期刊上发表了大量的文章，包括与安德鲁·施莱弗、罗伯特·维什尼合作的获得了史密斯·布里登奖的一篇杰出论文——《逆向投资，推断与风险》(1994)。拉科尼沙克教授还是国家经济研究局的成员，目前也在几个编辑部任职，包括《投资组合管理》与《金融分析师》	拉科尼沙克策略坚信，如果投资者是有耐性的，那么一些不被喜爱的股票最终会受到欢迎。其思想是购买市净率、市盈率、市销率以及市现率低于行业平均水平的股票。该策略可能会引导投资者买入那些对投资者而言绝对是一种灾难的公司股票。为了防止这种情况的发生，拉科尼沙克建议选择那些股价开始反弹，或者盈利修正开始反弹的公司
林奇：成长/价值	彼得·林奇以 1977～1990 年（于 1990 年退休）成功管理富达麦哲伦基金而成名。他的成就令人印象深刻。彼得·林奇获得了 29.23% 的年化收益率，而同期标普 500 指数的年化收益率仅为 15.81%。当林奇接管富达麦哲伦基金时，基金规模仅为 2 000 万美元，而当他 1990 年退休时，麦哲伦基金的规模已经增长至 140 亿美元。林奇是一位基于基本面的组合投资经理，而不是一位量化组合投资经理。他做了很多难以用数据加以模型化的研究（比如关于恒适连裤袜的研究）。他的投资策略在其著作《彼得·林奇的成功投资》(1989)与《战胜华尔街》(1993)中有详细描述	林奇的投资策略投资于自己非常了解的领域。基于这种策略的股票筛选法要比量化选股更复杂一些。第一步是计算修正后的 PEG 值，林奇将修正的 PEG 值定义为 P/E 除以盈利增长率与股息收益率之和。当 PEG 小于 1 时，股票被认为是有吸引力的，当 PEG 大于 1 时，股票被认为是没有吸引力的。林奇也寻找那些盈利稳定并且具有持续性的公司。该策略避免选择那些盈利增长巨大，但可能无法持续的公司。目标公司可能相对会被忽视，因此可以在机构持股比例较低或分析师覆盖较少的公司中寻找。投资者必须观察公司的规模或其在地理上可扩张的范围，因为林奇认为与市场份额较大的公司相比，市场份额较小的公司更具成长空间。林奇的策略要求公司具有稳健的资产负债表并且负债水平低于其所属行业的水平。该策略还考虑了每股净现金，相对于行业水平，具有高每股净现金的公司会更好。最后，林奇喜欢检查内部人士是否购买了公司股票或者公司是否在回购股票，任意一种情况都对公司的未来有潜在的正面影响

（续）

筛选策略名称	背景	描述
米勒：价值	比尔·米勒目前是美盛资产管理公司的现任 CEO，美盛资产管理公司是美盛集团（总部位于巴尔的摩的一家金融服务公司）的一个分公司。他当前管理着美盛价值信托与机会信托两个共同基金。自 1982 年掌管基金公司以来，米勒已经获得了年化 17.01% 的收益率，成为唯一一位在过去 14 年均跑赢标普 500 指数的共同基金经理（截至 2004 年年底，该记录还在持续）	米勒的策略聚焦于寻找那些价格低于其内在价值的股票，其内在价值由米勒所构建的多因子估值分析来确定。与许多价值型基金经理不同，米勒更关注现金收入而非会计收入。该策略试图依据未来流向企业或股东的现金流折现来发现被低估的公司。在米勒的策略中，分散化投资是非常重要的。虽然该策略的目的是对组合中的股票加以分散化，但是其并非只是关注股票的数量。事实上，米勒的策略总体上持有非常少的股票（在 2004 年，他所管理的基金仅持有 36 只股票）。他更加强调对持仓股票进行深入的研究与估值。米勒的股票年换手率为 20%，相当于持有每只股票 5 年。该策略聚焦市场所不关注的股票，因此承担了更高的风险，同时也希望获得更高的收益率。价值这个称谓可能有些误导，因为米勒选股的范围非常广，并且其买入了许多互联网"成长型"股票[1]
米伦坎普：成长/价值	罗纳德·米伦坎普 1977 年创办了米伦坎普公司，为个人与机构管理账户。米伦坎普共同基金成立于 1988 年，其过去 10 年的年化收益率为 18.38%（1994 年 12 月 31 日至 2004 年 12 月 31 日），而同期标普 500 指数的收益率为 12.07%（考虑股利再投资）[2]	该策略需要寻找所有 ROE 高于历史平均水平的公司，也可以寻找 ROE 在过去 5 年非常平稳的公司。从 P/E 来看，该策略要求公司的市场价格相对合理。该策略要求公司的盈利增长高于其所属行业的竞争对手。投资者也应当关注公司的利润与成本的控制，如可以观察公司相对于其所在行业的经营利润率。与许多著名的投资策略一样，该策略还通过资产负债率与自由现金流来关注公司财务的稳定性。米伦坎普也关注员工关系。尽管员工关系的评价相对比较定性，但可以用 KLD 与 IRRC 的数据来加以评价。最后，米伦坎普认为没有能够在任何环境中都适用的模型；因此应当根据环境来修订模型。这可能要求根据某些规则重新估计模型的参数

[1] 见 www. leggmason. com/funds/ourfunds/factsheets/value _ trust. asp。

[2] 见 www. mahlenkamp. com/fund _ index. php。

表 5A-3 著名股票投资策略

筛选策略名称	背 景	描 述
聂夫：逆向价值	约翰·聂夫自 1964 年起开始掌管先锋温莎基金，直至 1995 年他退休。聂夫著有《约翰·聂夫的成功投资》(1999)。截至 2005 年，聂夫一直为著名的巴伦圆桌会议的成员	聂夫的策略是寻找低 P/E 的股票。所选公司应当有强劲的盈利增长预期，但是也不能太过强劲，以至于投资者炒作过度（比如合理的增长在 7%～20%）。聂夫的策略也寻找高 D/P 的股票。最终，聂夫想要找到那些经过股利调整后 PEG 最低的股票。PEG 等于 P/E 除以股票的盈利增长率。低 PEG 的股票符合聂夫所谓"便宜"的描述。该策略也推荐销售增长强劲、扣除资本支出后的自由现金流充裕以及相对行业平均水平具有较高经营利润率的公司。聂夫同样非常鼓励寻找那些不知名公司的股票
奥肖内西：成长	詹姆斯·奥肖内西是投资顾问公司奥肖内西资产管理公司的主席，以及组合交易公司 NetFolio 的创始人。在其著作《投资策略实战分析》[⊖](1998) 中介绍了自己的选股方法。奥肖内西认为，坚持是战胜市场的关键，许多投资者失败的原因是他们没有坚持自己的投资方法	在常见的选择成长股的方法中，奥肖内西发现盈利增长与相对强弱是投资组合成功的关键因素。他发现持续的盈利增长（比如过去 5 年）是关键。具有最高盈利增长的股票并非是必须买入的股票。他还发现，具有最高相对强弱的股票（他定义为：过去一年股价增长幅度最大的股票）至少在未来一年内将继续表现良好。这就是通常所说的**动量策略**。成长策略还包括选择市值排名在前 50% 的股票。对盈利选股策略的一个适当的修正是寻找连续 4 年实现盈利增长的公司。为了避免高估，奥肖内西要求 P/S 不高于 1.5(P/S 为股价除以最近 12 个月的每股销售额)。最后，选取过去 12 个月股价相对涨幅最高的 50 只股票进入投资组合
奥肖内西：价值	同上	奥肖内西价值策略聚焦他所定义的"可投资股票池"。该投资股票池具有充足的流动性，能满足投资经理的交易需求。可投资股票池的定义取决于对投资的理解以及投资组合的规模。但是我们将其限定在交易所上市的市值排名前 50% 的股票。筛选股票的下一步是选择低 P/E、低 P/B、低 P/CF 以及低 D/P 的股票(在该策略中数据挖掘是需要被考虑的一个问题，奥肖内西测试了大量的因子，然后再选择有效的因子)。该策略的下一个重要元素是，选择发行的股份数量高于投资股票池平均水平、每股现金流高于投资股票池平均水平以及总销售收入高于投资股票池平均水平 1.5 倍的股票。最后一步是剔除公用事业的股票后，选择股利率最高的 50 只股票

⊖ 此书中文版已由机械工业出版社出版。

（续）

筛选策略名称	背　景	描　述
皮奥特洛斯基：价值	约瑟夫 D. 皮奥特洛斯基是芝加哥大学商学院的会计系副教授。他是财务报表分析方面的专家，主要研究财务信息对股票价格与估值、市场预期以及投资行为的影响。他写了一篇具有里程碑意义的论文——"价值投资：利用历史财务报表信息来区分成功者与失败者"（2000），发表于《会计研究》上	基于皮奥特洛斯基思想的策略是寻找那些被分析师所忽视的或者经历过财务困境的，P/B极低的股票。关于这些股票的信息流是不充分的。若一个公司的财务状况能够得到 9 分，那么说明该公司的财务状况正在改进。当然，公司还必须满足最低的利润率标准。最后，该公司 ROA 的增长必须为正，并且满足相关会计、财务杠杆、流动性与经营效率的标准
邓普顿：成长/价值	约翰·邓普顿爵士创建了著名的邓普顿共同基金家族。他是本杰明·格雷厄姆的学生，他的投资方法是寻找便宜的股票。邓普顿同样以逆向投资闻名，当大多数人卖出某只股票时，他却买入，反之亦然。为了在任何地方寻找便宜的股票，他既购买国内的股票也购买国外的股票。关于邓普顿投资哲学的书籍有 Nicki Ross 的《华尔街传奇》（2000）以及 John Train 的《当代金融大师》（2000）	邓普顿策略的根基是寻找价值股或者低 P/B 以及类似指标的股票。然而，该策略更进一步区分了"好股票"与"坏股票"，去寻找那些具有良好未来盈利增长潜力的价值股。一个公司当前的 P/E 必须低于过去 5 年的平均水平。投资者应当对异常高的 P/E 保持警惕，并对标准化后的异常值进行修正（在第 4 章中讨论过）。应当选择那些过去 12 个月以及过去 5 年盈利增长为正的公司。该策略还包括选择那些分析师预期未来 5 年盈利会正向增长的公司。为了抓住邓普顿策略的相对优势，投资者应当寻找那些在未来 5 年，预期的盈利增长高于行业平均水平的公司。该策略也要求公司过去 12 个月的经营利润率为正，并且要高于过去 5 年的平均水平。最后，由于财务稳健也是邓普顿关注的重要方面（与彼得·林奇类似），投资者应当选择那些总资产与总负债之比高于其行业平均水平的公司

表 5A-4　著名股票投资策略

筛选策略名称	背　景	描　述
分析师上调评级	该策略基于一个观点，即市场并非是半强式有效的，新的信息是逐步而非立即反映到股价上的	该策略是买入分析师上调投资评级的股票，卖出分析师下调投资评级的股票。该理论认为，分析师对其所覆盖公司的了解程度要高于外部投资者，当一只股票被错误定价并需要采取行动时，他们是能够做出最明智决定的人。尽管该策略假设股价会逐渐调整至分析师建议的水平，但是使用该策略的投资者应当根据这些建议马上行动

（续）

筛选策略名称	背　　景	描　　述
道琼斯指数狗股	在 1884 年，查尔斯·道通过选择 11 只领军企业的股票（当时大部分是铁路公司），并计算了它们股价的简单平均值，以此创建了第一个市场指数。这就是现在被广泛使用的道琼斯工业平均指数的起源。道琼斯工业平均指数现在是由《华尔街日报》所选取的 30 只股票所组成，这些股票代表着经济体中最大型工业企业的一个截面。与标普 500 指数的市值加权不同，道琼斯工业指数是价格加权指数。在 2003 年，道琼斯工业指数中成分股的市值占到美国股票市场总市值的 26%[①]。道琼斯指数狗股策略就是选取道琼斯指数中的 10 只成分股	在每年年初，选取道琼斯指数中股利率最高的 10 只股票，并赋予每只股票相等的权重
盈利动量	该策略背后的逻辑是，大的正（负）盈利惊喜意味着公司很有可能超过（低于）将来的盈利预期，从而导致股价上升（下降）。Chan、Jegadeesh 和 Lakonishok（1996）发现，平均来看，如果公司在某个方向（正向或负向）发生了盈利惊喜，那么在接下来的两个报告期内，公司股票很可能会在相同的方向给予市场惊喜	该策略包括买入那些盈利超预期的股票，卖出那些盈利不达预期的股票。与分析师上调评级策略相似，该策略依赖于市场不能快速地传递信息以及投资者利用信息传播迟滞的能力
盈利修正	当管理层公告新的盈利/目标盈利，或者金融分析师向上或向下调整了盈利预期（并不一定是对管理层公告的反应）时，盈利修正就发生了。盈利修正意味着公司的前景发生了改变	盈利修正策略是根据盈利修正的方向来进行股票的买卖。如果盈利预期向下修正，那么该股票可能被高估了。如果管理层对盈利的修正是因为公司财务报表的不准确，那么该公告将引发对公司管理层的信任危机，并导致投资者普遍卖出该公司的股票
GARP	GARP，或称价格合理的成长股（growth at reasonable price），是将成长和价值相结合的投资方法。许多人批评该策略，认为它试图结合许多其他策略中的元素，以至于自身并不适合作为一个可靠的投资工具	该策略聚焦那些具有高盈利增长和预期高盈利增长、强健的基本面、低 P/E 与低 P/B 的公司。目标是寻找那些股票价值（以 P/E、P/B 或其他指标衡量）低于总体盈利增长率的公司
被忽视的公司	投资被忽视的公司可能是利用市场无效性的一种方法。与被忽视的股票相比，那些能够吸引媒体关注、公众兴趣以及被富有经验的机构所跟踪的股票其股票定价可能会更合理	被忽视的公司策略是寻找那些被少数分析师覆盖（如果有分析师覆盖）的股票，以及寻找那些被其他投资者所忽视的价值来源。被忽视的公司一般是小的、低调的公司，因此没有被媒体或分析师所关注。这可能意味着被忽视公司的股价并没有反映所有相关的信息，其价格会缓慢地对相关的信息做出反应。这为精明的投资者提供了买入被低估、被忽视的股票的机会。当市场认识到股票的真正价值时，精明的投资者将获得回报

① 见 www.djindexes.com。

表 5A-5　基于著名股票投资策略的股票筛选方法 I

筛选策略名称	股票筛选步骤
巴菲特	第 1 步：在纽约证券交易所、美国证券交易所以及纳斯达克上市的股票中市值排名前 30% 的个股。第 2 步：过去 3 年每年的 ROE 均大于 15%。第 3 步：每股自由现金流位于数据库的前 30%。第 4 步：NPM 高于行业平均水平。第 5 步：未来 5 年累积的预期每股现金流大于当前的交易价格。第 6 步：市值增长率高于账面价值增长率
德雷曼	第 1 步：标普 1500 指数中，市值排名前 80% 的个股。第 2 步：标普 1500 指数中，P/E 排名后 40% 的个股。第 3 步：D/E 小于 1。第 4 步：总负债与总资产之比低于其所属行业的中位数。第 5 步：EPS 的增长率高于标普 1500 指数。第 6 步：EPS 的增长率高于其所属行业的中位数。第 7 步：当年 EPS 的增长率高于上一年 EPS 的增长率。第 8 步：下一年预期 EPS 的增长率高于当年预期 EPS 的增长率。第 9 步：股利率高于标普 1500 指数的中位数。第 10 步：净利润的增长率高于 8%
德里豪斯	第 1 步：过去 5 年 EPS 的增长率在持续增长。第 2 步：当年 EPS 的增长率为正。第 3 步：公司公布的盈利高于市场一致盈利预期 10% 之上。第 4 步：当年 EPS 的增长率高于行业平均水平。第 5 步：股价高于 20 日移动平均线。第 6 步：该股票所属行业过去一个季度的收益率高于标普 500 指数。第 7 步：20 日的能量潮指标（OBV）为正。第 8 步：跟踪个股的分析师数量不超过 5 人。第 9 步：在纽约证券交易所、美国证券交易所以及纳斯达克上市的股票中市值排名后 85% 的个股
费舍	第 1 步：过去 3 年销售收入持续增长。第 2 步：过去 3 年销售收入的增长率高于其所属行业的中位数。第 3 步：过去 3 年每年的 NPM 均高于其所属行业的中位数。第 4 步：PEG 居于行业的后 10%。第 5 步：RNDS 高于其所属行业的中位数。第 6 步：销售收入的增长率高于研发费用的增长率。第 7 步：股利为 0
拉科尼沙克	第 1 步：在纽约证券交易所、美国证券交易所以及纳斯达克上市的股票中市值排名前 50% 的个股。第 2 步：P/E 低于其所属行业的中位数。第 3 步：P/B 低于其所属行业的中位数。第 4 步：下一年的预期 EPS 高于当年的预期 EPS。第 5 步：在过去一个月中，预期 EPS 至少经历过一次向上修正，并且没有向下修正过。第 6 步：股票过去 6 个月的收益率高于标普 500 指数
林奇	第 1 步：P/E 低于行业平均水平。第 2 步：PEG 小于 1。第 3 步：P/E 与 D/P 的比值小于 4。第 4 步：当前 P/E 低于过去 5 年的平均 P/E。第 5 步：长期负债与权益的比值低于行业平均水平。第 6 步：长期负债与权益的比值小于 1。第 7 步：每股净现金与每股股价的比值大于 0.2。第 8 步：EPS 的增长率在 0～50%。第 9 步：当年内部购买与内部卖出的比值大于 1.5。第 10 步：机构投资者持股比例小于 50%。第 11 步：市值小于 50 亿美元
米勒	第 1 步：市值与自由现金流的比值小于 3。第 2 步：当年自由现金流高于上一年自由现金流。第 3 步：PEG 小于 1.5。第 4 步：GPM 高于行业平均水平。第 5 步：ROE 高于行业平均水平。第 6 步：过去 5 年每年的销售收入均在增长。第 7 步：长期负债与权益的比值小于行业平均水平。第 8 步：在纽约证券交易所、美国证券交易所以及纳斯达克上市的股票中市值排名前 75% 的个股
米伦坎普	第 1 步：ROE 高于行业平均水平。第 2 步：过去 5 年 ROE 的平均值高于行业平均水平。第 3 步：P/E 小于行业平均水平。第 4 步：P/B 小于 2。第 5 步：过去 5 年 EPS 的年化复合增长率大于 0。第 6 步：EPS 的年化复合增长率高于行业平均水平。第 7 步：NPM 高于行业平均水平。第 8 步：总负债与总资产的比值小于行业平均水平。第 9 步：现金比率大于 1。第 10 步：自由现金流为正

（续）

筛选策略名称	股票筛选步骤
聂夫	第 1 步：P/E 小于行业平均水平。第 2 步：EPS 的增长率介于 2.7%～20%。第 3 步：PEG 小于 1。第 4 步：过去 5 年每年的销售收入均有增长。第 5 步：当年的 OPM 高于上一年的 OPM。第 6 步：OPM 高于行业平均水平。第 7 步：过去 3 年每年的每股自由现金流均在增长
奥肖内西：成长	第 1 步：标普 1500 指数中，市值排名前 25% 的个股。第 2 步：P/S 小于 1.5。第 3 步：EPS 的增长率大于 0。第 4 步：过去 5 年的 EPS 增长率高于标普 500 指数。第 5 步：P/E 小于行业平均水平。第 6 步：26 周的 RSI 为正。第 7 步：在剩余的股票中，52 周的 RSI 最大的个股
奥肖内西：价值	第 1 步：在纽约证券交易所、美国证券交易所以及纳斯达克上市的股票中市值排名前 50% 的个股。第 2 步：P/E 小于行业平均水平。第 3 步：股价与现金流的比值小于行业平均水平。第 4 步：销售收入超过行业平均水平的 1.5 倍。第 5 步：P/S 小于 1.25。第 6 步：D/P 高于标普 500 指数。第 7 步：EPS 的增长率介于 0～50%。第 8 步：所发行的股份数高于数据库中股票所发行的股份数的平均水平。第 9 步：剔除公用事业的股票后，D/P 在剩余的股票中最高的
皮奥特洛斯基	第 1 步：在纽约证券交易所、美国证券交易所以及纳斯达克上市的股票中 P/B 排名最低 30% 的个股。第 2 步：ROA 为正。第 3 步：D/E 小于 1。第 4 步：上一年长期负债与权益的比值小于两年前长期负债与权益的比值。第 5 步：当年 NPM 高于上一年 NPM。第 6 步：经营活动产生的现金流高于净利润。第 7 步：当年的现金比率高于上一年的现金比率。第 8 步：当年现金与流动负债的比值高于上一年现金与流动负债的比值。第 9 步：销售收入与总资产的比值高于行业平均水平。第 10 步：在纽约证券交易所、美国证券交易所以及纳斯达克上市的股票中市值排名前 30% 的个股
邓普顿	第 1 步：在 Compustat 数据库中 P/B 最低的 40% 的个股。第 2 步：P/E 小于过去 5 年的平均 P/E。第 3 步：过去 12 个月以及过去 5 年盈利的增长率均为正。第 4 步：EPS 的增长率高于行业平均水平。第 5 步：OPM 高于过去 5 年的平均 OPM。第 6 步：长期负债与权益的比值小于行业平均水平。第 7 步：总资产与总负债的比值高于行业平均水平。第 8 步：ROE 高于行业平均水平

注：D/E 为债务股本比；D/P 为股利收益率；EPS 为每股盈利；GPM 为毛利率；NPM 为净利率；OPM 为营业利润率；P/B 为市净率；P/E 为市盈率；PEG 为市盈率与盈利增长率之比；ROE 为股权收益率；RSI 为相对强弱指标。

表 5A-6　基于著名股票投资策略的股票筛选方法 II

筛选策略名称	股票筛选步骤
分析师上调评级	第 1 步：选择过去一个月分析师评级上调最多的 50 只股票
道琼斯指数狗股	第 1 步：剔除所有非道琼斯工业平均指数中的公司。第 2 步：在道琼斯工业指数中，D/P 最高的 33% 的个股
盈利动量	第 1 步：过去 5 年 EPS 的增长率为正。第 2 步：过去 5 年，EPS 的增长率排名位于前 20% 的个股。第 3 步：下一年的预期 EPS 增长率高于过去 5 年的 EPS 增长率
盈利修正	第 1 步：根据 IBES 数据库，选择过去 2 个月内，对下一年预期 EPS 的修正率最高的公司。第 2 步：选择过去 5 年中 EPS 的增长率最高的 20% 的个股。第 3 步：EPS 的增长率高于行业平均水平。第 4 步：选择那些盈利惊喜最大的公司
GARP	第 1 步：PEG 小于或等于 1。第 2 步：过去 5 年的 EPS 增长率高于标普 500 指数。第 3 步：过去 3 年的 EPS 增长率高于行业平均水平。第 4 步：总负债与总资产的比值小于行业平均水平。第 5 步：D/E 小于 1

（续）

筛选策略名称	股票筛选步骤
被忽视的公司	第1步：跟踪该股票的分析师人数不超过2。第2步：EPS的年化复合增长率高于行业平均水平。第3步：P/E低于行业平均水平[⊖]。第4步：NPM高于行业平均水平。第5步：P/B小于或等于3。第6步：过去5年的平均ROE高于行业平均水平。第7步：在纽约证券交易所、美国证券交易所以及纳斯达克上市的股票中市值排名前75%的个股

注：D/E为债务股本比；D/P为股利收益率；EPS为每股盈利；NPM为净利率；P/B为市净率；P/E为市盈率；ROE为股权收益率；PEG为市盈率与盈利增长率之比。

附录 5B 异常值

异常值（outlier）是指在分布中非常极端的观察值，其发生的概率非常小。异常值看上去与其他的数据非常不一致。这些异常值可能是由于数据提供商所提供的错误数据导致，也可能是由于对底层数据不正确的分布假设导致，还可能是由一种异常现象导致。如果异常值是由错误的数据导致，那么对于 QEPM 来说较好的处理办法是剔除这些异常值。如果异常值是由错误的分布假设导致（这通常很难确定），那么 QEPM 希望将这些异常值修正成正常值，从而避免扭曲投资组合的构建过程（比如将异常值调整为 3 或 −3）。如果异常值的数据是正确的，但是由一种异常的现象所导致，那么 QEPM 可能仍然希望修正这些数据，仅仅是为了安全起见，但与其他股票相比它仍将是一个很强的信号。

有几种方法可用来标记异常值。第 1 种方法是简单地将股票的 Z 值绝对值大于 3 的股票标记为异常值。这并不是一种可靠的方法，即使该方法很简单，因为在计算均值与标准差时，我们使用了极端值。第 2 种方法是修正 Z 值法，也就是说使用因子值的中位数而非标准差来计算修正 Z 值。修正 Z 值 $\tilde{z}$ 定义为：$(\beta_{i,k} - \bar{\beta}_k)/M(\beta_{i,k})$，其中 $M(\beta_{i,k})$ 为因子 k 在股票横截面上的中位数。所有修正 Z 值的绝对值大于或等于 3 的观察值被认为是异常值。

在 Z 值模型中，有多种处理异常值的方法。其中一种方法是**缩尾法**（winsorization）。缩尾法是指用其他值来替代异常值，从而防止异常值对参数估计产生不恰当的影响。我们在前面的正文中讨论过一种缩尾法是将所有绝对值大于 3 的 Z 值替换为 3

⊖ 原文此处为 P/E 高于行业平均水平，但根据文意，应为笔误。——译者注

或 -3。这暗示将所有绝对值大于 3 的观察值标记为异常值。

另一种方法是**截尾法**（trimming）。该方法是将数值最大的 N 个样本与数值最小的 N 个样本去掉。[⊖]然后根据剩下的数据再次计算 Z 值。这种方法在文中的一个示例就是简单地将 Z 值的绝对值大于阈值（如 3，4 或 5）的观察值去掉。

在数据集中检验异常值的方法有好几种。不幸的是，大多数检验要求数据服从正态分布。如 Rosner 检验、Dixon 检验以及 Grubb 检验。Rosner 检验与 Grubb 检验适用于大于等于 25 个样本点的大样本（通常 QEPM 都符合该条件），Dixon 检验适用于小于 25 个样本点的小样本。具体详见 Gibbons（1994）的 Rosner 检验、Dixon 检验以及 Grubbs（1969）的 Grubb 检验。对于非正态分布数据异常值的检验，我们推荐 Iglewicz（1993）与 Barnett 和 Lewis（1984）。

· 习　题 ·

5.1　股票筛选在量化股票组合管理中被用来做什么？

5.2　对比拉科尼沙克股票筛选法与皮奥特洛斯基股票筛选法的异同。

5.3　如何根据管理层对公司未来的观点来筛选股票？

5.4　有许多方法可实现公司利润的增长。一种方法是提高净利率。另一种方法是增加公司所运营的门店数量。如何衡量公司所在市场的饱和度？

5.5　在本章我们所讨论的著名组合投资经理的筛选方法中，哪些类别的因子比较常用？

5.6　与顺序筛选法相比，同步筛选法有什么优势？

5.7　什么是 Z 值，其与同步筛选法之间有什么联系？

5.8　(a)先验加总 Z 值法的含义是什么？

　　(b)使用该方法赋权的危险是什么？

　　(c)为什么有些人说该方法**不属于**真正的量化股票组合管理？

5.9　什么是最优加总 Z 值法？你如何得到最优权重？

5.10　一位组合投资经理正在构建股票组合，其比较基准为标普 500 指数。他将重点使用 3 个因子来构建股票组合，分别为 P/B、P/E 以及 12 个月动量（M12M）。他认为动量高的股票在未来将继续表现优异。对于其他因子，他的判断基于市场异常的研究文献。

　⊖　原著本句存在笔误，我们根据文意进行了调整。——译者注

公司 名 称	股票代码	P/E	P/B	M12M	$Z_{P/E}$	$Z_{P/B}$	Z_{M12M}	$\bar{Z}$
喜达屋酒店及度假村	HOT	65.04	1.74	2.90				
英格索兰	IR	20.31	3.11	2.65				
亨廷顿银行	HBAN	14.10	2.20	1.26				
英特尔	INTC	48.61	6.18	4.06				
标普 500 指数均值		27.03	4.54	1.74				
标普 500 指数标准差		40.24	8.03	2.17				

(a) 计算上表中每只股票的因子 Z 值($Z_{P/E}$, $Z_{P/B}$, Z_{M12M})。

(b) 投资经理认为动量是决定股票收益率的最重要的因子。因此他赋予动量因子 50% 的权重，而赋予其他的因子等权重。计算上表每只股票的加总 Z 值。

(c) 如果组合投资经理要构建一个两只股票的纯多头组合，组合中股票的权重由两只股票的相对 Z 值来确定，那么哪两只股票应当被选入组合？它们的权重分别是多少？

5.11 假设对于一个给定的因子，组合投资经理已经计算出了所有股票的 Z 值。那么在所有股票中，观察到股票 Z 值大于等于 2 的概率是多少？你的答案取决于分布是否为正态分布吗？

5.12 假定因子组的加总 Z 值与常规的加总 Z 值所产生的信号是相似的，为什么量化组合投资经理会使用前者？

5.13 一位组合投资经理得到了下表数据。她将使用因子组来计算加总 Z 值。她决定构建 4 个因子组（即 $M=4$）。组 1 为估值因子组（V），组 2 为技术因子组（T），组 3 为盈利能力因子组（P），组 4 为其他因子组（A）。她选取了 8 个用于预测股票收益率的因子，分别为股利收益率（D/P）、市净率（P/B）、市现率（P/CF）、过去 3 个月的收益率（M3M）、相对强弱指数（RSI）、标准化的超预期盈利（SUE）、净利率（NPM）以及净利率的变化率（NPMD）。

股票代码	D/P	P/B	P/CF	M3M	RSI	SUE	NPM	NPMD	Z_V	Z_P	Z_T	Z_A	$\bar{Z}$
MSFT	0.006	4.839	18.693	−0.009	61.945	1	0.31	0.034					
MBI	0.014	1.551	9.759	0.081	38.217	1.5	0.476	−0.033					
ABK	0.006	2.051	9.23	0.086	40.46	4.5	0.448	−0.149					
BIIB	0	10.927	67.66	0.102	40.724	0	0.366	−0.006					
PLD	0.045	2.325	15.328	0.073	53.109	0	0.369	0.124					
FII	0.012	9.364	14.351	0.063	60.166	0	0.287	0.05					
股票池													
均值	0.02	5.735	53.874	0.14	51.211	−0.238	−1.75	0.06					
标准差	0.14	218.472	1356.664	19.477	10.966	8.703	65.117	66.685					

(a)这些因子最有可能被划分到哪些因子组中？

(b)计算每只股票在每个因子上的 Z 值。

(c)假设因子组内的因子是等权的。计算每个因子组的加总 Z 值。

(d)经过详细的分析后，组合投资经理认为 4 个因子组的最优权重分别为 20%，30%，20%，30%。计算每只股票的加总 Z 值。

(e)假设式(5-8)中的 δ 等于 1。假设组合投资经理要选取 3 只 Z 值最高的股票来构建一个等权重的投资组合。那么该组合的预期收益率与由 6 只股票等权重所构成的组合的预期收益率之间有什么不同？

5.14 量化组合投资经理通常是基于一个比较基准来管理其投资组合的，因此他们常常需要一系列股票的预期收益率与风险数据来构建组合。

(a)当单独使用加总 Z 值数据来筛选股票时，上述要求将产生什么样的问题？

(b)3 种将股票的加总 Z 值转换为股票的预期收益率，或用于组合构建的 α 的方法是什么？

(c)描述每一种方法的优缺点。

5.15 假设一位组合投资经理对以下问题感兴趣，即加总 Z 值对于预测下一期的股票收益率是否有用。假设他收集了 1 个月的股票收益率与个股加总 Z 值数据，并做了如下回归：$r_{i,t} = \gamma + \delta z_{i,t-1} + \epsilon_{i,t}$。那么，他需要检验什么假设？

5.16 有些投资者将回归方程 $r_{i,t} = \gamma + \delta z_{i,t-1} + \epsilon_{i,t}$ 表述为**预测的经验法则**，其阐述了股票基于 Z 值信息的条件期望收益率减去股票的非条件期望收益率等于 $IC \cdot$ 波动率 $\cdot Z$ 值。

(a)$IC = 0$ 意味着什么？对于条件超额预期收益率而言，这意味着什么？如果 IC 确实等于 0，那么回归系数 $\hat{\delta}$ 等于多少？

(b)波动率 $= 0$ 意味着什么？对于条件超额预期收益率而言，这意味着什么？如果波动率确实等于 0，那么回归系数 $\hat{\delta}$ 等于多少？

(c)Z 值 $= 0$ 意味着什么？对于条件超额预期收益率而言，这意味着什么？如果 Z 值确实等于 0，那么回归系数 $\hat{\delta}$ 等于多少？

5.17 假设一位组合投资经理正在检验美国经济的两个行业中谁更值得投资。她计算了每只股票相对于其所属行业的 Z 值。对于行业 A 与行业 B 而言，上个月股票的截面波动率分别为 20% 与 40%，Z 值与股票收益率之间的相关系数分别为

0.2 与 0.1。

(a)在预测收益率时，Z 值对哪个行业更重要？

(b)式(5-8)中的 $\hat{\delta}_A$ 与 $\hat{\delta}_B$ 分别是多少？该结论与问题(a)的结论相同吗？

5.18 什么时候式(5-8)所表述的 Z 值模型与基本面因子模型等价？这意味着什么？

5.19 (a)为什么使用 Z 值模型的组合投资经理常常会剔除绝对值大于 3 的 Z 值？

(b)处理上述 Z 值的一种替代方法是什么？该方法的通称是什么？

(c)列出本章中提到的第 3 种处理这些 Z 值的方法。

5.20 对于下列检验，描述其分别是用来检验什么的以及适用于什么样的数据。

(a)Rosner 检验。

(b)Grubb 检验。

(c)Dixon 检验。

第 6 章

基本面因子模型

我们所看到的差异性在本质上均具有同一性。

——莫罕达斯·甘地

6.1 引言

回忆我们在第 3 章中所介绍的现代金融经济学的中心思想：**股票的平均收益率是对承担风险的补偿**。在因子模型中，因子暴露代表了股票对某一类风险的暴露。因子溢价代表了投资者买入股票并承担风险所应得到的补偿。因此，股票的平均收益率等于因子暴露与因子溢价的乘积：

$$股票平均收益率 = 因子暴露 \times 因子溢价 \qquad (6\text{-}1)$$

在基本面因子模型中，因子暴露是已知的。它是股票某些可观察的基本面特征，如市值或净市率。另一方面，因子溢价是未知的。它是股票平均收益率与因子暴露之间的比例关系，并且只能通过实证估计得到。

上面所给出的股票平均收益率公式很容易扩展至更符合现实的多因子版本。如果有 K 个因子，那么股票 i 的因子暴露记为 $\beta_{i1}, \cdots, \beta_{iK}$，因子溢价记为 $f_1, \cdots, f_K$ [⊖]。注意因子溢价对所有股票都是相同的，因此不需要下标 i。股票 i 的收益率 r_i 可被表

⊖ 这些符号标记需要解释一下。在统计上习惯用希腊字母来表示需要被估计的参数，而使用拉丁字母来表示可被直接观察的变量。在此，我们并没有遵守惯例，因为在别的股票收益率模型中，因子暴露是未知变量，而因子溢价是可以被直接观察到的。为了保持所有模型的一致性，我们仍然记因子暴露为 β，记因子溢价为 f。

述为：

$$r_i = \alpha_i + \beta_{i1} f_1 + \cdots + \beta_{iK} f_K + \epsilon_i \qquad (6\text{-}2)$$

其中 α_i 是常数项，ϵ_i 是残差项（即股票收益率中不依赖于 K 个因子的部分）。

ϵ_i 的均值为 0，因此股票平均收益率为因子暴露与因子溢价的乘积之和[⊖]：

$$E(r_i) = E(\alpha_i) + \beta_{i1} E(f_1) + \cdots + \beta_{iK} E(f_K) \qquad (6\text{-}3)$$

为了更方便表示，我们定义 $(K+1)$ 维列向量 $\mathbf{f}$ 与 $\boldsymbol{\beta}_i$：

$$\mathbf{f} = (\alpha_i, f_1, \cdots, f_K)' \qquad (6\text{-}4)$$

$$\boldsymbol{\beta}_i = (1, \beta_{i1}, \cdots, \beta_{iK})' \qquad (6\text{-}5)$$

式（6-2）可改写为：

$$r_i = \boldsymbol{\beta}'_i \mathbf{f} + \epsilon_i \qquad (6\text{-}6)$$

使用向量表述，股票平均收益率可以改写为：

$$E(r_i) = \boldsymbol{\beta}'_i E(\mathbf{f}) \qquad (6\text{-}7)$$

我们可以发现：与前面所表述的一样，股票平均收益率等于因子暴露（$\boldsymbol{\beta}_i$）与因子溢价（$\mathbf{f}$）的乘积。

股票的平均收益率是对承担风险的补偿——但是，风险究竟是什么？股票的风险由两部分组成，非系统性风险与系统性风险。

$$\text{总风险} = \text{系统性风险} + \text{非系统性风险} \qquad (6\text{-}8)$$

由于投资者可以通过分散化投资来消除组合的非系统性风险，因此市场仅对系统性风险进行补偿。在此，我们重述现代金融经济学的中心思想：**股票的平均收益率是对承担系统性风险的补偿。**

系统性风险可以被表述为因子暴露的平方与每单位因子暴露所包含风险的乘积[⊜]。我们称单位因子暴露所包含的风险为**因子风险**（factor risk），则：

$$\text{系统性风险} = \text{因子暴露}^2 \times \text{因子风险} \qquad (6\text{-}9)$$

在基本面因子模型的框架内，股票的总风险（系统性风险加上非系统性风险）可以用该股票的方差衡量：

$$V(r_i) = V(\alpha_i + \beta_{i1} f_1 + \cdots + \beta_{iK} f_K) + V(\epsilon_i) \qquad (6\text{-}10)$$

⊖ 在本章中，术语股票平均收益率与股票预期收益率是可互换的。

⊜ 风险可通过方差或标准差来衡量。在此，风险被定义为方差。

使用向量形式可以简化股票收益率的公式，因此方差公式变为：

$$V(r_i) = \boldsymbol{\beta}_i' V(\mathbf{f}) \boldsymbol{\beta}_i + V(\epsilon_i) \tag{6-11}$$

其中 $V(\mathbf{f})$ 为 $(K+1) \times (K+1)$ 维的方差-协方差矩阵。在该模型中，我们可以观察总风险的每一个组成部分。系统性风险（市场给予补偿的部分）是因子暴露的平方 $(\boldsymbol{\beta}_i' \cdots \boldsymbol{\beta}_i)$ 与因子溢价风险 $[V(\mathbf{f})]$ 的乘积。非系统性风险，即投资者可以通过分散化投资来消除的部分为 $V(\epsilon_i)$。

　　基本面因子模型可以用来预测股票的收益率与风险，这些预测值能够指导组合投资经理为其组合选择最优的股票。一般而言，构建基本面因子模型包括四大步骤。第 1 步，在观察因子暴露、估计因子溢价之前，需要做一些准备工作，包括确定模型中所要包含的因子，无风险利率的处理，数据的时间间隔与时间跨度的选择以及投资股票池的确定。第 2 步，确定每只股票在各因子上的暴露 β_i。第 3 步，根据因子暴露与股票收益率数据来估计因子溢价 $(\mathbf{f})$。最后，通过估计因子风险 $(\boldsymbol{\beta}_i' V(\mathbf{f}) \boldsymbol{\beta}_i$，即系统性风险）与非系统性风险 $(V(\epsilon_i))$ 来评估股票的风险。我们将在后面的小节讨论这些步骤，表 6-1 总结了模型构建的过程中所需的具体步骤。

表 6-1　构建基本面因子模型

准备工作：

1. 为模型选取因子
2. 确定无风险利率的处理方式
3. 定义股票投资范围
4. 确定数据的时间间隔与时间跨度

股票总收益率模型构建的主要步骤（针对无比较基准的投资经理）：

1. 运用式：$r_i = \alpha_i + \beta_{i1} f_1 + \cdots + \beta_{iK} f_K + \epsilon_i$ 来估计股票的收益率
2. 收集时间跨度内每个时期的股票收益率与因子暴露数据
3. 通过股票收益率与因子暴露的面板回归，来估计因子溢价，具体而言可以使用 OLS、MAD 或 GLS 方法
4. 将数据分为多个子集，在每个子集上对因子溢价进行估计，并对各子集所估计的因子溢价进行比较，以此来检验因子溢价的稳健性。如果因子溢价在各子集上的估计值比较相近，那么说明该估计是稳健的
5. 如果因子溢价的估计值不是稳健的，那么尝试其他估计方法
6. 计算每只股票的平均收益率，即因子溢价向量与因子暴露向量的乘积
7. 将股票收益率风险分解为非系统性风险与系统性风险
8. 计算股票池中各股票收益率之间的相关系数

股票残差收益率模型构建的主要步骤（针对有比较基准的投资经理）：

1. 运用式：$r_i = \bar{\alpha}_i + \bar{\beta}_i r_B + \bar{\epsilon}_i$ 来估计股票的收益率
2. 收集时间跨度内每个时期的股票收益率与比较基准收益率的数据
3. 估计出 $\tilde{\alpha}$ 与 $\bar{\beta}$ 后，用式：$\tilde{r}_i \equiv \tilde{\alpha}_i + \tilde{\epsilon}_i$ 来计算残差收益率
4. 运用式：$\tilde{r}_i = \alpha_i + \beta_{i1} f_1 + \cdots + \beta_{iK} f_K + \epsilon_i$ 来估计股票的残差收益率
5. 根据股票总收益率模型的第 2～8 步，并将总收益率替换为残差收益率

6.2 准备工作

一个有效的模型始于一个好的规划。组合投资经理的准备工作就是做出一系列的决策，并以此作为构建模型的蓝图。最主要的决策是关于因子的选择。其他决策包括：确定数据集的形态（包括股票收益率的性质、数据点的时间间隔以及数据的时间跨度）以及投资组合的股票池。这些常规的决策适用于任何因子模型的构建。

6.2.1 因子的选择

因子代表着风险。市场上存在着各种各样的因子，一些因子描述了股票的特征，一些因子描述了市场整体的环境[⊖]。基本面因子是股票自身可观察的特征，通常可以通过财务报表获得（或者通过简单计算获得）。一些技术因子和分析师因子也被看作基本面因子。作为参考，这里列举了一些具有代表性的基本面因子。

（1）**基本面估值因子**：市值（规模），市净率（P/B），市盈率（P/E），市销率（P/S）。

（2）**基本面财务风险＋偿债能力因子**：债务股本比（D/E），流动比率（CUR），利息覆盖倍数（ICR）。

（3）**基本面潜在成长因子**：资本支出与销售收入比，研发费用与销售收入比，广告费用与销售收入比。

（4）**技术因子**：动量，成交量，股票卖空量。

（5）**分析师因子**：分析师评级调整，盈利修正。

注意经济因子（如国内生产总值（GDP），通货膨胀率）以及行为因子（如消费者信心指数）均不适用于基本面因子模型，因为这些类型的因子不能看作股票自身的特征。这些因子衡量的是对市场中所有股票都产生影响的风险。统计因子（即通过股票收益率序列所计算的因子）也不适用于基本面因子模型。

6.2.2 无风险利率的处理

在基本面因子模型中，因子溢价的估计必须通过探寻股票收益率与因子暴露之间

⊖ 关于因子的综合目录，请参考第 4 章。

的关系才能获得。因此，模型的可靠性极大地依赖于在进行参数估计时所使用的股票收益率数据的质量。在收集股票收益率数据之前，组合投资经理必须面对一个更大的理论问题：股票收益率有多少来自股票本身，有多少来自无风险利率？投资者所获得的一部分股票平均收益率是无风险的——并非对承担风险的补偿。因此，买入股票并承担风险所获得的补偿是股票平均收益率**超过无风险收益率**（risk-free rate）的部分。

为了聚焦承担风险并获得补偿的那部分股票收益率，有些组合投资经理在构建基本面因子模型之前，会将无风险利率从股票收益率中减去。虽然在理论上这种做法是可行的，但实际操作起来并不简单。问题在于很难确定真正的无风险资产，而无风险资产的收益率可以看作无风险利率。金融经济学家倾向于使用美国短期国库券的收益率来代替无风险利率，因为美国国库券被认为是一种非常安全的投资标的。但是美国国库券并非完全无风险的资产。货币市场基金（MMF）是另一种对理论上的无风险利率的替代，但其同样包含了一定程度的风险。

如果确定真实的无风险利率非常困难，那么从股票平均收益率中减去估计的无风险利率可能有些牵强。但是，我们认为：用无风险利率调整股票的平均收益率比不用无风险利率调整更贴近风险补偿理论。给定股票 i 在时期 t 的收益率 r_{it}，以及时期 t 的无风险利率 r_{ft}，我们定义超额收益率 r_{it}^* 为：

$$r_{it}^* = r_{it} - r_{ft} \qquad (6\text{-}12)$$

在下面的计算中，我们用 r_{it}^* 来替代 r_{it}，以反映无风险利率的调整。

6.2.3　时间间隔与时间跨度的选择

还有两个问题同样会对数据集的质量产生影响：数据点之间的间隔如何选择？数据集的时间跨度如何选择？理想状态下，时间间隔应当反映投资周期（即再平衡的频率）。如果投资组合每个月进行一次再平衡，那么数据点之间应当使用的时间间隔为 1 个月。如果投资组合每年进行一次再平衡，那么数据点之间应当使用的时间间隔为 1 年。这将使得后续的分析变得更加容易。

然而，考虑到估计的准确性，组合投资经理可能被迫选择与投资周期不同的时间间隔。基本面因子模型假设股票的因子暴露决定了股票的平均收益率。除非在给定的时间间隔内因子暴露与股票收益率之间的关系是稳定的，否则两者之间的关系在统计上的估计就是不准确的。例如，股票收益率与因子暴露之间的关系可能在 1 个月内是稳定的，但在 1 年内可能就是不稳定的。在这种情况下，设置时间间隔为 1 年是没有意义的，即使每年只发生一次再平衡。同样地，如果时间间隔太短，估计的准确性可能也会下降，因为股票收益率短期的波动可能是随机的，与因子暴露不相关。但一般而言，宁可因为选择了较短的时间间隔而犯错，也不要因为选择了较长的时间间隔而犯错。因为投资者可以通过较短时间间隔的结果来预测较长时间间隔的结果，反之则不成立⊖。事实上，金融经济学家更倾向于使用月度数据，其次使用周度数据。日度数据与年度数据均不常用。

数据的时间跨度(在统计术语上称为**采样期间**(sample period))同样需要根据估计的准确性来确定。如果时间跨度太短，数据仅包括很少时间间隔的样本数据，那么估计的准确性就会受到影响。估计准确性的一个总体原则是：样本量越大，准确性越高。然而，如果时间跨度长达数年，那么股票收益率与因子暴露之间的关系在该时间跨度内可能会发生改变。例如，对于任意给定因子的因子溢价都不可能在很长的时间内(如10 年)保持不变。一个很长的时间跨度意味着包含了较多的时间间隔，时间间隔越多，所需要收集的数据也越多，那么收集某只股票的完整数据的难度也越大。金融经济学家在分析时倾向于包括 36～60 个月度数据(因此总的时间跨度为 3～5 年)。当使用周度数据时，样本量应当大于60(总的时间跨度倾向于小于 3 年)。当使用季度或年度数据时，样本量会更少(因此总的时间跨度应当大于 5 年)。

我们使用小写字母 t 来表示一个时期。例如，r_{it} 代表股票 i 在第 t 期的收益率，而 β_{it} 表示股票 i 在第 t 期的因子暴露。我们使用大写字母 T 来表示分析中的时期总数。因此，t 的取值范围从 1 至 T。我们将股票收益率与因子暴露之间的关系表述为：

$$r_{it} = \boldsymbol{\beta}'_{it}\mathbf{f} + \epsilon_{it} \quad t = 1, \cdots, T \tag{6-13}$$

其中，β_{it} 与 $\mathbf{f}$ 均为($K \times 1$)维列向量，r_{it} 与 ϵ_{it} 为标量。

6.2.4 股票投资范围的选择

除了数据的性质与时间跨度等问题，组合投资经理还面临着这样一个问题：当构建模型时，股票的投资范围(investment universe)应当如何考虑？股票的投资范围可能会受一些外在条件的约束。例如，组合可能被限制在科技类股票、价值类股票或其他

⊖ 关于该概念更深入的讨论，请参考第 8 章。

类型的股票中。不管是否存在这样的事实，组合投资经理应当有自己的初级筛选策略，并运用该策略来缩小潜在投资标的的范围。正如同我们在第 5 章中所讨论的，很多著名的投资经理就是通过股票筛选策略来为其投资组合打下烙印的。

如果股票的投资范围没有外在的约束条件，那么从技术角度来看，我们没有必要对股票的投资范围进行初级筛选。在当前计算机的技术条件下，股票数量的多少已经不再是一个问题了。即使是个人电脑也能轻易地处理数千只股票。

股票投资范围的大小确实会影响投资执行的某些方面。宽泛的股票投资范围给投资者提供了一个很大的股票备选池。股票池越大，其所包含的高收益率股票的数量可能越多。但是随着股票池中股票数量的增加，股票收益率与因子暴露之间的相关性（IC）就越低⊖。因此，即使股票池中存在大量优质的股票，我们也很难识别它们。基于这种原因，我们建议：刚开始时的股票投资范围不要超过数千只股票。

6.3　比较基准与 α

许多组合投资经理都有一个业绩比较基准，并据此来对其组合进行绩效评价。如果组合经理的投资目标是战胜比较基准的同时最小化组合的跟踪误差，那么比较基准在模型中一定会发挥作用。

一种将比较基准引入基本面因子模型的方法是：仅使用模型预测股票的残差收益率而非股票的总收益率。残差收益率是股票收益率与比较基准不相关的部分。为了将模型转变为残差收益率模型，我们需要用股票收益率对基准收益率进行回归。

给定股票收益率 r_i 与比较基准收益率 r_B，我们估计下列方程：

$$r_i = \tilde{\alpha}_i + \tilde{\beta} r_B + \tilde{\epsilon}_i \qquad (6\text{-}14)$$

该方程常见的估计方法是使用时间序列回归。我们收集多期的股票收益率与比较基准收益率数据，即 r_{i1}，…，r_{iT} 与 r_{B1}，…，r_{BT}，其中第 2 个下标字母代表时期。当估计出 $\tilde{\alpha}$ 与 $\tilde{\beta}$ 后，我们定义残差收益率 $\tilde{r}_i$ 为：

$$\tilde{r}_i \equiv \tilde{\alpha}_i + \tilde{\epsilon}_i \qquad (6\text{-}15)$$

一旦明确了残差收益率，组合投资经理就能够使用基本面因子模型来预测残差收

⊖　可以从这个角度理解——试图解释的股票范围越大，模型的针对性就越弱。——译者注

益率了。为了使用基本面因子模型来预测残差收益率，投资经理只用简单地将式(6-2)基本面因子模型中的股票收益率替换为残差收益率即可。

组合投资经理的增加值就体现在 $\tilde{a}$(也被称为 α^B)中。注意，$\tilde{\epsilon}$ 的预期收益率与风险可以从前面的估计中获得，因此能够比较灵活地增加残差收益率的变量就只有 $\tilde{a}$ 了。组合投资经理运用基本面因子模型所做的全部工作均与 $\tilde{a}$ 有关[⊖]。

另一种将比较基准引入基本面因子模型的方法是：将比较基准作为一个因子加入到模型，该方法不需要预测股票的残差收益率。然而，这种方法更适用于经济因子模型，我们将在第 7 章对此进行讨论[⊜]。尽管在当前的构建模型的步骤中去考虑比较基准是有用的，但是这并非是必要的。一些组合投资经理更倾向于在构建模型的后期步骤中处理比较基准，如在构建组合时控制组合与比较基准之间的跟踪误差，如果比较基准的成分股是已知的，那么这一方法可能更有意义[⊜]。

6.4 因子暴露

因子暴露量化了股票对风险的暴露。在基本面因子模型中，因子暴露是股票的某些可观察(或比较容易计算)的特征。在某些情况下，因子暴露直接反映在公司的财务报表或股票的价量图中。在其他情况下，因子暴露可以使用财务报表中的数据进行简单计算得到。换句话说，一旦选定了因子，那么确定因子暴露就不再是一件困难的事情了。

表 6-2 给出了所选股票的 5 个常用因子的因子暴露。市盈率(P/E)为股价与每股年盈利之比。市净率(P/B)为股价与公司资产负债表中的每股净资产之比。债务股本比(D/E)为资产负债表中的总负债与总股东权益之比。规模为市值(单位为百万美元)，即股价与股票发行量的乘积。动量(M12M)为过去 12 个月的平均月收益率(单位为百分比)。

从表中我们可以看到，英特尔(INTC)的市盈率较高，为 48.61(可能是由于对盈利

⊖ 注意不要混淆 $\tilde{a}$ 与股票总收益率模型式(6-2)中的 α。在投资界中，$\tilde{a}$ 的概念非常重要，以至于分析师有时把它简单地称为 α。可参考第 2 章对投资中各种 α 的讨论以及它们各自所对应的模型。

⊜ 如果我们要将比较基准作为基本面因子模型中的一个因子，那么我们需要通过某些方法来估计每只股票的因子暴露。为了估计因子暴露，我们将需要使用经济因子模型中的一些方法。

⊜ 详见第 9 章对这种方法的解释。

快速增长的预期）。另一方面，埃克森美孚（XOM）的市盈率较低。如果市盈率的因子溢价为负，那么在其他条件相同的情况下，我们将预期埃克森美孚的收益率要高于英特尔。反之，如果市盈率的因子溢价为正，我们将预期英特尔的股价表现要好于埃克森美孚。

表 6-2　所选股票的因子暴露

股票代码	P/E	P/B	D/E	Size	M12M
AIG	23.27	2.56	8.50	151.13	−0.94
C	15.47	2.84	11.65	242.61	1.82
XOM	13.46	3.21	1.05	239.25	0.56
GE	20.33	4.52	8.03	287.87	0.70
INTC	48.61	6.18	0.25	219.08	4.06
IBM	22.86	6.84	3.24	155.77	0.40
PFE	58.89	12.84	1.32	256.19	0.68
WMT	28.39	6.12	1.41	240.80	0.32
MSFT	32.54	4.55	0.30	277.80	−0.87
CSCO	39.14	5.60	0.32	156.93	3.56

注：因子暴露为 2003 年 12 月的数据。P/E 为市盈率，P/B 为市净率，D/E 为债务股本比，Size 为以百万美元为单价的市值。M12M 为过去 12 个月的平均收益率，以百分比为单位。股票代码所代表的公司分别为：美国国际集团（AIG）、花旗集团（C）、埃克森美孚（XOM）、通用电气（GE）、英特尔（INTC）、国际商业机器（IBM）、辉瑞制药（PFE）、沃尔玛（WMT）、微软（MSFT）、思科（CSCO）。

再看另一个因子，英特尔与思科（CSCO）的动量因子都非常高（反映了它们 2003 年的收益率都非常出色），而美国国际集团（AIG）与微软（MSFT）的动量因子为负数（反映了它们 2003 年的市值有巨大损失）。如果我们确定了动量因子的因子溢价，那么我们就能预测下一年哪些股票将会获得较高的收益率。如果因子溢价为正，那么我们将预期英特尔与思科的股价表现优于美国国际集团与微软。

因子暴露随时间的变化而变化，因此我们需要确保在正确的时间使用正确的数值。对于月度时间间隔，标准的做法是使用月初的因子暴露数据。在计算上表（反映了 2003 年 12 月的因子暴露）中的 P/E、P/B、Size 时，我们使用了 2003 年 11 月 30 日的股票收盘价与股票发行量。在计算动量时，我们使用了 2002 年 12 月至 2003 年 11 月的股票收益率数据。

在使用公司财务报表时还需要额外注意的是：公司是按季度公布其财务报表的，但并不是财政季度一结束就立刻公布财务报表。如 2003 年 12 月，能获取的最新公布的财务报表是 2003 年第 3 季度的。因此在计算 P/E 时，我们所使用的是过去 12 个月的盈利数据，但这些数据是截至 10 月、9 月或是 8 月，则取决于公司财政的第 3 季度在几月份结束。如果财政季度在 11 月结束，那么在 12 月初，9～11 月这一季度的盈利是未知的，因此我们不能使用该数据来计算 P/E。出于同样的原因，我们仅使用财年在 10 月或 10 月之前结束的财报数据来计算 P/B 与 D/E。一般而言，在财年结束日期与变量数据公布日期之间设置 1 个月的滞后期是合理的。表 6-3 对时间表进行了整理。

表 6-3   2003 年 12 月正确的时间使用正确的数据

数据频率	财政季度结束于	财政年度结束于	使用数据
日频率数据			2003 年 11 月底
月频率数据			2003 年 11 月
季频率数据	9 月，12 月		2002 年 10 月至 2003 年 9 月
	8 月，11 月		2002 年 9 月至 2003 年 8 月
	7 月，10 月		2002 年 11 月至 2003 年 10 月
年频率数据		12 月	2002 年 1 月至 2002 年 12 月
		11 月	2001 年 12 月至 2002 年 11 月
		10 月	2002 年 11 月至 2003 年 10 月
		9 月	2002 年 10 月至 2003 年 9 月
		⋮	⋮

在确定了所有因子的因子暴露之后，我们搜集相关的数据并将其保存为向量的形式 $\{(\boldsymbol{\beta}_{11}, \cdots, \boldsymbol{\beta}_{N1}), \cdots, (\boldsymbol{\beta}_{1T}, \cdots, \boldsymbol{\beta}_{NT})\}$，其中 $\boldsymbol{\beta}_{it}$ 表示股票 i 在时期 t 的因子暴露。例如，美国国际集团 2003 年 12 月的因子暴露（数据来自表 6-2）为：

$$\boldsymbol{\beta}_{\text{AIG, Dec03}} = (1, \beta_{\text{AIG, P/E, Dec03}}, \cdots, \beta_{\text{AIG, M12M, Dec03}})'$$

$$= (1, 23.27, 2.56, 8.50, 151.13, -0.94)' \qquad (6\text{-}16)$$

$\boldsymbol{\beta}_{it}$ 的第 1 个元素反映了常数项的存在。使用同样的方法，我们可以获得其他股票（不同的 i）与其他时期（不同的 t）的因子暴露信息。

6.5   因子溢价

因子溢价是对股票所承担的单位因子暴露或单位风险暴露的补偿。在基本面因子模型中，因子溢价是通过股票收益率对因子暴露的面板数据回归来估计得到的。通过回归来估计因子溢价是可行的，因为因子溢价可能在几年内是保持不变的⊖。

给定 N 只股票 T 期的收益率，$\{(r_{11}, \cdots, r_{N1}), \cdots, (r_{1T}, \cdots, r_{NT})\}$，以及 N 只

⊖ 尽管如此，如本章前面所述，因子溢价在 10 年的时间区间中也是很有可能发生改变的。

股票 T 期的因子暴露，$\{(\boldsymbol{\beta}_{11}, \cdots, \boldsymbol{\beta}_{N1}), \cdots, (\boldsymbol{\beta}_{1T}, \cdots, \boldsymbol{\beta}_{NT})\}$，我们就可以估计下式：

$$r_{it} = \boldsymbol{\beta}_{it}' \mathbf{f} + \epsilon_{it} \tag{6-17}$$

可以使用多种方法来估计上式。其中，最简单的方法为普通最小二乘法（ordinary least square，OLS）。尽管 OLS 统计量很容易获得，但其可能并非最可靠的统计量。我们建议组合投资经理对 OLS 统计量进行一系列的稳健性检验，然后再决定是否需要使用更为复杂的方法。

6.5.1　因子溢价的 OLS 估计

因子溢价 $\mathbf{f}$ 的估计量为[⊖]：

$$\hat{\mathbf{f}} = \Big[\sum_{t=1}^{T} \sum_{i=1}^{N} (\boldsymbol{\beta}_{it} - \bar{\boldsymbol{\beta}})(\boldsymbol{\beta}_{it} - \bar{\boldsymbol{\beta}})' \Big]^{-1} \sum_{t=1}^{T} \sum_{i=1}^{N} (\boldsymbol{\beta}_{it} - \bar{\boldsymbol{\beta}})(r_{it} - \bar{r}) \tag{6-18}$$

其中：

$$\bar{\boldsymbol{\beta}} = \frac{1}{NT} \sum_{t=1}^{T} \sum_{i=1}^{N} \boldsymbol{\beta}_{it} \tag{6-19}$$

$$r = \frac{1}{NT} \sum_{t=1}^{T} \sum_{i=1}^{N} r_{it} \tag{6-20}$$

因子溢价的标准误差是下列方差矩阵对角线上的元素的平方根：

$$\hat{V}(\hat{\mathbf{f}}) = \hat{\sigma}^2 \Big(\sum_{t=1}^{T} \sum_{i=1}^{N} (\boldsymbol{\beta}_{it} - \bar{\boldsymbol{\beta}})(\boldsymbol{\beta}_{it} - \bar{\boldsymbol{\beta}})' \Big)^{-1} \tag{6-21}$$

其中 $\hat{\sigma}^2$ 为 ϵ_{it} 的方差估计，即：

$$\hat{\sigma}^2 = \frac{1}{NT} \sum_{t=1}^{T} \sum_{i=1}^{N} (r_{it} - \boldsymbol{\beta}_{it}' \hat{\mathbf{f}})^2 \tag{6-22}$$

表 6-4 给出了因子溢价的估计与估计的标准误差。这里是对 2000 年 1 月至 2003 年 12 月标普 500 成分股所进行的估计。如果我们观察一下 P/E 的因子溢价，就可以发现因子溢价为 -0.000 6。负的因子溢价意味着高的因子暴露对股票的收益率有负面影响。以 P/E 因子为例，因子暴露每增加 100 个单位[⊖]，股票的预期收益率就会下降 0.06%。

标准误差表示估计的准确性如何。标准误差较小说明估计较为准确。本例中，除 P/E 之外的所有因子，标准误差均足够小，从而使得这些因子的因子溢价在统计上均

⊖　该估计量为一致估计。若要获得无偏估计，则需要修正自由度。

⊖　根据文意，应更正为"因子暴露每增加 1 个单位"。——译者注

是"显著的"。例如，我们可以说：P/B因子溢价的"真实"值有95％的概率落在−0.05至−0.02之间，而D/E因子溢价的"真实"值有95％的概率落在0.01至0.06之间[一]。

表 6-4　因子溢价

P/E	P/B	D/E	Size	M12M
−0.000 6	−0.033 4	0.034 1	−0.012 9	−0.081 4
(0.000 5)	(0.007 5)	(0.012 5)	(0.002 1)	(0.022 9)

注：该表是对2000年1月至2003年12月数据的估计。括号内为标准误差。因子与表6-2中的因子一致。

6.5.2　稳健性检验

模型一般不能完美地描述真实情况，而只能反映较为接近的真实情况。在统计上，模型的缺陷被称为**模型设定误差**（specification error）[二]。模型设定误差在任何回归中都可能产生，因此因子溢价的估计也不例外。但是我们应当努力构建一个具有持久性与稳定性的模型，正如量化股票组合管理的原则6所描述的。通过稳健性检验，我们能够判断当估计发生微小的变化时，因子溢价的估计是否稳健。如果当前的估计不具备稳健性，那么我们应当试着去使用其他的估计方法。

为了检验估计量的稳健性，我们可以将数据集划分为多个子数据集，并观察各子数据集上的估计量之间是否存在很大的差异。如果估计量是稳健的，那么各子数据集上的估计量之间就不应该有很大的差异。子数据集可以沿着时间轴来构建。例如，我们可以估计2000～2001年的因子溢价，以及2002～2003年的因子溢价，如表6-5所示。子数据集也能够沿着截面来划分。例如，我们可以估计不同行业的因子溢价，如表6-6所示。这两张表分别说明了在时间轴上以及在行业间估计量的稳健性[三]。

表 6-5　分段期间的因子溢价

时　　期	P/E	P/B	D/E	Size	M12M
2000～2001 年	0.000 0	−0.037 7	0.068 4	−0.012 6	−0.169 6
	(0.000 7)	(0.011 7)	(0.022 6)	(0.002 8)	(0.033 0)
2002～2003 年	−0.001 2	−0.022 3	0.011 4	−0.011 8	0.043 5
	(0.000 8)	(0.009 8)	(0.014 8)	(0.003 2)	(0.031 9)

注：括号内为标准误差。因子与表6-2中的因子一致。

[一]　更多关于统计上显著性、标准误差、t统计量的内容，详见附送CD的附录C。

[二]　更多关于模型设定误差的内容，详见附送CD的附录C。

[三]　尤金·法玛认为如果你真正相信一个因子模型，那么你不会希望看到任何行业对估计的影响，因为模型应该已经将这些影响考虑进去了。尽管如此，业内还是习惯使用虚拟变量对行业进行控制。

表 6-6　不同行业中的因子溢价

一级行业	P/E	P/B	D/E	Size	M12M
10	0.000 9	−0.984 5	0.746 5	0.001 8	−0.088 7
	(0.002 3)	(0.293 6)	(0.375 4)	(0.005 9)	(0.144 6)
15	−0.000 8	−0.121 8	−0.233 8	−0.021 6	−0.258 1
	(0.001 1)	(0.057 5)	(0.098 5)	(0.031 2)	(0.107 0)
20	−0.004 1	−0.027 3	0.040 2	−0.005 6	−0.160 4
	(0.002 2)	(0.035 1)	(0.039 9)	(0.004 3)	(0.067 8)
25	−0.002 5	−0.039 9	0.025 2	−0.020 4	−0.282 7
	(0.001 8)	(0.019 2)	(0.025 2)	(0.006 5)	(0.064 8)
30	−0.025 2	−0.021 7	0.054 6	−0.005 6	−0.236 3
	(0.009 2)	(0.018 6)	(0.052 6)	(0.006 7)	(0.091 0)
35	−0.003 9	−0.029 2	−0.020 8	−0.012 0	−0.024 0
	(0.002 3)	(0.033 6)	(0.086 2)	(0.005 2)	(0.076 5)
40	−0.000 5	−0.190 9	0.043 3	−0.009 7	−0.278 7
	(0.001 1)	(0.059 5)	(0.021 7)	(0.004 9)	(0.063 1)
45	0.001 5	−0.187 1	−0.009 4	−0.011 7	0.098 7
	(0.001 2)	(0.042 8)	(0.268 1)	(0.005 9)	(0.061 3)
50	0.001 5	−0.018 0	0.264 5	−0.018 2	0.060 5
	(0.008 4)	(0.024 7)	(0.140 3)	(0.015 4)	(0.149 2)
55	−0.007 8	−0.196 5	−0.071 6	−0.090 5	−0.072 4
	(0.007 8)	(0.293 6)	(0.052 3)	(0.052 1)	(0.078 9)

注：括号内为标准误差。因子与表 6-2 中的因子一致。行业名称基于全球行业分类标准，即能源 (10)、基础材料 (15)、工业 (20)、可选消费 (25)、日常消费 (30)、医疗保健 (35)、金融 (40)、信息技术 (45)、电信服务 (50)、公共事业 (55)。

6.5.3　异常值与因子溢价的 MAD 估计

OLS 方法的缺陷是：在其最小化残差平方和时，对异常值高度敏感。如果稳健性检验表明 OLS 统计量非常不稳定，那么有必要使用其他对异常值不太敏感的估计方法。

最小绝对离差（minimum absolute deviation，MAD）估计，也被称作**中值估计**（median estimation），就是一种替代方法。MAD 估计是通过最小化残差绝对值之和，而非最小化残差平方和来实现的。由于该方法避免了将残差平方，因此异常值对 MAD 估计的影响要远小于对 OLS 估计的影响。标准的统计软件均支持 MAD 方法。

表 6-7 给出了因子溢价的 MAD 估计值。我们再一次使用了标普 500 指数成分股 2000 年 1 月至 2003 年 12 月的数据。注意，当我们将估计方法由 OLS 换为 MAD 后，动量因子不再是一个显著的因子。这表明动量因子在这里主要由异常值决定。

表 6-7　MAD 估计的因子溢价

P/E	P/B	D/E	Size	M12M
−0.001 1	−0.023 7	0.038 7	−0.009 0	−0.022 5
(0.000 4)	(0.006 2)	(0.010 4)	(0.001 7)	(0.019 0)

注：该表是对 2000 年 1 月至 2003 年 12 月的估计。括号内为标准误差。因子与表 6-2 中的因子一致。

6.5.4　异方差与因子溢价的 GLS 估计

仅当不同股票的残差 ϵ_{it} 的方差相同时，OLS 才是最优的估计方法，但通常情况下股票的残差 ϵ_{it} 的方差是不相同的。在计量经济学上，非常数方差的问题被称作**异方差**（heteroscedasticity）。当股票的残差 ϵ_{it} 的方差不相同时，最优的估计方法是广义最小二乘法（generalized least-square，GLS）。因子溢价 $\mathbf{f}$ 的 GLS 估计量为：

$$\hat{\hat{\mathbf{f}}} = \frac{\sum_{t=1}^{T} \sum_{i=1}^{N} \left(\frac{\boldsymbol{\beta}_{it}}{\hat{\sigma}_i} - \bar{\boldsymbol{\beta}} \right) \left(\frac{r_{it}}{\hat{\sigma}_i} - \bar{r} \right)}{\sum_{t=1}^{T} \sum_{i=1}^{N} \left(\frac{r_{it}}{\hat{\sigma}_i} - \bar{r} \right)^2} \tag{6-23}$$

其中：

$$\bar{\boldsymbol{\beta}} = \frac{1}{NT} \sum_{t=1}^{T} \sum_{i=1}^{N} \frac{\boldsymbol{\beta}_{it}}{\hat{\sigma}_i} \tag{6-24}$$

$$\bar{r} = \frac{1}{NT} \sum_{t=1}^{T} \sum_{i=1}^{N} \frac{r_{it}}{\hat{\sigma}_i} \tag{6-25}$$

$$\hat{\sigma}_i^2 = \frac{1}{T} \sum_{t=1}^{T} (r_{it} - \boldsymbol{\beta}_{it}' \hat{\mathbf{f}})^2 \tag{6-26}$$

注意，$\mathbf{f}$ 的 GLS 估计事实上是先将数据用标准误差的估计量 $\hat{\sigma}_i$ 进行调整，然后再使用 OLS 估计所得到的。我们可以用标准统计软件迭代这个过程，即用 $\mathbf{f}$ 更优的估计量来估计 σ^2，然后再用新的 σ^2 估计量来估计 $\mathbf{f}$，反复迭代，直到得到一个收敛值[⊖]。

表 6-8 给出了 GLS 估计的因子溢价。我们再一次使用了标普 500 指数成分股 2000 年 1 月至 2003 年 12 月的数据。注意 GLS 估计比 OLS 估计的准确度要高，表现为 GLS 所估计的因子溢价的标准误差更小。

⊖　另外，可以假设 σ^2 与一些因子暴露成比例，如市值因子。在这样的情况下，我们可以简单地用市值代替式中的 $\hat{\sigma}^2$，而无须使用迭代的方法来估计。在式中用市值代替 $\hat{\sigma}^2$ 等价于将每个变量均除以市值的平方根。

表 6-8　GLS 估计的因子溢价

P/E	P/B	D/E	Size	M12M
−0.000 9	−0.019 8	0.031 7	−0.009 5	−0.215 7
(0.000 5)	(0.005 1)	(0.009 9)	(0.001 3)	(0.023 9)

注：该表是对 2000 年 1 月至 2003 年 12 月数据的估计。括号内为标准误差。因子与表 6-2 中的因子一致。

6.6　风险分解

给定因子暴露 $\boldsymbol{\beta}_i$ 与因子溢价的估计 $\hat{\mathbf{f}}$，我们将二者相乘就可以计算出股票的平均收益率，即 $\boldsymbol{\beta}_i'\hat{\mathbf{f}}$。然而，为了构建最优组合，我们需要知道股票收益率的风险。在基本面因子模型中，股票收益率的风险由两部分组成：系统性风险，由 $\boldsymbol{\beta}_i'\hat{\mathbf{f}}$ 引起；非系统性风险，由 ϵ_i 引起。股票收益率的总风险等于两者之和。让我们来分别研究这两种风险。

系统性风险来源于因子溢价的随机性。根据我们对因子溢价的估计，我们可以通过计算因子溢价估计量的方差来衡量系统性风险。因此因子溢价估计量方差等于：

$$V(\hat{\mathbf{f}}) = \Big(\sum_{t=1}^{T}\sum_{i=1}^{N}\boldsymbol{\beta}_{it}\boldsymbol{\beta}_{it}'\Big)^{-1}\Big(\sum_{t=1}^{T}\sum_{i=1}^{N}\sigma_i^2\boldsymbol{\beta}_{it}\boldsymbol{\beta}_{it}'\Big)\Big(\sum_{t=1}^{T}\sum_{i=1}^{N}\boldsymbol{\beta}_{it}\boldsymbol{\beta}_{it}'\Big)^{-1} \tag{6-27}$$

其中 σ_i^2 为 ϵ_{it} 的方差。由于我们不知道 σ_i^2 的真实值，因此也就不知道方差估计量的真实值。但是，用 $\hat{\sigma}_i^2$ 来替换 σ_i^2，我们可以得到方差统计量的估计值：

$$\hat{V}(\hat{\mathbf{f}}) = \Big(\sum_{t=1}^{T}\sum_{i=1}^{N}\boldsymbol{\beta}_{it}\boldsymbol{\beta}_{it}'\Big)^{-1}\Big(\sum_{t=1}^{T}\sum_{i=1}^{N}\hat{\sigma}_i^2\boldsymbol{\beta}_{it}\boldsymbol{\beta}_{it}'\Big)\Big(\sum_{t=1}^{T}\sum_{i=1}^{N}\boldsymbol{\beta}_{it}\boldsymbol{\beta}_{it}'\Big)^{-1} \tag{6-28}$$

因此，股票 i 的系统性风险为因子暴露的二次型：

$$\boldsymbol{\beta}_{iT}'\hat{V}(\hat{\mathbf{f}})\boldsymbol{\beta}_{iT} \tag{6-29}$$

注意我们使用的是最后一期的因子暴露来计算股票的系统性风险的。最后一期的因子暴露为我们提供了最近这段时间的系统性风险。

非系统性风险代表了不能由因子模型所解释的那部分股票收益率的方差。这部分股票收益率的方差表现为残差项 ϵ_i 的方差 σ_i^2。在上一节中我们给出了残差项方差的估计：

$$\hat{\sigma}_i^2 = \frac{1}{T}\sum_{t=1}^{T}(r_{it} - \boldsymbol{\beta}_{it}'\hat{\mathbf{f}})^2 \tag{6-30}$$

因此，股票 i 的总风险为：

$$\boldsymbol{\beta}_{iT}'\hat{V}(\hat{\mathbf{f}})\boldsymbol{\beta}_{iT} + \hat{\sigma}_i^2 \tag{6-31}$$

表 6-9 根据 2000 年 1 月至 2003 年 12 月历史数据估计，给出了所选股票风险的分解情况。我们用方差与标准差来表示风险，标准差即为方差的平方根。为了计算方便，我们使用了上一节中因子溢价的估计。

表 6-9　所选股票的风险分解

股票代码	总风险		系统性风险		非系统性风险	
	V	SD	V	SD	V	SD
AIG	770.29	27.75	750.59	27.40	19.70	4.44
C	892.55	29.88	863.37	29.38	29.18	5.40
XOM	296.95	17.23	285.55	16.90	11.40	3.38
GE	739.48	27.19	714.13	26.72	25.36	5.04
INTC	3 339.63	57.79	3 254.59	57.05	85.04	9.22
IBM	1 578.35	39.73	1 534.04	39.17	44.31	6.66
PFE	511.37	22.61	473.70	21.76	37.66	6.14
WMT	740.96	27.22	698.41	26.43	42.55	6.52
MSFT	2 224.54	47.17	2 058.58	45.37	165.96	12.88
CSCO	3 160.50	56.22	3 107.85	55.75	52.65	7.26

注：该表基于 2000 年 1 月至 2003 年 12 月的数据。V 表示方差，SD 表示标准差。方差与标准差均经过年化，单位为百分比。股票代码所代表的公司见表 6-2。

当我们到了构建最优组合的阶段，我们同样需要知道股票收益率之间的相关系数。股票的总风险由系统性风险与非系统性风险组成。同样地，股票的总收益率也可以分解为系统性部分与非系统性部分。两只股票收益率之间的相关系数由二者间系统性部分的相关系数与非系统性部分的相关系数组成。我们将使用协方差来替代相关系数，r_{it} 与 r_{jt} 之间的协方差为：

$$C(r_{it}, r_{jt}) = \boldsymbol{\beta}'_{it} V(\mathbf{f}) \boldsymbol{\beta}_{jt} + C(\epsilon_{it}, \epsilon_{jt}) \tag{6-32}$$

实际上，我们只估计了两只股票收益率系统性部分之间的相关系数。至于两只股票收益率非系统性部分之间的相关系数，原则上可以使用标准估计方法来直接估计。但实际上，我们很少这样操作。原因之一是有太多的参数需要去精确估计。如果有 N 只股票，那么需要估计的协方差参数有 $[N(N-1)]/2$ 个。如果没有收集大量时间间隔的数据，那么是无法估计这些协方差的。标准的估计方法很难去估计股票收益率非系统性部分的另一个原因是：与非系统性风险一样，非系统性收益率对投资者持有股票所获得的收益率几乎没什么影响（现代金融经济理论是这么认为的）。出于这些原因的考虑，一般假设非系统性风险 $C(\epsilon_{it}, \epsilon_{jt})$ 为 0。

6.7　结　论

在本章中，我们讨论了股票收益率模型中最常用的一个——基本面因子模型。因子模型将股票收益率、股票对风险的暴露（即**因子暴露**）与市场对投资者承担风险的补偿（即**因子溢价**）联系起来。我们说明了基于股票总收益率所建立的基本面因子模型的作用；基于比较基准 α 所建立的基本面因子模型对于需要跟踪指数的投资经理的作用。我们解释了如何获得可观察的股票基本面的因子暴露，以及如何估计由于承担因子暴露而获得的市场补偿——因子溢价。在给定了因子暴露与因子溢价的条件下，基本面因子模型能够预测组合投资经理投资范围内任何股票的期望收益率与风险。模型同样可以将股票的风险分解为系统性风险与非系统性风险两部分。基本面因子模型是构建投资组合的一种基本工具。在下一章，我们将讨论另一种工具——经济因子模型，以帮助投资经理预测和分析股票的收益率与风险。

·习　题·

6.1　描述构建基本面因子模型及对其进行估计的主要步骤。

6.2　请解释为什么经济因子（如 GDP）与行业因子（如消费者信心指数）不能纳入基本面因子模型中。

6.3　基本面因子模型相对于经济因子模型的一个优势是其对数据的要求相对较小。估计基本面因子模型所需要的最少数据量是多少？可以通过单个横截面数据（即一个时期多只股票的观察值）来估计基本面因子模型吗？

6.4　可以通过一个周期的收益率数据推导出多个周期的收益率数据。假设我们使用日度数据来估计下列基本面因子模型：

$$r_i = \alpha + \beta_i f + \epsilon_i \quad \epsilon \sim N(0, \sigma^2)$$

我们记估计量分别为 $\bar{\alpha}$，$\hat{f}$ 以及 $\hat{\sigma}^2$

（a）日度预期收益率及其方差是多少？

（b）假设残差项 ϵ_i 随着时间的变化是序列不相关的，那么周度预期收益率及其方差是多少？

（c）在（b）的假设条件下，月度预期收益率及其方差是多少？

（d）（b）与（c）的假设与实际相符吗？

6.5　模型中是否包含无风险利率是有区别的。考虑下面两个版本基本面因子模型：

$$r_i = \alpha^{(1)} + \beta_i f^{(1)} + \epsilon_i \quad \epsilon \sim N[0, (\sigma^{(1)})^2]$$

$$r_i - r_f = \alpha^{(2)} + \beta_i f^{(2)} + \epsilon_i \quad \epsilon \sim N[0, (\sigma^{(2)})^2]$$

其中 r_f 为无风险利率。

(a) 如果 r_f 为常数，那么估计量 $\alpha^{(1)}$，$f^{(1)}$，$\sigma^{(1)}$ 与估计量 $\alpha^{(2)}$，$f^{(2)}$，$\sigma^{(2)}$ 之间有着怎样的关系？

(b) 如果 r_f 不是常数，但是与模型中的各变量均不相关，那么此时估计量 $\alpha^{(1)}$，$f^{(1)}$，$\sigma^{(1)}$ 与估计量 $\alpha^{(2)}$，$f^{(2)}$，$\sigma^{(2)}$ 之间有着怎样的关系？

(c) 在什么条件下，在模型中引入无风险利率不会改变估计值？

6.6　考虑一个多因子的基本面因子模型：

$$r_i = \alpha + \beta_{i1} f_1 + \cdots + \beta_{iK} f_K + \epsilon_i$$

回归的拟合优度可以用修正后的 R^2 来衡量：

$$\bar{R}^2 = 1 - \frac{\dfrac{N-1}{N-K-1} V(\hat{\epsilon}_i)}{V(r_i)}$$

其中 N 为观察值的数量，K 为因子的数量，$\hat{\epsilon}_i$ 为回归残差（即不能被回归所解释的部分），$V(\cdot)$ 为样本方差。

(a) 假设观察值的数量为 100，因子的数量为 2，收益率的样本方差为 5％，残差的样本方差为 3％，那么 $\bar{R}^2$ 是多少？

(b) 如果我们保持观察值的数量不变，将因子的数量增加到 4，那么 $\bar{R}^2$ 将如何变化？假设收益率的样本方差与残差保持不变。

(c) 当因子的数量增加到 4 时，若要保持 $\bar{R}^2$ 不变，那么观察值的数量要增加到多少？

6.7　定义残差收益率。它的主要组成部分是什么？

6.8　假设我们估计了下列基本面因子模型：

$$r_i = \alpha + \beta_i f + \epsilon_i$$

其中 β_i 为股票 i 对规模因子的暴露（以美元表示）。如果规模因子的暴露以千美元来表示，那么 α 与 f 的估计会发生变化吗？

6.9　在对一个基本面因子模型进行估计后，我们得到了如下估计：

$$r_i = 1.5 + 0.02\beta_{i1} + 0.3\beta_{i2} + \epsilon_i$$

其中 β_{i1} 为股票 i 对规模因子的暴露，β_{i2} 为股票 i 对市盈率因子的暴露。

(a) 如果公司 A 的规模为 100（百万美元），市盈率为 20，那么其预期收益率为多少？

(b) 如果公司 A 的规模增长 10（百万美元），那么 (a) 中的预期收益率将会发生什么变化？

（c）请解释为什么因子溢价可以被解释为因子暴露在预期收益率上的边际效应。

6.10　在对一个基本面因子模型进行估计后，我们得到了如下估计：

$$r_i = 1.5 + 0.2\beta_i + \epsilon_i \quad \epsilon_i \sim N(0, 400)$$

（a）如果因子暴露的样本方差为 100，那么回归系数估计量的标准误差是多少？

（b）如果样本中因子的暴露几乎相同，那么标准误差是多少？

（c）基于（a）与（b）的计算结果，你能总结出一条关于选择因子的标准吗？

6.11　在估计模型之前，一些组合投资经理会将异常值从样本中剔除。例如，投资经理可能会将那些偏离均值 3 倍标准差的观察值剔除。考虑到普通最小二乘法的特性，这会造成怎样的后果？基于股票收益率来确定异常值与基于因子暴露来确定异常值有区别吗？

6.12　一些组合投资经理在进行估计之前会将异常值"缩尾"（winsorize）。例如，如果变量的均值为 μ，标准差为 σ，任何大于 $\mu + 3\sigma$ 或小于 $\mu - 3\sigma$ 的值均将被替换为 $\mu + 3\sigma$ 或 $\mu - 3\sigma$。普通最小二乘法的估计仍然是无偏的吗（均值为真实值）？我们是对股票收益率进行"缩尾"，还是对因子暴露进行"缩尾"有区别吗？

6.13　一种处理异常值问题的方法是使用最小绝对离差（MAD）估计来替代普通最小二乘（OLS）估计。在何种条件下，这两种估计的结果是相同的？

6.14　一些研究人员认为小盘股的收益率波动要高于大盘股。也就是说，小盘股的误差项方差要大于大盘股的误差项方差。如果上述假设成立，请说明如何使用广义最小二乘法（GLS）来对基本面因子模型进行估计。

6.15　定义系统性风险与非系统性风险。风险在何种程度上可以被分散？

第 7 章

经济因子模型

β 是天使眼睛的颜色。

——兹维·格里利谢斯

7.1 引言

量化股票组合管理的原则 4 要求量化分析师把所有与投资决策有关的信息有效地结合起来。在第 6 章中，我们讨论了基本面因子模型，该模型作为一种有效的方法，将与股票相关的信息结合起来，形成了一个能够确定股票收益率与风险的系统。经济因子模型与基本面因子模型相似，也能够将与股票相关的信息有效地组合起来，但是其与基本面因子模型的框架有所不同⊖。

当我们从基本面因子模型转向经济因子模型时，模型的结构仍然保持不变。模型仍然表述了下列中心思想：股票收益率是对承担风险的补偿。与基本面因子模型类似，股票收益率由因子暴露（即对风险的暴露）与因子溢价（即承担风险所获得的补偿）的乘积所决定。然而，在经济因子模型中，因子暴露与因子溢价的角色在某种程度上互换了。回忆一下，在基本面因子模型中，因子暴露可以通过财务报表来观察，而因子溢价必须通过截面回归来估计。在经济因子模型中，因子溢价是已知的（或者说，至少可

⊖ 本章我们提供的资料基于 Chen 等（1986），Fama 和 French（1993），Lehmann 和 Modest（1988）以及 Connor 和 Korajczyk（1988），而这些研究均基于 Ross（1976）的研究。Chen 等构建了一个经济因子模型，而 Fama 和 French 构建了基于基本面因子的模型。Lehmann 和 Modest（1988）以及 Connor 和 Korajczyk（1988）构建了一个统计因子模型。所有这些学术研究均基于 Ross 的套利定价理论（APT）。

以通过给定的数据计算得到），而因子暴露必须通过股票收益率对因子溢价的回归来估计。

我们以只包含一个因子（通货膨胀率）的经济因子模型为例。在该模型中，因子溢价是可观察的通货膨胀率（或者说是通货膨胀率的线性函数）。因子暴露为股票对通货膨胀率的敏感度或反应，是对股票收益率与通货膨胀率两者之间关系的估计。因此，在经济因子模型中，在因子溢价（市场对暴露风险的补偿）给定的情况下，我们需要对特定股票所暴露的风险进行估计。这种类型的模型尤其适用于经济因子，因为经济因子反映了市场中对所有股票均产生影响的外部风险[⊖]。在本例中，我们所关心的特定风险就是通货膨胀。因此，因子溢价表示投资者所投资的股票受到通货膨胀影响时所要求的补偿。但该补偿很可能与实际的通货膨胀率不同，主要的原因有两点。第一，单位不同。通货膨胀率并非是用风险术语来表示的，因此我们不能说承担 1% 的通货膨胀率就应当获得 1% 的预期收益率。第二，并非所有的通货膨胀都与风险对应。具体而言，通货膨胀中已经被预期到的部分不会被认为是风险；只有通货膨胀中没有被预期到的部分才会被认为是风险。那么，为什么我们使用实际通货膨胀率作为因子溢价？

经济因子模型并没有假设投资者所获得的风险补偿就是实际的通货膨胀率。其所做的假设是，投资者所获得的风险补偿是实际通货膨胀率的线性函数。对通货膨胀率 $x\%$ 的暴露可能不会带来 $x\%$ 的预期收益率，其预期收益率可能为 $a+bx$。该假设消除了区分真实的因子溢价与被观察到的通货膨胀率的必要性，因为不管我们是使用因子溢价还是使用被观察到的通货膨胀率，模型的估计均不会受到影响。该假设同样考虑到了通货膨胀中被预期到的部分的影响。通货膨胀中被预期到的部分将会被式 $a+bx$ 中的常数项 a 调整。由于这些原因，在本章的其他部分我们不再区分经济变量的真实因子溢价与观察值。

在数学上，经济因子模型对股票 i 的收益率 r_i 定义为：

$$r_i = \alpha_i + \beta_{i1} f_1 + \cdots + \beta_{iK} f_K + \epsilon_i \tag{7-1}$$

其中 $f_1, \cdots, f_K$ 为因子溢价（不同股票的因子溢价是相同的，因此不加下标 i），$\beta_{i1}, \cdots,$

⊖　经济因子模型也可以处理基本面因子，但是仍然会以上述框架来处理。由于经济因子模型与基本面因子模型的基本方程相同，因此，当二者使用相同的因子时，其得到的结果也相似。请参考第 3 章关于模型等价的进一步解释。

β_{iK} 为因子暴露(不同股票的因子暴露是不同的,因此要加下标 i)。α_i 为常数。$\beta_{i1}f_1 + \cdots + \beta_{iK}f_K$ 代表了股票的系统性风险,ϵ_i 为残差,反映了股票的非系统性风险[⊖]。从基本方程的形式来看,经济因子模型与基本面因子模型之间没有任何区别。

与基本面因子模型类似,我们定义 $(K+1)$ 维列向量 $\mathbf{f}$ 与 $\boldsymbol{\beta}_i$:

$$\mathbf{f} = (1, f_1, \cdots, f_K)' \qquad\qquad (7\text{-}2)$$

$$\boldsymbol{\beta}_i = (\alpha_i, \beta_{i1}, \cdots, \beta_{iK})' \qquad\qquad (7\text{-}3)$$

使用向量表述,

$$r_i = \boldsymbol{\beta}_i' \mathbf{f} + \epsilon_i \qquad\qquad (7\text{-}4)$$

与第 6 章一样,股票平均收益率等于因子暴露与因子溢价的乘积,即:

$$E(r_i) = \boldsymbol{\beta}_i' E(\mathbf{f}) \qquad\qquad (7\text{-}5)$$

而股票的总风险等于系统性风险与非系统性风险之和,即:

$$V(r_i) = \boldsymbol{\beta}_i' V(\mathbf{f}) \boldsymbol{\beta}_i + V(\epsilon_i) \qquad\qquad (7\text{-}6)$$

模型也可以表示某一特定时期的股票收益率。我们用小写的 t 来表示第 t 期,用大写的 T 来表示总的期数。因此,股票 i 在第 t 期的收益率为:

$$r_{it} = \boldsymbol{\beta}_i' \mathbf{f}_t + \epsilon_{it}, \ t = 1, \cdots, T \qquad\qquad (7\text{-}7)$$

其中 $\boldsymbol{\beta}_i$ 为股票 i 因子暴露的 $(K+1)$ 维列向量,$\mathbf{f}_t$ 为第 t 期因子溢价的 $(K+1)$ 维列向量,ϵ_{it} 是股票 i 第 t 期收益率的非系统性部分。注意因子溢价有下标 t,因为其随着时间的变化而变化。即我们将因子溢价看作一个随机变量,在不同的时期其数值不同。另一方面,因子暴露没有下标 t,因为我们假定其不受时间的影响。我们将因子暴露看作一个未知的参数,而非一个随机变量。

在学术上,经济因子模型长久以来被认为是唯一有效的因子模型,而基本面因子模型只是最近才获得一些认可。事实上,学术文献并不区分经济因子模型与基本面因子模型,而是使用术语**多因子定价模型**来表示经济因子模型的一般框架。我们之所以选择使用术语**经济因子模型**与**基本面因子模型**来区分这两种类型的模型,是因为许多从业人员在运用经济因子来对股票收益率建模时使用的是前一种模型,在运用基本面因子来对股票收益率建模时使用的是后一种模型。表 7-1 总结了构建经济因子模型所需要的步骤。

⊖ 请记住对于一个分散化投资的投资者而言,唯一的风险就是系统性风险。

表 7-1　构建经济因子模型

准备工作：

1. 为模型选择因子
2. 确定无风险利率的处理方式
3. 定义股票投资范围
4. 确定数据的时间间隔与时间跨度

构建股票总收益率模型的主要步骤（对于无比较基准的投资经理）：

1. 运用式：$r_i = \alpha_i + \beta_{i1} f_1 + \cdots + \beta_{iK} f_K + \epsilon_i$ 来估计股票的收益率
2. 收集时间跨度内每个时期的股票收益率与因子溢价数据。经济/行为/市场因子的因子溢价数据是已知的。基本面/技术/分析师因子的因子溢价需要通过构建零投资组合的方法来计算得到。统计因子的因子溢价需要通过主成分分析的方法来计算得到
3. 如果有足够的因子溢价数据，那么通过股票收益率对因子溢价的时间序列回归来估计因子暴露
4. 如果没有足够的因子溢价数据来进行时间序列回归，那么可以运用特征匹配法来确定相似的公司，并用相似公司的数据作为目标公司缺省数据的替代。收集替代公司的股票收益率与因子溢价数据。使用这些替代数据，并通过股票收益率对因子溢价的时间序列回归来估计因子暴露
5. 计算每只股票的平均收益率，即因子溢价向量与因子暴露向量的乘积
6. 将股票收益率风险分解为非系统性风险与系统性风险
7. 计算股票投资范围中各股票收益率之间的相关系数

构建股票残差收益率模型的主要步骤（对于有比较基准的投资经理）：

1. 运用式：$r_i = \tilde{\alpha}_i + \tilde{\beta}_i r_B + \tilde{\epsilon}_i$ 来估计股票的收益率
2. 收集时间跨度内每个时期的股票收益率与比较基准收益率的数据
3. 估计出 $\tilde{\alpha}$ 与 $\tilde{\beta}$ 后，用式：$\bar{r}_i \equiv \tilde{\alpha}_i + \tilde{\epsilon}_i$ 计算残差收益率
4. 运用式：$\bar{r}_i = \alpha_i + \beta_{i1} f_1 + \cdots + \beta_{iK} f_K + \epsilon_i$ 来估计股票的残差收益率
5. 根据股票总收益率模型的第 2～7 步，将总收益率替换为残差收益率

7.2　准备工作

　　与基本面因子模型一样，构建经济因子模型首先需要一个好的规划。一般而言，经济因子模型的建模步骤与基本面因子模型是一样的——包括：因子的选择、无风险利率的处理以及样本的构建（即数据的时间间隔、数据的时间跨度、股票投资范围的确定）。由于两个模型在对无风险利率的处理、股票投资范围的确定以及数据的时间间隔与时间跨度的确定等方面的标准是一样的，我们在此只讨论因子的选择[⊖]。

　　经济因子模型的强大之处就在于它实际上能包括所有类型的因子。考虑到模型对因子的处理方式，可以将因子分为三类。

　　（1）**经济/行为/市场因子**：国内生产总值（GDP）、通货膨胀、失业率、利率以及其他宏观经济变量；消费者信心指数、企业信心指数、投资者信心指数或其他基于调研的

　　⊖　关于无风险利率与股票投资范围的讨论，请参考第 6 章。

指数；宽基市场指数的收益率，如标普 500 指数或其他市场类指数/行业指数的收益率。

（2）**基本面/技术/分析师因子**：规模、市净率、市盈率、债务股本比以及通过财务报表获取的公司的其他特征；动量、成交量以及交易数据所反映的其他信息；分析师评级调整、盈利修正以及分析师所提供的其他信息。

（3）**统计因子**：通过对历史收益率数据进行主成分分析所得到的因子。

对于经济/行为/市场因子，计算量是最小的。在绝大多数情况下，相关信息是公开可得的或可以从数据提供商处获取。另一方面，对于基本面/技术/分析师因子，是需要一定的计算量的，即使这类因子的数据可以通过外部资源获取，但是对于数据提供商的算法我们需要仔细地检查。一些研究表明，彻底审查过的基本面/技术/分析师因子在预测股票收益率时比其他的因子组更有效⊖。统计因子需要的计算量是最大的。

7.3 比较基准与 α

许多量化组合投资经理会根据某个比较基准来管理他们的组合。正如我们在第 6 章中所提到的，在构建模型的初期，考虑比较基准是有用的，但并非是必需的。一些组合投资经理更倾向于在构建模型的后期才考虑比较基准，如在组合构建阶段对跟踪误差进行控制⊖。然而，作为投资组合绩效的衡量标准，构建一个能够反映或调整比较基准影响的模型是有用的。一种方法是在构建模型之前将与比较基准相关的收益率从股票收益率中剔除⊜。我们先用股票收益率对比较基准收益率进行回归，并计算出残差，而残差即为股票收益率中与比较基准不相关的那部分。然后，我们基于股票的残差收益率，而非股票的总收益率来构建经济因子模型。因此该模型反映了三者，即因子溢价、因子暴露以及残差收益率之间的关系。

或者我们直接将比较基准引入到经济因子模型中。如果比较基准是宽基市场指数，那么资本资产定价模型（CAPM）可以把比较基准的收益率作为股票收益率的预测指标引入到模型中。即使比较基准不是宽基市场指数，将比较基准引入模型中也能够阐明

⊖ Chen 等（1986），Lehmann 和 Modest（1988）以及 Connor 和 Korajczyk（1985）等使用非基本面因子的学者表明他们的模型对样本外的预测能力非常有限。另一方面，Fama 和 French（1993），Daniel 和 Titman（1997）以及其他使用基本面因子的学者总体表明他们的模型具有更高的预测能力。详见第 16 章。

⊖ 关于如何控制跟踪误差的讨论详见第 9 章。

⊜ 见第 6 章的 6.3 节。

投资组合与比较基准之间的关系。

令 r_B 为比较基准的收益率。如果我们将比较基准作为第 K 个因子加入到经济因子模型中，那么经济因子模型就变为：

$$r_i = \alpha_i + \beta_{i,1} f_1 + \cdots + \beta_{i,K-1} f_{K-1} + \beta_{i,K} r_B + \epsilon_i \qquad (7\text{-}8)$$

通过该方程，我们可以将方程右边的 $\alpha_i + \beta_{i1} f_1 + \cdots + \beta_{i,K-1} f_{K-1}$ 解释为股票 i 的预期收益率中与比较基准无关的部分。总的来说，这一部分表示比较基准 α 或 α^B，即：

$$\alpha^B = \alpha_i + \beta_{i,1} f_1 + \cdots + \beta_{i,K-1} f_{K-1} \qquad (7\text{-}9)$$

比较基准 α 表示组合投资经理（以及其所构建的模型）对股票收益率的贡献，也是衡量组合投资经理绩效的一种方法[⊖]。

7.4　因子溢价

回顾基本面因子模型的构建，组合投资经理需要搜集许多股票的收益率与因子暴露的数据，并生成一个数据集。因子暴露随着时间的变化而变化（而因子溢价作为单一的统计估计值保持不变）。相比之下，在构建经济因子模型时，组合投资经理需要搜集股票的收益率与因子溢价的数据集，因子溢价随着时间的变化而变化。如果有 K 个因子，那么投资者需要寻找每个时期 t 的 K 个因子的因子溢价，$\mathbf{f}_t = (1, f_{1t}, \cdots, f_{Kt})$。

在经济因子模型中，因子溢价是**已知的**（而因子暴露则与之相反，是需要通过回归来估计的）。但是，这也并不意味着我们总是能够直接观察到因子溢价。对于经济/行为/市场因子，因子溢价的计算量是微不足道的；对于基本面/技术/分析师因子，因子溢价的计算量会更高一些；而对于统计因子，因子溢价的计算量则具有相当大的挑战。

7.4.1　经济/行为/市场因子的因子溢价

获取经济/行为/市场因子的因子溢价一般不需要任何计算。我们所需要做的只是把相关的数值进行简单的"复制粘贴"[⊖]。

⊖　详细内容读者可以参考第 2 章，在第 2 章中我们讨论了组合管理中各种类型的 α。

⊖　人们有时会使用因子相对于其均值的偏离作为因子溢价，以此来反映这样一种观点：真正重要的是变量的"意外变化"，而非宏观变量的值。然而，这种"意外变化"法并不会改善模型，除非因子相对其均值的偏离能够真实地反映这种"意外变化"。测量这种"意外变化"的幅度并不容易。

表 7-2 给出了 3 个因子的因子溢价，3 个因子分别为：失业率、消费者信心以及市场因子。为了找到失业率的因子溢价，我们简单地使用美国劳工统计局（BLS）所公布的失业率数据。例如，2003 年 1 月的失业率为 5.8%，那么 2003 年 1 月失业率因子的因子溢价即为 5.8。对于消费者信心，我们使用的是密歇根大学公布的消费者信心指数，其反映了每月的消费者信心水平。消费者信心因子的因子溢价即为该指数的增长率。例如，2002 年 12 月的消费者信心指数为 86.7，而 2003 年 1 月的消费者信心指数为 82.4。因此消费者信心因子的因子溢价为 $-4.96(=(82.4/86.7)\times100-100)$。市场因子的因子溢价为纽约证券交易所、美国证券交易所、纳斯达克中所交易股票的市值加权收益率再减去 1 个月期限的美国国库券收益率[⊖]。例如，2003 年 1 月纽约证券交易所、美国证券交易所、纳斯达克中所交易股票的市值加权收益率为 -2.31%，而 1 个月期限的美国国库券收益率为 0.1%。因此 2003 年 1 月市场因子的因子溢价为 $-2.41(=-2.31-0.1)$。

表 7-2 失业率、消费者信心以及市场因子的因子溢价

	失业率	消费者信心	市 场		失业率	消费者信心	市 场
2003 年 1 月	5.8	−4.96	−2.41	2003 年 7 月	6.2	1.34	2.23
2003 年 2 月	5.9	−3.03	−1.61	2003 年 8 月	6.1	−1.76	2.47
2003 年 3 月	5.8	−2.88	0.93	2003 年 9 月	6.1	−1.79	−1.01
2003 年 4 月	6.0	10.82	8.15	2003 年 10 月	6.0	2.17	5.95
2003 年 5 月	6.1	7.09	6.22	2003 年 11 月	5.9	4.58	1.58
2003 年 6 月	6.3	−2.61	1.54	2003 年 12 月	5.7	−1.17	4.47

在得到某一期所有因子的因子溢价之后，我们就可以将其表示为向量的形式 $\{\mathbf{f}_1, \cdots, \mathbf{f}_T\}$，其中 $\mathbf{f}_t$ 为第 t 期的因子溢价。在本例中，我们可以将 2003 年 1 月的因子溢价表示为：

$$\mathbf{f}_{\text{Jan03}} = (1, 5.8, -4.96, -2.41) \tag{7-10}$$

$\mathbf{f}_t$ 的第 1 个元素总是反映收益率方程中的常数项。

7.4.2 基本面/技术/分析师因子的因子溢价

获取基本面/技术/分析师因子的因子溢价则需要一些计算，其计算步骤包括构建

⊖ 市场因子的因子溢价可以从达特茅斯大学塔克商学院 Kenneth R. French 教授的网站下载，其网址为：mba. tuck. dartmouth. edu/pages/faculty/ken. french/data_library. html，或者自行编制。

零投资组合并计算组合的收益率。零投资组合的构建是通过买入因子暴露较高的股票，同时卖空因子暴露较低的股票来实现的。假设我们想要得到价值因子的因子溢价，并假设使用市净率(P/B)作为价值因子的代理变量。我们需要识别对价值因子暴露较高（即低 P/B）的股票组合以及对价值因子暴露较低（即高 P/B）的股票组合。系统地来看，我们首先将第 t 期的所有股票按市净率排序，低市净率的股票排在前面。我们可以选择股票列表中前 33% 的股票并赋予它们相等权重从而构建出高价值组合，选择股票列表中后 33% 的股票并赋予它们相等权重从而构建出低价值组合。零投资组合的收益率就等于高价值组合的收益率减去低价值组合的收益率。

原则上，我们需要在每一个时间间隔都构建一个零投资组合，但是在实际中，由于数据方面的原因，我们可能做不到这一点。以市净率为例，账面价值每个季度才公布一次。因此在一个比季度还短的时间间隔内构建零投资组合是没有意义的，因为市净率并不包含最新的账面价值。该比率的任何变动仅仅只是反映了股票价格的变动。

值得注意的是，同一个数据可以代表不止一种类型的因子。例如，同样是市净率，其既可以表示对价值因子具有较低的暴露，也可以表示对成长因子具有较高的暴露。还有很多具有这种对称性的例子。我们可以使用市值来衡量小规模因子(small-size factor)，较大的市值意味着对小规模因子的暴露很低。与之相反，我们也可以认为这样的市值意味着对大规模因子(large-size factor)的暴露很高。如果我们考虑将动量因子引入到模型中，那么对动量因子较低的暴露同样意味着对反转因子较高的暴露。同样的数据在这两个因子中都是站得住脚的。事实上，我们可以使用这两个因子中的任意一个来表示从一年至下一年股票收益率的持续性或股票收益率方向的变化。因子的正负号与名称均不重要，但我们赋予高数值与低数值的意义，应该与因子所代表的投资想法一致。

一般地，计算基本面/技术/分析师因子的因子溢价有如下几个步骤。

(1)根据因子，对时期 1 的所有股票进行排序。

(2)构建因子暴露较高的组合，即选择股票列表中前 33% 的股票，并等权重赋权；构建因子暴露较低的组合，即选择股票列表中后 33% 的股票，并等权重赋权（如果有合理的理由，那么选择不同于 33% 的其他临界值也是可以的 ⊖ ）。

⊖　如果股票列表中有明显的临界点，那么就用相应的临界点来分割股票列表。如果不存在明显的临界点，就将 33% 设为默认的临界点。

（3）计算零投资组合的收益率，即因子暴露较高的组合与因子暴露较低的组合之间的收益率之差。那么零投资组合的收益率即为因子在时期 1 的因子溢价。

对时期 2 重复这些步骤。如果在时期 2 构建新的投资组合时缺少相关数据，那么使用时期 1 所构建的组合来计算时期 2 的收益率。对每一时期的每一个因子均重复上述步骤。换言之，重复这样过程的总次数将等于因子数乘以时期数。表 7-3 给出了规模因子与价值/成长因子的因子溢价。

表 7-3　规模以及价值/成长因子的因子溢价

	规　　模	价值/成长		规　　模	价值/成长
2003 年 1 月	1.27	−0.83	2003 年 7 月	5.48	−2.21
2003 年 2 月	−0.46	−1.44	2003 年 8 月	2.54	1.84
2003 年 3 月	0.74	−1.4	2003 年 9 月	0.7	0.96
2003 年 4 月	1.38	−0.3	2003 年 10 月	2.84	1.82
2003 年 5 月	4.69	0.09	2003 年 11 月	2.25	1.29
2003 年 6 月	1.45	0.54	2003 年 12 月	−2.83	2.79

注：这些数据来自达特茅斯大学塔克商学院教授 Kenneth R. French 的网站。在计算规模因子时，临界点使用的是 50%（而不是 33% 与 67%）。在计算价值/成长因子时，临界点使用的是 30% 与 70%。

7.4.3　统计因子的因子溢价

获取统计因子的因子溢价需要大量的计算。该计算过程被称为**主成分分析**（principal-component analysis），标准的计算机软件就能够实现该分析方法。

要进行主成分分析首先就要估计出股票收益率的方差-协方差矩阵。我们用 N 维列向量来表示 N 只股票在时期 t 的收益率，即 $\mathbf{r}_t = (r_{1t}, \cdots, r_{Nt})'$。我们总共有 T 个这样的向量 $\{\mathbf{r}_1, \cdots, \mathbf{r}_T\}$。那么股票收益率的方差-协方差矩阵 $\mathbf{\Sigma}$ 的估计为：

$$\hat{\mathbf{\Sigma}} = \frac{1}{T} \sum_{t=1}^{T} \mathbf{r}_t \mathbf{r}_t' - \bar{\mathbf{r}} \bar{\mathbf{r}}' \qquad (7\text{-}11)$$

其中 $\bar{\mathbf{r}}$ 为股票平均收益率的向量，即：

$$\bar{\mathbf{r}} = \frac{1}{T} \sum_{t=1}^{T} \mathbf{r}_t \qquad (7\text{-}12)$$

一旦我们得到了方差-协方差矩阵后，我们就可以通过寻找正交矩阵 $\mathbf{Q}$（即 $\mathbf{Q}^{-1} = \mathbf{Q}'$）来对其"对角化"，即：

$$\mathbf{Q}' \hat{\mathbf{\Sigma}} \mathbf{Q} = \mathbf{D} \qquad (7\text{-}13)$$

其中 $\mathbf{D}$ 为对角矩阵，其对角线上的元素为 $\hat{\mathbf{\Sigma}}$ 的特征值。可以证明 $\mathbf{Q}$ 的每一列均为与 $\hat{\mathbf{\Sigma}}$

的特征值相对应的标准（即单位长度）正交特征向量。

具体而言，令 λ_1，$\cdots$，λ_N 为 $\hat{\Sigma}$ 的特征值，则 $\lambda_1 \geqslant \cdots \geqslant \lambda_N \geqslant 0$（由于 $\hat{\Sigma}$ 为正定型矩阵，因此所有的特征值均为正）。因此矩阵 **D** 可以表示为：

$$\mathbf{D} = \begin{bmatrix} \lambda_1 & & 0 \\ & \ddots & \\ 0 & & \lambda_N \end{bmatrix} \tag{7-14}$$

令 $\mathbf{q}_1$，$\cdots$，$\mathbf{q}_N$ 表示与 λ_1，$\cdots$，λ_N 相对应的标准正交特征向量。那么矩阵 Q 可以表示为：

$$\mathbf{Q} = (\mathbf{q}_1, \cdots, \mathbf{q}_N) \tag{7-15}$$

如果我们想要找到 K 个因子，那么我们可以使用矩阵 Q 的前 K 列对单个股票的收益率进行赋权来得到 K 个因子的因子溢价，即因子溢价 f_1，$\cdots$，f_K 为：

$$f_{1,t} = \mathbf{q}_1' \mathbf{r}_t$$
$$\vdots$$
$$f_{K,t} = \mathbf{q}_K' \mathbf{r}_t \tag{7-16}$$

由这 N 只股票的收益率线性组合所构成的任意 K 个因子中，上述 K 个因子在样本内具有最高的解释能力[⊖]。

7.5　因子暴露

7.5.1　标准方法

在经济因子模型中，因子暴露一般是通过股票收益率对因子溢价的时间序列回归来确定。由于回归系数（因子暴露）衡量了被解释变量（股票收益率）对解释变量（因子溢价）变化的敏感度，因此因子暴露有时也被称作**因子敏感度**（factor sensitivity），或**因子载荷**（factor loading）。

给定股票 i 的 T 期收益率，$\{r_{i1}, \cdots, r_{iT}\}$，以及 T 期的因子溢价，$\{\mathbf{f}_1, \cdots, \mathbf{f}_T\}$，我们就能够估计下式[⊖]：

[⊖] 更多细节详见 Srivastava（2002）的第 399 页。

[⊖] 我们假设所有股票的时期数是相同的，但情况并非总是如此。如果不同股票的时期数是不相同的，那么我们需要在时期数 T 中引入下标 i。

$$r_{it} = \boldsymbol{\beta}_i' \mathbf{f}_t + \epsilon_{it}, \quad t = 1, \cdots, T \tag{7-17}$$

其中"系数"$\boldsymbol{\beta}_i$就是我们所希望得到的因子暴露，ϵ_{it}为残差项，反映了股票收益率的非系统性风险。$\boldsymbol{\beta}_i$的普通最小二乘法（OSL）估计为：

$$\hat{\boldsymbol{\beta}}_i = \Big(\sum_{t=1}^{T} \mathbf{f}_t \mathbf{f}_t' \Big)^{-1} \Big(\sum_{t=1}^{T} \mathbf{f}_t r_{it} \Big) \tag{7-18}$$

通过对每只股票进行回归，我们将得到所需的因子暴露：$\{\hat{\boldsymbol{\beta}}_1, \cdots, \hat{\boldsymbol{\beta}}_N\}$。因子暴露的标准误差为下列方差阵的平方根（对角线上的元素）：

$$\hat{V}(\hat{\boldsymbol{\beta}}_i) = \hat{\sigma}_i^2 \Big(\sum_{t=1}^{T} \mathbf{f}_t \mathbf{f}_t' \Big)^{-1} \tag{7-19}$$

其中$\hat{\sigma}_i^2$为ϵ_{it}的方差估计：

$$\hat{\sigma}_i^2 = \frac{1}{T} \sum_{t=1}^{T} (r_{it} - \hat{\boldsymbol{\beta}}_i' \mathbf{f}_t)^2 \tag{7-20}$$

表 7-4 给出了所选股票因子暴露的估计值与标准误差。这些因子暴露是通过 2000 年 1 月至 2003 年 12 月的月度数据估计得到的。除了沃尔玛对失业率因子的因子暴露为正，其他股票对该因子的因子暴露均为负。这反映了沃尔玛属于逆经济周期的股票，即当经济衰退时其价值上升。表 7-4 中的 5 只股票对市场因子的因子暴露均为正，而对规模因子的因子暴露均为负。这是有意义的，因为这些股票均是大盘股。对价值因子的因子暴露表明埃克森美孚与沃尔玛为价值股（对价值因子的因子暴露为正），而其他股票则为成长股（对价值因子的因子暴露为负）。

表 7-4 所选股票的因子暴露

股 票 代 码	失业率	消费者信心	市 场	规 模	价值/成长
XOM	−0.11	0.16	0.46	−0.26	0.21
	(0.78)	(0.17)	(0.15)	(0.16)	(0.21)
GE	−0.71	−0.05	0.91	−0.68	−0.34
	(1.01)	(0.23)	(0.20)	(0.20)	(0.27)
PFE	−1.38	−0.08	0.44	−0.56	−0.12
	(1.03)	(0.23)	(0.23)	(0.21)	(0.28)
WMT	0.94	−0.29	0.69	−0.35	0.36
	(1.28)	(0.29)	(0.25)	(0.26)	(0.34)
MSFT	−0.66	−0.55	1.24	−0.28	−0.93
	(1.87)	(0.42)	(0.37)	(0.38)	(0.50)

注：估计所使用的为 2000 年 1 月至 2003 年 12 月的数据。括号内为标准误差。股票代码所代表的公司分别为：埃克森美孚（XOM），通用电气（GE），辉瑞制药（PFE），沃尔玛（WMT），微软（MSFT）。

尽管式（7-4）对因子暴露的估计符合常识，但这并不意味着这些因子暴露与我们在

第 6 章基本面因子模型中所使用的因子暴露是相同的。例如，根据所估计的规模因子的因子暴露来对股票排序与根据市值因子对股票排序并不一定相同（市值因子是我们在第 6 章基本面因子模型中所使用的规模因子）。因此，在本例中根据规模因子的因子暴露，辉瑞制药排名第二，但根据市值因子的因子暴露，辉瑞制药则排名第三，即排在通用电气与微软之后。同样地，根据估计的价值/成长因子的因子暴露对股票排序与根据市净率（P/B）对股票排序也不一定相同。

7.5.2　无法使用标准方法的情形

为了进行时间序列回归，组合投资经理需要有足够的（合理的时间跨度以及一定数量的时间间隔）股票收益率与因子溢价数据。对于首次公开发行（IPO）以及最近合并或拆分的公司而言，其股票可能缺乏足够的数据来进行有意义的回归。对于一只缺乏数据的股票，我们可以加权一组相似股票的因子暴露，并使用加权的因子暴露作为原股票因子暴露的代理。

当两个公司合并时，自然的做法是找到两个公司合并之前的因子暴露，并进行加权平均[⊖]。权重为合并前两个公司的市值。假设 A 公司与 B 公司近期要合并，通过 A 公司的股票收益率 r_{At} 对因子溢价的回归，就可以得到 A 公司的因子暴露 $\hat{\boldsymbol{\beta}}_A$，即：

$$\hat{\boldsymbol{\beta}}_A = \Big(\sum_{t=1}^{T} \mathbf{f}_t \mathbf{f}_t' \Big)^{-1} \Big(\sum_{t=1}^{T} \mathbf{f}_t r_{At} \Big) \qquad (7\text{-}21)$$

同样地，我们可以得到 B 公司的因子暴露 $\hat{\boldsymbol{\beta}}_B$。那么合并公司的因子暴露 $\hat{\boldsymbol{\beta}}_{AB}$ 为：

$$\hat{\boldsymbol{\beta}}_{AB} = \frac{s_A}{s_A + s_B} \hat{\boldsymbol{\beta}}_A + \frac{s_B}{s_A + s_B} \hat{\boldsymbol{\beta}}_B \qquad (7\text{-}22)$$

其中 s_A 为合并前公司 A 的市值，s_B 为合并前公司 B 的市值。

对于近期 IPO 的公司而言，唯一可以获得的信息就是可观察的公司特征（即公司财务报表中的信息）。通过这些信息，我们可以找到一些与之相似的公司，并计算这些相似公司因子暴露的平均值。假设我们通过 L 个特征来寻找相似的公司。由于每个公司的因子暴露是已知的，那么我们可以计算每个公司在这 L 个特征上的 Z 值（关于 Z 值请参考第 5 章）。记一个新公司 i 的 Z 值为 $z_i = (z_{i1}, \cdots, z_{iL})$。为了寻找相似的公司，

⊖　这是一种解决问题的方法，特别是在对大量的公司进行建模时。在某些情况下，分析起来会更复杂，例如当公司是通过发行更多的债务来进行收购时。

我们可以选择一个较小的临界值 e，然后寻找所有满足 $(z_i - z_j)'(z_i - z_j) < e$ 的公司 j。我们所选择的临界值 e 应当能够帮助我们找到多家（>1）相似的公司。一旦我们确定了相似的公司，我们就可以计算相似公司因子暴露的均值，并以此作为公司 i 的因子暴露。也就是说，如果公司 $1, \cdots, M$ 与新公司 C 相似，那么新公司 C 的因子暴露 $\hat{\boldsymbol{\beta}}_C$ 为：

$$\hat{\boldsymbol{\beta}}_C = \frac{1}{M}(\hat{\boldsymbol{\beta}}_1 + \cdots + \hat{\boldsymbol{\beta}}_M) \tag{7-23}$$

其中 $\hat{\boldsymbol{\beta}}_1, \cdots, \hat{\boldsymbol{\beta}}_M$ 为公司 $1, \cdots, M$ 的因子暴露。

这种寻找相似公司的方法被称为**特征匹配**（characteristic matching），该方法也可以用于寻找其他特征，如股票的预期收益率[⊖]。一种替代特征匹配的方法是使用行业的平均值。例如，整个制药行业因子暴露的平均值可以代表一个新的制药公司股票的因子暴露。这种方法经常用于估计 IPO 股票的市场 β。但是，金融经济研究表明，特征匹配要比使用行业平均值更好。

7.6 风险分解

7.6.1 标准方法

股票收益率的总风险等于系统性风险与非系统性风险之和。系统性风险来自于因子暴露与因子溢价的方差，而非系统性风险等于残差项的方差，即：

$$V(r_i) = \boldsymbol{\beta}'_i V(\mathbf{f}) \boldsymbol{\beta}_i + V(\epsilon_i) \tag{7-24}$$

我们已经有了 $\boldsymbol{\beta}_i$ 的估计值。给定因子溢价数据 $\{\mathbf{f}_1, \cdots, \mathbf{f}_T\}$，$V(\mathbf{f})$ 的估计值为：

$$\hat{V}(\mathbf{f}) = \frac{1}{T} \sum_{t=1}^{T} (\mathbf{f}_t - \bar{\mathbf{f}})(\mathbf{f}_t - \bar{\mathbf{f}})' \tag{7-25}$$

如果因子暴露是使用 7.5.1 节中的标准方法来估计的，那么在估计因子暴露时很自然地就能够获得 $V(\epsilon_i)$ 的估计值。但是，如果因子暴露是使用 7.5.2 节中的方法来估计的，我们则需要使用另一种方法。给定因子暴露的估计值 $\hat{\boldsymbol{\beta}}_i$，$V(\epsilon_i)$ 的估计如下：

$$\hat{V}(\epsilon_i) = \frac{1}{T} \sum_{t=1}^{T} (r_{it} - \hat{\boldsymbol{\beta}}'_i \mathbf{f}_t)^2 \tag{7-26}$$

⊖　详见 Chincarini 和 Kim（2001）关于该方法的应用。

表 7-5 给出了使用 2000 年 1 月至 2003 年 12 月的数据对所选股票风险估计的分解。我们用方差与标准差来表示风险。注意不同股票非系统性风险的大小差异非常大。

表 7-5 所选股票的风险分解

股票代码	总风险		非系统性风险		系统性风险	
	V	SD	V	SD	V	SD
XOM	296.70	17.22	205.53	14.34	91.17	9.55
GE	737.82	27.16	348.72	18.67	389.10	19.73
PFE	514.15	22.67	362.83	19.05	151.32	12.30
WMT	739.09	27.19	555.70	23.57	183.39	13.54
MSFT	2 220.70	47.12	1 189.32	34.49	1 031.38	32.12

注：估计所使用的为 2000 年 1 月至 2003 年 12 月的数据。V 代表方差，SD 代表标准差。方差与标准差均是年化的数据，单位为百分比。股票代码所代表的公司与表 7-4 一致。

当我们在构建最优组合时，我们还需要知道股票收益率之间的相关系数。两只股票收益率之间的相关系数由两部分组成：股票收益率系统性部分之间的相关系数以及股票收益率非系统性部分之间的相关系数。两股票收益率 r_i 与 r_j 之间的协方差为：

$$C(r_i, r_j) = \boldsymbol{\beta}_i' V(\mathbf{f}) \boldsymbol{\beta}_j + C(\epsilon_i, \epsilon_j) \tag{7-27}$$

$C(\epsilon_i, \epsilon_j)$ 的估计值可以从因子暴露的估计中获得，即：

$$\hat{C}(\epsilon_i, \epsilon_j) = \frac{1}{T} \sum_{t=1}^{T} (r_{it} - \hat{\boldsymbol{\beta}}_i' \mathbf{f}_t)(r_{jt} - \hat{\boldsymbol{\beta}}_j' \mathbf{f}_t) \tag{7-28}$$

然而，实际上，除非 T 非常大，否则我们一般假设 $C(r_i, r_j)$ 为 0。如果有 N 只股票，那么有 $N(N-1)/2$ 个协方差需要估计。除非 T 非常大，否则这些协方差不可能被准确估计。如果模型较好，那么假设协方差为 0 并不会带来太多的失真。非系统性风险，即 ϵ 所代表的那部分风险，可以通过分散化投资来消除，因此其协方差也可以忽略不计。

7.6.2 无法使用标准方法的情形

如果某只股票是新股，并且缺乏数据，那么 $V(\epsilon_i)$ 无法通过常规方法来估计得到。然而，即使是新股，通常也会有一段较短的交易历史。因此可以先通过更高频率的数据（更短的时间间隔）来对残差项的方差进行估计，然后再将高频率的残差项方差修正为我们所需要频率的方差。

为了更好地说明，我们假设分析的时间间隔为 1 个月。假设新股 A 只有几天的交易数据。在这种情况下，我们可以将残差项的日频率方差修正为月频率方差。我们使

用字母 s 来表示日频率时间间隔。股票 A 有 S 天 $(s=1, \cdots, S)$ 的可用数据。记 $\tilde{r}_{As}$ 为股票 A 在第 s 天的收益率。给定因子暴露的估计值 $\hat{\boldsymbol{\beta}}_A$，我们可以估计出日频率残差项 $\hat{\epsilon}_{As}$ 的方差，即：

$$V(\tilde{\epsilon}_A) = \frac{1}{S} \sum_{s=1}^{S} (\tilde{r}_{As} - \hat{\boldsymbol{\beta}}'_A \tilde{\boldsymbol{f}}_s)^2 \tag{7-29}$$

其中 $\tilde{\boldsymbol{f}}_s$ 为第 s 天的因子溢价[⊖]。

为了得到月频率残差项的方差，我们首先需要根据上一节所说的，寻找与股票 A 具有相似特征的股票。假设股票 1，$\cdots$，M 是与股票 A 相似的股票，那么我们就能够估计这些相似股票的日频率残差项的方差 $\hat{V}(\tilde{\epsilon}_1)，\cdots，\hat{V}(\tilde{\epsilon}_M)$，以及这些股票月频率残差项的方差 $\hat{V}(\epsilon_1)，\cdots，\hat{V}(\epsilon_M)$。假设相似股票之间的月频率方差与日频率方差之比是相似的，那么我们就能够估计股票 A 的月频率方差：

$$\hat{V}(\epsilon_A) \equiv \hat{V}(\tilde{\epsilon}_A) \frac{1}{M} \left[\frac{\hat{V}(\epsilon_1)}{\hat{V}(\tilde{\epsilon}_1)} + \cdots + \frac{\hat{V}(\epsilon_M)}{\hat{V}(\tilde{\epsilon}_M)} \right] \tag{7-30}$$

由于我们是根据相似股票的情况来折算出月频率方差的，因此所得到的估计值是极端值的概率较小。

7.7 结论

在本章中，我们将注意力从 QEPM 的一个主要工具——基本面因子模型，转移到另一个工具——经济因子模型。与基本面因子模型一样，经济因子模型将股票收益率、因子暴露以及市场所赋予因子的因子溢价联系起来，但是该模型强调股票收益率对整体经济环境的变化所做出的反应。经济因子模型是股票收益率模型中理论基础最强的一个模型，并且在处理各类因子时，它也是灵活性最强的一个模型。

即便是经验丰富的投资者也可能在概念上混淆经济因子模型与基本面因子模型。我们指出，两个模型之间最主要的区间在于：在经济因子模型中，我们需要通过相关数据来估计每只股票的因子暴露，而在基本面因子模型中，我们所需要估计的是因子溢价。例如，对于经济因子模型，我们必须估计公司股票会对失业率或 GDP 增长率的

⊖ 当因子溢价的日频率数据不可得时，我们不得不进行近似估计，如将月频率的因子溢价除以当月交易日数来估计日频率的因子溢价。

变化做出多大的反应。两个模型的另一个区别是，经济因子蕴含了一个简单的、直观而有吸引力的概念：股票会对市场中的外在风险做出反应。即使数据匮乏，如对于近期才进行 IPO 或合并的公司，该模型也能够帮助我们去衡量股票将对经济环境做出怎样的反应。

两个因子模型均实现了相似的结果。与基本面因子模型类似，经济因子模型既可以对股票总收益率建模，也可以对比较基准 α 建模，后者为有比较基准的投资组合提供了一个绩效度量。该模型可以预测组合投资经理股票池中任意股票的预期收益率与预期风险，也可以将任意股票的风险分解为两部分：系统性风险与非系统性风险。在第 9 章构建最优投资组合时，这两个因子模型均是基本的分析工具。然而，在构建组合之前，我们需要收集必要的模型输入，以便对未来的股票收益率进行预测。

· 习 题 ·

7.1 请解释为什么资本资产定价模型(CAPM)是经济因子模型的一个特例。

7.2 请解释为什么经济因子模型通常是用时间序列数据来进行回归估计的。

7.3 请解释为什么因子溢价在经济因子模型中是可观察的，而在基本面因子模型中是不可观察的。

7.4 请说明经济因子模型相对于基本面因子模型的优缺点。

7.5 如果比较基准是一个宽基指数，那么比较基准 α 可以被解释为 CAPM α 吗？

7.6 考虑一个简单的经济因子模型：
$$r_i = \alpha_i + \beta_i f + \epsilon_i \quad \epsilon_i \sim N(0, \sigma_i^2)$$

假设 α_i 与 β_i 的估计量分别为：$\hat{\alpha}_i = 2$，$\hat{\beta}_i = 0.5$。组合投资经理有一个比较基准，该比较基准的收益率为 r_B。

(a)当比较基准收益率与因子溢价相同时，计算比较基准 α。

(b)当比较基准收益率与因子溢价完全相关时，计算比较基准 α。

(c)将比较基准 α 表示为下列 3 个量的函数：r_B 与 f 之间的相关系数，r_B 的方差以及 f 的方差。

(d)在什么条件下，多因子 α 与比较基准 α 相同。

7.7 描述计算因子溢价的 3 种方法。

7.8 鉴于资本资产定价模型(CAPM)，宽基指数常常会作为一个因子被引入经济因子模型中。那么将道琼斯工业平均指数作为一个因子引入到经济因子模型中是否合理？

7.9　考虑一个三因子的经济因子模型，三个因子分别为：规模因子(市值)、标普500指数的收益率以及标普600指数的收益率。那么，我们在估计上述模型时可能会遇到什么问题？

7.10　在金融经济学文献中，因子溢价的均值被假定为0。一种能够满足该假设的方法是将经济因子模型表述为：

$$r_i = \alpha_i + \beta_{i1}[f_1 - E(f_1)] + \cdots + \beta_{iK}[f_K - E(f_K)] + \epsilon_i$$

该方程的估计是否会得到不同的 β_{i1}，…，β_{iK}？α_i 的估计量又如何呢？

7.11　假设股票的期望收益率与公司的规模完全线性相关，即：

$$E(r_i) = 5 + 0.01x_i$$

其中 x_i 为公司 i 的规模。假设 x_i 服从[100，900]上的均匀分布(也就是说，100至900中的任意数值，其发生的概率是相等的)。

(a)为了计算规模的因子溢价，我们将所有的公司按规模排序，并构建两个投资组合。也就是说，我们以规模排名前50%的股票构建大盘股组合，以规模排名后50%的股票构建小盘股组合。每一个组合均是等权重的。因子溢价即为这两个组合收益率之差。那么因子溢价的期望值是多少？

(b)同样，我们可以构建3个按规模排序的投资组合，每一个组合包含样本中33.3%的公司。每一个组合均是等权重的。因子溢价为第1个组合与第3个组合的收益率之差。那么因子溢价的期望值是多少？

(c)我们所构建的投资组合的数量会影响到因子溢价的计算吗？我们总是能得到相同的因子溢价吗？

7.12　在心理学研究中常常会使用主成分分析。例如，一位心理学家向1 000个主体发放一个包含100个选择题的测试。每一个问题的答案都可以被看作单一的序列，那么主成分分析能够识别出一小撮最能够解释答案差异性的因子。然后，心理学家将分析每一个因子的组成部分，并以此来解释每一个因子(如"某个因子代表了对红色的厌恶""某个因子代表了儿童创伤"等)。然而，将主成分分析用于股票收益率的研究时，组合投资经理很难解释每一个因子的真正含义。请解释为什么组合投资经理在解释因子的含义方面要比心理学家困难得多？

7.13　请说明主成分分析是否不受数据挖掘的影响。

7.14　当公司A与公司B合并时，我们可以用两个公司合并前因子暴露的加权平均值作为新合并公司的因子暴露。

(a)证明合并后公司的期望收益率等于合并前两公司期望收益率的加权平均。

(b)如果两公司的合并具有协同效应，那么上述合并公司期望收益率的计算方法是否合理？

7.15　在使用经济因子模型对股票 A 进行估计后，我们得到的风险分解如下：

系统性风险：90

非系统性风险：60

风险以方差进行衡量。

(a)回归的 R^2 是多少？

(b)请解释 R^2 与风险分解之间的关系。

第 8 章

因子溢价与因子暴露的预测

所有事物的出现与消失，均有其原因和条件。
没有什么事物是孤立存在的，任何事物的出现都与其
他事物相关联。

8.1　引言

在前面两章，我们建立了因子模型的框架，这是我们用来评估股票收益率与风险
的主要的量化股票组合管理（QEPM）工具。正如我们所看到的，因子模型的基本思想
是：股票的平均收益率等于因子溢价与因子暴露的乘积。我们已经展示了如何基于历
史数据来建立基本面因子模型与经济因子模型，以及如何对模型的相关参数进行估计。
尽管模型是基于历史数据建立起来的，但它是用来预测未来值的，因为投资经理想要
预测股票的未来收益率。股票平均收益率的预测值等于因子溢价的预测值乘以因子暴
露的预测值。更正式地，股票 i 在 $T+1$ 期的收益率 $r_{i,T+1}$ 可以被表示为：

$$r_{i,T+1} = \boldsymbol{\beta}'_{i,T+1}\mathbf{f}_{T+1} + \epsilon_{i,T+1} \tag{8-1}$$

其中，$\boldsymbol{\beta}_{i,T+1}$ 是股票 i 在 $T+1$ 期的 $(K+1)$ 维因子暴露向量，$\mathbf{f}_{T+1}$ 是 $T+1$ 期的 $(K+1)$
维因子溢价向量，$\epsilon_{i,T+1}$ 为股票 i 的收益率偏离其均值的离差。

为了使上述股票收益率等式适用于所有类型的因子模型，我们在因子暴露与因子溢
价上均加入了时间下标。然而，对于任何一类因子模型，只有一个变量是依赖于时间的
（随时间变化而变化）。在第 6 章所介绍的基本面因子模型中，只有因子暴露是随时间的
变化而变化的，给定 T 期的股票收益率与因子暴露，我们可以估计出因子溢价序列 $\{\mathbf{f}_1,$

…，$\mathbf{f}_T$｝。在第 7 章所介绍的经济因子模型中，只有因子溢价是随时间的变化而变化的，给定 T 期的股票收益率与因子溢价，我们可以估计出固定的因子暴露序列｛$\boldsymbol{\beta}_1$，…，$\boldsymbol{\beta}_N$｝。

现在，我们必须通过给定的历史数据来预测第 $T+1$ 期的值，并且利用在 T 期可获取的信息来确定未来的因子溢价（$\mathbf{f}_{T+1}$）或者因子暴露（$\boldsymbol{\beta}_{i,T+1}$）（这取决于我们使用哪种模型）。为了达到上述目的，我们有时需要去预测。"预测"在本章中具有特定的含义。假设一个变量服从正态分布，那么对该变量的预测是指：通过寻找该变量的均值与方差来确定该变量的分布（即**预测分布**（predictive distribution））。一旦我们能够通过预测法或其他方法来确定因子溢价与因子暴露的未来值，我们就可以预测股票未来的收益率。毕竟预测股票收益率才是我们的目标。如果我们能够预测股票收益率，那么我们就可以构建出高收益率的股票组合。

8.2　何时预测是有必要的

为了预测股票未来的收益率，我们需要用到因子溢价与因子暴露的未来值。在某些情况下，我们需要去预测这些值；而在另一些情况下，我们能够跳过预测环节。是否需要进行预测在很大程度上取决于我们所使用的因子模型的类型。

事实上，如果我们使用的是第 6 章所介绍的基本面因子模型，那么我们无须预测。我们不用去预测解释变量——因子暴露。基本面因子模型在某种意义上是动态的，因为解释变量能够早于被解释变量得到。解释变量（因子暴露 $\boldsymbol{\beta}_{it}$）在时期 t 的起点我们就能够计算得到，而被解释变量（股票收益率 r_{it}）需要在经历了整个时期 t 之后才能计算得到。因此，事实上在第 T 期结束时，我们就能获得第 $T+1$ 期所需的因子暴露，那么要预测第 $T+1$ 期的被解释变量 $r_{i,T+1}$，我们根本不用去预测 $\boldsymbol{\beta}_{i,T+1}$。

同样，我们也不用去预测因子溢价。对于任何一类因子模型，一般假设模型的估计值在未来较短的时间内保持不变。因此，在基本面因子模型中，我们可以假设通过第 1，…，T 期所估计的因子溢价 $\hat{\mathbf{f}}$ 在第 $T+1$ 期仍然有效。这样的假设是符合逻辑的，原因在于我们是使用历史数据来估计因子溢价，即我们实际上假设了因子溢价在区间 $[1，T]$ 内保持不变。既然我们已经假设了参数在区间 $[1，T]$ 内保持不变，那么更进一步，我们可以假设参数在第 $T+1$ 期也保持不变⊖。

⊖　有人仅仅使用最后一期的截面数据来估计因子溢价。在这种情况下，该假设是不合理的。

当我们使用第 7 章所介绍的经济因子模型时，预测就变成了一个必要的步骤。经济因子模型不是动态的，因此我们需要预测解释变量——因子溢价的值。在经济因子模型中，解释变量(因子溢价 $\mathbf{f}_t$)与被解释变量(股票收益率 r_{it})均只有在期末才能获得。因此，在第 T 期期末，我们无法获得第 $T+1$ 期所需的因子溢价，那么，如果不去预测因子溢价 $\mathbf{f}_{T+1}$，我们就无法预测第 $T+1$ 期的股票收益率[⊖]$r_{i,T+1}$。

既然我们总是假设模型的参数估计值保持不变，那么我们就能够避免去预测因子暴露。通过第 $1,\cdots,T$ 期所估计的因子暴露 $\hat{\boldsymbol{\beta}}_i$ 同样适用于第 $T+1$ 期。

因此，在我们探讨过的因子模型的变量中，我们真正需要去预测的变量只有一个：经济因子模型中的因子溢价。我们在下面 4 节所讨论的预测也仅仅只是针对该变量的。但是本章最后一节 8.7 关于预测股票未来收益率的内容，适用于基本面因子模型与经济因子模型。

8.3 结合外部预测

当能够获得可靠的外部预测时，组合投资经理应该使用这些外部预测，而不必非得自行预测。因子溢价的预测可以从那些发布预测的经济学家、各类经济预测机构以及各种公司的研究分析中获得。本节我们将讨论结合多种外部预测的方法。

假设我们分别从 J 个预测者中获得了因子溢价 $\mathbf{f}_{T+1}$ 的预测值。我们分别记录这些预测值为 $\mathbf{f}_{T+1}^{(1)},\cdots,\mathbf{f}_{T+1}^{(J)}$。假设每一个预测者的可靠性是相同的，那么 J 个预测值的简单平均即为 $\mathbf{f}_{T+1}$ 的最优预测[⊜]。预测值的简单平均即为 $\mathbf{f}_{T+1}$ 的期望，我们可以用下式表示：

$$\hat{E}(\mathbf{f}_{T+1}) = \frac{1}{J}\sum_{j=1}^{J}\mathbf{f}_{T+1}^{(j)} \tag{8-2}$$

组合投资经理不仅需要关注来自各种预测结果的因子溢价的期望值，而且需要关注这些值的可靠度以及投资经理自身对于使用这些值的信心。如果 J 个预测值大致相同，那么我们将认为预测值的可信度会高一些；如果 J 个预测值迥异，那么我们将认为预测值可信度会低一些。一种衡量多个预测值结合后的可信度的方法是衡量 J 个预

⊖ 原文中为因子暴露，应该是笔误。——译者注

⊜ 关于结合不同能力的预测者所提供的预测值，我们推荐读者参考 Granger 和 Newbold (1986)的第 9 章。

测值方差的倒数，$\mathbf{f}_{T+1}$ 的方差为：

$$\hat{V}(\mathbf{f}_{T+1}) = \frac{1}{J}\sum_{j=1}^{J}\mathbf{f}_{T+1}^{(j)}\mathbf{f}_{T+1}^{'(j)} - \hat{E}(\mathbf{f}_{T+1})\hat{E}(\mathbf{f}_{T+1})' \qquad (8\text{-}3)$$

该方差的倒数可以用来衡量我们对预测值的信心。如果预测值的方差越大，那么可信度就越低；反之，如果方差越小，那么可信度就越高。如果我们假设 $\mathbf{f}_{T+1}$ 服从正态分布，那么上文所给出的 $\mathbf{f}_{T+1}$ 的均值与方差就能够完全确定 $\mathbf{f}_{T+1}$ 的分布，也就是说，我们对因子溢价的预测到此就已经完成了。

8.4　基于模型的预测

预测通常不是组合投资经理的强项。甚至对于在量化方向非常资深的组合投资经理而言，这也是一种艰巨的挑战。在任何情况下，组合投资经理都不应该在这上面花费太多的精力。然而，有一些内部模型对预测某些特定的因子十分有效。在这种情形下，花一些时间进行预测能够为组合带来一些好处。考虑一个简单的可以用来预测经济因子模型中市场因子的因子溢价的模型：

$$r_{t+1}^{S\&P500} = a + bLI_t + \epsilon_t \qquad (8\text{-}4)$$

其中，$r_{t+1}^{S\&P500}$ 为标普 500 指数下个月的收益率（即市场因子），LI_t 为经济领先指标的值。经济领先指标可以是由经济分析局（Bureau of Economic Analysis）或其下属部门所发布的一个实际领先指标，如每周平均工作时间、首次申请失业救济人数、消费品新订单、厂房及设备订单、敏感材料价格、消费者信心指数的变化以及国内生产总值（GDP）的变化等。我们很容易就能检验出该模型能否为预测提供良好的基础。首先估计该模型所描述的历史关系。如果该模型参数 b 的估计值是显著为正的，那么该模型可以用来预测经济因子模型中市场因子的因子溢价。如果除市场因子之外，经济因子模型还包含了其他因子，那么使用类似的线性回归可以预测其他因子的值。给定 T 期的经济领先指标，以及由上述模型所确定的参数估计，我们就能够预测第 $T+1$ 期市场因子的因子溢价。

8.5　计量经济学预测

组合投资经理可能会发现外部的因子溢价预测无法满足其要求，原因可能是投资经理认为外部预测者不可靠，抑或是投资经理根本无法找到其模型中特定因子的外部预测。与此同时，可能也不存在能满足其要求的内部预测模型。在这种情况下，投资经理可以考虑使用一些基本的计量经济学或统计学的预测方法[⊖]。我们选择重点研究最基本的方法——**向量自回归**（vector autoregression，VAR）[⊜]。尽管 VAR 步骤比较机械化，但是在许多情况下该方法都被证明了对样本外的预测具有较高的有效性。

在 VAR 模型中，我们使用向量自回归的方法来对因子溢价进行建模，即当前的因子溢价是过去因子溢价的一个线性方程，即：

$$\mathbf{f}_t = \boldsymbol{\gamma}_0 + \boldsymbol{\gamma}_1 \mathbf{f}_{t-1} + \cdots + \boldsymbol{\gamma}_L \mathbf{f}_{t-L} + \boldsymbol{\omega}_t \quad t = L+1, \cdots, T \qquad (8\text{-}5)$$

$\boldsymbol{\gamma}_1, \cdots, \boldsymbol{\gamma}_L$ 为 $K \times K$ 维矩阵，其中 K 为因子个数（向量 $\mathbf{f}_t$ 的维度）。L 为模型中所使用的因子溢价历史值的个数。该模型有时被记为 VAR(L)，因为模型表达式右边含有 L 个滞后项。

对于该模型，我们唯一需要确定的参数是滞后阶数 L，即模型需要使用多少个过去值[⊜]。一方面，包含较多的滞后项可以减少模型设定错误的风险[⊛]。另一方面，包含较多的滞后项将会大幅增加模型中所需要估计的参数。因此，滞后阶数应该由可用数据的总量来确定。注意，给定 K 个因子与 L 阶，要估计的参数的数目为 $(KL+1) \times K$，因为 $\boldsymbol{\gamma}_0$ 有 K 个元素，而其他的向量 γ 有 K^2 个元素。对于三因子模型，当 L 分别为 1、2、3 时，所需要估计的参数个数分别为 12、21 与 30。对于四因子模型，所需要估计的参数个数分别为 20、36 与 52。注意，随着滞后阶数的增加，可用于进行参数估计的观察值也在减少。在实际运用中，模型滞后阶数一般不会超过 1。例如，如果只有 60 个观察值，那么即使要估计 12 或 20 个参数都是非常具有挑战性的，因为所得到的估计值的准确度非常低。

通过回归，我们可以得到 $\hat{\boldsymbol{\gamma}}_0, \cdots, \hat{\boldsymbol{\gamma}}_L$ 的参数估计（估计公式详见 CD 中的附录 8A）。我们同时可以得到 ω 的方差-协方差矩阵的估计 $\hat{\boldsymbol{\Sigma}}_\omega$。那么第 $T+1$ 期的因子溢价的预测

⊖ 目前有很多复杂的计量经济学方法可以用来预测因子溢价。读者应该注意到，并不是越复杂的模型所产生的预测结果就越好。复杂的模型往往伴随着许多额外的假设条件，而这些假设条件对一个特定的因子模型可能适用也可能不适用。除非是有强有力的理由证明复杂的计量经济学模型更优，否则我们建议坚持使用更简单的预测方法。

⊜ 大多数标准的统计软件就能够进行 VAR 的估计与预测。

⊜ 有一些选择标准能够帮助我们确定滞后阶数。最常用的两种方法是赤池信息量准则（AIC）与施瓦茨信息量准则（SIC/BIC/SBIC）。具体的使用方法请参考相关的计量经济学教材。

⊛ 忽略相关的变量会产生问题，而包含不相关的变量则不会产生问题。详见附送 CD 中的附录 C。

值（即因子溢价的期望）为：

$$\hat{E}(\mathbf{f}_{T+1}) = \hat{\boldsymbol{\gamma}}_0 + \hat{\boldsymbol{\gamma}}_1 \mathbf{f}_T + \cdots + \hat{\boldsymbol{\gamma}}_L \mathbf{f}_{T-L+1} \tag{8-6}$$

第 $T+1$ 期因子溢价方差的估计为：

$$\hat{V}(\mathbf{f}_{T+1}) = \hat{V}(\boldsymbol{\omega}_{T+1}) = \hat{\boldsymbol{\Sigma}}_\omega \tag{8-7}$$

这样，我们就完成了因子溢价的预测工作。

表 8-1 给出了 5 个因子溢价的 VAR(1)模型的估计，分别为：失业率、消费者信心、市场、规模以及价值/成长的因子溢价。为了估计该模型，我们使用了 1996 年 1 月至 2003 年 12 月这 8 年间的月度数据。VAR(1)是指我们所使用的 VAR 模型的滞后阶数为 1，即 $L=1$，$T=95(=96-1)$。表中的每一列均代表一个因子的预测方程。因为模型含有 5 个因子，因此这里呈现了 5 个方程。第 1 行对应参数 $\boldsymbol{\gamma}_0$，第 2~6 行分别对应每个因子的参数估计 $\boldsymbol{\gamma}_1$。

表 8-1 VAR 因子预测方程的估计

解释变量	被解释变量				
	失业率	消费者信心	市 场	规 模	价值/成长
截距项	0.09	−2.87	−1.37	−1.52	1.47
	(0.10)	(2.25)	(3.56)	(3.33)	(3.07)
失业率($t-1$)	0.981 5	0.582 0	0.403 0	0.351 0	−0.268 7
	(0.019 7)	(0.452 6)	(0.715 3)	(0.668 7)	(0.617 1)
消费者信心($t-1$)	0.002 5	−0.146 9	0.094 1	0.121 6	−0.083 6
	(0.004 2)	(0.096 9)	(0.153 1)	(0.143 1)	(0.132 1)
市场($t-1$)	−0.002 2	0.284 1	−0.079 2	0.154 4	0.239 1
	(0.003 6)	(0.082 6)	(0.130 5)	(0.122 0)	(0.112 6)
规模($t-1$)	0.002 8	−0.084 4	0.021 1	−0.073 1	0.175 4
	(0.003 6)	(0.082 6)	(0.130 5)	(0.122 0)	(0.112 6)
价值/成长($t-1$)	0.002 7	0.001 3	−0.208 1	0.113 6	0.302 0
	(0.004 7)	(0.107 9)	(0.170 6)	(0.159 4)	(0.147 1)

注：使用 1996 年 1 月至 2003 年 12 月的数据。括号内为标准差。

失业率因子的因子溢价为美国月度失业率（单位，%）。消费者信心因子的因子溢价为密歇根大学的消费者信心指数相对于上个月的变化率（单位，%）。市场因子的因子溢价为纽约证券交易所、美国证券交易所以及纳斯达克上市股票的市值加权指数相对于美国国库券的超额收益率。规模因子的因子溢价、价值/成长因子的因子溢价可以通过构建因子的零投资组合来计算得到（详见第 7 章）。

通过表 8-1 的参数估计，我们很容易算出第 $T+1$ 期，即 2004 年 1 月各因子溢价的期望值。运用式(8-6)即可得到的因子溢价的期望值，如表 8-2 所示。表 8-3 为因子溢价的方差-协方差矩阵 $\mathbf{\Sigma}_\omega$ 的估计值。由于 $\mathbf{\Sigma}_\omega$ 为对称阵，因此我们只给出了该矩阵的下三角矩阵。例如，失业率因子的因子溢价的方差为 0.018 7(约等于 0.137^2)，那么失业率因子的因子溢价每月的标准差为 0.137%。

表 8-2　VAR 模型——因子溢价的预测值

失业率	消费者信心	市　场	规　模	价值/成长
5.67	2.13	−0.18	1.55	1.45

注：2004 年 1 月的预测基于 1996 年 1 月至 2003 年 12 月的数据。

表 8-3　VAR 模型——因子溢价方差-协方差的预测值

	失业率	消费者信心	市　场	规　模	价值/成长
失业率	0.018 7				
消费者信心	0.020 1	9.86			
市场	0.006 8	2.58	24.63		
规模	0.126 3	1.20	4.66	21.52	
价值/成长	−0.041 3	−0.211 5	−12.53	−11.32	18.33

注：2004 年 1 月的预测基于 1996 年 1 月至 2003 年 12 月的数据。数据表示股票月度收益率的方差与协方差。

8.6　参数的不确定性

上一节我们所计算的因子溢价的方差反映了未来因子溢价的不确定性。我们应该认识到，与股票收益率的不确定性一样，这种不确定性是投资风险的组成部分，必须引起足够的重视。然而，即使考虑了与方差相关的风险，我们仍然没有完全了解蕴含在预测中的风险，因为我们还需要考虑到参数的不确定性。上一节中所计算的方差代表了未来因子溢价的变动无法被模型所解释的部分。如果模型是准确的，参数 $\hat{\gamma}_0, \cdots, \hat{\gamma}_L$ 的估计也是准确的，那么上述方差就是唯一需要考虑的风险，但如果参数估计不准确呢？我们只能说 $\gamma_0, \cdots, \gamma_L$ 的真实值可能很接近我们使用 VAR 模型所得到的估计值，而估计的标准误差表现了我们对参数估计的信心。如果估计的标准误差比较大，那么说明未来因子溢价的不确定性比较大，因此投资风险较高。在计算投资风险时，为了充分考虑到参数的不确定性，我们在计算未来因子溢价的方差时需要考虑到 $\gamma_0, \cdots, \gamma_L$ 的标准误差。我们将探讨两种方法来达到上述目的。一种是精确的方法，另一种是近似的方法。

对于精确的方法，我们知道：未来因子溢价的波动有两个来源，一个来源于参数 γ_0, $\cdots, \gamma_L$ 的估计，另一个来源于模型自身的波动。第一部分为 $K(L+1) \times K(L+1)$ 维的方差-协方差矩阵 $V(\hat{\boldsymbol{\gamma}}_0，\cdots，\hat{\boldsymbol{\gamma}}_L)$，第二部分为 $K \times K$ 维的方差-协方差矩阵 $\hat{V}(\boldsymbol{\omega}) = \hat{\boldsymbol{\Sigma}}_\omega$。一旦我们得到了 VAR 模型的参数估计，我们可以使用简单的方法来计算这两部分的值。未来因子溢价的正确方差为：

$$\hat{V}(\mathbf{f}_{T+1}) = (1 + d)\hat{\boldsymbol{\Sigma}}_\omega \tag{8-8}$$

d 是通过 $\mathbf{f}_T，\cdots，\mathbf{f}_{T-L}$ 所计算出的常数（详见附送 CD 中的附录 8A）。

表 8-4 是对表 8-3 中 $\mathbf{f}_{T+1}$ 的方差-协方差矩阵的重算。请注意，表 8-4 中对角线上的元素数值均大于表 8-3 中相应的数值。这表明如果我们考虑到参数的不确定性，那么总不确定性（以方差衡量）将增加。

表 8-4　因子溢价方差-协方差的预测值——考虑参数不确定性

	失业率	消费者信心	市　场	规　模	价值/成长
失业率	0.019 6				
消费者信心	0.021 1	10.37			
市场	0.007 1	2.72	25.89		
规模	0.132 8	1.26	4.90	22.63	
价值/成长	−0.043 4	−0.222 4	−13.18	−11.90	19.27

注：2004 年 1 月的预测基于 1996 年 1 月至 2003 年 12 月的数据。数据代表股票月度收益率的方差与协方差。

如果模型的复杂度在增加，且参数的数量也在增加，那么上述方法就不再可行了。替代的方法被称为**自助抽样法**（bootstrapping）。给定一组包含 T 个观察值的样本，我们可以通过一次剔除一个观察值的方法来创建 T 个伪样本，每个伪样本均包含 $T-1$ 个观察值。我们对每一个伪样本分别进行参数 $\boldsymbol{\gamma}_0，\cdots，\boldsymbol{\gamma}_L$ 与 $\boldsymbol{\Sigma}_\omega$ 的估计，并得到 T 组估计结果。我们分别使用各组估计结果来计算未来因子溢价的预测值，这样就可以得到 T 组未来因子溢价。每一组未来因子溢价均可以被看作由一位独立的预测者所提供（正如本章开始部分所讨论的那样）。也就是说，这 T 组未来因子溢价的方差既包含了参数的不确定性，也包含了模型误差的方差[⊖]。

8.7　预测股票收益率

到目前为止，我们讨论了几种预测第 $T+1$ 期因子溢价 $\mathbf{f}_{T+1}$ 分布的方法。在经济因

⊖　当通过剔除观察值来创建伪样本时，其他 $T-1$ 个样本值的顺序是要保持不变的。观察值间的时间间隔同样也要保持不变。这就造成了 1 个以上的有效样本数的减少。例如，如果剔除 $\mathbf{f}_2$，我们不仅需要忽略 $\mathbf{f}_2 = \boldsymbol{\gamma}_0 + \boldsymbol{\gamma}_1\mathbf{f}_1 + \boldsymbol{\omega}_2$，同时也要忽略 $\mathbf{f}_3 = \boldsymbol{\gamma}_0 + \boldsymbol{\gamma}_1\mathbf{f}_2 + \boldsymbol{\omega}_3$。因此，有效样本的大小被减小了 2。附送 CD 中的附录 8A 对自助抽样法进行了相关的讨论。

子模型中需要用到这些预测方法来得到因子溢价。正如我们在前文中所述的那样，第 $T+1$ 期的因子暴露 $\boldsymbol{\beta}_{i,T+1}$ 要么在第 T 期可以被观察到，要么被假设为与通过历史数据所得到的因子暴露相同。给定 $\mathbf{f}_{T+1}$ 与 $\boldsymbol{\beta}_{i,T+1}$ 的预测值，我们就可以去预测股票的收益率了。假设股票收益率服从正态分布，那么股票收益率的分布可以由均值与方差所确定。通过下式：

$$r_{i,T+1} = \boldsymbol{\beta}'_{i,T+1}\,\mathbf{f}_{T+1} + \epsilon_{i,T+1} \tag{8-9}$$

股票收益率的均值与方差为：

$$E(r_{i,T+1}) = \boldsymbol{\beta}'_{i,T+1}\,E(\mathbf{f}_{T+1}) \tag{8-10}$$

$$V(r_{i,T+1}) = \boldsymbol{\beta}'_{i,T+1}\,V(\mathbf{f}_{T+1})\,\boldsymbol{\beta}_{i,T+1} + V(\epsilon_{i,T+1}) \tag{8-11}$$

在前面的小节中，我们已经得到了 $E(\mathbf{f}_{T+1})$ 与 $V(\mathbf{f}_{T+1})$ 的估计，同时我们也知道（或估计）了 $\boldsymbol{\beta}_{i,T+1}$，而在前一章也对 $V(\epsilon_{i,T+1})$ 做出了估计。因此，我们只需要将式（8-10）和式（8-11）相应的部分替换为估计值即可得到股票收益率均值与方差的估计：

$$\hat{E}(r_{i,T+1}) = \boldsymbol{\beta}'_{i,T+1}\,\hat{E}(\mathbf{f}_{T+1}) \tag{8-12}$$

$$\hat{V}(r_{i,T+1}) = \boldsymbol{\beta}'_{i,T+1}\,\hat{V}(\mathbf{f}_{T+1})\,\boldsymbol{\beta}_{i,T+1} + \hat{V}(\epsilon_{i,T+1}) \tag{8-13}$$

如果 $\boldsymbol{\beta}_{i,T+1}$ 需要被估计，那么上述表达式并没有考虑到 $\boldsymbol{\beta}_{i,T+1}$ 真实值的不确定性。因此，我们需要在上式中加入估计 $\boldsymbol{\beta}_{i,T+1}$ 所导致的估计误差。注意，该估计误差可由前面章节所估计的方差-协方差矩阵 $V(\hat{\boldsymbol{\beta}}_{i,T+1})$ 获得。唯一的问题是如何把该项引入上面的等式中。我们在附送 CD 的附录 8A 中提供了更准确的公式。

表 8-5 给出了 2004 年 1 月部分股票均值与标准差的预测值。表最后一列所给出的标准差数据考虑到了参数的不确定性。考虑了参数的不确定性后，标准差的估计值增大了，具体表现为表中最后一列的数值要大于第三列的数值。

表 8-5　部分股票收益分布的预测值

股票代码	均　值	标准差	标准差*	股票代码	均　值	标准差	标准差*
GE	-1.27	7.96	8.17	WMT	-0.39	7.97	8.31
MSFT	-2.08	13.76	14.17	XOM	0.62	5.01	5.20
PFE	-0.69	6.61	6.87				

注：2004 年 1 月的预测基于 1996 年 1 月至 2003 年 12 月的数据。标准差*考虑了参数的不确定性。表中数据的单位为百分比。股票代码所表示的公司名称分别为：埃克森美孚（XOM），通用电气（GE），辉瑞（PFE），沃尔玛（WMT）与微软（MSFT）。

一旦我们估计出了股票收益率的均值与方差，我们就能够画出股票收益率的整个分布。图 8-1 为埃克森美孚公司股票收益率的预测分布。该图基于不考虑参数不确定性的方差估计。图中每根柱子的高度代表了股票获得相应收益率的概率。例如，2004年1月该股票的收益率在 0 附近的概率为 8%，在 10% 附近的概率约为 1.5%。

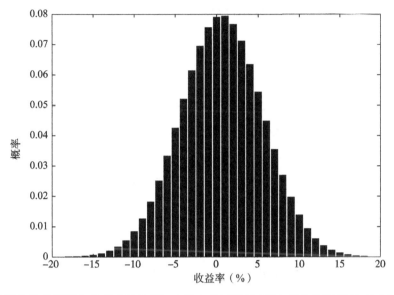

图 8-1　埃克森美孚股票收益率的预测（2004 年 1 月）（基于 2000 年 1 月至 2003 年 12 月的数据）

8.8　结论

到目前为止，我们已经能够建立并且使用因子模型来预测股票的收益率与风险了。在第 6～7 章，我们通过股票收益率、因子溢价与因子暴露的历史数据建立了基本面因子模型与经济因子模型。在本章中，我们讨论了模型如何将股票的未来收益率与因子暴露、因子溢价的未来值联系起来。在基本面因子模型中，我们不用去预测因子暴露与因子溢价，因为该模型所使用的这两项数据事先均能获得。在经济因子模型中，我们同样可以使用已经存在的因子暴露的估计值，但因子溢价的未来值是需要我们去预测的。尽管我们推荐组合投资经理尽可能使用外部预测，但我们意识到，在某些情况下，他们必须自行建立模型并做出预测。鉴于此，我们讨论了不同预测方法的步骤，同时也说明了在预测时应当考虑到参数的不确定性。最后，也是最重要的，我们展示了如何使用因子模型来预测股票未来的收益率与风险。预测股票的收益率与风险总是建模的最后一个步骤。毕竟，该步骤的目的是预测股票的风险调整后收益率，以决定投资组合中应当包含哪些股票。虽然没有水晶球可以展示出股价未来的走势图，但是一个好的模型可能是最接近于此的工具。一旦我们知道了股票可能获得的收益率，并且想要将该股票加入到我们的投资组合中，那么我们就需要确定该股票在投资组合中的权重。投资组合的赋权意味着构建投资组合，我们将在下一章开始构建投资组合。

· 习 题 ·

8.1 是否需要预测因子暴露取决于在未来一段时间内因子暴露是否会发生很大的变化。讨论下列因子是否会在未来一个月发生变化：规模、市盈率（P/E）、股利率、净资产回报率（ROE）。

8.2 如果基本面因子模型是动态的，即 $r_{i,t+1} = \alpha + \beta_{i,t} f_t + \epsilon_{i,t+1}$ 请解释为什么在该模型中不需要对因子暴露进行预测。

8.3 考虑一个经济因子模型：

$$r_{it} = \alpha_i + \beta_{i1} f_{1t} + \cdots + \beta_{iK} f_{Kt} + \epsilon_{it}$$

假设我们使用时间序列数据 $(r_{i1}, f_{11}, \cdots, f_{K1})$，$\cdots$，$(r_{iT}, f_{1T}, \cdots, f_{KT})$ 来对该模型进行估计，并得到估计值 $\hat{\alpha}_i$，$\hat{\beta}_{i1}$，$\cdots$，$\hat{\beta}_{iK}$。运用该模型，我们可以预测股票的未来收益率 $r_{i,T+1}$ 以及其期望值。

(a) 如果我们使用最后一期的因子溢价 $f_{1,T}$，$\cdots$，$f_{K,T}$，而不使用本章中所讨论的方法来预测 $f_{1,T+1}$，$\cdots$，$f_{K,T+1}$，那么 $r_{i,T+1}$ 的期望值是多少？

(b) 如果我们使用因子溢价的样本平均值 $1/T \sum_{t=1}^{T} f_{1t}$，$\cdots$，$1/T \sum_{t=1}^{T} f_{Kt}$，而不使用本章中所讨论的方法来预测 $f_{1,T+1}$，$\cdots$，$f_{K,T+1}$，那么 $r_{i,T+1}$ 的预测值是多少？

(c) 请解释为什么在经济因子模型中需要预测因子溢价。

8.4 假设一位组合投资经理从 10 个独立的预测者那里获得了 GDP 的预测值 x_1，$\cdots$，x_{10}。

(a) 组合投资经理对于 GDP 的期望值是多少？

(b) 如果发现第 10 位预测者只是将前 9 位预测者的预测值简单平均了，那么组合投资经理对于 GDP 的期望值是多少？

(c) 假设第 10 位预测者的预测值是 x_{10}^*，但是其并没有直接使用该预测值，而是通过下式：

$$x_{10} = \frac{1}{18}(x_1 + \cdots + x_9) + \frac{1}{2} x_{10}^*$$

得到 x_{10}，并将 x_{10} 向外发布了。那么组合投资经理对于 GDP 的期望值是多少？

(d) 请说明为什么获取独立的预测值是非常重要的。

8.5 与计量经济学的预测方法相比，基于模型的预测方法有哪些优势与劣势。

8.6　假设我们通过计量经济学的预测方法来预测失业率。

　　(a)假设误差项服从正态分布是否合理？

　　(b)请解释怎样通过变量的转换来使得变量的分布更接近正态分布。

8.7　在使用 AR(1)模型对因子溢价进行估计后，我们得到了下列估计：

$$f_{t+1} = 0.2 + 0.7 f_t + \eta_t, \ \eta_t \sim N(0,1)$$

其中 η_t 是残差项，$N(\cdot)$ 表示正态分布。

　　(a)如果 $f_T=1.1$，那么 f_{T+1} 的预测分布是怎样的？

　　(b)如果 $f_T=1.1$，那么 f_{T+2} 的预测分布是怎样的？

　　(c)请给出 f_{T+s} 分布的一般表达式。

8.8　考虑下列因子溢价的 AR(1)模型：

$$f_{t+1} = \gamma + \delta f_t + \eta_{t+1}, \ \eta_{t+1} \sim N(0, \sigma^2)$$

假设我们使用 T 个观察值 $f_1, \cdots, f_T$ 来估计该模型。

　　(a)请将估计值 $\hat{\gamma}$ 与 $\hat{\delta}$ 用 $f_1, \cdots, f_T$ 的函数来表示。

　　(b)证明 $\hat{\gamma}$ 与 $\hat{\delta}$ 均与未来的残差 η_{t+1} 是相互独立的。

　　(c)证明 f_{t+1} 的方差预测值等于残差项方差与参数的不确定性之和。请解释在该证明中，为什么(b)的结论是非常重要的。

8.9　请描述向量自回归(VAR)方法的优缺点。

8.10　在 VAR 模型中，随着变量的数量 K 与滞后阶数 L 的增加，参数的数量增加得非常迅速。

　　(a)如果有 5 个因子，并且我们使用 VAR(2)模型来估计这些因子，那么我们所需要估计的参数有多少个？

　　(b)如果我们有 50 个观察值，那么自由度是多少？

　　(c)如果自由度是负数，那么实际含义是什么？

8.11　什么是参数的不确定性？为什么这对 QEPM 很重要？请解释如何将参数的不确定性引入 QEPM 中。

8.12　考虑下列股票收益率的经济因子模型：

$$r_{it} = \alpha_i + \beta_i f_t + \epsilon_{it}, \ \epsilon_{it} \sim N(0, \sigma^2)$$

我们用 T 个观察值 $(r_{i1}, f_1), \cdots, (r_{iT}, f_T)$ 来估计上述模型。使用同样的数据，我们还可以运用下列 AR(1)模型来对因子溢价进行估计：

$$f_{t+1} = \gamma + \delta f_t + \eta_{t+1}, \ \eta_{t+1} \sim N(0, \sigma_\eta^2)$$

　　(a)用相关的数据与残差项来表示 $\hat{\delta}$。

　　(b)用相关的数据与残差项来表示 $\hat{\beta}_i$。

　　(c)在已知数据的条件分布下，$\hat{\delta}$ 与 $\hat{\beta}_i$ 是否相互独立？如果两者不是相互独立的，那么会出现什么情况？

8.13 考虑两个随机变量 A 与 B，它们的联合分布服从标准多元正态分布。即任意一个变量都是服从标准正态分布的，并且变量之间相互独立。

(a)A 与 B 的乘积 AB 是否仍然服从正态分布？

(b)如果我们需要预测因子溢价，那么当考虑到参数的不确定性时，请解释为什么股票收益率的预测分布可能不服从正态分布。

8.14 考虑下列经济因子模型：

$$r_{it} = \alpha_i + \beta_i f_t + \epsilon_{it} \quad \epsilon_{it} \sim N(0, \sigma^2)$$

其因子溢价为 AR(1)过程：

$$f_{t+1} = \gamma + \delta f_t + \eta_{t+1} \quad \eta_{t+1} \sim N(0, \sigma_\eta^2)$$

(a)证明：只要 $\delta \neq 0$，那么股票收益率是序列相关的。

(b)请具体说明：在什么条件下，我们可以观察到动量效应(即股票收益率序列正相关)；在什么条件下，我们可以观察到反转效应(即股票收益率序列负相关)。

8.15 当计算精确的标准误差太过复杂时，一般我们会计算自助抽样法标准误差。令 x_t 是第 t 期的观察值。样本为不同时期收集到的观察值。假设样本是从 $t=1$ 至 $t=T$ 的观察值，即(x_1，…，x_T)。给定 T 个样本，我们可以构建 T 个样本子集，每个子集包含 $T-1$ 个观察值。如果我们以字母 j 作为子集的索引，那么子集 j 是指从样本中剔除 x_j 而得到的子集。我们对每一个子集进行估计并得到估计结果 $\theta^{(j)}$。那么自助抽样法标准误差就是 $\theta^{(1)}$，…，$\theta^{(T)}$ 的样本标准差。

(a)请解释自助抽样法标准误差与常规标准误差之间的关系。

(b)在什么条件下，相比于常规标准误差，人们更偏好自助抽样法标准误差？

(c)在 VAR 模型中，为了计算自助抽样法标准误差，我们需要做些什么修正？

第 9 章

组 合 权 重

小心谨慎胜过一支强大的骑兵（细节决定成败）。

——奥托·冯·俾斯麦

9.1 引言

在第 5～8 章中，我们讨论了如何建立选股模型[一]。模型是用于区分"好"股票与"坏"股票的基本工具。然而，仅仅做到区分"好"股票与"坏"股票是不足以建立投资组合的。一位优秀的投资经理并不只是把一堆股票放进同一个篮子里，更进一步，投资经理需要确定组合中每只股票的相对权重，只有这样才能使投资组合有意义。

给股票赋权的方法有很多种。有些方法比较粗糙，比如在股票池中选取最看好的一些股票并且等权配置。另一种简单的方法是像许多指数一样，根据股票的市值给股票赋权。一种基于市值加权法的稍微复杂一些的变形，是使用股票市值的平方根来赋权。最复杂的赋权方法源于现代投资组合理论的思想，该方法通过最大化投资组合的期望收益率同时最小化投资组合的风险来给股票赋权。

对于大多数参照某一比较基准来管理其投资组合的投资经理来说，给股票赋权的方式是多样的。例如，投资经理可以通过给股票赋权使得投资组合与比较基准在因子上的暴露相等。我们可以将现代投资组合理论的思想延伸至这种情形，即给定组合相对于比较基准的跟踪误差，最大化投资组合的超额收益率。

㊀ 读者在阅读本章前不妨先回顾第 5～8 章。

　　为了根据最小化跟踪误差或风险的目标来给股票赋权，投资经理需要知道每一只股票的预期收益率、风险（方差）以及股票之间的协方差[⊖]。在建立投资组合的过程中，投资经理也可能希望对投资组合加入一些约束条件。例如，投资经理可能禁止卖空（即不允许股票的权重为负）或者指定个股权重的范围（例如符合共同基金分散化准则）。然后，投资经理将这些参数与约束放入**二次优化器**（quadratic optimizer）中并求解出最优的组合权重。

　　本章将讨论一些与组合权重相关的数学与统计学概念。对于使用商业软件的投资经理而言，本章所讨论的内容有助于投资经理理解将其看好的股票与供应商所提供的风险模型结合起来确定投资组合权重的分析方法的原理。对于想要自行构建风险模型与组合优化器的投资经理，本章将讲解一些重要的方法。

　　我们首先讨论两种构建投资组合的方法，这两种方法针对不参照比较基准来管理的投资组合。先验法（9.2节）：通过不同的经验法则来给股票赋权。均值-方差优化法（9.3节）：在给定预期收益率的情况下，使得投资组合的风险最小化。

　　然后，对于参照**比较基准**来管理的投资组合，我们将考虑构建投资组合的 4 种方法。组合投资经理同样可以使用先验法来为组合赋权，但这仅能比较粗略地跟踪比较基准。其次，投资经理也可以使用**分层抽样法**（stratification），该方法需要从比较基准中选出具有代表性的样本。再者，投资经理可以使用**目标因子暴露法**（factor exposure targeting），即使得投资组合中股票的加权平均因子暴露与比较基准的因子暴露相等。最后，投资经理可以遵循专业的基金经理最常用的赋权方法——**跟踪误差最小化法**。该方法通过给股票赋权使得投资组合在预期超额收益率（α）给定的条件下，跟踪误差达到最低。在这 4 种赋权方法中，只有跟踪误差最小化法具有理论上的严谨性。与其他量化精确性较低的方法相比，该方法要求更高的技术、更多的时间以及更多的努力。

9.2　先验法

　　一旦组合投资经理决定了投资组合中包含哪些股票，那么可以通过两种非常简单的

⊖　由投资经理来决定如何确定这些值。有些投资经理使用模型来预测股票预期收益率（α），但是使用商业软件来计算投资组合的内在风险。另一些投资经理则会建立自己的风险模型。

方法来确定组合的权重：等权法与市值加权法。**等权法**（equal weighting）即简单地给每只股票赋予相同的权重。如果投资组合中有 10 只股票，那么每只股票的权重即为 0.1（＝1/10）。如果投资组合中有 50 只股票，那么每只股票的权重即为 0.02（＝1/50）。一般地，如果投资组合中有 N 只股票，那么每只股票的权重为 $1/N$。等权法简单易行，但是它有一个重要的缺陷：该方法既没有反映股票的预期收益率，也没有反映股票的风险。等权法只有在投资经理对所选择股票的预期收益率与风险等信息均匮乏时才有意义。

市值加权法（value weighting）即根据股票市值的相对大小来给股票赋权。例如，如果股票 A 的市值是股票 B 市值的两倍，那么股票 A 的权重即为股票 B 权重的两倍。一般地，如果有 N 只股票，其市值分别为 x_1，…，x_N，那么股票 i 的权重 w_i 为：

$$w_i = \frac{x_i}{\sum_{j=1}^{N} x_j} \tag{9-1}$$

与等权法一样，市值加权法也没有反映所选股票的预期收益率或风险，因此，当能够获得股票收益率与风险的相关信息时，该方法将不是最优的选择。当缺少股票收益率与风险的相关信息时，该方法可能是对等权法的一种改进。通过市值加权法所构建的组合其表现至少能够保证与市场的平均表现相当，因为，股票市值本身就是市场赋予股票的权重。

市值加权法也存在许多变形⊖。一些组合投资经理已经开始使用股票市值的平方根来给组合中的股票赋权。使用平方根将使得组合权重偏向于大市值股票的倾向得到缓解。在该方法中，股票 i 的权重为：

$$w_i = \frac{\sqrt{x_i}}{\sum_{j=1}^{N} \sqrt{x_j}} \tag{9-2}$$

投资经理也可以更富创意，如使用立方根等。

除了等权法或市值加权法，组合投资经理还可以使用**价格加权法**（price weighting）。在价格加权法中，投资经理对每一只股票买入同等的股数，因此股票的权重与其价格成正比。如果某只股票的价格比较高，那么这只股票在组合中的相对权重就会比较大。道琼斯工业平均指数与日经 225 指数均使用价格加权法。

⊖ 有一些投资组合与指数是**按流通市值加权**的，该方法与市值加权法具有同样的特征，唯一的区别是该方法使用股票的流通股本而非公开上市的总股本来确定股票的权重。

当我们讨论参照比较基准来管理的投资组合的加权方法时，我们将会进一步讨论先验法的赋权方式。

9.3 标准的均值-方差优化法

给定股票未来收益率的均值与方差，我们可以使用二次规划（quadratic programming）技术来寻找具有**最小风险**的投资组合。也就是说，我们可以在众多具有相同预期收益率的组合中找到事前风险最低的那一个。该方法即为**均值-方差优化法**（mean-variance optimization），简称 MVO。

该方法的基本思想是：在股票列表给定的条件下，比较所有可能的股票组合。理论上，我们可以通过股票收益率的方差与协方差来计算出各组合的事前风险，同样，也可以通过股票的预期收益率来计算出各组合的预期收益率。因此，从理论上讲，我们可以比较所有组合的预期收益率与事前风险，并选择在相同的预期收益率水平下风险最小的那个组合（或者反过来，选择在相同的风险水平下，预期收益率最高的那个组合⊖）。

当然，由于存在无穷无尽的可能组合，那么实际上计算每个可能组合的预期收益率与风险是不可能完成的。因此，我们使用二次规划的方法来寻找风险最小的组合，而无须计算每个投资组合的风险与回报。

使用 MVO 方法的一个常见的缺陷是：该方法常常会给一些异常的股票（如风险非常低的股票或收益率非常高的股票）赋予过大的权重。其实该缺陷并非优化方法本身的问题。因为，如果给定预期收益率水平，该股票确实是具有较低风险，那么在组合中超配该股票将是一个聪明的决策。然而，在组合构建的过程中，股票收益率的均值与方差均为估计值，我们无法确定其真实值。一些异常的股票可能是由于估计错误所导致的，这将极大地影响组合的构建（俗话说"垃圾进垃圾出"）。因此，组合投资经理必须尽可能地考虑到估计误差⊖。如果这一点很难做到，那么投资经理可能需要在二次

⊖ 然而，数学家与软件更偏好于目标函数为二次，约束条件为线性（而不是非线性）的优化问题。典型二次规划的相关数学细节，请见附录 9A。

⊖ 第 8 章讨论了衡量估计误差的方法。读者可能会对处理估计误差的相关书籍（如 Michaud（1993））感兴趣。该书着重批判了 MVO 方法，书中第 3 页写到，MV 优化函数像一个混沌投资决策系统。输入假设发生微小的改变可能会导致优化组合发生巨大改变。该方法过度使用了统计上的估计信息，并且放大了估计误差的影响。其结果就导致最优组合其实是"误差最大化"的投资组合。

优化问题中加入额外的约束条件，如给股票的权重限定最大值、最小值。最常见的约束条件包括"卖空"约束，即不允许股票的权重为负数；分散化约束，即不允许单只股票的权重超过某一阈值以及行业约束，不允许股票组合在某一行业的总权重超过某个阈值。

组合投资经理应该注意，不应加入太多的约束，尤其是当某些约束相互冲突时。举个明显的例子，如果投资组合被限制在 10 只股票，那么就不可能每只股票的权重都小于 5%，否则投资组合就并非全额投资组合。通常情况下，组合投资经理只需要施加最明显或最必要的约束，剩下的交给优化器处理就行了。

9.3.1 无约束

我们首先讨论当不加入约束条件时，如何使用 MVO。我们假设组合投资经理利用前面章节所讨论的方法构建了自己的股票收益率与风险模型（或是采用了商业化的风险模型）。

第一步是将所有与股票收益率相关的信息以向量 $\boldsymbol{\mu}$ 以及矩阵 $\boldsymbol{\Sigma}$ 表示。$\boldsymbol{\mu}$ 是股票收益率的 N 维列向量，N 为股票池中股票的数量，$\boldsymbol{\Sigma}$ 为股票收益率的 $N \times N$ 维方差-协方差矩阵，即：

$$\boldsymbol{\mu} = \begin{bmatrix} E(r_1) \\ \vdots \\ E(r_N) \end{bmatrix} \tag{9-3}$$

$$\boldsymbol{\Sigma} = \begin{bmatrix} V(r_1) & C(r_1, r_2) & \cdots & C(r_1, r_N) \\ C(r_2, r_1) & V(r_2) & \cdots & C(r_2, r_N) \\ & \vdots & & \\ C(r_N, r_1) & C(r_N, r_2) & \cdots & V(r_N) \end{bmatrix} \tag{9-4}$$

其中，$E(r_i)$ 为股票 i 的预期收益率，$V(r_i)$ 为股票 i 收益率的方差，$C(r_i, r_j)$ 为股票 i 与股票 j 收益率之间的协方差。

一个投资组合可由其权重向量 $\mathbf{w}$ 确定。$\mathbf{w}$ 为股票权重的 N 维列向量：

$$\mathbf{w} = \begin{bmatrix} w_1 \\ \vdots \\ w_N \end{bmatrix} \tag{9-5}$$

其中，w_i 为投资组合中股票 i 的权重。若 $\mathbf{w}$ 为有效的权重向量，那么向量 $\mathbf{w}$ 的所有元素之和应该等于 1。我们定义 $\boldsymbol{\iota}$ 为 N 维全 1 列向量，即：

$$\boldsymbol{\iota} = \begin{bmatrix} 1 \\ \vdots \\ 1 \end{bmatrix} \qquad (9\text{-}6)$$

向量 $\mathbf{w}$ 的所有元素之和 $\sum\limits_{i=1}^{N} w_i$ 或 $\mathbf{w}'\boldsymbol{\iota}$ 应该等于 1。对于由向量 $\mathbf{w}$ 所确定的投资组合而言，其预期收益率为 $\sum\limits_{i=1}^{N} w_i E(r_i)$ 或 $\mathbf{w}'\boldsymbol{\mu}$，其风险（即组合收益率的方差）为 $\sum\limits_{i=1}^{N} w_i^2 V(r_i) + 2\sum\limits_{i=1}^{N}\sum\limits_{j=i+1}^{N} w_i w_j C(r_i, r_j)$ 或 $\mathbf{w}'\boldsymbol{\Sigma}\mathbf{w}$。那么，给定预期收益率 μ_P，风险最小的组合即为下列最小化问题的解：

$$\min_{\mathbf{w}} \mathbf{w}'\boldsymbol{\Sigma}\mathbf{w} \; s.\,t. \quad \mathbf{w}'\boldsymbol{\mu} = \mu_p \quad \text{和} \quad \mathbf{w}'\boldsymbol{\iota} = 1 \qquad (9\text{-}7)$$

注意，目标函数（$\mathbf{w}'\boldsymbol{\Sigma}\mathbf{w}$）是 $\mathbf{w}$ 的二次函数（即权重的平方），而约束条件 $\mathbf{w}'\boldsymbol{\mu} = \mu_P$ 是 $\mathbf{w}$ 的线性方程。数学家称这种问题为**二次优化问题**，并且已经给出了求解该问题的方法，即**二次规划**。实际上，数学家们可能更愿意用如下方式来表示上述约束：

$$\mathbf{A}\mathbf{w} = \mathbf{b} \qquad (9\text{-}8)$$

其中：

$$\mathbf{A} = \begin{bmatrix} 1 & 1 & \cdots & 1 \\ \mu_1 & \mu_2 & \cdots & \mu_N \end{bmatrix} \qquad (9\text{-}9)$$

$$\mathbf{b} = \begin{bmatrix} 1 \\ \mu_p \end{bmatrix} \qquad (9\text{-}10)$$

在附录 9A 中，我们证明了这种约束条件为等式的二次最小化问题有解析解：

$$\mathbf{w} = \boldsymbol{\Sigma}^{-1}\mathbf{A}'(\mathbf{A}\boldsymbol{\Sigma}^{-1}\mathbf{A}')^{-1}\mathbf{b} \qquad (9\text{-}11)$$

图 9-1 给出了一个均值-方差优化结果的图例。在该优化中，我们只考虑标普 500 指数中日常消费品行业的 35 只成分股。我们构建了一个预测股票收益率的五因子经济模型，包括失业率、消费者信心、市场、规模以及价值/成长五个因子。我们使用 2000 年 1 月至 2003 年 12 月的月度数据对该模型进行了估计，并预测了股票 2004 年 1 月的预期收益率与方差。

然后，我们使用均值-方差优化方法在各种预期收益率水平下构建风险最小的投资

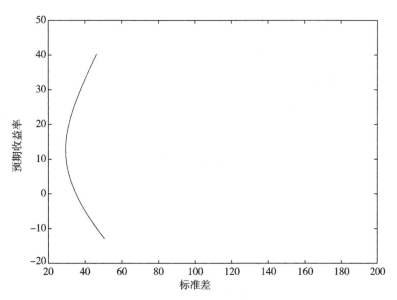

图 9-1　日常消费品行业的有效边界（2004 年 1 月）基于 2000 年 1 月至 2003 年 12 月的历
　　　　史数据。图中的点代表个股的预期收益率与标准差。预期收益率与标准差均已年
　　　　化，单位为白分比

组合。我们首先找到预期收益率最高与最低的股票。然后，在给定的预期收益率（从最低
的股票预期收益率开始）水平下，我们求解风险最小的组合并得到最优组合的权重。在保
存好最优组合的权重后，我们增加预期收益率，并针对新的预期收益率再次进行优化，
求解出最优权重。我们不断重复上述过程，直到预期收益率达到最高的股票预期收益率。
此时，我们停止优化，在图中标记出所有的点并将其连接起来。在现代投资组合理论中，
该曲线称为**有效边界**（efficient frontier），不过，从技术上说，有效边界只是该曲线斜率
为正的那部分（曲线的上半部分）。由于我们使用的是收益率与收益率方差的预测值，因
此我们称该曲线为**预测的有效边界**（predictive efficient frontier）。

　　在画图时，我们需要确定我们所想要画的点（预期收益率-标准差）之间的间隔。间
隔越小，所需要的计算量就越大，同时所得到的曲线也更平滑。一般通过以下方法来
选取点与点之间的间隔：最大预期收益率 $\max(\mu)$ 减去最小预期收益率 $\min(\mu)$，再除
以所需的间隔个数（即间隔＝$[\max(\mu)-\min(\mu)]$/间隔个数）。该值即为均值-方差优化
问题中组合预期收益率的增量值。因此，首先使用 $\min(\mu)$ 作为组合的预期收益率来计
算最优组合的权重，然后使用 $\min(\mu)$ 加上区间增量再次计算最优组合权重，不断重复
该过程，直到组合的预期收益率等于 $\max(\mu)$。

　　我们也在图中画出了日常消费品行业中所有成分股的预期收益率与方差（这些信息

以点的形式给出）。这幅有效边界图刻画了整个过程并且给出我们投资组合的选择范围。我们应当基于自身的偏好来确定投资组合应有的预期收益率与预期风险水平，然后在有效边界上找到相应的最优股票组合。

表 9-1 给出了位于有效边界上的股票组合的相关特征及具体组成。我们选择了预期年化收益率介于 10.81%～40.25% 的五个组合。组合中包含了超过一半的原始股票池中的股票。股票权重介于 -20%～20%。由于我们没有限制卖空，因此有些股票的权重为负数。

表 9-1　日常消费品行业的部分有效组合

组　　合	A	B	C	D	E
预期收益率	10.81	17.58	24.73	32.28	40.25
标准差	29.52	30.23	33.78	39.41	46.37
市场 β	0.074 8	0.083 6	0.092 4	0.101 3	0.110 1
股票数量	21	23	24	25	25
组合中股票的最大权重	0.168 3	0.168 9	0.171 2	0.172 7	0.221 2
组合中股票的最小权重	-0.039 6	-0.082 8	-0.126 0	-0.169 2	-0.2125
组合中部分所选股票(权重)	BUD	BUD	BUD	BUD	BF. B
	(0.168 3)	(0.169 8)	(0.171 2)	(0.172 7)	(0.221 2)
	CL	CL	BF. B	BF. B	BUD
	(0.112 1)	(0.083 9)	(0.120 8)	(0.171 0)	(0.174 1)
	GIS	G	MKC	MKC	MKC
	(0.095 8)	(0.082 1)	(0.090 6)	(0.112 9)	(0.135 2)
	G	K	K	SWY	SWY
	(0.087 2)	(0.081 5)	(0.087 0)	(-0.108 8)	(-0.148 7)
	WWY	KMB	KMB	KMB	KMB
	(0.077 6)	(-0.082 8)	(-0.126 0)	(-0.169 2)	(-0.212 5)

注：使用了日常消费品行业中的股票，以及失业率、消费者信心、市场、规模以及价值/成长因子。表中的计算结果基于 2000 年⊖1 月至 2003 年 12 月的数据。预期收益率与标准差均为年化数据，单位为百分比。股票代码所代表的公司名称为：BUD(百威)，BF.B(布朗福曼)，CL(高露洁)，GIS(通用磨坊)，G(吉列)，K(家乐氏)，KMB(金佰利)，MKC(味好美)，SWY(西夫韦)，WWY(箭牌)。

以有效边界上的组合 C 为例。我们预期组合 C 可以获得 24.73% 的预期年化收益率，并承担 33.78% 的年化标准差。该最优组合包含 24 只股票。在组合中，百威 (BUD) 为最大持仓的股票(17.12%)，金佰利（KMB）为最小持仓的股票(-12.60%)。一位组合投资经理可能想构建一个预期收益率 24.73%、标准差 33.78% 的组合，但他可能无法实现上述均值-方差优化的结果。例如，如果投资经理不被允许卖空股票，那么在组合中卖空 12% 的金佰利就根本不可能实现。这也说明了为什么投资经理希望在均值-方

⊖ 原著为 1996 年，根据文意，更正为 2000 年。——译者注

差优化的基础上加入额外的约束条件。我们将在下一小节讨论一些常见的约束条件。

9.3.2　卖空与分散化约束

组合投资经理在进行投资时，由于各种原因，可能会面临一些约束，如国家法律法规方面的约束或投资说明书中的约束。对于一个只能做多的组合投资经理而言，其面临的主要约束为卖空（short sale）限制，即组合不能卖空证券。在数学上，我们可以用：

$$\mathbf{w} \geqslant 0 \qquad\qquad (9\text{-}12)$$

来表示卖空约束，即每只股票的权重至少为 0。

在最小化问题中，加入上述卖空约束是非常简单的。然而，这种类型的约束是一个**不等式约束**（inequality constraint）。在附录 9A 中，我们说明了含有不等式约束的二次优化问题没有解析解，只能通过数值方法来求得组合的最优权重。

求解含有不等式约束的二次最小化问题所使用的方法被称为**二次规划**。大多数组合投资经理只需要制定约束条件，并且将这些约束条件输入商业软件或二次优化器，剩余的交给商业软件或优化器来处理就可以了。对二次规划的数学方法感兴趣的读者可以参考附录 9A。

使用与之前相同的数据和二次优化求解工具，我们使用相同的步骤重新计算了含有卖空约束的有效投资组合。图 9-2 画出了有效边界。与前面一样，我们使用标普 500 指数中日常消费品行业的股票，相同的时间区间——2000 年 1 月至 2003 年 12 月，以及相同的股票收益率模型。然后，我们得到了所有股票 2004 年 1 月的期望收益率与方差的预测值。

相对于图 9-1，由于加入了卖空约束，图 9-2 中的有效边界向右移动了一些。这是有道理的，当在优化中加入约束条件时，我们所能构建的最小风险组合的风险将高于之前没有加入卖空约束时所能构建的最小风险组合的风险。

表 9-2 给出了位于有效边界上的股票组合的相关特征与具体组成。我们选择了 4 个与表 9-1 中具有相同预期收益率的股票组合。我们并没有包含预期收益率为 10.81% 的股票组合，因为预期收益率为 10.81% 的股票组合的方差要大于股票组合 B 的方差，那么从严格的意义上来讲，该组合不再是一个有效组合。当然，含有卖空约束的有效投资组合还存在着其他差异，如实现相同预期收益率的最小风险组合所包含的股票数量更少了。在大多数情况下，组合中股票的最大权重也要高于无约束条件时组合的最大权重。组合 E 是一个特例，整个组合只包含 SVU 这一只股票。

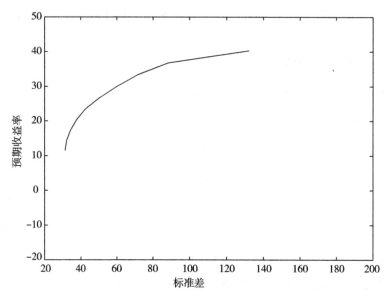

图 9-2　含有卖空约束的日常消费品行业的有效边界（2004 年 1 月）基于 2000 年 1 月至
2003 年 12 月的历史数据。图中的点代表个股的预期收益率与标准差。预期收益
率与标准差均已年化，单位为百分比

表 9-2　在日常消费品行业中所选中的有效组合（带卖空约束）

组　　合	B	C	D	E
预期收益率	17.58	24.73	32.28	40.25
标准差	34.45	45.40	67.70	132.13
市场 β	0.158 5	0.318 8	0.559 0	0.640 2
股票数量	18	15	11	1
组合中股票的最大权重	0.160 1	0.191 6	0.310 8	1.0
组合中部分所选股票（权重）	BUD	BF.B	BF.B	SVU
	(0.160 1)	(0.191 6)	(0.191 6)	(1.0)
	CLX	CLX	SVU	
	(0.096 4)	(0.111 3)	(0.249 3)	
	K	SVU	MO	
	(0.092 1)	(0.109 2)	(0.145 3)	
	BF.B	HSY	RJR	
	(0.089 9)	(0.077 9)	(0.087 0)	
	PG	K	CLX	
	(0.083 9)	(0.072 3)	(0.082 9)	

注：使用日常消费品行业中的股票，以及失业率、消费者信心、市场、规模以及价值/成长因子。表中的计算
　　基于 2000 年⊖1 月至 2003 年 12 月的数据。预期收益率与标准差为年化数据，单位为百分比。股票代码
　　所代表的公司名称为：BUD(百威)，BF.B(布朗福曼)，CLX(高乐氏)，HSY(好时)，K(家乐氏)，MO
　　(奥驰亚)，PG(宝洁)，SVU(超价商店)，RJR(雷诺烟草)。

⊖　原著为 1996 年，根据文意，更正为 2000 年。——译者注

同样，以有效边界上的组合 C 为例。我们预期组合 C 可以获得 24.73％的预期年化收益率。这与表 9-1 中列出的无约束条件下的组合 C 相似。组合 C 的年化收益率的预期标准差为 45.40％。尽管该最优组合的预期收益率与表 9-1 中的组合 C 相似，但风险显然更高。该最优组合包含 15 只股票，最大持仓的股票权重为 19.16％，而无约束条件下的组合包含 23 只股票。理所当然地，卖空约束使得金佰利（KMB）的权重不再为负数。乍一看，可能会对该均值-方差优化的结果不满意，因为，该组合并不如无约束条件下的组合那么理想。然而，新的组合能够满足只能做多的组合投资经理的要求，这也是使用含有卖空约束的均值-方差优化的原因。

除了卖空约束，组合投资经理还可能会想要加入**分散化约束**（diversification constraints）。共同基金必须遵守 1940 年《投资公司法》中关于分散化的要求[⊖]。对于对冲基金而言，尽管不受证监会的监管，但它们可能也希望加入股票最大权重的限制，因为在极少数的股票上配置过多的权重会增加组合的非系统性风险。这种约束条件一般可以表述为：

$$\underline{\mathbf{w}} \leqslant \mathbf{w} \leqslant \overline{\mathbf{w}} \tag{9-13}$$

其中，$\underline{\mathbf{w}}$ 与 $\overline{\mathbf{w}}$ 分别为股票所被允许的最小权重与最大权重的 N 维向量。在优化问题中添加此约束是非常容易的，并且可以使得优化结果同时满足卖空约束与分散化约束。

9.3.3 行业约束

许多投资经理，特别是对于参照比较基准来管理组合的投资经理而言，通常希望约束各行业在组合中的权重。对前面的框架进行一个简单的修改就能得到行业权重约束的数学表达：

$$\underline{w}_j \leqslant w_j \leqslant \overline{w}_j \tag{9-14}$$

其中，w_j 表示行业 j 在组合中的权重[⊖]。

⊖ 1940 年《投资公司法》第 12-d3 条明确规定了分散化与非分散化共同基金的投资限制。其中一条款规定禁止共同基金持有那些超过 15％的收入来自证券投资相关业务的其他投资公司 5％以上的股份。该条例同样适用于任何持有银行股票的组合投资经理。另一条款规定，若宣称自己是采用**分散化**策略的基金，则该基金持有任何公司的股票都不能超过基金投资的 5％；并且，该基金 75％的投资中，不能持有任何公司超过 10％的表决权股（voting stock）。由于这一条款，我们称在投资组合中对于某一股票最大权重的限制为**分散化约束**。

⊖ 大多数软件，如 MATLAB，在二次优化器中加入权重上限和权重下限的约束条件均是非常简单的一件事。

9.3.4 交易额约束

组合投资经理在优化问题中所引入的常见约束条件之一就是交易额约束。特别是当组合的规模非常大，并且组合投资经理的交易会对股票价格造成很大的冲击时，该约束显得尤为重要。为了避免交易对价格产生不利的影响，组合投资经理可能会将每只股票的持仓限制在某个阈值之内，该阈值通常是每只股票平均成交额的一小部分。

假设组合的规模为 5 亿美元，组合投资经理想要将单只股票的持仓限制在该股票平均成交额（ADV）的 10％以内。如果用 w_i 表示股票 i 的权重，用 x_i 表示股票 i 的平均成交额（单位：百万美元），那么交易额约束即为：$500w_i \leqslant 0.1x_i$ 或者 $w_i \leqslant \left(\dfrac{0.1}{500}\right)x_i$。

一般地，交易额约束可以表示为：

$$\mathbf{w} \leqslant c\boldsymbol{x} \tag{9-15}$$

其中，$\boldsymbol{x}$ 为平均日成交额（单位：美元）向量，c 为常数，代表阈值。

9.3.5 风险调整后收益率

到目前为止，我们都是以最小化风险的方式来表示均值-方差优化问题的。一些组合投资经理可能更喜欢另一种表述方式，即通过预期收益率最大化来表示优化问题。预期收益率最大化可以表示为：

$$\max_{\mathbf{w}} \mathbf{w}'\boldsymbol{\mu}, \ \mathbf{w}'\boldsymbol{\Sigma}\mathbf{w} = \sigma_P^2 \tag{9-16}$$

以及满足其他相关的约束条件。如果组合投资经理设定了具体的目标风险 σ_P^2，那么预期收益率最大化的表述方式可能更合适$^{\ominus}$；如果组合投资经理设定了具体的目标预期收益率，那么风险最小化的表述方式可能更合适。

当组合投资经理既没有设定目标风险，也没有设定目标预期收益率时，均值-方差优化可以通过**风险调整后**的预期收益率来表述。我们可以通过减去风险的某个倍数来对预期收益率进行调整，即 $\mu_P - A\sigma_P^2$。乘数 A 被称为**风险厌恶系数**（risk aversion coefficient），因为 A 的值越大表明组合投资经理认为风险的成本越高。如果 A 的值为 2，那

$\ominus$ 事实上，有一个更实际的原因使得这种表述方法更受欢迎。因为，在给定预期收益率并最小化风险的优化问题中存在着一定的风险，即对于给定的参数，目标预期收益率可能是无法实现的。因此，组合投资经理可能会得到一个他不想要的组合，或者更糟——优化失败。

么这意味着，组合投资经理认为方差增加 1% 与收益率下降 2% 是等价的。一旦确定了风险厌恶系数，均值-方差优化问题即变为：

$$\max_{\mathbf{w}} \mathbf{w}'\boldsymbol{\mu} - A\mathbf{w}'\boldsymbol{\Sigma}\mathbf{w} \qquad (9\text{-}17)$$

在某些实际应用中，这一表述非常有用$^{\ominus}$。

9.4　比较基准

大多数的组合投资经理均参照某一比较基准来管理组合。紧密跟踪比较基准的投资经理有时被称为**指数型投资经理**（index manager），而对于那些不太紧密跟踪比较基准的投资经理更准确的称谓是**主动管理型投资经理**（active manager）或**指数增强型投资经理**（enhanced index manager）。主动管理型投资经理的目标是：通过建立与比较基准大致相似的投资组合来获得优于比较基准的业绩。投资经理必须非常谨慎，应该在严控对比较基准的偏离的情况下战胜比较基准。幸运的是，当比较基准无效时，这两个目标（即与比较基准大致相似，并战胜比较基准）并不冲突$^{\ominus}$。

在跟踪比较基准的同时产生 α（战胜比较基准）的方法有很多。我们将在下面的章节对这些方法进行讨论，包括先验法、分层抽样法、目标因子暴露法以及跟踪误差最小化法（tracking-error minimization）。最后一种方法使用得最为普遍，因为，从理论上来讲，该方法严格控制了组合相对于比较基准的风险，同时还允许组合投资经理选择自己看好的股票。

9.5　再论先验法

选择比较基准中权重较大的股票来构建投资组合是能够紧密跟踪比较基准的一个

$\ominus$　这种表述方式还具备理论上的魅力。目标函数可以被解释为投资者的效用函数，那么，优化问题可以被解释为投资者的效用最大化。这也是"投资者是如何进行投资决策"这一问题在理论上的表述。而另一方面，最大化信息比率或者最大化其他的收益-风险比率并不具备上述表达在理论上的魅力。

$\ominus$　事实上，比较基准很少是有效的。一个判断比较基准是否有效的简单方法是画一个类似于图 9-1 的图。在图中画出代表比较基准的点。如果该点很靠近有效边界，那么说明比较基准基本上是有效的；如果该点远离有效边界，则说明比较基准是无效的。该有效性有时被称为**均值-方差有效性**，并不是衡量有效性的唯一准则。有些人喜欢将比较基准定义为有效的，那么在这种定义下，比较基准自然总是有效的。在多数情况下，当比较基准无效时，通过最小化跟踪误差所建立的投资组合也可能是无效的。关于这方面更多的讨论详见论文 Roll（1992）。

非常简单的方法。如果组合需要包含 50 只股票，那么该方法就相当于选择比较基准中市值最大的 50 只股票，然后使用这 50 只股票的相对市值来计算股票的权重。投资经理可能会再进一步——超配一些他们看好的股票。实现上述目的的先验法有很多种。让我们假设组合投资经理已经使用第 5 章所描述的 Z 值法给股票评定了分数$^{\ominus}$。组合投资经理应该重新对这 50 只股票的 Z 值进行标准化，从而使得这 50 只股票的 Z 值之和为 0。改变市值加权方式的步骤如下。第 1 步，组合投资经理应当确定 Z 值绝对值最大的股票其权重可以偏离其市值加权权重的最大幅度，记为 η。第 2 步，在这 50 只股票中找出 Z 值绝对值最大的股票，即对所有股票的 Z 值取绝对值，并找出最大值，记为 z^{max}。第 3 步，计算 Z 值乘子 $m=\eta/z^{max}$。第 4 步，计算投资组合中股票的新权重 w_i^*，$w_i^*=w_i+mz_i$$^{\ominus}$。这样就完成了组合中股票权重的调整。

上述方法即通过选取比较基准中市值最大的 N 只股票来构建一个带有股票偏好的市值加权组合，并以此来跟踪比较基准。我们使用一个简单的例子，即日常消费品行业的例子对上述方法进行说明。表 9-3 使用 Z 值及上述方法重新给日常消费品行业的股票进行了赋权。通过这种方式修改权重，组合投资经理希望仍然能够比较紧密地跟踪比较基准（在该例中，能够非常紧密地跟踪比较基准，因为单只股票权重的最大偏离只有 2%），同时，希望这种改变权重的方法能够体现出投资经理 α 模型的优势。

尽管上述计算组合权重并跟踪比较基准的方法是先验法中的一种，但该方法并非最好的解决方案。首先，该方法构建的组合对指数的一个因子，即**规模因子**非常敏感。其次，该方法没有试图以组合与指数的跟踪误差最小化为目标来构建组合。因此，以该方法构建的投资组合并没有对其他的风险因子或股票的特定风险（asset-specific risk）进行控制。几乎可以肯定，该组合并非最优投资组合。最后，最大市值的 50 只股票仅能代表标普 500 指数 50% 左右的市值，而对于一些更大型的指数，其所代表的市值占比更小。尽管该方法很简单，但这并非是构建组合的有效方法。

$\ominus$　QEPM 所使用的 Z 值法在该先验赋权机制中并不必须。事实上，投资经理可以使用任何一种给股票评分的方法。然而，投资经理应该对股票的相对评分进行标准化，使得股票的评分之和等于 0，只有这样，我们下面所描述的这一先验转换机制才是正确的。

$\ominus$　读者可以看到，只要 $\sum_{i=1}^{N} z_i = 0$，那么新的权重之和必然为 1。这也是我们要对比较基准子集的 Z 值或其他股票评分方法进行标准化的原因。

表 9-3　先验法根据 Z 值模型修改后的市值权重

股 票 代 码	原 始 权 重	Z 值	调整后权重	权 重 变 化
WMT	0.244 7	−0.304 6	0.242 8	−0.001 9
PG	0.126 8	0.337 3	0.128 9	0.002 1
KO	0.115 8	−0.301 9	0.114 0	−0.001 9
PEP	0.083 9	0.280 1	0.085 7	0.001 7
BUD	0.042 9	−0.121 3	0.042 2	−0.000 7
WAG	0.038 3	0.933 7	0.044 1	0.005 7
G	0.034 7	0.210 6	0.036 0	0.001 3
CL	0.028 7	−0.305 8	0.026 8	−0.001 9
KMB	0.027 8	0.061 9	0.028 2	0.000 4
SYY	0.023 8	0.783 0	0.028 6	0.004 8
GIS	0.017 1	−0.334 6	0.015 0	−0.002 1
SLE	0.016 5	−1.049 9	0.010 0	−0.006 5
AVP	0.016 5	1.235 2	0.024 0	0.007 6
CVS	0.015 0	1.462 0	0.024 0	0.009 0
K	0.014 8	0.051 1	0.015 1	0.000 3
KR	0.014 2	0.527 6	0.017 5	0.003 2
CAG	0.013 4	−0.243 0	0.011 9	−0.001 5
HNZ	0.012 9	0.473 8	0.015 8	0.002 9
WWY	0.012 6	−0.294 5	0.010 8	−0.001 8
CPB	0.010 7	−0.033 4	0.010 5	−0.000 2
HSY	0.010 3	0.684 2	0.014 5	0.004 2
CLX	0.010 1	−0.001 1	0.010 1	0.000 0
CCE	0.009 5	−0.652 5	0.005 5	−0.004 0
ADM	0.009 4	−0.013 2	0.009 3	−0.000 1
SWY	0.009 3	−1.304 6	0.001 3	−0.008 0
ABS	0.007 9	−0.838 9	0.002 8	−0.005 2
PBG	0.006 2	−1.760 5	−0.004 6	−0.010 8
UST	0.006 1	0.471 0	0.009 0	0.002 9
BF. B	0.005 7	1.509 6	0.014 9	0.009 3
MKC	0.004 0	0.666 2	0.008 1	0.004 1
ACV	0.003 7	0.734 1	0.008 2	0.004 5
SVU	0.003 5	1.761 5	0.014 3	0.010 8
RKY	0.002 0	−1.368 3	−0.006 4	−0.008 4
WIN	0.001 3	−3.255 0	−0.018 7	−0.020 0

注：在该例中，股票 WIN 的 Z 值绝对值最大，其 Z 值绝对值为 3.25，设 $\eta = 0.02$，那么 $m = 0.006\,14$。Z 值是通过标普 500 指数日常消费品行业中股票的动量因子来计算得到的。原始权重是基于市值计算的，调整后的权重基于先验法的修改。最后一列代表原始权重与调整后权重的实际百分比变动。这些股票的市值取自 2003 年 12 月最后一天。股票代码所代表的公司名称如下：CVS（Cvs 药品连锁），WAG（沃尔格林），SYY（西斯科），KR（克罗格），SVU（超价商店），ABS（艾伯森），WIN（温迪克斯连锁超市），SWY（西夫韦），WMT（沃尔玛），BUD（百威），RKY（阿道夫-库尔斯），BF. B（布朗福曼），KO（可口可乐），PBG（百事瓶装集团），CCE（可口可乐瓶装公司），PEP（百事），ADM（安切丹尼尔米德兰），CAG（康尼格拉），HNZ（亨氏），SLE（萨拉李），GIS（通用磨坊），WWY（箭牌），HSY（好时），K（家乐氏），CPB（金宝汤），MKC（麦考密克），UST（UST 烟草），CL（高露洁），KMB（金佰利），CLX（高乐氏），PG（宝洁），ACV（雅涛），AVP（雅芳），G（吉列）。

其他先验法尽管简单，但是并不能满足专业投资经理的需求。最终，投资经理需要去量化其投资组合相对于比较基准的风险，那么依靠这些简单的方法是不可能实现的。

9.6 分层抽样法

分层抽样是另一种建立投资组合的简便方法，但该方法仅包含了基本的风险控制机制。分层抽样最初是由想要了解一个总体的特征，但又无法收集总体中的每一个个体的观察数据的统计学家所创造。随机抽取总体中的成员是构建具有总体代表性的样本的一种方法。虽然这种方法所得到的样本的均值与标准差均收敛于总体的真实值，但我们可以在此基础上加以改进，具体做法是：我们首先将总体分层，然后在每一层选取一定数量的观察值$^{\ominus}$。

我们假设组合投资经理已经对其股票池中所有股票的超额收益率进行了预测。投资经理的目标是选取高 α 的股票，并同时控制其组合相对于比较基准的风险。分层抽样法涉及在多个风险维度上最小化投资组合的暴露。分层抽样的第一步是将股票池分为互不重叠的 J 组。例如，我们可能会按股票所属的行业来分层，那么每一层即代表一个不同的行业。记第 j 层的股票数为 N_j。记股票池中股票的总数为 N，那么有 $\sum_{j=1}^{J} N_j = N$。

分层抽样的第二步是在各层中选取具有代表性的股票。此时，组合投资经理需要决定其组合中所包含的股票总数，记为 N_P。分层抽样的思想就是从每一层选取一定比例的股票组成样本，并以此来代表股票池。因此，组合投资经理需要在每一层选取 $N_j N_P / N$ 只股票，所选取的股票数量需要四舍五入到整数。在传统的分层抽样中，指数投资经理在每一层一般是随机选取股票的，这对于单纯的复制指数而言是一个有效的方法。然而，除了单纯地复制指数，投资经理应该在控制风险的同时选取高 α 的股票。因此，在进行每一层的选股之前，投资经理应该先将每一层的股票按 Z 值、预期收益率、预期超额收益率或 α 进行排序，然后，再根据选股标准选取得分高的股票。例如，如果将股票池按行业分层，并要在交通运输行业中选取 4 只股票，那么这 4 只股票可能是根据未来的风险调整后收益率排名之后，排名相对靠前的那 4 只。

$\ominus$ 事实上有两种分层抽样的方式：分层后按比例抽样与分层后不按比例抽样。在此我们所讨论的是分层后按比例抽样，即各层抽取的样本数占该层样本总数的比例均等于总体抽取率。分层后不按比例抽样可能会给予某一层更大的比例，造成这种情况的原因有很多种，在此就不再详加讨论了。

当然，组合投资经理可能希望创建多种分类方式来控制风险。那么投资经理可以先将股票池中的 N 只股票按某种分类方式划分为 J 类，然后再将每一类划分成更小的子分类，依此类推。例如，我们可以将股票池按行业、规模这两种分类方式来划分。

图 9-3 描述了如何将股票池按两种分类方式划分。在该图中，我们将股票池按行业划分为 9 组，同时按规模划分为 3 组（大、中、小）。当股票被划分为 27 个不同的组后，投资经理就可以根据 Z 值或其他标准（如超额收益率）来对各组内的股票进行评分。投资经理可以基于公式 $N_j N_P / N$（四舍五入于整数）从每个小组中选取相应数量的股票。

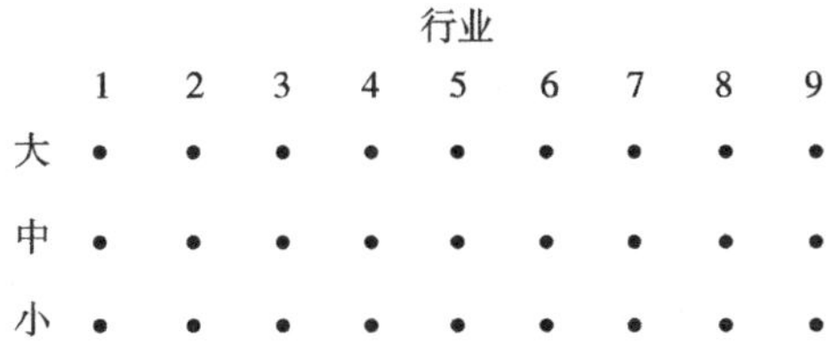

行业

	1	2	3	4	5	6	7	8	9
大	•	•	•	•	•	•	•	•	•
中	•	•	•	•	•	•	•	•	•
小	•	•	•	•	•	•	•	•	•

图 9-3　分层抽样法

分层抽样法是一种简单的构建组合方法，该方法能够选取投资经理所看好的股票，同时又通过广泛分散化的方式控制了组合的风险。组合投资经理的 α 模型可能在某个特定的行业内适用。那么通过行业的分层抽样可以保证广泛的分散化程度并且可以控制组合相对于比较基准的风险。分层抽样法的最大缺点是缺乏精确的风险控制。由于不能精确地估计出事前风险，大多数专业的组合投资经理都不太愿意使用该方法。投资经理应该运用所有可得的信息来量化其投资组合的风险。显然，分层抽样法缺乏一个精确的量化风险控制机制。

9.7　目标因子暴露法

另一种能够使得组合与比较基准相一致的方法是将比较基准的因子暴露设为组合的目标因子暴露。方法之一就是使得投资组合相对于比较基准的整体 β 值等于 1（或接近于 1）⊖。

⊖ 当然，该方法并没有控制股票的特定风险（asset-specific risk），因此，跟踪误差并非是有界的。也就是说，通过选取与比较基准相似的股票及其权重来直接控制组合（相对于比较基准）的特定风险意味着严格地控制了组合（相对于比较基准）的因子风险；但如果直接控制组合（相对于比较基准）的因子风险并不意味着严格地控制了组合（相对于比较基准）的特定风险。

任何一个投资组合相对于比较基准的 β 值即为组合中个股相对于比较基准的 β 值的加权平均。记 $\boldsymbol{\beta}$ 为个股相对于比较基准的 β 值的 N 维列向量，即：

$$\boldsymbol{\beta} = \begin{bmatrix} \beta_1 \\ \vdots \\ \beta_N \end{bmatrix} \qquad (9\text{-}18)$$

其中，β_i 为股票 i 相对于比较基准的 β 值。那么，组合（相对于比较基准）的 β 值就等于 $\mathbf{w}'\boldsymbol{\beta}$。我们可以在优化问题中加入下列约束：

$$\mathbf{w}'\boldsymbol{\beta} = 1 \qquad (9\text{-}19)$$

或者我们可以设定组合（相对于比较基准）的 β 值的范围：

$$0.75 \leqslant \mathbf{w}'\boldsymbol{\beta} \leqslant 1.25 \qquad (9\text{-}20)$$

让我们回到日常消费品行业的例子。在该例中，我们在给定卖空约束的条件下生成了有效边界。现在，让我们在该例中加入目标因子暴露约束，即要求组合相对于比较基准的 β 值不小于 0.75。在本例中，组合投资经理的比较基准（也就是市场因子）是日常消费品行业中所有股票收益率的市值加权平均。除了新加入的约束条件，我们在计算时所使用的模型与数据均与表 9-1 和表 9-2 相同。

表 9-4 给出了在市场 β 的约束下，使用日常消费品行业中的 35 只股票所构建的最小风险组合。列表中不含组合 A（平均收益率为 10.81%）与组合 E（平均收益率为 40.25%），因为在新的约束条件下，不存在与组合 A 或组合 E 的平均收益率相对应的最小风险组合。

表 9-4　在日常消费品行业中所选中的有效组合（含卖空约束与市场 β 约束）

组　　合	B	C	D
预期收益率	17.58	24.73	32.28
标准差	68.97	71.22	76.97
市场 β	0.75	0.75	0.75
规模 β	$-0.077\,2$	$-0.089\,1$	$-0.145\,1$
价值/成长 β	$0.719\,3$	$0.719\,4$	$0.675\,6$
股票数量	18	16	9
组合中股票的最大权重	$0.106\,0$	$0.121\,2$	$0.182\,9$
组合中部分所选股票（权重）	UST	UST	MO
	$(0.106\,0)$	$(0.121\,2)$	$(0.182\,9)$
	MO	MO	SVU
	$(0.085\,0)$	$(0.114\,6)$	$(0.173\,3)$

（续）

组　　合	B	C	D
	SWY	ACV	RJR
	(0.084 4)	(0.113 0)	(0.146 4)
	PEP	SYY	UST
	(0.083 8)	(0.108 0)	(0.123 6)
	ACV	RJR	PBG
	(0.079 9)	(0.100 9)	(0.108 9)

注：市场 β 的约束为 0.75。使用日常消费品行业中的股票，以及失业率、消费者信心、市场、规模以及价值/
成长因子。表中的计算基于 2000 年⊖1 月至 2003 年 12 月的数据。预期收益率与标准差为年化数据，单
位为百分比。股票代码所代表的公司名称为：ACV（雅涛），PEP（百事），MO（奥驰亚），SWY（西夫韦），
SVU（超价商店），SYY（西斯科），UST（UST 烟草），PBG（百事瓶装集团），RJR（雷诺烟草）。

在优化问题中，我们加入了一个不等式约束，即要求组合的市场 β 不小于 0.75。
由于所选组合的市场 β 刚好等于 0.75，符合我们的最低要求，因此说明该约束是具有
约束力的。由于加入了新的约束，表 9-3 中组合的方差均远大于表 9-2 与表 9-1 中相应
组合的方差。新组合的股票构成也与前面相应组合的股票构成大不相同。

与将组合的因子暴露约束在某个特定的值相比，我们可能更偏向于将组合的各因
子暴露约束在某个范围。这有时被称为**因子倾斜**（factor tilting），因为我们会根据自身
对因子以及未来市场环境的判断来使得组合在某些特定的因子上有更大的暴露，而在
其他因子上的暴露较小。例如，如果组合投资经理认为市场将会反弹，那么他可能希
望组合（相对于比较基准）在市场 β 上有更大暴露，而在其他因子上的暴露与比较基准
相同。投资经理将使得组合更偏向于市场因子。

一个组合的因子暴露即为组合中个股因子暴露的加权平均。记 $\mathbf{B}$ 为 $N \times K$ 维个股
因子暴露矩阵：

$$\mathbf{B} = \begin{bmatrix} \beta_{11} & \beta_{12} & \cdots & \beta_{1K} \\ \beta_{21} & \beta_{22} & \cdots & \beta_{2K} \\ \vdots & & & \\ \beta_{N1} & \beta_{N2} & \cdots & \beta_{NK} \end{bmatrix} \tag{9-21}$$

其中，K 为因子个数，β_{iK} 为股票 i 在因子 K 上的暴露。那么，权重为 $\mathbf{w}$ 的组合的因子
暴露即为 $\mathbf{B}'\mathbf{w}$ ⊖。通常，我们可以加入下列因子暴露的约束条件：

⊖ 原著为 1996 年，根据文意，更正为 2000 年。——译者注
⊖ 原著为 $\mathbf{Bw}$，根据文意更正。——译者注

$$\underline{\boldsymbol{\beta}} \leqslant \mathbf{B}'\mathbf{w} \leqslant \bar{\boldsymbol{\beta}} \qquad (9\text{-}22)$$

组合投资经理可以通过这类约束来实现其独特的管理风格。在成长因子上设定最小因子暴露(如 0.9)意味着组合更倾向于投资成长股。如果第一个因子为成长因子,那么投资经理应该设定 $\underline{\boldsymbol{\beta}}$ 的第一个值为 0.9。

9.8 跟踪误差最小化法

9.8.1 直接计算

对于大多数参照某一比较基准来管理投资组合的专业投资经理而言,最常用的组合构建方法是跟踪误差最小化法。在运用该方法时,有两种表述优化问题的方式。一种是给定组合的预期超额收益率,使得组合相对于比较基准的跟踪误差最小化;另一种是给定组合相对于比较基准的跟踪误差的阈值,在不超过该阈值的情况下,使得组合的预期超额收益率最大化。我们将在本小节讨论前一种方法,在小节 9.8.4 中讨论后一种方法。我们更偏好后一种方法,原因在于后一种方法更贴近于实际情况。在本书的实际运用部分(第 16~17 章),我们所使用的正是后一种方法。

通常,只要投资经理认为他能够获得超额收益,那么就会足额使用跟踪误差约束的额度。不同组合的跟踪误差约束各不相同,但其范围一般会控制在年化 0.5% 至 10% 之间。投资管理公司的投资委员会往往会制定跟踪误差的约束,但有些时候,组合投资经理会比投资委员会的要求更加保守。幸运的是,我们已经讨论过的二次优化框架适用于跟踪误差最小化法。因此只需要对最优问题做一点小小的改动即可。

跟踪误差(tracking error,TE)被大多数组合投资经理定义为组合收益率减去比较基准收益率的标准差[⊖],即:

⊖ 关于跟踪误差更详细的内容,包括如何计算事后跟踪误差等,详见第 15 章。如果组合收益率与比较基准收益率之差的标准差为 0,但是各自的预期收益率是不相同的,那么这是否意味着我们构建了一个完美的跟踪误差组合呢?理所当然,答案是否定的,我们上面所定义的跟踪误差忽略了预期收益率之间的差异,因此才会误导人们认为跟踪误差等于 0。更好的衡量跟踪误差的方法是使用均方根误差(RMSE),即:

$$\text{RMSE}(r_P, r_B) = \sqrt{V(r_P - r_B) + [E(r_P - r_B)]^2}$$

RMSE 同时考虑到了预期收益率之间的差异以及该差异的波动。仅当组合与比较基准的预期收益率相等时,RMSE 才等同于上述跟踪误差。然而幸运的是,不管我们是使用 RMSE 还是使用标准差来衡量跟踪误差,均不会影响组合的最优化问题(详见本章习题)。由于该原因以及遵从惯例,我们使用标准差来衡量跟踪误差。

$$TE = S(r_P - r_B) = \sqrt{V(r_P - r_B)} \tag{9-23}$$

其中，$S(\cdot)$ 代表标准差函数。

最小化组合跟踪误差的第 1 种方法是：在给定某一预期收益率的情况下，最小化组合的跟踪误差。接下来考察方差的各个组成部分[⊖]：

$$V(r_P - r_B) = V(r_P) - 2C(r_P, r_B) + V(r_B) \tag{9-24}$$

该式的最后一项为比较基准的方差，这一项我们是无法改变的。因此，要使组合的跟踪误差最小化等价于使 $V(r_P) - 2C(r_P, r_B)$ 最小化。

若投资组合的权重为 $\mathbf{w}$，那么组合的方差即为 $\mathbf{w}'\boldsymbol{\Sigma}\mathbf{w}$。组合与比较基准之间的协方差可由组合中个股收益率与比较基准收益率之间的协方差求得。记 $\boldsymbol{\gamma}$ 为个股收益率与比较基准收益率之间协方差的 N 维向量：

$$\boldsymbol{\gamma} = \begin{bmatrix} C(r_1, r_B) \\ \vdots \\ C(r_N, r_B) \end{bmatrix} \tag{9-25}$$

则投资组合收益率与比较基准收益率之间的协方差为 $\mathbf{w}'\boldsymbol{\gamma}$。

那么，要找到具有最小跟踪误差的投资组合，我们只需要求解下列二次最优化问题：

$$\min_{\mathbf{w}} \mathbf{w}'\boldsymbol{\Sigma}\mathbf{w} - 2\mathbf{w}'\boldsymbol{\gamma} \quad \text{s. t.} \quad \mathbf{w}'\boldsymbol{\mu} = \mu_P \tag{9-26}$$

前一节所使用的常规的二次规划程序即可求得上式的解。通常，所选取的组合预期收益率 μ_P 要大于比较基准的预期收益率。在实际运用中，我们应该认为 $\mu_P = \mu_B + \epsilon$。也就是说，我们会根据自身的期望令组合预期收益率等于比较基准预期收益率加上某个（正）数，然后再使用优化的方法求得组合的权重。与前面我们所讨论过的无比较基准的投资组合相似，我们可以在此基础上加入各种约束条件，如卖空约束、分散化约束以及风格约束等。

9.8.2　通过因子暴露来跟踪

本节将介绍一个跟踪误差最小化问题的等价替代。由第 6～7 章可知股票 i 的方差估计为：

⊖　可以通过标准的统计结果 $V(a-b) = V(a) + V(b) - 2C(a, b)$ 推导出。

$$V(r_i) = \boldsymbol{\beta}_i' V(\mathbf{f}) \boldsymbol{\beta}_i + V(\epsilon_i) \qquad (9\text{-}27)$$

假设各股票残差之间的协方差为 0，那么各股票收益率之间的方差-协方差矩阵可以表述为：

$$
\boldsymbol{\Sigma} = \begin{bmatrix} \beta_{1,1} & \cdots & \beta_{1,K} \\ \vdots & \vdots & \vdots \\ \beta_{N,1} & \cdots & \beta_{N,K} \end{bmatrix} \begin{bmatrix} V(f_1) & \cdots & C(f_1,f_K) \\ \vdots & \vdots & \vdots \\ C(f_K,f_1) & \cdots & V(f_K) \end{bmatrix} \begin{bmatrix} \beta_{1,1} & \cdots & \beta_{N,1} \\ \vdots & \vdots & \vdots \\ \beta_{1,K} & \cdots & \beta_{N,K} \end{bmatrix}
$$

$$
+ \begin{bmatrix} V(\epsilon_1) & \cdots & 0 \\ \vdots & \vdots & \vdots \\ 0 & \cdots & V(\epsilon_n) \end{bmatrix} \qquad (9\text{-}28)
$$

$$= \mathbf{B} V(\mathbf{f}) \mathbf{B}' + V(\epsilon)$$

其中，$\mathbf{B}$ 为 $N \times K$ 维因子暴露矩阵，$V(\mathbf{f})$ 为 $K \times K$ 维因子溢价的方差-协方差矩阵，$V(\epsilon)$ 为 $N \times N$ 维随机误差项方差的对角阵。那么，跟踪误差的平方为：

$$TE^2 = (\mathbf{w}^P - \mathbf{w}^B)' \mathbf{B} V(\mathbf{f}) \mathbf{B}' (\mathbf{w}^P - \mathbf{w}^B) + (\mathbf{w}^P - \mathbf{w}^B)' V(\epsilon)(\mathbf{w}^P - \mathbf{w}^B) \qquad (9\text{-}29)$$

其中，$\mathbf{w}^P$ 为投资组合权重，$\mathbf{w}^B$ 为比较基准权重。一旦加入了其他相关的约束条件，那么就能使用二次优化器来求解跟踪误差最小化问题[○]。

表 9-5 给出了由日常消费品行业的 35 只股票所构建的最小跟踪误差组合。该表与表 9-1、表 9-2、表 9-4 所使用的模型与数据相同。比较基准为日常消费品行业的 35 只股票的加权组合，即表中的组合 A。随着我们寻求越来越高的预期收益率，跟踪误差也变得越来越大。为了获得 3.5% 的超额收益（组合 B），组合投资经理预期的跟踪误差为 5.07%。为了获得 26% 的超额收益（组合 E），组合投资经理必须接受超过 120% 的预期跟踪误差。

表 9-5　通过最小化跟踪误差的方法在日常消费品行业中所选中的组合（带卖空约束）

组　　合	A	B	C	D	E
预期收益率	14.08	17.58	24.73	32.28	40.25
标准差	46.97	47.60	53.35	70.67	132.11
跟踪误差	0	5.07	18.84	41.18	122.15
股票数量	35	32	30	24	15
组合中股票的最大权重	0.146 5	0.147 4	0.169 5	0.239 1	0.999 8
组合中部分所选股票（权重）	PG	PG	MO	MO	SVU

○　由于最小化跟踪误差的平方等价于最小化跟踪误差，因此我们在讨论优化问题时可能会交替使用它们。

（续）

组　　合	A	B	C	D	E
	(0.146 5)	(0.147 4)	(0.169 5)	(0.239 1)	(0.999 8)
	KO	MO	PG	BF. B	MO
	(0.140 7)	(0.136 3)	(0.141 0)	(0.223 9)	(0.000 2)
	MO	KO	BF. B	SVU	
	(0.125 9)	(0.132 7)	(0.114 8)	(0.182 8)	
	PEP	PEP	SYY	SYY	
	(0.090 2)	(0.081 7)	(0.085 0)	(0.090 8)	
	BUD	BUD	SYY	SYY	
	(0.048 6)	(0.049 7)	(0.069 9)	(0.079 6)	

注：使用日常消费品行业中的股票，以及失业率、消费者信心、市场、规模、价值/成长因子。表中的计算基于 2000 年⊖1 月至 2003 年 12 月的数据。预期收益率与标准差为年化数据，单位为百分比。股票代码所代表的公司名称为：BUD（百威），BF. B（布朗福曼），KO（可口可乐），PEP（百事），MO（奥驰来），PG（宝洁），SVU（超价商店），SYY（西斯科），RJR（雷诺烟草）。

跟踪误差最小化将使得投资组合的因子暴露与比较基准的因子暴露十分接近，因此式(9-29)中第 1 项对跟踪误差的影响要小于第 2 项。事实上，当组合投资经理对组合的因子暴露有明确的期望值时，第 1 项可以完全忽略不计。在这种的情况下，最优化问题就简化成在给定组合因子暴露的约束下，最小化误差项的方差。这也是一种因子倾斜(factor tilting)。

假设组合投资经理希望组合更偏向于小盘成长股，并且希望在其他方面组合的因子暴露与比较基准保持一致。那么，组合投资经理可以设定组合在规模因子与成长因子上的暴露大于比较基准在这两个因子上的暴露，同时设定组合在其他因子上的暴露与比较基准保持一致。例如，如果有 5 个因子——市场、规模、成长、失业率以及消费者信心，那么投资经理可以加入以下约束：

$$\mathbf{B}'(\mathbf{w}^P - \mathbf{w}^B) = \mathbf{d} \tag{9-30}$$

其中：

$$\mathbf{d} = \begin{pmatrix} 0 \\ 0.1 \\ 0.1 \\ 0 \\ 0 \end{pmatrix} \tag{9-31}$$

⊖　原著为 1996 年，根据文意，更正为 2000 年。——译者注

向量 **d** 中的元素 0 将确保组合在市场、失业率以及消费者信心因子上的暴露与比较基准完全一致。而向量 **d** 中元素 0.1 将确保组合在规模与成长因子上的暴露要比比较基准在这两个因子上的暴露高出 0.1。在满足式 (9-30) 以及其他约束条件的情况下，带有因子倾斜的最优化问题则变为：

$$\min_{\mathbf{w}^P}(\mathbf{w}^P - \mathbf{w}^B)'V(\epsilon)(\mathbf{w}^P - \mathbf{w}^B) \tag{9-32}$$

9.8.3 虚拟比较基准跟踪

在许多情况下，组合投资经理可能并不知道比较基准中各只股票的权重，或者只知道比较基准在各因子上的因子暴露。那么在这种情况下，跟踪误差最小化要通过使组合相对于比较基准历史收益率序列的跟踪误差最小化来实现。

由于我们并不知道比较基准中个股的权重，因此，必须对跟踪误差的公式做出一些修改。在经过修改后，跟踪误差的平方变为[⊖]：

$$TE^2 = \begin{bmatrix} \mathbf{w}^P \\ -1 \end{bmatrix}' \begin{bmatrix} \mathbf{B} \\ \boldsymbol{\beta}_B \end{bmatrix} V(\mathbf{f}) \begin{bmatrix} \mathbf{B} \\ \boldsymbol{\beta}_B \end{bmatrix}' \begin{bmatrix} \mathbf{w}^P \\ -1 \end{bmatrix} + \begin{bmatrix} \mathbf{w}^P \\ -1 \end{bmatrix}' \begin{bmatrix} V(\epsilon) & 0 \\ 0 & V(\epsilon_B) \end{bmatrix} \begin{bmatrix} \mathbf{w}^P \\ -1 \end{bmatrix} \tag{9-33}$$

在该式中，$\boldsymbol{\beta}_B$ 为比较基准的因子暴露，ϵ_B 为比较基准的误差项。一旦确定了跟踪误差，那么就可以使用前面的方法进行跟踪误差最小化了。

9.8.4 跟踪误差调整后的预期收益率

在实际情况中，组合投资经理可能会有最大跟踪误差值的约束，比如年化跟踪误差不超过 3%。投资经理可以不断地增加预期超额收益率，直到跟踪误差达到最大限制。该问题在本质上等同于目前为止我们所讨论的问题。目标函数将由跟踪误差最小化变为预期收益率最大化，相应的约束将由预期收益率变为跟踪误差。从数学上来讲，给定目标跟踪误差 σ_x 以及其他约束条件：

$$\max_{\mathbf{w}} \mathbf{w}'\boldsymbol{\mu} , \quad V(r_P - r_B) = \sigma_x^2 \tag{9-34}$$

若既不存在跟踪误差目标，又不存在预期收益率目标，那么优化问题可以通过跟踪误差调整后的预期收益率来表述。与风险调整后的收益率一样，我们可以通过跟踪误差来调整预期收益率，即调整后的预期收益率等于调整前的预期收益率减去跟踪误差平

⊖ 此处的变形相当于把比较基准作为一只权重为 −1 的股票加入到投资组合中。——译者注

方的某个倍数，其数学表述式为：$\mu_P - A\sigma_x^2$。参数 A 被称为**跟踪误差厌恶系数**，因为 A 的值越大，表明组合投资经理认为风险的成本越高。因此，优化问题就变为：

$$\max_{\mathbf{w}} \mathbf{w}'\boldsymbol{\mu} - AV(r_P - r_B) \tag{9-35}$$

并同时满足其他约束条件。

注意，上述两式之间有着非常重要的关系。通过设定不同的目标跟踪误差 σ_x 所得到的最大预期收益率组合的集合与通过设定不同的跟踪误差厌恶系数 A 所得到的最大预期收益率组合的集合是完全相同的。也就是说，通过选择目标跟踪误差或者跟踪误差厌恶系数，我们总是能够使得上述两式等价。该属性在优化过程中非常有用。商业软件可能不支持在给定二次约束的条件下最大化组合的预期收益率。在这种情况下，对某个给定 A 值，我们可以最大化组合的跟踪误差调整后的预期收益率（即式（9-35））。当优化结束后，我们可以检验最优组合是否满足跟踪误差的约束，若不满足约束条件，我们可以通过不断调整 A 值来重新进行优化，直到最优组合满足跟踪误差的约束。由于 A 值越大，最优组合的跟踪误差越小，因此利用这一关系，并通过少量的迭代就能够找到使得最优组合满足跟踪误差约束的 A 值。这也是我们在本书第五部分所使用的方法。

9.9　结论

在本章中，我们讨论了如何通过各种赋权方法将因子模型对股票收益率与风险的预测值转变为一个投资组合。正如我们所看到的，可以使用先验法为不参照比较基准来管理的投资组合赋权，但是该方法无法帮助投资经理有效地控制风险。对于不参照比较基准来管理的投资组合，我们推荐使用均值-方差优化法（MVO），该方法能够最大化组合的预期收益率并最小化组合的风险，同时还允许投资经理对组合的特征加入某些约束条件。然而，更常见的情况是投资经理需要通过跟踪比较基准的方式来管理投资组合，因此，我们将注意力转移到能够考虑组合与比较基准之间关系的赋权方法上。我们再一次发现除了简单快捷之外，先验法无法提供更有效的手段来解决赋权问题。分层抽样法作为先验法的改进，通过将股票先分层然后从每层中选取一定数量的股票作为样本的方式，可以帮助我们粗略地控制风险。因子暴露法同样也能帮助我们控制风险，该方法能够使得投资组合的 β 更偏向于我们认为最为重要的因子。然而，对于参照比较基准来管理的投资组合而言，我们认为最好的赋权方法是跟踪误差最小化法，因为该方法可在不影响组合预期收益率的前提下，使得跟踪误差或风险最小化（或者反过来，该方法可在限制组合跟踪误差不超过某个阈值的前提下，使得组合预期收益率最大化）。这种赋权方法实现了在承担尽可能小的相对风险的条件下，获得尽可能高的收益率。甚至，当投资经理连比较基准的具体构成都不知道时，该方法也同样适用。最后，该方法还能够帮助投资经理对其组合添加约束条件。通过讨论如何为投资组合中高质量的个股赋权，以及何种赋权方式才能使得组合最优，我们已经完成了组合的构建。然而，即使是一个精心设计的投资组合，也需要不断维护。随着外界条件的改变，投资组合需要再平衡，并且还需要考虑到再平衡所需要的交易成本。当考虑到税务时，投资组合也需要进行一定的调整。许多投资经理未能抵消税务方面所带来的负面影响，然而有着多种策略可以被用来优化投资组合，以抵消税务方面的负面影响。我们将在接下来的两章讨论这些改进措施。

附录9A 二次规划

对于组合投资经理所遇到的大多数组合优化问题，常见的二次规划程序即可帮助投资经理构建出符合其目标的组合⊖。大多数商业软件均采用了我们下面将要介绍的概念，或者这些概念的某种形式。对于自行构建风险模型与优化器的组合投资经理而言，一些标准的软件涵盖了我们下面将要讨论的二次规划的多种版本⊜。

通常，二次规划问题可以表示成如下形式⊜：

$$\min_x \frac{1}{2} x'Qx + x'c, \ Ax \leqslant b \qquad (9A\text{-}1)$$

其中，x 为优化问题的未知向量，Q 为优化问题二次项系数的对称半正定矩阵，c 为与线性目标函数相关的系数向量，A 为等式、不等式约束条件的系数矩阵，b 为约束值向量⊛。

二次优化问题与线性优化问题均可以用一般的二次优化问题来表示。对于线性优

⊖ 如果想要深入地了解最优化的数学知识，我们推荐两本书：Luenberger（1989）与 Gill 等（1981）。

⊜ 例如，由 Estima 公司开发的时间序列回归分析软件（RATS）有一个 LQPROG 程序，它可以很容易地解决线性规划与二次规划的问题。Mathworks 公司开发的 MATLAB 软件有一个最优化工具包，其中包含QUADPROG 函数，也能够解决标准的二次优化问题。

⊜ 原著不等式约束为 $A'x \leqslant b$，已根据文意更正。——译者注

⊛ 事实上，矩阵 Q 在大部分的组合优化问题中是正定矩阵。矩阵的对称性非常重要，该特性意味着对于所有的 i 与 k，矩阵元素 $a_{i,k} = a_{k,i}$。以非专业的术语表述，即矩阵对角线两边互为镜像。

化问题，令 $\mathbf{Q}=0$，那么二次优化问题即转变为线性优化问题。对于二次优化问题，则应该使用适当的 $\mathbf{Q}$ 矩阵。用非专业的术语，上述二次规划问题可以表述为：通过选择 x，使得函数 $\frac{1}{2}x'\mathbf{Q}x+x'c$ 最小化。此外，x 需满足相关**约束条件**，有些约束条件可能为等式约束，有些约束条件可能为不等式约束（如 s.t. $\mathbf{A}x\leqslant\mathbf{b}$，其中 s.t. 表示使得）[⊖]。目标函数与约束条件几乎可以是任何东西。在一般的优化问题中，这些仅仅只是数学概念。只有当我们使用这些工具解决真实世界的问题时，这些数学概念才有真实的含意。我们将在附录的下一节使用二次规划解决实际的问题。

考虑一般的二次优化问题中的两个特例。在一个例子中，二次优化问题仅含有等式约束。在另一个例子中，二次优化问题既含有等式约束，又含有不等式约束。为什么我们要区分这两种类型呢？因为对于仅含等式约束的二次优化问题，最优组合的权重具有**解析解**[⊖]。

9A. 1 仅含等式约束的二次规划

仅含等式约束的二次优化问题具有解析解。那么，优化问题可以表述为：

$$\min_{x} \frac{1}{2}x'\mathbf{Q}x + x'c, \ \mathbf{A}x = \mathbf{b} \tag{9A-2}$$

若矩阵 $\mathbf{A}$ 满秩且 $\mathbf{Q}$ 为正定型矩阵，那么优化问题存在唯一解 x[⊜]，即只存在**唯一**的解 x 使得目标函数达到最小值。使用拉格朗日法，我们可以通过一阶优化条件来求解最小化问题[⊛]。拉格朗日乘子为[⊕]：

⊖ 原著此处为 $\mathbf{A}'x\leqslant\mathbf{b}$，已根据文意更正。——译者注

⊖ 数学上，**解析解**意味着问题的解可以通过已知的易于理解的变量来表示。这类解之所以更受欢迎是因为只要给出变量值，我们就可以将变量值代入等式并立刻求得最优解。

⊜ 一个对称阵被称为是**正定的**，若对任意不等于 0 的 x 有 $x'\mathbf{Q}x>0$。一个矩阵被称为**满秩的**，若该矩阵的秩等于其行数和列数中的较小者。若存在非零的 x 使得 $x'\mathbf{A}=0$（原著为 $\mathbf{A}x=0$，已根据文意更正。——译者注），那么矩阵 $\mathbf{A}$ 行不满秩。这也意味着矩阵 $\mathbf{A}$ 的行线性相关（原著为列线性相关，已根据文意更正。——译者注）。即矩阵 $\mathbf{A}$ 中至少存在着一行可由其他行线性表出。这会导致最优问题式（9A-2）无解或存在多个解。读者可以参考相关的线性代数方面的书籍，如 Anton（1991）或 Greene（2002），以了解更多的细节。

⊛ 拉格朗日法是求解带该类约束条件的优化问题的一种方法。该方法通过引入**拉格朗日乘子**巧妙地将带约束的最优化问题转变为不带约束的最优化问题。该方法以意大利籍法国数学家、物理学家约瑟夫·路易斯·拉格朗日命名，他于 1755 年在都灵大学担任教授。后来，他继欧拉之后担任柏林科学院的数学系主任。他对数学做出了巨大的贡献，涉及概率论、数论、方程理论以及群论基础等。

⊕ 原著中下式最后一项为 $-\lambda(\mathbf{b}-\mathbf{A}x)$，已根据文意更正。——译者注

$$\mathcal{L} = \frac{1}{2}x'\mathbf{Q}x + x'\mathbf{c} - \boldsymbol{\lambda}'(\mathbf{b} - \mathbf{A}x) \tag{9A-3}$$

通过对 x 与 $\boldsymbol{\lambda}$ 求偏导，我们可得问题解的拉格朗日必要（一阶）条件[一]：

$$\mathbf{Q}x + \mathbf{A}'\boldsymbol{\lambda} + \mathbf{c} = 0 \tag{9A-4}$$

$$\mathbf{A}x - \mathbf{b} = 0 \tag{9A-5}$$

通过相关的代数处理即可求得最优化问题的解 x。对于第 1 个方程，我们可以求得：

$$x = -\mathbf{Q}^{-1}\mathbf{A}'\boldsymbol{\lambda} - \mathbf{Q}^{-1}\mathbf{c} \tag{9A-6}$$

将该式代入第 2 个方程，我们可以求得：

$$\boldsymbol{\lambda} = -(\mathbf{A}\mathbf{Q}^{-1}\mathbf{A}')^{-1}(\mathbf{A}\mathbf{Q}^{-1}\mathbf{c} + \mathbf{b}) \tag{9A-7}$$

最后，我们将 $\boldsymbol{\lambda}$ 的值代入 x 的表达式即可得到 x 的解析解。那么，上述仅含等式约束的一般最小化问题的解为：

$$x = -\mathbf{Q}^{-1}[\mathbf{I} - \mathbf{A}'(\mathbf{A}\mathbf{Q}^{-1}\mathbf{A}')^{-1}\mathbf{A}\mathbf{Q}^{-1}]\mathbf{c} + \mathbf{Q}^{-1}\mathbf{A}'(\mathbf{A}\mathbf{Q}^{-1}\mathbf{A}')^{-1}\mathbf{b} \tag{9A-8}$$

其中 $\mathbf{I}$ 为单位矩阵[二]。

9A.2 数值示例

通常，在组合风险最小化问题中，组合投资经理希望所选的股票权重使得组合在给定的预期收益率下风险最小。一般地，组合投资经理会引入一个等式约束，即组合权重之和等于 1。我们很容易将它引入到二次优化问题中。权重为 $\mathbf{w}$ 的股票组合其风险为：

$$\mathbf{w}'\boldsymbol{\Sigma}\mathbf{w} \tag{9A-9}$$

其中，$\boldsymbol{\Sigma}$ 为股票收益率的方差-协方差矩阵，$\mathbf{w}$ 为股票权重向量。我们还需要用股票权重来表示组合的平均收益率。组合的平均收益率为 $\mu_P = \mathbf{w}'\boldsymbol{\mu}$，其中，$\mathbf{w}$ 为股票权重向量，$\boldsymbol{\mu}$ 为股票收益率向量。同样，我们需要约束组合权重之和等于 1。该约束可以表示为 $\mathbf{w}'\boldsymbol{\iota} = 1$，其中 $\boldsymbol{\iota}$ 为全 1 向量。

我们可以容易地看出上述问题符合二次优化的框架。简单地将 $\mathbf{Q}$ 替换为 $\boldsymbol{\Sigma}$，将 x 替换为 $\mathbf{w}$，并且令 $\mathbf{c} = 0$。在对矩阵 $\mathbf{A}$ 与向量 $\mathbf{b}$ 进行修改时，我们必须得小心。特别地，我们令：

$$\mathbf{A} = \begin{bmatrix} 1 & 1 & \cdots & 1 \\ \mu_1 & \mu_2 & \cdots & \mu_N \end{bmatrix} \tag{9A-10}$$

[一] 原著中式（9A-5）为 $\mathbf{A}'x - \mathbf{b} = 0$，已根据文意更正。——译者注
[二] 单位矩阵是指对角线为 1，其他元素均为 0 的对角矩阵。

$$\mathbf{b} = \begin{bmatrix} 1 \\ \mu_P \end{bmatrix} \tag{9A-11}$$

现在，我们可以将这些值代入仅含等式约束的二次优化问题中，式（9A-8）给出了优化问题的最优解。由于 $\mathbf{c} = 0$，因此该问题的最优解为：

$$\mathbf{w} = \mathbf{\Sigma}^{-1}\mathbf{A}'(\mathbf{A}\mathbf{\Sigma}^{-1}\mathbf{A}')^{-1}\mathbf{b} \tag{9A-12}$$

我们以包含 3 只股票的投资组合作为一个简单的例子来说明实际运用中的更多细节。假设 3 只股票的平均年化收益率分别为 $\mu_1 = 0.100\,162$，$\mu_2 = 0.164\,244$，$\mu_3 = 0.182\,082^{\ominus}$。同样，假设我们已经对股票年化收益率的方差-协方差矩阵做出了如下估计：

$$\mathbf{\Sigma} = \begin{bmatrix} \sigma_{11} & \sigma_{12} & \sigma_{13} \\ \sigma_{21} & \sigma_{22} & \sigma_{23} \\ \sigma_{31} & \sigma_{32} & \sigma_{33} \end{bmatrix} = \begin{bmatrix} 0.100\,162 & 0.045\,864 & 0.005\,712 \\ & 0.210\,773 & 0.028\,283 \\ & & 0.066\,884 \end{bmatrix} \tag{9A-13}$$

其中，σ_{ii} 为股票 i 的方差，σ_{ij} 为股票 i 与股票 j 的协方差。我们可以看到该矩阵是对称阵。方差与协方差均以小数形式表示。因此，对于股票 1，其年化方差为 0.100 162，即等价于年化方差 10.02%。最后，我们必须构建矩阵 $\mathbf{A}$ 与向量 $\mathbf{b}$：

$$\mathbf{A} = \begin{bmatrix} 1 & 1 & 1 \\ 0.100\,162 & 0.164\,244 & 0.182\,082 \end{bmatrix} \tag{9A-14}$$

$$\mathbf{b} = \begin{bmatrix} 1 \\ 0.15 \end{bmatrix} \tag{9A-15}$$

我们明确地给出了 μ_P 的值，即我们的期望值是 0.15（即年化收益率 15%）。现在，我们可以求解组合中 3 只股票的最优权重，即能够获得 15% 的预期年化收益率的风险最小组合。解为：

$$\begin{aligned} \mathbf{w} &= \mathbf{\Sigma}^{-1}\mathbf{A}'(\mathbf{A}\mathbf{\Sigma}^{-1}\mathbf{A}')^{-1}\mathbf{b} \\ &= \begin{bmatrix} 0.383\,0 \\ 0.039\,7 \\ 0.577\,3 \end{bmatrix} \end{aligned} \tag{9A-16}$$

因此，组合每 1 美元的最优分配方式是：买入 0.383 0 美元的股票 1，买入 0.039 7 美元的股票 2，买入 0.577 3 美元的股票 3$^{\ominus}$。对于许多投资经理来说，由于各种各样的

⊖　事实上，收益率可以是预期未来收益率、历史平均收益率或通过因子模型所得到的收益率。平均收益率以
　　小数的形式来表示，即 0.20 代表 20%。

⊖　可以使用软件或者手工计算矩阵的转置（即 $\mathbf{A}'$）与矩阵的逆（即 $\mathbf{\Sigma}^{-1}$）。

原因，极度低配股票 2 可能是不可行的。因此，组合投资经理可能需要引入一些不等式约束，例如，股票 2 的权重大于 0.10(10%)。另外，组合投资经理可能希望所有股票的权重均大于 0。在前面的优化中，我们并没有引入该约束，但幸运的是优化结果表明所有个股的权重均大于 0。我们将在下面的应用中加入这些约束条件并继续使用上述数值示例。

9A.3　含有不等式约束的二次规划

含有不等式约束的二次优化问题无解析解。因此，只能通过数值方法求解。在过去20 年中，随着计算机运算能力的大幅提高以及线性规划、二次规划的深入研究，数值方法求解变得越来越可靠以及越来越可行。最典型的方法是**有效集法**(active-set method)或**投影法**(projection method)。包括**内点法**(interior-point method)在内的其他方法也时常被用到[一]。在本节中我们会介绍有效集法，并对内点法做一个简短的介绍[二]。

一般的含有不等式约束的二次优化问题可以使用有效集法来求解，因此我们将比较详细地介绍该方法的操作步骤。[三]首先，我们将含有不等式约束的二次优化问题表述为如下一般形式：

$$\min_{x} \frac{1}{2} x' \mathbf{Q} x + c' x$$

$$a'_i x = b_i, \quad i \in E$$

$$a'_i x \geqslant b_i, \quad i \in I \tag{9A-17}$$

其中：$\mathbf{Q}$ 为正定矩阵；c 为列向量；每个 a_i 都是一个线性约束条件左端的系数向量，每个 b_i 是相应约束条件右端的常数；E 是等式约束对应的下标集合，I 是不等式约束对应的下标集合。

在有效集法中，我们考虑一系列工作集 W_k，它们是按一定规则选取的部分约束条

[一] 目前而言，含有不等式约束的二次规划的算法主要有两种：**有效集法**与**内点法**。两种方法均通过求解一系列仅含等式约束的子优化问题来求解原始优化问题。两种方法的差异主要体现在求解子优化问题的排列顺序上。在有效集法中，我们沿着约束条件所定义的可行集的边界来求解子优化问题。在内点法中，我们直接在可行集中求解优化问题。

[二] 大多数组合投资经理可以从他们所使用的商业软件中得到稳定的优化器。因此，这些介绍主要针对那些想要了解优化器背后原理的读者。一些优化器软件结合了多种算法，例如 RATS LQPROG，该软件将有效集法与共轭梯度法结合了起来。详见 Sharpe (1987)关于组合优化改进的一个有趣算法。

[三] 由于有效集算法比较复杂，以下关于有效集算法的描述，我们进行了适当的调整，以增加其可读性。关于算法几何含义和收敛性的严格证明等，请参见 Jorge Nocedal 和 Stephen J. Wright 的著作 *Numerical Optimization* 的第 16 章"Quadratic Programming"。——译者注

件对应下标的集合。每个工作集都包含所有的等式约束，同时也包含一部分不等式约束。对每个 W_k，我们都可以定义一个子优化问题如下：

$$\min_d \frac{1}{2}\mathbf{d}'\mathbf{Q}\mathbf{d} + \mathbf{g}_k'\mathbf{d}$$

$$\mathbf{a}_i'\mathbf{d} = 0, \quad i \in W_k \tag{9A-18}$$

其中

$$\mathbf{g}_k = \mathbf{Q}\mathbf{x}_k + \mathbf{c}$$

注意到这个子优化问题只有等式约束，所以可以用 9A.1 中的方法直接求解，记这个最优解为 $\mathbf{d_k}$。

以下就是带不等式约束的凸二次优化问题的有效集算法描述。算法从一个初始可行解 $\boldsymbol{x}_0$ 开始，按照一定规则逐步迭代，迭代中的每一个 $\boldsymbol{x}_k$ 都是原问题的可行解。

算法：有效集法

计算找到一个初始可行解 $\boldsymbol{x}_0$；

取 W_0 为 $\boldsymbol{x}_0$ 处有效约束的一个子集；

对于 $k = 0，1，2，\cdots$

　　求解 W_k 对应的子优化问题式(9A-18)，得到最优解 $\mathbf{d}_k$；

　　若 $\mathbf{d}_k = 0$

　　　　据式(9A-7)计算 $\mathbf{d}_k$ 的拉格朗日乘子 λ_i；

　　　　若 $\lambda_i \geqslant 0$ 对所有的 $i \in W_k \bigcap I$ 成立

　　　　　　当前 $\boldsymbol{x}_k$ 就是最优解，即 $\boldsymbol{x}^* = \boldsymbol{x}_k$，算法结束；

　　　　其他

　　　　　　令 $j = arg\ \min_{i \in W_k \cap I} \lambda_i$；　$\boldsymbol{x}_{k+1} = \boldsymbol{x}_k$；　$W_{k+1} = W_k \setminus \{j\}$；

　　其他(即当 $\mathbf{d}_k \neq 0$ 时)

　　　　计算 $\zeta_k = \min\left\{1，\min_{i \notin W_k，\mathbf{a}_i'\mathbf{d}_k < 0} \dfrac{b_i - \mathbf{a}_i'\mathbf{x}_k}{\mathbf{a}_i'\mathbf{d}_k}\right\}$；　令 $\boldsymbol{x}_k = \boldsymbol{x}_k + \zeta_k \mathbf{d}_k$；

　　　　若 $\zeta_k < 1$

　　　　　　$W_{k+1} = W_k \bigcup \{j\}$，其中 j 是 ζ_k 计算公式中，使内层 min 取极值的下标；

　　　　其他

　　　　　　$W_{k+1} = W_k$；

完

可以证明，上述算法会在有限步内结束，并输出原二次优化问题的最优解。

下面我们来介绍内点法。

在内点法（也被称作**罚函数法**）中，我们暂时放松不等式约束，并且给目标函数添加了一个罚函数。例如，如果优化问题中包含约束 $\mathbf{A}\boldsymbol{x} \leqslant \mathbf{b}$[一]，我们可以将矩阵 $\mathbf{A}$ 拆分为等式约束矩阵与不等式约束矩阵。特别地，令：

$$\mathbf{A} = \begin{bmatrix} \mathbf{A}_E \\ \mathbf{A}_I \end{bmatrix} = \begin{bmatrix} \mathbf{a}'_{E,1} \\ \vdots \\ \mathbf{a}'_{E,J} \\ \mathbf{a}'_{I,1} \\ \vdots \\ \mathbf{a}'_{I,L} \end{bmatrix} \tag{9A-19}$$

同样地，我们可以将向量 $\mathbf{b}$ 也拆分成等式部分与不等式部分，即：

$$\mathbf{b} = \begin{bmatrix} \mathbf{b}_E \\ \mathbf{b}_I \end{bmatrix} = \begin{bmatrix} b_{E,1} \\ \vdots \\ b_{E,J} \\ b_{I,1} \\ \vdots \\ b_{I,L} \end{bmatrix} \tag{9A-20}$$

那么，我们就可以将不等式约束以罚函数的方式来表示[二]：

$$P\left[\max(0, \mathbf{a}'_{I,1}\boldsymbol{x} - b_{I,1}) + \cdots + \max(0, \mathbf{a}'_{I,L}\boldsymbol{x} - b_{I,L})\right] \tag{9A-21}$$

我们同样可以将等式约束以罚函数的方式来表示：

$$P\left(|\mathbf{a}'_{E,1}\boldsymbol{x} - b_{E,1}| + \cdots + |\mathbf{a}'_{E,J}\boldsymbol{x} - b_{E,J}|\right) \tag{9A-22}$$

将上述罚函数加入到目标函数中，那么需要求解的最优化问题就变为[三]：

$$\min_{\boldsymbol{x}} \frac{1}{2}\boldsymbol{x}'\mathbf{Q}\boldsymbol{x} + \boldsymbol{c}'\boldsymbol{x}$$

[一] 注意此处讨论的问题与式（9A-17）定义的问题不再相同，这里的不等号表示两个向量间的关系，可以在不同的位置包括等于和小于等于。——译者注

[二] 原著下式最后一项为 $\max(0, \mathbf{a}'_{I,J}\boldsymbol{x} - b_{I,L})$，已根据文意更正。——译者注

[三] 原著下式中有一项为 $\max(0, \mathbf{a}'_{I,j}\boldsymbol{x} - b_{I,L})$，已根据文意更正。——译者注

$$+P\big[\max(0,\mathbf{a}'_{I,1}\boldsymbol{x}-b_{I,1})+\cdots+\max(0,\mathbf{a}'_{I,L}\boldsymbol{x}-b_{I,L})\big] \qquad (9\text{A-}23)$$

$$+P\big[\,|\mathbf{a}'_{E,1}\boldsymbol{x}-b_{E,1}|+\cdots+|\mathbf{a}'_{E,J}\boldsymbol{x}-b_{E,J}|\,\big]$$

其中，$P>0$ 代表惩罚的程度。在这个罚函数的简单公式中，我们应该了解目标函数是如何被修改的。例如，以第一个不等式约束为例，如果不满足该不等式约束，那么 $\mathbf{a}'_{I,1}$ $\boldsymbol{x}-b_{I,1}$ 将大于 0，乘以 P 之后将导致目标函数增大，因此阻碍了函数最小化的目标。如果满足了该不等式约束，那么 $\mathbf{a}'_{I,1}\boldsymbol{x}-b_{I,1}$ 将小于 0，那么，$\max(0，\mathbf{a}'_{I,1}\boldsymbol{x}-b_{I,1})=0$，因此不会对目标函数造成影响。所以，如果我们选取的惩罚值足够大，那么我们的最小化问题将会尽可能地避免违反不等式约束条件。有大量的方法来生成这些类型的内点或罚函数，并且可以通过各种算法来找到它们的解[⊖]。这些方法并非总是理想的，若 P 值很大，由于我们新的目标函数与真实的目标函数存在着很大的差异，因此我们所求得的解可能与真实解存在着很大的差异。当我们减小 P 值时，目标函数将越来越接近于真实目标函数，并且使得我们仍然处于可行集中。随着 P 值的逐渐减小，我们可能会求得真实解。

9A.4　数值示例

在加入一些不等式约束后，我们继续之前的数值示例。我们将使用有效集法来求解该优化问题。我们将加入 3 个不等式约束，即每只股票的权重均不小于 0，其中，第 2 只股票的权重不小于 0.10。因此，$\mathbf{w}\geqslant0$，$w_2\geqslant0.10$。在矩阵 A 中很容易引入这些不等式约束。事实上，含有 3 个不等式约束的最优化问题可以表示为[⊖]：

$$\min_{\mathbf{w}}\frac{1}{2}\mathbf{w}'\boldsymbol{\Sigma}\mathbf{w},\ \mathbf{A}\boldsymbol{x}\leqslant\mathbf{b} \qquad (9\text{A-}24)$$

其中：

$$\mathbf{A}=\begin{bmatrix} 1 & 1 & 1 \\ 0.100\ 162 & 0.164\ 244 & 0.182\ 082 \\ -1 & 0 & 0 \\ 0 & -1 & 0 \\ 0 & 0 & -1 \\ 1 & 0 & 1 \end{bmatrix} \qquad (9\text{A-}25)$$

⊖　对这一问题进一步的讨论，请参考 Luenberger（1989），第 12 章。
⊖　原著不等式约束为 $\mathbf{A}'\boldsymbol{x}\leqslant\mathbf{b}$，已根据文意更正。——译者注

$$\mathbf{b} = \begin{bmatrix} 1 \\ 0.15 \\ 0 \\ 0 \\ 0 \\ 0.90 \end{bmatrix} \tag{9A-26}$$

注意，我们将 $w_2 \geqslant 0.10$ 表述为 $w_1 + w_3 \leqslant 0.90$。根据我们所使用程序的类型，有时需要将最明显的约束转换一下表示方法。使用标准化的优化程序即可求解该优化问题，解得[⊖]：

$$\mathbf{w} = \begin{bmatrix} 0.369\ 9 \\ 0.100\ 0 \\ 0.530\ 1 \end{bmatrix} \tag{9A-27}$$

·习 题·

9.1　不含约束的均值-方差问题的解可以表示为：

$$\mathbf{w}^* = \frac{Y\boldsymbol{\Sigma}^{-1}\boldsymbol{\iota} - X\boldsymbol{\Sigma}^{-1}\boldsymbol{\mu}}{YZ - X^2} + \frac{Z\boldsymbol{\Sigma}^{-1}\boldsymbol{\mu} - X\boldsymbol{\Sigma}^{-1}\boldsymbol{\iota}}{YZ - X^2}\mu_P$$

其中：

$$X = \boldsymbol{\iota}'\boldsymbol{\Sigma}^{-1}\boldsymbol{\mu}$$
$$Y = \boldsymbol{\mu}'\boldsymbol{\Sigma}^{-1}\boldsymbol{\mu}$$
$$Z = \boldsymbol{\iota}'\boldsymbol{\Sigma}^{-1}\boldsymbol{\iota}$$

证明上述解可以通过仅含等式约束的二次优化问题的解 $\mathbf{x} = -\mathbf{Q}^{-1}[\mathbf{I} - \mathbf{A}'(\mathbf{AQ}^{-1}\mathbf{A}')^{-1}\mathbf{AQ}^{-1}]\mathbf{c} + \mathbf{Q}^{-1}\mathbf{A}'(\mathbf{AQ}^{-1}\mathbf{A}')^{-1}\mathbf{b}$ 所推导出。

9.2　请解释在什么情况下卖空是不可行的。

9.3　请解释为什么即使违反了传统的分散化约束条件，也可能实现真正的分散化。

9.4　一些计算机软件要求最小化问题中的每一个约束条件都必须是不等式约束。请将下列约束改写为不等式约束的形式：$\mathbf{w}'\boldsymbol{\mu} = \mu_P$，$\mathbf{w}'\boldsymbol{\iota} = 1$。

9.5　考虑下列方差最小化问题：

⊖　通过四次迭代即可求得该问题的解。

$$\min_{\mathbf{w}} \mathbf{w}' \boldsymbol{\Sigma} \mathbf{w}, \ \mathbf{w}' \boldsymbol{\mu} = \mu_P, \ \mathbf{w}' \boldsymbol{\iota} = 1$$

(a) 证明该问题等价于标准差的最小化问题。

(b) 一般地，我们可能考虑方差函数的最小化，即：

$$\min_{\mathbf{w}} f(\mathbf{w}' \boldsymbol{\Sigma} \mathbf{w}), \ \mathbf{w}' \boldsymbol{\mu} = \mu_P, \ \mathbf{w}' \boldsymbol{\iota} = 1$$

函数 $f(\cdot)$ 需要具有什么样的属性才能使得上述最小化问题等价于方差最小化问题？

9.6　考虑下列方差最小化问题：

$$\min_{\mathbf{w}} \mathbf{w}' \boldsymbol{\Sigma} \mathbf{w}, \ \mathbf{w}' \boldsymbol{\mu} = \mu_P, \ \mathbf{w}' \boldsymbol{\iota} = 1$$

以及预期收益率最大化问题：

$$\max_{\mathbf{w}} \mathbf{w}' \boldsymbol{\mu}, \ \mathbf{w}' \boldsymbol{\Sigma} \mathbf{w} = \sigma_P^2, \ \mathbf{w}' \boldsymbol{\iota} = 1$$

(a) 如果这两个优化问题具有相同的解 $\mathbf{w}$，那么组合的方差与预期收益率各是多少？

(b) 随着我们不断改变 μ_P 与 σ_P^2 的值，方差最小化问题与预期收益率最大化问题的解集是否相同？

9.7　考虑下列最小化问题：

$$\min_{\mathbf{w}} \mathbf{w}' \boldsymbol{\Sigma} \mathbf{w}, \ \mathbf{w}' \boldsymbol{\mu} = \mu_P, \ \mathbf{w}' \boldsymbol{\iota} = 1$$

拉格朗日函数被定义为：

$$\mathscr{L} = \mathbf{w}' \boldsymbol{\Sigma} \mathbf{w} + \lambda(\mu_P - \mathbf{w}' \boldsymbol{\mu}) + \lambda'(1 - \mathbf{w}' \boldsymbol{\iota})$$

此最小化问题的一阶条件等价于拉格朗日函数最小化对于 $\mathbf{w}$、λ 与 λ' 的一阶条件。λ 与 λ' 在一阶条件中所起到的作用是什么？

9.8　组合最优化问题可以表示为：

$$\min_{\mathbf{w}} \mathbf{w}' \boldsymbol{\Sigma} \mathbf{w} + \lambda \mathbf{w}' \boldsymbol{\mu}, \ \mathbf{w}' \boldsymbol{\iota} = 1$$

(a) 证明：给定 μ_P，存在 λ 使得该问题的解 $\mathbf{w}^*$ 满足 $\mathbf{w}^{*'} \boldsymbol{\mu} = \mu_P$。

(b) 请解释为什么 λ 可以被理解为组合投资经理对风险容忍度的一种衡量。

9.9　分层抽样的质量取决于层数以及每一层所抽取的样本个数。假设组合投资经理想要从 10 000 只股票中选取 100 只股票。第 1 种方法是将股票分为 5 层，每层选取 20 只股票。第 2 种方法是将股票分为 10 层，每层选取 10 只股票。在什么条件下，组合投资经理更偏好第 1 种方法。

9.10　什么是因子倾斜？请解释什么时候因子倾斜是可取的以及怎样完成因子倾斜。

9.11　证明最小化跟踪误差等价于最小化均方误差。均方误差的定义如下：

$$\mathrm{MSE}(r_P - r_B) = V(r_P - r_B) + \left[E(r_P - r_B) \right]^2$$

9.12　跟踪误差可以以另一种方式定义，即只关注下方标准差。也就是说，我们计算 $\min(r_P - r_B, 0)$ 的标准差，而非计算 $r_P - r_B$ 的标准差。那么这种定义方式会改变最优组合吗？

9.13 将风险最小化与跟踪误差最小化结合起来是非常容易的。请写出组合投资经理想要最小化组合风险与跟踪误差之和的最优化问题。

9.14 假设我们通过目标因子暴露法构建了一个组合。那么该组合的收益率可以表示为：

$$r_P = \alpha_P + \boldsymbol{\beta}'_B \mathbf{f} + \epsilon_P$$

其中，$\boldsymbol{\beta}_B$ 是比较基准的因子暴露。

(a) 用 $\mathbf{w}_P$、$\mathbf{w}_B$ 以及 $\boldsymbol{\Sigma}_\epsilon$（股票收益率残差项的方差–协方差矩阵）来表示组合的跟踪误差。

(b) 跟踪误差是有界的吗？

9.15 请描述在哪种情况下需要使用虚拟比较基准跟踪方法。

第 10 章

再平衡与交易成本

永远不变的只有变化本身。

——尼尔·皮尔特

10.1 引言

2000 年 10 月，得克萨斯永久学校基金（Texas Permanent School Fund）对其超过 2000 只股票的投资组合进行了再平衡。该再平衡项目涉及超过 40 名组合投资经理、5 亿股份以及 175 亿美元。在不考虑管理成本的情况下，仅交易成本便高达 1.2 亿美元[⊖]。虽然得克萨斯永久学校基金的再平衡问题在一定程度上被放大了，但是该问题给整个基金行业带来了深刻的教训：投资经理不能忽视交易成本。

几乎所有的组合在其存续期间都需要进行一定的调整，因而由此引发的周期性交易成本是不可避免的，这只是一个调仓频率与交易成本大小的问题。组合投资经理关于调整组合的决策被称为**再平衡决策**（rebalancing decision）。有 3 种情形可能会触发再平衡决策：现金流入、现金流出以及股票收益率模型的基本参数发生改变。现金流入与现金流出需要改变组合的持仓，在这种情况下，调整组合最简单的方法是基于当前组合的权重买入或卖出股票（面对现金的流入与流出存在更好的组合调整方法，我们稍后将会讨论这些方法）。股票收益率模型基本参数的变化并不意味着需要对组合进行调整。组合投资经理需要确定参数变化所带来的收益是否足以覆盖交易成本。假设组合调整所需的交易成

⊖ 详见 Plexusgroup（2002 年 4 月）。

本为 5 个基点(即总交易额的 0.05％),如果通过组合调整投资经理仅能将组合的预期收益率提高 3 个基点,那么投资经理就无法覆盖剩余 2 个基点的交易成本。

当组合投资经理决定对组合进行再平衡时,交易成本将会对最优组合的构成产生影响。在前面的章节中我们忽略了交易成本,一部分原因是:我们想要重点讨论建模以及构建组合的思想;另一部分原因是:对于初始组合的构建,交易成本并不会产生重要的影响。然而,当组合构建完成后,由于中途我们需要对组合进行调整,因此交易成本将会产生更大的影响。

交易成本会影响组合中股票的收益率。以股票 A 为例,由于交易不活跃,其交易成本高达 1％,但是其预期收益率同样高达 12％。同样,考虑股票 B,其交易成本比较低,只需要 10 个基点,同时其预期收益率为 10％。在不考虑交易成本的情况下,股票 A 与股票 B 的预期收益率相差 2％。然而,当考虑到交易成本后,在股票 A 上投资 100 美元后能获得 10.88 美元的投资回报,而在股票 B 上投资 100 美元后能获得 9.89 美元的投资回报[○]。因此,在考虑到交易成本后,两只股票的预期收益率相差不到 1％。这必定会对最优组合的构成产生影响。

在本章中,首先我们将讨论再平衡决策。然后,我们将讨论当考虑到交易成本时,最优组合会发生怎样的变化。在本章的最后一节,我们将讨论控制交易成本的方法。

10.2 再平衡决策

再平衡决策涉及两方面的问题:何时以及如何再平衡组合。从计量经济学的观点来看,第一个问题的答案是清晰的。我们用于选股的因子模型隐含了再平衡的确切时间。若我们使用月度收益率对模型进行估计,那么我们的最优组合仅在一个月内保持最优[○];若我们使用季度收益率对模型进行估计,那么我们的最优组合仅在一个季度内保持最优[○]。每当最优组合到期时,我们就必须对组合进行再平衡,这就是模型的周期性。我们将在本节的第一部分讨论模型的周期性。更具挑战的再平衡决策问题是:

○ 交易成本使得投资到股票 A 上的资金由 100 美元减少至 99 美元,其投资收益率为 12％或 11.88 美元。因此,到期时股票 A 的总市值为 110.88 美元。交易成本使得投资到股票 B 上的资金由 100 美元减少至 99.9 美元,其投资收益为 10％或 9.99 美元。因此,到期时股票 B 的总市值为 109.89 美元。

○ 换言之组合应当按月度进行调整。——译者注

○ 换言之组合应当按季度进行调整。——译者注

为了更新组合我们应该如何调整 α 或模型的其他参数。我们将在本节的第二部分讨论这一方面的再平衡问题。

10.2.1 再平衡与模型（重估）周期

金融经济学家发现股票收益率模型对于股票日收益率的预测能力不佳。模型是对历史收益率的近似模拟，而日收益率会受到特定的新闻与事件等模型未考虑到的因素的严重影响。在每小时收益率等极端例子中，模型的预测能力几乎为零。一些金融经济学家已经将股票收益率预测模型应用于股票的周收益率上，并取得了一定的效果。但是总的来说，股票的周收益率还是过于受到特定事件的影响。正因为此，大多数的金融研究均基于股票的月度收益率。另一方面，将模型应用于更长的期限也存在着风险，因为模型的参数可能会发生改变。例如，为了估计股票年收益率的 β 值，可能需要一个至少跨越 20 年的样本。然而，一只股票的 β 值是不可能在 20 年中保持恒定的。同样的问题也存在于股票的季度收益率中。考虑到预测能力与参数不稳定的风险，月度收益率算是一个折中可接受的解决方案。

月度再平衡是否真的是最优的路径取决于市场环境。市场可能在一个月中都非常平稳，那么（模型）不会发生什么根本性的变化。当然市场也可能大幅波动，那么这将迫使投资组合更加频繁地再平衡。大额现金流入（流出）等外部约束同样也会改变组合再平衡的频率。

我们的建议是：如果模型使用的是股票的月度收益率，那么每个月至少更新一次模型的估计。更新模型的估计并不一定导致组合的再平衡。组合投资经理只需要确保其所获得的信息已经更新，然后再决定是否需要对组合进行再平衡。

10.2.2 α 与其他参数的改变

股票收益率模型参数的改变同样会触发再平衡。回忆前面章节关于因子模型的讨论，股票收益率可以表示为：

$$r_i = \alpha_i + \beta_{i1} f_1 + \cdots + \beta_{iK} f_K + \epsilon_i \tag{10-1}$$

如果我们使用经济因子模型来预测股票收益率，那么我们应当留意 α 与因子暴露（β_{i1}, $\cdots$, β_{iK}）的变化。如果我们所使用的是基本面因子模型，那么我们应当关注的是 α 与因子溢价（f_1, $\cdots$, f_K）的变化。

参数随时都可能发生改变。公司行为以及商业环境中大的变动均会影响到模型的参数。例如，如果公司 A 与公司 B 合并，那么公司 A 的 α 与其他参数就会发生改变。如果政府对公司 A 的行为强加了新的限制，那么公司 A 的 α 与其他参数也可能发生改变。甚至首席执行官的退休也会影响到股票的参数。当然，也存在着一些不为公众所知的信息会导致股票参数的改变。如果组合投资经理基于私有信息来计算 α，那么 α 也会由于新的私有信息的冲击而发生改变。

量化组合投资经理应当始终从模型的角度去思考问题。如果一位投资经理读到了一条关于某只股票的负面新闻，那么他需要一点时间来考虑这条新闻是否会使得股票 α 或其他参数的值下降。

当投资经理认为参数发生了改变，那么就是重新估计模型的时候了。更新参数的值也就更新了每只股票的预期收益率与风险，随之最优组合也将发生改变。当找到了新的最优组合后，投资经理就可以比较再平衡所获得的收益与其所需要付出的交易成本，从而决定是否需要对组合进行再平衡。

10.3 理解交易成本

这里的**交易成本**一般指我们委托券商执行交易指令所付出的佣金。佣金取决于交易本身。不同的券商所收取的佣金可能不同；同一个券商对交易同一只股票所收取的佣金也可能不同，这取决于所交易股票的数量或金额。

组合投资经理同样需要注意两种隐性的交易成本，即**买卖价差**（bid-ask spread）与**价格冲击**（price impact）（冲击成本）。买卖价差是指投资者买入股票的价格（买入价）与卖出股票的价格（卖出价）之间的价差。买卖价差反映了特约做市商（以纽约证券交易所的股票交易为例）或其他做市商的操作成本与利润。一般而言，股票的流动性越低，其买卖价差越大。

计算买卖价差十分困难[⊖]。买卖价差并非是固定不变的，在任意给定的时刻，我们可能只能观察到买入价或者只能观察到卖出价。如果比较某一时刻的买入价与另一时刻的卖出价，那么就不能确定这两个数值之间的差值究竟是反映了均衡价格的变动，还是反映了买卖价差[⊖]。

⊖ 详见 Roll (1984)，Glosten (1987)，Glosten 与 Harris (1988)。

⊖ 纳斯达克的二级与三级报价允许使用者在任意时刻看到对于给定交易量的全国最优买入价与卖出价，这对于买卖价差的研究是有帮助的。

价格冲击是指大单(大额交易)对所观察的股票价格的影响。大单交易会影响股票的价格,从而会导致组合投资经理在买入股票时所付出的价格高于交易前的报价[⊖],而在卖出股票时所获得的价格低于交易前的报价[⊜]。随着交易规模占市场规模或股票日成交量比例的增加,价格冲击也会增加。对于大单交易而言,整个交易可能不会以某一相同的报价完成,所以平均成交价可能与交易前的报价有较大的差异。这个差异可以作为测量价格冲击成本的一种方式。

据估计,券商的平均佣金大约为交易额的 15 个基点,而价格冲击成本大约为 23 个基点。如果将延后交易的价格影响考虑在内,那么交易成本将会超过交易额的 1%。正如上文所述,小盘股的交易成本要大于大盘股的交易成本。大盘股与小盘股的平均交易佣金分别为 12 个基点与 22 个基点,而平均冲击成本分别为 20 个基点与 33 个基点。若将延后交易的价格影响考虑在内,小盘股的总交易成本将会超过 4%[⊜]。

通常,在交易执行之前是不可能预计确切的交易成本的。这对于价格冲击与买卖价差而言尤为正确。我们可以建立模型并做出有根据的推测,但这与知道确切的数据之间还有着非常遥远的距离[⊛]。

10.4　建立交易成本模型

由于交易成本具有复杂且不可预测的特性,因此通常设交易成本为交易额的一个固定比例。也就是说,我们选择一个常数(可能是 5 个基点或 10 个基点)近似地给出了每一美元交易额所需要支付的交易成本。记该常数为 c。因此,如果交易额为 10 美元,那么交易成本即为 $10c$。

总的交易额(TV)是比较容易确定的。记 V_t 为当前组合的总市值。记 $\{w_1^b, \cdots, w_N^b\}$ 为当前组合中个股的权重,$\{w_1^a, \cdots, w_N^a\}$ 为潜在组合(调整后组合)中个股的权重(b 代表"之前(before)",a 代表"之后(after)")。换言之,w_i^b 为当前组合中股票 i 的权

重，w_i^a 为预期组合中股票 i 的权重，那么 $V_t w_i^b$ 即为当前组合中股票 i 的持仓市值，$V_t w_i^a$ 即为预期组合中股票 i 的持仓市值。如果 $V_t w_i^a$ 大于 $V_t w_i^b$，那么意味着买入股票 i。如果 $V_t w_i^a$ 小于 $V_t w_i^b$，那么意味着卖出股票 i。在这两种情况中，$V_t w_i^a - V_t w_i^b$ 的差值即代表了买入或卖出股票的金额。因此，总的交易额即为个股交易额的简单加总：

$$TV = \sum_{i=1}^{N} |V_t w_i^a - V_t w_i^b| \qquad (10\text{-}2)$$

总交易成本即为总交易额的一个常数比例，即：

$$TC = cV_t \sum_{i=1}^{N} |w_i^a - w_i^b| \qquad (10\text{-}3)$$

最终我们需要将交易成本函数引入到我们的优化问题中。为此，我们将总交易成本（TC）改写为线性函数，即：

$$TC = V_t \sum_{i=1}^{N} c_i (w_i^a - w_i^b) \qquad (10\text{-}4)$$

其中：

$$c_i = \begin{cases} c, & 若 \ w_i^a > w_i^b \\ -c, & 若 \ w_i^a < w_i^b \end{cases} \qquad (10\text{-}5)$$

一旦按上述方法构建出方程，我们就能够将总交易成本表示为权重向量与交易成本向量的乘积。记当前组合的权重向量为 $\mathbf{w}^b$，预期组合的权重向量为 $\mathbf{w}^a$，即 $\mathbf{w}^b = \{w_1^b, \cdots, w_N^b\}$，$\mathbf{w}^a = \{w_1^a, \cdots, w_N^a\}$。同样，记交易成本向量为 $\mathbf{c}$，即 $\mathbf{c} = \{c_1, \cdots, c_N\}$。那么：

$$TC = V_t (\mathbf{w}^a - \mathbf{w}^b)' \mathbf{c} \qquad (10\text{-}6)$$

注意，$\mathbf{c}$ 的取值取决于 $\mathbf{w}^a$ 与 $\mathbf{w}^b$ 的值。因此，$\mathbf{c}$ 并非是一个常数，从数学的角度而言，它是 $\mathbf{w}^a$ 与 $\mathbf{w}^b$ 的函数（见式（10-5））。

我们可以将交易成本的讨论一般化，并允许不同的股票有不同的交易成本。考虑到买卖价差，特别是价格冲击，我们可以将交易成本表示为个股流动性的一个函数。例如，我们可以计算出每只股票的平均成交额并假设交易成本与成交额成反比。那么，向量 $\mathbf{c}$ 中元素的符号⊖与绝对数值可能都不相同⊜。

⊖ 指正负号。——译者注

⊜ 若交易成本不是交易额的一个常数比例，那么本节所定义的 c_i 就变为了交易额的非线性函数。例如，如果组合投资经理为交易支付一个固定金额的费用，那么 c_i 就与交易额成反比。当 c_i 非线性时，组合优化问题自然也就变成了非线性优化问题。一些商业软件有非线性规划的程序来处理这一问题，但是这些程序的可靠性差异很大。市场冲击同样能改变交易规模与交易成本之间的关系。这里存在着一种循环效应，即最优的交易规模取决于交易成本，而交易成本又反过来取决于交易规模。

10.5　有交易成本的组合构建

不管存在什么样的(约束)条件或成本,组合构建的原理始终是相同的。考虑到我们可能面临的任何约束,我们总是希望投资组合拥有最佳的收益-风险特征(在参照比较基准来管理投资组合的例子中,我们总是希望投资组合拥有最佳的收益-跟踪误差特征)。交易成本作为一个新的变量被引入到决定最优组合(或最优跟踪组合)的过程中,但是其并没有改变组合构建的原理。

10.5.1　有交易成本的最优组合

我们可以把有交易成本的组合最优化问题当作一个在给定预期收益率水平下最小化风险的问题。然而,在讨论组合的再平衡时,我们更喜欢用另一种等价方式来表述。具体而言,我们将最优化问题表述为最大化组合的风险调整后收益率,其中风险调整后收益率的定义是:预期收益率减去方差的函数。

首先,我们重新计算考虑交易成本后的组合预期收益率。如果组合的预期收益率为 μ_P,市值为 V_t,那么在持有期末组合的市值为 $V_t(1+\mu_P)$。然而,组合投资经理需要支付 $(V_t\mathbf{w}^a - V_t\mathbf{w}^b)'\mathbf{c}$ 的交易成本,因此在计算期末市值时要将该项考虑进去。也就是说,我们需要在期末的市值中减去 $(V_t\mathbf{w}^a - V_t\mathbf{w}^b)'\mathbf{c}(1+\mu_P)$。类似地,我们需要从预期收益率中减去交易成本,即:

$$有效预期收益率 = \mu_P - (\mathbf{w}^a - \mathbf{w}^b)'\mathbf{c} - (\mathbf{w}^a - \mathbf{w}^b)'\mathbf{c}\mu_P \tag{10-7}$$

有效预期收益率由三部分组成。第一项为组合的总预期收益率。第 2 项为交易成本以组合市值的占比来表示⊖,需要从总预期收益率中减去。最后一项是交易成本的时间价值。由于交易成本是在期初而非期末支付的,那么组合投资经理会面临两项损失,其一是直接支付的交易成本,其二是无法用于再投资并创造利润的机会成本。有效预期收益率的第 2 项与第 3 项反映了这两项损失。

⊖　注意,我们在此并没有对组合的持有期限进行调整。我们假定预期收益率表示的是相应投资期限的预期收益率,即如果组合投资经理计划 6 个月后对投资组合进行再平衡,那么 μ_P 代表 6 个月的预期收益率。只要预期收益率表示的是相应投资期限的预期收益率,我们就没有必要去调整交易成本 $\mathbf{c}$。一些组合投资经理通过分期摊销交易成本来反映持有期限,但是更为简单的等价方式是重新申明 μ_P。

相对于真实的交易成本与预期收益率而言，交易成本的时间价值非常小。例如，如果交易成本为交易额的 0.1%，预期收益率为 1%，那么交易成本的时间价值仅为 0.001%。因此，在之后的讨论中，我们忽略交易成本的时间价值项[⊖]。

为了得到风险调整后收益率的表达式，我们引入一些符号。令 $\boldsymbol{\mu} = \{\mu_1, \mu_2, \cdots, \mu_N\}$ 为股票预期收益率向量，即 μ_i 为股票 i 的预期收益率。令 $\boldsymbol{\Sigma}$ 为股票收益率的方差-协方差矩阵，即：

$$\boldsymbol{\Sigma} = \begin{bmatrix} \sigma_1^2 & \sigma_{12} & \cdots & \sigma_{1N} \\ \sigma_{21} & \sigma_2^2 & \cdots & \sigma_{2N} \\ \vdots & & & \\ \sigma_{N1} & \sigma_{N2} & \cdots & \sigma_N^2 \end{bmatrix} \tag{10-8}$$

其中 σ_i^2 为股票 i 收益率的方差，σ_{ij} 为股票 i 与股票 j 收益率之间的协方差。那么 $\mu_P = \mathbf{w}^{a\prime}\boldsymbol{\mu}$ 即为目标组合的预期收益率，$\sigma_P^2 = \mathbf{w}^{a\prime}\boldsymbol{\Sigma}\mathbf{w}^a$ 即为目标组合收益率的方差。我们设**风险厌恶系数**为 A，那么我们定义风险调整后的收益率为 $\mu_P - A\sigma_P^2$。因此，$A=2$ 意味着组合投资经理认为方差上升 1% 与预期收益率上升 2% 等价。

使用前面的公式并将交易成本考虑进来，风险调整后的收益率即变为：

$$\text{风险调整后的有效收益率} = \mu_P - (\mathbf{w}^a - \mathbf{w}^b)'\mathbf{c} - A\mathbf{w}^{a\prime}\boldsymbol{\Sigma}\mathbf{w}^a$$
$$= \mathbf{w}^{a\prime}(\boldsymbol{\mu} - \mathbf{c}) + \mathbf{w}^{b\prime}\mathbf{c} - A\mathbf{w}^{a\prime}\boldsymbol{\Sigma}\mathbf{w}^a \tag{10-9}$$

在满足：

$$\mathbf{w}^{a\prime}\boldsymbol{\iota} = 1 \tag{10-10}$$

及其他约束条件的情况下，通过求解式(10-9)的最大值，即可求得最优组合。

尽管式(10-9)看起来像一个典型的二次方程，但事实上它是高度非线性的。交易成本向量 $\mathbf{c}$ 取决于权重向量 $\mathbf{w}^a$（见式(10-5)）。因此，使用常规的二次优化方法无法求解该问题。在附录 10A 中，我们介绍了一个简单的方法来求得该问题的一个近似解。

10.5.2　有交易成本的跟踪组合

如果组合投资经理更关心组合的跟踪误差而非组合的总风险，那么投资经理应该

⊖　如果我们不忽略交易成本的时间价值项，那么下一节的优化问题将变得更加复杂；有效预期收益率将从权重的线性函数变为权重的二次函数（这里假设了 c_i 是已知常数。——译者注）。所幸，交易成本的时间价值项在大多数情况下都非常小。

最大化跟踪误差调整后的有效收益率而非风险调整后的有效收益率。

回忆之前章节的内容，我们知道组合的跟踪误差（TE）被定义为组合收益率 r_P 与比较基准收益率 r_B 之差的标准差。

$$TE^2 = V(r_P) - 2C(r_P, r_B) + V(r_B)$$
$$= \mathbf{w}'\boldsymbol{\Sigma}\mathbf{w} - 2\mathbf{w}'\boldsymbol{\gamma} + V(r_B) \tag{10-11}$$

其中：

$$\boldsymbol{\gamma} \equiv C(\mathbf{r}, r_B) \tag{10-12}$$

在第 9 章中，我们解释过上式最后一项并不取决于权重向量，因此在优化问题中只需使用前两项。

跟踪误差厌恶系数 A 衡量了投资经理对组合跟踪误差平方的厌恶程度。跟踪误差调整后的有效收益率变为：

$$跟踪误差调整后的有效收益率 = \mathbf{w}^{a\prime}(\boldsymbol{\mu} - \mathbf{c}) + \mathbf{w}^{b\prime}\mathbf{c} - A[\mathbf{w}^{a\prime}\boldsymbol{\Sigma}\mathbf{w}^a - 2\mathbf{w}^{a\prime}\boldsymbol{\gamma}] \tag{10-13}$$

为了找到最优跟踪误差组合，我们在附带约束条件的情况下最大化跟踪误差调整后的有效收益率。为了求解该优化问题，我们可以忽略不含 $\mathbf{w}^a$ 或 $\mathbf{c}$ 的项，因此只需要在权重之和等于 1 与其他约束条件下求解下式：

$$\max_{\mathbf{w}^a} \mathbf{w}^{a\prime}(\boldsymbol{\mu} - \mathbf{c} + 2A\boldsymbol{\gamma}) + \mathbf{w}^{b\prime}\mathbf{c} - A\mathbf{w}^{a\prime}\boldsymbol{\Sigma}\mathbf{w}^a \tag{10-14}$$

由于 $\mathbf{c}$ 是 $\mathbf{w}$ 的函数，因此，常规的二次优化方法无法求解该问题。在附录 10A 中，我们介绍了一个简单方法来求得该问题的一个近似解。

10.6　现金流的处理

正如我们在本章引言中提到的，投资经理有时在常规的再平衡计划之外也需要再平衡组合，至少在追加投资时需要再平衡组合。现金流入与流出便需要这种额外的组合再平衡。本节我们将讨论一些常见的方法来帮助组合投资经理降低由现金流所带来的交易成本。第一种方法是：将现金临时投资在股指期货或交易型开放式基金（ETF）上，当有更好的机会时（如计划中的下一个再平衡期）再将这部分现金投入组合。第二种方法是：买入特定的（如流动性比较好的）股票，以便通过较少的交易达到组合的目标权重。

10.6.1 使用期货与 ETF 基金降低交易成本

对于每日都面临现金流入与流出的组合投资经理而言，对每一笔现金流都相应地调整组合是不现实的⊖。对于典型的基金而言，日常现金流相对于基金的资产而言一般较小，并且基金的申购往往能够抵消基金的赎回。对于这类基金，其现金净流入可以临时投资于现金或货币市场工具，并且不会对组合的收益率造成不利的影响。这部分投资可以作为基金的现金缓冲来解决一些小额的赎回，从而避免了将股票变现。然而，对发生大额日内现金净流入的基金而言，持有较多的现金储备将会对组合的收益率产生负面影响，特别是在低利率的环境中。同样地，如果现金流出较多，投资经理无法依赖现金缓冲来应对基金的赎回，那么其只能被迫变现部分股票。如果某些股票的流动性较低或买卖价差较大，那么股票变现问题将会变得十分严重。

在这种情况下，投资经理最好通过以下两种方法之一来调整其组合的暴露，其一是使用现金购买股指期货，其二是使用现金购买 ETF，所购买的 ETF 一般要求其所投资的行业与本基金所投资的行业相同或高度相关。当美国证券交易委员会解除了共同基金投资于 ETF 的某些限制后，投资于 ETF 近来就成为许多基金的一种更可行的解决方案。尽管存在很多的行业 ETF，但投资经理仍然倾向于使用期货，原因在于期货相对于 ETF 存在着 3 个明显的优势：①在日常交易时间，期货的流动性更强；②期货在全球电子交易系统（GLOBEX）中能够盘后交易；③期货的收益存在税务优惠，因为期货的收益可以部分地被视作长期收益，部分地被视作短期收益。

10.6.2 向着最优权重目标再平衡

无论是在发生现金流时还是在常规的再平衡时，组合投资经理均需要进行一些必要的交易，以保证组合中的个股能够保持最优的权重。假设组合每个月进行一次再平衡并且月末会发生现金流，当每月进行组合的再平衡时，投资经理可以通过交易来保持初始最优组合的权重，或者通过交易使得组合的权重达到模型更新或重估后所获得的新的最优组合的权重。在月末投资经理面临现金流时，其可以通过这种方式来进行交易，从而使得组合向初始的或者新的最优目标权重靠近。在下面的小节，我们将讨

⊖ 本节是对 Chincarini（2004）研究的一个简单概括。

论一种算法，该算法使得投资经理在对组合进行常规的再平衡或者在面对现金流时都能够实施最优交易。在分析中，我们不包括交易成本。但是我们需要指出：通过减少交易额，我们能够降低税务成本与直接的交易成本。

1. 标准的再平衡

标准的再平衡假设组合投资经理已经确定了其需要进行再平衡的组合的股票目标权重。如果组合是被动跟踪比较基准的，那么比较基准的个股权重即为目标权重。除非自上次再平衡日之后，投资经理重新构建了一个新的最优组合，否则标准的再平衡策略需要卖出上次再平衡日至本次再平衡日这段时间以来表现较好的股票并买入表现较差的股票。你可能会感到奇怪，为什么要买入表现较差的股票。原因在于组合投资经理所关心的是组合中股票的相对权重，而非个股在该时间区间的收益率。表现相对较好的股票在组合中的相对权重将会增大，从而导致股票当前的权重高于目标权重；而表现相对较差的股票在组合中的相对权重将会减少，从而导致股票当前的权重低于目标权重。组合的再平衡意味着使股票的权重回归于目标权重。

为了叙述方便，我们引入一些符号。记 w_i^b 为组合再平衡之前股票 i 的权重，w_i^a 为股票 i 的目标权重，p_i 为股票 i 的每股价格，s_i^b 为再平衡之前组合中股票 i 的持股数，s_i^a 为标组合中股票 i 的持股数。在任意时刻 t，当前组合权重与目标组合权重分别记为：

$$w_{i,t}^b = \frac{p_{i,t}s_{i,t}^b}{V_t} \tag{10-15}$$

$$w_{i,t}^a = \frac{p_{i,t}s_{i,t}^a}{V_t} \tag{10-16}$$

在任意时刻，我们都可以计算目标权重与当前组合权重之间的差值，并使用该差值来对组合进行再平衡。那么，在任意时刻 $t+1$，我们需要买入或卖出的每只股票的股数为：

$$x_{i,t} = s_{i,t}^a - s_{i,t}^b = \frac{w_{i,t+1}^a}{p_{i,t+1}}(V_{t+1} + C_{t+1}) - s_{i,t}^b \tag{10-17}$$

其中，V_{t+1} 为 $t+1$ 时刻组合再平衡之前的市值，C_{t+1} 为 $t+1$ 时刻组合中现金的流入（流出）。如果需要卖出股票，那么 $x_{i,t+1}$ 为负数；如果需要买入股票，那么 $x_{i,t+1}$ 为正数。需要注意的是，这些式子并没有考虑买卖价差与价格冲击，这两个因素会对组合的再平衡过程略有影响并且会产生相应的成本。

2. 例子

本例中需要进行再平衡的组合由 7 只股票构成(股票 A 至股票 G)。表 10-1 给出了 t 时刻与 $t+1$ 时刻的投资组合。在 t 时刻,组合的市值为 6 173.75 美元,在 $t+1$ 时刻组合的市值上升至 6 367.50 美元。在 t 时刻,组合中的股票为目标最优权重,但是随着股票价格在 t 至 $t+1$ 时间区间的变动,组合偏离了目标权重。下表给出了 t 时刻(最优权重)与 $t+1$ 时刻(出现偏离的权重)权重的差异。表中买卖数量一行给出了根据式(10-17)所计算的能够使得组合回归最优权重的结果。

表 10-1 标准的再平衡

日 期		股票持有量						
		A	B	C	D	E	F	G
t	每股价格	90	34.5	23.062 5	65.125	72	4	20
	持有股数	20	20	20	20	20	20	20
	权重	0.291 6	0.111 8	0.074 7	0.211 0	0.233 2	0.013 0	0.064 8
$t+1$	每股价格	94	32	21	68	79	4.25	20.125
	持有股数	20	20	20	20	20	20	20
	权重	0.295 2	0.100 5	0.066 0	0.213 6	0.248 1	0.013 3	0.063 2
	再平衡后持股数	19.749 9	22.239 2	22.653 6	19.755 5	18.799 9	19.414 3	20.499 5
	买卖股数	−0.250 1	2.239 2	2.653 6	−0.244 5	−1.200 1	−0.585 7	0.499 5
	调整后的权重	0.291 6	0.111 8	0.074 7	0.211 0	0.233 2	0.013 0	0.064 8
	市值(美元)	1 856	712	476	1 343	1 485	83	413

3. 使用现金流来进行没有(股票)卖出的再平衡

与通过交易完全实现目标最优组合相比,只执行这些交易当中的一部分通常可以使得组合比较好地向最优组合靠近,同时还能降低组合再平衡的成本。由于组合再平衡时要卖出获利的股票,那么就需要考虑到相关的税务成本。同样地,再平衡过程中的股票买卖也会产生交易成本。因此,投资经理可以选择不卖出股票,而仅买入那些当前权重低于目标权重的股票。尽管该方法无法立即使得组合再平衡(即回归目标权重),但是该方法使得组合向目标最优组合的方向移动。运用流入现金能够轻易地使得组合向目标最优组合的方向移动,只需要根据目标最优权重的比例的买入相应的股票即可。然而,通过某种现金流投资的算法能够使得组合向目标最优组合的方向移动得更快。

最简单的方法就是按照目标权重的比例将流入现金分配到组合的股票上。因此,如果需要在 $t+1$ 时刻将 C_{t+1} 美元的现金注入投资组合中,那么所需购买的股票数量

$x_{i,t+1}$为：

$$x_{i,t+1} = C_{t+1} w^a_{i,t+1} / p_{i,t+1} \qquad (10\text{-}18)$$

经此过程调整所得到的新的权重将会介于调整前组合的权重与目标最优权重之间。新的权重与目标权重的接近程度取决于C_{t+1}相对于V_{t+1}的大小。

4. 例子

我们回到之前股票 A 至股票 G 的例子中。现在，我们不再实施标准的再平衡，而是根据目标权重将流入现金成比例的分配到组合中，以此实施组合的再平衡。

投入现金C_{t+1}＝2 000 美元。我们可以从表 10-2 中看到调整后的权重在向目标权重**缓慢地**靠近。

表 10-2　根据目标权重买入股票进行再平衡

日　期		股票持有量						
		A	B	C	D	E	F	G
t	每股价格	90	34.5	23.062 5	65.125	72	4	20
	持有股数	20	20	20	20	20	20	20
	权重	0.291 6	0.111 8	0.074 7	0.211	0.233 2	0.013	0.064 8
$t+1$	每股价格	94	32	21	68	79	4.25	20.125
	持有股数	20	20	20	20	20	20	20
	权重	0.295 2	0.100 5	0.066	0.213 6	0.248 1	0.013 3	0.063 2
	买卖股数	6.203 3	6.985 2	7.115 4	6.205 1	5.905 0	6.097 9	6.438 8
	调整后持股数	26.203 3	26.985 2	27.115 4	26.205 1	25.905 0	26.097 9	26.438 8
	调整后的权重	0.294 4	0.103 2	0.068 1	0.213 0	0.244 6	0.013 3	0.063 6

另一种使得组合更快地向目标权重靠近的方法是：只投资于那些当前权重低于其目标权重的股票。将投资组合中所有的股票分为两组，一组股票的当前权重大于其目标权重（即$w^b > w^a$），另一组股票的当前权重小于其目标权重（即$w^b < w^a$）。注意，应该在现金注入组合**之后**再计算这些权重。那么当现金注入组合之后，股票的权重为：

$$w^b_{i,t+1} = \frac{s^b_{i,t+1} p_{i,t+1}}{V_{t+1} + C_{t+1}} \qquad (10\text{-}19)$$

组合中每只股的权重均需要与其相应的目标权重（$w^a_{i,t+1}$）做比较。我们需要计算出每只低于其目标权重的股票所应当分配的现金。假设有$n_u(i=1，\cdots，n_u)$只股票的权重低于其目标权重。记股票i上所分配的现金为$c_{i,t+1}$，那么我们就能够确定每只股票上所需要分配的现金为：

$$c_{i,t+1} = w^a_{i,t+1}(V_{t+1} + C_{t+1}) - s^b_{i,t+1} p_{i,t+1} \qquad (10\text{-}20)$$

得到 $c_{i,t+1}$ 后[⊖]，我们还需要计算它们的总和：$\sum_{i=1}^{n_s} c_{i,t+1}$。然后，我们计算该总和与 C 之间的差值。该差值代表个股的资金缺口 $(x_{s,t+1})$，它等于 $C_{t+1} - \sum_{i=1}^{n_s} c_{i,t+1}$。该值总是小于等于 0。只有当资金充足到可以实现精确的组合再平衡时，该值才会等于 0。当资金不足以使低配股票回归目标权重时，该值小于 0。此时，分配至每只股票的资金将会等比例减小[⊖]。每只股票所需要买入的股数 $x_{i,t+1}$ 为：

$$
x_{i,t+1} = \begin{cases} \dfrac{c_{i,t+1}}{p_{i,t+1}} & \text{若} \quad x_{s,t+1} = 0 \\[3mm] \dfrac{c_{i,t+1}}{p_{i,t+1}} \dfrac{C_{t+1}}{\sum_{i=1}^{n_s} c_{i,t+1}} & \text{若} \quad x_{s,t+1} < 0 \end{cases} \tag{10-21}
$$

相对于简单地按目标权重成比例买入股票的再平衡方法而言，上述买入股票的再平衡方法的优势在于其能够使得组合向目标组合更快速地移动。

投资经理或许想要知道究竟需要多少现金才能运用这种买入低配股票的方法来实现（精确的）组合再平衡。通过以下几个步骤即可计算出所需要的现金。第 1 步是找出那些在现金注入前超配的个股。假设有 n_o 只这样的股票。第 2 步是计算在新的现金注入之前每只超配股票所超配的比例：

$$
\frac{w_{i,t+1}^b}{w_{i,t+1}^a} - 1 \tag{10-22}
$$

第 3 步是找出这些值中的最大值，即：

$$
\max\left[\frac{w_{1,t+1}^b}{w_{1,t+1}^a} - 1, \ \frac{w_{2,t+1}^b}{w_{2,t+1}^a} - 1, \cdots, \frac{w_{n_o,t+1}^b}{w_{n_o,t+1}^a} - 1\right] \tag{10-23}
$$

最后一步是用第 3 步找出的最大值乘以组合在时刻 $t+1$ 的总市值 V_{t+1}。该结果即为使得当前组合达到目标组合所需要的最小金额。

5. 例子

本例所使用的投资组合与之前的两个例子相同。然而，在本例中，再平衡方法试

⊖ 式中关于 $c_{i,t+1}$ 的计算等价于 $c_{i,t+1} = (V_{t+1} + C_{t+1})(w_{i,t+1}^a - w_{i,t+1}^b)$。其中，组合权重的计算考虑了新增现金 C_{t+1} 的注入。

⊖ 当资金缺口等于 0，即当 $\sum_{i=1}^{n_u} c_{i,t+1} = C_{t+1}$ 或等价的 $\sum_{i=1}^{n_u}(w_{i,t+1}^a - w_{i,t+1}^b) = C_{t+1}/(V_{t+1} + C_{t+1})$ 时，组合将达到目标权重。仅当所有的股票均"低配"时这种情况才会发生，这时每只股票都将分配到一些现金额度。

图以更快的速度向目标权重靠近。表 10-3 的第 4 行给出了投入新的现金后组合中个股的权重。这些值是通过式(10-19)计算得到。第 5 行给出了每只股票所应当分配的现金额度，通过式(10-20)计算得到。第 6 行给出了每只股票所应当买入的股数。最后，本表的最后一行计算了注入新的现金后，组合中个股的最新权重。可以看到，与之前所使用的简单地按目标权重成比例买入股票的再平衡方法相比，本例中所使用的方法能够使得组合更快地向目标权重移动。对于本例而言，在不卖出股票的情况下，仅需406.48 美元即可实现完美的再平衡。

表 10-3　买入低配股票进行再平衡

日　　期		股票持有量						
		A	B	C	D	E	F	G
t	每股价格	90	34.5	23.062 5	65.125	72	4	20
	持有股数	20	20	20	20	20	20	20
	权重	0.291 6	0.111 8	0.074 7	0.211	0.233 2	0.013	0.064 8
t+1	现金流入后的权重	0.224 7	0.076 5	0.050 2	0.162 5	0.188 8	0.010 2	0.048 1
	现金分配	559.603 2	295.181 2	205.148 3	405.324	371.682 5	23.426 8	139.634
	买入股票数量	5.953 2	9.224 4	9.768 9	5.960 6	4.704 8	5.512 1	6.938 3
	每股价格	94	32	21	68	79	4.25	20.125
	最新的持股数	27.178 7	30.604 4	31.174 6	27.186 5	25.871 4	26.716 9	28.210 4
	调整后的权重	0.291 6	0.111 8	0.074 7	0.211	0.233 2	0.013 0	0.064 8

当组合发生净现金流入时，我们应当使用没有股票卖出的再平衡过程。相应的对称算法适用于当组合发生净现金流出时，这时再平衡过程中只会发生股票卖出(没有股票买入)。同样地，最优的卖出方式也能降低交易成本与税务成本。

10.7　结论

大部分的组合管理理论均讨论了不考虑交易成本的组合最优化问题。不幸的是，一些最好的组合管理策略涉及交易流动性较差或成本较高的股票。事先考虑到组合的交易成本能够为组合节省很大一笔开支[⊖]。对于一个紧密跟踪比较基准的量化组合投资经理而言，交易成本对组合业绩一个细微的影响就可能导致组合业绩大幅低于比较基准。因此，我们讨论了在构建跟踪组合(tracking portfolios)时，如何将交易成本考虑

⊖　事实上，一位耶鲁大学的教授与本书的一位作者商议过依据"异象"策略成立一只基金。然而，当他们考虑到交易成本后，他们发现基金的表现要逊色于大盘指数。

进优化问题的方法。这些方法能够帮助投资经理避开那些在交易前看起来有着很高的α，但实际上一旦考虑交易成本之后α很低甚至为负的股票。

本章我们也讨论了一些能够降低交易成本的比较基本的方法，这些方法适用于频繁发生现金流入或流出的投资组合。虽然这些方法操作简单，但是对于由现金流所引发的再平衡，它们能够非常有效地降低交易量。同时其也允许投资经理在一段时间内分批交易，以避免对组合造成突然而剧烈的价格冲击。

通过关注显性的交易成本，组合投资经理可以节省一大笔开支。而通过关注隐性成本（如资本利得税、红利税），他们能够节省更多的开支。我们将在下一章讨论税务管理方面的关键问题。

附录 10A　最优组合问题的近似解

由式(10-9)与式(10-14)所表示的优化问题均不是$\mathbf{w}^a$的二次函数，因此无法使用传统的二次优化器求解。我们可以尝试使用非线性优化器，但这样也不一定能找到问题的解。本附录主要介绍了一种能够找到这类问题近似解的简单方法。

式(10-9)与式(10-14)之所以是非线性的，是因为在求解问题之前我们不知道需要卖出哪只股票以及需要买入哪只股票。假设我们能够事前知道这些信息，那么问题就与往常一样变成二次规划问题了。因此，为了避免非线性，我们需要在求解式(10-9)与式(10-14)之前就确定买卖哪些股票。

我们建议使用如下捷径。首先，我们在求解优化问题时忽略交易成本，即求解：

$$\max_{\mathbf{w}^a} \mathbf{w}^a \boldsymbol{\mu} - A\mathbf{w}^{a\prime} \boldsymbol{\Sigma} \mathbf{w}^a \tag{10A-1}$$

使得：

$$\mathbf{w}^{a\prime} \boldsymbol{\iota} = 1 \tag{10A-2}$$

且满足其他约束条件。令该问题的解为$\mathbf{w}^* = \{w_1^*, \cdots, w_N^*\}$。然后定义交易成本向量$\mathbf{c} = \{c_1, \cdots, c_N\}$，其中：

$$c_i = \begin{cases} c & \text{若} \quad w_i^* > w_i^b \\ -c & \text{若} \quad w_i^* < w_i^b \end{cases} \tag{10A-3}$$

也就是说，我们基于不考虑交易成本的最优化问题的求解结果来确定需要买卖哪些股票。一旦我们确定了买卖哪些股票，我们就可以把这个结果作为约束条件纳入式(10-9)与式(10-14)。以式(10-14)为例，需要求解的问题变为：

$$\max_{\mathbf{w}^a} \mathbf{w}^{a\prime}(\boldsymbol{\mu} - \mathbf{c}) - A\mathbf{w}^{a\prime}\boldsymbol{\Sigma}\mathbf{w}^a \qquad (10A\text{-}4)$$

使得：

$$\mathbf{w}^{a\prime}\boldsymbol{\iota} = 1 \qquad (10A\text{-}5)$$

$$\begin{aligned} w_i^a > w_i^b, & \quad i \in \{i \,|\, w_i^* > w_i^b\} \\ w_j^a < w_j^b, & \quad j \in \{j \,|\, w_j^* < w_j^b\} \end{aligned} \qquad (10A\text{-}6)$$

且满足其他约束条件。现在 $\mathbf{c}$ 是一个固定的约束且不依赖于 $\mathbf{w}^a$（只需要满足附加的约束条件），因此我们可以使用传统的二次优化器来求解该问题。

· 习 题 ·

10.1 请描述可能触发组合再平衡的事件。

10.2 "如果组合投资经理需要卖出组合中的一部分以满足现金流出的需求，并且如果模型的参数没有发生任何改变，那么组合投资经理没有任何理由改变组合的权重。"该陈述正确吗？

10.3 考虑一个包含 100 只股票的组合，其个股权重分别为 w_1, $\cdots$, w_{100}。
   (a)如果有一只股票被剔除出了组合，并且如果组合投资经理想要保持剩余 99 只股票的相对权重不发生改变，那么剩余股票的新的权重分别是多少？
   (b)如果组合投资经理需要在组合中纳入一只新的股票，并且令其权重为 w_{101}，那么最初 100 只股票的新的权重分别是多少？

10.4 假设我们使用月度数据来估计一个经济因子模型。
   (a)从模型的估计来看，我们用预测的股票月度收益率乘以 12 来预测股票的年化收益率是可能的。那么允许我们这么做的隐含假设是什么？
   (b)请解释为什么当模型的周期与再平衡的频率相同时会比较好。

10.5 考虑下列经济因子模型：

$$r_{it} = \alpha_i + \beta_i f_t + \epsilon_{it}$$

使用 $t=1$ 至 $t=T$ 的观察值，我们得到了 $\hat{\alpha}_i^{(T)}$ 与 $\hat{\beta}_i^{(T)}$。使用 $t=1$ 至 $t=T+1$ 的观察值，我们得到了 $\hat{\alpha}_i^{(T+1)}$ 与 $\hat{\beta}_i^{(T+1)}$。我们想要检验参数是否发生了改变。
   (a)$\hat{\beta}_i^{(T)}$ 与 $\hat{\beta}_i^{(T+1)}$ 是相互独立的吗？
   (b)$\hat{\beta}_i^{(T)}$ 与 $\hat{\beta}_i^{(T+1)}$ 之间的协方差是多少？

(c)当原假设是 β 没有发生改变时，找出 t 统计量的表达式。

10.6 在交易成本的框架下，评估某公司的红利再投资计划。

10.7 什么是买卖价差？为什么在实际中很难观察买卖价差？

10.8 在纽约证券交易所，买卖价差由做市商决定。请解释在下列情形中做市商是将扩大还是缩小买卖价差。

(a)交易量在下降。

(b)限价单越来越多。

(c)公司将要公告盈利。

10.9 请解释交易成本的各项构成，包括隐性成本与显性成本。

10.10 请解释为什么小盘股的交易成本高于大盘股。

10.11 一种简单地控制交易成本的方法是：确定多大比例的**日均成交额**（ADV）可作为组合中任意股票权重的上限。由每只股票权重所被允许的最大值所组成的向量被记为 $\mathbf{w}_{\mathrm{cADV}}$。写出用来寻找最优组合的最优化问题，并包含以下约束条件：投资经理所购买股票的市值（美元）小于权重的临界值。

10.12 为了建立一个考虑交易成本的最优化问题，我们需要调整股票的预期收益率，即计算交易成本调整后的股票预期收益率。假设 1 美元的交易将会产生 5 美分的交易成本。

(a)如果股票 A 的月度预期收益率为 1％，那么其交易成本调整后的月度预期收益率是多少？

(b)如果股票 A 的年化预期收益率为 15％，那么其交易成本调整后的年化预期收益率是多少？

(c)请解释在考虑到交易成本时，为什么无论是月度收益率还是年化收益率，我们都从预期收益率中减去相同的百分比。

10.13 记 w_i^b 为当前组合中股票 i 的权重，w_i^a 为将要构建的新组合中股票 i 的权重。记 c_i 为股票 i 的交易成本。

(a)如果股票 i 的预期收益率为 μ_i，那么股票 i 的交易成本调整后的预期收益率是多少？

(b) w_i^a 对交易成本调整后的预期收益率的边际效应是多少？请解释为什么该边际效应可以是正数。

10.14 如果你持有一只交易成本很高的股票，那么很可能你**未来**的交易成本也很高，因为最终你将卖出该股票。这反映出仅考虑**当前**的交易成本可能是不够的。如何修改构建组合的最优化问题才能将未来的交易成本也考虑进来？

10.15 请解释期货与 ETF 在控制交易成本方面的优势。

第 11 章

税 务 管 理

受过教育的标志是能够在不接受一种思想的情况
下对思想本身进行思考。

——亚里士多德

11.1 引言

詹姆斯·加兰(James Garland)对应税投资的一项研究表明，"当游戏结束时，那些在税务与费用上损失最少的人将会是最大的赢家"。[一]在投资游戏中，赢家是那些不仅知道如何赚钱而且知道如何保住盈利的人。许多投资经理似乎忘记了这个显而易见的道理。加兰的研究表明，1971~1995 年，典型的共同基金将其约 44％的总收益作为税负上缴给了政府。毫无疑问，典型的基金经理将大量的精力放在了管理基金上，但是他们的努力仅保住了一半多一点的收益。

通过制定一个坚实的税务管理策略，典型的投资经理能够从美国政府手中保住更多的组合收益。在投资世界中税负决非一成不变。投资经理的投资决策可以缓解或加剧组合的税负，这将会对投资收益带来显著的影响。投资经理可以使用两种类型的税务管理方法：被动管理与主动管理。**被动管理**着眼于当组合投资经理必须将股票变现时如何最小化组合的税负。3 种主要的被动管理方法分别为：股利收入管理、计税单位管理(tax-lot management)以及资本利得/亏损管理(capital gain and loss management)。

㊀　详见 Garland (1997)。

主动管理的目的是创造额外的税务优势，而与投资经理是否需要变现（股票）无关。表 11-1 对各种税务管理方法进行了总结。

表 11-1　税务管理方法概述

分　类	方法名称	描　述
被动管理	股利管理	如何构建符合投资者股利收益率的组合
	计税单位管理	当需要将股票变现并已经选定了具体的股票时，确定应该卖出哪些计税单位
	资本利得/亏损管理	当需要将股票变现时，确定应该卖出哪些股票
主动管理	亏损收割	当无须将股票变现时，如何对组合进行再平衡

本章首先描述了蕴含在所有税务管理方法中的基本原则。为了正确理解税务管理工具，认真学习这些原则是非常必要的。当学习了税务管理原则之后，我们将讨论表 11-1 中所列举的税务管理方法。这些方法适用于受美国税收政策约束的投资者，但投资于海外股票的投资者，以及不受美国税收政策约束的投资者仍将从这些讨论中受益，因为许多国家基础的税务结构与美国相同，并且税务管理原则适用于任何地方（这些组合管理方法不适用于免税账户，如个人退休账户与 401(k)）。

11.2　股利、资本利得与资本亏损

为了理解税务管理原则，我们先简单地回顾一下美国国税局是如何对投资收益征税的。当考虑到税务时，主要涉及 3 种类型的投资收益：股利、长期资本利得/亏损以及短期资本利得/亏损。资本利得与资本亏损的税务处理方式是不对称的，因此实际存在着 5 种类型的投资收益。

个人纳税者曾经以普通的个人所得税税率缴纳股利所得税[⊖]。这意味着政府事实上对股利进行了双重征税：一次是对分配股利的公司征收公司所得税，另一次是当个人收到股利时再对股利征收个人所得税。美国国会在 2003 年试图修正这一重复征税问题[⊖]。在新的法案下，个人所得的股利以低于普通个人所得税的税率征收。2006 年，股利所得税税率为 5%～15%，因股利获得者的收入水平不同而有所不同。新的法案降低了双重征税的影响，但是并没有将之完全消除。金融经济学家已经提出警告：公

⊖　个人资本利得税与股利所得税在不同历史时期存在着较大的变化。总的来说，税务管理的思想仍然有效。然而，对于一个组合投资经理而言，由于面对着各种不同的客户，因此其所运用的税务管理方法可能不同。

⊖　《就业和经济增长减税协调法案》（2003），新的股利所得税税率有效期至 2008 年。

司仍然会出于税务的考虑选择保留收益而非分配股利，因此投资者应该注意股利所得税结构的进一步调整。

与个人投资者不同，公司的股利收入在计入应税收入时可以大比例冲抵○。2006税年，公司大约可以冲抵 70％的股利收入（若获得股利的公司占发放股利公司 20％以上的股权，那么其可以冲抵 80％的股利收入）。剩余的股利收入按公司所得税税率纳税。给定平均的公司所得税税率 35％，那么大多数公司为股利收入所支付的有效税率为 10.5％。允许股利冲抵的原因是为了避免对公司收入三重征税。发放股利的公司要交公司所得税，收取股利的个人要交个人所得税。如果获得股利的公司将所获得的股利再次分配给股东，假设该公司需要全额承担税负，那么个人所得的股利收入将被第三次征税。

关于股利所得税需要记住一件很重要的事，不管是否进行股利再投资，股利均会被征收同样的税。这就显得股利所得税制度更加的不公平。那些收到股利后立刻将股利再投资于相同股票的投资者只是白白地支付了股利所得税。如果公司不支付股利而是将其作为留存收益，股价也会上涨同样的幅度，并且由于不用支付股利所得税，投资者的税后收益率将更高。

就股利所得税而言，个人投资者并未从中获利。那些将股利收入再投资的投资者只是白白地支付了股利所得税。而那些希望保留股利的投资者可以简单通过将部分股票变现的方式获得同样的现金而无须支付股利所得税。既然任何投资者均可以"自制股利"（synthetic dividend）来满足其现金需求，那么投资者根本不需要公司分配股利。

当个人投资者卖出股票时，虽然避免了股利所得税，但是存在着潜在的资本利得税。当卖出股票并实现利润时将会征收资本利得税○。账面资本利得（或"账面利润"）无须缴纳资本利得税。例如，如果某投资者以 10 美元/股的价格买入 100 股 XYZ 的股票，并且当股价上涨到 20 美元/股时该投资者仍然持有股票，那么其所拥有的未实现的资本利得为 1 000（＝10×（20－10））美元。直到投资者卖出该股票并实现资本利得时，才会被征收资本利得税。

○ 管理股票的对冲基金通常这样设计其法律结构，以便允许过手税（pass-through taxation）。也就是说，基金本身并不纳税，收入、收益以及亏损均"过手"到投资者，由投资者直接负担税款。根据美国《投资公司法》（1940），管理股票的共同基金需要将其收益与股利的 98％分配给投资者，以避免纳税。因此共同基金的投资者最终承担了税负。因此，税务管理技术能够极大地提高对冲基金与共同基金投资者的收益。

○ 当平掉空头头寸并实现资本利得时，同样需要缴纳资本利得税。

税收制度区分了长期资本利得(持有 1 年以上)与短期资本利得(持有不足 1 年)。短期资本利得按普通个人或公司所得税税率纳税。长期资本利得在税收上有一些优惠。2006 税年,长期资本利得适用的最高税率为 15%。对于低收入的个人而言,资本利得税率为 5%。因此,对于按 35%缴纳个人所得税的投资者来说,其所支付的短期资本利得税要比长期资本利得税的两倍还多。对于许多公司而言,也是同样的情况。为什么政府会给予长期资本利得税收上的优惠呢?这可能是希望通过嘉奖长期投资者以抑制市场的"投机性投资"。

资本亏损同样会影响到纳税。与资本利得一样,资本亏损也分为长期资本亏损与短期资本亏损。若个人纳税者有一项长期资本亏损,那么这项资本亏损可以首先冲抵长期资本利得,若有剩余,然后再冲抵短期资本利得。若个人纳税者有一项短期资本亏损,则先冲抵短期资本利得,若有剩余,然后再冲抵长期资本利得。所有经上述冲抵仍有剩余的资本亏损,无论长期或短期,均可以冲抵其他类型的收入。

公司资本亏损的处理方式基本类似,除了公司的资本亏损在冲抵资本利得后的剩余不能用来冲抵其他类型的(应税)收入。若资本亏损大于资本利得,那么差额将先用于冲抵已发生资本利得,若仍有剩余,再冲抵未来的资本利得。在所有的情况下,资本亏损均可以用来冲抵未来的资本利得。

11.3　税务管理原则

每一个了解其所有应税项目的投资者均能想出降低其税负的方法。当设计税务策略时需要谨记 4 点税务管理原则:

(1)个人纳税者应该避免股利收入,但对于公司而言,其能够更从容地应对股利所得税;

(2)实现一项长期资本利得要好于实现一项短期资本利得;

(3)实现一项资本亏损要好于实现一项长期资本利得;

(4)所有投资者应当推迟实现资本利得并加快实现资本亏损。

第 1 条原则由我们所了解的对个人与公司不同的股利所得税征收方案得出。股利所得税使得那些并不打算从自己的组合中提现的个人投资者承受了不必要的负担,而对于那些需要现金的个人投资者,可以通过"自制股利"的方式获得现金并避免纳税。

因此个人投资者应该避免股利收入。另一方面，对于公司而言，相对于资本利得，公司更喜爱股利收入（只要公司有现金需求）。公司的股利所得税税率要低于资本利得税税率，因此股利为公司提供了相对便宜的现金流。

第 2 条原则简单反映了长期资本利得税税率低于短期资本利得税税率的事实。第 3条原则基于这样一个事实，即无论是长期资本利得还是短期资本利得均增加了应税收入，而资本亏损则降低了应税收入。

第 4 条原则基于货币的时间价值，即今天 1 美元的价值要大于明天 1 美元的价值。只要利率为正[⊖]，你就可以在今天投资 1 美元而在明天收取 1 美元的本金再加上额外的利息。通过加快实现资本亏损，可以减少税负，从而使得投资者当前有更多的资金用于投资。通过推迟实现资本利得，投资者可以推迟纳税，从而使得投资者有更多的资本来进行投资。

通过遵守税务管理原则，投资者能够节省多少钱呢？表 11-2 列出了潜在的节省金额。实现 1 美元的长期资本利得比实现 1 美元的短期资本利得能够节省 20 美分（对于个人所得税税率为 35%，以及长期资本利得税税率为 15% 的投资者）。用 1 美元长期资本亏损替代 1 美元长期资本利得能够节省 30 美分[⊖]。推迟 1 年支付 1 美元的长期资本利得将推迟 15 美分的税负 1 年。若平均的投资收益率为 10%，那么这相当于节省了1.5 美分。然而，这额外的 1.5 美分也将以长期资本利得税税率纳税，因此投资者只留下 1.5 美分中的 1.28 美分。但是，这 1.28 美分所代表的是未来的价值，因此我们需要用当前 8.5% 的税后资本收益率将其折现，从而得到 1.18 美分。因此节省总额事实上为1.18 美分。同样地，今天而非下一年实现 1 美元的投资亏损也会节省税负 1.18 美分。

表 11-2　税务管理原则所节省的金额

投 资 收 入	税　　负	节 省 金 额
1 美元的短期资本利得	35 美分	
1 美元的长期资本利得	15 美分	20 美分
1 美元的长期资本利得	15 美分	
1 美元的长期资本亏损	−15 美分	30 美分

⊖　利率几乎总是正数。通货膨胀调整后的真实利率有时可能为负，但这种情况非常少见。

⊖　当然，用 1 美元的长期资本亏损替换 1 美元的长期资本利得并不容易。这里的计算只是为了说明上的方便。

（续）

投 资 收 入	税 负	节 省 金 额
当前的 1 美元长期资本利得	15 美分	
1 年后的 1 美元长期资本利得	13.82 美分	1.18 美分
1 年后的 1 美元长期资本亏损	−13.82 美分	
当前的 1 美元长期资本亏损	−15 美分	1.18 美分

注：我们假设纳税者其普通收入所适用的个人所得税税率为 35％，且长期资本利得税税率为 15％。假设平均投资收益率大约为 10％。表中大多数计算都是简单易懂的。对于最后两行，读者应当注意应计收益也需纳税，因此导致了不同。一年后的 1 美元长期资本利得的税负（13.82 美分），是当前的 1 美元长期资本利得的税负（15 美分）减去其在一年时间产生税后利息（1.28 美分）的现值（1.18 美分）。

11.4 股利管理

税务管理原则的第 1 条表明：对于按个人所得税税率缴纳股利所得税的个人投资者而言，应当购买低股利的股票。另一方面，公司更偏好高股利的股票，而非高资本利得低股利的股票。因此，构建一个具有合适的股利收益率水平的组合被称为**股利管理**（dividend management），或有时被称为**收益率管理**（yield management）。

正如之前我们所解释的，以个人身份纳税的投资者并不能从股利中获利。因为，如果他们需要现金，那么他们可以通过卖出部分组合的方式来"自制股利"。如果他们不需要现金，那么股利只是增加了额外的税负。

组合投资经理可能采用的一种方法是完全避免购买支付股利的股票。为了达到该目的，组合投资经理只需简单地将"无股利约束"加入最优化问题中即可。给定股票的股利率 $\mathbf{d}=(d_1，\cdots，d_N)$ 与组合中个股的权重 $\mathbf{w}=(w_1，\cdots，w_N)$，那么组合的股利率即为个股股利率的加权平均 $\sum_{i=1}^{N} w_i d_i$，或用向量表示为 $\mathbf{w}'\mathbf{d}$。因此，无股利约束可以表示为：

$$\mathbf{w}'\mathbf{d} = 0 \tag{11-1}$$

令 $\boldsymbol{\mu}$ 为个股预期收益率组成的向量，$\boldsymbol{\Sigma}$ 为股票收益率的方差-协方差矩阵，A 为风险厌恶系数。那么，为了找到最优组合，只需要求解下列问题：

$$\max_{\mathbf{w}} \mathbf{w}'\boldsymbol{\mu} - A\mathbf{w}'\boldsymbol{\Sigma}\mathbf{w} \tag{11-2}$$

并使得股票权重之和为 1，即：

$$\mathbf{w}'\boldsymbol{\iota} = 1 \tag{11-3}$$

同时满足式(11-1)的无股利约束与其他约束条件。

　　尽管找到无股利支付的最优组合是可行的,但这并不是最好的做法。我们最终可能会漏掉一些能够真正使得组合最优化的股票。例如,可能有一些股票虽然支付股利,但是量化模型预测其可能有非常高的 α。一个比排除所有支付股利的股票更好的方法是对支付股利的股票处以一定的惩罚。设股票 i 的年化股利率为 d_i,即投资 1 美元于股票 i 将会产生 d_i 的年化股利。若股利所得税税率为 τ_d,那么股利所带来的税务负担为 $\tau_d d_i$。若股票 i 在组合中的权重为 w_i,那么组合收益率将减少 $\tau_d w_i d_i$。考虑组合中所有的股票,那么组合收益率将减少 $\sum_{i=1}^{N} \tau_d w_i d_i$,或向量表示 $\tau_d \mathbf{w}' \mathbf{d}$。预期收益率被减少的这部分可以作为对支付股利股票的惩罚[⊖]。因此,我们可以从优化问题式(11-2)的风险调整后收益率中减去这部分惩罚:

$$\text{风险调整后的有效收益率} = \mathbf{w}' \boldsymbol{\mu} - A\mathbf{w}' \boldsymbol{\Sigma} \mathbf{w} - \tau_d \mathbf{w}' \mathbf{d}$$

$$= \mathbf{w}' (\boldsymbol{\mu} - \tau_d \mathbf{d}) - A\mathbf{w}' \boldsymbol{\Sigma} \mathbf{w} \tag{11-4}$$

新的最优化问题是最大化式(11-4)中的风险调整后有效收益率,并使得其解满足式(11-3)的约束条件。

　　现在,让我们考虑公司或支付公司所得税的投资者。只要股利收入没有超过公司所需要的现金总额,那么支付公司所得税的投资者就会更偏好股利[⊖]。事实上,若没有提取现金的需求,股利对支付公司所得税的投资者与支付个人所得税的投资者同样不利。因此,将股利收入计划与公司的现金提取计划匹配起来是非常有意义的。假设 d_p 的股利率恰好能获得足够的股利来满足现金流出的需求。给定股票的股利率 $\mathbf{d} = (d_1, \cdots, d_N)$ 与组合中股票的权重 $\mathbf{w} = (w_1, \cdots, w_N)$,那么组合的股利率即为个股股利率的加权平均 $\sum_{i=1}^{N} w_i d_i$,或用向量表示为 $\mathbf{w}' \mathbf{d}$。为了达到目标股利率,我们可以在式(11-2)的最优化问题中加入"目标股利约束":

$$\mathbf{w}' \mathbf{d} = d_p \tag{11-5}$$

⊖　如果计划提取现金,那么很容易调整支付股利股票的惩罚。如果股利总额超出了计划提取的现金总额,那么惩罚即为多余股利所需要支付的税负。如果股利没有超出计划提取的现金,那么股利的支付将不会增加税负。然而,如果股利收入使得其他的税务管理技术难以实施,那么最好还是避免买入支付股利的股票。

⊖　即使是对于公司而言,提取现金更好的方法仍然是卖出表现较差的股票,但是在很多情况下,由于一些隐秘的原因致使这种方法是不可行的。

也就是说，新的最优化问题是求解式(11-2)使得其解满足式(11-3)与式(11-5)的约束条件。

加入目标股利率之后，上述问题可能无解。因为如果目标股利率太高，而股票池中并没有足够的高股利股票，那么该最优化问题无解。即使问题有解，解得的组合可能也并非真正的最优组合；我们可以通过设定一个不同的股利率构造出更好的投资组合。因此，我们将目标股利约束问题一般化为对偏离目标股利率的惩罚。

如果股利收入小于提取现金的需求，那么就需要卖出一部分组合来获得现金。如果所需现金的提取率为d_p，组合的股利率为$\mathbf{w}'\mathbf{d}$，那么每一美元所需要变现的金额为$(d_p-\mathbf{w}'\mathbf{d})$。尽管我们不能确定卖出股票所应缴纳税负的确切值，但我们可以对此进行估计。由于组合的预期收益率为$\mathbf{w}'\boldsymbol{\mu}$，那么投资于组合的每1美元在期末将获得$\mathbf{w}'\boldsymbol{\mu}$美元的资本利得。若我们卖出$(d_p-\mathbf{w}'\mathbf{d})$美元，那么实现的资本利得为$(d_p-\mathbf{w}'\mathbf{d})\mathbf{w}'\boldsymbol{\mu}$美元。若适用长期资本利得税税率$\tau_l$，那么每一美元的税负即为$\tau_l(d_p-\mathbf{w}'\mathbf{d})\mathbf{w}'\boldsymbol{\mu}$美元。给定股利所得税税率为$\tau_d$，那么由于偏离目标股利率，每一美元投资所增加的税负为$(\tau_l-\tau_d)(d_p-\mathbf{w}'\mathbf{d})\mathbf{w}'\boldsymbol{\mu}$。这实际上降低了预期收益率，并可以将该项看作偏离目标股利率的惩罚。因此，我们可以从最优化问题式(11-2)中的风险调整后收益率中将该项减去：

$$\text{风险调整后的有效收益率} = \mathbf{w}'\boldsymbol{\mu} - A\mathbf{w}'\boldsymbol{\Sigma}\mathbf{w} - (\tau_l-\tau_d)(d_p-\mathbf{w}'\mathbf{d})\mathbf{w}'\boldsymbol{\mu} \qquad (11\text{-}6)$$
$$= \mathbf{w}'\boldsymbol{\mu}[1 - (\tau_l-\tau_d)(d_p-\mathbf{w}'\mathbf{d})] - A\mathbf{w}'\boldsymbol{\Sigma}\mathbf{w}$$

仅当股利率小于或等于所需现金的提取率时，该风险调整后的有效收益率才适用。不管是对于支付公司所得税的投资者还是对于支付个人所得税的投资者，太多的股利支付均是不利的。因此，我们需要加入组合股利率$\mathbf{w}'\mathbf{d}$小于或等于现金提取率的约束条件，即：

$$\mathbf{w}'\mathbf{d} \leqslant d_p \qquad (11\text{-}7)$$

新的最优化问题即为最大化式(11-6)中的风险调整后的有效收益率，并使得其解满足式(11-3)与式(11-7)。

11.5 计税单位管理

税务管理原则的第2条和第3条说明：投资者应当先于资本利得实现资本亏损，

先于短期资本利得实现长期资本利得。优先实现某种资本亏损或某种资本利得的方法被称为**计税单位管理**（tax-lot management，或**计税单位会计**）。为了讨论计税单位管理，我们假定组合投资经理通过最优化的方法已经确定了需要卖出的股票以及相应的数量。

让我们通过一个简单的例子来理解计税单位管理的机制。如表 11-3 所示，假定你在 6 个不同的时间点购买了 30 股 XYZ 的股票，并且今天你想要卖出 10 股股票。假设今天是 2006 年 3 月 1 日，股票当前的市场价格为 20 美元。那么卖出 30 股中的哪一部分重要吗？从税务的角度来看，这个问题确实重要。由于是在不同的日期以不同的价格分批买入股票的，因此导致股份是不相同的。如果卖出的股份是在 2004 年 6 月 5 日所买入的，那么将实现资本利得，并产生长期资本利得税。如果卖出的股份是在 2004 年 1 月 10 日所买入的，那么将实现长期资本亏损，并能够冲抵应税收入。对于其他时间点所买入的股票，将实现短期资本利得或短期资本亏损。每一种情况下所需要缴纳的税负都是不同的。

表 11-3　股票 XYZ 的计税单位

购买时间	购买数量	购买价格（美元）	利得/亏损（美元）	长期/短期	税负（美元）
2004 年 1 月 10 日	5	22	−2	长期	−0.3
2004 年 6 月 5 日	5	18	2	长期	0.3
2005 年 2 月 12 日	5	24	−4	长期	−0.6
2005 年 3 月 16 日	5	23	−3	短期	−1.05
2005 年 12 月 19 日	5	19	1	短期	0.35
2006 年 1 月 24 日	5	21	−1	短期	−0.35

注：当前的日期设定为 2006 年 3 月 1 日，股票当前的市价设定为 20 美元。为了计算税负，我们使用了 35% 的长期资本利得税税率与 15% 的短期资本利得税税率。

为了计算税负，每一条买入记录均被称为一个**计税单位**。因此，当你想要卖出 10 股 XYZ 的股票时，你拥有 6 个计税单位可供选择。这里有两条原则来帮助你实现税负最小化。[⊖]

（1）首先卖出具有最大亏损的计税单位。接着按亏损的降序卖出其他的计税单位，直至所有亏损的计税单位全部卖出。

⊖　若我们考虑到整个组合的净资本利得与亏损，那么这里所谈到的计税单位选择原则就可能不是最优的。若组合中其他股票同时存在着足够的短期已实现的净利得与长期已实现的净利得，那么更好的做法可能是先考虑短期资本亏损，再考虑长期资本亏损。当然，这将影响总的净资本利得与亏损，也将影响其他股票的最优计税单位的卖出决策。因此，当卖出一只特定的不影响组合中其他股票的股票时，应当考虑这些简单的原则。更一般的计税单位的选择方法考虑了整个组合的净资本利得与亏损，我们将在 11.7 节讨论。

（2）对于剩余的计税单位，选择适当的资本利得税税率（长期或短期）来分别计算税负。优先卖出具有最小税负的计税单位。

在表 11-3 中，我们已经计算了每一个计税单位潜在的税负，其中假设长期资本利得税税率为 35%，短期资本利得税税率为 15%。根据上面两条原则，为了卖出 10 股 XYZ 的股票，我们应当卖出 2005 年 2 月 12 日与 2005 年 3 月 16 日的计税单位。如果需要卖出更多的股份数，那么可以依次卖出 2004 年 1 月 10 日、2006 年 1 月 24 日、2004 年 6 月 5 日与 2005 年 12 月 19 日的计税单位。

越来越多的券商为客户自动地进行计税单位的管理，因此组合投资经理并不需要对此费心[⊖]。然而，组合投资经理需要知道计税单位管理以及其背后的逻辑。

11.6 计税单位数学方法

想要深入研究具体的计税单位会计，通常需要使用复杂的数学符号。这些符号必定涉及 3 个元素：股票、计税单位买入的时间以及当前时间。为了避免三重下标，我们引入了一个全新的简化符号来表示计税单位会计。

我们仅用上标来区分当前投资组合与新投资组合，而不再使用下标来表示当期。我们使用上标 b（"before"）来表示当前组合，使用上标 a（"after"）表示新组合。因此，w_i^b 表示当前组合中股票 i 的权重，而 w_i^a 表示新组合中股票 i 的权重。类似地，s_i^b 表示当前组合中股票 i 的股份数，而 s_i^a 表示新组合中股票 i 的股份数。V^b 表示当前组合的市值，V^a 表示新组合的市值。$V^a - V^b$ 表示净现金流入。仅当存在现金流入或现金流出时 V^a 与 V^b 才不相同。

为了区分计税单位，我们将计税单位记为股票指标 i 与时间指标 t 的组合。换言之，计税单位 (i, t) 表示在时间 t 所购买的股票 i 的股份数。股票指标 i 的取值为 1 至 N，其中 N 为股票池中的股票总数。时间指标 t 取值为 1 至 T，其中 T 表示当期。

一个特定计税单位的数量现在可以用两个下标来表示。我们在字母上添加波浪线（～）来表示计税单位。例如，$\tilde{w}_{i,t}^b$ 为当前组合中计税单位 (i, t) 的权重，$\tilde{w}_{i,t}^a$ 为新组合

⊖ 然而，许多券商使用美国国税局所默认的先进先出会计方法。相对于本章中所使用的根据简单原则所计算的税负，在很多情况下先进先出法将产生更高的税负。

中计税单位(i, t)的权重。$\widetilde{s}_{i,t}^{b}$为当前组合中计税单位(i, t)的股份数，$\widetilde{s}_{i,t}^{a}$为新组合中计税单位(i, t)的股份数。T表示当期，因此$\widetilde{s}_{i,T}^{a}$为新组合所需要买入的股票i的股份数，$\widetilde{w}_{i,T}^{a}$为相应的权重（$\widetilde{s}_{i,T}^{b}$与$\widetilde{w}_{i,T}^{b}$应当等于0）。向量表达式由相似的方法定义。例如，$\mathbf{w}^{a} = (w_{1}^{a}, \cdots, w_{N}^{a})$为新组合中股票的权重向量，而$\widetilde{\mathbf{w}}^{a} = (\widetilde{w}_{1,1}^{a}, \cdots, \widetilde{w}_{1,T}^{a}, \cdots, \widetilde{w}_{N,1}^{a}, \cdots, \widetilde{w}_{N,T}^{a})$为新组合中计税单位的权重向量。

计税单位与股票之间存在着简单的数量关系。一只股票的计税单位权重之和等于组合中该股票的权重，一只股票的计税单位股份数之和等于组合中该股票的总股份数，即：

$$w_{i}^{b} = \sum_{t=1}^{T} \widetilde{w}_{i,t}^{b}, \quad w_{i}^{a} = \sum_{t=1}^{T} \widetilde{w}_{i,t}^{a} \tag{11-8}$$

$$s_{i}^{b} = \sum_{t=1}^{T} \widetilde{s}_{i,t}^{b}, \quad s_{i}^{a} = \sum_{t=1}^{T} \widetilde{s}_{i,t}^{a} \tag{11-9}$$

11.7 资本利得与资本亏损管理

税务管理原则第3条背后的驱动因素是关于资本利得与资本亏损的。实现资本亏损可以减少税务负担，而实现资本利得则会增加税务负担。因此，为了使得税务负担最小化，组合投资经理应该卖出资本亏损最大或资本利得最小的个股。资本利得与资本亏损是一套决定股票卖出的系统性的方法。

在某种意义上，资本利得与资本亏损管理使得计税单位管理的概念一般化了。在计税单位管理的小节中，我们没有考虑需要卖出哪些股票，因为我们假设投资经理已经事先确定了。资本利得与资本亏损管理提供了一个首先确定需要卖出哪些股票，然后确定如何卖出这些股票的方法。

为了使得问题更容易处理，我们假设组合现金流出与股利收入之差是给定的。同时，我们规定只能卖出股票而不允许买入股票。引用上一节的符号，组合投资经理需要通过卖出一些当前持仓的股票而获得$V^{b} - V^{a}$美元的现金。组合投资经理所能做的是将所有股票的计税单位按潜在资本亏损排序，并依次卖出潜在亏损最大的计税单位，直到能够满足现金流出的需求。计税单位(i, t)的潜在资本利得为$\widetilde{s}_{i,t}^{b}(p_{i,T} - p_{i,t})$，其中$p_{i,T}$为股票$i$的当前价格，$p_{i,t}$为买入价，$\widetilde{s}_{i,t}^{b}$为组合中该计税单位的股份数。我们将所有计税单位$(i_1, t_1)$，$(i_2, t_2)$，…按资本利得的降序排名，即：

$$p_{i_1,T} - p_{i_1,t_1} \leqslant p_{i_2,T} - p_{i_2,t_2} \leqslant \cdots \tag{11-10}$$

然后，我们从中选取 M 个计税单位(i_1, t_1)，(i_2, t_2)，…，(i_M, t_M)，直到满足现金流出的需求，即：

$$\widetilde{s}^b_{i_1,t_1} p_{i_1,T} + \cdots + \widetilde{s}^b_{i_M,t_M} p_{i_M,T} = V^b - V^a \tag{11-11}$$

尽管该方法能够使税负最少，但是它会改变组合的风险特征，甚至可能使得组合偏离最优化组合。一个更好的办法是将税负作为最优化问题的附加约束条件。为了达到该目的，我们先计算出确切的税负。假定长期资本利得税税率为 τ_l，短期资本利得税税率为 τ_s。假定从计税单位(i, t)中卖出 $\widetilde{s}^b_{i,t} - \widetilde{s}^a_{i,t}$ 数量的股份。那么计税单位(i, t)的税负为：

$$\tau_{i,t}(p_{i,T} - p_{i,t})(\widetilde{s}^b_{i,t} - \widetilde{s}^a_{i,t}) \tag{11-12}$$

其中，若 $T-t$ 大于 1 年，则 $\tau_{i,t} = \tau_l$，若 $T-t$ 小于 1 年，则 $\tau_{i,t} = \tau_s$。我们可以用权重来表示上式：

$$\tau_{i,t}(p_{i,T} - p_{i,t})\left(\frac{V^b \widetilde{w}^b_{i,t}}{p_{i,T}} - \frac{V^a \widetilde{w}^a_{i,t}}{p_{i,T}}\right) = \tau_{i,t}\left(\frac{p_{i,T} - p_{i,t}}{p_{i,T}}\right)(V^b \widetilde{w}^b_{i,t} - V^a \widetilde{w}^a_{i,t}) \tag{11-13}$$

用语言表述，该式表明税负等于税率$(\tau_{i,t})$，资本增长率$[(p_{i,T} - p_{i,t})/p_{i,T}]$，与卖出金额$(V^b \widetilde{w}^b_{i,t} - V^a \widetilde{w}^a_{i,t})$三者的乘积。总税负等于各计税单位税负之和，总税率等于总税负除以组合市值：

$$总税率 = \sum_{i=1}^{N} \sum_{t=1}^{T-1} \tau_{i,t}\left(\frac{p_{i,T} - p_{i,t}}{p_{i,T}}\right)\left(\frac{V^b}{V^a}\widetilde{w}^b_{i,t} - \widetilde{w}^a_{i,t}\right) \tag{11-14}$$

用向量表示为：

$$总税率 = \tau'\left(\frac{V^b}{V^a}\widetilde{\mathbf{w}}^b - \widetilde{\mathbf{w}}^a\right) \tag{11-15}$$

其中 τ，$\widetilde{\mathbf{w}}^a$ 与 $\widetilde{\mathbf{w}}^b$ 分别为 $\tau_{i,t}[(p_{i,T} - p_{i,t})/p_{i,T}]$，$\widetilde{w}^a_{i,t}$ 与 $\widetilde{w}^b_{i,t}$ 的向量表示。给定构建新组合时的税率，我们可以将税率作为最优化问题式(11-2)中目标函数的惩罚项，即风险调整后的有效收益率可以修正为：

$$风险调整后的有效收益率 = \widetilde{\mathbf{w}}^{a'}\widetilde{\boldsymbol{\mu}} - A\widetilde{\mathbf{w}}^{a'}\widetilde{\boldsymbol{\Sigma}}\widetilde{\mathbf{w}}^a - \tau'\left(\frac{V^b}{V^a}\widetilde{\mathbf{w}}^b - \widetilde{\mathbf{w}}^a\right)$$

$$= \widetilde{\mathbf{w}}^{a'}(\widetilde{\boldsymbol{\mu}} + \tau) - A\widetilde{\mathbf{w}}^{a'}\widetilde{\boldsymbol{\Sigma}}\widetilde{\mathbf{w}}^a - \frac{V^b}{V^a}\widetilde{\mathbf{w}}^{b'}\tau \tag{11-16}$$

注意，所有包括 $\widetilde{\boldsymbol{\mu}}$ 与 $\widetilde{\boldsymbol{\Sigma}}$ 的向量均是相对于**计税单位**的，而非股票的。为了找到最优组

合，我们只用最大化式(11-16)，并使得结果满足约束条件——股票权重之和等于 1，即：

$$\widetilde{\mathbf{w}}' \boldsymbol{\iota} = 1 \tag{11-17}$$

以及满足禁止买入股票的约束[⊖]，即：

$$\widetilde{\mathbf{w}}^a \leqslant \frac{V^b}{V^a} \widetilde{\mathbf{w}}^b \tag{11-18}$$

11.8　亏损收割

到目前为止我们所讨论的 3 种税务管理方法均属于被动税务管理的范畴。这些方法的目的是通过最小化税负的方法来保护组合的收益。精明的投资者或组合投资经理可以更进一步——从税务管理中获取额外的收益。这种主动进行税务管理的方法被称作**亏损收割**(loss harvesting)。它基于税务管理的第 4 条原则，即尽早实现资本亏损可以节省潜在的税负。因此，投资者应该尽快并且尽可能多地"收割"资本亏损。

亏损收割也可能因为税务管理之外的原因而产生额外的收益。因为亏损收割也是一种动量投资策略。组合投资经理卖出亏损的股票，同时继续持有盈利的股票。若股票价格随着时间的推移表现出正的自相关性，那么盈利的股票在接下来的时间里将继续表现优异，因此将会赚取更高的收益。有一些经验证据表明，股价在一定时间内确实表现出正的自相关性，尤其是当时间区间在 3 个月之内时。

存在两种亏损收割方法，其区别在于对卖出股票所获得资金的再投资方法不同。典型的亏损收割是构建一个新的最优投资组合。若考虑到**虚售规则**(wash-sale rule)，那么该方法可能就不适用了。从税务的角度来看，虚售规则不允许投资者在卖出股票的 30 天内再次买入该股票。由于最优化问题的最优解要求卖出股票后立即买入，因此，该规则会阻碍最优组合的构建。一个更复杂一些的方法是用与被卖出的股票相似的股票来代替被卖出的股票，该方法无须重新求解最优化问题，我们称该方法为**亏损收割与特征匹配**。该方法避免了与虚售规则的冲突，同时也能够保持组合在最优水平的附近。

⊖ 读者可能会注意到，方差-协方差矩阵 $\widetilde{\boldsymbol{\Sigma}}$ 并非是满秩的。这在应用二次规划时可能会引起问题。为了避免该问题，我们可以将最大化问题用 $\widetilde{\mathbf{w}}^a$、$\mathbf{w}^a$ 来混合表示，其中方差-协方差矩阵那一项用 $\mathbf{w}^a$ 来表示。那么问题将变为一个标准的二次规划问题，用二次规划程序就很容易求解了。那么式(11-16)所表示的风险调整后的有效收益率需要被修正，使得其相对于 $\widetilde{\mathbf{w}}^a$ 最小化，但方差-协方差项变为 $\mathbf{w}^{a\prime}\boldsymbol{\Sigma}\mathbf{w}^a$，并加入 $\widetilde{\mathbf{w}}^a$ 与 $\mathbf{w}^a$ 之间关系的方程作为约束条件。

11.8.1 亏损收割与再优化

为了简化问题，我们假定没有现金流出与现金流入的需求（或假定我们已经处理好了现金流出与现金流入）。那么亏损收割与再优化策略可由以下方式实现：

(1)卖出所有亏损的计税单位；

(2)在不卖出股票的前提下再优化组合，并将第一步交易所获得的资金进行再投资。

第1步非常简单。对每一个计税单位(i, t)，对比其买入价$p_{i,t}$与现价$p_{i,T}$，若买入价大于现价，那么卖出该计税单位。即，令：

$$\widetilde{w}_{i,t}^a = 0 \quad 若 \quad p_{i,t} > p_{i,T} \tag{11-19}$$

其中$\widetilde{w}_{i,t}^a$为新组合中计税单位(i, t)的权重。当我们卖出所有亏损的计税单位时，通过卖出交易所获得的现金为$V \sum_{(i,t):p_{i,t}>p_{i,T}} \widetilde{w}_{i,t}^b$美元，其中$\widetilde{w}_{i,t}^b$为原组合中计税单位$(i,t)$的权重。

第2步是在将第1步卖出计税单位所获得的现金——$V \sum_{(i,t):p_{i,t}>p_{i,T}} \widetilde{w}_{i,t}^b$美元加入组合的情况下，再优化组合。为了避免产生反向的税务后果，我们需要加入"禁止卖出"的约束条件。这一约束可以表示为：

$$\widetilde{w}_{i,t}^a = \widetilde{w}_{i,t}^b \quad 若 \quad p_{i,t} \leqslant p_{i,T} \tag{11-20}$$

同样，为了避免违反虚售规则，需要确保我们所买入的股票并非刚刚卖出的股票：

$$\widetilde{w}_{i,T}^a = 0 \quad 若存在 \quad t \in \{1, 2, \cdots, T-1\} 使得 P_{i,t} > P_{i,T} \tag{11-21}$$

式(11-19)与式(11-21)所约束的两个条件完全确定了发生了亏损收割的股票的权重。现在唯一需要确定的"自由"权重，是未发生亏损收割的股票（对所有的t都满足$P_{i,t} \leqslant P_{i,T}$的那些股票）的权重$\widetilde{w}_{i,T}^a$。

现在，我们用股票权重来表示最优化问题。对于那些受亏损收割所影响的股票，我们已经确定了其权重：

$$w_i^a = \sum_{t:p_{i,t}\leqslant p_{i,T}} \widetilde{w}_{i,t}^a \tag{11-22}$$

若股票i的计税单位没有资本亏损时，那么对于这些不受亏损收割所影响的股票，仅有的约束条件为：

$$w_i^a \geqslant w_i^b \tag{11-23}$$

因此，为了得到最优组合，我们只需要在式(11-3)、式(11-22)与式(11-23)的约束下，求解式(11-2)的最优化问题。

11.8.2　亏损收割与特征匹配

在前一种方法中，我们在亏损收割之后对组合进行了再优化。然而，由此方法所得到的再优化组合可能并非是最优组合，因为我们必须遵守虚售规则，以及不实现资本利得的约束。若我们放弃使用最优化方法，转而使用**特征匹配方法**，那么事实上我们可能能够得到更好的组合。当我们建立因子模型时，为了估计因子暴露，特征匹配思想起到了很大的作用。特征匹配基于以下假设：具有相似特征的股票（如相似的规模与 B/P）拥有相似的预期收益率与风险水平。当我们因为亏损收割而卖出股票 XYZ 后，由于虚售规则的限制，我们不能立即重新买入股票 XYZ，那么我们最优的做法是买入与股票 XYZ 相似的股票[⊖]。

亏损收割与特征匹配策略可通过以下步骤实现：

（1）卖出所有亏损的计税单位；

（2）将交易所获得的现金重新投资于**相似的**股票。

第 1 步与常规的亏损收割方法的第 1 步相同。我们卖出所有现价 $p_{i,T}$ 小于买入价 $p_{i,t}$ 的计税单位。若股票 j 受亏损收割的影响，那么卖出股票 j 所获得的现金为：

$$\text{卖出股票 } j \text{ 所获得的现金} = \sum_{t: p_{j,T} \leqslant p_{j,t}} p_{j,T} \tilde{s}_{j,t}^{b} \tag{11-24}$$

第 2 步，我们需要识别哪些股票与我们所卖出的股票具有相似的特征。假设我们根据 L 个特征来寻找特征相似的公司。我们可以计算出所有股票在 L 个特征上的 Z 值（Z-Score）。给定股票 i 的 Z 值，$z_i = (z_{i1}, \cdots, z_{iL})$，以及股票 j 的 Z 值，$z_j = (z_{j1}, \cdots, z_{jL})$，我们可以定义两只股票之间的"距离"[⊖]：

$$\text{距离} = \sum_{k=1}^{L} |z_{ik} - z_{jk}| \tag{11-25}$$

与股票 j 距离最小的股票即为与股票 j 最相似的股票。该股票就是应当用卖出股票 j 所获得的现金所买入的股票。

11.8.3　带有比较基准的亏损收割

对于参照比较基准来管理组合的投资经理而言，亏损收割是一个强有力的工具。

⊖　理想情况下，相似股票具有相似的风险特征与相似的预期 α（或预期收益率）。

⊜　也可以计算加权距离，即赋予每个因子不同的权重。

在本节的第一部分，我们讨论了如何通过亏损收割来构建最优组合。参照比较基准来管理组合的投资经理可以使用同样的方法来构建组合。其只需要在跟踪误差最小化问题中添加式(11-22)与式(11-23)两个约束条件即可。

经过一定的修改，特征匹配也能使用在带有比较基准的组合中。当为资本亏损的股票寻找替代股票时，参照比较基准来管理组合的投资经理必须考虑替代股票的特征匹配是否会增加组合的跟踪误差。为了防止组合偏离比较基准更远，替代股票应该与被替代股票的 α 与 β 尽可能接近。

对于每一只股票，我们将股票的收益率与比较基准的收益率进行回归：

$$r_i = \alpha_i + \beta_i r_B + \epsilon_i \tag{11-26}$$

式中的 α 与 β 为第 2 章中所定义的（股票相对于）比较基准的 α 与 β。当求得了每只股票相对于比较基准的 α 与 β 后，我们将其相应地加入到股票的 Z 值向量中。现在，特征向量 $z_i = (z_{i1}, \cdots, z_{iL})$ 的最后两个元素即为股票相对于比较基准的 α 与 β。然后用式(11-25)确定任意两只股票之间的相似度。

虽然不可能保持绝对最低的跟踪误差，但是该方法能够很好地保持组合与比较基准之间的关系。

11.9 税务管理的收益

我们基于一项真实数据的模拟来说明税务管理的收益是多么重要[○]。在模拟中，我们对比了两位假定的投资者。我们称第 1 位投资者为**幼稚的投资者**，称第 2 位为**精明的投资者**。幼稚的投资者没有有效地进行税务管理，他简单地投资于一个行业指数中的每一只股票，并且每个月会进行一次组合的再平衡以反映指数（成分股）的调入与调出。精明的投资者初始所选择的组合与幼稚的投资者相同。然而，精明的投资者每个月会卖出亏损的股票（即资本亏损的股票），并且用指数成分股之外的特征匹配的股票来代替所卖出的股票，以实现资本利得最小化。我们测试了这两位投资者 1990 年 7 月至 2000 年 6 月的投资收益[○]。我们使用了 18 个不同的行业指数重复了这一模拟测试。

○ 本节基于 Chincarini 和 Kim (2001)。

○ 为了计算的目的，假设整个组合在 2000 年 6 月底全部变现。如果组合没有被变现，那么未来的应缴税负在计算中就被错误地忽略了。

表 11-4 给出了每位投资者的税前年化收益率、税后年化收益率以及有效税率[⊖]。表中的每一项均为使用 18 个不同行业指数模拟结果的平均值。两位投资者的有效税率之差为 4.82%。这表明精明的投资者通过使用本章所介绍的税务管理方法能够每年获得 4.82% 的税率优惠。

表 11-4　幼稚的投资者与精明的投资者的对比

投　资　者	税前收益率(%)	税后收益率(%)	有效税率(%)
幼稚的投资者	11.99	9.93	26.40
精明的投资者	16.68	14.41	21.58

接下来，我们考虑另一种情形作为税务管理作用的第 2 个说明。这次，两位投资者定期地以取出股利的方式从组合中提取现金。幼稚的投资者是一位买入并持有的投资者。他在模拟期初买入组合并一直持有至模拟期末。每个月他取出现金股利并为这些股利收入纳税。精明的投资者在模拟期初所买入的组合与幼稚的投资者相同。与幼稚的投资者一样，精明的投资者每个月也从组合中提取相同数量的现金。但不同的是，精明的投资者会通过实现资本亏损来冲抵股利收入。他所使用的方式是卖出亏损的股票，并用特征匹配的股票来代替所卖出的股票。

表 11-5 给出了每位投资者的税前年化收益率、税后年化收益率以及有效税率。表中的每一项均为使用 18 个不同行业指数且以不同的现金提取率所模拟结果的平均值。两位投资者的有效税率之差为 4.69%。这说明精明的投资者从其税务管理策略中每年能够获得 4.69% 的税率优惠。

表 11-5　幼稚的投资者与精明的投资者关于常规现金提取的对比

投　资　者	税前收益率(%)	税后收益率(%)	有效税率(%)
幼稚的投资者	13.44	11.33	24.06
精明的投资者	13.79	12.04	19.37

11.10　结论

不想放弃劳动成果的组合投资经理必须实施有效的税务管理。在本章中，我们讨

⊖　精明投资者的税前收益率要高于幼稚投资者的税前收益率。这是因为股价的动量效应。当股价存在动量效应时，卖出表现差的股票并买入其他股票将获得更高的收益。

论了用以保护组合税后收益率的被动税务管理方法,以及利用额外的免税收益来提高组合收益率的主动税务管理方法。对于被动税务管理,我们介绍了3种非常有用的方法:股利管理、计税单位会计以及资本利得/亏损管理。对于主动税务管理,我们讨论了亏损收割策略。我们说明了如何将这些策略直接应用于股票收益率模型中而不显著改变组合的税前α。

正如用真实数据模拟的结果,聪明的税务管理组合比忽视税务影响的组合每年能够获得约4%的税率优惠。为什么要拒绝额外4%的优惠呢?过去,税务管理的收益可能并不总是能够覆盖实施它们的成本与困难。然而,随着近年来技术的提高,实施税务管理的难度与成本有了极大的下降。一个组合只有在税负最小化的策略下才能保证其收益。

· 习 题 ·

11.1 请解释对公司收入双重收税的概念。

11.2 如果你是一位研究员,并对股利是怎样影响股票价格很感兴趣。假设所得税率为(τ_i),资本利得税率为(τ_c)。同时,假设股票持有者已经持股超过1年。

(a)记股票除息日前后的价格分别为p^b与p^a,那么理论上除息后的价格要比除息前的价格下降多少?

(b)假设你进一步研究了自1984年以来的数据,并且发现典型的股票在除息日其股价的下跌幅度为股利的90%。如果你管理的是一个免税养老基金,你能从该信息中获利吗?如何获利?

11.3 请解释在2002年之前的美国税务制度下,为什么个人投资者更偏好资本利得而非股利收入。

11.4 税务管理的原则是基于货币的时间价值。

(a)如果经济正在经历高通胀,那么货币的时间价值将会受到怎样的影响?

(b)如果经济不增长,那么货币的时间价值会是负的吗?

11.5 请解释为什么尽早实现资本亏损能够降低税负。

11.6 如果价值效应(价值股票的绩效更好)占主导地位,那么股利管理方法需要进行修改吗?如果股利率是股票收益率模型中的一个因子,你的答案会改变吗?

11.7 股利管理背后的一个假设是:我们能够非常准确地**预测**每只股票的股利。请解释为什么预测股利要比预测盈利或股价更容易。事实上,如何准确地预测股利?

11.8 一种流行的计税单位管理方法是**高进先出**,需要首先卖出买入价最高的计税单位。这条规则与短期资本利得税税率高于长期资本利得税税率的事实一致吗？
如何修改这条规则？

11.9 请解释为什么先进先出的计税单位管理方法可能会产生不必要的税负。

11.10 记月初组合中股票的权重为 $\mathbf{w}=(w_1,\cdots,w_N)$，组合中计税单位的权重为 $\widetilde{\mathbf{w}}=(\widetilde{w}_{11},\cdots,\widetilde{w}_{1T},\cdots,\widetilde{w}_{N1},\cdots,\widetilde{w}_{NT})$。

(a) 如果股票该月的收益率为 $\mathbf{r}=(r_1,\cdots,r_N)$，那么月末组合中股票的权重分别是多少？月末组合中计税单位的权重分别是多少？

(b) 构造矩阵 $\mathbf{D}$，使得 $\mathbf{w}=\mathbf{D}\widetilde{\mathbf{w}}$。请具体说明矩阵 $\mathbf{D}$ 中的典型元素。

(c) 用 (b) 中所得到的矩阵 $\mathbf{D}$ 来重新回答问题 (a)。

11.11 如果实施了多年的亏损收割策略，那么组合投资经理可能进入没有资本亏损可以实现的境地。为了避免这种情况的出现，需要如何修改亏损收割策略？

11.12 请解释当收益率序列是负相关时，为什么亏损收割策略可能会对组合收益率产生负面的影响。

11.13 请解释为什么亏损收割策略可能增大组合的跟踪误差。

11.14 什么是虚售规则？请解释如何在组合最优化问题中遵守虚售规则。

11.15 本章所介绍的特征匹配方法是基于基本面因子模型的思想。事实上，用特征匹配的方式来替代股票会影响到组合的收益率与风险。为了使得特征匹配更加完美，基本面因子模型的残差项应当满足什么条件？

11.16 401(k) 账户原则上是免税的。然而，许多人在退休前会从他们的 401(k) 账户中提取资金，而提取资金是需要纳税的。给定提前提取资金的概率，401(k) 账户的组合投资经理将会如何调整组合？

11.17 假设一位纳税投资者与一位免税投资者集资构建了一个组合。

(a) 可以使用哪些税务管理方法？应当避免使用哪些税务管理办法？

(b) 这两位投资者的集资有意义吗？

第三部分

QUANTITATIVE EQUITY PORTFOLIO MANAGEMENT

alpha 巫术

利用股票收益率的因子模型，量化股票组合投资经理能够对每一个投资策略的盈利能力有一个合理的预期。如果股票收益率与模型因子之间的统计关系是可靠的，那么投资经理可以完全依赖于模型做出投资决策。在这种情况下，模型乃至整个量化股票组合管理（QEPM）的有效性都高度依赖于统计结果的质量。

然而，并非所有伟大的投资策略都严格地在模型限定的因子-收益率关联的范围内做文章。事实上，仅仅聚焦于因子暴露和因子溢价将错失模型的巨大潜能。数据驱动的因子模型认为更高的收益率仅来自于更大的因子暴露或因子溢价。但是回看模型，你会发现在方程右端的第 1 项有一个 α，看起来很不起眼，但它的存在为赚取更高收益**而不**吸收更多风险打开了一扇窗户。组合投资经理怎样才能在保持风险不变的前提下激活其 α 并提升收益率呢？答案就是利用"alpha 巫术"。

Alpha 巫术（Alpha Mojo）可以产生突破回报/风险比值的某些普适、不可逾越的上限的超额收益率⊖。α 巫术有 3 种来源，我们将在下面的三章中逐一讨论：杠杆，放大组合收益率；市场中性策略，使组合与波谲云诡的市场趋势和市场震荡相隔离；贝叶斯 α，向组合引入新的收益来源。Alpha 巫术产生了魔法般的效果，但就像魔术师对自己的把戏心知肚明那样，量化股票组合投资经理也知道自己巫术的真相。事实上，alpha 巫术基于那些将投资规律发掘到极致，以至于产生了惊人效果的量化投资方法，然而其原理仍然遵循 QEPM 的基本原则。

⊖ 事实上并没有突破严格意义上的极限，但是大幅突破了不使用 alpha 巫术时的上限。——译者注

第 12 章

杠　杆

给我一个支点和一根足够长的杠杆，我就可以撬动地球。

——阿基米德

12.1　引言

给定一个业绩比较基准，组合收益率可以被分解为两部分：与比较基准相关的部分和与比较基准不相关的部分。第一部分用相对于比较基准的 β 乘以比较基准的收益率来衡量；第二部分用 α^B 加上一个随机项来衡量⊖，即：

$$r_P = \alpha^B + \beta r_B + \epsilon \tag{12-1}$$

组合收益率中有一部分是投资经理所不能控制的。在某种程度上讲，组合会追随比较基准的脚步（由 βr_B 表示），有些时候，组合也会进行所谓的"随机漫步"（由 ϵ 表示）。然而，组合的成败依然在于投资经理。他有权提高组合整体的 β；更重要的是，他有权提高 α^B。我们称这种能力为 α 巫术。杠杆（leverage）是 α 巫术的一个有效的来源，同时其还可以用来提升组合整体的 β。

杠杆可能是 α 巫术的顶级来源。在物理学中，杠杆可以放大施加于物体的力量；在投资中，杠杆叮以放大组合获取收益的力量。组合投资经理可以通过借入资本来实现杠杆，从而利用原始权益的两倍、三倍甚至更多的资金进行投资。如果他拥有 1 000 万美元，并找到一位愿意借出相同数额资金的出借人，那么他将可以持有一个价值 2 000

⊖　参见第 2 章以了解 α^B 及 α 的其他变种的更多解释。

万美元的杠杆化组合，杠杆后每 1 美元的投资收益将变为杠杆前每 1 美元投资收益的两倍。正确地应用杠杆可以产生巨大的 α 巫术，并且使比较基准的收益率成倍放大。杠杆可以轻易地改变任何投资组合的风险-收益特征。如果投资组合管理得很好，但是风险收益特征[⊖]并不能满足投资者对风险的胃口，那么杠杆将同时提升预期收益率和风险水平。如果风险太高了，那么通过卖空来实现杠杆，可以降低组合整体的收益率和风险水平。喜欢对市场进行择时的投资者还可以利用杠杆来增大市场择时交易的影响力[⊜]。

表 12-1　在量化股票组合管理中引入杠杆的利与弊

利	弊
1. 更容易调整组合的风险-收益特征	1. 当杠杆方向与原始暴露相同时，可能增加组合的整体风险，还会引入保证金风险
2. 可能增加组合的整体预期收益率	2. 可能降低组合投资经理的 α 在组合整体收益率中的占比
3. 可能使 α 增加到 $l \cdot \alpha$，其中 l 是杠杆倍数	3. 将负向的 α 放大为 $l \cdot \alpha$
4. 提升市场择时者的市场收益	4. 可能导致市场择时者的巨大损失

然而，杠杆所拥有的那种力量有时可能失控。一个加杠杆的组合虽然能在赚钱时获取 3 倍的收益，但同时会在亏损时遭受 3 倍的打击。[⊜]借来的资本增加了组合对市场波动的暴露程度。它还使组合投资经理面临追加保证金的风险，从而影响组合的流动性，即在相当不利的市场环境下，强行平仓以满足每日最低保证金要求。它放大了市场择时失误的后果。并且，如果不小心地运用杠杆，那么其可以变成可怕的巫术，并对组合投资经理的 α 产生严重的影响。历史上有一系列对冲基金因为高杠杆状态下遭遇负向的 α 而破产。长期资本管理公司（LTCM）恐怕是其中最知名的例子，但还有很多，例如 Niederhoffer 投资基金。

对于那些敢于使用它的人，杠杆有各种不同的形式。投资经理可以借入额外的资金来进行超过其权益资本规模的投资。由于多数股票仅需要 50% 的保证金，所以投资经理可以通过保证金账户来给组合加杠杆。他还可以利用金融工具和衍生品，例如回购、期货、远期、权益互换以及期权合约来加杠杆。这些工具通常比股票要求更少的

⊖ 原文此处为"风险-收益比值"，根据文意更换为"风险收益特征"。——译者注

⊜ 参见表 12-1，那里列出了杠杆的利与弊。

⊜ 有些形式的杠杆，例如多空组合，实际上可以降低组合的市场风险。不过在本章之中，当谈及杠杆时，我们默认考虑那种增大了风险暴露或放大了原始头寸的杠杆操作。我们将在第 13 章中讨论多空类型的投资组合。

保证金，因此允许组合在同样的权益资本下获得更高的杠杆倍数。最后，组合投资经理还可以通过卖空证券来实现杠杆。在本章中，我们讨论如何有技巧地使用杠杆。我们将介绍通过股指期货和个股期货来增加一个组合杠杆倍数的实用方法。我们的讨论覆盖了多种情形，包括一位指数组合投资经理和一位试图对一个具有正值 α 的组合加杠杆的主动组合投资经理。我们还讨论了如何再平衡一个杠杆组合及如何防止无限损失。

12.2　现金与股指期货

为一个股票投资组合加杠杆的最简单的方法就是使用股指期货合约——例如标普 500 指数期货、纳斯达克 100 指数期货、罗素 2000 指数期货、标普 400 指数期货[⊖]。表 12-2 展示了上述合约及一些其他类型合约的月度成交量，这使我们能够对它们的相对流动性有所了解。可以看出，标普 500 指数期货和纳斯达克 100 指数期货是流动性最好的期货合约。

表 12-2　常用国内权益类期货合约

期 货 名 称	代码	交易所	合约乘数	指数价格	初始保证金（美元）	维持保证金（美元）	保证金（％）	成交量	相对流动性（％）
标普 500	SP	CME	250	1 181.27	19 688	15 750	6.67	38 224	13.37
标普 500 迷你	ES	CME	50	1 181.27	3 938	3 150	6.67	772 364	54.02
纳斯达克 100	ND	CME	100	1 519.63	18 750	15 000	12.34	12 722	2.29
纳斯达克 100 迷你	NQ	CME	20	1 519.63	3 750	3 000	12.34	358 677	12.91
纳斯达克综合迷你	QCN	CME	20	2 062.41	4 500	3 600	10.91	0	0.00
标普 400 中盘	MD	CME	500	645.97	16 875	13 500	5.22	324	0.12
标普 400 中盘迷你	ME	CME	100	645.97	3 375	2 700	5.22	18 039	1.38
标普 600 小盘	SMC	CME	200	321.11	3 500	2 800	5.45	13	0.00
罗素 2000	RL	CME	500	624.02	16 875	13 500	5.41	1 265	0.47
罗素 2000 迷你	ER2	CME	100	624.02	3 375	2 700	5.41	111 074	8.21
罗素 1000	RS	CME	100	633.99	3 625	2 900	5.72	963	0.07
标普 500 Barra 成长	SG	CME	250	565.12	10 000	8 000	7.08	4	0.00
标普 500 Barra 价值	SU	CME	250	603.87	9 688	7 750	6.42	11	0.00

⊖　个人投资者在期货上的资本利得或亏损的计税处理与其他投资上是不同的。特别地，所有期货上的利得和亏损都将被视为 60％ 的长期利得和 40％ 的短期利得，无论何时买入何时卖出。对于短期交易而言，这是非常有利的。例如，按照 2006 年的个人税率的最高级边际税率，一笔在期货上导致 23％ 税务负担的短期交易，在股票上会导致 35％ 的税务负担。

（续）

期货名称	代码	交易所	合约乘数	指数价格	初始保证金（美元）	维持保证金（美元）	保证金（%）	成交量	相对流动性（%）
金融 SPCTR	FIN	CME	125	401.564	2 375	1 900	4.73	0	0.00
科技 SPCTR	TEC	CME	125	329.547	1 750	1 400	4.25	0	0.00
道琼斯工业平均指数	DJ	CBOT	10	10 489.94	5 000	4 000	4.77	7 468	0.93
道琼斯工业平均指数迷你	YM	CBOT	5	10 489.94	2 500	2 000	4.77	100 410	6.24

注：对于投机者、交易所会员、套期保值需求而言，保证金的要求是不同的。表中所列数值是针对投机者的，即最高的保证金比例，取自 2005 年 1 月 31 日。期货合约数据来自各个期货交易所，www.cme.com 和 www.cbot.com。指数价格取自 2005 年 1 月 31 日收盘价，来自 Bloomberg，finance.yahoo.com 和 www.standardandpoors.com。代码亦为 Bloomberg 代码，唯一例外是 SMC，它在 Bloomberg 中的代码是 GN。相对流动性衡量了每张合约在 2005 年 1 月份按美元计价的日均成交额（ADV）在表中所有合约中的占比。例如，上表列出的全部合约的成交额中，有 54% 发生在标普 500 迷你合约上。另一种评估合约流动性的好办法是观察每张合约的交割期和持仓量。保证金百分比是用初始保证金除以合约的名义价值（按 2005 年 1 月 31 日收盘价计算）得到的。

在本节中，我们讨论如何利用股指期货来实现杠杆。我们的讨论主要适用于以有活跃交易的股指期货合约的标的指数为比较基准的投资经理。我们将首先讨论可能的杠杆倍数，然后再考察其实现机制。

12.2.1　杠杆的理论极限

组合上增加多少杠杆依投资经理的目标而变。按惯例，我们用所有投资头寸的绝对价值之和除以权益资本来衡量杠杆。因此，如果一位管理 1 亿美元的⊖投资经理做多 1 亿美元的期货，同时做空另外 1 亿美元的股指期货，那么按惯例方式衡量的杠杆倍数是 2。在本章中，我们使用一种稍微不同的杠杆定义，它可以被理解为净美元暴露（net dollar exposure）。那么，在我们的定义下，前面例子中那位投资经理的杠杆或暴露是 0。在本章中，我们主要用杠杆描述增加了原始组合净暴露的期货头寸。在这种情形下，我们计算杠杆的公式与惯例方式是一致的。而对于持有多头头寸同时卖空期货的情形，我们对杠杆的定义就与惯例不再一致了。因此当考虑多空组合时，我们定义的杠杆更多地被称为净美元暴露。我们将用符号 l 来表示目标杠杆倍数，它以组合的权益资本为分母。时刻 t 的杠杆将由 $l = V_t^f / V_t$ 给出，其中 V_t^f 是期货头寸的总名义价值，V_t 是总权益资本。因此 $l = 1$ 代表权益资本 100% 的暴露，即无杠杆；而 $l = 2$ 代表权益资本 200% 的暴露。

⊖　根据文意添加了"管理 1 亿美元的"这个条件。——译者注在仅包含现金和股指期货的简单情形中，杠杆主要通过增加组合对市场的暴露（即比较基准 β）来影响组合投资经理的回报。为了使组合达到希望的比较基准 β，你需要计算出合适的期货合约数量。组合投资经理能够做到的最高杠杆倍数由期货合约要求的保证金比例决定。表 12-2 给出了一些主要期货合约在 2005 年 1 月的保证金比例（百分数形式）。

让我们用 m_f 来表示每 1 美元期货头寸所需的保证金。理论上讲，可获得的最高杠杆倍数为：

$$l^{\max} = \frac{1}{m_f} \tag{12-2}$$

组合的 β 就是期货合约的 β 乘以杠杆率[一]。因此组合能够获得的最高 β 就是：

$$\beta^{\max} = \frac{\beta_f}{m_f} \tag{12-3}$$

其中 β_f 是期货合约的 β。[二]

假设比较基准是标普 500 指数。如果标普 500 指数期货的保证金要求是 5%，那么可获得的最高杠杆倍数是 20（$=1/m_f$）倍。这也等于可获得的最高 β 值，因为对于标普 500 指数期货有 $\beta_f = 1$。在这种对标普 500 指数相当高的暴露水平上，如果标普 500 指数下跌 4%，那么组合将损失大约 80%（$=4\% * l^{\max}$）。

12.2.2　杠杆机制

虽然从理论上讲一个权益组合能够做到很高的杠杆，但实际上很少有组合投资经理会将杠杆维持在两倍或三倍以上。[三]原因不一而足。过高的杠杆使组合可能在不利的

[一]　贯穿本章，当提到 β 时，我们总是指投资标的相对于比较基准的 β。对于那些更习惯于将 β 理解为相对于市场（即标普 500）的 β 的组合投资经理，你只需要把我们提到的所有 β 理解为对标普 500 的 β 即可。如果你这样做，那么在所有的情形下，组合整体的 β 都将是相对于标普 500 的，无论比较基准是什么。当然，如果比较基准恰好是标普 500，那么这两种 β 的定义就是一回事。关键在于，任何一种 β 都是相对于某个标的（比较基准或市场指数）而言的。

[二]　由于 $l = V_t^f / V_t$，因此最高杠杆是在所有的权益资本刚好覆盖保证金需求时达到，即当 $mV_t^f = V_t$。将此式代入前式，就可以得到最大杠杆倍数的表达式。组合的 β 由 $\beta_P = w\beta_f$ 给出，其中 w 是期货头寸的权重。由于想要最高的 β，我们会在相应期货合约上使用最高杠杆 $1/m_f$，代入前式就得到了 $\beta^{\max}$。

[三]　Profunds 公司的首席投资官 William Seale 是高杠杆型共同基金的先驱之一，他参与创设了第一只具有两倍杠杆（$\beta=2$）的共同基金。美国商品期货委员会（Commodities and Futures Trading Commission，CFTC）曾经颁布过一项规定，禁止在期货头寸上投入超过 5% 的初始保证金。通过与前基金股票监管机构、前期货监管机构和交易机构合作，Seale 的基金发现可以利用一个合法的漏洞绕过保证金限制，使组合达到两倍杠杆。当时，许多人声称两倍杠杆从数学上和监管法规上讲是不可能实现的。显然，他们既不懂法规，也不懂数学。一些年以后，CFTC 废止了关于保证金的大多数监管规定，因而现在实现杠杆不再那么复杂。

市场波动中面临损失全部本金的风险。对于共同基金，其杠杆水平必须获得美国证券交易委员会（Securities and Exchange Commission，SEC）的批准，而 SEC 对两倍或三倍以上的杠杆非常反感。出于这些现实因素，我们将集中讨论杠杆水平限于温和范围内的情形，但相关公式也适用于在理论极限之内的更高杠杆水平。

为了构建具有指定 β 的现金和期货的组合，我们可以用以下公式来描述整体组合的 β：

$$\beta_P = \sum_{i=1}^{N} w_i \beta_i \tag{12-4}$$

其中 β_P 是整体组合的 β，β_i 代表投资标的 i 的 β，w_i 代表投资标的 i 在组合中的权重。这些权重是以权益资本 V 为基数计算的，因此非现金头寸的权重总和等于杠杆 l。上述方程的含义就是：组合整体的 β 等于组合内各资产的 β 的加权平均值。由于现金的 β 等于零，因此可从方程中删去。而我们仅使用现金和期货，因此决定整体组合 β 的变量只剩下期货合约的权重以及期货合约相对比较基准的 β。我们用 β_f 来表示期货合约的 β。

假设我们需要买入 N_f 张期货合约以使组合整体的 β 达到目标值 β^*，那么 N_f 必须满足以下方程：

$$\beta^* = w_f \beta_f = \frac{N_f q S_t}{V_t} \beta_f \tag{12-5}$$

其中 N_f 是购买的期货合约张数，q 是期货合约乘数（例如标普 500 指数期货合约的乘数 $q=250$），S_t 是期货合约标的指数在时刻 t 的价格（例如标普 500 指数价格）[⊖]。整理该方程，我们就得到使组合达到给定 β^* 所需要的期货合约数量的标准公式：

$$N_f = \frac{\beta^* V_t}{\beta_f q S_t} \tag{12-6}$$

假设比较基准是标普 500 指数，组合投资经理买入的是标普 500 指数期货，标普 500 指数的交易价格是 1 000，合约乘数是 250，现金合计为 1 亿美元。那么为了使组合达到 $\beta^*=2$，需要购买的期货合约数量将是 800。（标普 500 指数期货对标普 500 指数的 β 是 1。）

当组合经理买入 N_f 张期货合约时，按照合约条款，到交割时他需要支付 $q N_f F_t$

⊖ 对于不熟悉期货交易的读者，这些术语可能看起来有些古怪。每一张期货合约都代表了一个标的指数组合的价值。因此，买入一张期货合约相当于签订了一份在未来指定日期买入当前价值为 $1 \cdot q \cdot S_t$ 的标的指数组合的协议。进而，如果买入 N_f 张合约，相当于同意在未来指定日期买入价值 $N_f \cdot q \cdot S_t$ 的标的指数组合。

美元，其中 F_t 是期货合约的当前价格。那么这位组合经理需要保持 $(qN_fF_t)m_f$ 美元在其保证金账户中，其余的权益资本以现金形式持有，赚取利息。持有现金数量的一般公式是 $V_t-(qN_fF_t)m_f$。

在我们的例子中，保证金数额是 10 075 282 美元（$q=250$，$N_f=800$，$F_t=1\ 007.53$，$m_f=0.05$ 的乘积），因此投资组合的剩余现金是 89 924 718（$=100\ 000\ 000-10\ 075\ 282$）美元。

12.2.3　预期收益率和风险

一般而言，期货合约的收益率 r_f 可以表示为 $\alpha_f+\beta_f r_B+\epsilon_f$，其中 r_B 是比较基准收益率。给定杠杆率 l，组合整体的预期收益率和风险如下：

$$E(r_P)=l(\alpha_f+\beta_f\mu_B) \tag{12-7}$$

$$V(r_P)=l^2\left[\beta_f^2\sigma_B^2+\omega_f^2\right] \tag{12-8}$$

其中 ω_f^2 是期货合约的残差风险，μ_B 是比较基准的预期收益率，σ_B^2 是比较基准收益率的方差。这清楚地说明：虽然杠杆可以增加组合的预期收益率，但它也会同比例地增加组合的风险[○]。当通过买入比较基准自身的期货合约来实现杠杆时，$\beta_f=1$ 且 $\alpha_f=0$（或接近于零），同时我们可以忽略 ϵ_f，因为它非常之小。在这种特殊情形下，如果我们假设组合与期货收益率均已减去无风险收益率，那么整体组合的夏普比率（Sharpe Ratio，SR）将等于：

$$SR_P=\frac{\mu_B}{\sigma_B} \tag{12-9}$$

可见，在这种特殊情形下，投资组合的夏普比率与投资经理所选择的杠杆水平无关，并且整体组合的 β 就等于杠杆率。[◎]

多数组合投资经理还会从保证金账户上赚取利息收入，但利率会打一点点"折扣"（haircut）。具体而言，你可以假设保证金账户的资金可以获取约 98% 的短期现金利率。在本章中，我们使用 i 来代表现金头寸的利率，而使用 i' 来代表保证金账户上资金的利

○　此处的风险用标准差衡量。　　译者注

◎　在仅有现金和期货的情形下，$l=V_t^f/V_t$。因此为了达到一个希望的杠杆率 l^*，组合投资经理需要求解方程 $l^*=(N_{f,t}\cdot qS_t)/V_t$ 以计算需要买入多少张期货合约，即 $N_{f,t}=(l^*V_t)/(qS_t)$。这与 β^* 的式（12-6）在 $\beta_f=1$ 的情形下是等价的。本章中的杠杆率用 $V_t^f=N_{f,t}\cdot qS_t$ 定义，这种方式被称为**等头寸匹配**（equal-position matching）；一些投资专家更喜欢以**金额匹配**（dollar matching）的方式来定义杠杆率，即将公式中的现货价格替换为期货价格（$V_t^f=N_{f,t}\cdot qF_t$）。

率。由于利率折扣，我们预期 $i>i'$。在所有关于组合预期收益率的计算中，我们将忽略头寸的现金收益率以简化问题。然而值得提醒的是，现金收益率有时并不可忽视，特别是当组合投资经理在他的整体组合中持有相当大比例的现金的时候。⊖

图 12-1 显示了杠杆如何改变投资组合的收益特征。横轴代表标的指数的价值，纵轴代表投资组合的价值。对于不带杠杆情形，指数与组合的价值沿着 45 度角的斜线同步移动。对于带杠杆的情形，组合回报相对于标的指数的函数曲线变得更加陡峭。图中显示了两倍杠杆情形下的回报曲线。

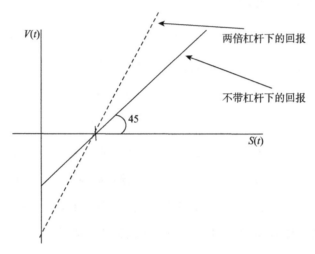

图 12-1　不带杠杆组合与带杠杆组合的收益特征

12.3　股票、现金和股指期货

上一节讨论了指数投资经理使用杠杆的情形。对于不以跟踪指数为目的，而是相信自己选出的股票组合能够战胜比较基准的投资经理而言，杠杆的工作机制就有所不同了。这类投资经理会以类似的方式计算杠杆以及需要交易的期货合约数量，但其基

⊖ 对于感兴趣的读者，本章中所有预期收益率的计算均可以通过添加一项现金收益 $\xi \cdot r_{现金}$ 而将现金类资产的影响考虑进来，其中 ξ 是组合持有现金的比例，$r_{现金}$ 是现金资产收益率。对于仅包括现金和期货的组合，$\xi=1$（在本章其他章节中，情形会有变化）。利用本章后续讨论中采用的记号以及连续复利，额外添加的现金收益项可以表示为 $\xi(I_{t,t+k}-1)$，其中（下方公式略做更正，添加了 F_t 和 ξ 两项。——译者注）：

$$I_{t,t+k}=\left[\frac{m_f q N_{f,t} F_t}{V_t \xi}(e^{i'\frac{k}{360}}-e^{i\frac{k}{360}})+e^{i\frac{k}{360}}\right]$$

如果保证金利率没有折扣或利用其他方式冲抵了保证金，那么可以令 $i'=i$ 或 $m_f=0$。

础组合将会是一个已经根据优化方法选定了权重的股票组合。[⊖]在本节中，我们将讨论那些已经选定了一个股票组合的投资经理的杠杆操作问题。这些选定的股票组合的 β 大多不等于 1，我们用 β_s 来表示。

12.3.1　杠杆的理论极限

组合投资经理可能希望在持有股票的同时持有部分现金，我们用 ξ 来表示组合持有的现金资产占权益资本的比例。那么 $1 - \xi$ 就代表了组合权益中投入股票的比例。投资经理能够达到的最大杠杆率 l 和比较基准暴露度 β 如下：

$$l^{\max} = \frac{\xi + (1 - \xi)m_s}{m_f} + (1 - \xi) \tag{12-10}$$

$$\beta^{\max} = [l^{\max} + (\xi - 1)]\beta_f + (1 - \xi)\beta_s \tag{12-11}$$

其中 m_s 是股票资产充当期货保证金时的折算率（通常为 50%），m_f 是期货合约的保证金比例。[⊖]因此，当 $m_f = 0.05$ 且 $m_s = 0.50$ 时，如果投资经理想要持有 50% 的现金资产（$\xi = 0.50$），那么他能达到的最高杠杆比率是 15.5，能够达到的最高 β 也是 15.5（假设比较基准是标普 500 指数，并且 $\beta_f = \beta_s = 1$）。

12.3.2　杠杆机制

组合投资经理可能决定使用股指期货来调整组合整体的 β。假设投资经理希望使组合整体的 β 达到目标值 β^*，这相当于

⊖ 本节也适用于主要持有 ETF 的组合投资经理。ETF 并不是指数杠杆投资的首选工具，因为它们的成本高于期货。由于 ETF 通常比期货流动性差，因此 ETF 常常无法支撑较大的交易量。此外 ETF 不能在收盘后交易（期货合约可以在 GLOBEX 盘后交易）。ETF 投资的成本实质上来源于两方面：一是券商；二是交易所中的 ETF 做市商，他们常常利用期货来对冲交易所的 ETF 头寸。ETF 显然流动性较差，仅在某些情形下才需要它们。例如，如果一位指数投资经理管理着一个行业组合，他的最优交易方式是结合使用行业 ETF 与期货以获得某种程度的杠杆水平（因为没有流动性很好的行业指数期货合约）。如果想了解用于实现杠杆的高流动性期货合约的最佳组合，请参见 Chincarini（2004）。

⊖ 组合投资经理可以使用现金或股票组合作为期货头寸的保证金。不过，当以股票组合作为保证金时，按照规定需要对股票组合市值进行折算（以补偿股票价格的不确定性），折算率 m_s 通常为 50%。因此，如果组合持有的现金资产占比为 ξ，那么在交易期货时，可以充当保证金的现金等价物市值为 $V_t[\xi + (1 - \xi)m_s]$。在使用最大杠杆的情形下，它应该等于 $m_f V_t^f$，进而可解出 V_t^f。将 V_t^f 的表达式代入杠杆率的计算公式，就得到了持有现金和股票组合情形下的最高杠杆公式，即式（12-10）。券商可能会对充当保证金的权益资产收取额外的费用（haircut）。通常，投资组合管理公司可以与托管人及券商签订三方协议，根据协议，托管人为券商建立子账户存放用于充当保证金的证券。

$$\beta^* = w_f\beta_f + (1-\xi)\beta_s + \underset{=0}{\xi\beta_{\text{现金}}} = \frac{N_fqS_t}{V_t}\beta_f + (1-\xi)\beta_s \qquad (12\text{-}12)$$

上式中第 2 个等号是因为现金资产的 β 显然等于零。根据上式可求解出组合投资经理为达到目标 β^* 所需要买入或卖出的期货合约数量：

$$N_f = \frac{[\beta^* + (\xi-1)\beta_s]V_t}{\beta_fqS_t} \qquad (12\text{-}13)$$

组合投资经理可以实现小于理论上限 $\beta^{\max}$ 以内的任何目标值 β^*。组合投资经理不需要持有任何现金资产也能实现大多数 β 水平，因为股票组合可以充当保证金。[⊖]

回到我们在上一节中描述的例子。如果投资经理持有 50% 的现金资产，并且 $\beta_s=1$，那么他现在只需要买入 600 张合约就能使组合整体的 β 达到目标值 $\beta^*=2$。此时，组合将持有价值(qN_fF_t)或 151 129 500 美元的期货合约(假设期货合约的当前价格是 $F_t=$ 1 007.53美元)。买入这些期货合约需要的保证金为(qN_fF_t)m_f 或 7 556 462 美元。[⊜]

12.3.3 预期收益率和风险

给定比较基准收益率 r_B，股票组合的收益率可以被分解为：

$$r_s = \alpha_s + \beta_s r_B + \epsilon_s$$

类似地，期货合约的收益率可以被分解为：

$$r_f = \alpha_f + \beta_f r_B + \epsilon_f$$

由于股票组合的权重是$(1-\xi)$，期货合约权重是 $l+(\xi-1)$，因此整体组合的收益率为：[⊜]

$$\begin{aligned}r_p &= (1-\xi)r_s + [l-(1-\xi)]r_f \\ &= (1-\xi)\alpha_s + [l-(1-\xi)]\alpha_f \qquad (12\text{-}14)\\ &\quad + \{(1-\xi)\beta_s + [l-(1-\xi)]\beta_f\}r_B + (1-\xi)\epsilon_s + [l-(1-\xi)]\epsilon_f\end{aligned}$$

如果股指期货的标的指数恰好也是组合的比较基准，那么我们可以假设 $\alpha_f=0$ 以及 $\beta_f=1$。我们还可以忽略ϵ_f，因为它非常之小。在上述假设下，整体组合的预期收益率和方差为：[⊗]

⊖ 事实上，如果不持有现金资产即 $\xi=0$，对于比较基准是标普 500 且 $\beta_s=1$ 的情形，可以算出 $\beta^{\max}=10$。

⊜ 对于由期货、现金和基础股票组合构成的组合而言，杠杆的定义为 $l=[V_t^f+(1-\xi)V_t]/V_t$，其中 $V_t^f = N_{f,t}qS_t$。如果组合的目标杠杆为 l^*，那么可以解出需要的期货合约数量为 $N_{f,t}=(V_t/(qS_t))[l^*+(\xi-1)]$。如果 $\beta_f=1$(例如，当比较基准为标普 500，且投资经理使用的期货是标普 500 指数期货时)，那么达到某一特定的 β^* 或 l^* 所需的期货合约数目是相同的。

⊜ 在预期收益率计算公式中，我们没有包含现金收益的部分，参见 12.2.3 节的第 2 条脚注。

⊗ 股票组合和期货组合的预期收益率分别是：$E(r_s)=\alpha_s+\beta_s E(r_B)$ 和 $E(r_f)=\alpha_f+\beta_f E(r_B)$。

$$E(r_p) = (1-\xi)\alpha_s + [(1-\xi)(\beta_s - 1) + l]\mu_B \tag{12-15}$$

$$V(r_p) = [(1-\xi)(\beta_s - 1) + l]^2\sigma_B^2 + (1-\xi)^2\omega_s^2 \tag{12-16}$$

其中 μ_B 和 σ_B 表示比较基准的预期收益率和标准差，ω_s 表示 ϵ_s 的标准差。可见，杠杆增加了组合的市场风险，同时降低了选股收益率对组合收益率的相对贡献。当杠杆从 $l=1$（无杠杆）变为 $l=2$（两倍杠杆）时，整体组合的预期收益率增加了 $E(r_B)$，大幅摊薄了投资经理通过选股增加的价值。⊖ 这对量化投资经理而言可能不是一件好的事情（取决于其考核目标）。

现在让我们假设我们已经从所有的收益率数值中减去了无风险收益率，那么夏普比率（SR）就等于预期收益率与标准差的比值，进而夏普比率的平方为：

$$\mathrm{SR}_p^2 = \frac{[(1-\xi)\alpha_s + (1-\xi)(\beta_s - 1)\mu_B + l\mu_B]^2}{[(1-\xi)(\beta_s - 1) + l]^2\sigma_B^2 + (1-\xi)^2\omega_s^2} \tag{12-17}$$

将分子分母按变量 l 的次幂重新整理，得到

$$\mathrm{SR}_p^2 = \frac{\mu_B^2 l^2 + 2\mu_B[(1-\xi)\alpha_s + (1-\xi)(\beta_s - 1)\mu_B]l + [(1-\xi)\alpha_s + (1-\xi)(\beta_s - 1)\mu_B]^2}{\sigma_B^2 l^2 + 2(1-\xi)(\beta_s - 1)\sigma_B^2 l + (1-\xi)^2(\beta_s - 1)^2\sigma_B^2 + (1-\xi)^2\omega_s^2}$$

$$\tag{12-18}$$

上式显示，随着 l 的增大，整体组合的夏普比率将逼近比较基准的夏普比率。⊖ 如果加杠杆之前组合的夏普比率高于比较基准组合，那么杠杆操作最终将降低组合的夏普比率。

12.4　股票、现金和个股期货

使用指数期货实现杠杆的缺点之一是 α 对整体组合收益率的相对贡献会被摊薄。在上一节脚注中的例子里，我们可以看到选股贡献的缩减幅度达到了 50%。依赖于量化股票组合管理的考核目标，这可能不是一个问题，但更好的加杠杆的方式是存在的——那就是利用个股期货。利用个股期货实现的杠杆不仅可以放大组合的 β 收益，还可以放大组合的 α 收益。换言之，它能产生 α 巫术。

然而，使用个股期货在实践中存在一些问题。首先，个股期货是最近才出现在业

⊖　例如，如果 $E(r_B) = 0.13$，$\alpha_s = 0.02$，$\xi = 0$，那当杠杆比率从 1 变为 2 时，α_s 对整体组合收益的贡献从 13% 下降到 7%。

⊖　利用洛必达法则（L′ Hospital rule），$\lim\limits_{l \to \infty} \mathrm{SR}_p^2 = \mu_B^2/\sigma_B^2 = \mathrm{SR}_B^2$。

界的新鲜事物，可用的数量有限。截至 2005 年 1 月 31 日，只有 122 只个股期货。⊖投资经理可能无法找全投资组合中所有股票的相应期货。

第二，即使存在个股期货，其交易流动性也远差于股指期货。在 2005 年 1 月 31 日，所有个股期货的成交量总和仅为 4 924 张合约。如果平均分配，那么每只个股期货的成交量仅有 40 张合约。事实上，许多个股期货在那天甚至没有发生任何交易。表 12-3 罗列了主要的个股期货和它们在 2005 年 1 月 31 日的成交量。表中还包括了各合约日成交量对应 1 亿美元组合的百分比。即使是成交量排名第三的个股期货，其成交量也仅有 1 亿美元组合的 0.69％。对于一般投资组合，单只股票的权重通常在 1％或 2％上下，投资经理很难利用个股期货合约为这些股票构建杠杆头寸。对于表 12-3 之外的成交量更低的个股期货而言，这个问题变得更加明显。⊜

表 12-3　成交量最高的个股期货合约

公 司 名 称	代 码	成 交 量	价 格	对应 1 亿美元组合的百分比
Altria Group, Inc.	MO	1 987	63.83	12.683
Alcoa, Inc.	AA	1 511	29.51	4.459
Pfizer	PFE	286	24.16	0.691
eBay, Inc.	EBAY	164	40.75	0.668
Apple Computer, Inc.	APPL	107	76.9	0.823
Google, Inc.	GOOG	95	195.62	1.858
Halliburton Co.	HAL	53	41.13	0.218
Brocade Communications Systems	BRCD	46	6.2	0.029
SBC Communications, Inc.	SBC	43	23.76	0.102
SanDisk Corporation	SNDK	42	24.7	0.104

注：这些统计量均取自 2005 年 1 月 31 日。价格数据取自 Bloomberg，期货成交量数据取自 www.onechicago. com。表中最后一列是各合约日成交额对应 1 亿美元组合中的百分比（计算公式：百分数＝100×成交额× 价格/1 亿美元）。例如，对于 APPL，它的日成交额不足组合价值的 1％，因此如果投资经理想要持有 1％或更多 APPL，他的交易将显著推高该股票当日的成交量。

⊖ 个股期货的数量在快速成长。截至 2006 年 4 月，数量已达 200 只。个股期货在 OneChicago 交易，它是一家由 CME、CBOE 和 CBOT 创建的合资企业，其创设的主要目标就是为个股期货的交易服务的（www.onechicago.com）。合约规模是 100 股标的证券。正常交易时段为上午 8：30 至下午 3：00（中部时间）。个股期货的初始与维持保证金比例均为合约价值的 20％。这个保证金比例高于股指期货，但仍远好于直接买入股票。利用个股期货，卖空股票不再需要融券，也没有"提价交易规则"（uptick rule）的要求。

⊜ 个股期货的历史成交量数据可能具有一定的误导性，使你认为个股期货的流动性非常之差。然而，我们必须记得这些期货合约是建立在具有高度流动性的股票之上的，因此理论上讲，组合投资经理可以有技巧地对个股期货下一系列的限价单，以使它们全部成交（期现套利者会受价差驱使，将标的股票的流动性转移到相应个股期货上。——译者注）。就像指数期货一样，只要安装了合适的系统，个股期货也可以在 GLOBEX 交易，甚至可以通过 GLOBEX 对一篮子个股期货下单。

12.4.1　杠杆的理论极限

使用个股期货实现杠杆的理论上限与使用股指期货非常类似。然而两者之间存在
3 个主要区别。第一，个股期货的保证金比例高于股指期货。在 2006 年 7 月，所有个
股期货的保证金比例均为 20％。第二，个股期货允许投资经理通过专门对高 β（或低 β）
股票加杠杆来提高（或降低）**组合的最高 β**（我们定义组合的最高 β 为对所有成分股按其
在组合中权重成比例地加杠杆所能得到的最高 β）。如果你已经选定了最优股票权重，
那么根据个股 β 为每只股票分别加杠杆也是一种对 α 加杠杆的合理方式。第三，利用
个股期货实现杠杆存在一个独特的问题——如果个股期货的交易并不活跃，那么可能
只能实现部分杠杆。在本章中，我们权且假设个股期货的交易足够活跃，因此组合能
够利用个股期货达到其最高杠杆。

对于个股期货，最高杠杆和最高 β 的公式与式（12-10）和式（12-11）相同，但式中
股指期货的保证金比例需要换为个股期货的保证金比例。

12.4.2　杠杆机制

一般而言，利用个股期货使组合 β 达到希望的水平有无数种不同的加权方式。在
这一小节，我们讨论组合投资经理可能遇到的 3 种常见情景，每种情景都需要一种不
同的加权方式。

第 1 种情景：所有个股期货合约均有充足的流动性。在这种情境下，为了使组合
达到目标 β^*，投资经理需要买入以下数量的个股期货合约⊖：

$$N_i = \frac{[\beta^* + (\xi - 1)\beta_s]V_i w_i}{\beta_s q_s p_{i,t}} \tag{12-19}$$

其中，q_s 是个股期货的合约乘数，通常等于 100，$p_{i,t}$ 是股票 i 的价格，β_s 是股票组合
相对于比较基准的 β，w_i 是股票 i 在股票组合中的权重。上述公式假设：组合投资经理
按照每只股票在股票组合中的权重，成比例地买入相应的个股期货。

第 2 种情景：在组合持有的 N 只股票中，只有一个子集中的 N_1 只股票存在可交
易的个股期货。此时，投资经理只能使用已经存在个股期货的股票来实现希望的 β。为

⊖　本小节各公式的推导请参阅附录 12B。

了使组合达到目标 β^*，投资经理需要买入以下数量的期货合约：

$$N_i = \frac{[\beta^* + (\xi-1)\beta_s]V_t\widetilde{w}_i}{\bar{\beta}_s q_s p_{i,t}} \qquad (12\text{-}20)$$

其中 $\widetilde{w}_i$ 是已经存在个股期货的股票在股票子集 N_1 中的相对权重（即 $\widetilde{w}_i = w_i/\sum\limits_{j=1}^{N_1}w_j$），$\bar{\beta}_s$ 是股票子集 N_1 中的加权平均 β（即 $\bar{\beta}_s = \sum\limits_{i=1}^{N_1}\widetilde{w}_i\beta_i$），其他变量的定义如前。

第 3 种情景：组合中的部分股票存在期货，并且投资经理决定结合使用个股期货和股指期货来达到希望的杠杆水平。此时，投资经理需要分别买入以下数量的个股期货合约和股指期货合约：

$$N_i = \frac{[\beta^* + (\xi-1)\beta_s]V_t\widetilde{w}_i}{q_s p_{i,t}\left[\bar{\beta}_s + \left(\dfrac{1-\sum\limits_{i=1}^{N_1}w_i}{\sum\limits_{i=1}^{N_1}w_i}\right)\beta_f\right]} \qquad (12\text{-}21)$$

$$N_f = \left(\frac{1-\sum\limits_{i=1}^{N_1}w_i}{\sum\limits_{i=1}^{N_1}w_i}\right)\frac{\sum\limits_{i=1}^{N_1}N_i q_s p_{i,t}}{qS_t} \qquad (12\text{-}22)$$

我们用一个例子来进一步说明这 3 种情景。假设比较基准是标普 500 指数，并且我们持有一个简单的由 5 只股票构成的组合：Altria Group（MO）、美铝（AA）、辉瑞（PFE）、eBay（EBAY）和苹果电脑（APPL）。表 12-4 给出了这个组合以及其中每一只股票的权重。利用前述公式，我们可以计算出为了达到希望的 β^* 所需买入的各种期货合约的数量。与之前的案例一样，我们假设目标 $\beta^* = 2$，且组合的权益资本是 1 亿美元。本例中 5 只股票构成的组合的 β 是 1.15，每只个股期货的 β_i 也都罗列在表中（我们假设它与标的股票的 β 相同）。每只股票的价格也列在表中。在该例中，我们并没有对计算出的合约数量取整。当然，在实际交易中取整是必需的。

表 12-4　在一个简单组合中使用个股期货的案例

方法 1					
代　　码	w_i	β_i	$p_{i,t}$	N_i	$V_{t,i}$（美元）
MO	0.200	0.55	63.83	2 325.43	14 843 205.57
AA	0.200	1.71	29.51	5 029.89	14 843 205.57
PFE	0.300	0.39	24.16	9 215.57	22 264 808.36
EBAY	0.100	2.07	40.75	1 821.25	7 421 602.79
APPL	0.200	1.86	76.90	1 930.20	14 843 205.57
合计		1.15			74 216 027.87

（续）

方法 2				
代　码	$\widetilde{w}_i$	β_i	$p_{i,t}$	N_i	$V_{t,i}$（美元）
MO	0.286	0.55	63.83	4 691.72	29 947 275.92
AA	0.286	1.71	29.51	10 148.18	29 947 275.92
PFE	0.429	0.39	24.16	18 593.09	44 920 913.88
EBAY	0.000	2.07	40.75	0.00	0.00
APPL	0.000	1.86	76.90	0.00	0.00
合计		0.81			104 815 465.73

方法 3				
代　码	$\widetilde{w}_i$	β_i	$p_{i,t}$	N_i	$V_{t,i}$（美元）
MO	0.286	0.55	63.83	3 072.03	19 608 745.68
AA	0.286	1.71	29.51	6 644.78	19 608 745.68
PFE	0.429	0.39	24.16	12 174.30	29 413 118.53
EBAY	0.000	2.07	40.75	0.00	0.00
APPL	0.000	1.86	76.90	0.00	0.00
S&P500		1.00	1 000.00	117.65	29 413 118.53
合计		0.81			98 043 728.42

注：表中变量代表了股票的各项属性。w_i 代表股票在基础股票组合中的权重；β_i 代表股票的 β 值；$p_{i,t}$ 代表股票在 2005 年 1 月 31 日的实际价格；N_i 代表需要买入或卖出的个股期货合约的数量；$V_{f,i}$ 代表持有的期货合约的名义价值；$\widetilde{w}_i$ 代表股票 i 在由我们买入的个股期货的标的股票所构成的子集中的相对权重。合计的 β 代表由我们买入的个股期货的标的股票所构成的子集的加权平均 β，在方法 1 中，它就是基础股票组合的 β。

下面我们来过一遍这个例子在 3 种情景下的情况。在第 1 种情景下，即当所有股票都存在可用的个股期货时，为了达到希望的 $\beta^* = 2$，我们将买入合计面值 74 216 027.87 美元的个股期货合约。由于基础股票组合相对于比较基准的 β 高于 1，因此我们只需买入面值少于股票组合市值的个股期货就能达到目标杠杆。每只股票个股期货的合约数量均已在表中列出。

在第 2 种情景下，我们假设部分股票（以 EBAY、APPL 为例）的个股期货没有足够的流动性，因此只能用另外 3 只股票的期货合约来实现希望的杠杆。此时，我们需要买入合计面值 104 815 465.73 美元的期货合约，这由 MO 的个股期货 4 692 张、AA 的个股期货 10 148 张和 PFE 的个股期货 18 593 张组成。在这种情景下，我们再次实现了 $\beta^* = 2$ 的目标，但个股期货的权重分配不再与基础股票组合成比例。最终的组合 α 也向前 3 只股票倾斜。

在第 3 种情景下，我们仍然仅能使用前 3 只股票的个股期货，但会同时使用标普 500 指数期货来共同实现希望的 β^*。在这种情景下，我们需要买入合计面值 68 630 609 美元的个股期货以及 29 413 119 美元的股指期货（118 张合约）。在这种情景下，我们又一

次达到了 $\beta^* = 2$ 的目标，但由于使用了股指期货，我们摊薄了组合整体的 α。

12.4.3 预期收益率、风险和 α 巫术

- **第 1 种情景**

在第 1 种情景下，整体组合由权重为 $1-\xi$ 的股票组合和权重为 $l-(1-\xi)$ 的个股期货组合构成。我们知道，给定业绩比较基准收益率 r_B，组合收益率可以被分解为：

$$r_s = \alpha_s + \beta_s r_B + \epsilon_s \tag{12-23}$$

个股期货组合的收益率 r_{sf} 本质上等于股票组合的收益率 r_s。为简化讨论，我们假设[⊖]：

$$r_{sf} = \alpha_s + \beta_s r_B + \epsilon_s \tag{12-24}$$

现在来计算整体组合的预期收益率和方差。利用股票组合及个股期货的权重可得：

$$r_P = (1-\xi)r_s + (l-1+\xi)r_{sf}$$
$$= l\alpha_s + l\beta_s r_B + l\epsilon_s \tag{12-25}$$

于是，整体组合的预期收益率和方差如下：

$$E(r_P) = l\alpha_s + l\beta_s \mu_B = lE(r_s) \tag{12-26}$$

$$V(r_P) = l^2\beta_s^2\sigma_B^2 + l^2\omega_s^2 = l^2 V(r_s) \tag{12-27}$$

其中 μ_B 和 σ_B 代表比较基准的预期收益率和标准差，而 ω_s 代表 ϵ_s 的标准差。

我们可以进一步计算整体组合的夏普比率（SR）。假设无风险收益率已经从上述各收益率中减去，那么夏普比率就等于 $E(r_P)$ 和 $\sqrt{V(r_P)}$ 的比值：

$$SR_P = \frac{l\alpha_s + l\beta_s\mu_B}{\sqrt{l^2\beta_s^2\sigma_B^2 + l^2\omega_s^2}} = SR_s \tag{12-28}$$

因此无论杠杆水平是多少，整体组合的夏普比率总是等于股票组合的夏普比率。换言之，在第 1 种情景下，杠杆并不改变组合的夏普比率。

- **第 2 种情景**

在第 2 种情景下，整体组合仍然由股票组合和个股期货组合构成。其中股票组合的权重与第 1 种情景相同，唯一的区别是个股期货组合的构成——仅包括流动性充足的 N_1 只个股期货。这些期货合约的权重由 $\tilde{w}_i = w_i / \sum_{j=1}^{N_1} w_j$，$i = 1, 2, \cdots, N_1$ 给出。

⊖ 只要忽略基差风险，这个假设就是正确的。

可以将股票组合想象成由两个子组合构成：第 1 个子组合中的股票带有高流动性的期货；第 2 个子组合中的股票没有高流动性的期货。让我们称这两个组合为 $s1$ 和 $s2$。于是组合 $s1$ 由 N_1 只股票构成，权重为前面定义的 $\widetilde{w}_i$；组合 $s2$ 由剩下的股票构成，权重为 $\widetilde{w}_i = w_i / \sum\limits_{j=N_1+1}^{N} w_j$, $i = N_1 + 1, \cdots, N$。定义 $\psi = \sum\limits_{j=1}^{N_1} w_j$，于是可以将股票组合的收益率表示为：

$$r_s = \psi r_{s1} + (1 - \psi) r_{s2} \tag{12-29}$$
$$= [\psi \alpha_{s1} + (1 - \psi) \alpha_{s2}] + [\psi \beta_{s1} + (1 - \psi) \beta_{s2}] r_B + \psi \epsilon_{s1} + (1 - \psi) \epsilon_{s2}$$

假设个股期货的收益率等于标的股票的收益率，那么个股期货组合的收益率就等于组合 $s1$ 的收益率。[⊖]因此我们可以将个股期货组合的收益率表示为：

$$r_{sf} = r_{s1} = \alpha_{s1} + \beta_{s1} r_B + \epsilon_{s1} \tag{12-30}$$

现在可以直接计算整体组合的预期收益率和方差。给定股票组合与个股期货组合的权重，整体组合的收益率为：

$$
\begin{aligned}
r_P &= (1 - \xi) r_s + [l - (1 - \xi)] r_{sf} \\
&- [l - (1 - \xi)(1 \quad \psi)] r_{s1} + (1 - \xi)(1 - \psi) r_{s2} \\
&= [l - (1 - \xi)(1 - \psi)] \alpha_{s1} + (1 - \xi)(1 - \psi) \alpha_{s2} \\
&+ \{[l - (1 - \xi)(1 - \psi)] \beta_{s1} + (1 - \xi)(1 - \psi) \beta_{s2}\} r_B \\
&+ [l - (1 - \xi)(1 - \psi)] \epsilon_{s1} + (1 - \xi)(1 - \psi) \epsilon_{s2}
\end{aligned}
\tag{12-31}
$$

进而，整体组合的预期收益率和方差为：

$$
\begin{aligned}
E(r_P) &= [l - (1 - \xi)(1 - \psi)] \alpha_{s1} + (1 - \xi)(1 - \psi) \alpha_{s2} \\
&+ \{[l - (1 - \xi)(1 - \psi)] \beta_{s1} + (1 - \xi)(1 - \psi) \beta_{s2}\} \mu_B
\end{aligned}
\tag{12-32}
$$

$$
\begin{aligned}
V(r_P) &= \{[l - (1 - \xi)(1 - \psi)] \beta_{s1} + (1 - \xi)(1 - \psi) \beta_{s2}\}^2 \sigma_B^2 \\
&+ [l - (1 - \xi)(1 - \psi)]^2 \omega_{s1}^2 + [(1 - \xi)(1 - \psi)]^2 \omega_{s2}^2 \\
&+ 2[l - (1 - \xi)(1 - \psi)][(1 - \xi)(1 - \psi)] \omega_{s12}
\end{aligned}
\tag{12-33}
$$

其中 ω_{s12} 为 ϵ_{s1}，ϵ_{s2} 之间的协方差。

假设无风险收益率已经从上述各收益率中减去，那么夏普比率就等于 $E(r_P)$ 和 $\sqrt{V(r_P)}$ 的比值，进而夏普比率的平方就等于 $E(r_P)^2$ 和 $V(r_P)$ 的比值。将夏普比率平方的表达

⊖　注意在个股期货组合中，个股期货合约的权重等于标的股票在组合 $s1$ 中的权重。

式整理为关于杠杆 l 的函数的形式,就可以立即发现[一]:当 l 逐渐变大时,

$$\text{SR}_P^2 \rightarrow \frac{(\alpha_{s1} + \beta_{s1}\mu_B)^2}{\beta_{s1}^2\sigma_B^2 + \omega_{s1}^2} = \text{SR}_{s1}^2 \qquad (12\text{-}34)$$

换言之,当杠杆水平越来越高时,整体组合的风险-收益特征将越来越接近于组合 $s1$,即带有高流动性期货的股票子组合。

- **第 3 种情景**

在第 3 种情景下,整体组合由权重为 $1-\xi$ 的股票组合、权重为 $(1-\psi)(l-1+\xi)$ 的股指期货和权重为 $\psi(l-1+\xi)$ 的个股期货组合构成。其中个股期货组合与第 2 种情景相同,即由 N_1 个流动性充足的个股期货构成,权重为 $\tilde{w}_i = w_i / \sum_{j=1}^{N_1} w_j$,$i = 1, 2, \cdots,$ N_1。我们将假设股指期货收益率等于比较基准收益率[二](即 $r_f = r_B$)。股票组合和个股期货组合的收益率都与第 2 种情景下相同,即式(12-29)和式(12-30)。

整体组合的收益率可以利用 3 个子组合的权重来计算:

$$\begin{aligned}
r_P &= (1-\xi)r_s + (1-\psi)(l-1+\xi)r_f + \psi(l-1+\xi)r_{sf} \\
&= \psi l r_{s1} + (1-\xi)(1-\psi)r_{s2} + (1-\psi)(l-1+\xi)r_B \\
&= \psi l \alpha_{s1} + (1-\xi)(1-\psi)\alpha_{s2} \\
&\quad + [\psi l \beta_{s1} + (1-\xi)(1-\psi)\beta_{s2} + (1-\psi)(l-1+\xi)]r_B \\
&\quad + \psi l \epsilon_{s1} + (1-\xi)(1-\psi)\epsilon_{s2}
\end{aligned} \qquad (12\text{-}35)$$

于是整体组合的预期收益率和方差为:

$$\begin{aligned}
E(r_P) &= \psi l \alpha_{s1} + (1-\xi)(1-\psi)\alpha_{s2} \\
&\quad [\psi l \beta_{s1} + (1-\xi)(1-\psi)\beta_{s2} + (1-\psi)(l-1+\xi)]\mu_B
\end{aligned} \qquad (12\text{-}36)$$

$$\begin{aligned}
V(r_P) &= [\psi l \beta_{s1} + (1-\xi)(1-\psi)\beta_{s2} + (1-\psi)(l-1+\xi)]^2\sigma_B^2 \\
&\quad + \psi^2 l^2 \omega_{s1}^2 + [(1-\xi)(1-\psi)]^2 \omega_{s2}^2 \\
&\quad + 2\psi l(1-\xi)(1-\psi)\omega_{s12}
\end{aligned} \qquad (12\text{-}37)$$

其中 ω_{s12} 为 ϵ_{s1},ϵ_{s2} 之间的协方差。

假设无风险收益率已经从上述各收益率中减去,那么夏普比率的平方就等于 $E(r_P)^2$ 和 $V(r_P)$ 的比值。将夏普比率平方的表达式整理为关于杠杆 l 的函数的形式,就可以发

[一] 利用洛必达法则(L'Hospital's rule)证明。

[二] 相当于假设了期货合约的标的指数就是比较基准,并且没有基差风险。

现：当 l 逐渐变大时，

$$\mathrm{SR}_P^2 \rightarrow \frac{\{\psi\alpha_{s1} + [\psi\beta_{s1} + (1-\psi)]\mu_B\}^2}{[\psi\beta_{s1} + (1-\psi)]^2\sigma_B^2 + \psi^2\omega_{s1}^2} \tag{12-38}$$

注意上式右边实际上是组合 $s1$（带有高流动性个股期货的股票组合）和比较基准按照 ψ 和 $1-\psi$ 的权重所构成的大组合的夏普比率。换言之，当杠杆水平变大时，整体组合的夏普比率向组合 $\psi r_{s1} + (1-\psi)r_B$ 逼近。这并不奇怪。当杠杆上升时，整体组合将由带有高流动性个股期货的股票和比较基准所主导。

根据以上这些公式，我们可以看出，当所有个股期货都可用时（即情景 1），组合 α 得到了最大程度的提升。当组合中所有股票均可找到个股期货，并且都具有充足的流动性时，最优的做法就是只用个股期货实现杠杆。这也是 α 巫术的最终形式。使用一部分股票的个股期货加杠杆是提升 α 的次优选择，但组合权重将不再是最优的。

12.5　股票、现金、个股保证金交易、个股和篮子互换

能够创造出 α 的投资经理可能出于各种理由想要对其组合加杠杆。正如我们已经看到的，使用股指期货加杠杆的一个缺点就是会摊薄 α 对收益率的贡献。虽然个股期货可以解决这个问题，但它们只覆盖了很少的股票，而且流动性大多欠佳，因而不能提供实际上的解决方案。在本节中，我们讨论另外两种加杠杆的方法。第 1 种是利用保证金买入个股；第 2 种是与券商创设一系列个股互换协议。

12.5.1　个股保证金交易

利用保证金买入股票需要一笔初始保证金 m_s，根据法规 T（Regulation T），目前的初始保证金比例为 50%。[⊖]理论上讲，一位投资经理可以通过保证金交易买入他想要持有的整个证券组合，这相当于实现了两倍杠杆。因此，保证金交易可以实现 1.0 倍到 2.0 倍之间的任何杠杆。这种方式的好处在于它不会降低 α 的相对贡献，事实上，保证金交易也对组合投资经理的 α 加了杠杆。这种方式的坏处是它的成本远高于使用股指期货。券商会对保证金贷款收取券商活期贷款利率（broker call rate），而这一利率通

⊖　法规 T 是美联储委员会建立的交易规则，该规则限制了投资者在对一只证券建立一个新头寸时所能借入的资金量。

常高于期货的持有利率(carry rate)，即期货的隐含回购利率(implied repo rate)。[一]因此，对于想要加杠杆的指数型投资经理，股指期货显然是更好的选择；对于通过选股来创造 α 的投资经理，应该权衡保证金交易的额外利息成本与其选股 α 的大小，然后再做出选择。

12.5.2　个股和篮子互换

从字面意思上理解，**互换**(swap)就是用一种东西交换另一种东西。在金融市场中，互换就是两个主体之间的一份协议，约定相互交换一系列支付(payments)。最常见的互换是利率互换(interest-rate swap)和货币互换(currency swap)。在利率互换中，常见的情形是一方支付固定利息，而另一方支付浮动利息。在货币互换中，一方以一种货币支付，而另一方以另一种货币支付。[二]

权益互换(equity swap)通常是这样设计的：根据合约约定的名义本金，一方支付指定股票指数上的收益，而另一方支付固定或浮动的利息。对投资经理而言，权益互换是一种提高或降低组合对股票指数暴露度的便利工具，不需要实际买入或卖出权益资产。例如，典型的权益互换可能约定：券商支付给基金 X 标普 500 指数的全收益(total return)，换取基金 X 支付给券商 6 个月期限的 LIBOR 利率。[三]互换协议在许多方面都可以根据客户的需求来定制。

定制的权益互换既可以挂钩股票指数，也可以挂钩单个股票。[四]组合投资经理可以与券商构建一个定制化的互换，以指定的一篮子股票为标的(见图 12-2)。互换中的股票篮子或股票组合，与组合投资经理心仪的能够战胜市场的股票组合相同。券商将支付给组合投资经理互换期间篮子股票的收益，而投资经理将支付给券商某个利率 i_s，通常以 LIBOR＋x 的形式指定。由于券商必须对冲相关头寸，因此还会向组合投资经理额外收取一定的费用。券商通常有两种做法来对冲风险，第一种做法是通过买入真实的股票篮子，这种做法承担的风险较小；第二种做法是根据对股票篮子的分析买入

[一] 期货合约的持有成本是根据其**公允价值方程** $F_t = S_t e^{r(T-t)}$ 反推出来的隐含利率。

[二] 关于互换更详尽的讨论，请读者参见 Hull (2005)，Cox 和 Rubenstein (1985)，Wilmott 等 (1993) 和 McDonald (2003)。

[三] LIBOR 是伦敦银行间拆借利率(London Inter-Bank Offer Rate)，它是许多国际银行之间互相借款的短期利率。

[四] 许多券商，例如 Goldman Sachs，Merrill Lynch，Citibank，CS First Boston 和 Lehman Brothers，都提供可定制的权益互换产品。Jefferies & Company，Thomas Weisel Partners 和 Raymond James 则在中盘和小盘股领域做得更好。

相应比例的期货合约，这种做法承担的风险会稍微多一点。这样一笔交易[⊖]的保证金的安排可以通过组合投资经理的托管方或直接通过券商来实现。

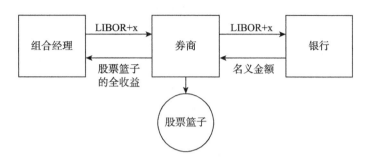

图 12-2　股票篮子互换的现金流示例

互换合约的期限应该与投资组合再平衡的频率相匹配。如果投资经理每月再平衡一次其投资组合，那么互换合约应当每月重置一次。在使用月度互换的情况下，券商将在月末支付给组合投资经理标的篮子股票的收益，而组合投资经理将支付利息 i_s。之后组合经理可以重新构建其最优股票组合，然后将一份新的篮子股票列表发给券商，并为下个月创建一份新的互换协议。在这种合约的安排下，组合投资经理既可以直接投资于股票，然后通过签订互换协议来加杠杆，也可以持有现金，并使用个股或篮子互换来实现整个头寸的杠杆。

权益互换具有其他杠杆方式所没有的一些优点。利用篮子互换，组合投资经理对其基础股票组合 α 的优化，也能够被杠杆作用放大。这是股指期货不能提供的另一种 α 巫术。并且，利用权益互换来加杠杆常常比使用保证金交易股票更便宜。此外，对于不具有高流动性个股期货的股票而言，权益互换也是一种可行的替代方案。

12.6　股票、现金和期权

构建组合的投资经理可能会希望采用其他方式来对其组合加杠杆。与使用股指期货来增加整体组合的市场暴露相比，投资经理可能会更希望使用股指期权来对组合加杠杆，原因有二。第一，期权能够提供潜在的非线性收益。它们能够放大上行收益而不放大下行亏损。第二，期权可以提供远高于股指期货的杠杆倍数。不过，这一灵活

⊖　指的是投资者做的互换交易。——译者注

性的代价是期权的成本比较高。

图 12-3 展示了叠加一个看涨期权会怎样改变一个基础组合的收益。当指数上涨时，整体组合收益将被放大到原来的两倍；而当指数下跌时，组合仍然保持原有的杠杆。

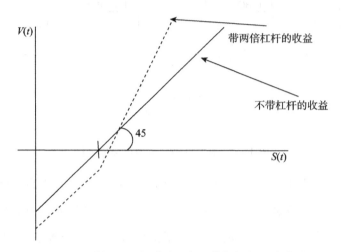

图 12-3　带杠杆(利用期权)与不带杠杆的组合收益

假设我们有一个股票组合，其 β 为 β_s；如果希望将整个组合对指定指数的 β 调整到目标值 β^*，需要买入的看涨期权合约数量为：

$$N_O = \frac{[\beta^* + (\xi - 1)\beta_s]V_t}{\beta_O q_O S_t} = \frac{[\beta^* + (\xi - 1)\beta_s]V_t}{\Delta_O \beta_I q_O S_t} \qquad (12\text{-}39)$$

其中 N_O 代表要买入的看涨期权合约数量，q_O 代表一张股指期权的合约乘数，β^* 是希望达到的暴露度水平，β_s 是股票组合的 β，Δ_O 是看涨期权的 delta，β_I 是标的指数对比较基准的 β，$\beta_O = \Delta_O \beta_I$ 是期权合约 β 值的 delta 近似。⊖

例如，假设我们使用前面例子中的数值，标普 500 指数的当前价格为 1 000，组合投资经理想持有 50% 的现金，并实现 $\beta^* = 2$ 的杠杆倍数。一般情况下，组合投资经理会查看一下看涨期权当前的交易价格，并使用标准的布莱克-斯科尔斯(Black-Scholes)模型或其他方法算出的 Δ。假设平价(at-the-money)看涨期权(即 $K = 1\,000$)的价格是 $c = 43.58$，而其 Δ 是 0.55。⊖ 利用上面的公式，可以算出需要购买的期权数量：

⊖　指数期权合约是实际指数的 100 倍(即合约乘数等于 100)，因此 $q_O = 100$。主要指数期权均为欧式期权，仅标普 100 例外，它是美式期权。更多详细介绍，请查阅芝加哥期权交易所网站(www.cboe.com)，或一些关于衍生品的教材。

⊖　在现实中，很难找到完美的平价期权(即执行价格等于指数价格)，因此组合投资经理将使用执行价格与当前指数价格最接近的期权合约。

$$N_O = \frac{[2 + (0.5 - 1) \times 1]100M}{0.55 \times 1 \times 100 \times 1\,000} = 1\,819.05 \qquad (12\text{-}40)$$

因此组合投资经理应该购买 1 819 份标普 500 指数的看涨期权。这将提供其所希望的 2 倍杠杆。

利用期权实现杠杆的主要优点就是仅放大向上的收益。在本章的开始，我们提到杠杆操作的首要风险就是当组合遭遇负收益时，杠杆会将亏损变得巨大。然而，使用期权加杠杆，组合的亏损并不会被放大，它至多损失掉本应损失的金额。这可能听起来好像有点好得不切实际。事实上，这种对损失的保护，要付出的代价（期权费）是相当高的。上面例子中的期权合约的期限仅有 3 个月，然而买入它的总成本是 $100 \times 1\,819 \times 43.58 = 7\,927\,202$ 美元。对于一个 1 亿美元的组合，为了在保护下行风险的条件下加杠杆，需要支付 800 万美元的成本。这显然是一种价格昂贵的加杠杆的方式，仅适用于组合特别需要下行风险保护的情形。

12.7　再平衡

组合投资经理需要定期再平衡其组合，以维持希望的杠杆水平。再平衡的频率取决于投资经理想要多么紧密地跟踪其目标杠杆水平 β^*。如果投资经理只想在较短的期限内加杠杆，那么他可以不进行再平衡，在期限结束后直接平掉头寸。而以共同基金的形式向客户提供杠杆化组合的投资经理，可能希望每日再平衡。其他类型的组合投资经理可能相信杠杆能提供更高的长期收益率，因而选择每月再平衡。本节描述再平衡的具体方法是：我们用 t 和 $t+k$ 表示前后两次再平衡的时点，其中 k 的取值可以从 1（即 1 日）到 20（即 1 个月，按交易日），或更长。

12.7.1　现金和期货

对于最简单的仅使用现金和期货的情形，我们知道组合在时点 t 的 β_P 是：

$$\beta_{P,t} = \frac{N_{f,t}qS_t}{V_t}\beta_f \qquad (12\text{-}41)$$

其中下标 t 表明各变量在时点 t 取值。在时点 $t+k$，一些变量将发生变化。特别地，组合总价值 V_{t+k} 和期货的标的指数价格 S_{t+k} 将不再等于前值。

在 $t+k$，组合投资经理将重新计算需要的期货合约数量以维持希望的暴露度，即：

$$\beta^* = \frac{N_{f,t+k}qS_{t+k}}{V_{t+k}}\beta_f \tag{12-42}$$

因此，需要的期货合约数量为：

$$N_{f,t+k} = \frac{\beta^* V_{t+k}}{\beta_f qS_{t+k}} \tag{12-43}$$

进而，组合投资经理需要实际买入的期货合约数量为 $N_{f,t+k}-N_{f,t}$，可以表达为：

$$\begin{aligned}
N_{f,t+k} - N_{f,t} &= \frac{\beta^* V_{t+k}}{\beta_f qS_{t+k}} - \frac{\beta^* V_t}{\beta_f qS_t} \\
&= \frac{\beta^*}{\beta_f q}\left(\frac{V_{t+k}}{S_{t+k}} - \frac{V_t}{S_t}\right) \tag{12-44} \\
&= \frac{\beta^*}{\beta_f q} \cdot \frac{V_t}{S_{t+k}}\left(\frac{V_{t+k}-V_t}{V_t} - \frac{S_{t+k}-S_t}{S_t}\right)
\end{aligned}$$

　　方程说明：再平衡时，组合投资经理需要买入还是卖出期货合约（即 $N_{f,t+k}-N_{f,t}$ 是正还是负），取决于组合的总收益率与期货的标的指数收益率的相对大小。组合在 $t+k$ 时点的总价值由下式给出：

$$V_{t+k} = N_{f,t}q(F_{t+k} - F_t) + I_{t,t+k}V_t \tag{12-45}$$

其中 F_{t+k} 是期货合约在时点 $t+k$ 的价格，F_t 是期货合约在时点 t 的价格，$I_{t,t+k}V_t$ 表示组合在保证金账户与其他账户上的现金资产产生的利息收入（含本金），利率分别是 i' 和 i。[⊖]因此组合整体收益率是：

$$\frac{V_{t+k} - V_t}{V_t} = \frac{N_{f,t}qS_t}{V_t}\frac{F_{t+k} - F_t}{S_t} + (I_{t,t+k} - 1) \tag{12-46}$$

上式右端第 1 项 $N_{f,t}qS_t/V_t$ 就是组合的杠杆比率。假设没有基差风险，那么 $(F_{t+k}-F_t)/S_t = (S_{t+k}-S_t)/S_t$，于是我们可以将上式简化为[⊜]：

$$\frac{V_{t+k} - V_t}{V_t} = l\frac{S_{t+k} - S_t}{S_t} + (I_{t,t+k} - 1) \tag{12-47}$$

⊖ $I_{t,t+k}$ 的公式是 $I_{t,t+k} = \left[(mqF_tN_{f,t}/V_t)(e^{i'\frac{k}{360}} - e^{i\frac{k}{360}}) + e^{i\frac{k}{360}}\right]$（根据文意，更正了公式，添加了 F_t 这一项。——译者注）。它实际上就是 1 加上两种现金资产（普通现金和保证金账户现金）的连续复利利息，其中保证金账户上的利息 i' 通常低于普通现金利息 i。

⊜ 基差风险指的是基差随时间变化带来的风险。**基差**是期货价格与标的指数价格之差，即 $B_t = F_t - S_t$。当期货合约临近到期时，期货价格会向现货价格收敛，此时就没有基差风险。然而，在期货到期前的任何时点，基差会持续变动，这导致期货的价格变动不能完美跟踪现货的价格变动，即所谓的基差风险。对于套保投资者和杠杆投资者，基差风险都是一个问题。基差风险还会影响套保头寸展期（rolling over）的有效性。事实上，在基差每日的波动中，还有一部分是由于合约剩余期限的缩短所致，只不过这部分影响在每一天的时间尺度上非常之小。当基差风险为零时，意味着 $r^f_{t,t+k} = r_{t,t+k}$。

进而可以将式(12-44)改写为：

$$N_{f,t+k} - N_{f,t} = \frac{\beta^*}{\beta_f q} \frac{V_t}{S_{t+k}} \left[(l-1) \frac{S_{t+k} - S_t}{S_t} + (I_{t,t+k} - 1) \right] \quad (12\text{-}48)$$

从式(12-48)我们可以得到如下一般性结论：对于一个杠杆头寸($l>1$)，当指数上涨$[(S_{t+k} - S_t)/S_t > 0]$时，组合投资经理必须买入更多的期货合约以维持目标杠杆β^*。与之相反，如果指数下跌超过一定程度，组合投资经理将不得不卖出期货合约。由于持有杠杆头寸，我们有如下结论：如果目标杠杆β^*大于期货合约β，那么标的指数的上涨将降低组合的β，进而组合投资经理需要买入更多的期货合约。标的指数的下跌将提高组合的β，进而组合投资经理需要卖出期货合约。表12-5列示了各种一般性规则。

表 12-5　为实现目标杠杆 β^* 所需的再平衡操作

	$r_{t,t+k} > 0$	$r_{t,t+k} < 0$
$\beta^* > \beta_f$	买入期货	卖出期货
$\beta^* < \beta_f$	卖出期货	买入期货

假设有一位以标普500指数为业绩比较基准的组合投资经理，想要使用标普500指数期货来对其组合加杠杆。那么下述条件成立：标普500指数期货合约的$\beta_f = 1$；合约乘数$q = 250$；投资经理想要达到的目标杠杆水平是$\beta^* = 2$；权益资本是1亿美元；t日，标普500指数及其期货合约的交易价格分别是1 000和1 007.53；保证金账户和现金资产上的连续复利年化利息率分别是$i' = 0.02$和$i = 0.03$。为了在t日使组合达到希望的β，投资经理必须买入$N_{f,t} = \beta^* V_t / \beta_f q S_t = 2 \times 100\ 000\ 000/(1 \times 250 \times 1\ 000) = 800$张合约。这使得组合同时具有$\beta_P = 2$和两倍杠杆。

假设过了一天，现在是$t+1$日。标普500指数及其期货价格在过去的一天中均涨了5%，所以β暴露度发生了变化。投资经理想要将其调整回2。利用我们前面的公式，可以算出投资经理需要买入如下数量的期货合约：

$$N_{f,t+k} - N_{f,t} = \frac{\beta^*}{\beta_f q} \left(\frac{V_{t+k}}{S_{t+k}} - \frac{V_t}{S_t} \right) \quad (12\text{-}49)$$

$$= \frac{2}{1 \times 250} \times \left(\frac{110\ 083\ 335.75}{1\ 050} - \frac{100\ 000\ 000}{1\ 000} \right) = 38.73$$

实际上，组合投资经理需要买入38或39张合约，除非他换用标普500迷你期货合约来做精细匹配。四舍五入到整数是一种比较好的方法，因此投资经理应买入39张合约。

12.7.2 股票、现金和期货

对于包含股票、现金和期货的组合，其整体 β 的变化与上一小节非常类似。在时点 $t+k$，期货价格和组合价值将发生变化。此外，组合投资经理实际上还可能会调整股票组合的构成，因此 β_s 可能在 t 到 $t+k$ 期间发生变化。因此应当持有的合约数量的变化如下：

$$N_{f,t+k} - N_{f,t} = \frac{\beta^*}{\beta_f q}\left(\frac{V_{t+k}}{S_{t+k}} - \frac{V_t}{S_t}\right) + \frac{1}{\beta_f q}\left(\frac{(\xi_{t+k}-1)\beta_{s,t+k}V_{t+k}}{S_{t+k}} - \frac{(\xi_t - 1)\beta_{s,t}V_t}{S_t}\right) \quad (12\text{-}50)$$

其中 $\beta_{s,t}$ 和 $\beta_{s,t+k}$ 是股票组合在时点 t 和 $t+k$ 的 β。公式变得更加复杂而难以分析。然而，如果我们假设股票组合的 β 在 t 到 $t+k$ 期间保持不变或近似不变，并且现金比例保持不变，那么期货合约数量的净变化就可以简化为：

$$N_{f,t+k} - N_{f,t} = \frac{\beta^* + (\xi_{t+k}-1)\beta_s}{\beta_f q}\left(\frac{V_{t+k}}{S_{t+k}} - \frac{V_t}{S_t}\right) \quad (12\text{-}51)$$

在这种情形下，判断需要净买入还是净卖出的规则与上一小节中仅有现金和期货的情形完全相同。

12.8 流动性缓冲

对组合加杠杆会放大组合的风险（成本高昂的指数期权除外，它仅放大收益）。杠杆操作可能产生不可恢复的损失，即损失金额超过组合权益。为保持组合的流动性，投资经理必须买入某种形式的投资组合保险。对组合下行风险的保护有多种不同的方式，本节我们集中讨论如何使用**价外看跌期权**（out-of-money put options）来防止组合亏损超出组合权益。这种方式也很容易实现。

首先，我们需要计算指数下跌多少时，杠杆组合将损失全部权益。然后，我们可以买入一定数量的行权价格合适的看跌期权。流动性缓冲（liquidity buffering）对本章讨论过的所有杠杆方式均适用，但本节我们将集中讨论仅涉及现金与期货的杠杆情形。

当利用现金和期货创造杠杆时，我们知道从时点 t 到时点 $t+k$，组合权益变为：

$$V_{t+k} = N_{f,t}q(F_{t+k} - F_t) + I_{t,t+k}V_t$$

 本小节中，我们仍然假设组合投资经理仅投资于 ETF、现金和期货。

$$= N_{f,t}qS_t r^f_{t,t+k} + I_{t,t+k}V_t \tag{12-52}$$

$$= \left(\frac{\beta^* V_t}{\beta_f qS_t}\right)qS_t r^f_{t,t+k} + I_{t,t+k}V_t$$

其中 $r^f_{t,t+k} \equiv (F_{t+k} - F_t)/S_t$，其他变量定义均如前。我们的目标是找出使组合权益恰好完全损失的指数价格（也即看跌期权的行权价）。当指数跌至该价位时，平掉期货头寸将恰好将组合权益亏损至零。通过买入以该价格为行权价的看跌期权，指数无论再下跌多少，带来的进一步亏损都将被看跌期权完全抵消。因此组合价值将不会再有进一步的损失（不会变为负值），这样的杠杆化组合才能够被接受。

　　简单起见，我们假设没有基差风险（即可以用 $r_{t,t+k}$ 替换 $r^f_{t,t+k}$，因为此时二者相等），下面来求解使账户权益亏损至零的指数涨跌幅[⊖]。根据式（12-52），这相当于令期货合约上的亏损恰等于当前账户权益乘以利息因子（$I_{t,t+k}$），即：

$$\left(\frac{\beta^* V_t}{\beta_f qS_t}\right)qS_t r_{t,t+k} = -I_{t,t+k}V_t \tag{12-53}$$

解得：

$$r^*_{t,t+k} = \frac{-\beta_f I_{t,t+k}}{\beta^*} \tag{12-54}$$

　　下面回到上一节我们曾经用过的例子。假设组合投资经理的目标是 $\beta^* = 2$，而 $\beta_f = 1$，指数在 t 日的价格是 1 000，期货在 t 日的价格是 1 007.53。简单起见，我们还假设 $I_{t,t+k} \approx 1$。那么根据式（12-54）计算出，使账户权益归零的指数涨跌幅为 -0.5，即指数下跌 50%。

　　我们在 t 日就可以算出使组合权益在 $t+k$ 日归零的指数涨跌幅，下面只要确定需要买入的看跌期权的行权价格。特别地，如果指数当前价格为 S_t，那么我们将希望买入行权价格为 $K = (1 + r^*_{t,t+k})S_t$ 的看跌期权。按照上面例子中的数据，我们将买入行权价格为 500（或最接近该价格）的看跌期权。

　　最后一步是确定要买多少张期权合约。我们假设期权合约的标的指数对于比较基准的 β 是已知的。最简单的方法就是使用 β 调整后的金额对冲：

⊖　当没有基差风险时，$F_{t+k} - F_t = S_{t+k} - S_t$，因此 $(S_{t+k} - S_t)/S_t = (F_{t+k} - F_t)/S_t$。左端是标的指数的涨跌幅，表示为 $r_{t,t+k}$，它是我们所关心的对象，因为期权价值由标的指数而非相应期货决定。一些人可能希望将期货合约的涨跌幅定义为 $(F_{t+k} - F_t)/F_t$，但这与我们这里的分析无关。我们只是将方程变形为我们感兴趣的形式。

$$N_O = \frac{\beta^* V_t}{\beta_O q_O S_t} \tag{12-55}$$

其中 β_O 是期权合约的 β（我们将假设期权合约的 β 与标的指数或期货合约的 β 相等），q_O 是合约乘数，N_O 是需要买入的期权合约数量[⊖]。在前面的例子中，$\beta^* = 2$，$\beta_f = \beta_I = 1$，$S_t = 1\,000$，$F_t = 1\,007.53$，而标普 500 指数期权的合约乘数 $q_O = 100$，因此需要购买的期权合约数量是 2 000 张。

图 12-4 展示了当使用价外期权来防止损失超过组合权益资本时组合整体的到期收益。最终组合看起来与行权价格为 K、对标的指数具有两倍暴露度的价内看涨期权相似。

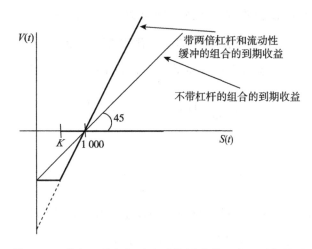

图 12-4　带与不带杠杆及流动性缓冲的组合的到期收益

至此我们已经完成了 t 日的工作。我们建立了一个杠杆组合，并购买了价外看跌期权来保护账户的流动性。需要注意的是，我们所需的这些期权是深度价外的，而深度价外的指数期权通常是没有的。即使是主流指数，也很少能找到 20% 价外的活跃交易的期权合约；即使能够找到，其买卖价差也会非常大。

因此在实践中，创建这种类型的期权[⊜]需要组合投资经理与主要的券商进行某种形式的柜台交易（OTC）。组合投资经理可以与券商的结构化部门共同创建这样的期权合

⊖　在期权合约的日常风险管理中，期权合约的 β 实际上并不等于其标的指数的 β。事实上，$\beta_O = \Delta_O \beta_I$（原著中，此公式为 $\beta_O = \beta_f \Delta$，根据文意判断为笔误，故更正。——译者注），其中 Δ_O 为期权的 Δ，β_I 为期权合约的标的指数对比较基准的 β。我们假设期权合约的 β 等于其标的指数的 β，是因为我们使用期权的意图不是为了日常风险管理，而是为了应对市场巨幅下跌的极端情况。而当市场巨幅下跌时，看跌期权合约的 Δ 将快速收敛到 1。因此，对于流动性保护的情形，我们假设 $\Delta = 1$。

⊜　原著中为"杠杆"，根据文意判断为笔误，故更正。——译者注

约，或者券商可以利用**弹性期权**（flex options）直接创建它们。弹性期权是定制化的股票或指数期权合约，在多家交易所均有上市，包括芝加哥期权交易所（CBOE）。这种期权合约的弹性元素包括行权价格、合约条款、行权方式（exercise style）和到期日期。由于有期权清算公司（Options Clearing Corporation）的担保，弹性期权消除了对手方违约风险（counterparty risk）。与通常的柜台交易合约相比，它们提供了更好的流动性，因为它们可以在二级市场上交易。弹性期权可以按不同规模交易、扩展甚至取消整个头寸。

这些期权的价格可能比布莱克-斯科尔斯或其他标准的期权定价模型略微贵一些，但是由于深度价外，它们的绝对价格依然非常便宜[⊖]。

继续前面的例子，我们需要购买 2 000 张行权价格为 500 的看跌期权合约。假设 3% 的利息率，20% 的标普 500 波动率以及 3 个月的合约剩余期限，那么根据布莱克-斯科尔斯公式，一张看跌期权合约的价格为 1.16×10^{-11} 美元，2 000 张合约的价格是 2.32×10^{-6} 美元。按占权益资本的比例来看，买入这些期权的成本仅相当于组合权益的 2.32×10^{-12}%。组合保险的理论价格，显然是可以忽略不计的。然而实际上，券商可能会为每张期权合约要价 5 美分。

为了完全保护组合权益价值，你可能需要每天再平衡这些期权头寸，特别是对一些共同基金而言，他们会要求每日再平衡。然而从实践的角度看，这些价外期权合约可以被设置为 3 个月的期限并持有到期，中途不进行再平衡。再平衡操作会每 3 个月对整个组合进行一次。组合丧失全部权益价值的风险是极小的，尤其是考虑到所有的交易所都设置了股票剧烈下跌期间的交易熔断机制[⊖]。如果投资组合的下跌风险没有被完全对冲，那么熔断给了组合投资经理时间来重新调整其投资组合。

我们阐述了仅有现金和期货情形下的流动性缓冲操作。流动性缓冲对于包括股票、现金和期货的组合同样奏效。此时，只要组合充分分散且组合的 β 得到良好估计，那么使用指数期权进行缓冲就能防止灾难的发生，这样一来投资经理也可以放心一些。

⊖　这些期权的布莱克-斯科尔斯理论价格基本可以忽略为零，但是券商通常仍会要求一个不为零的价格，因为如果按"公允价格"来交易，他将一无所获却要同时承担巨大的风险。

⊖　纽约股票交易所（NYSE）的熔断机制是：对于给定的一天，如果道琼斯工业平均指数（DJIA）下跌超过 10%，那么熔断 1 小时；如果下跌超过 20%，那么熔断两小时；如果下跌超过 30%，那么将熔断全天的交易。更详细的信息请见 www.nyse.com。

12.9　杠杆卖空

至此我们已经讨论了对纯多头（long-only）组合加杠杆的想法。如果组合投资经理对市场整体持有负面观点会怎样？无论投资经理是被动地跟踪指数还是主动地选股，都没有理由拒绝把杠杆的概念应用到空头头寸上。对空头组合加杠杆的技巧仅稍有不同。

当指数投资经理做空市场时，他可以不必卖空大量个股，而是将组合的权益资本以现金的形式保持在账上并以之充当保证金，卖空股指期货合约。对于通过选股以期战胜市场的投资经理，卖空操作会复杂一些。他必须有选择地卖空低 α 的股票。我们将在下一章市场中性组合中讨论与卖空个股有关的问题。现在，我们可以说那位主动选股的组合投资经理可以采用多种方式卖空股票，包括：卖空股票的同时卖空指数期货；卖空股票的同时签订个股或篮子互换合约（与之前相反，此时组合投资经理不再持有互换的多头端，而是将股票收益率支付给交易对手）；或者卖空股票或/和卖空个股期货。涉及的各种想法与多头杠杆非常类似，只是方向相反而已。

考虑指数组合投资经理想要做空整体指数的情形。我们已经介绍过对于多头组合，如何根据希望的整体 β 确定需要买入的合约数量。对于卖空，唯一的区别就是投资经理不再是**买入**而是**卖出**期货。对纯多头组合适用的公式同样适用于纯空头组合，唯一区别就是合约数量是负数（以反映 β^* 是负值的情况）。

假设标普 500 指数价格是 1 000，标普 500 指数期货的合约乘数是 250，现金资产总和 1 亿美元，目标 $\beta^* = -2$，那么需要卖出的期货合约数量是 800（由于比较基准是标普 500 指数，所以 $\beta_f = 1$）。组合投资经理应当卖出 800 张期货合约，这需要存入 $(qN_fF_t)m_f$ 的保证金。其他将以现金形式持有，赚取利息。

对于头寸的再平衡，多头组合上的那些概念依然适用，但再平衡的触发条件发生了变化。例如当市场大幅上涨时，我们需要平掉期货合约；当市场大幅下跌时，我们需要开仓期货合约。

对于流动性缓冲，组合投资经理仍需遵循与多头组合类似的操作规则，唯一区别是将价外看跌期权换为价外看涨期权。

12.10　结论

杠杆的威力巨大。它给组合引入了大量的风险，可能导致整个组合的毁灭。然而它是 α 巫术的顶级来源，能够大幅提高组合整体收益率。在本章中，我们解释了管理纯多头组合的指数型投资经理和选股型投资经理的杠杆操作，也解释了那些做空市场的投资经理的杠杆操作。我们看到了各式各样的杠杆手段，如股指期货、个股期货、股票互换和期权。我们解释了精细调整组合杠杆以控制相关风险水平的不同方法。这些方法包括：计算使组合达到希望的 β 或杠杆水平所需的期货合约数量、再平衡组合以回到希望的杠杆比率、建立流动性缓冲头寸以确保组合亏损不会超过其权益资本。我们看到了 α 巫术在杠杆组合中发挥的作用。在下一章中，我们将在市场中性组合中再次看到这一点。

附录 12A　公允价值计算

公允价值是期货市场中常用的概念。由于期货合约的交易基于其标的现货证券，因此期货价格与标的证券价格应该满足一定关系。期货合约的理论价格被称为**公允价值**（fair-value）。

事实上，并没有计算期货合约公允价值的完美公式。它取决于标的指数的分红金额、每笔分红的时间、市场上可获得的利息率、期货合约的剩余期限和当前指数价格。不同银行对公允价值的计算是不同的；然而，所有公允价值都基于类似的基本概念——折现值（present-discounted value）。如果使用连续复利利率来计算公允价值，其公式为：

$$F_t = S_t e^{(i-q)(T-t)} \tag{12A-1}$$

其中 F_t 是期货的公允价值，S_t 是当前标的指数价格，i 是当前至合约到期日期间的主流利率，q 是标的指数的连续复利分红率，$T-t$ 是期货合约剩余期限。

市场中大多数人并不使用连续复利利率，因此更常用的公允价值公式通常采用货币市场利率。因此：

$$F_t = (S_t - d_t)\left(1 + i\frac{k}{360}\right) \tag{12A-2}$$

其中 i 是货币市场利率，k 是距离期货合约到期的剩余天数，d_t 是标的指数在期货合约剩余期内所支付的分红的折现值。理想假设下，我们能提前知道标的指数未来每笔分红的金额和时点，从而能够将它们合理折现；不幸的是，实际上这并不容易。因此，在实际计算期货合约的公允价值时，人们常用未来分红的某种估计值按照预计支付的平均时间来进行折现。仅当指数的分红率很高且/或将在近期支付大量分红时，才会对期货合约的公允价值有显著影响。

一个例子能帮助我们更好地理解这一点。假设标普 500 指数当前交易价格是 1 000，存在一个标普 500 指数期货合约的剩余期限是 90 天，标普 500 指数将在接下来的第 1 个月末支付 5 个指数点的分红，货币市场利率是 4%。那么利用式(12A-2)，该期货合约的公允价值是：

$$\left[1\,000 - \frac{5}{\left(1+0.04\times\frac{30}{360}\right)}\right] \times \left(1+0.04\times\frac{90}{360}\right) = 1\,004.97$$

附录 12B　式（12-19）～式（12-21）的推导

式(12-19)的推导如下：

$$\beta^* = \sum_{i=1}^{N}\left(\frac{N_i q_s p_{i,t}}{V_t}\right)\beta_i + (1-\xi)\beta_s \tag{12B-1}$$

其中 q_s 是个股期货的合约乘数，等于 100；$p_{i,t}$ 是股票 i 的价格；并且为了简化，我们假设投资经理按照基础股票组合的权重来买入个股期货。因此 $w_i = N_i q_s p_{i,t}/\sum_{i=1}^{N}N_i q_s p_{i,t}$，代入上式得到：

$$\begin{aligned}\beta^* &= \sum_{i=1}^{N}\left[\frac{w_i\sum_{i=1}^{N}N_i q_s p_{i,t}}{V_t}\right]\beta_i + (1-\xi)\beta_s \\ &= \left[\frac{\sum_{i=1}^{N}N_i q_s p_{i,t}}{V_t}\right]\sum_{i=1}^{N}w_i\beta_i + (1-\xi)\beta_s \\ &= \left(\frac{N_i q_s p_{i,t}}{w_i V_t}\right)\beta_s + (1-\xi)\beta_s\end{aligned} \tag{12B-2}$$

进而解出合约数量为：

$$N_i = \frac{[\beta^* + (\xi-1)\beta_s]V_t w_i}{\beta_s q_s p_{i,t}} \tag{12B-3}$$

式(12-20)的推导与之非常类似。此时我们需要假设 $\widetilde{w}_i = N_i q_s p_{i,t} / \sum_{i=1}^{N_1} N_i q_s p_{i,t}$，其他

环节仿照式(12-19)的推导，只是将 w_i 换为 $\widetilde{w}_i$，将 β_s 换为 $\bar{\beta}_s$，其中 $\bar{\beta}_s = \sum_{i=1}^{N_1} \widetilde{w}_i \beta_i$。最终

得到 $N_i = \{ [\beta^* + (\xi-1)\beta_s] V_t \widetilde{w}_i \} / \bar{\beta}_s q_s p_{i,t}$。

式(12-21)的推导亦与前面两个公式类似。不过此时我们需要做一个关于股指期货

与个股期货之间相对权重的额外假设。具体而言，我们假设 $\left(1 - \sum_{i=1}^{N_1} w_i \right) / \sum_{i=1}^{N_1} w_i =$

$N_f q S_t / \sum_{i=1}^{N_1} N_i q_s p_{i,t}$。进而：

$$\beta^* = \sum_{i=1}^{N_1} \frac{N_i q_s p_{i,t}}{V_t} \beta_i + \frac{N_f q S_t}{V_t} \beta_f + (1-\xi) \beta_s$$

$$= \sum_{i=1}^{N_1} \frac{N_i q_s p_{i,t}}{V_t} \beta_i + \left[\frac{1 - \sum_{i=1}^{N_1} w_i}{\sum_{i=1}^{N_1} w_i} \right] \left(\sum_{i=1}^{N_1} N_i q_s p_{i,t} \right) \frac{\beta_f}{V_t} + (1-\xi) \beta_s \qquad (12B\text{-}4)$$

$$= \sum_{i=1}^{N_1} \frac{\widetilde{w}_i \left(\sum_{i=1}^{N_1} N_i q_s p_{i,t} \right)}{V_t} \beta_i + \left[\frac{1 - \sum_{i=1}^{N_1} w_i}{\sum_{i=1}^{N_1} w_i} \right] \left(\sum_{i=1}^{N_1} N_i q_s p_{i,t} \right) \frac{\beta_f}{V_t} + (1-\xi) \beta_s$$

$$= \left(\sum_{i=1}^{N_1} N_i q_s p_{i,t} \right) \left[\frac{\bar{\beta}_s}{V_t} + \left[\frac{1 - \sum_{i=1}^{N_1} w_i}{\sum_{i=1}^{N_1} w_i} \right] \frac{\beta_f}{V_t} \right] + (1-\xi) \beta_s$$

进而解出个股期货合约数量为：

$$N_i = \frac{[\beta^* + (\xi-1)\beta_s] V_t \widetilde{w}_i}{q_s p_{i,t} \left[\bar{\beta}_s + \left[\dfrac{1 - \sum_{i=1}^{N_1} w_i}{\sum_{i=1}^{N_1} w_i} \right] \beta_f \right]} \qquad (12B\text{-}5)$$

根据上式，以及指数期货与个股期货之间的关系，我们就能进一步得到指数期货的合

约数量为 $N_f = \left[\left(1 - \sum_{i=1}^{N_1} w_i \right) / \sum_{i=1}^{N_1} w_i \right] \left(\sum_{i=1}^{N_1} N_i q_s p_{i,t} / q S_t \right)$。

附录12C　达到不同杠杆水平所需的期货杠杆乘数表

在本附录中，我们将提供一系列表格，针对基础股票组合 β_s 的不同情形，给出相应的**期货杠杆乘数**（futures leverage multipler，$[\beta^* + (\xi - 1)\beta_s]/\beta_f q$）。组合投资经理只需将组合价值与标的指数价格的比值与表中相应乘数相乘，就能得到使组合 β 达到希望水平所需购买的期货合约数量。我们主要考虑了使用标普500与纳斯达克100指数期货的情形，因为它们是流动性最好的股指期货。在这两种情形下，我们均假设投资经理的业绩比较基准是标普500指数，因此所有的 β 都是相对于标普500指数的。杠杆比率 l 总是相对于实际组合的。如前所述，我们对杠杆的定义与惯例有所不同。不过，当建立期货头寸以增加组合暴露度时，二者是一致的。因此，在表格中，只要期货杠杆乘数是正值，那么杠杆比率 l 就与杠杆的惯例定义一致。当期货乘数是负值时，可以利用以下公式获得惯例定义下的杠杆比率：$l^c = (1 - l) + 1$，其中 l^c 代表惯例定义下的杠杆。我们的杠杆比率可以被理解为净金额暴露（net dollar exposure）。表格中，我们还假设了组合不持有现金（$\xi = 0$）。

表12C-1展示了标普500指数期货的杠杆乘数，其中假设了 $\beta_f = 1$。表12C-2展示了纳斯达克100指数期货的杠杆乘数——即当基础股票组合的 β_s 给定时，为使整体组合达到目标 β^* 的期货杠杆乘数。对于纳斯达克100指数，我们假设了 $\beta_f = 1.5$（因为比较基准是标普500指数）。组合投资经理可以使用这两张表格作为调整组合 β 或整体杠杆的粗略指南。

假设一位组合投资经理管理着一个相对于比较基准（我们假设比较基准即为标普500指数）$\beta_s = 1.6$ 的股票组合，他想要增加组合整体的 β 至3。他的组合价值是1亿美元，且当前标普500指数价格为1 300。在表12C-1中，我们找到 β_s 等于1.6对应的行，然后找到 $\beta^* = 3$ 对应的列，得到期货杠杆乘数为0.005 6。组合价值与指数价值的比值是76 923.08（＝1亿/1 300）。因此，为实现目标暴露所需购买的期货合约数量是430.76（＝0.005 6×76 923.08）。在实际交易中，我们将取整到最近的整数，即买入431张期货合约。这将实现投资经理希望的 β^* 或杠杆比率2.4（表格中期货乘数下方的数字）。如果要使用纳斯达克100指数期货达到同样的 β^*，需要买入422.73（＝0.009 3×45 454.55）张期货合约（计算中我们假设纳斯达克100指数的价格为2 200），

表 12C-1　实现希望的 β^* 或杠杆(l)对应的标普 500 期货杠杆乘数

β_s		β^*											
		0.2	0.4	0.6	0.8	1	1.2	1.4	1.6	1.8	2	3	4
0.20		0.000 0	0.000 8	0.001 6	0.002 4	0.003 2	0.004 0	0.004 8	0.005 6	0.006 4	0.007 2	0.011 2	0.015 2
		1.00	1.20	1.40	1.60	1.80	2.00	2.20	2.40	2.60	2.80	3.80	4.80
0.40		−0.000 8	0.000 0	0.000 8	0.001 6	0.002 4	0.003 2	0.004 0	0.004 8	0.005 6	0.006 4	0.010 4	0.014 4
		0.80	1.00	1.20	1.40	1.60	1.80	2.00	2.20	2.40	2.60	3.60	4.60
0.60		−0.001 6	−0.000 8	0.000 0	0.000 8	0.001 6	0.002 4	0.003 2	0.004 0	0.004 8	0.005 6	0.009 6	0.013 6
		0.60	0.80	1.00	1.20	1.40	1.60	1.80	2.00	2.20	2.40	3.40	4.40
0.80		−0.002 4	−0.001 6	−0.000 8	0.000 0	0.000 8	0.001 6	0.002 4	0.003 2	0.004 0	0.004 8	0.008 8	0.012 8
		0.40	0.60	0.80	1.00	1.20	1.40	1.60	1.80	2.00	2.20	3.20	4.20
1.00		−0.003 2	−0.002 4	−0.001 6	−0.000 8	0.000 0	0.000 8	0.001 6	0.002 4	0.003 2	0.004 0	0.008 0	0.012 0
		0.20	0.40	0.60	0.80	1.00	1.20	1.40	1.60	1.80	2.00	3.00	4.00
1.20		−0.004 0	−0.003 2	−0.002 4	−0.001 6	−0.000 8	0.000 0	0.000 8	0.001 6	0.002 4	0.003 2	0.007 2	0.011 2
		0.00	0.20	0.40	0.60	0.80	1.00	1.20	1.40	1.60	1.80	2.80	3.80
1.40		−0.004 8	−0.004 0	−0.003 2	−0.002 4	−0.001 6	−0.000 8	0.000 0	0.000 8	0.001 6	0.002 4	0.006 4	0.010 4
		−0.20	0.00	0.20	0.40	0.60	0.80	1.00	1.20	1.40	1.60	2.60	3.60
1.60		−0.005 6	−0.004 8	−0.004 0	−0.003 2	−0.002 4	−0.001 6	−0.000 8	0.000 0	0.000 8	0.001 6	0.005 6	0.009 6
		−0.40	−0.20	0.00	0.20	0.40	0.60	0.80	1.00	1.20	1.40	2.40	3.40
1.80		−0.006 4	−0.005 6	−0.004 8	−0.004 0	−0.003 2	−0.002 4	−0.001 6	−0.000 8	0.000 0	0.000 8	0.004 8	0.008 8
		−0.60	−0.40	−0.20	0.00	0.20	0.40	0.60	0.80	1.00	1.20	2.20	3.20
2.00		−0.007 2	−0.006 4	−0.005 6	−0.004 8	−0.004 0	−0.003 2	−0.002 4	−0.001 6	−0.000 8	0.000 0	0.004 0	0.008 0
		−0.80	−0.60	−0.40	−0.20	0.00	0.40	0.60	0.80	1.00	1.00	2.00	3.00
3.00		−0.011 2	−0.010 4	−0.009 6	−0.008 8	−0.008 0	−0.007 2	−0.006 4	−0.005 6	−0.004 8	−0.004 0	0.000 0	0.004 0
		−1.80	−1.60	−1.40	−1.20	−1.00	−0.80	−0.60	−0.40	−0.20	0.00	1.00	2.00
4.00		−0.015 2	−0.014 4	−0.013 6	−0.012 8	−0.012 0	−0.011 2	−0.010 4	−0.009 6	−0.008 8	−0.008 0	−0.004 0	0.000 0
		−2.80	−2.60	−2.40	−2.20	−2.00	−1.80	−1.60	−1.40	−1.20	−1.00	−0.00	1.00

注：在上面倒子中，我们使用 $\beta_f=1$，$q=250$，$\xi=0$ 的假设。表中每个位置第 1 个数是期货杠杆乘数 $[\beta^* + (\xi-1)\beta_s]/\beta_f q$，其下方数字是期货对应的有效杠杆倍数 l。在正文中，我们描述了如何在不同情形下换算出惯例杠杆。期货乘数保留 4 位小数。

表12C-2 实现希望的 β^* 或杠杆(l)对应的纳斯达克100 期货杠杆乘数

β_s	β^* 0.20	0.40	0.60	0.80	1.00	1.20	1.40	1.60	1.80	2.00	3.00	4.00
0.20	0.000 0 1.00	0.001 3 1.13	0.002 7 1.27	0.004 0 1.40	0.005 3 1.53	0.006 7 1.67	0.008 0 1.80	0.009 3 1.93	0.010 7 2.07	0.012 0 2.20	0.018 7 2.87	0.025 3 3.53
0.40	−0.001 3 0.87	0.000 0 1.00	0.001 3 1.13	0.002 7 1.27	0.004 0 1.40	0.005 3 1.53	0.006 7 1.67	0.008 0 1.80	0.009 3 1.93	0.010 7 2.07	0.017 3 2.73	0.024 0 3.40
0.60	−0.002 7 0.73	−0.001 3 0.87	0.000 0 1.00	0.001 3 1.13	0.002 7 1.27	0.004 0 1.40	0.005 3 1.53	0.006 7 1.67	0.008 0 1.80	0.009 3 1.93	0.016 0 2.60	0.022 7 3.27
0.80	−0.004 0 0.60	−0.002 7 0.73	−0.001 3 0.87	0.000 0 1.00	0.001 3 1.13	0.002 7 1.27	0.004 0 1.40	0.005 3 1.53	0.006 7 1.67	0.008 0 1.80	0.014 7 2.47	0.021 3 3.13
1.00	−0.005 3 0.47	−0.004 0 0.60	−0.002 7 0.73	−0.001 3 0.87	0.000 0 1.00	0.001 3 1.13	0.002 7 1.27	0.004 0 1.40	0.005 3 1.53	0.006 7 1.67	0.013 3 2.33	0.020 0 3.00
1.20	−0.006 7 0.33	−0.005 3 0.47	−0.004 0 0.60	−0.002 7 0.73	−0.001 3 0.87	0.000 0 1.00	0.001 3 1.13	0.002 7 1.27	0.004 0 1.40	0.0053 1.53	0.012 0 2.20	0.0187 2.87
1.40	−0.008 0 0.20	−0.006 7 0.33	−0.005 3 0.47	−0.004 0 0.60	−0.002 7 0.73	−0.001 3 0.87	0.000 0 1.00	0.001 3 1.13	0.002 7 1.27	0.004 0 1.40	0.0107 2.07	0.0173 2.73
1.60	−0.009 3 0.07	−0.008 0 0.20	−0.006 7 0.33	−0.005 3 0.47	−0.004 0 0.60	−0.002 7 0.73	−0.001 3 0.87	0.000 0 1.00	0.001 3 1.13	0.002 7 1.27	0.009 3 1.93	0.016 0 2.60
1.80	−0.010 7 −0.07	−0.009 3 0.07	−0.008 0 0.20	−0.006 7 0.33	−0.005 3 0.47	−0.004 0 0.60	−0.002 7 0.73	−0.001 3 0.87	0.000 0 1.00	0.001 3 1.13	0.008 0 1.80	0.014 7 2.47
2.00	−0.012 0 −0.20	−0.010 7 −0.07	−0.009 3 0.07	−0.008 0 0.20	−0.006 7 0.33	−0.005 3 0.47	−0.004 0 0.60	−0.002 7 0.73	−0.001 3 0.87	0.000 0 1.00	0.006 7 1.67	0.013 3 2.33
3.00	−0.018 7 −0.87	−0.017 3 −0.73	−0.016 0 −0.60	−0.014 7 −0.47	−0.013 3 −0.33	−0.012 0 −0.20	−0.010 7 −0.07	−0.009 3 0.07	−0.008 0 0.20	−0.006 7 0.33	0.000 0 1.00	0.006 7 1.67
4.00	−0.025 3 −1.53	−0.024 0 −1.40	−0.022 7 −1.27	−0.021 3 −1.13	−0.020 0 −1.00	−0.018 7 −0.87	−0.017 3 −0.73	−0.016 0 −0.60	−0.014 7 −0.47	−0.013 3 −0.33	−0.006 7 0.33	0.000 0 1.00

注：在上面例子中，我们使用 $\beta_f=1$，$q=250$，$\zeta=0$ 的假设。表中每个位置第 1 个数是期货杠杆乘数 $[\beta^*+(\zeta-1)\beta_f]/\beta_f$，其下方数字是对应的有效杠杆倍数 l。期货乘数教保留 4 位小数。

我们的杠杆定义有时不同于惯例定义。在正文中，我们满述了如何在不同情形下换算出惯例杠杆。

但相应头寸的杠杆比率降低到 1.93，这是因为纳斯达克 100 指数相对比较基准的 β 较高。在实际交易中，我们将四舍五入取整，即买入 423 张纳斯达克 100 指数期货合约。

在以上两个例子中，我们的杠杆比率 l 就等于惯例定义下的杠杆比率。假设相反地，我们希望使用标普 500 指数期货将组合整体 β 降低到 1。此时，我们在 $\beta_s = 1.6$ 对应的行中找到 $\beta^* = 1$ 对应的列，获知相应的期货杠杆乘数等于 $-0.002\,4$。这意味着投资经理需要卖空 $184.62(= -0.002\,4 \times 76\,923.08)$ 张合约。这样的操作将使组合实现希望的 β^*，其杠杆比率或净金额暴露是 0.40。在这一情形下，惯例定义下的组合杠杆是 $1.6[= (1-0.4)+1]$。如果我们换用纳斯达克 100 指数期货来实现同样的 β^*，则需要卖空 $181.81(= -0.004\,0 \times 45\,454.55)$ 张期货合约，产生的杠杆比率或净金额暴露是 0.60。此时，惯例定义下的杠杆比率是 $1.4(= (1-0.6)+1)$。

· 习　题 ·

12.1　列出股票投资经理可以使用的对组合加杠杆的 4 种方法。

12.2　列出在 QEPM 中使用杠杆的 3 种好处。

12.3　列出在 QEPM 中使用杠杆的 3 种坏处。

12.4　哪种类型的组合投资经理最可能使用仅包含现金和指数期货的杠杆方式？

12.5　在组合投资经理仅使用现金和标普 500 指数期货的情形下，理论上他能够实现的最大杠杆是多少？最大 β 是多少？假设期货合约的保证金要求是 6.5%，且标普 500 指数期货的 β 是 1。

12.6　组合投资经理使用的哪种股指期货合约流动性最好？请给出支持你答案的依据。

12.7　假设你是一位组合投资经理，目前有 1.5 亿美元的现金。你希望构建一个对纳斯达克 100 指数具有 2 倍暴露度的组合。使用表 12-2 中给出的指数价格。

（a）你需要购买多少张纳斯达克 100 指数期货合约？

（b）你需要购买多少张纳斯达克 100 迷你期货合约？

（c）你更可能使用哪一种期货合约？为什么？

12.8　假设你是一位组合投资经理，有 5 000 万美元现金。你想用期货实现对标普 500 指数的 2 倍 β。使用表 12-2 中给出的指数价格。

（a）如果使用标普 500 指数期货来实现目标暴露，你需要买入多少张合约？

（b）如果使用罗素 2000 迷你期货来实现同样的暴露（假设罗素 2000 指数期货对标普 500 指数的 $\beta_f = 1.3$），你需要买入多少张合约？

（c）你更可能使用哪一种期货合约？为什么？

12.9　假设一位组合投资经理有 1 000 万美元现金和 9 000 万美元股票组合，股票组合的 $\beta_s = 0.8$。假设组合投资经理想要使用标普 500 指数期货（$\beta_f = 1$）实现杠杆。

（a）他能够实现的最高杠杆是多少？

（b）理论上他能够实现的最高 β 是多少？

12.10　假设一位小盘股量化股票组合投资经理想要使用股指期货对他的基础股票组合加杠杆。你会建议他使用哪一种股指期货合约？为什么？

12.11　假设一位中盘股量化股票组合投资经理想要使用股指期货对她的基础股票组合加杠杆。她使用标普 400 中盘迷你合约。她需要买入多少张期货合约？

12.12　假设组合投资经理持有一个 $\beta_s = 0.9$ 的股票组合，未持有现金。组合的 α_s 是每年 2%，比较基准的预期收益率是 10%，比较基准的风险或标准差是 16%，组合相对于比较基准的残差风险是 4%。假设组合投资经理使用以比较基准为标的的期货合约为组合加杠杆到 2 倍（即 $l = 2$）。

（a）整体组合的预期收益率和风险是多少？

（b）与比较基准相比如何？

12.13　列出使用个股期货加杠杆相对于使用股指期货的一条好处和一条坏处。

12.14　使用个股期货加杠杆与使用指数期货相比，理论上的最大杠杆倍数是变大了还是变小了？为什么？

12.15　假设一位组合投资经理持有一个市值 1 000 万美元的组合，包括 3 只股票 A、B、C。3 只股票的权重依次是 0.30、0.40 和 0.30，价格依次是 20 美元、50 美元和 100 美元，β 依次是 0.5、0.7 和 0.9。

（a）组合整体的 β（即 β_s）是多少？

（b）如果组合投资经理想要将整体 β 增加到 2.5，需要买入各多少张个股期货合约（用 N_A，N_B，N_C 表示）？假设这些个股期货都存在，且有足够的流动性，并且投资经理使用正文中的情景 1。

12.16　判断正误：使用指数期货加杠杆不影响夏普比率。

12.17　使用 α^B 对组合整体预期收益率的相对贡献来论证：对于擅长选股的组合投资经理而言，使用指数期货或个股期货加杠杆，哪一种会产生更好的杠杆结果？证明你的结论。

12.18　假设组合投资经理持有股票组合和一些现金，她想要按照情景 3 使用个股期货和指数期货将组合整体杠杆增加到 $l = 2$。假设以下参数：$\xi = 0.3$，$\psi = 0.60$，$\alpha_{s1} = 0.02$，$\alpha_{s2} = 0.015$，$\beta_{s1} = 0.95$，$\beta_{s2} = 0.95$，$\beta_f = 1$，$\mu_B = 0.15$，$\sigma_B = 0.40$，$\omega_{s1} = 0.10$，$\omega_{s2} = 0.05$，$\omega_{s1,s2} = 0.02$。

（a）组合的预期收益率是多少？

(b)预期风险是多少？

12.19　如果没有流动性充足的个股期货合约，量化股票组合投资经理可以使用哪些工具来提升他的 α^B？

12.20　使用期权加杠杆的优点是什么？实际应用中的缺陷是什么？

12.21　假设组合投资经理初始持有一个股票组合和一部分现金。她使用股指期货来对组合加杠杆。原始股票组合具有 $\beta_s=1.2$，期货合约对基准的 $\beta_f=2$，组合在 t 日的价值为 1 亿美元，其中有 4 000 万美元现金（$\xi=0.40$）。对基准的目标 β^* 为 3。期货合约乘数是 20。15 天后，市场崩盘，市场下跌 15%。特别地，期货合约的标的指数从 $S_t=1\,240$ 下跌到 $S_{t+k}=1\,054$。组合整体价值从 1 亿美元（V_t）跌至 7 750 万美元（V_{t+k}）。**注意**：简单起见，假设在这段时期上现金资产的收益可忽略不计（即 $I_{t,t+k}=1$）。

(a)为达到 $\beta^*=3$ 的目标，组合经理在 t 日需要买入多少张期货合约？

(b)在 t 到 $t+k$ 期间，比较基准的收益率是多少？（**提示**：比较基准与期货合约标的指数不同。）

(c)整个杠杆组合的收益率是多少？

(d)根据你对(b)的回答，它说明了杠杆的什么？

(e)如果要在时点 $t+k$ 对组合再平衡以使 $\beta^*=3$，需要买入/卖出的期货合约数量是多少？

12.22　假设没有基差风险，组合投资经理仅使用现金和指数期货来管理其股票暴露度，并且他使用标普 500 指数期货（非迷你合约）。他的业绩比较基准也是标普 500 指数。设从 t 到 $t+k$，标普 500 指数从 1 200 涨到 1 430，同期现金资产的利息率是 1%（即 $I_{t,t+k}=1.01$）。这位组合投资经理的初始 $\beta^*=1.50$，组合初始价值为 5 亿美元。

(a)组合投资经理是否需要买入或卖出期货合约来调回初始 β^*？

(b)他需要买入或卖出多少张期货合约？（**提示**：你需要确定期货合约的合约乘数和初始杠杆 l。）

12.23　解释**流动性缓冲**的含义？它为什么这样重要？

12.24　杠杆卖空与杠杆多头有所不同吗？哪些方面？

第 13 章

市 场 中 性

无法改变环境， 就改变自己。

——蒙田

13.1 引言

市场中性策略在过去的几年中变得颇为流行。1990～1999 年，股票市场中性策略在对冲基金领域所占份额从 1.68％增长到 10％[一]。已知的第一只对冲基金就是市场中性的。它由一位出生在澳大利亚的哈佛毕业生艾尔弗雷德 W. 琼斯（Alfred W. Jones）于 1949 年建立。琼斯认为自己拥有预测个股收益率的能力，但不具备市场择时或者预测市场大方向的能力。琼斯意识到，如果能够以合适的比例卖空他认为会下跌的股票，同时买入他认为会上涨的股票，那么他将能够有效地消除市场整体收益率对其投资组合的影响。他的投资组合收益率将等于多头股票收益率与空头股票收益率之间的差异，这仅由他的选股能力决定。琼斯的业绩记录相当出色。事实上，《财富》杂志 1966 年的一篇名为"没人能赶得上琼斯"的文章报道称，琼斯的基金在那一年的收益率比业绩最好的共同基金还要高 44％。

琼斯的市场中性策略在投资界生根发芽，虽然今天人们会采用各种各样的技术和设计来实现它，但其目标仍然是一样的：通过在单个证券或者市场指数上建立能够抵消市场影响的多头和空头头寸，来减少投资组合对市场变化的敏感性。市场风险就是

㊀ 参见 Nicholas（2000）。

这些市场影响之一。表 13-1 展示出，在过去的大约 10 年中，市场中性组合获得了与标普 500 指数比肩的收益率，而波动率只有后者的 1/5。事实上，除 3 个月国库券指数，市场中性组合的风险低于其他任何主要指数。通过剔除掉投资组合中的一大块风险，市场中性策略为善于选股的投资经理专注于自己的专长扫清了道路。相对于传统的多头组合的 α 而言，这种市场中性策略能够获得更高的 α。换言之，市场中性是 α 巫术的一个优质来源。

市场中性策略也可以为指数投资经理所用。在对股票指数保持适当多头暴露的基础上，买入看好的股票同时卖空看空的股票，这将在指数收益的基础上，叠加选股产生的 α 收益。由于与市场的相关性非常低，市场中性组合还可以帮助投资者分散其整体投资组合的风险。表 13-1 展示出，市场中性组合与各种指数的相关系数都低于 0.40。[⊖]

表 13-1　市场中性组合与其他主要指数的统计

指　　数	平均收益率(%)	标准差(%)	与市场中性的相关系数
市场中性	9.84	3.00	1
标普 500	9.67	15.14	0.39
纳斯达克综合指数	12.59	27.64	0.88
政府债券指数	6.33	4.80	0.12
商品指数	11.32	19.63	0.06
货币市场指数	3.92	0.51	0.27
房地产指数	6.14	13.15	0.24

注：所有指数统计都基于 1993 年 12 月 31 日至 2005 年 2 月 28 日之间的月度收益率数据。市场中性为瑞士信贷第一波士顿/Tremont 市场中性对冲基金指数；标普 500 指数代表标普 500 指数价格收益率；纳斯达克综合指数代表纳斯达克综合指数价格收益率；政府债券指数为 J P 摩根美国政府债券指数；商品指数为 GSCI 商品指数；货币市场指数为所罗门兄弟 3 个月国库券指数；房地产指数为 Bloomberg 房地产指数。数据来自瑞士信贷第一波士顿/Tremont 和 Bloomberg。平均收益率和标准差都经过年化。

在本章中，我们会讨论组合管理中股票市场中性策略的基本原理。我们将给出多种构建市场中性组合的方法，推导基本的数学公式，并且讨论这种策略的优点。

13.2　市场中性组合的构建

市场中性的概念适用于各种各样的投资策略，包括叮转债套利、固定收益套利和

⊖ 更多细节请参见 Patton（2004）。他使用了市场中性的多种定义，并且发现，虽然某些市场中性基金没有表现出对市场的中性，但大多数做到了。他还发现市场中性基金明显比其他类型的对冲基金更少地受到市场的影响。

风险套利。这里我们关注于如何将它应用在选股型投资经理的股票组合上。

投资经理可以通过买入他认为的"买入股"同时卖空他认为的"卖出股"来构建一个市场中性的组合头寸。可以通过任何一种对股票预期收益率进行排序的方法（如加总 Z 值模型、基本面因子模型或者经济因子模型）将股票划分为"买入股"和"卖出股"。他还可以用其他方法对这些股票进行分类，包括直接使用一个优化流程。然后，为了达到市场中性，投资经理必须使用某些控制风险的机制，以使整个组合在捕获来自选股的超额收益率的同时依然能够对市场保持**零净暴露**。风险控制机制可以非常简单，也可以非常复杂。我们将在本节讨论其中的几种。

13.2.1　证券选择

为了构建投资组合，投资经理必须确定"买入股"和"卖出股"。借助一个量化模型，他可以估计出其投资范围内每一只股票的预期收益率或 α。具有低预期收益率或 α 的股票被放入"卖出"的一组，其他的放入"买入"的一组。我们将假设投资经理已经借助一个加总 Z 值模型或一个因子模型完成了对股票预期收益率或 α 的预测。

13.2.2　金额中性

最简单的市场中性策略是**金额中性**（dollar neutral），它意味着多头头寸的美元价值等于空头头寸的美元价值。假设组合投资经理确定了 10 只买入股和 10 只卖出股，并且他有 1 亿美元来进行交易。他可以为这些买入股和卖出股分配任意的权重，只要多头的总权重与空头的总权重之比为 1 比 1。空头头寸还需要向券商支付保证金，但我们将在稍后章节中讨论这个问题。如果 V_L 代表投入多头头寸的名义金额，V_S 代表投入空头头寸的名义金额，那么金额中性意味着：

$$V_L = V_S \tag{13-1}$$

多头股票和空头股票各自的权重之和都必须等于 1。因此有 $\sum_{i=1}^{N_L} w_i^L = 1$ 和 $\sum_{i=1}^{N_s} w_i^S = 1$，其中 w_i^L 代表多头组合中股票的相对权重，w_i^S 代表空头组合中股票的相对权重（取正值），N_L 和 N_s 分别代表多头和空头组合中的股票数目。将空头组合理解为一个被整体卖空的多头组合有时会带来方便。⊖

⊖　然而，在编写计算机程序时，在组合优化中去掉卖空约束并且将空头组合中的股票直接按负权重处理会更加方便。可以通过增加额外约束"负权重之和等于 -1"及"正权重之和等于 1"来保持金额中性。

　　假设我们拥有 9 000 万美元的权益价值。在表 13-2 中，我们确定了 9 只"买入股"和 8 只"卖出股"。

表 13-2　金额中性组合的例子

看涨/多头组合					
代　码	w_i^L	β_i	美元价值（美元）	股　价	持股数目
AES	0.151	2.39	13 601 371.59	9.44	1 440 823
WMB	0.132	2.2	11 860 095.64	9.82	1 207 749
DYN	0.129	2.51	11 582 357.76	4.28	2 706 158
FCX	0.108	1.11	9 754 540.38	42.13	231 534
NOVL	0.103	2.84	9 246 232.93	10.53	878 085
GLW	0.098	3.5	8 858 707.69	10.43	849 349
SANM	0.096	3.73	8 671 569.89	12.6	688 220
PMCS	0.094	4.5	8 488 984.64	20.1	422 338
YHOO	0.088	3.04	7 936 139.48	22.515	352 482
合计	1.000	2.78	90 000 000.00		
看跌/空头组合					
代　码	w_i^S	β_i	美元价值（美元）	股　价	持股数目
Q	0.108	2.9	9 708 920.87	4.32	2 247 435
NWL	0.114	0.85	10 222 487.37	22.77	448 945
MRK	0.115	0.39	10 379 940.05	46.2	224 674
SGP	0.118	0.35	10 576 112.67	17.39	608 172
T	0.118	0.72	10 657 896.96	20.3	525 020
KSS	0.134	0.812	12 089 860.08	44.94	269 022
EK	0.145	1.21	13 034 196.53	25.67	507 760
KG	0.148	0.59	13 330 585.48	15.26	873 564
合计	1.000	0.95	90 000 000.00		

注：表中数据来自 2003 年 12 月。合计 β 代表每只成分股单独的 β 的加权平均值。由于四舍五入误差，表中的权重之和可能不等于 1。

　　两个组合中的权重分配都基于某种相对 Z 值权重。两个组合各自的权重之和都等于 1。表中 β 是以标普 500 指数为市场来估计的。多头组合的加权平均 β 为 2.78，而空头组合的加权平均 β 为 0.95。表中还列出了多头头寸和空头头寸的持股数目，它们是投资组合的价值及当前股价的函数。这是一个金额中性组合，但它并不是市场风险中性的。事实上，整体组合的 β 大致等于：

$$\beta_P = \beta_L + (-1)\beta_S = 2.78 - 0.95 = 1.83 \qquad (13\text{-}2)$$

一个市场风险中性的组合应该满足 $\beta_P = 0$。上述金额中性组合的 β 是 1.83，显示出很高的市场风险。

13.2.3　β 中性（亦即风险因子中性）

金额中性组合与市场的相关性相对较低。当组合的一侧（多头或空头）上涨时，另一侧通常下跌。然而，金额中性并不确保整体组合对经济中的许多风险因子保持中性。金额中性组合可能对风险因子具有很低的暴露，但并不确保等于零。一般地，它们甚至可能会对某些风险因子有相当高或者负向的暴露。因此，更好的做法是建立一个市场中性组合，使之不仅满足金额中性，而且对股票风险模型中的一些市场风险因子也保持中性。

市场中性组合最起码应该满足金额中性和市场风险中性。为了使组合对市场风险保持中性，多头组合与空头组合的 CAPM β 的加权平均值必须等于零。[⊖]因此：

$$\sum_{i=1}^{N_L} w_i^L \beta_i = \sum_{i=1}^{N_s} w_i^S \beta_i \tag{13-3}$$

其中 N_L 和 N_s 分别代表多头和空头组合中的股票数目，β_i 代表股票 i 对市场指数收益率的 β。[⊜]我们应该记住，空头组合中的所有股票将被卖空，因此实际的暴露将等于负的空头组合的整体 β。

利用以上方法，投资经理得到了一个简单而有效的市场中性组合。有些投资经理可能希望组合对更多的因子保持中性——可能是对某个风险模型中的全部因子。这可以通过在构建组合的过程中添加"组合对所有因子的因子暴露等于零"的约束来完成。更具体地，组合优化将带有以下约束条件：

$$\sum_{i=1}^{N_L} w_i^L \beta_{i,k} = \sum_{i=1}^{N_s} w_i^S \beta_{i,k} \tag{13-4}$$

其中 k 代表第 k 个因子。理论上讲，一个对任何风险因子都没有暴露的组合应该获得无风险收益率和零 α。然而，考虑到市场不是有效的，所以组合仍然可能具有正 α。

继续上一节的例子，我们使用一个优化器[⊜]来构建一个金额中性并且 β 中性的投资组合。表 13-3 展示了该组合，它同时满足金额中性和 β 中性。注意我们纵容了多头和

⊖　为了保留对市场风险的某种暴露，我们可以为投资组合设置不精确等于零的 β。即使 β_P 不精确等于零，我们有时也可以利用叠加股指期货的方式来达到 β 中性。不过在这里，我们暂不考虑期货的使用。

⊜　当然，组合投资经理可以选择不同的市场指数（例如标普 500、罗素 1000 和 NASDAQ 100），然后构建相对于某一市场指数的市场中性组合。

⊜　我们在第 9 章中讨论了优化器。

空头组合达到了一个相对较高的 β 值 1.9，因为如果试图降低它们的 β，我们很难在不剔除许多股票的情况下达到 β 中性。即使在如此高的 β 之下，我们已经在多头一侧忍痛放弃购买了一只我们中意的股票，AES。在空头一侧，为了达到高 β，我们不得不在股票 Q 上分配 51.6% 的权重。这意味着卖空 4 600 万美元的股票 Q。这里我们遇到了组合优化在实践中的某些局限性。在一只股票上卖空如此之多，从流动性角度看可能是不可行的，并且它降低了投资组合整体的分散化程度。我们将在本书的最后部分更加深入地讨论这类实践问题（见第 16～17 章），包括量化股票组合管理中的实证案例。在这种情况下，达到 β 中性（beta neutrality）的更好的方法将是放松金额中性约束。

表 13-3　金额中性并且 β 中性组合的例子

看涨/多头组合					
代　码	w_i^L	β_i	价值（美元）	股　价	持股数目
AES	0.000	2.39	0	9.44	0
WMB	0.141	2.2	12 709 015.46	9.82	1 294 197
DYN	0.126	2.51	11 380 062.95	4.28	2 658 893
FCX	0.561	1.11	50 531 804.08	42.13	1 199 426
NOVL	0.015	2.84	1 300 246.44	10.53	131 078
GLW	0.034	3.5	3 021 127.53	10.43	289 657
SANM	0.040	3.73	3 592 949.69	12.6	285 155
PMCS	0.061	4.5	5 507 310.66	20.1	273 996
YHOO	0.021	3.04	1 877 483.19	22.515	83 388
合计	1.000	1.90	90 000 000.00		
看跌/空头组合					
代　码	w_i^S	β_i	价值（美元）	股　价	持股数目
Q	0.516	2.9	46 468 367.23	4.32	10 756 566
NWL	0.069	0.85	6 233 514.05	22.77	273 760
MRK	0.027	0.39	2 436 810.13	46.2	52 745
SGP	0.025	0.35	2 289 143.02	17.39	131 636
T	0.062	0.72	5 551 444.70	20.3	273 470
KSS	0.086	0.812	7 774 238.65	44.94	172 992
EK	0.135	1.21	12 139 780.50	25.67	472 917
KG	0.079	0.59	7 106 653.77	15.26	465 705
合计	1.000	1.90	89 999 952.04		

注：表中数据来自 2003 年 12 月。合计 β 代表每只成分股单独的 β 的加权平均值。由于四舍五入误差，表中的权重之和可能不等于 1。

13.2.4　用纯多头组合构建市场中性组合

另一种构建金额中性组合或 β 中性组合的方法是利用两个已知的投资组合。只要我们找到两个具有不同预期收益率的投资组合，就能容易地构建出一个金额中性组合。假设我们有两个组合，A 和 B。组合 A 的预期收益率高于组合 B 的预期收益率。一种构建具有正预期收益率的金额中性组合的简单方法就是做多组合 A 同时以相同的金额做空组合 B。

对于 β 中性组合，我们需要两个具有相同因子暴露的投资组合。[⊖] 假设组合 A 具有与业绩比较基准 B 完全一致的因子暴露。组合投资经理可以利用第 9 章中介绍的目标因子暴露法来构建出组合 A。然后，做多组合 A 同时做空相同金额的业绩比较基准 B 将得到一个 β 中性组合。如果存在以业绩比较基准为标的的期货合约，那么市场中性可以通过卖空期货合约来轻易地达到。[⊜]

13.3 市场中性的巫术

假设一位组合投资经理构建了一个市场中性组合，并对冲了组合在所有风险因子上的暴露。然后我们就可以计算该策略的预期收益率。假设股票收益率由某种多因子模型驱动，那么股票 i 的超额收益率可以表示为：

$$r_i = \alpha_i + \beta_{i,1}f_1 + \cdots + \beta_{i,K}f_K + \epsilon_i \tag{13-5}$$

其中包含 K 个驱动股票收益率的因子，$\beta_{i,k}$ 是股票 i 对因子 k 的敏感度，f_k 是因子超额收益率，ϵ_i 是股票 i 的残差收益率。当一个市场中性组合对所有风险因子保持中性时，其超额收益率为：

$$r_P = \sum_{i=1}^{N_L} w_i^L r_i^L - \sum_{j=1}^{N_S} w_j^S r_j^S$$

$$= \sum_{i=1}^{N_L} w_i^L \alpha_i - \sum_{j=1}^{N_S} w_j^S \alpha_j + \sum_{i=1}^{N_L} w_i^L \epsilon_i - \sum_{j=1}^{N_S} w_j^S \epsilon_j$$

$$\equiv \alpha_L - \alpha_S + \epsilon_L - \epsilon_S \tag{13-6}$$

所以市场中性组合的预期超额收益率是：

$$E(r_P) = \sum_{i=1}^{N_L} w_i^L \alpha_i - \sum_{j=1}^{N_S} w_j^S \alpha_j \tag{13-7}$$

⊖ 更一般地，我们可以利用在各个风险因子上的暴露成比例的两个投资组合来构建一个 β 中性组合。

⊜ 在本书第五部分，我们将实现这种技术以及之前解释过的更直接的构建市场中性组合的方法。

　　根据套利定价理论（APT），市场中性组合的预期超额收益率应该为零，但我们假设了市场不是完全有效的，并且/或者组合投资经理善于挑选出业绩优于比较基准和劣于比较基准的股票。如果你进一步假设 $\alpha_L = -\alpha_S = \alpha$（即多头组合的 α 与空头组合的 α 具有相同的绝对值但符号相反），那么市场中性组合的预期收益率可以达到 2α，即：

$$E(r_P) = 2\alpha \tag{13-8}$$

　　这是市场中性组合中隐藏的 α 巫术。它是市场中性组合相对于纯多头组合的一个优势，后者的预期超额收益率仅能达到 1α。然而应该指出，这种 α 巫术纯粹来自市场中性组合的杠杆效应——多头组合和空头组合均投入了全额资本。[⊖]如果没有杠杆，那么其 α 不会比纯多头组合更高，除非在空头一侧存在非常大的未被利用的投资机会。

　　除了预期收益率，我们还可以计算市场中性组合的方差：

$$V(r_P) = V(\alpha_L - \alpha_S + \epsilon_L - \epsilon_S)$$

$$= V(\epsilon_L - \epsilon_S)$$

$$= V(\epsilon_L) + V(\epsilon_S) - 2C(\epsilon_L, \epsilon_S) \tag{13-9}$$

　　如果我们假设 $V(\epsilon_L) = V(\epsilon_S) = \omega^2$，那么市场中性组合的方差将化简为：

$$V(r_P) = 2\omega^2(1 - \rho) \tag{13-10}$$

其中 ρ 是 ϵ_L 和 ϵ_S 之间的相关系数。

　　虽然 α 巫术有其价值，但获得额外的 α 需要付出一定代价，组合投资经理应该注意到这一点。投资经理应该注意到市场中性组合能够获得高于纯多头组合的**信息比率**（information ratio，IR）。[⊖]纯多头组合的信息比率是：

$$IR_L = \frac{E(r_P)}{\sqrt{V(r_P)}}$$

$$= \frac{\alpha}{\sqrt{\omega^2}} \tag{13-11}$$

　　我们之前讨论的市场中性组合的信息比率是：

$$IR_N = \frac{2\alpha}{\sqrt{2\omega^2(1 - \rho)}} \tag{13-12}$$

　⊖　在本章关于保证金交易的一节中，我们将看到 α 巫术在实践中最高只能达到 1.8 倍，这是由于经纪商对保证金账户中的额外现金要求。然而理论上讲，市场中性组合的 α 可以达到纯多头组合的两倍。

　⊖　信息比率是衡量主动投资经理业绩表现的常用指标。它是主动收益率对主动风险的比率。信息比率越高，说明组合投资经理的能力越强，因为在同等风险水平下他能够产生更高的收益率。我们将在第 15 章中更细致地描述业绩衡量问题。

因此市场中性组合与纯多头组合的信息比率之比是：

$$\frac{IR_N}{IR_L} = \frac{\dfrac{2\alpha}{\sqrt{2\omega^2(1-\rho)}}}{\dfrac{\alpha}{\sqrt{\omega^2}}}$$

$$= \sqrt{\frac{2}{1-\rho}} \qquad (13\text{-}13)$$

你可以从信息比率中迅速看出市场中性策略的优势。由于ϵ_L和ϵ_s之间的相关系数绝对值总是小于等于1，所以市场中性策略总能够改进纯多头组合。在完全正相关的极端情形下，两者的信息比率之比趋于正无穷。[⊖]在这种情形下，多头组合和空头组合（卖空之后）将沿着相反的方向变动，从而降低了整体组合的方差。

然而，市场中性的优势不仅来自多头组合和空头组合之间的相关性。仅是做空股票的能力本身就提供了一种不同的优势。一位纯多头投资经理无法采用任何特殊的方式来利用他认为会崩盘的股票，他所能做的就是不去买它。这些限制可能导致空头组合具有较高的定价偏差，从而导致$\alpha^s > \alpha^L$。借助于多空组合，组合投资经理可以在看跌股票上配置充足的负向权重以充分利用它们。

13.4　市场中性的机制

本节将带你了解在证券市场中建立多头和空头头寸的机制。

13.4.1　融资与卖空

美国的权益证券可以用保证金融资购买。这使得投资者能够投资超过其资金量的证券。美联储委员会（Federal Reserve Board）通过法规T（Regulation T）来管控保证金和保证金要求。[⊖]法规T要求客户至少存入其融资证券当前市值（current market value，CMV）50%的保证金，这一要求已经持续有一段时间了。这被称为**初始保证金**（initial margin），

⊖ 这些论述在Michaud（1993）中提出。然而，Michaud评论道，在执行时策略空头组合的额外成本实际上降低了投资组合的有效性。他还担忧，是否能够真正完全地对冲掉组合在所有额外风险因子上的暴露。应该提到的是，即使市场中性策略不利用相对于纯多头组合的额外杠杆，式（13-13）仍然成立。

⊖ 1934年的《证券交易法》（Securities Exchange Act）授予美联储委员会这项权利。

即首次买入该权益证券时需要的保证金。例如，如果一位组合投资经理买入 20 000 股价格为每股 10 美元的股票，那么从技术上讲，该客户最多可以从券商那里借到 100 000 美元来完成这笔价值 200 000 美元的证券买入。当然，券商将对这笔融资收取利息，融资利率通常是银行利率（银行对券商收取的利率）加上一定程度的上浮。我们将称之为融资利率 i_M。⊖ 做多和做空股票都可以进行保证金交易。然而，由于保证金交易的较高利率，组合投资经理应该仅在具有明确目的的情形下进行保证金交易。

假设一位组合投资经理以每股 50 美元的价格买入了 200 股 ABC 股票，并且保证金融资 50%。这将使该投资经理持有 10 000 美元的股票 ABC。他的当前市值（CMV）是 10 000 美元，负债 D 是 5 000 美元，因此权益 E 是 5 000 美元（E＝CMV－D）。这些都是券商的术语。显然，券商会每日盯市，CMV 与客户的权益 E 也会变动。盯市是指券商会每天获取证券的当前价值，并监控组合投资经理存入的资金是否足以覆盖其保证金头寸的风险。例如，如果股票 ABC 的价格在第 2 天下跌至 30 美元，账户权益将跌至 1 000 美元。这是令人担忧的，因为该投资经理负有 5 000 美元的债务而只有 1 000 美元的权益。为了解决这类问题，美国证券交易商协会（National Association of Securities Dealer，NASD）和纽约股票交易所（New York Stock Exchange，NYSE）建立了一种规则，要求客户满足**最低维持保证金**（minimum maintenance margin）。如果一位客户的权益价值降至某个阈值之下，券商将会发出**追加保证金的通知**（margin call），即要求该客户存入更多的证券或现金。当前维持保证金的阈值是 CMV 的 25%。⊜ 如果一位客户收到追加保证金的通知，他必须存入足够的资金以达到最低维持保证金，否则券商可以卖出该客户的证券以达到该最低要求。

当一位组合投资经理卖空一只股票，他实际上是从另外一些投资者（券商会安排）处借入该股票，然后将它们卖出。由于这与融资交易类似，所以投资经理必须为该股票存入保证金。因此法规 T 也适用于权益证券的卖空交易。对于一个空头账户，初始保证金要求仍然是 50%，但是最低维持保证金变为 30%。⊜ 理解空头头寸与理解多头头

⊖　券商从保证金借贷业务中赚取了大量利润。

⊜　还有其他规则。客户必须具有至少 2 000 美元的权益（多数情况下，这是针对个人投资者的一种考虑；管理着数百万美元资产的组合投资经理通常不受这一要求的约束）。一些公司还会设置高于最低要求的维持保证金。例如，在互联网泡沫时期，许多券商在某些互联网股票上设置了特别高的维持保证金。

⊜　然而，如果组合投资经理卖空持有股（即卖空他自己持有多头头寸的股票），那么最低维持保证金仅需 5%。

寸略有不同，但是两者的概念基本相同。当卖空证券时，券商获得了卖出价值加上代表 50%保证金的现金(或是其他存入账户的充抵保证金的资产)。我们用 C 来代表这个初始现金总额。证券的 CMV 是每日计算的。账户权益 E 等于现金余额减去 CMV，即 C-CMV。例如，为了卖空 200 股价格在 50 美元的某只股票，在 50%保证金的情况下，组合投资经理需要存入 5 000 美元现金。卖空所得的收入是 10 000 美元。因此该账户的现金余额为 15 000 美元。CMV 是 10 000 美元，所以该账户权益是 5 000 美元。与持有多头头寸类似，当股票价格上涨，券商可以要求客户存入额外的保证金以达到最低维持保证金。$^{\ominus}$

当组合投资经理在一家券商处同时持有多头头寸和空头头寸时，券商将分别计算其多头和空头账户上的保证金要求，然后汇总二者以确定该账户的净保证金要求$^{\ominus}$。

13.4.2　保证金与市场中性

根据法规 T，一位拥有 V 美元资本的市场中性组合投资经理可以在多头组合上投入 V 美元，然后卖空 V 美元的空头组合。投资经理需要一个保证金账户并在该账户中存入保证金以支持其空头组合中个券的卖空交易。不过在上述情形下，也可以用多头头寸来充抵保证金。考虑到空头头寸 50%的保证金要求，组合投资经理要么在经纪商处存入额外 V/2 美元的现金，要么直接存入价值 V 美元的多头证券。$^{\ominus}$从理论上讲，组合投资经理可以买入 V 美元的多头组合，同时卖空 V 美元的空头组合，并且满足法规 T 的保证金要求。

然而在实践中，券商或主券商常常要求一个额外的**流动性缓冲**(liquidity buffer)，用于满足空头组合的盯市需要，以及满足空头组合上的分红支付。$^{\circledR}$因此券商可能要求额外冻结 10%的资本价值。让我们用 m_{lb} 来代表这个额外的流动性缓冲要求。对于任意数额的资本 V，在满杠杆的市场中性组合中，单侧投资的最高额度是 $V^{*}=V(1-m_{lb})$。因此最高总投资额度是 $2V^{*}$。当然，组合投资经理可以选择较低的杠杆。他可以在多头组合投入 V/2 同时在空头组合投入 V/2，这样其杠杆程度与一个纯多头组合相当。

$\ominus$　触发追加保证金通知的股票头寸的价值可以这样计算：现金余额除以$(1+m_{MM})$，其中 m_{MM} 是最低维持保证金比例。

$\ominus$　原著为"总账户权益"，应为笔误。——译者注

$\ominus$　非融资购入的证券的保证金价值是现金的一半。

$\circledR$　当某人卖空一只股票时，该股票发生的所有分红支付都必须由借入者支付给股票的拥有者。

13.4.3　收益率来源

假设一位组合投资经理确定了一篮子做多的证券和一篮子做空的证券，分别称它们为组合 L 和组合 S。量化模型对两个组合的超额收益率做出了预测，其中多头组合的预期超额收益率为正或相对较高，空头组合的预期超额收益率为负或者相对较低。投资经理的权益资本为 V，券商要求 10% 的额外保证金（$m_{lb} = 0.10$）。我们假设这位投资经理拥有 1 亿美元的权益资本（$V = 1$ 亿美元）。基于保证金要求，他想要买入 9 000 万美元的多头组合，同时卖空 9 000 万美元的空头组合。因此组合投资经理选择了满杠杆的市场中性组合（即多头和空头的名义价值均达到 V^*，这也说明了该组合是金额中性的）。图 13-1 展示了构建市场中性组合的流程图。

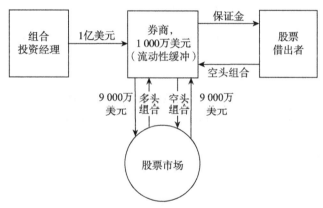

图 13-1　构建市场中性组合的流程图

如果不考虑任何追加保证金，我们可以将市场中性组合的收益率进行剖析。收益率的第一个来源是多头组合与空头组合各自收益率之差，$r_L - r_S$，其中 r_S 是空头组合在**做空前**的实际收益率。[一]在完美对冲的情况下，整个组合的预期 α 等于 $\alpha_L - \alpha_S$。在实践中，预期 α 虽然略有不同，但仍然能够精确衡量。

收益率的第二个来源是卖空所得金额作为抵押品所获得的利息。它的利率往往略低于市场中有竞争力的短期投资机会。在长度为 k 日的一段时期上，在连续复利下，投资者应该预期获得 $V^*(e^{i\frac{k}{360}} - 1)$。[二]

[一]　多头组合和空头组合中股票的分红金额的差异也可以单独被考虑为一种收益率来源，不过这部分收益率已经反映在收益率公式中了。

[二]　券商实际支付利息时不是采用连续复利的形式，但是可以被转换为连续复利利率，这使其数学形式更容易表达。此外，有时你希望改变日期计数法的惯例，例如从 $k/360$ 转变到其他方式。关于利率之间的转换和一般惯例的讨论，参加 Steiner（1998）。

收益率的第 3 个来源是券商对流动性缓冲支付的利息。我们将假设流动性缓冲的利率是 i'。那么，在长度为 k 日的一段时期上，投资者将获得 $m_{lb}V(e^{i'\frac{k}{360}}-1)$。

经过 k 日之后（假设我们平掉所有头寸），投资组合的价值将为[⊖]：

$$V_{t+k}=V_t+V_t^* r_L-V_t^* r_S+(V_t-V_t^*)(e^{i'\frac{k}{360}}-1)+V_t^*(e^{i\frac{k}{360}}-1)$$
$$=V_t(1-m_{lb})+V_t(1-m_{lb})(r_L-r_S)+V_t m_{lb}(e^{i'\frac{k}{360}})$$
$$+V_t(1-m_{lb})(e^{i\frac{k}{360}}-1) \tag{13-14}$$

假设我们持有一个市场中性组合 1 个月（$k=30$）。组合 L 上涨 7%，同时组合 S 下跌 4%。假设卖空保证金和流动性缓冲上每年的利息都是 2%（连续复利）。在我们的例子中，投资组合一个月后的价值将等于 110 066 805.63 美元。其收益由 4 部分构成：多头组合 6 300 000.00 美元，空头组合 3 600 000.00 美元，卖空保证金利息 150 125.07 美元和流动性缓冲利息 16 680.56 美元。投资组合在这个 1 个月的收益率为 10.07%。相关计算过程总结在了表 13-4 中。

表 13-4 市场中性组合的收益率来源

序　号	来　源	收益率（%）	公　式	损益（美元）
1	多头组合总收益率	7	$r_L V_t^*$	6 300 000
2	空头组合总收益率	−4	$-r_S V_t^*$	3 600 000
3	保证金利息	2	$V_t^*(e^{i\frac{k}{360}}-1)$	150 125.07
4	流动性缓冲利息	2	$V_t m_{lb}(e^{i'\frac{k}{360}}-1)$	16 680.56
5	整体组合	10.07	以上 4 行求和	10 066 805.63

注：多头组合与空头组合的总收益率中均包含股利。对于 1 亿美元的权益资本，仅有 9 000 万美元投资于多头组合，9 000 万美元投资于空头组合，因为在卖空时券商要求 1 000 万美元的流动性缓冲。

13.5　市场中性的优点和缺点

市场中性组合为依据量化模型挑选特定股票的量化组合投资经理提供了众多好处。它使组合投资经理能够专注于其选股能力，而不必担心整体市场起伏的影响。市场中性组合也有少数一些缺点，其中当然包括建立它所需的交易成本。表 13-5 列出了更多的优点和缺点。

⊖　对于市场中性组合历史收益率的真实计算，我们将在第 15 章关于业绩度量的部分中讨论。公式为 $r_P=r_L-r_S+r_{现金}$。

表 13-5　市场中性组合的优点和缺点

优 点	缺 点
1. 市场的**空头**一侧可能存在更多的无效现象。分析师倾向于给出买入建议，机构投资者被限制卖空，另外还存在一些行为偏好（例如"卖空不符合美国精神"）也阻碍了卖空	在 2007 年 7 月 6 日之前，卖空股票需要遵守**提价交易规则**（uptick rule）。有些股票很难借到
2. 烂股票可以被配置小于零的权重，而在纯多头组合中最低权重是零	投资组合的空头一侧需要额外的流动性缓冲资金，用于支持空头保证金的维持。空头的再平衡成本可能会非常高，特别是在市场大幅上涨的时期
3. 真正的市场中性组合没有业绩比较基准，因此相比纯多头组合具有更少的权重约束，这使得它有更多的机会利用市场的无效性	卖空证券所得金额作为抵押品的利息由券商自行决定。对机构投资者，该利率通常低于市场利率；对于个人投资者，该利率通常是零
4. 由于空头组合和多头组合并不完全相关，因此市场中性组合能够获得额外的分散化效果。市场中性组合的信息比率可能更高（参见 13.3 节）	即使合理地降低杠杆，空头头寸从理论上讲仍有无限损失的可能性，尤其是对头寸集中的组合⊖
5. 投资组合通常与股票市场的变动不相关，因此，对不想暴露市场风险的投资者而言，它可能是一种合适的权益投资方式。无论市场涨跌，投资者都可以获得正收益	在牛市中，市场中性组合的表现通常差于纯多头组合
6. 它使得组合投资经理能够专注于选股，而不必担心市场择时	如果预测 α 的量化模型有问题，其缺陷会被放大

　　市场中性组合最能提高收益率的优势可能就是其做空股票的能力。市场中存在着多头倾向。许多投资经理，包括共同基金经理，都被机构投资规则所限，只能持有纯多头头寸。而大部分投资者或者不知道空头策略，或者对空头策略心存疑虑。由于市场中缺少足够的做空力量，各种股票都可能被高估。因此卖空行为可以利用这种市场无效性。

　　一个与市场中性组合紧密相关的优点是：在纯多头组合中，对股票最坏的观点仅能是对该股票赋予 0% 的权重，而在市场中性组合中，投资经理可以建立充足的负向权重来表达其负面观点。

　　市场中性组合的第三个优点是它比纯多头组合更灵活。由于风险约束，纯多头组合不能偏离业绩比较基准太远，因此其股票权重必须与业绩比较基准更加贴近。市场中性组合不受业绩比较基准的约束，因此它的股票权重更可以遵循各种不同的模式。

　　额外的分散化是市场中性组合的另一个重要优点，尤其是当多头股票组合和空头

⊖　杠杆风险常常被视为市场中性组合的一个缺点。然而，这并不完全正确。市场中性组合投资经理并不一定要建立一个满杠杆的投资组合。他可以建立一个在多头和空头各投入 50% 资本的市场中性组合，这个组合的风险杠杆与纯多头组合非常接近。然而应该记住的是，市场中性组合的风险仍然会略高一些，因为空头组合在理论上可能产生无限损失。

股票组合不太相关时。根据基本的组合投资理论，我们知道组合两只不完全相关的证券将产生分散化效果。换言之，通过持有两只证券，组合投资经理获得了一个投资组合，与原来两只证券单独的情况相比，投资组合具有类似的收益率，但具有更低的风险。由于大多数股票之间倾向于具有某种程度的正相关，纯多头组合投资经理能够获得的分散化效果有限。然而，通过卖空股票，投资经理能够有效地制造出两个具有负相关性的投资组合：多头组合与空头组合。依赖于这二者之间的负相关程度，市场中性组合能够实现比纯多头组合更大的分散化效果。

分散化的优势真是很神奇。考虑表 13-6 中给出的两个投资组合，表中参数均为持有多头时的数值。一个是"好"组合，因为其预期收益率更高；另一个是"坏"组合，因为其预期收益率更低。两个组合具有近似的风险。

表 13-6　好股票组合与坏股票组合的收益率和风险特征

	μ	σ
好组合	0.20	0.30
坏组合	0.06	0.32
$\rho=0.5$		

注：μ 为各组合的预期收益率，σ 为组合的标准差（即风险），ρ 为好组合与坏组合（卖空前）之间的相关系数。

现在考虑持有这两个组合的可能方式。对于一个完全纯多头的组合，其在好组合和坏组合上的权重之和必须等于 1。换言之，我们可以持有 100% 的好组合以及 0% 的坏组合，也可以持有 0% 的好组合以及 100% 的坏组合，或者是这两种极端情形之间的某种组合。从分散化的角度看，最好能同时持有两个组合各一部分。图 13-2 展示了这种想法。当我们从"100% 投资于坏组合"的点移动到"55% 投资于好组合，45% 投资于坏组合"的点，风险收益特征得到了改善。前沿曲线在"100% 投资于好组合"的点和"55% 投资于好组合，45% 投资于坏组合"的点之间的部分代表了纯多头经理的有效前沿，我们会在这个前沿上挑选一个投资点。

然而，如果可以卖空股票，我们可以做得更好。通过允许卖空坏组合，有效前沿明显向左移动。在"100% 做多好组合"与"100% 做多好组合，同时 71% 做空坏组合"之间的一整段区域上，我们明显获得了比同等收益的纯多头组合更低的风险。这种风险的降低展示了市场中性投资的威力。

除了组合多头侧与空头侧的低相关性，市场中性组合相对而言还与市场的起伏不相关。这对希望投资于股票但不愿对整体市场暴露风险的投资者而言是一个优势。

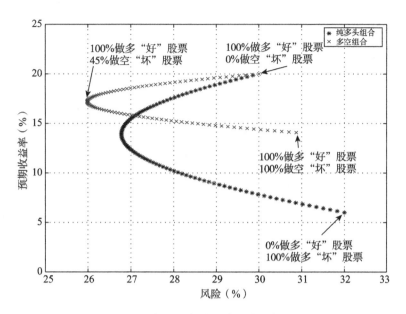

图 13-2　多空组合对分散化效果的提升

最后一个关于市场中性组合的优点是它们使组合投资经理能够专注于股票选择，不必担心市场择时或者担心将组合暴露于表现较差的市场中。在互联网泡沫期间，市场中性组合投资经理不会显著做多互联网股票。他会做多某些股票同时卖空另外一些股票，以使他的投资组合即使在泡沫破裂的情况下也能正常获利。

市场中性组合的大多数缺点都不是致命伤。卖空股票曾受限于提价交易规则，即卖空价必须高于标的证券的最新成交价。[○]这意味着你不能总是像做多那样容易地进行卖空。卖空所得收益的利息率可能会低于当前市场利率，导致潜在收益的轻微损失。主券商通常要求额外的流动性缓冲以处理空头组合上发生的分红支付和保证金追加。这使得组合的一部分资金不能进入市场，但这不是一个大问题，因为市场中性组合通常带有某种程度的杠杆。[○]在牛市中，市场中性组合通常会跑输所有的（纯多头）股票组合。这是它能够规避市场崩盘的代价。最后，市场中性组合聚焦于股票选择收益。因此，虽然它有助于善于选股的投资经理，它也会放大选错股票的投资经理的损失，无论其失误源自较差的模型还是较差的运气。

○　提价交易规则包含在 1934 年《证券交易法》的规则 10a-1 中。该项交易规则已于 2007 年 7 月 6 日被 SEC 撤销。鉴于 2008～2009 年的金融危机，SEC 正考虑恢复该项交易规则。

○　许多投资者认为市场中性组合必须加杠杆。这是不对的。杠杆是组合投资经理的选择。你可以构建一个与纯多头组合具有相同杠杆的市场中性组合。

13.6 再平衡

随着时间的流逝，市场中性组合需要不断地再平衡，以保持市场中性。同时，市场中性组合必须满足保证金要求。我们将简要地讨论两种再平衡的需求。

让我们从金额中性的情形开始。假设我们在时刻 t 建立了一个金额中性的投资组合。到时刻 $t+1$，多头组合和空头组合的权重均已发生了变化。具体而言，在时刻 t 金额中性意味着：

$$\frac{V_t^L}{V_t^S} = \frac{\sum\limits_{i=1}^{N_L} w_{i,t}^L V_t^L}{\sum\limits_{j=1}^{N_s} w_{j,t}^S V_t^S} = 1 \tag{13-15}$$

在时刻 $t+1$，上式不再成立，因为：

$$\frac{V_{t+1}^L}{V_{t+1}^S} = \frac{\sum\limits_{i=1}^{N_L} w_{i,t}^L (1 + r_{i,t+1}) V_t^L}{\sum\limits_{j=1}^{N_s} w_{j,t}^S (1 + r_{j,t+1}) V_t^S} \neq 1 \tag{13-16}$$

仅当多头组合与空头组合自上次平衡至今的收益率恰好相等时，整体组合才能继续保持完美的平衡。这种情形极少发生，因此在其他所有情形下，我们都需要进行再平衡以重建金额中性。如果多头组合上涨得比空头组合（卖空前）多，那么卖出多头组合中的股票（根据每只股票的权重来分配卖出金额）并将所得资金以现金形式保存即可重建金额中性。如果空头组合（卖空前）上涨得比多头组合多，那么买回或平掉某些空头头寸即可重建金额中性。

对 β 中性的情形，在时刻 t，我们有：

$$\frac{\beta_t^L}{\beta_t^S} = \frac{\sum\limits_{i=1}^{N_L} w_{i,t}^L \beta_i}{\sum\limits_{j=1}^{N_s} w_{j,t}^S \beta_j} = 1 \tag{13-17}$$

然而，在时刻 $t+1$，我们有：

$$\frac{\beta_{t+1}^L}{\beta_{t+1}^S} = \frac{\sum\limits_{j=1}^{N_s} w_{j,t}^S (1 + r_{j,t+1}) \sum\limits_{i=1}^{N_L} w_{i,t}^L (1 + r_{i,t+1}) \beta_i}{\sum\limits_{i=1}^{N_L} w_{i,t}^L (1 + r_{i,t+1}) \sum\limits_{j=1}^{N_s} w_{j,t}^S (1 + r_{j,t+1}) \beta_j} \neq 1 \tag{13-18}$$

在时刻 $t+1$，再平衡将重建 β 中性。β 中性的再平衡流程比金额中性简单。你可以通过降低当前 β 较高的多头/空头组合的美元价值来恢复 β 中性，就像金额中性的情形一样。你也可以调整一个多头/空头组合中股票的权重，以使多头组合与空头组合（卖空前）的 β 值相等。或者，组合投资经理还可以不采用上述任何一种方法，而是简单地使用股指期货来调整整体 β。当整体 β 略微偏正（或略微偏负）时，组合投资经理可以利用第 12 章中关于杠杆的概念来降低（或提高）其 β 到 0。[⊖]

13.7　一般多空

本章聚焦于市场中性组合的构建，即组合投资经理做多的证券恰好抵消他做空的证券。然而，一些投资经理或出于有意或由于投资流程所致，会令其投资组合具有多头或空头的偏向。这种不要求投资组合完全市场中性的管理风格被称为**多空**（long-short）。在本节中，我们将讨论这种部分对冲组合的一般概念。我们也会讨论**股票化**（equitization）的概念，即用股指期货合约来调整组合对整体市场的暴露度。最后，我们将讨论**配对交易**（pair trading），它有点像是关于一对股票的市场中性策略。

13.7.1　多空

本章至此讨论了金额中性或风险因子中性的市场中性组合。一些投资经理希望构建不完全市场中性的投资组合，保留对多头侧或空头侧的某些偏向。对于这种情形，我们之前介绍过的所有概念仍然有效，唯一例外是：在**多空**组合中多头侧和空头侧的美元价值或风险暴露有所不同。例如，投资组合整体可能相对于市场组合的 β 为 0.4。它的风险确实低于像标普 500 这样的股票指数，但它不是真正的市场中性组合。

多空是一种普遍的投资组合风格。它在对冲基金世界中占比 11%。[⊜]一位不看好市场的多空投资经理可能会略微偏空，而另一位对市场乐观的多空投资经理可能会略微偏多。由于承担了额外的风险，多空策略使投资经理可以同时受益于整体市场的变动和 α 巫术。

⊖　除了金额中性与 β 中性导致的再平衡需求，空头头寸的管理也会产生再平衡需求。
⊜　参见 Nicholas（2000）。

13.7.2 股票化

股票化是一种将现金转化为人造股票头寸的做法，使用的工具是股票期货、远期或期权。通过股票化，持有市场中性组合的投资经理可以在保持其 α 的同时，获得对股票市场的全额暴露。为了改变投资组合对市场的暴露，投资经理可以做多相当于其权益资本 100% 的股指期货。[○]新投资组合的收益率将等于市场中性一侧的收益率加上股指期货一侧的收益率。投资组合的市场风险将等于1（即 $\beta_P=1$）。投资组合将具有纯多头组合的全部属性，同时还享有市场中性组合的收益。

股票化对于那些必须对某一特定业绩比较基准保持显著暴露，同时对股票之间的相对表现有所判断的投资经理尤其有用。如果投资经理认为某些经济行业的定价偏差非常严重，他可以集中在该行业中大量交易。例如，如果他在日常消费品行业找到了重大机会，他可以在该行业内建立市场中性头寸，同时买入指数期货多头头寸，以对其他行业保持纯多头暴露。投资组合的表现仍将与业绩比较基准非常相似，只是将额外受益于日常消费品行业中的市场中性头寸所隐含的 α。

13.7.3 可移植 α

股票化可以在**可移植 α**（portable α）的概念下更进一步。[○]可移植 α 是指能够从一个投资组合上整体转移到另一个资产类别或子类上的 α。这使得计划发起人、财务顾问、养老基金经理及其他投资者可以灵活地单独考虑 α 决策和资产配置决策。对于组合投资经理，可移植 α 使其能够将组合的 α 与组合的 β 分离。可移植 α 的构建综合利用了杠杆（见第 12 章）和市场中性（见本章）的概念。

例如，假设一位组合投资经理非常善于管理小盘股，但他认为未来大盘股将跑赢小盘股。当以一个小盘股指数（例如罗素 2000 指数）为比较基准管理小盘股组合时，他总是能够获得正的 α^B。他认为自己的成功源自小盘股中存在的大量能够被他的量化模型利用的市场无效性。他的模型在大盘股中却不是那么成功，可能是因为大盘股中的无效性较少。他倾向于主要管理小盘股，但是由于他的业绩比较基准是标普 500 指数

○ 期货经纪商对股指期货要求一定的保证金，但该保证金可以由股票空头头寸的流动性缓冲资金来提供。由于期货合约多头在一定程度上对冲了股票空头头寸，所以交易两侧所需的保证金都有所减少。

○ 一些人称之为 α **转移**。

（而不是罗素 2000 指数），他意识到如果自己关于大盘股将跑赢小盘股的观点是正确的，那么他的相对业绩将受到极大的伤害。这是一个投资经理应该转移其小盘股 α 的完美场景。投资经理可以继续以其希望的方式管理投资组合，挑选他认为被相对错误定价的小盘股，但他还应该卖空罗素 2000 期货以达到相对罗素 2000 指数 β 中性的目的，同时做多标普 500 期货以使组合相对标普 500 指数的 β 等于 1。最终效果是：该投资经理的投资组合的整体市场风险与标普 500 指数（大盘股指数）一致，同时叠加了相对于罗素 2000 指数（小盘股指数）的 α^{B}。

下面我们描述上例中转移 α 的步骤以及最终的整体投资组合。

步骤 1：确定小盘股组合相对于罗素 2000 指数的 β。

$$r_P = \alpha_{\text{R2000}} + \beta_{\text{R2000}} r_{\text{R2000}} + \epsilon$$

步骤 2：卖空合适数量的罗素 2000 期货以使整体组合对该指数的 $\beta^*_{\text{R2000}} = 0$。

步骤 3：做多合适数量的标普 500 期货以使整体组合对该指数的 $\beta^*_{\text{SP500}} = 1$。

步骤 4：最终的投资组合暴露度为：

$$E(r_P) = E(\alpha_{\text{R2000}}) + \beta_{\text{R2000}} E(r_{\text{R2000}}) - \beta_{\text{R2000}} E(r_{\text{R2000}}) + \beta_{\text{SP500}} E(r_{\text{SP500}})$$

$$= E(\alpha_{\text{R2000}}) + \beta_{\text{SP500}} E(r_{\text{SP500}})$$

因此组合投资经理获得了相对于罗素 2000 指数的 α，同时保持了与标普 500 指数一致的市场暴露。

可移植 α 为投资经理转移其组合 α 提供了许多可能性。如果投资组合没有设置对基础风险暴露的严格约束，那么投资经理甚至可以将其股票空间上的 α 转移到债券空间上。例如，前面例子中的组合投资经理在管理小盘股组合时具有相对于比较基准罗素 2000 指数的正 α。他可以卖空适当数量的罗素 2000 股指期货以使他组合整体的 β 为零。然后，他可以用卖空所得资金投资于 10 年期债券期货或者债券型交易所交易基金（exchange-traded fund，ETF）以获得对债券市场的市场暴露。

可移植 α 的概念十分有用，但它也有一些问题。第一，买入与卖出衍生品、互换甚至高流动性的期货都需要支付成本。第二，即使相对于指数的 β 能够被测量，股指期货也可能无法完美地跟踪标的组合。其产生的残差风险可能会淹没组合投资经理试图转移的 α。第三，对于特定的组合或资产类别，相应的期货可能不存在，或者即使存在，也存在流动性不足的问题。例如，存在某些行业指数的期货，但它们流动性极差，所以不实用。第四，虽然量化组合投资经理有能力转移 α，但许多养老金委员会和其他

投资者不具备运用 α 巫术的能力。第五，期货交易要求存入一定数额的保证金，而从保证金上获得的利息收益可能略低于其他替代的投资方式。第六，股指期货具有展期风险（roll-over risk）和基差风险，而互换具有交易对手风险（counterparty risk）。大体上讲，这些风险都较小。

尽管可移植 α 有上述小缺陷，它仍然是一种有效利用资本并且分离组合 α 与 β 以使两类投资者都能获益的低成本机制。

13.7.4 配对交易

配对交易（pair trading）是指在两只属性相似但一只被高估一只被低估（根据股票收益率的量化模型）的证券上建立的市场中性头寸。配对交易包括买入被低估的证券同时卖空被高估的证券。我们知道，市场中性组合对冲掉了市场风险暴露，进而增强了组合收益与其 α 之间的联系；与之类似，配对交易对冲掉了一对证券头寸的市场风险，使单个证券的 α 显露出来。有各种原因说明配对交易对量化组合投资经理非常有用。第一，它使组合投资经理能够专注于 α 而不必担心市场或行业风险。第二，它将可投资的股票范围拓展到了那些被高估的行业。即使投资经理认为日常消费品行业在整体上已被极度高估了，他还是可以在其中挑选出适合配对交易的标的。配对交易使投资经理能够发挥股票选择能力，同时避免对高估行业的暴露。与之类比，纯多头组合只能通过完全不投资该行业来规避其风险。第三，配对交易可以更高效地利用资本。配对交易在空头头寸上是保证金交易，因此投入配对交易的每一美元都等价于投入无杠杆纯多头组合的两美元。这与杠杆化纯多头组合能提供的资金效率相同。

当组合投资经理认为两只证券之间存在**绝对价值**或**相对价值**的差异时，就可以进行配对交易。两只证券的预期 α 可以同时为正，但是其中一只的预期 α 比另一只高。在这种情形下，买入较高 α 的那只证券，同时卖空较低 α 的那只证券仍是一种合理的配对交易，策略可以从二者的相对表现差异中获利。另一种情形是一只证券的预期 α 为负，另一只证券的预期 α 为正。这是一种绝对价值的配对交易，是理想的情形。

配对交易的第一步是找到相似的股票，其中**相似**的含义不唯一。一种定义是股票属于相同的行业。投资经理可以对一个行业中的所有股票应用他的量化模型，然后按照加总 Z 值或 α 或预期收益率来排序。配对的股票可以是位于排序列表两端的两只股票。

相似的股票也可以通过第 7 章中讨论的**特征匹配**的方法来确定。投资经理寻找具有相近的基本面比率的股票。特别要注意的是：在选用基本面比率时不要使用股票收益率量化模型中的因子，因为这些因子已经表现在股票预期的 α 中了。

统计分析能够帮助寻找在过去行为相似的股票。一种测试是先计算不同股票的历史收益率序列，然后计算它们相互之间的相关性（它们的 β 系数）。[⊖]两只收益率高度相关，或者相互的 β 值接近于 1 并且统计显著的股票，它们的历史表现非常相似，这种相似性很有可能在未来延续。统计分析的问题在于它将通过历史数据发掘出的关系外推到了未来的预期收益率上。不过，如果找到的配对股票在未来也高度相关，那么配对交易的日相对波动率将可以被很好地控制，而这反映了统计分析的价值。

另一种寻找相似股票的方法是用过去 1 年股票 A 的日收益率对股票 B 的日收益率做回归分析。投资经理在每个月都进行一次样本区间为过去 1 年的滚动回归，并保存回归出的 α。他要寻找一对股票，它们相互之间的 β 接近于 1，而一只股票相对于另一只股票的 α 是显著的，并且该 α 在时间维度上具有自相关性。这种自相关性[⊜]会在两只股票相对于对方的 α 的自回归行为中体现出来。如果出现这种模式，就存在配对交易的潜在机会。一只股票的风险抵消了另一只的风险，而一只股票相对于另一只股票的超额收益却可能会持续。

也可以采用一种逆向思维的配对交易。历史统计数据可以揭示两只相似股票的收益率表现是否发生了分歧。如果发生了，你可能认为分歧最终必然回复。在逆向配对交易中，你会卖空在过去某段时间收益率较高的股票，同时买入收益率较低的股票。

许多组合投资经理在制订配对交易计划之前会花很长时间研究公司的基本面情况。然而，量化组合投资经理依赖于他的量化模型和统计技术。一旦确定了候选的配对股票，下一步就是确定交易的数量。我们将集中讨论以下情形：组合投资经理想要消除尽可能多的风险，以使策略专注于两只股票的相对 α。与市场中性组合类似，这种配对交易可以是金额中性或者风险因子中性的；不同的是，它不能同时满足这两种中性条件。虽然当一只股票的波动率远高于另一只股票时金额中性的策略是有缺陷的，但使用该策略的配对交易还是很常见的。金额中性意味着 $w_A = w_B$，即在股票 A 和股票 B 上投入相同的金额。风险因子中性对风险因子 β 做了调整。每只股票的 β 都是相对于

⊖　你也可以用一个多因子模型来推断股票之间的隐含相关性。

⊜　原著为"相似性"，疑有误。——译者注

某种指数计算得到的, $w_B = w_A(\beta_A/\beta_B)$, 其中 β_A 和 β_B 是每只股票在同一时段对同一行业指数或市场指数的估计 β。$^{\ominus}$你可以取 $w_A = 1$, 从而得到股票 B 的一个合适的风险调整后权重, 并实现配对交易。由于配对交易并不是一种分散化的组合投资方式, 因此组合投资经理可能希望用波动率替换 β 来确定两只股票的相对权重。在这种情形下, 权重将按下式确定: $w_B = w_A(\sigma_A/\sigma_B)$。

假设一位量化组合投资经理在金融行业上运行他的量化模型。根据模型, 他确定了房地美 (Freddie Mac) 比房利美 (Fannie Mae) 更具吸引力。由于这两家公司非常相似——它们属于同一个行业并且都从事抵押债务证券化 (securitize mortgage obligations) 业务, 所以投资经理希望在 2002 年 10 月开始对这两只股票进行配对交易。

投资经理已经完成了第一步: 确定要进行配对交易的股票对。下一步是确定每只股票的持仓权重。利用从 1995 年 1 月 31 日至 2002 年 9 月 30 日的历史数据, 投资经理估计出两只股票对标普 500 指数的 β: $\beta_{\text{房地美}} = 0.564$ 和 $\beta_{\text{房利美}} = 0.431$。如果想要 β 中性, 对房地美每 1.00 美元的暴露, 他需要相应地卖空 1.31 美元的房利美。换言之, 在房地美和房利美上的相对归一化权重 (总和等于 1) 应该分别为 0.433 和 0.567。如果组合投资经理想要金额中性, 那么对房地美每 1 美元的暴露, 他需要相应地卖空 1 美元的房利美, 因此相对权重为 0.50 和 0.50。

上述配对交易在 2002 年 9 月 30 日至 2005 年 3 月 31 日区间上的业绩展示在表 13-7 中。根据该表, 我们看到单独持有房地美可以获得非常好的收益率 13.06%, 但要承担 22.70% 的极高波动率。单独卖空房利美同样可以获得 9.35% 的正收益率, 但要承担高达 26.05% 的波动率。然而一旦将两只股票放在一起, 金额中性的配对交易产生了杠杆前 11.20% 的收益率, 同时具有非常低的波动率 9.13%。因此, 配对交易获得了与交易单只股票非常接近的平均收益率, 而波动率仅有交易单只股票的一半或更低。注意到配对交易与标普 500 指数的相关系数为 -0.10, 而单只股票与标普 500 指数的系数为 0.55, 两者之间形成了鲜明对比。β 中性配对交易的业绩不像金额中性那么好, 但两者均实现了保持收益率的同时降低风险的目标。此外, 建立配对交易的时点还有比 2002 年 9 月 30 日更好的选择。在 2004 年年初, 当房地美的负面新闻已经体现在其股价中时, 关于房利美财务困难的新闻报道还相对较少, 这时进行配对交易将会产生

$\ominus$ 如果组合投资经理进行如下回归: $r_A = \alpha + \beta r_B + \epsilon$, 那么 $w_B = \beta$。

更高的收益率。

表 13-7　配对交易的例子

	持有期收益率（%）	标准差（%）	与标普 500 指数的相关系数
房地美	13.06	22.70	0.55
房利美	−9.35	26.05	0.55
配对交易（金额中性）	11.20	9.13	−0.10
配对交易（β 中性）	10.96	10.34	−0.31

注：数据取自 Bloomberg。持有期收益率和其他统计量均为 2002 年 9 月 30 日至 2005 年 3 月 31 日区间上计算。2002 年 9 月 30 日的初始头寸为 β 中性或金额中性，之后不进行再平衡。

13.8　结论

杠杆操作可以放大投资组合对市场的暴露，而市场中性策略使投资组合免受市场风暴的影响。市场中性策略降低或消除了投资者对市场波动率的暴露，同时保留了产生显著收益率的能力。这种策略实际上可以提升投资组合 α 的相对贡献，也可以用于跨资产类别的 α 转移。本章中我们讨论了市场中性的两种主要形式：金额中性和 β 中性，前者是指多头头寸与空头头寸的美元价值相等，后者是指多头头寸与空头头寸对某一风险因子的 β 相等。我们证明了市场中性投资策略是 α 巫术的一种重要来源。通过允许投资经理卖空坏股票，投资组合的 α 和信息比率均得到了提升。我们还讨论了市场中性策略的一些近亲，包括多空策略、市场中性策略的股票化、可移植 α 和配对交易。

我们还没有结束对 α 巫术来源的探讨。在下一章中，我们将揭示 α 巫术的第三种重要来源，这是一种通过将定性信息量化来提升价值的严格的统计理论。

· 习　题 ·

13.1　是谁建立了第一个市场中性投资组合？该组合建立于哪一年？

13.2　**判断题**：由于与其他资产类别具有低相关性，市场中性组合为投资者的投资组合提供了一种有用的额外选择。

13.3　是否存在无风险资产与标普 500 指数的某种组合，具有与市场（即标普 500 指数）相关性低的特点？如果将低相关性换为低 β 呢？

13.4　（a）什么是金额中性？

　　　（b）假设我们持有一个简单的两只股票的投资组合：卖空 100 万美元的股票 SGP

（β＝0.73），同时做多 100 万美元的股票 PKE（β＝1.14）。该投资组合是否是市场中性的？

13.5 （a）什么是 β 中性？

（b）对组合进行市场中性化处理的最低要求是什么？

13.6 假设一位组合投资经理想要在下列 4 只股票上构建一个市场中性组合。他已经确定应卖空股票 HBAN 和股票 IR，应做多股票 HOT 和股票 INTC。我们同时假设多头组合的权重之和必须等于 1。

股 票	代 码	β_i	w_i
1	HOT	0.8	
2	IR	1.3	
3	HBAN	0.8	0.67
4	INTC	2	

（a）假设他想要构建一个金额中性组合。其他股票上的权重应是多少？

（b）假设他想要构建一个金额中性且 β 中性的组合。其他股票上的权重应是多少？

13.7 假设一位组合投资经理想要在下列 4 只股票上构建一个市场中性组合。她已经确定应卖空股票 MCD 和股票 NI，应做多股票 JNJ 和股票 KAMNA。她已经计算出了这些股票对两个她认为的收益率驱动因子的暴露。我们同时假设多头组合的权重之和必须等于 1。

股 票	代 码	$\beta_{i,1}$	$\beta_{i,2}$
1	MCD	0.86	−0.49
2	JNJ	0.71	−0.68
3	KAMNA	0.84	0.71
4	NI	0.58	−0.46

（a）假设她想要构建一个金额中性组合。各股票上的权重应是多少？

（b）假设她想要构建一个金额中性且对所有因子 β 中性的组合。各股票上的权重应是多少？（**注意**：保留两位小数。）

13.8 假设我们构建一个简单的市场中性组合。对于 ρ 的下列取值（ρ 是多头组合与空头组合残差收益率之间的相关系数），市场中性组合的信息比率与纯多头组合的信息比率之比是多少？（**注意**：假设市场中性组合是满杠杆的。）

（a）ρ＝0

（b）ρ＝0.5

(c)$\rho = 1$

13.9　假设一位组合投资经理以 50 美元的价格卖空了 1 000 股 ZZZ 股票。初始保证金是 50%，维持保证金是 25%。他存入了足够的资金以满足初始保证金要求。当股票价格变动到何处时，这位组合投资经理将收到追加保证金的通知？（**注意**：假设该组合投资经理没有其他抵押品来补充保证金账户的信用余额。）

13.10　在玛莎·斯图尔特因内幕交易被调查的消息公开后不久，她公司（MSO）的股价从 2002 年 5 月的 19.40 美元下跌到 2002 年 9 月的 7.00 美元。一位组合投资经理认为股价不会再继续下跌了。因此她想要用她的保证金账户买入尽可能多的该股票。

(a)假设初始保证金是 50%，如果她在其经纪商账户中存入了 125 000 美元，她可以买多少股？

(b)如果她的账户的维持保证金是 25%，在收到追加保证金要求之前，股价最多可以跌至何处？

13.11　**判断题**：为了构建市场中性组合，组合投资经理需要用现金来作为空头头寸的抵押。

13.12　当存在流动性缓冲要求时，一个典型的市场中性组合收益的 4 个来源是什么？

13.13　假设一位绩效分析师获得了一个市场中性组合的收益率数据。他知道该组合在 2005 年 4 月的收益率是 2.4%。他还知道在抵押资金和流动性缓冲上的利率均为 5% 每年（即 $i = i' = 0.05$）。流动性缓冲是 6%（即 $m_{lb} = 0.06$）。投资组合的总价值（组合的权益资本）是 1 亿美元。假设该组合在流动性缓冲要求下最大化地利用了杠杆。

(a)多头组合与空头组合收益率之差是多少？

(b)这位市场中性组合投资经理是否分辨出了"好"股票和"坏"股票？

13.14　请罗列市场中性组合相对于纯多头组合的 4 个优点。

13.15　请罗列市场中性组合相对于纯多头组合的 4 个缺点。

13.16　在管理市场中性组合时，为什么再平衡操作是必要的？

13.17　简要描述下列 4 种投资组合技术，及其与市场中性策略的关系。

(a)多空投资

(b)股票化

(c)可移植 α

(d) 配对交易

13.18　一位量化组合投资经理非常善于战胜罗素 2000 指数。事实上，她每月预期能够获得 0.5% 的 α^B。不幸的是，她的业绩比较基准是标普 500 指数。因此她卖空合适数量的罗素 2000 指数期货，同时买入等量的标普 500 指数期货合约。假设标普 500 指数下个月的预期收益率为 6%。

(a)她的新投资组合下个月的预期收益率是多少？

(b)实现的收益率是否会与预期值近似？请解释。

13.19　在 1999 年，量化组合投资经理相信许多股票已经被高估。其中一只股票就是亚马逊(AMZN)。与从事相同业务的其他公司(例如巴诺(BNS))相比，该股票尤其被高估。假设一位组合投资经理想要利用 AMZN 和 BNS 构建一个配对交易组合。请根据下表回答问题。(**注意**：每只股票的 β 和 σ 都是根据 1997 年 5 月至 1999 年 4 月的月度历史数据估计的。表中的 σ 为年化值(单位：百分数)。假设多头头寸与空头头寸(卖空前)权重之和均等于 1。)

股票代码	β_i	σ_i
AMZN	0.07	120
BNS	0.28	50

(a)如果你想要金额中性的配对交易，每只股票权重是多少？

(b)如果你想要 β 中性的配对交易，每只股票权重是多少？

(c)如果你想要波动率中性的配对交易，每只股票权重是多少？

(d)上述 3 种方法中，你实际会选择哪一种？为什么？

(e)下面是上述 3 种类型配对交易在 1999 年 4 月至 2001 年 12 月的业绩结果。配对交易的 3 种构建方法是否都达到了预期效果？哪种方法的效果最好？(**注意**：标准差(SD)是年化值。)

	持有期收益率(%)	标准差 SD(%)
AMZN	−87	88
BNS	−15	58
配对(金额中性)	36	63
配对(β 中性)	67	78
配对(波动率中性)	15	53

（f）各种方法的风险是否符合预期？β 呢？

13.20 如果一位组合投资经理构建了一个由 50 组配对交易构成的投资组合，那么他的整体组合是否是市场中性的？请解释。

13.21 你的一位好朋友在一家具有领导地位的银行担任组合投资经理，她非常善于战胜纳斯达克 100 指数并获得正的 α^B。不幸的是，她的业绩比较基准是标普 500 指数，而这并不是她所擅长战胜的。因此她年复一年所获得的奖金都很不好。你会建议她怎样做？

第 14 章

贝叶斯 α

愚弄我一次， 其错在你。 愚弄我两次……问题在于我不可能被你愚弄两次。

——乔治·布什

14.1 引言

组合投资经理常常获得一些有用但不会反映在数据集中的投资信息，它们可能来自定性研究报告，也可能来自于口头交流。投资经理经常试图将这类信息转化为常数项 α，叠加到已有的量化因子模型上，但是这种做法可能有很大问题。对定性想法赋予数值或多或少有些随意，并且新的信息可能没有与模型的估计有效结合。在这种情形下，**贝叶斯理论**（Bayesian theory）极为有用。该理论提供了整合不同类别信息集的严格方法，告诉我们如何将额外的定性信息与因子模型的估计进行最优整合。

作为本章的起点，我们将快速回顾贝叶斯理论，并定义所谓的**贝叶斯 α**（Bayesian α）。我们将介绍贝叶斯分析中的两个主要步骤：生成先验估计（prior）、计算后验估计（posterior）。我们将通过一系列典型的例子来说明如何生成先验估计，它反映了投资经理想要添加到模型中的全部额外定性信息。之后，我们将讨论后验估计，它将额外信息与因子模型给出的标准估计整合在一起。在本章的结尾，我们将提醒投资经理避免以违反信息准则[⊖]（information criterion）的方式应用这套理论。

⊖ 关于信息准则的讨论，请参见第 2 章。

14.2　贝叶斯理论基础

　　贝叶斯理论是对一条统计学定理——**贝叶斯法则**（Bayes' rule）的系统应用。为了介绍贝叶斯法则，我们首先来回顾条件概率（conditional probability）的概念。条件概率是指：在我们已知事件（a）会发生的条件下，事件（b）发生的概率。例如，事件 a 为"明天将会下雨"，事件 b 为"明天的气温将低于 100 华氏度"。我们可能会问："如果明天下雨，那么气温低于 100 华氏度的概率是多少？"我们可以用条件概率 $P(b|a)$ 来表述这个问题。如果这个问题的答案是 99%（即如果下雨，气温不太可能达到 100 华氏度），那么这等同于说 b 在条件 a 下的概率是 99%，或 $P(b|a)=99\%$。

　　贝叶斯法则将条件概率与非条件概率联系起来。它断言 b 在条件 a 下的概率，即 $P(b|a)$，正比于另外两个概率：a 在条件 b 下的概率 $P(a|b)$，b 的概率 $P(b)$。数学上表达就是

$$P(b|a) \propto P(a|b)P(h) \tag{14-1}$$

其中 $\propto$ 意为"正比于"。沿用上面的例子，如果气温低于 100 华氏度时很可能下雨，那么下雨时气温也很可能低于 100 华氏度。换言之，当 $P(a|b)$ 较高时，$P(b|a)$ 较高的概率也更大。此外，如果无论下雨与否，气温都很可能低于 100 华氏度，那么如果下雨，气温低于 100 华氏度的概率也会较高。用概率语言来描述就是：如果 $P(b)$ 较高，那么 $P(b|a)$ 很可能也会较高。

　　我们可以将式（14-1）中描述的贝叶斯法则表述为更一般的形式。首先，我们把 a 和 b 取为随机变量而非事件，然后用 $P(\cdot)$ 来表示随机变量的概率密度而非事件的概率。**随机**变量是任何按概率取不同数值的变量（例如股票收益率）。我们可以对之前的例子略做修改，使得我们不再讨论事件，而是讨论随机变量。假设 b 现在是一个随机变量，取值等于明天中午的气温；假设 a 是一个随机变量，取值等于明天的降雨量。对于离散型随机变量（即仅取有限个数值的变量），概率与概率密度是一回事。对于连续型随机变量，它取得某个数值的概率必须用概率密度在某个区间上的积分来描述。例如，如果 b 是明天中午的气温，那么它落在 90 华氏度至 100 华氏度的概率为 $P(b)$ 对变量 b 从 90 到 100 的积分。无论对离散型变量还是连续型变量，条件概率密度总是一个随机变量在另一个随机变量取特定值条件下的概率密度。如果 a 是明天的降雨量，b

是明天中午的气温，那么 $P(b|a)$ 就是气温 b 在给定降雨量 a 条件下的概率密度。

让我们将贝叶斯法则应用到一种特殊的条件概率密度上，即模型参数在观测数据条件下的概率密度。我们用 θ（可能是一个向量）来表示参数，并用 x（通常是一个很长的向量）来表示数据。对于因子模型，解释变量的系数和误差方差是模型参数。在基本面因子模型中，因子溢价和误差方差是模型参数；而在经济因子模型中，因子暴露和误差方差是模型参数。两种因子模型中，被解释变量和解释变量的数值都是数据。

要将贝叶斯法则应用到"模型参数在观测数据条件下的概率密度"上，我们只需将式(14-2)中的 b 和 a 用 θ 和 x 代替：

$$p(\theta|x) \propto p(x|\theta)p(\theta) \tag{14-2}$$

这个公式是贝叶斯理论的核心，其中的每一项都值得特别解释。右端最后一项，$p(\theta)$，被称为**先验估计**（prior）。⊖ 这是参数在数据分析**之前**的概率密度。先验估计可以基于定性或非数据的信息、直觉或逻辑。

数据在给定参数条件下的概率密度函数 $p(x|\theta)$ 被称为**似然函数**（likelihood function），或简称**似然性**。它描述了观测数据从这组给定的参数中抽取出来的**可能性**。例如，如果观测数据是 -100 和 -101，那么我们知道这极不可能是从均值为 0 方差为 1 的正态分布中抽取出来的。另一方面，如果观测数据是 -0.1 和 0.1，那么我们会认为这很可能是从均值为 0 方差为 1 的正态分布中抽取出来的。似然函数定量表达了这一点。换言之，似然函数衡量了数据与参数之间的距离。

参数在观测数据条件下的概率密度 $p(\theta|x)$ 被称为**后验估计**（posterior）。这是参数在数据分析**之后**的概率密度。后验估计综合了我们在数据分析之前的信息（先验估计）和我们从数据中获得的信息（似然性）。因此后验估计汇总了我们关于参数的所有知识。式(14-2)是将关于参数的非数据或定性信息整合到数据分析结果上的一种简单方法。我们只需将先验估计与似然性相乘。这种方法不仅简单，而且被证明是将非数据信息叠加到数据分析上的最佳方法。

贝叶斯理论看起来如此简单，你可能会怀疑它能否称得上是一种理论。虽然在数学形式上确实很简单，贝叶斯理论代表了"经典"统计理论在哲学上的一次巨大飞跃。在经典理论中，随机变量与非随机变量之间有明确的区分。模型参数不被认为是随机

⊖ 文献中也常用 $f(\cdot)$ 代替 $p(\cdot)$ 来表示概率密度函数。$P(\cdot)$ 常被用来表示一个特定事件的实际概率。

变量。虽然我们不知道参数的真值，但这并不妨碍经典理论认为真值必然存在于"某处"，所以我们不能把它们视为随机变量。因此，参数不可以有概率分布，进而我们不能讨论参数的先验估计和后验估计。与之不同，贝叶斯理论不区分随机变量与非随机变量。即使我们不知道一个参数的确切数值，我们仍然能够为它每一个可能的取值指定一个概率，并将该参数视为随机变量。贝叶斯理论的另一个重要特点是概率不再是客观的。事实上，先验估计就是对参数的一种主观概率估计。如果你拥有特殊的信息，那么你计算出的先验估计将会异于其他人的结果。在经典理论中，变量取某个数值的概率几乎就是一条自然定律，不允许主观调整。

　　虽然贝叶斯与经典统计理论在哲学上存在巨大的差异，但二者在实际应用中的区别不应被夸大。在经典理论与贝叶斯理论同时适用的场景中，它们的结论更多时候是一致的。在本章中，我们主要对仅适用贝叶斯理论的场景感兴趣。当我们试图将定性信息整合到数据分析上时，经典理论只能提供有限的帮助（或者几乎没有帮助）。在这种情形下，我们除了采用贝叶斯理论之外别无选择。

14.3　贝叶斯 α 巫术

　　我们并不彻头彻尾地采用贝叶斯方法，而是聚焦于贝叶斯方法能够清楚地为量化股票组合管理（QEPM）增加价值的地方——即帮助我们以系统化的方式将关于 α 的定性信息整合到 QEPM 的流程中。组合投资经理经常获得关于个股的一些非数据形式的信息，这些信息常常是定性而非定量的。或许是一篇研究报告，认为某只股票 XYZ 具有特别正面的展望，而其当前价格还没有反映出来。或许是一位分析师，他拥有组合投资经理所不知道的信息，并提供了一组精选的股票或是股票的排序，而组合投资经理想要把它们整合到自己的分析之中。也可能是投资经理发现了认为蕴含有价值信息的一个数据集，但并不适合纳入因子模型的框架中。

　　在这些情形下，组合投资经理通常会尝试对因子模型中的 α 进行人工调整以反映这些额外信息。组合投资经理可能会使用以下的经济因子模型来估计股票 i 的收益率 r_i：

$$r_i = \alpha_i + \beta_{i1} f_1 + \cdots + \beta_{iK} f_K + \epsilon_i \tag{14-3}$$

其中 $f_1, \cdots, f_K$ 是因子溢价，$\beta_{i1}, \cdots, \beta_{iK}$ 是股票 i 的因子暴露，ϵ_i 是股票 i 收益率模

型中的误差项。股票 i 的 α，即 α_i，是股票收益率中无法被模型解释部分的均值。组合投资经理基于他自己原有的数据集估计出因子溢价和因子暴露。由于基于数据的模型不能解释 α_i，投资经理尝试根据他的非数据信息来设置 α_i 的数值。然而，非数据信息是定性的，因此这样的赋值随意性较大。

在上述场景下，贝叶斯理论就变得非常有用。与其随意地指定 α 项的数值，不如采用贝叶斯方式，为 α 指定一个与非数据信息相一致的分布。这个指定的分布就是贝叶斯分析中的**先验估计**。一旦指定了先验估计，组合投资经理就可以按照贝叶斯方法的标准程序来获得最佳估计（即通过式（14-3）），该估计不仅反映了数据化的信息，同时还反映了有用的非数据信息。我们称之为**贝叶斯 α**（Bayesian α），它符合我们在第 2 章中介绍的信息准则。如果不用贝叶斯 α 而试图将非数据信息整合到模型中，那么多数尝试会因为不能完全利用信息而失败，并且这样的做法常常违背了信息准则，导致严重的组合扭曲。与此相比，贝叶斯 α 只会增加投资经理对信息利用的有效性，并成为另一种强大的 α 巫术。

14.4　将定性信息数量化

贝叶斯分析的第一步就是将非数据信息转化为先验估计，这有一定的挑战性，因为非数据信息常常是定性描述的。在本节中，我们将讨论 3 种简单并常见的需要计算先验估计的情景，更加复杂的情景将在随后的两节中讨论。第 1 种情景：投资经理从其他分析师那里获得一组股票推荐列表；第 2 种情景：组合投资经理获得了一组推荐股票的排序；第 3 种情景：投资经理想要将一组买入股票和卖出股票的建议引入投资流程。

14.4.1　数量化一组股票推荐列表

假设我们有许多组分析师推荐股票的列表，每个列表都是一位分析师按某种流程筛选出来的。我们怎样将这些列表转化为每只股票 α 的先验估计呢？当一只股票在一个列表中，意味着一位分析师认为该股票很可能跑赢那些不在列表中的股票。换言之，列表内的股票，其 α 很可能高于列表外的股票。如果股票 A 在列表中而股票 B 不在，我们就可以说：

$$P(\alpha_A > \alpha_B) > 0.5 \qquad (14\text{-}4)$$

如果很多分析师的列表中都包含股票 A，并且都不包含股票 B，那么我们将会对 $\alpha_A >$ α_B 更加有信心，因为更多的分析师赞同这一点。特别地，如果我们认为每个列表（或分析师）的置信度相同，那么我们可以说：

$$P(\alpha_A > \alpha_B) = \frac{\text{包含股票 A 的列表数}}{\text{列表总数}} \tag{14-5}$$

也就是说，如果有一半的分析师认为 α_A 比 α_B 高，那么我们可以说 $\alpha_A > \alpha_B$ 的把握是 50%。如果所有分析师都认为 α_A 比 α_B 高，那么我们可以说 $\alpha_A > \alpha_B$ 的把握是（几乎）100%[⊖]。

　　如果股票 B 不在任何列表中，那么这些推荐列表没有提到有关股票 B 的任何看法。因此，对于 α_B，我们不需要做任何特殊处理。我们可以按常规方式估计 α_B，获得其估计值 $\hat{\alpha}_B$ 和标准误差 $S(\hat{\alpha}_B)$。从贝叶斯理论的角度看，$\hat{\alpha}_B$ 和它的标准误差可以被用作 α_B 分布的均值和标准差。换言之，如果假设是正态分布，那么：

$$\alpha_B \sim N[\hat{\alpha}_B, S(\hat{\alpha}_B)^2] \tag{14-6}$$

一旦得到式（14-5）和式（14-6），我们就可以直接计算 α_A 的先验分布。股票 A 包含在某些列表中并没有对 α_A 和 α_B 的不确定性的相对大小表明任何看法。因此我们可以合理地认为 α_A 的标准差也是 $S(\hat{\alpha}_B)$。现在我们只需确定 α_A 的均值。记 μ_A 为 α_A 的均值。假设 α_A 服从正态分布，且与 α_B 独立（鉴于我们并没有任何反对的依据，所以独立性假设是合理的）。那么：

$$\alpha_A - \alpha_B \sim N[\mu_A - \hat{\alpha}_B, 2S(\hat{\alpha}_B)^2] \tag{14-7}$$

由此立即得到：

$$p_A \equiv P(\alpha_A - \alpha_B > 0) = 1 - \Phi\left[\frac{\hat{\alpha}_B - \mu_A}{\sqrt{2}\,S(\hat{\alpha}_B)}\right] \tag{14-8}$$

其中 Φ 是标准正态分布的累积分布函数。利用式（14-5）和式（14-8），我们有：

$$\mu_A = \hat{\alpha}_B - \sqrt{2}\,S(\hat{\alpha}_B)\Phi^{-1}(1 - p_A) \tag{14-9}$$

其中 Φ^{-1} 是标准正态分布累积分布函数的逆函数，其输入参数为某个概率。因此我们就确定了 α_A 的分布。我们可以在一些维度上推广这样的分析。首先，我们可以用不在任何列表中的全部股票来估计 α_B 的分布。如果找不到这样的股票，我们可以选用一组

⊖　这是定义先验概率的多种方式中的一种，仅作为举例之用，可能有失严谨，不必深究。——译者注

任意选取的股票并修正式(14-5)。此外，如果不同分析师的可信度不同，我们可以为不同的分析师以及不同的列表赋予不同的权重。

一种更重要的推广是当只有一组股票推荐列表的情形。这可能是因为所有的分析师作为一个团队来工作，其研究结果会被整合成一个唯一的列表，也可能是因为组合投资经理就是那个生成股票推荐列表的人。对于一个股票推荐列表，除式(14-5)之外，前述分析都是有效的。对于式(14-5)，组合投资经理必须自己决定 $\alpha_A > \alpha_B$ 的概率。虽然这看起来相当主观，但并不意味着这种做法一定是一个问题。先验分布本来就代表主观的观点。当只有一个股票推荐列表时，式(14-9)对于所有列表中的股票都是相同的。换言之，列表中所有股票的 α 都具有式(14-9)给出的相同的均值。

14.4.2　数量化一组股票排序

假设非数据信息不是一组简单的股票推荐列表，而是分析师提供的一组股票的排序。我们可以很容易地将上一小节中的想法扩展到这一情形。如果股票 A 排在股票 B 的前面，那么意味着一位分析师相信股票 A 的 α 高于股票 B 的 α。进一步地，股票 A 的 α 高于股票 B 的 α 的概率，可以用相信这一点的分析师数量与不相信这一点的分析师数量来定义。具体而言，我们可以定义：

$$P(\alpha_A > \alpha_B) = \frac{\text{将股票 A 排在股票 B 前面的分析师数量}}{\text{分析师总数量}} \tag{14-10}$$

注意到式(14-10)实际上与式(14-5)是等同的。因此我们可以采用与处理股票推荐列表一样的处理流程。

一旦股票 B 选定，这只股票应该与所有其他股票进行比较，以利用排序中的所有信息。一种可能的方式是选择在所有排序列表中经常排在尾部的股票作为股票 B，之后对每一只其他股票，都计算式(14-10)。无论采用哪一种方式，只要股票 B 与所有股票都进行了比较，那么股票 B 本身的选择就不会真正影响结果。无论是每一位分析师都对全部股票进行排序，还是不同的分析师对不同的股票进行排序，上述分析流程都是一样的。如果只有一组排序(可能是组合投资经理自己生成的)，那么组合投资经理需要为式(14-10)中的 $P(\alpha_A > \alpha_B)$ 指定一个数值，然后遵循同样的分析流程。

14.4.3　数量化买入与卖出建议

定性信息也可能以分析师买入/卖出建议的形式出现。与简单的"买入"或"卖出"不同，分析师经常对股票给出 5 种建议：强烈买入、买入、中性、卖出、强烈卖出。这些建议可以很容易地转化为股票排序，之后就可以按前一小节的方法来处理。一种生成股票排序的方法是**买入建议占比**（buy ratio），即买入建议的数量除以买入与卖出建议的总数量。一旦计算出每只股票的买入建议占比，我们就能将 $\alpha_A > \alpha_B$ 的概率定义为股票 A 与股票 B 的买入建议占比之差：

$$P(\alpha_A > \alpha_B) = \frac{\text{股票 A 的买入建议数量}}{\text{股票 A 的买入建议数量} + \text{股票 A 的卖出建议数量}}$$

$$- \frac{\text{股票 B 的买入建议数量}}{\text{股票 B 的买入建议数量} + \text{股票 B 的卖出建议数量}} \quad (14\text{-}11)$$

股票 A 的买入建议占比描述了相信股票 A 更好的分析师比例；股票 B 的买入建议占比描述了相信股票 B 更好的分析师比例。二者的差值显示了相信股票 A 优于股票 B 的分析师比例。当分析师同时对股票 A 与股票 B 给出建议时，上述理解完全准确；在其他情况下则近似准确。当式（14-11）确定之后，我们就可以按照前述情形中相同的流程来获得先验估计。

14.5 基于 Z 值的先验估计

第 5 章中我们介绍了 Z 值法，它基于某些因子生成了关于股票的一组排序。因此可以通过 Z 值生成先验估计，然后使用其他未被利用的信息建立一个因子模型。这种方法比仅使用 Z 值更好，因为它用到了数据中的所有可用信息。假设我们有 L 个因子，并为每只股票计算了一个 Z 值。如果我们不加总这些 Z 值，那么每只股票的 Z 值将是一个由 L 个数值构成的向量。令 $z_i = (z_{i1}, \cdots, z_{iL})$ 是股票 i 的 Z 值。每个因子的 Z 值都蕴含了某种股票排序。由于有 L 个因子，我们就有 L 组股票排序。一旦我们将 Z 值解释为股票排序，那么 α 的先验估计就可以利用上文描述的方法来生成。即给定股票 A 和股票 B，可以认为股票 A 的 α 高于股票 B 的 α 的概率为：

$$P(\alpha_A > \alpha_B) = \frac{\sum_{l=1}^{L} I(z_{Al} > z_{Bl})}{L} \quad (14\text{-}12)$$

其中 $I(\cdot)$ 是一个示性函数，当括号中的表达式为真时返回 1，否则返回 0。

上述公式是基于每个因子的信息量是相同的。然而正如在第 5 章中的讨论，我们可能有理由为不同的因子指派不同的权重。假设我们对因子 l 分配权重 v_l，且 $v_1 + \cdots + v_L = 1$。那么股票 A 的 α 高于股票 B 的 α 的概率变为

$$p_A \equiv P(\alpha_A > \alpha_B) = \sum_{l=1}^{L} v_l I(z_{Al} > z_{Bl}) \tag{14-13}$$

一旦计算出上述概率，我们就可以容易地按照上一节的方法来确定股票 A 的 α。我们选择一只任意的股票 B，利用因子模型来获得其估计值 $\hat{\alpha}_B$，以及其标准误差 $S(\hat{\alpha}_B)$。那么股票 A 的 α 变为：

$$\alpha_A \sim N[\mu_A, S(\hat{\alpha}_B)^2] \tag{14-14}$$

其中：

$$\mu_A = \hat{\alpha}_B - \sqrt{2} S(\hat{\alpha}_B) \Phi^{-1}(1 - p_A) \tag{14-15}$$

公式的推导与前一节中的推导相同，即利用式(14-8)计算出 p_A，之后反解出 μ_A。

14.6 基于情景分析的先验估计

α 的先验估计可以通过**情景分析**(scenario analysis)的方式系统地生成。情景分析适合于组合投资经理对单个股票在特殊情景下将怎样表现有强烈观点的情形。经济或自然环境的不同变量为情景分析提供了机会。例如，投资者在总统选举前使用情景分析来推测不同选举结果会怎样影响股票的表现。农业和某些制造业领域的投资者使用情景分析来试图预测天气模式对未来股票收益率的影响。利用情景分析，组合投资经理可以系统地将其关于不同条件下股票收益率的观点整合到 α 的先验估计中。对于每一种情景，无论基于自己的信念还是外部的依据，投资经理要确定两个量：一是这种情景出现的概率，二是当这种情景出现时股票的 α。一旦给定每种情景的概率和对应的 α 值，投资经理就能构建出股票 α 的分布，也即 α 的先验分布。

情景分析的第 1 步是确定所有可能的情景。典型的方法是事件树。假设组合投资经理在以下事件——高通胀或低通胀、高失业率或低失业率、高生产率增长或低生产率增长、高油价或低油价的条件下，对股票未来的收益率有某种观点。利用事件树，我们可以将这些事件的 16 种情景有机地组织起来，如图 14-1 所示。一般而言，如果考虑 E 种事件，那么将有 2^E 组可能的情景。

情景分析的第 2 步是为每种情景指派合适的概率。如果定义情景的各事件之间是

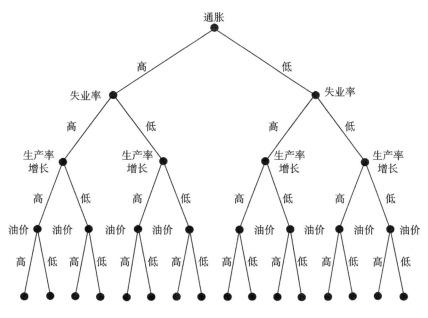

图 14-1　情景分析事件树

相互独立的，那么某种情景的概率就是该情景对应的各事件结果的概率的简单乘积。例如，图 14-4 中情景 1 的概率是⊖：

$$P(高通胀，高失业率，高生产率增长，高油价)$$
$$=P(高通胀) \cdot P(高失业率) \cdot P(高生产率增长) \cdot P(高油价) \qquad (14\text{-}16)$$

然而，如果各事件之间不是相互独立的，那么上面的公式就不再成立了。此时，每种情景的概率必须单独确定，可以使用例如第 8 章中讨论的预测方法。

情景分析的第 3 步是确定每只股票的 α。有两种方法：主观法和事件研究法。主观法依赖于组合投资经理的个人信念。事件研究法根据历史数据确定 α。为了使用事件研究法确定 α，我们首先需要精确地定义事件。例如，我们可以将高失业率与低失业率事件分别定义为"失业率高于 5％"与"失业率低于 5％"。之后我们要统计每种事件的平均

⊖　每种事件的发生概率可以通过多种方式确定。例如，假设一位组合投资经理对美联储(Fed)收紧货币对某些股票的影响感兴趣。美联储收紧货币的概率可以通过联邦基金利率期货(Fed fund futures)推导出来。这个概率可以被用于依赖于联邦公开市场委员会(FOMC)操作的事件树上。美联储利率变动的概率可以被表示为 $p = \left[i_t^f - i_t^{\text{pre}} \left(\dfrac{d_1}{B} + \dfrac{d_2}{B} \right) \right] \Big/ \left[(i^{\text{post}} - i^{\text{pre}}) \dfrac{d_2}{B} \right]$，其中 i^f 是相关合约隐含的期货利率，i^{pre} 是 FOMC 会议前的主流联邦基金目标利率，i^{post} 是预期的 FOMC 会议后主流目标利率，d_1 是上月末到本月 FOMC 会议之间的天数，d_2 是本月 FOMC 会议到本月末之间的天数，B 是本月的天数。这个公式假设了联邦基金利率不会在会议期间变动，以及美联储总是以 25 个基点的幅度调整利率水平，这二者均为合乎理理的假设。

异常收益率(abnormal return)。在 1991 年 1 月至 2000 年 12 月期间，有 77 个月可被归为高失业率月，剩下 43 个月可以被归为低失业率月。异常收益率有多种算法，最简单的一种是计算每只股票相对于市场的平均超额收益率。表 14-1 展示了一些股票在高/低失业率月的异常收益率均值及标准差。这些异常收益率可以被用作 α。当使用事件研究法确定先验估计时，应当注意不要使用最终会被用于估计股票收益率模型的数据。这个问题将在本章的最后讨论。

表 14-1　一些股票在高/低失业率情景下的平均异常收益率

情　景	通用电气(GE)	微软(MSFT)	辉瑞(PFE)	沃尔玛(WMT)	埃克森美孚(XOM)
低失业率	38.85	235.12	97.07	107.26	27.95
	(92.17)	(710.64)	(224.94)	(248.60)	(107.97)
高失业率	17.80	83.69	36.46	19.69	9.24
	(53.08)	(242.38)	(94.75)	(81.29)	(53.14)

注：表中数字代表在 1991 年 1 月至 2000 年 12 月期间失业率高于或低于 5% 的两类月份样本中，每只股票相对于市场的年化超额收益率的平均值。括号中的数字为标准误差。

假设我们定义了 S 种情景。令 $P(s)$ 为情景 s 的概率，$\alpha_i(s)$ 为股票 i 在情景 s 下的 α。那么这些假设就完全确定了 α 的分布 $\{[\alpha_i(1),\ P(1)],\ \cdots,\ [\alpha_i(S),\ P(S)]\}$。我们当然可以直接用它作为先验估计。然而，用正态分布来近似先验分布将大幅降低后续计算的复杂度。近似正态分布由下列各式给出：

$$\alpha_i \sim N(\mu_i, \sigma_i^2) \tag{14-17}$$

其中：

$$\mu_i = \sum_{s=1}^{S} P(s)\alpha_i(s) \tag{14-18}$$

$$\sigma_i^2 = \sum_{s=1}^{S} P(s)[\alpha_i(s) - \mu_i]^2 \tag{14-19}$$

14.7　后验估计的计算

一旦确定了先验估计，后验估计就能根据贝叶斯规则计算出来。虽然后验估计的计算公式看起来有点复杂，但计算本身是直接明了的。当先验估计是一个正态分布时尤其如此。当先验估计服从正态分布时，后验估计也将服从正态分布，因此我们只需确定后验分布的均值和方差。在本节中，我们聚焦于对后验估计计算公式的应用和理解，而将其推导放入附录 14A(在随书附送的 CD 中)。

假设组合投资经理使用以下因子模型估计个股的收益率:

$$r_i = \alpha_i + \beta_{i1}f_1 + \cdots + \beta_{iK}f_K + \epsilon_i \tag{14-20}$$

其中 r_i 是股票 i 的收益率, f_1, $\cdots$, f_K 是因子溢价, β_{i1}, $\cdots$, β_{iK} 是股票 i 的因子暴露, ϵ_i 是股票 i 收益率中的误差项。 α_i 是股票 i 的 α, 设组合投资经理使用前面几节所述方法中的某一种得到了它的先验估计:

$$\alpha_i \sim N(\mu_{\alpha_i}, \sigma_{\alpha_i}^2) \tag{14-21}$$

我们假设组合投资经理并没有为 β_{i1}, $\cdots$, β_{iK} 定义先验估计。事实上,如果定义了 β_{i1}, $\cdots$, β_{iK} 的先验估计,计算会更加简单。但此处我们将聚焦于 β_{i1}, $\cdots$, β_{iK} 没有先验估计的情况,因为这种情况更加典型(关于定义了 β_{i1}, $\cdots$, β_{iK} 的先验估计的情形,参见附送 CD 中的附录 14A)。

由于后验估计整合了先验估计中的信息和数据中的信息(蕴含在最小二乘估计中),因此对于 α_i,其后验分布的均值应为其先验估计与最小二乘估计的加权平均值,权重为两种估计的方差的倒数。具体而言,先验估计的权重为先验方差的倒数,最小二乘估计的权重为最小二乘估计的方差(即最小二乘估计的标准误差的平方)的倒数。方差的倒数显示了相应估计量的精确度。当方差较大时,表明估计精度较低;方差较小时,表明估计精度较高。基于上述原因,方差的倒数被称为相关估计的**精度**(precision)。我们也常说后验均值是先验均值和最小二乘均值的**精度加权平均值**。 α_i 的后验均值由下式给出

$$\mu_{\alpha_i}^* = \left(\frac{1}{\sigma_{\alpha_i}^2} + \frac{1}{\sigma_{\epsilon_i}^2}\boldsymbol{\iota}'\mathbf{M}\boldsymbol{\iota}\right)^{-1}\frac{1}{\sigma_{\alpha_i}^2}\mu_{\alpha_i} + \left(\frac{1}{\sigma_{\alpha_i}^2} + \frac{1}{\sigma_{\epsilon_i}^2}\boldsymbol{\iota}'\mathbf{M}\boldsymbol{\iota}\right)^{-1}\left(\frac{1}{\sigma_{\epsilon_i}^2}\boldsymbol{\iota}'\mathbf{M}\boldsymbol{\iota}\right)\hat{\alpha} \tag{14-22}$$

其中 $\boldsymbol{\iota}$ 是 T 维全 1 向量, T 是最小二乘估计中的样本数量, $\mathbf{M}$ 是残差矩阵(附送 CD 中附录 14A 中定义)。如前所述,后验均值等于先验均值(μ_{α_i})和最小二乘估计($\hat{\alpha}$)的加权平均值,相应权重分别为先验估计的精度($1/\sigma_{\alpha_i}^2$)和最小二乘估计的精度($1/\sigma_{\epsilon_i}^2$)$\boldsymbol{\iota}'\mathbf{M}\boldsymbol{\iota}$。上式中,"分母"$(1/\sigma_{\alpha_i}^2) + (1/\sigma_{\epsilon_i}^2)\boldsymbol{\iota}'\mathbf{M}\boldsymbol{\iota}$ 就是先验估计精度与最小二乘估计精度之和。将这两个估计精度分别除以这个分母,所得到的两个权重之和等于 1。

α_i 的后验估计方差是先验估计精度和最小二乘估计精度之和的倒数。换言之,后验精度等于先验精度和最小二乘精度之和。精度描述了我们对一个给定的估计量的置信度。如果我们对先验估计很有信心(先验精度很高),那么我们也将对后验估计很有信心(后验精度很高)。即使我们对先验估计没什么信心,如果最小二乘估计的结果比

较可靠(最小二乘精度很高)，那我们仍会对后验估计很有信心(后验精度很高)。因此将先验精度与最小二乘精度加总以获得后验精度符合我们的直观感受。

α_i 的后验方差由下式给出：

$$(\sigma_{\alpha_i}^*)^2 = \left(\frac{1}{\sigma_{\alpha_i}^2} + \frac{1}{\sigma_{\epsilon_i}^2}\boldsymbol{\iota}'\mathbf{M}\boldsymbol{\iota}\right)^{-1} \tag{14-23}$$

它就等于先验估计精度$(1/\sigma_{\alpha_i}^2)$和最小二乘估计精度$(1/\sigma_{\epsilon_i}^2)\boldsymbol{\iota}'\mathbf{M}\boldsymbol{\iota}$之和的倒数。

β_{i1}，…，β_{iK} 后验分布的均值和方差(以及其他有用的量)的公式在附录 14A 中给出(请见附送 CD)。这里我们只是做一点说明：当仅对 α_i 定义先验估计时，β_{i1}，…，β_{iK}的估计也将同时受到这些先验估计的影响。其原因在于 α_i 的估计和 β_{i1}，…，β_{iK} 的估计之间存在一定的相关性。由于先验估计影响到 α_i 的估计，因此它也会间接影响到 β_{i1}，…，β_{iK} 的估计，即使 β_{i1}，…，β_{iK} 并没有先验估计。

14.8 信息准则和贝叶斯 α

贝叶斯方法是整合两组信息的极为有力的工具，特别是对数据信息和非数据信息而言。数据信息由因子模型概括(即似然函数)，非数据信息由先验估计概括。两组信息以最优的方式整合为后验估计。虽然贝叶斯方法相当有用，但在应用它时容易出现某些错误，尤其是当先验估计也是从数据信息中提炼出来时。如果先验估计是根据数据信息确定的，并且其用到的数据并没有与用于估计模型的数据很好地**隔离**，那么此做法最终会重复计算了某些信息。下面我们给出了组合投资经理比较容易出错的一些例子。

- 基于市盈率筛选股票，之后基于筛选结果构建先验估计，然后再次使用市盈率作为一个因子来估计因子模型。
- 基于动量或某些其他因子来对股票排序，之后基于这组排序构建阿尔法的先验估计，然后再次使用动量作为一个因子来估计因子模型。
- 基于分析师建议生成先验估计，然后当估计因子模型时，再次使用基于同样信息的分析师因子。
- 基于某些因子的 Z 值获得先验估计，然后再次使用这些因子来估计因子模型。
- 基于股票在高通胀或低通胀环境下的历史表现来进行情景分析，然后使用同样的通胀数据作为一个因子来估计因子模型。

可能出错的情况无法穷尽，但基本想法是一样的：同一信息不应该被使用两次。如果一种信息被用于生成先验估计，那就不应该被用于估计模型。我们在第 2 章中建立的信息准则概括了这一想法。在第 2 章中，我们强调了信息不应该被浪费，并且所有信息应该以最有效的方式整合在一起。将同一信息使用两次并非有效的。事实上，它违背了统计推断的所有基本假设。因此，如果同一信息被使用了两次，那么标准误差就会是错误的。

14.9 结论

贝叶斯理论是经典统计理论的一个重大进步，它允许我们将任何变量视为随机变量，并根据定性或非数据信息为其各种可能的数值赋予主观概率。贝叶斯理论为我们开了一道口子，使这类额外信息能够被引入到贝叶斯 α 之中，进而增强了股票收益率模型的效力。在本章中，我们首先展示了怎样计算贝叶斯 α 的先验估计，它吸收和量化了用于估计因子模型的数据集之外的信息。额外信息可以来源于股票推荐列表、股票排序、买入/卖出建议、Z 值或情景分析。随后我们讨论了如何计算贝叶斯 α 的后验估计，通过整合先验估计与因子模型的估计，后验估计吸收了所有可得的信息。一旦计算出后验估计，我们就可以完整地描述贝叶斯 α 的分布。只要吸纳到 α 中的所有额外信息与用于估计因子模型的数据是不同的，那么将贝叶斯 α 添加到模型中就不违背信息准则。贝叶斯 α 扩展了我们利用信息的范围，从纯粹基于数据的因子模型扩展到更为广泛的各种信息类型上，因此是我们的第 3 种 α 巫术来源。

· 习 题 ·

14.1　帕金森病影响了 0.3% 的人口。一项新的测试可以检测出年轻人是否有罹患该病的倾向。这项测试的第一类错误概率为 7%（对于没有患病倾向的人，该测试会有 7% 的可能性误认为他/她有患病倾向），第二类错误的概率为 0.1%（对于有患病倾向的人，该测试会有 0.1% 的可能性误认为他/她没有患病倾向）。在乔治城大学最近的一次测试中，有一个人的患病倾向测试结果为阳性。

（a）这个人将来会罹患帕金森病的概率是多少？

（b）《科学周刊》宣称 0.3% 的人口罹患帕金森病，而 65 岁以上的人中，3% 罹患帕金森病。美国 65 岁以上人口占比为 12.4%。请问这些统计数据哪里有些问题?

14.2 事件 A 和事件 B 的概率如下:$P(A)=1/2$,$P(B)=1/3$,$P(A\bigcap B)=1/6$。请计算在事件 B 发生的条件下,事件 A 的发生概率,即 $P(A|B)$。

14.3 假设股票收益率 r 服从以下条件分布:$r|\mu \sim N(\mu,1)$,而 μ 服从以下分布:$\mu \sim N(\alpha,\beta)$。

(a)r 的期望值是多少?

(b)r 的方差是多少?

(c)r 的边际分布是什么?

14.4 什么是先验估计?解释先验估计在量化股票组合管理(QEPM)中可能扮演的角色?

14.5 解释贝叶斯估计和经典估计的差异。

14.6 关于贝叶斯方法的一种批评意见是:不同分析者可能得出不同的结论。请解释一位贝叶斯统计学家会怎样回应这样的批评。

14.7 在贝叶斯框架下,最小二乘估计是贝叶斯分析的一种特例。请描述使贝叶斯分析与最小二乘估计产生相同结果的先验分布。

14.8 假设股票收益率 r 具有如下条件分布:

$$r|\mu \sim U[\mu-1,\mu+1]$$

其中 μ 取值 0 或 1 的概率相等,U 代表均匀分布。换言之,r 的概率密度函数为

$$f(r)=\begin{cases} \dfrac{1}{2}, & \mu-1 \leqslant r \leqslant \mu+1 \\ 0, & \text{其他} \end{cases}$$

(a)如果你观察到 r 的值为 1.9,那么你能对 μ 得出什么结论?

(b)如果你观察到 r 的值为 -0.5,那么你能对 μ 得出什么结论?

(c)请针对以上两种情形,找出 r 的后验分布。

14.9 资本资产定价模型(CAPM)是经济因子模型的一个特例。假设我们估计如下形式的 CAPM:

$$r_i = \alpha_i + \beta_i r_M + \epsilon_i$$

利用最小二乘法,我们得到了如下估计:

$$\hat{\alpha}_i = 0.5(0.3) \quad \hat{\beta}_i = 0.9(0.4)$$

括号中的数字是标准误差。

(a)CAPM 的一个推论是 α 的真值为零。如果你 100% 相信 CAPM,那么 α_i 的后验分布应该是怎样的?

(b)假如你被说服，认为 CAPM 是不成立的。但如果你没有关于 α 的任何先验
观点，那么 α_i 的后验分布应该是怎样的？

(c)如果你相信 CAPM 有 50% 的概率是对的，50% 的概率是错的，那么你的 α_i
后验分布将会是怎样的？

14.10 已知股票 A 的收益率服从正态分布，均值为 10，方差为 25，即

$$r_A \sim N(10,25)$$

已知股票 B 的收益率服从正态分布，方差 25，但其均值 μ 未知，即

$$r_B \sim N(\mu,25)$$

假设 r_A 和 r_B 是独立的。

(a)一项对 100 位分析师的调查显示，其中 50 位分析师相信股票 B 将战胜股票
A，而剩下 50 位分析师相信相反的情况会发生。根据这项调查，你对 μ 的
最佳推测是什么？

(b)假设 70 位分析师相信股票 B 将战胜股票 A。那么请找出与调查结果相符的
μ 的值。

(c)如果 r_B 的方差未知，你将怎样该调整你对问题(a)和(b)的回答？

(d)如果 r_A 和 r_D 之间不相互独立，你将怎样该调整你对问题(a)和(b)的回答？

(e)如果 r_A 的分布未知，你将怎样该调整你对问题(a)和(b)的回答？

14.11 事件树在划分不同情景时非常有用。假设我们考虑如下两个事件的不同结果以
进行情景分析，请绘制相应的事件树：(a)哪个党派将赢得下届美国总统选举
（共和党、民主党、绿党）；(b)NASA 的飞船是否能降落在金星上？

14.12 股票 A 的收益率严重依赖于油价。股票 A 的收益率 r_A 在油价 G 的不同情景下
的条件分布如下：如果 $G<30$，那么 $r_A \sim U[-10, 0]$；如果 $30 \leqslant G<40$，那
么 $r_A \sim U[0, 10]$；如果 $40 \leqslant G<50$，那么 $r_A \sim U[10, 20]$；如果 $G \geqslant 50$，那么
$r_A \sim U[20, 30]$。

(a)假设上述 4 种情景的发生概率都是 25%，请描述 r_A 的分布。

(b)假设我们估计了一个经济因子模型，模型给出 $r_A \sim N(10, 25)$。将(a)中确
定的分布视为先验分布，请描述 r_A 的后验分布。

14.13 后验分布的均值是先验分布均值与最小二乘法估计的加权平均，其中权重为两
种估计的精度。解释这一公式与第 9 章中最优组合权重的相似之处。这种相似
性是一种巧合吗？

14.14 后验分布的计算可以利用一种伪随机数生成器来完成，步骤如下：

(a)证明：如果 x 是一个取自均匀分布 $U[0, 1]$ 的随机数，那么 $y = \Phi^{-1}(x)$ 可
以被视为取自标准正态分布的随机数。

（b）证明：如果 y 是一个取自 $N(0，1)$ 的随机数，那么 $z=\mu+\sigma y$ 是一个取自 $N(\mu，\sigma^2)$ 的随机数。

（c）令 $z^1，\cdots，z^J$ 是取自 $N(\mu，\sigma^2)$ 的随机数。证明 z 的函数 $f(z)$ 的期望值可以近似为：

$$E[f(z)] \approx \frac{1}{J}\sum_{j=1}^{J} f(z^j)$$

（d）令 $p(\theta)$ 是先验估计而 $l(\theta)$ 是似然函数。证明

$$P(a<\theta<b) = \frac{\int \theta l(\theta) p(\theta) d\theta}{\int l(\theta) p(\theta) d\theta}$$

（e）令 $\theta^1，\cdots，\theta^J$ 是从先验分布中取出的随机数。证明（d）中的概率可以近似为：

$$\frac{\dfrac{1}{J}\sum_{j=1}^{J} \theta^j l(\theta^j) p(\theta^j)}{\dfrac{1}{J}\sum_{j=1}^{J} l(\theta^j) p(\theta^j)}$$

14.15 贝叶斯方法在整合定性信息与定量数据方面十分有用。然而，在整合两组定量数据时，存在重复计算相同信息（同时蕴含在先验估计和模型估计中）的危险。这样的重复计算会带来怎样的后果？

第四部分

QUANTITATIVE EQUITY PORTFOLIO MANAGEMENT

绩 效 分 析

我们已经介绍了 3 种 α 的来源——杠杆、市场中性以及贝叶斯 α。组合投资经理应当试着利用 α 巫术的力量，不论是在 (真实) 组合中使用这些策略，还是在模拟组合中检验这些策略。对于任何策略或者模型而言，最真实的检验就是观察基于该策略或模型的投资组合的绩效。个人投资者与专业投资经理一样，只要每个投资期末对组合的绩效进行度量与检验，就能学到很多东西。

我们不能夸大从历史结果中学习的重要性。组合投资经理应当力争从他们的投资策略中**既赚取到收益又学习到知识**。了解投资组合的结果，不管是好的结果还是坏的结果，是熟练地管理组合的关键。这也是为什么在下一章中我们将要介绍的"组合业绩度量与归因"与组合构建一样，都是量化股票组合管理 (QEPM) 的一部分。

第 15 章

业绩度量与归因

传播光明的方式有两种：要么做一根蜡烛，要
么做一面镜子去反射它的光芒。

——亚伯拉罕·林肯

15.1 引言

业绩度量与归因是量化股票组合管理（QEPM）中极为重要的一环。通过对投资组合收益率的度量，我们就能够了解组合投资经理在整个投资过程中的价值。业绩归因（performance attribution）通过剖析组合的收益率来分析其价值的确切来源。量化股票组合管理是一个持续的过程，包括：分析、实施以及进一步分析。定期深入地对投资组合的业绩进行回顾是完善投资策略必不可少的过程。但是，投资组合管理机构常常无法做到这一点，因为他们只专注于投资的关键问题（只问，"我们的收益率能够超越比较基准吗？"），或者因为他们在组合构建的过程中付出了巨大的努力以至于没有时间或资源来进行行业绩分析。有时，业绩分析工作无法吸引最优秀的人才，毕竟业绩分析在量化股票组合管理中几乎不可能是待遇最好的工作。

然而，在投资组合管理中业绩度量是一项基本工作。它能确保投资组合的收益率能够在公认的标准下被准确地理解。这可能对许多组合投资经理而言是显而易见的，但是我们不应忘记 20 世纪 90 年代末围绕**比尔兹敦妇女**所发生的丑闻。比尔兹敦妇女是指由伊利诺伊州中部小镇比尔兹敦的老年妇女所组成的群体，她们创建了一个投资俱乐部，据她们说，1983～1993 年，她们获得了 23.4% 的年化投资收益率，平均每年

超越标普 500 指数 8%。她们售出了超过 800 000 本介绍其投资方法的书籍，并且公开演讲其投资智慧。1998 年，普华永道会计师事务所审计了比尔兹敦妇女的投资组合，揭露出她们过去 10 年的真实年化收益率落后市场 9.1%。原来当有现金流入其投资组合时（即当有新的资金被投入投资组合时），比尔兹敦妇女将现金流入当成了最终收益的一部分。[⊖][⊖]一位专业的投资经理不太可能在无意中犯下这种计算错误，但是比尔兹敦妇女的错误作为一个警示提醒我们，无论谁管理投资组合，准确地计算投资组合的业绩是体现组合透明度的一个重要标志。

业绩度量的另一个重要作用是确定组合投资经理的业绩是否超越了比较基准，以及确定投资组合与比较基准收益率之间的差异是源于投资经理的技术还是运气（但不幸的是，我们将会看到这需要大量的数据，并且积累这些数据所需要的时间通常与投资经理获得奖金的时间不匹配）。通过业绩度量所能获得的另一个重要信息是投资组合的风险。将各个组合的风险水平进行加总就得到了整个公司总体的风险水平。业绩度量为市场营销，最终也为广大民众提供了投资组合的业绩情况，从而使得投资组合与投资组合之间，投资经理与投资经理之间可比。

业绩归因是业绩度量的重要后续工作。归因是指将整体业绩分解成各个部分。这有助于组合投资经理了解组合为什么跑赢或跑输比较基准。如果投资组合的收益率为10%，比较基准的收益率为 8%，那么获得这 2% 的超额收益率的主要原因是什么？是我选择的股票总体更优，还是我选择超配了某些行业？是我所买入的股票盈利大幅（向上）修正，还是我所买入的股票分析师覆盖率较低？回答这些关于超额收益率来源的问题是了解因子模型以及投资策略其他组成部分是否有效的关键。

本章首先讨论了业绩度量，包括基本的收益率与风险的计算。我们阐述了风险调整后的业绩度量，包括夏普比率、詹森 α 以及信息比率。然后我们使用标准的业绩归因分析来深入研究股票的收益率。最后，我们将特别关注与量化组合投资经理相关的

⊖ 资料来源：Karen Hube. "How to Sidestep a 'Beardstown Blunder' When Calculating Portfolio Performance," *Wall Street Journal*, March 25, 1998.

⊖ 例如：假设一个投资组合初始有 10 000 美元，一年后组合的真实投资收益率为 8%。那么一年后组合的终值为 10 800 美元。假设在这一年结束之前，一位新投资者向组合注资 10 000 美元。那么该组合年末的终值为 20 800 美元。如果没有恰当地考虑到资金的注入，那么可能会将组合的业绩计算为（20 800/10 000）－1＝108%。毫无疑问，这种业绩度量的方式是错误的，因为新投资者的资金不应该被当成组合收益的一部分。

业绩度量及归因方面的问题[一]。

15.2　度量收益率

对于实际的投资组合或者计划实施的组合策略而言，精准地计算组合收益率是度量其是否成功最清晰的标准。实际管理中的组合的季度或年度收益率代表了投资经理在该季或该年的成绩。**纸面投资组合**或**虚拟投资组合**的收益率能让我们了解投资经理是怎样进行投资的。虚拟收益率对基于历史数据的策略回测、构建未来的因子组合或构建实盘模拟组合都是非常有用的。计算纸面或虚拟组合业绩的方法与计算实际投资组合业绩的方法略有差异，因为前者通常只涉及计算组合中个股的权重与收益率。而对于实际组合收益率的计算，大部分公司往往都拥有一套完善的核算系统，以跟踪所有个股及整个组合每日的市值。我们所描述的计算方法可能同时适用于实际或虚拟组合，尽管某些计算方法可能更适用于二者中的某一个。

15.2.1　无现金流

计算一个投资组合的收益率一般都是非常简单的，但有时也会变得比较"诡异"。考虑一个只含有股票的权益类投资组合。假设该组合包含 N 只股票，那么假设每只股票的权重为 $w_{i,t}$，所有股票的权重之和为 1（即 $\sum_{i=1}^{N} w_{i,t} = 1$）。我们所关心的是计算投资组合在某个时间区间的收益率，我们需要考虑的最小的时间区间为 1 天。我们可能并不需要知道组合日内的表现（日内交易者才会跟踪股票的实时变动）。我们记股票 t 至 $t+1$ 日的收益率为 $r_{t,t+1}$。那么股票 t 至 $t+k$ 日的收益率就记为 $r_{t,t+k}$，其中 k 表示天数（如 10、100、250 天等）。

为了确定整个投资组合的收益率，我们首先必须确定组合中每只股票的收益率。大部分组合投资经理都会订阅股票数据库，而股票数据库一般都会提供股票的收益率数据。为了计算股票某个时间区间的收益率，我们用股票 $t+k$ 日的收盘价[二]除以 t 日的收盘价来得到股票的**总价格收益率**（gross price return）。然后，我们将总价格收益率减

---

1 得到价格收益率，即：

$$r_{i,t,t+k} = \frac{p_{i,t+k}}{p_{i,t}} - 1 \tag{15-1}$$

投资组合中的个股可能会在收益率的计算期间内发放股息。股息会对股票的价格产生影响，理论上股票价格的下降幅度等于股息。因此，如果股票在收益率的计算期间内发放股息，那么我们就需要对上式进行修改，即将股息加回到**价格收益率**中。考虑到股息的总收益率为：

$$r_{i,t,t+k} = \frac{p_{i,t+k} + d_{i,t,t+k}}{p_{i,t}} - 1 \tag{15-2}$$

大多数数据提供商都提供**总收益率**[⊖]的数据。对不依赖于复权数据而是自己计算股息调整后收益率数据的绩效分析师而言，什么时候将股息加回到股票价格上来是个问题。如果分析师使用的是月度数据（即月末收盘价及月度股息），那么就没有太多的选择了。股息应当加到月末的股票价格上，并使用总收益率的计算公式来计算月度收益率。这等同于假设组合投资经理一直将股息保留至月末，然后将股息以股票的月末收盘价再投资于股票中。当股息收益率很小时，该方法并不会严重地扭曲股票收益率。请记住，组合投资经理所持有的现金正常情况下也是会产生利息的。

如果分析师使用**日数据**，那么就有更多的方法来处理股息了。分析师所使用的数据库将提供更多的关于股息的信息，包括**付息日**，即股票向其持有者付息的日期；以及**除息日**[⊖]，即为了获得股息必须在该日前买入股票。只要组合中的股票是于除息日之前买入的，那么股息就应该包含在收益率的计算中。

使用日数据，组合分析师就可以计算付息日股票包含股息的收益率。这意味着假设组合投资经理在付息日将股息以股票的收盘价再投资于股票中。

另一种方法是假设组合投资经理等到月末才将股息再投资（在实践中这是可能的）。在此情况下，绩效分析师将会增加投资组合中的现金，现金的增量与股息相等，并准确地计算出这些股息所能获得的利息，直至月末。

⊖ 即便是 finance. yahoo. com 都允许用户下载股票的"复权价"，即包含股息的价格。使用复权价计算收益率时，用常规的计算方法即可。

⊖ 美股的除息日在股权登记日之前。——译者注还有一种方法是在计算股票收益率时将股息放在除息日中。这表明的观点是，在除息日，股票的价格理论上将会下跌，其理论下跌幅度等于股息。因此，将股息加回到股票价格会消除该日股票收益率的失真。当然，这假设了组合在除息日将股息再投资，而这在实际中是不大可能的。这些问题主要涉及回测或纸面业绩的计算。对于实际的投资组合而言，绩效分析师能够获得整个组合每日的准确市值。

对于大多数股票而言，使用价格收益率公式与总收益率公式来计算个股的绩效足矣，但是，一些**企业行为**有时会使得收益率的计算变得更加困难。在绩效评价期间，公司可能破产，可能被另一家公司收购，或者可能进行了股票拆分。关于如何处理这些事件的讨论我们将留给其他书籍。绩效分析师与组合投资经理应当确定他们的数据提供商已经就这些事件的影响对股票收益率进行了调整。

一旦计算出了个股的收益率，我们就可以计算整个组合的收益率。整个组合的收益率就等于个股收益率的加权之和，这里的权重是指收益率度量期初的权重。因此：

$$r_{P,t,t+k} = \sum_{i=1}^{N} w_{i,t}^{P} r_{i,t,t+k} \tag{15-3}$$

其中 $w_{i,t}^{P}$ 为在交易日 t 收盘后，股票 i 在组合中的权重$^{\ominus}$。

随着股票价格的变动，每只股票在组合中的权重也会发生改变。因此，在计算投资组合下一时期的业绩时，需要更新组合内个股的权重。权重更新公式为：

$$w_{i,t+k}^{P} = \frac{w_{i,t}^{P}(1 + r_{i,t,t+k})}{\sum_{j=1}^{N} w_{j,t}^{P}(1 + r_{j,t,t+k})} \tag{15-4}$$

在计算虚拟组合的业绩时需要用到大部分以上步骤。然而，在计算实际组合的收益率时，绩效分析师通常能直接获得个股的权重——用组合中个股收盘后的市值除以组合的市值即可。同理，整个组合的收益率也可以简单地通过今日收盘后的市值除以昨日收盘后的市值得到。也就是说，实际组合的收益率也能够通过组合在 $t+k$ 日的市值除以组合在 t 日的市值得到（即 $r_{P,t,t+k} = (V_{P,t+k}/V_{P,t}) - 1$）。

$\ominus$ 该式对于等权及市值加权的组合而言最简单。对于等权组合，公式为 $r_{P,t,t+k} = \frac{1}{N} \sum_{i=1}^{N} r_{i,t,t+k}$；对于市值加权组合，公式为 $r_{P,t,t+k} = \sum_{i=1}^{N} (V_{i,t}/V_t) r_{i,t,t+k}$ 或 $(\sum_{i=1}^{N} V_{i,t+k}/V_t) - 1$，其中 $V_{i,t+k}$ 与 V_t 分别为股票 i 在 $t+k$ 日及 t 日的市值，V_t 为组合在 t 日的市值。

如果投资组合在业绩度量期间没有发生现金流，那么使用上述计算公式足以精确地计算出组合的收益率。上述计算公式假设组合在业绩度量期间没有发生买卖股票等交易行为。这对于纸面组合而言没什么问题，毕竟纸面组合只是个模型而不涉及真实的客户。然而，对于实际的组合而言，任意时间点都可能会发生现金流，可能是一些有经验的客户进行申购、赎回，也可能是在组合中发生了其他形式的现金流。正如比尔兹敦妇女的错误所清晰表明的，在组合投资经理使用某些投资收益率数据来证明其超强的选股能力之前，其收益率的计算方法必须考虑到现金流的影响。

15.2.2 现金流入与现金流出

投资组合的现金流入与流出使得其真实收益率的计算变得复杂。特别是对于现金流入而言，投资经理需要决定如何配置这些新流入的资金，不管是留作现金储备，还是根据组合中个股的权重买入相应的股数，抑或买入相应名义金额的股指期货。不管投资经理决定如何使用这些新流入的资金，使用投资组合每日市值所计算出来的投资收益率都会被现金流入所扭曲。这一问题是绩效分析师不能忽视的。为了解决该问题，绩效分析师需要从组合管理系统中导出相关的组合信息，通常包括现金流的记录以及收盘后组合的市值。

简单地计算收益率可能会严重地扭曲投资组合的业绩。考虑投资组合 X，该组合 $t-1$ 日的市值为 100 000 美元。t 日，一位客户转入组合 30 000 美元。这笔资金一到账，组合投资经理就根据组合中个股的权重将该笔资金投入到相应的个股中。假设 t 日组合中所有股票的加权收益率为 5%，那么当日收盘后，组合的市值为 136 269.23 美元。如果绩效分析师使用典型的计算方法来计算收益率——t 日收盘后组合的市值除以 $t-1$ 日收盘后组合的市值，那么将得到 $r_{t-1,t}=(V_t/V_{t-1})-1=0.362\ 7$，或 36.27%。很明显，这与 5% 的真实收益率差距巨大。

当投资组合发生了现金流入或流出时，绩效分析师必须计算组合的**时间加权收益率**（TWR）。TWR 降低了现金流对收益率计算的影响，因此该方法反映了投资本身的收益率。理想情况下，每发生一笔现金流入或流出时就可以计算 TWR，但是事实上某些资产一天只定价一次，这就会导致无法在盘中准确地计算 TWR。这时可以使用其他与 TWR 近似的计算方法，最常用的如 ICAA 方法及 Dietz 方法[一]。ICAA 方法假设所有的现金流均发生在期间的中点，因此日收益率的计算公式为：

$$r_{t,t+1}^{\text{ICAA}} = \frac{V_{t+1} - V_t - C_{t+1} + I_{t+1}}{V_t + 0.5C_{t+1}} \tag{15-5}$$

其中，V_t 与 V_{t+1} 分别为组合于 t 日及 $t+1$ 日的市值，C_{t+1} 表示组合于 $t+1$ 日的现金净流入，I_{t+1} 表示期间组合所收到的收入。另一个常用的计算公式，Dietz 方法，所计算的日收益率为：

$$r_{t,t+1}^{\text{Dietz}} = \frac{V_{t+1} - V_t - C_{t+1}}{V_t + 0.5C_{t+1}} \tag{15-6}$$

其中，期间组合所收到的收入被包含在组合期初或期末的市值中。除了这一点差异，Dietz 方法与 ICAA 方法完全相同。

以组合 X 为例，ICAA 方法及 Dietz 方法所计算的日收益率为 0.0545 或 5.45%，相对于用简单计算方法所计算的日收益率 36.27% 而言，上述两种方法的计算结果已经非常接近 5% 了。分析师应当注意到，当日收益率比较大，并且现金流占（现金流入或流出前）组合市值的比重较高时，Dietz 方法、ICAA 方法或者 TWR 的其他近似方法将会变得不够准确[二]。对于组合管理公司而言，使用 ICAA 方法与 Dietz 方法来计算组合每日的收益率足矣，因为每日的现金流与收益率不太可能会大到扭曲业绩。如果组合管理公司评价其所管理的组合的频率比较低，比如按月来评价，那么对于一整月的现金流就应当使用准确性更高的**修正的 Dietz 方法**[三]。

在计算出精确的日收益率之后，绩效分析师就能够计算出更长时间区间的收益率

[一] ICAA 代表美国投资委员会协会（Investment Council Association of America），Dietz 方法以 Peter Dietz 命名，详见 Dietz（1966）。

[二] 对于单一客户的专户而言，这个问题会更大一些，投资顾问或投资者倾向于在一天之内将大量的资产由一个组合转移至另一个组合。修正的 Dietz 方法及 TWR 的其他近似值可以减轻这类由大额资金流带来的影响。

[三] 修正的 Dietz 方法在给现金流赋权时使用的是绩效评估期现金流实际发生的时间，而不是常规的 Dietz 方法所使用的绩效评估期的中点。对于月度组合的收益率计算而言，这一差异极大地改善了该方法所计算的近似值。每一笔现金流的权重均是根据其在组合中的天数占比来计算的。一个月中发生了多笔现金流的组

合收益率的计算公式为：$r^{MD} = \dfrac{\left[V_{t+1} - \sum_{i=1}^{n_{cf}} (CF)_i(1 - W_i)\right]}{\left[V_t + \sum_{i=1}^{n_{cf}} (CF)_i W_i\right]} - 1$，其中 $W_i = (N - n_i)/N$ 为修正的 Dietz 方

法的权重，n_i 为时间区间起始日与现金流 i 发生日之间的天数，N 为整个时间区间的总天数。CF_i 为净现金流 i，n_{cf} 为时间区间内发生现金流的次数。更多细节，请参考 Dietz 和 Kirschman（1983）。

了，只需要将日收益率**几何连接**即可。分析师将某月（或某年）所有的日收益率数据收集起来并通过下式即可获得该月（或该年）的收益率：

$$r_{t,t+k} = \prod_{s=0}^{k-1} (1 + r_{t+s,t+1+s}) - 1 \tag{15-7}$$

其中，k 为 1 个月（或 1 年，或分析师所选取的任意时间区间）的总天数，$\prod$ 为连乘符号，$r_{t,t+k}$ 为组合在 1 个月（或 1 年，或其他时间区间）内的 k 个交易日所获得的总收益率。

当需要撰写市场营销报告或者见客户时，一般的惯例是展示**年化**收益率。只要投资组合实际存在（或者作为虚拟组合被监控）至少 1 年，那么坚持这一惯例就没错[⊖]。要计算年化收益率，首先运用上式计算日度的几何累积收益率，设 k 为组合存续期间的总天数。然后，通过几何累积收益率来计算年化收益率：

$$r^{年化} = (1 + r_{t,t+k})^{\frac{\overline{D}}{k}} - 1 \tag{15-8}$$

其中，k 为组合存续期间的总天数，$r_{t,t+k}$ 为组合存续期间的几何累积收益率，$\overline{D}$ 为一般年度的平均天数。$\overline{D}$ 可以通过组合存续期间的总天数除以组合存续期间的总年数得到。

假设一位绩效分析师获得了一个 2 年零 10 天组合的日收益率。他计算的几何累积收益率为 26%（即 $r_{t,t+k} = 0.26$）。假设该组合存续了 740 天（$k = 740$），并且一年的平均天数为 365 天（$\overline{D} = 365$）。那么该组合的年化收益率为：$r^{年化} = (1.26)^{\frac{365}{740}} - 1 = 0.120\ 7$，或 12.07%。

15.2.3 市场中性组合及杠杆组合收益率的度量

到目前为止，我们只介绍了如何计算普通投资组合的业绩。既然我们在本书中用了整个第三部分来赞美 α 巫术，那么我们假设许多投资经理可能会试着比简单的买卖（股票）更大胆一点。例如，如果一位投资经理使用杠杆或者一种市场中性策略，那么他怎么分辨 α 巫术是否有效呢？本节将说明如何精确地度量杠杆组合与市场中性组合的业绩。我们仅关注特定的基本情景，但是该方法也可以被应用于更为复杂的杠杆组合与市场中性组合中。

⊖ 对于小于 1 年期的收益率，惯例是不将其年化。

1. 杠杆组合收益率

在第 12 章，我们讨论了杠杆的多种形式，但是在此我们只关注如何计算通过股指期货加杠杆的股票-现金组合的收益率[⊖]。为了使组合的 β 达到期望值 β^*，我们假设组合投资经理每隔 k 日会对其所管理的组合进行一次再平衡。那么，在 $t+k$ 日他组合的总权益为：

$$V_{t+k} = (1 - \xi_t)V_t(1 + r_{s,t,t+k}) + \xi_t V_t I_{t,t+k} + N_{f,t}q(F_{t+k} - F_t) \tag{15-9}$$

其中，ξ_t 为 t 日组合中现金的占比，V_t 为 t 日组合的权益，$r_{s,t,t+k}$ 为 t 日至 $t+k$ 日标的组合的收益率，$N_{f,t}$ 为 t 日买卖期货合约的数量，q 为期货合约乘数，F_{t+k} 与 F_t 分别为 $t+k$ 日与 t 日期货合约的价格[⊜]。因为我们已经假设为了使组合的 β 达到期望值 β^*，量化投资经理会定期再平衡投资组合，所以我们就可以得到 $N_{f,t} = \{[\beta^* + (\xi_t - 1)\beta_{s,t}]/(\beta_{f,t}qS_t)\}V_t$。将该式代入式(15-9)，并对变量进行一些微小的调整，我们就得到了杠杆组合收益率的计算公式：

$$r_{P,t,t+k} = (1 - \xi_t)r_{s,t,t+k} + \xi_t(I_{t,t+k} - 1) + \left(\frac{\beta^* + (\xi_t - 1)\beta_{s,t}}{\beta_{f,t}S_t}\right)(F_{t+k} - F_t) \tag{15-10}$$

其中，S_t 为期货合约所对应的标的指数的价格[⊜]。因此，给定一组历史数据，量化分析师只需要知道股票组合每期的收益率、预期的整体 β、每期组合中现金的占比、期货合约所对应的标的指数每期的价格、股票组合相对于标的指数的 β 以及每次再平衡时股指期货的价格，就可以很容易地计算出每隔 k 日再平衡一次的杠杆组合的历史收益率[⊕]。

2. 市场中性组合收益率

对于常见的市场中性组合或多空组合，$t+k$ 日组合的权益可以表示为：

$$V_{t+k} = V_t^L(1 + r_{L,t,t+k}) - V_t^S r_{S,t,t+k} + V_t^S(e^{i\frac{k}{360}} - 1)$$
$$+ m_{lb}V_t e^{i\frac{k}{360}} + (V_t - V_t^L - m_{lb}V_t)e^{i\frac{k}{360}} \tag{15-11}$$

其中，V_t^L 与 V_t^S 分别为组合多头部分与空头部分的名义值，$r_{L,t,t+k}$ 与 $r_{S,t,t+k}$ 分别为组合多

⊖ 在我们的公式中，我们将忽略与期货合约展期相关的问题。同时，我们还假设现货股票组合可以充当期货合约所要求的保证金。

⊜ 关于这些符号更详细的描述请见第 12 章。

⊜ 对于很多回测，该公式可以进一步简化。如果以股指期货所对应的标的指数为比较基准，那么 β_f 将等于 1，并可以将其从式中移除。同样，如果 $\xi=0$ 并且 $I_{t,t+k}=1$，那么该式将被简化为 $r_{s,t,t+k} + \left(\frac{\beta^* - \beta_{s,t}}{S_t}\right)(F_{t+k} - F_t)$。

⊕ 当然，该式并不准确，因为假设了组合投资经理可以买入非整数份的期货合约，这在实际中是不可能的。然而，对于历史回测而言，该式的计算结果是非常接近于真实结果和令人满意的。

头头寸与空头头寸的收益率，m_{lb}为空头头寸（或总头寸）所需要的额外流动性缓冲，一般为总权益的一小部分（m_{lb}的取值依赖于组合所持有的头寸，特定情况下可以取任何值（包括 0））。$e^{i'^{金}}$与$e^{i^{金}}$分别为保证金存款与组合中其他现金（包括卖空所得）的连续复利收益率。为了简化，我们令r_{lb}与r_{cash}分别表示保证金存款收益率（$e^{i'^{金}}-1$）与其他现金收益率（$e^{i^{金}}-1$）。同样，我们记组合多头头寸的占比为$\kappa_t^L = V_t^L / V_t$，记组合空头头寸的占比为$\kappa_t^S = V_t^S / V_t$。以上两个表达式仅表示组合多头头寸与空头头寸的名义市值与组合最初权益的比值。

我们将整体市场中性组合或多空组合的收益率表示为：

$$r_{P,t,t+k} = (1 - \kappa_t^L) r_{cash} + \kappa_t^L r_{L,t,t+k} - \kappa_t^S r_{S,t,t+k} + \kappa_t^S r_{cash} + m_{lb}(r_{lb} - r_{cash}) \quad (15\text{-}12)$$

这是使用历史数据或实际数据来计算市场中性组合或多空组合收益率的广义公式。对于一般情形，我们可以将该式简化。假设投资经理所构建的市场中性组合是金额中性的（即 $V_t^L = V_t^S$），并且流动性缓冲的收益率等于现金的收益率（即 $r_{lb} = r_{cash}$）。那么：

$$r_{P,t,t+k} = r_{cash} + \kappa_t^L (r_{L,t,t+k} - r_{S,t,t+k}) \quad (15\text{-}13)$$

因此，给定一组历史数据，我们只需要计算出组合多头头寸每期的收益率、空头头寸每期的收益率、现金（包括卖空所得、流动性缓冲以及其他现金）的收益率以及最初的组合权益中多头头寸与空头头寸的比值，就能够计算出虚拟的市场中性（特别地，金额中性）组合的收益率了[⊖]。

15.3　度量风险

我们已经知道如何计算组合的收益率了，但是这也仅仅意味着完成了一半的任务。风险也很重要。也许一些投资组合在一年内获得了非常出色的收益率。但精明的投资者会对收益率曲线抱着一丝怀疑的态度，因为投资者明白如果组合的波动性很大，那么在上一年获得了巨大收益的组合在下一年可能会出现巨大的亏损。组合投资经理还应当考虑到组合的风险。一个经历过大起大落的投资组合可能会把客户吓跑。投资经理必须在风险与收益之间取得某种平衡。

度量风险的方法有许多种，包括：组合收益率的标准差（方差）、收益率的半方差、

⊖　就杠杆最大的金额中性组合而言，$\kappa^L = \kappa^S = (1 - m_{lb})$。

收益率的跟踪误差、收益率的 VaR(在险价值)、组合的相关系数与协方差以及组合的 β 值。但是这些方法并不能度量所有类型的投资风险,而只是度量蕴含在市场价格波动中的风险[⊖]。

15.3.1 标准差

标准差度量的是投资组合收益率围绕其均值波动的幅度。当收益率向上或向下偏离均值的幅度越来越大时,标准差将变大。作为一种风险的度量方法,大多数投资者仅仅关注股票收益率在一个方向上(高于或低于均值)的标准差。持有股票多头的投资者当然不希望股票的收益率低于均值,但是当股票的收益率高于均值时他们肯定非常高兴。如果组合的收益率服从正态分布,那么对于低于均值的收益率而言,标准差仍然是一个有效的度量。如果组合的收益率是有偏的,不服从正态分布,那么标准差的意义就没那么大了,这一点我们将在下一节讨论。

绩效分析师当然想知道投资组合未来真实的标准差。但不幸的是,这无法做到,他一定是使用历史数据来估计标准差[⊖]。绩效分析师可以通过下式来估计投资组合收益率序列的标准差:

$$\hat{\sigma}_P = \sqrt{V(r_P)} = \sqrt{\frac{\sum_{t=1}^{T}(r_{P,t} - \bar{r}_P)^2}{T-1}} \tag{15-14}$$

其中,$r_{P,t}$ 为第 t 期组合的收益率,$\bar{r}_P$ 为投资组合收益率序列的均值,V 为组合的方差函数,T 为组合收益率的样本量。该式可使用日度、月度或年度数据来估计标准差。绩效分析师应当确保拥有足够的收益率数据。

15.3.2 半标准差

当股票或投资组合的收益率不服从正态分布时,收益率的标准差并没有依据投资

⊖ 一位非金融行业的朋友曾经问过我:"如果长期来看股票市场是向上的,那么为什么要关心方差呢?"这是一个很好的问题,但是我意识到该问题反映了投资者在投资想法上的谬误,即股票市场长期来看总是向上的。收益率的方差表明市场存在着长期向下的可能,尽管这一概率很小。这种可能性是投资组合保险业务的基础。如果你希望在之后几年为你的投资组合加上保险,那么无论在哪儿,该保险往往都将花费你投资额的 5%~10%。有人曾批判投资组合保险是"荒谬的——既然我们知道长期来看股票市场是向上的,那么该保险应该是免费的"。几个月后,互联网泡沫破裂,他的投资组合也随之下跌了 80%。这可能是一个不幸的教训,股票市场有时在较长的时间内也可能下跌,事实上这取决于你着眼的时间长度。

⊖ 股票期权价格所隐含的波动率也同样被用来预测未来的波动率。

者对风险的看法来真正地度量风险[⊖]。对于大部分投资所定义的风险（损失金钱的概率）而言，一个更好的量度风险的方法是仅计算获得较差收益率的可能性。

例如，假设收益率或超额收益率服从对数正态分布[⊜]。该分布并非对称的，而是右偏[⊜]的。在该分布下，如果我们选择去寻找低方差或低标准差的投资，那么实际上我们就不成比例地减少了该分布上方的部分[⊛]。降低下方风险对投资者而言更有利，一般用**半方差**（semivariance）或**半标准差**（semi-standard deviation）来度量下方风险。

下方风险常见的度量方法为：

$$\hat{\sigma}_P^{DR} = \sqrt{\frac{1}{T-1}\sum_{t=1}^{T}(\min[(r_{P,t}-k),0])^2} \tag{15-15}$$

其中，k 为任意常数[⊛]。当 $k=r_P$ 时，则该度量值即为半标准差，因为其度量了平均收益率下方的偏离度。

尽管下方风险或半标准差是最具稳定性的风险度量方法之一，但是其表现出的计算上的困难阻止了许多从业人员使用它。例如，在标准的二次优化中，下方风险的作用有限[⊛]。不管怎样，当前的绩效分析软件能够很容易地计算出任意实际组合或模拟组合事后的下方风险。

⊖ 绩效分析师可能想去检验组合收益率的分布是否服从正态分布。峰度以分布的四阶中心矩来度量（即 $E[(r_{P,t}-\bar{r}_P)^4]$），而偏度以分布的三阶中心矩来度量（即 $E[(r_{P,t}-\bar{r}_P)^3]$），其中 $\bar{r}_P$ 为组合收益率的均值。你或许还记得，正态分布的偏度为 0，峰度为 3。
偏度的正态分布度量为：
$$偏度 = \frac{T^2}{(T-1)(T-2)}\frac{m_3}{s^3}$$
峰度的正态分布度量为：
$$峰度 = \frac{T^2}{(T-1)(T-2)(T-3)}\frac{(T+1)m_4-3(T-1)m_2^2}{s^4}$$
其中，
$$m_k = \frac{1}{T}\sum_{t=1}^{T}(r_{P,t}-\bar{r}_P)^k, s = \sqrt{\frac{1}{T-1}\sum_{t=1}^{T}(r_{P,t}-\bar{r}_P)^2}$$
T 为观察值的数量。那么正态分布的检验如下：
$$L = T\left[\frac{偏度^2}{6}+\frac{(峰度-3)^2}{24}\right]\sim\chi_2^2$$
⊜ 对数正态分布的密度函数为：
$$f(x) = \frac{1}{\sqrt{2\pi}\sigma x}e^{-[(\log x-\mu)^2]/2\sigma^2}, x\geqslant 0$$
⊜ 原著为"左偏"，疑有误。——译者注
⊛ 如果分布是正偏或右偏的，那么方差/标准差分析对下方风险的赋权就会比较小。
⊛ 还有一些替代的计算方法，例如使用"下方"观察值的数量而非总观察值的数量作为除数。
⊛ 详见第 9 章。

15.3.3　跟踪误差

对于量化投资经理、指数投资经理以及定性投资经理而言跟踪误差是一个熟悉的概念了。跟踪误差度量的是组合收益率与比较基准（一般为一种标的资产类别或一个主要指数）收益率之间的偏离度。"完美"的指数投资经理的跟踪误差（TE）为 0。一方面，由于受到交易费用、股利再投资、复制指数的抽样方法等因素的影响，真正的指数投资经理不可能完美地跟踪指数，但是他们确实在尽可能地接近指数。另一方面，量化投资经理并不会试着去完全消除跟踪误差。他们会有目的地选择股票及/或股票的权重，以获得高于比较基准的收益率。重点是要保持跟踪误差的稳定性。组合投资经理通常是在一定的约束条件下进行投资的，如事前跟踪误差不超过 5% 等。这控制了组合相对于比较基准的风险。

事前跟踪误差是指组合投资经理开始构建投资组合时所使用的跟踪误差。事前跟踪误差的推导请参考第 9 章的内容。同样，也存在着**事后跟踪误差**，即给定时间区间内实际的或已实现的跟踪误差。业绩度量主要关心的是对投资组合事后跟踪误差的度量，但是也会度量事后跟踪误差与事前跟踪误差之间的差异。事后跟踪误差通常被定义为组合收益率与比较基准收益率之差的标准差（换句话说，即超额收益率的标准差）。公式为：

$$TE = \sigma_x = \sqrt{\sigma_x^2} = \sqrt{\frac{1}{T-1}\sum_{t=1}^{T}(x_t - \bar{x})^2} \qquad (15\text{-}16)$$

其中，$x_t = r_{P,t} - r_{B,t}$，$\bar{x} = \frac{1}{T}\sum_{t=1}^{T}x_t$。跟踪误差通常都会年化。如果跟踪误差使用的是某一特定区间的数据来计算的，绩效分析师可以将其乘以 $\sqrt{\text{年度天数}/\text{该特定区间天数}}$ 来得到年化值。因此，如果跟踪误差使用的是月度数据来计算得到的，那么只需要乘以 $\sqrt{12}$ 即能得到其年化值。

15.3.4　CAPM β

现代投资组合理论与资本资产定价模型（CAPM）孕育了 β。投资组合的 β 度量了投资组合与整体市场（通常假定为标普 500 指数）相关的风险。β 等于 1 表示组合收益率与市场收益率等额变动。β 大于 1 表示组合在正向与负向均放大市场的收益率。β 小于 1

表示组合在某种程度上缩小了市场的波动。β 等于 0 表示组合与市场不相关。

绩效分析师可以通过两种方法得到组合的 β。第 1 种方法：组合的 β 等于组合中个股 β 值的加权平均；第 2 种方法：组合收益率与市场收益率线性回归所得到的回归系数。对于第 1 种方法，绩效分析师需要去估计组合中每只股票的 β 值。在附送 CD 的附录 15E 中我们介绍了一种计算方法，但是我们要说明的是大部分数据提供商均提供个股的 β 值。因此，通过个股数据所计算出的整体组合的 β 值为：

$$\beta_{P,t} = \sum_{i=1}^{N} w_{i,t}^{P} \beta_{i,t} \qquad (15-17)$$

其中，N 为组合中股票的数量，$w_{i,t}$ 为 t 时刻组合中股票 i 的权重，$\beta_{i,t}$ 为 t 时刻股票 i 的 β 值。

第 2 种计算 β_P 的方法是使用下列回归：

$$r_{P,t} - r_{f,t} = \alpha + \beta_P(r_{M,t} - r_{f,t}) + \epsilon_t \qquad (15-18)$$

其中，$r_{f,t}$ 为无风险收益率，可以使用 3 个月期国库券的月度收益率，$r_{M,t}$ 表示市场的月度收益率，通常使用标普 500 指数来作为市场的代理。

下面是关于 β 度量的几点说明。①当估计投资组合的 β 时，组合中股票的数量越多，组合的 β 越稳定。β 估计的稳定意味着分析师能够将其作为组合未来的市场风险的精确描述。②极端的 β 值倾向于回归均值 1。这使得许多从业人员会构建**调整后的 β 值**，调整后的 β 值是回归出的 β 值与市场 β 值的函数，即 $\beta_{adj} = a\beta + (1-a)1$。参数 a 具有灵活性。③大部分数据提供商都会提供相似的股票 β 值。④个股的 β 值通常使用 3～5 年的月度数据来计算得到。大部分数据提供商不会公布少于 3 年数据的个股的 β 值。在附送 CD 的附录 15E 中我们介绍了一种计算个股 β 值的方法，当个股的数据有限时可以使用该方法。⑤如果绩效分析师将个股的 β 值与股票和市场随后的收益率画出来，他将发现实际 β 值小于根据理论预测的 β 值[⊖]。增加 β 值并不会使得收益率如回归方程所预测的那样成比例增加，同样减少 β 值也并不会使得收益率如回归方程所预测的那样成比例减少。在某种程度上，这与说明②相关。⑥许多从业人员发现 β 值无法充分解释股票的收益率。

15.3.5　在险价值

在险价值（value-at-risk，VaR）是一个风险控制的指标，主要用于控制整个银行投

⊖　见 Friend 和 Blume（1970），Black，Jensen 和 Scholes（1972）以及 Stambaugh（1982）。

资头寸的潜在损失的概率，以及个人交易头寸的风险。其更多的是一个度量短期风险的指标。VaR 的定义是：给定一个置信区间，投资组合在目标时间内最大的预期损失。有许多专业的方法来计算 VaR，但是如果组合收益率服从正态分布，那么 VaR 的计算就非常简单了[⊖]。

一旦估计出了投资组合收益率的期望与标准差，我们就能使用标准正态表来确定我们所想要的显著性水平，并用于 VaR 的计算。例如，95% 的置信水平的临界值为 1.65。97.5%、99% 与 99.5% 的置信水平的临界值分别为 1.96、2.33 与 2.58。因此，如果组合收益率的均值为 μ_P，标准差为 σ_P，置信区间的临界值为 k，那么 VaR 为：

$$\text{VaR}_t = V_t(\mu_P - k\,\sigma_P) \tag{15-19}$$

其中，V_t 为组合在时刻 t 的市值。

假设我们 1 亿美元投资组合的年化收益率为 10%，标准差为 20%。同样，假设我们希望的置信水平为 97.5%。那么我们组合的 VaR 为：

$$\text{VaR}_t - 100\,000\,000 \times (0.10 - 1.96 \times 0.20) = -29\,200\,000$$

我们有信心在一年内组合的最大损失不超过 29 200 000 美元的概率为 97.5%。VaR 的使用者常常喜欢使用 VaR 来度量短期风险，如 1 天或 1 周，如此一来他们就能了解银行在短期内的风险暴露。使用年化数据计算得到的 VaR 可以很容易地转换为任意子区间（指小于 1 年的时间区间）的 VaR：

$$\text{VaR}_t = V_t(\mu_P s - k\,\sigma_P \sqrt{s}) \tag{15-20}$$

其中，s 为时间区间占 1 年的比例。因此，对于 1 个月的 VaR，$s = 1/12$。对于之前的例子，使用 $s = 1/24$，我们就能够得到组合两周的 VaR 为 7 584 999 美元。

15.3.6　协方差与相关系数

投资组合与主要指数之间的协方差或相关系数 ρ 表明了组合相对于指数的风险。从分散风险的角度来看，它也表明了将不同的投资组合结合起来后所能获得的益处。投资组合事前或事后的协方差可以通过组合中的个股求得。我们在第 6 章与第 7 章介绍了如何计算协方差。这里我们将介绍如何使用组合的收益率来计算协方差与相关系数。

投资组合与任何其他指数之间的协方差可以通过组合与指数的收益率数据来计算

⊖　关于 VaR 更多的细节，请见 Jorion（1997）或者 Dowd（1998）。

得到，即：

$$C(r_P, r_I) = \frac{1}{T} \sum_{t=1}^{T} (r_{P,t} - \bar{r}_P)(r_{I,t} - \bar{r}_I) \tag{15-21}$$

投资组合与指数之间的相关系数可以通过下式计算得到：

$$\rho(r_P, r_I) = \frac{C(r_P, r_I)}{\sigma_P \sigma_I} \tag{15-22}$$

其中，σ_P 与 σ_I 分别为组合与指数在样本期间的标准差。相关系数比协方差更好处理，因为相关系数的取值范围为 -1 至 1。相关系数等于 1 表示两个收益率序列总是同向变化。相关系数等于 -1 则表示另一个极端的情况，即两个收益率序列总是反向变化。

15.4 风险调整后的业绩度量

许多个人投资者仅狭隘地关注原始收益率。这也是为什么每年大部分共同基金的投资都流入了那些在上一年表现最好或者更准确地说收益率最高的基金中。然而，脱离风险来看收益率绝对是错误的。考虑图 15-1。

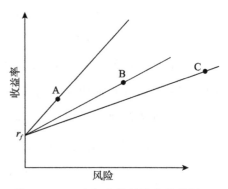

图 15-1 三个组合的风险收益特征

如果仅看收益率，我们将会认为组合投资经理 C 是最好的。投资经理 C 在该时期的收益率最高，投资经理 B 的收益率排名第二，而投资经理 A 在此期间的收益率最低。组合投资经理 A 会被认为是最差的投资经理。但是，我们应当注意到，相对于组合投资经理 A 和 B，组合投资经理 C 承担了更大的风险。如果我们通过保证金账户以某一给定的利率 r_f 借入无风险资产，那么我们就能够提高组合投资经理 A 的收益率及风险。如果我们借入得足够多，那么我们能够将其组合的风险提高到与组合投资经理 C 相等的水平。事实上，在同等的风险水平上，组合投资经理 A 的收益率要高于组合投资经理 C 的收益率[○]。因此，组合投资经理之间最准确的比

○ 在数学上，我们可以发现如果组合 A 预期的杠杆收益率为 $E^l(r_A) = (1+\alpha)\mu_A - \alpha r_f$，组合 A 预期的杠杆风险为 $\sigma^l(r_A) = (1+\alpha)\sigma_A$，如果 $(\mu_A - r_f)/\sigma_A > (\mu_C - r_f)/\sigma_C$，那么与组合 C 风险相等的杠杆组合 A 将总是会有更高的预期收益率。穿过无风险收益率的直线的斜率即为上述比较对象，我们可以直观地看到穿过无风险收益率与组合 A 的直线的斜率要大于穿过无风险收益率与组合 C 的直线的斜率。

较方式并不是比较收益率,而是比较风险调整后的收益率。而夏普比率就是最重要的风险调整后的收益率指标之一。

15.4.1 夏普比率

威廉·夏普(William F. Sharpe)因提出了资本资产定价模型(CAPM)而获得了诺贝尔经济学奖[⊖]。在这项工作中所取得的众多成果之一是得到了一个度量风险调整后收益率的指标,被称为**夏普比率**(Sharpe ratio)。夏普比率(SR)度量的是投资组合每一单位风险所获得的超额收益率(相对无风险利率),即:

$$SR = \frac{r_P - r_f}{\sigma_P} \qquad (15\text{-}23)$$

其中,SR 为夏普比率,r_P 为组合收益率,r_f 为无风险利率,σ_P 为组合收益率的标准差[⊖]。事实上,该比率的计算如下:假设我们获得了组合的月度收益率数据,那么我们计算这些收益率的算术平均值,即如果我们获得了组合 25 个月的月度收益率数据,那么我们计算这些收益率的均值 $\bar{r}_T = \frac{1}{25} \sum_{t=1}^{25} r_{P,t}$ 将该平均值作为 r_P。对于无风险利率,只要各组合在计算夏普比率时使用的是相同的无风险利率,那么无风险利率就不会对各组合夏普比率之间的比较造成影响。许多人使用 1 个月或 3 个月国库券的月度收益率作为 r_f[⊜]。最后,我们需要计算组合在该时间区间的风险,即使用组合的月度收益率数据来计算组合收益率的标准差。可以使用基本公式:$\hat{\sigma}_P = \sqrt{\sum_{t=1}^{T} (r_{P,t} - \bar{r}_P)^2 / (T-1)}$。

夏普比率为投资组合的比较提供了基础。单独的夏普比率并不能说明什么。即使当投资经理说某些夏普比率"好"或者"坏"时,他们表达的也只是相对的"好"或者

⊖ Jan Mossin,John Linter 以及 Jack Treynor 与夏普在同一时期发展出了 CAPM。因此,有些人也称该模型为 Linter-Mossin-Sharpe-Treynor CAPM。

⊖ 若组合收益率不服从正态分布,那么最好是用分子除以半标准差。这一修正后的夏普比率被称为索提诺比率(Sortino ratio)。对冲基金的风险调整后收益率的度量有时使用斯特林比率(Sterling Ratio)与 Calmar 比率(Calmar ratio),即用组合某一时期的年化收益率除以回撤(下方风险的一种)。**回撤**度量了投资组合的净值从考察期间高点跌至低谷的跌幅的绝对值。一旦投资组合的净值从低谷反弹,那么计算最大回撤的考察期间高点和低点就可以确认了。Calmar 比率使用的是业绩度量期间组合的最大回撤的绝对值,而斯特林比率使用的是平均回撤减去某一常数的绝对值。

⊜ 为了节省计算的时间,一些人只使用短期债务工具的平均收益率,尽管这在方法上是不正确的,特别是对期限更长一些的短期债务工具而言。但总的来说,这并不会造成大的差别。

"坏"[⊖]。如果组合投资经理 A 的夏普比率在这三位投资经理中最高，那么可以说在这三位投资经理中，投资经理 A 的风险调整后收益率在这一时间区间中最高。如果你真的认为投资经理 A 的业绩具有内在的稳定性，那么你可以加杠杆投资于组合投资经理 A 并在承担较小风险的情况下获得与其他投资经理相同的收益率。当然，这里并不能保证当前所获得的风险调整后收益率会持续到将来。

15.4.2 信息比率

对于有比较基准的组合投资经理，信息比率(IR)度量了其风险调整后的业绩。信息比率是 α 与相对于比较基准所承担的残差风险的比值[⊜]。指数投资经理的 IR 应该等于 0，因为理论上他所管理组合的 α 与残差风险均应该等于 0。为了超越比较基准的收益率，主动投资经理会故意偏离比较基准。这将创造 α，同样也会产生相对于比较基准的残差风险。因此，信息比率被定义为：

$$IR = \frac{\hat{\alpha}^B}{\hat{\omega}} \tag{15-24}$$

其中，$\hat{\alpha}^B$ 为业绩度量期间组合收益与比较基准收益率回归所得到的 α 的估计值，$\hat{\omega}$ 为上述回归所得到的残差标准差的估计值[⊜]。

与夏普比率一样，IR 的值越高说明组合投资经理风险调整后的业绩越好。与夏普比率一样，一段时期内正确的 IR 值是非常容易计算的。我们只需要获得组合与比较基

⊖ 例如，某些组合投资经理说夏普比率高于 0.5 就相当好了。他们真正想表达的是"在我见过的所有投资组合中，组合的夏普比率高于 0.5 的并不常见"。

⊜ 某些组合投资经理计算事后信息比率时使用式 $IR = (\bar{r}_P - \bar{r}_B)/\sigma_x$，其中，$\bar{r}_P$ 为业绩度量期间组合的平均收益率，$\bar{r}_B$ 为业绩度量期间比较基准的平均收益率。σ_x 为组合与比较基准收益率之差的标准差，也就是跟踪误差。尽管这一计算方法比较容易计算，但是该计算方法并不正确。事实上，该计算方法等于 $IR = \frac{\bar{r}_P - \bar{r}_B}{\sigma_x} = \frac{\hat{\alpha} + (\hat{\beta} - 1)\bar{r}_B}{\sqrt{(\hat{\beta} - 1)^2 \sigma_B^2 + \omega^2}}$，其中，$\omega^2$ 为组合的残差方差。

　　因此，仅当组合相对于比较基准的 β 为 1 时，这两种信息比率计算方法的结果才相等，否则它们就不相等。对于 $\hat{\alpha} > 0$ 以及 $\bar{r}_B(\hat{\beta} - 1) < 0$，真实的信息比率高于错误的信息比率。若使用错误的计算方法，那么在上涨的市场环境中，对于所有 $\beta < 1$ 的组合投资经理而言，相对更为保守的好的组合投资经理的信息比率会比同行要低，这是不公正的。对于 $\hat{\alpha} < 0$ 以及 $\bar{r}_B(\hat{\beta} - 1) > 0$，真实的信息比率低于错误的信息比率。若使用错误的计算方法，那么在上涨的市场环境中，对于所有 $\beta > 1$ 的组合投资经理而言，相对更为激进的坏的组合投资经理的信息比率会比同行要高，这也是不公正的。当 $\hat{\beta} = 1$ 时，信息比率与夏普比率相似，只是用比较基准替代了无风险资产。

⊜ 有些从业者使用符号 $\hat{\sigma}_\epsilon$，而非 $\hat{\omega}$。

准的收益率数据即可。

信息比率通常是通过组合收益率与比较基准收益率的回归来计算得到的。这一想法源于我们是参照比较基准来度量组合投资经理的业绩的，因此我们应当考虑是用组合相对于比较基准的超额的风险调整后收益率除以超额（残差）风险。与詹森 α（见15.4.3节）相似，我们在选定的业绩度量期间进行回归。记录回归所得到的 α 的估计值 $\hat{\alpha}$，以及残差标准差 $\hat{\omega}=\sqrt{V(\hat{\epsilon}_t)}$，其中 $\hat{\epsilon}_t=(r_{P,t}-r_{f,t})-\hat{\beta}(r_{B,t}-r_{f,t})$。计算信息比率所需的原料都能够直接地从詹森 α 的回归中得到，只需要将市场收益率替换为比较基准收益率即可。

15.4.3 CAPM α 与比较基准 α

在第 2 章，我们讨论了与量化股票组合管理（QEPM）相关的各种类型的 α。我们同样简要地讨论了事前 α 与事后 α 的区别。当度量组合风险调整后的业绩时，我们永远指的是度量组合的事后 α。鉴于此，我们现在讨论 CAPM α（α^{CAPM}）与比较基准 α（α^B）。CAPM 表明组合收益率与市场指数收益率有如下关系：

$$r_{P,t}-r_{f,t}=\alpha+\beta(r_{M,t}-r_{f,t})+\epsilon_t \tag{15-25}$$

尽管该理论本身认为 α 的值应当为 0，但是从业人员会去估计 α，并以此来作为风险调整后收益率的度量指标。如果 α 为正，那么说明组合投资经理获得了超越市场组合的超额收益率，并且该超额收益率是无法被他所承担的额外风险所解释的。如果 α 为负，那么相对于市场组合而言，组合投资经理是在毁灭价值。

CAPM α 是一种非常流行的度量组合投资经理业绩及给组合投资经理排名的方法。1968 年迈克尔·詹森（Michael Jensen）在发表的一篇论文中介绍了这种确定共同基金的基金经理是否超越市场的新方法，此后 CAPM α 也被称为**詹森 α**。詹森本质上是想要确定组合投资经理是否有正的 α。由于他研究了大量的共同基金，他无法确定每只基金的比较基准。因此，他使用市场收益率作为各比较基准的代理。

鉴于 CAPM 的普及，CAPM 方程或单指数模型被用于许多其他的指数与比较基准就不足为奇了。当我们估计 CAPM 方程并用比较基准代替市场组合时，我们称该估计所得到的 α 为**比较基准 α**（benchmark α）。比较基准 α 可以通过下列回归得到[注]：

⊖ 这里可以将所有的收益率都看作（超越无风险收益率的）超额收益率。

$$r_{P,t} = \alpha + \beta r_{Bt} + \epsilon_t \qquad (15\text{-}26)$$

从风险调整后的角度来看，如果该回归方程所得到的 α 估计值为正，那么表明组合投资经理的业绩超越了相应的指数，而如果 α 估计值为负，那么表明组合投资经理的业绩落后于相应的指数。对于 CAPM α 与比较基准 α 而言，不但 α 的正负号非常重要，而且在统计上 α 是否显著也同样重要。大部分回归分析都会提供 α 估计值的 **t 统计量**⊖。一般地，对于足够大的样本（例如 40），t 统计量大于 2 表示在 95% 的置信水平下估计值显著，t 统计量大于 2.7 表示在 99% 的置信水平下估计值显著⊜。如果有必要，可以修正回归中残差的异方差性与自相关性。

15.4.4　多因子 α

许多研究表明 CAPM 无法充分解释股票的收益率。因此，股票收益率的多因子模型变得越来越流行，尤其是在业绩度量的应用中⊜。在学术界，有两个模型变得很盛行。其一是三因子模型，包括市场因子、小盘股溢价以及净市率（净资产/市值）溢价。另一是四因子模型，除了上述提到的三个因子外，还包括动量因子。

为了计算多因子 $\alpha(\alpha^{MF})$，我们需要确定哪些因子能够代表股票的收益率，并且知道这些因子的收益率与组合的收益率。多因子 α 通常是用组合的月度或季度收益率与市场指数或比较基准以及其他因子的收益率回归来计算得到的。学者与从业人员使用得最广泛的两种多因子模型如下：

$$r_{P,t} - r_{f,t} = \alpha + \beta_1(r_{M,t} - r_{f,t}) + \beta_2 SMB_t + \beta_3 HML_t + \epsilon_t \qquad (15\text{-}27)$$

$$r_{P,t} - r_{f,t} = \alpha + \beta_1(r_{M,t} - r_{f,t}) + \beta_2 SMB_t$$
$$+ \beta_3 HML_t + \beta_4 PR1YR_t + \epsilon_t \qquad (15\text{-}28)$$

其中，β_i 为每个因子收益率的回归系数或后验因子暴露，$(r_M - r_f)$ 为股票市场收益率减去无风险收益率❹，SMB_t、HML_t 以及 $PR1YR_t$ 分别为规模因子、净市率因子（净资产/市值(B/M)）以及动量因子的市值加权的零投资模拟组合的收益率。这四个因子均

⊖　我们将在 15.4.5 讨论 t 统计量。

⊜　尽管分析师可以在任意的统计学书籍上查找到 t 分布，但由于其临界值依赖于自由度（自由度与观察值的数量相关），该经验法则在大多数情况下均适用。

⊜　见 Fama 和 French（1993），Carhart（1997）。

❹　学术上通常使用纽约证券交易所（NYSE）、美国证券交易所（AMEX）及纳斯达克（NASDAQ）挂牌上市股票的市值加权组合来代理市场。

有多种构建方式。SMB_t 为规模因子，其构建方式为小盘股等权组合的收益率减去大盘股等权组合的收益率。HML_t 为价值因子，其构建方式为高 B/M 组合的收益率减去低 B/M（净市率）组合的收益率⊖。$PR1YR$ 的计算方法为：第一步，将纽约证券交易所、美国证券交易所及纳斯达克（NASDAQ）所有挂牌上市的股票根据其前 11 个月的收益率进行排序；第二步，计算排序在前 30％ 与后 30％ 的等权组合的收益率之差。

如果 α 为正，那么组合投资经理所提供的超额收益率无法被其承担的额外风险（即各种 β）所解释。如果 α 为负，那么说明组合投资经理在毁灭价值。然而，不仅 α 的正负号非常重要，而且 α 是否统计上显著也同样重要。大部分回归分析均会提供 α 估计值的 t 统计量。

当使用多因子 α 来判断组合投资经理的绩效时，其结果一般都比 CAPM α 的结果要差，因为多因子 α 考虑了更多的风险因子。事实上，得到负的多因子 α 是十分常见的。但是，对于使用多因子 α 来判断组合投资经理的绩效是否合适这一问题上，目前仍然存在着一些争论。一些学者认为这些多出来的风险因子并非经济中真实的风险因子。他们认为押注于这些风险因子上的决策，事实上是应该得到奖励的。另一些学者认为使用多因子风险模型来替代经济中整体的风险更为适合，尽管典型的法玛-弗伦奇（Fama-French）因子并非真实经济层面上的风险，但是这些因子可以作为真实风险的代理。也有人认为，既然几乎每一个商业风险模型都是多因子模型，那么不使用这些因子作为风险因子来度量绩效，但是却又使用包含这些因子的风险模型来管理组合的风险，这不是自相矛盾吗？组合投资经理可以通过押注具有正的风险溢价的因子来战胜比较基准，也可以通过精选个股来战胜比较基准。但是押注具有正的风险溢价的因子是一种机械化的策略，并且很容易复制。那么这样的做法应当得到奖励吗？如果你认为如此，那么就应当使用 CAPM α 来度量组合的业绩。如果你认为组合投资经理所获

⊖ 法玛与弗伦奇构建 SMB_t 的方法为：$SMB_t = 1/3$（小盘价值＋小盘中性＋小盘成长）$-1/3$（大盘价值＋大盘中性＋大盘成长），式中 6 个组合的构建方式是，将纽约证券交易所、美国证券交易所及纳斯达克（NASDAQ）所有挂牌上市的股票根据其市值中位数分为大盘股与小盘股两组。然后，根据净市率（B/M）将大盘股与小盘股再各分为 3 组，临界值分别为各自 70％ 与 30％ 的分位数。这样得到的 6 个组合即与式中的 6 个组合一一对应，高 B/M 代表价值，低 B/M 代表成长。法玛-弗伦奇构建 HML_t 的方法为：$HML_t = 1/2$（小盘价值＋大盘价值）$-1/2$（小盘成长＋大盘成长）。第 1 个因子（SMB_t）的构建方式使得小盘股组合与大盘股组合的平均 B/M 是相等的，即 B/M 因子中性。第 2 个因子（HML_t）的构建方式表明高 B/M 组合与低 B/M 组合的平均规模是相等的，即规模因子中性（意味着剔除了规模因子的影响）。更多细节，请参考 Fama 和 French（1993）。组合投资经理可以使用类似的概念来构建自己的因子组合，并不一定非得遵循法玛-弗伦奇的因子构建方法。

得的奖励应当源于其精选个股的能力，即在考虑了多因子风险之后组合还能获得正的 α，那么就应当使用多因子 α 来度量组合的业绩。无论如何，CAPM 的捍卫者与多因子模型的拥趸之间的争论将会继续下去[⊖]。

15.4.5 风险调整后度量的实际问题

母基金(FOF)的基金经理及财务顾问会寻找好的组合投资经理来进行资产配置，首席投资官也会去寻找并雇用好的组合投资经理。但是如何识别一位"好"的组合投资经理呢？对于指数投资经理而言，紧密地跟踪比较基准就意味着"好"；组合的收益率越接近比较基准就越好。对于指数增强或主动管理的投资经理而言，跟踪住比较基准，并且持续地获得高于比较基准的收益率就算得上"好"。即使我们知道什么样的投资经理是"好"的，也还是存在着两个障碍。第一，评估一位投资经理在其投资期间的业绩需要大量的数据，而这可能是做不到的。第二，我们需要假设过去的业绩对未来的业绩有一定程度的指导意义。遗憾的是我们无法解决这些问题，但是我们能够找到好的投资经理所具备的一些特征。

我们从比较基准 α（即詹森 α）开始。我们通常使用 t 统计量来确定一位投资经理的 α（或者其他回归系数）在统计上是否显著不同于某一给定的值。t 统计量的定义为 $t = (\hat{\alpha} - \alpha_0)/\hat{S}(\hat{\alpha})$，其中 $\hat{S}(\cdot)$ 为 α 估计的标准差。该式用于检验组合投资经理的 α 是否显著不同于某一给定值 α_0。一般地，作为绩效分析师，我们关心的是 α 是否显著为正或为负，即 α 是否显著不同于 0。因此，t 统计量被简化为 $t = \hat{\alpha}/\hat{S}(\hat{\alpha})$。幸运的是，组合投资经理所使用的大部分软件通过简单的线性回归都能得到所有的变量，包括 $\hat{\alpha}$、$\hat{S}(\hat{\alpha})$ 以及实际的 t 统计量。因此，该计算非常容易实现。绩效分析师只用简单地比较 t 值与 t_c 值（即 t 统计量表中的临界 t 值），就能够确定组合投资经理的 α 在预期的显著水平下是否显著了。正如我们之前所述，对于大多数情况，t 值大于 2 就意味着显著了。

在满足线性回归所有经典假设的特殊情况下，t 统计量变为[⊖]：

$$t = \frac{\hat{\alpha}}{\hat{\omega}\sqrt{\dfrac{1}{T} + \dfrac{\bar{r}_B^{*2}}{\sum\limits_{t=1}^{T}(r_{B,t}^* - \bar{r}_B^*)^2}}}$$

⊖ 我们跟我们的学生开玩笑说，如果你是一位组合投资经理，你将会说服业绩度量部门使用 CAPM 或詹森 α 来度量业绩。但如果你是首席投资官(CIO)，你将会使用多因子模型来度量业绩。

⊖ 读者应当注意到，当受到异方差性、自相关性或其他因素的影响时，该式中的 $\hat{\alpha}$ 的标准误差就需要修正。

$$= \frac{IR}{\sqrt{\dfrac{1}{T} + \dfrac{\bar{r}_B^{*2}}{\sum\limits_{t=1}^{T}(r_{B,t}^* - \bar{r}_B^*)^2}}} \tag{15-29}$$

其中，T 为业绩度量期数（即组合投资经理或比较基准的月度收益率数据的数量），$\bar{r}_B^*$ 为比较基准收益率的均值减去无风险利率，IR 为事后度量的信息比率，其他的变量参照之前的定义。

通过一些变换，我们将注意到分母的第 2 项与比较基准夏普比率的平方非常相似。即：

$$SR_B^2 = \left[\frac{\bar{r}_B^*}{S(r_B^*)} \right]^2 = \frac{\bar{r}_B^{*2}(T-1)}{\sum\limits_{t=1}^{T}(r_{B,t}^* - \bar{r}_B^*)^2} \tag{15-30}$$

将该式代入式(15-29)，我们得到：

$$t = IR \frac{1}{\sqrt{\dfrac{1}{T} + \dfrac{SR_B^2}{T-1}}} \tag{15-31}$$

通过该式我们将知道，给定置信水平及事后信息比率，我们需要多少个月度的收益率数据才能确定组合投资经理的 IR 在统计上是显著的。假设我们选定 95% 的置信水平，那么 t_c 将取决于月度收益率数据的数量$^\ominus$。我们能够通过改变虚拟投资经理的 IR 与比较基准的 SR 来求解使得 IR 在统计上具备显著性的 T^* 值。表 15-1 给出了对于不同的组合投资经理的信息比率及比较基准的夏普比率，我们需要多少数量的月度收益率数据才能确定统计上的显著性。假定一个比较基准，如标普 500 指数，我们可以估计出该指数的夏普比率为 0.25。因此，对于一位信息比率为 0.5 的组合投资经理而言，需要 21 个月的月度收益率数据才能确定其所获得的 α 是否显著为正。组合投资经理的 IR 越大，所需要的月度收益率数据的数量就越少。然而，对大部分合理的 IR 取值范围而言，我们将会看到首席投资官所面临的难题。奖金的发放时间一般是一年两次或者一年一次。显然，对于大部分组合投资经理而言，这样的时间长度所提供的数据量对于确定是否给投资经理发放奖金是不够的。

$\ominus$ 要计算所需的月度收益率的数量，我们需要考虑 IR、SR 以及 t 统计量之间的关系，同样地，也需要考虑 t_c 与 T 之间的关系。为了使得这一运用有意义，我们假设 IR 与 SR 不随月度收益率数据数量的变化而变化。同样地，我们应当记住月度收益率的数量减去 2 即为相关的自由度。

尽管我们使用的是最精确的公式，但是某些从业者对于该式的近似值 $t \approx IR\sqrt{T}$ 更加熟悉。该式是通过假设 SR_B^2 小到可以忽略而得到的。对于更熟悉该式的读者而言，应当参考表 15-1 中 $SR=0$ 的那列。然而，如果比较基准的 SR 很大，那么我们所需要的月度收益率的数据量要比近似值所建议的大得多。

表 15-1　验证组合投资经理的信息比率所需要的月数

IR	比较基准的夏普比率(SR_B)						
	0	0.1	0.25	0.5	0.75	0.9	1
0.25	66	67	70	82	102	118	131
0.5	20	20	21	24	29	33	36
0.6	15	15	16	18	21	24	26
0.7	12	12	13	14	17	19	20
0.8	10	10	11	12	14	16	17
0.9	9	9	9	10	12	13	14
1	8	8	8	9	11	12	12

注：IR 表示组合投资经理的信息比率（月度）；SR_B 表示比较基准的夏普比率。

除了我们所提到的风险调整后的度量方法之外，还有一些其他的度量方法。那么分析师究竟应当使用哪些度量方法呢？我们建议使用我们前面所提到的那些度量方法，但是我们也意识到即使使用上述方法，组合的排名也不尽相同。夏普比率等于 $\alpha_P/\sigma_P +$ $\rho SR_M^{\ominus}$，即组合的夏普比率等于下列两项之和，①组合的 α 除以组合收益率的标准差，②组合收益率与市场之间的相关系数乘以市场的夏普比率。因此，由于各项数值上的差异，根据詹森 α 与根据夏普比率对组合进行排序所得到的结果可能不同，尽管实际上它们的结果非常相似。有人可能会问一个不一样的问题。假设我们的初始投资组合完美地复制了市场组合，然后我们对该组合做了一点改变并且创造了一个正的 α。那么我们新组合的夏普比率会高于市场组合吗？这要视情况而定。因为 $SR_P - SR_M = \alpha_P/\sigma_P +$ $(\rho-1)SR_M$，这取决于组合与市场之间的相关系数是否显著小于 1，也取决于 ρ 小于 1 的幅度与 α_P 之间的大小关系。

15.5　业绩归因

业绩归因将组合的收益率分解成各个部分，并为收益的准确来源及选股过程的有

    ⊖　可以通过 CAPM 对相关变量进行替代得到。

效性提供了一个非常有价值的视角。业绩归因必须根据组合投资经理所在部门的特定投资流程来量身定做。并非所有的流程均适用于同一个部门。尽管许多简单的归因分析方法可供传统的定性股票组合投资经理所使用，但是建立一个适合量化股票组合投资经理所使用的归因分析方法就困难得多了。在本节中，我们首先讨论了传统的归因分析方法，随后提出了一些适用于量化投资经理的业绩归因方法。

15.5.1　经典的归因分析方法

Brison，Beebower 与 Hood（1986）展示了组合收益率如何被分解为各个部分。通常包括**股票选择效应**（security-selection effect）与**行业配置效应**（sector-allocation effect）。股票选择效应是相对于比较基准的超额收益中归因于股票选择能力的部分，而行业配置效应反映了投资经理将其股票组合配置于不同行业所获得的效果。

经典的归因分析方法的第 1 步是使用个股权重与个股收益率来计算业绩度量期间组合与比较基准的收益率，即：

$$r_P = \sum_{i=1}^{N} w_i^P r_i \tag{15-32}$$

$$r_B = \sum_{i=1}^{N} w_i^B r_i \tag{15-33}$$

第 2 步是决定使用哪些相关的行业来进行分解。例如，如果股票池内包含 10 个行业，那么比较基准与组合中的股票也应当依据这些行业来进行分解。然后，绩效分析师需要计算比较基准与组合在各行业中的整体权重，即[⊖]：

$$w_j^P = \sum_{i \in S_j} w_i^P \tag{15-34}$$

$$w_j^B = \sum_{i \in S_j} w_i^B \tag{15-35}$$

S_j 为行业 j 所有成分股的集合。绩效分析师还需要计算比较基准与组合在各行业上的收益率[⊜]：

$$r_{P,j} = \frac{1}{w_j^P} \sum_{i \in S_j} w_i^P r_i \tag{15-36}$$

⊖　原著中，式（15-34）和式（15-35）的求和项分别为 $w_{i,j}^P$ 和 $w_{i,j}^B$，已根据文意更正。——译者注

⊜　原著中，式（15-36）和式（15-37）的求和项分别为 $w_{i,j}^P$ 和 $w_{i,j}^B$，已根据文意更正。——译者注

$$r_{B,j} = \frac{1}{w_j^B} \sum_{i \in S_i} w_i^B r_i \qquad (15\text{-}37)$$

上面的计算公式只是计算了比较基准与投资组合在各行业上所获得的整体收益率。组合或比较基准在某个行业上的整体收益率就等于将投资于该行业的子组合视为一个独立的满仓组合所获得的收益率。

有了这些信息，我们就可以进行第 3 步了。行业配置效应（AE）的计算方法为：

$$AE = \sum_j w_j^P r_{B,j} - r_B \qquad (15\text{-}38)$$

其中，AE 为行业配置效应（allocation effect）。从直觉上来看这是有意义的。行业配置效应的计算使用了比较基准的**行业收益率**——这代表了行业的收益率，但是其权重使用的却是投资组合在各行业上的权重。该值减去比较基准的收益率 r_B 就代表了组合的超额收益率中归因于行业配置的部分。

第 4 步是计算股票选择效应（SSE）。计算方法为：

$$SSE = r_P - \sum_j w_j^P r_{B,j} \qquad (15\text{-}39)$$

其中，SSE 表示股票选择效应。从直觉上来看这也是有意义的。实际的组合收益率 r_P 与比较基准在各行业上的收益率的加权之和（行业权重使用的是实际投资组合中的行业权重）之间的差异是由于比较基准与组合在各行业上收益率的差异所导致的。但是导致这项差异的原因只可能是行业内个股选择上的差异或者是个股赋权上的差异。因此，该项差异就代表了组合的超额收益率中归因于**股票选择效应**的部分。

作为这一归因分析方法的最后检查，我们需要保证所有的归因部分之和等于超额收益率，即组合相对于比较基准的超额收益率能够被行业配置效应与股票选择效应完全解释。事实的确如此。消项后，$r_P - r_B = AE + SSE$。有多种方法来实现这一经典的归因分析，并帮助我们了解组合投资经理所获得的超越比较基准的超额收益率的具体来源，即有多少超额收益率是来源于有效的行业配置，又有多少超额收益率是来源于行业中的股票选择。如果组合投资经理使用一个模型在没有行业权重约束的条件下预测所有股票的收益率，结果发现行业配置的效果不理想，那么其可以考虑在行业中性的约束下使用该量化选股模型。这将帮助组合投资经理发现其投资过程中的短板。

例如，假设我们将所有股票划分为 3 个行业：技术、金融以及其他。假设我们已经计算出了各行业在投资组合与比较基准中的权重与收益率，如表 15-2 所示。

表 15-2　各行业在投资组合与比较基准中的绩效

行　业	投 资 组 合		比 较 基 准	
	w_j^P	r_j^P	w_j^B	r_j^B
金融	20	25	40	20
技术	60	8	50	10
其他	20	28	10	12
	100		100	

注：所有变量均以百分比的形式表示。例如，40 代表 40%。

通过该表的数据，我们能够计算出组合的收益率为 $r_P = 15.4\%$，比较基准的收益率为 $r_B = 14.2\%$，组合相对于比较基准的超额收益率为 $r_P - r_B = 1.2\%$，行业配置效应为 $AE = -1.8\%$，股票选择效应为 $SSE = 3\%$。通过这个简单的例子，我们能够发现，在业绩度量期间，组合投资经理的模型在行业内的个股选择方面表现优异，但在行业配置方面表现不佳。如果这样的业绩偏好在未来的归因分析中继续存在，那么组合投资经理可以考虑在行业中性的约束下优化他的投资组合。

15.5.2　多因子量化股票组合模型归因分析方法

量化组合投资经理经常构建我们在第 5~7 章中所介绍的股票模型。在第 9 章中，为了估计组合的风险并且基于比较基准来进行组合优化，我们讨论了构建一个股票收益率模型的重要性。这些概念主要是用来构建事前组合的，即在跟踪误差的约束下进行组合优化。

相同的概念可以用于组合事后业绩的归因分析。在多因子业绩归因分析中，我们使用多因子风险模型来了解业绩度量期间（不论是 1 个月、1 个季度或者 1 年）组合所产生的超额收益率的来源。通常每个月会进行一次业绩归因分析。在本节，我们会回顾一些基本概念，并展示一些具有代表性的适用于量化投资组合的多因子归因分析报告。

我们从用于风险模型的股票收益率模型开始。其形式为：

$$r_i = \alpha_i + \beta_{i1} f_1 + \cdots + \beta_{iK} f_K + \epsilon_i \tag{15-40}$$

当我们使用该模型来构建组合时，我们必须估计或预测该式中的各个组成部分，正如我们在前面章节中所介绍的那样。对于业绩归因分析，我们能够获得这些变量的实现值。对于基本面因子模型，我们可以使用上个月全部股票收益率数据的截面回归来度量因子溢价。对于个股的因子暴露，我们在期初就能够得知。对于经济因子模型，我们直接就能得到该月因子溢价的实现值。对于个股的因子暴露，我们使用之前的估计值。在这两个例子中，我们均能获得我们所关心的该月归因分析的实现值。每只股票的 α 可以通过式：

$$\alpha_i = r_i - \beta_{i1} f_1 - \cdots - \beta_{iK} f_K$$

来计算。即，为了归因分析的目的，所有不能被股票收益率模型所解释的个股收益率部分均被认为是 α。因此，这就完成了收益率归因的闭环。至此，我们就实现了多因子归因分析。我们所关注的是超越比较基准的超额收益率的来源。即在给定的时期 t，

$$
\begin{aligned}
x &= r_P - r_B \\
&= \sum_{i=1}^{N} (w_i^P - w_i^B) r_i \\
&= \sum_{i=1}^{N} (w_i^P - w_i^B)(\alpha_i + \beta_{i1} f_1 + \cdots + \beta_{iK} f_K) \\
&= \sum_{i=1}^{N} \widetilde{w}_i \alpha_i + \sum_{i=1}^{N} \widetilde{w}_i \beta_{i1} f_1 + \cdots + \sum_{i=1}^{N} \widetilde{w}_i \beta_{iK} f_K
\end{aligned}
\tag{15-41}
$$

其中，$\widetilde{w}_i = w_i^P - w_i^B$。无论我们所使用的是基本面因子模型还是经济因子模型，我们均能获得该月归因分析所需要的相应变量的实现值。该等式中的各组成部分就构成了我们通过风险模型所度量的各部分的业绩归因。我们以表格的形式来展现业绩归因报告，如表 15-3 所示。

表 15-3　组合的多因子归因分析

收益率分解	
来　源	数　值
α_P	$\sum_{i=1}^{N} \widetilde{w}_i \alpha_i$
因子 1 的名称	$\sum_{i=1}^{N} \widetilde{w}_i \beta_{i1} f_1$
因子 2 的名称	$\sum_{i=1}^{N} \widetilde{w}_i \beta_{i2} f_2$
⋮	⋮
因子 K 的名称	$\sum_{i=1}^{N} \widetilde{w}_i \beta_{iK} f_K$

（续）

风 险 分 解	
来　　源	数　　值
因子 1 的名称	$\left(\sum_{i=1}^{N} \widetilde{w}_i \beta_{i1}\right)^2 V(f_1)$
因子 2 的名称	$\left(\sum_{i=1}^{N} \widetilde{w}_i \beta_{i2}\right)^2 V(f_2)$
$\vdots$	$\vdots$
因子 K 的名称	$\left(\sum_{i=1}^{N} \widetilde{w}_i \beta_{iK}\right)^2 V(f_K)$
ϵ_P	$\left(\sum_{i=1}^{N} \widetilde{w}_i\right)^2 V(\epsilon_i)$
因子交互作用项	$2 \sum_{k=1}^{K} \sum_{l=k+1}^{K} \left(\sum_{i=1}^{N} \widetilde{w}_i \beta_{ik}\right) \left(\sum_{j=1}^{N} \widetilde{w}_j \beta_{jl}\right) C(f_k, f_l)$

注：α_i 为个股在归因分析期间不能被股票收益率模型所解释的部分，$\widetilde{w}_i$ 为股票 i 在组合中的权重与在比较基准中的权重之间的差异，β_{ik} 为归因分析期初股票 i 在因子 k 上的因子暴露，f_k 为业绩度量期间因子 k 所实现的因子溢价，ϵ_i 为股票 i 的残差项。要获得任意月份组合相对于比较基准的总超额收益率，只需要将表中收益率分解部分的各项相加即可。

在该归因分析报告中，我们应当注意组合方差的风险分解。一些组合投资经理可能希望在他们的归因分析报告中也能看到这些内容。但是，严格来讲，该报告并不是一个风险归因分析报告，因为每个月每个因子只有唯一的一个可观察的因子实现值。因子方差、协方差以及残差的方差，一般都是通过历史数据来估计的[一]。因此，该风险分解实际上是事前分解，而不是风险归因分析[二]。读者还应当注意到在风险分解中，我们仅使用了每个因子的方差乘以组合相对于比较基准的主动暴露的平方来解释组合在各因子上的暴露对跟踪误差所做出的贡献。严格来说，这并非风险分解的全部，我们还遗漏了因子溢价之间交互作用项所贡献的风险。一些组合投资经理会选择将每个因子的交互作用项加到该因子整体的风险贡献中去（特别是当因子收益之间的相关性非常高时），而另一些组合投资经理可能会选择不把该交互作用项加到因子整体的风险贡献中（特别是当因子收益之间的相关系数非常低时）。我们选择将该交互作用项单独拿

[一]　对于经济因子模型，与残差方差的估计方法一样，因子的方差、协方差（或相关系数）可以通过时间序列数据来估计。对于基本面因子模型，因子的历史方差与协方差（或相关系数）可以通过历史数据的面板回归来估计。

[二]　得到风险归因分析的一种方法是：估计每日的因子溢价，然后使用一个月中的日数据来计算因子溢价的日方差与协方差（或相关系数），并将得到的结果乘以 20 得到因子溢价的月度方差和协方差。尽管该方法将更加接近组合真实的（风险）归因，但是由于存在与日波动率度量相关的噪声问题，以及数据非正态性的问题，该方法又可能会引入更多的偏误。更多信息，请参考 DiBartolomeo（2003）。

出来，放在表的最后一行，称之为"因子相关性调整项"。这项代表了所有因子收益率的交互作用。不幸的是，对这一部分的风险分解，并没有绝对正确的方法。

绩效分析师可能还希望给组合投资经理提供个股的分析报告。列出多只股票的分析报告可能会非常长，但是具体的报表模板可以参考表15-4。在表15-4中，r_i 表示个股在给定的业绩度量期间的收益率，w_i^P 表示业绩度量期初个股在组合中的权重，w_i^B 表示业绩度量期初个股在比较基准中的权重，x_i 表示个股对组合超额收益率的贡献，即 $(w_i^P - w_i^B)r_i$，α^{MF} 表示个股预期的 α，通过给定的历史股票收益率模型来获得，因子暴露表示的是个股在各因子上的主动暴露，即 $\widetilde{w}_i \beta_i$。

表 15-4　组合内部

股票代码	r_i	w^P	w^B	x_i	α^{MF}	因子暴露		
						因子 1	...	因子 K
ABC								

注：x_i 为个股对组合超额收益率的贡献，即 $x_i = r_i(w_i^P - w_i^B)$。

表 15-5 提供了一种补充报告的模板。在表 15-5 中，许多变量都是相似的，除了 α 表示的是归因分析中个股的 α，即业绩度量期间不能被多因子模型所解释的部分；因子暴露所贡献的收益率也在表中给出，其描述了个股在各因子上的主动暴露对组合超额收益率所做出的贡献（即 $\widetilde{w}_i \beta_{li} f_l$，其中 f_l 为因子 l 在业绩度量期间的因子溢价）；边际风险是指个股权重的边际变化所引起的总体风险的变化。

表 15-5　组合中个股的多因子归因分析

股票代码	r_i	w^P	w^B	x_i	α	收益贡献			边际风险
						因子 1	...	因子 K	
ABC									

注：x_i 为个股对组合超额收益率的贡献，即 $x_i = r_i(w_i^P - w_i^B)$。α 表示的是归因分析中个股的 α，即已实现的残差之和。

如果给定跟踪误差（TE）：

$$TE = \left[(\mathbf{w}^P - \mathbf{w}^B)' \boldsymbol{B} V(\mathbf{f}) \boldsymbol{B}' (\mathbf{w}^P - \mathbf{w}^B) + (\mathbf{w}^P - \mathbf{w}^B)' V(\epsilon)(\mathbf{w}^P - \mathbf{w}^B) \right]^+$$

$$= \left[\widetilde{\mathbf{w}}' \boldsymbol{B} V(\mathbf{f}) \boldsymbol{B}' \widetilde{\mathbf{w}} + \widetilde{\mathbf{w}}' V(\epsilon) \widetilde{\mathbf{w}} \right]^+ \tag{15-42}$$

那么对组合总体跟踪误差的边际风险贡献为：

$$\frac{1}{TE} \left[\boldsymbol{B} V(\mathbf{f}) \boldsymbol{B}' \widetilde{\mathbf{w}} + V(\epsilon) \widetilde{\mathbf{w}} \right] \tag{15-43}$$

这里有一些概念的细节也许是绩效分析师希望去思考的。首先，商业风险模型或者公司内部的风险模型通常已经做了这种多因子归因分析了。虽然风险模型可能包含了归因分析并且较好地解释了个股收益率，但是其提供的收益率分解方式对量化组合投资经理是有意义的吗？投资经理可能更感兴趣的是基于其自身的 α 因子模型（不论该 α 模型是 Z 值模型、经济因子模型，还是基本面因子模型）来进行行业业绩归因。当构建完风险模型并将其用于组合的优化后，再将其用于多因子归因分析是非常容易的。这对于使用商业软件的组合投资经理而言，事实上已经没有其他的选择了。然而，绩效分析师可以考虑使用组合投资经理用来预测股票 α 的量化因子来构建一个并行于公司风险模型的另一种风险模型。这样一来，从业绩归因的角度来讲，绩效分析师就能够以量化投资经理所使用的选股因子来呈现归因分析了。

15.6　结论

在本章中，我们介绍了用于业绩度量与归因分析的多种方法。从概念上来讲，这些方法都非常简单。但是，当这些方法真正用于真实世界时，各种难题就接踵而至了。有许多看似简单的问题，例如"组合的投资收益率是多少"。当问题变为"组合的风险（风险调整后收益率）是多少？"时，几乎每一位分析师都会给出不同的答案。度量"好"业绩的方法的多元化，意味着绩效分析师必须依据具体的情景小心地选择最合适的业绩度量方法，使之能清楚、真实地反映组合的业绩。

附录 15A　风格分析

风格分析（style analysis）是一种确定共同基金、对冲基金或其他股票组合在各类资产上的暴露的方法。虽然绩效分析师可能并不知道投资组合的具体股票持仓，或者投资经理想要买入哪种风格的股票，但是通过风格分析，他能够充分了解组合的暴露。风格分析对于组合投资经理或者投资组合管理公司的帮助较小，但是对于财务顾问、母基金投资经理以及其他投资者在决定是否将某个组合或某位基金经理加入其资产配置时的帮助较大。

风格分析是一种强大的用于分析组合投资经理投资风格的方法，由威廉·夏普（William F. Sharpe）于 1988 年提出。该方法并不分析组合的具体股票持仓，而是研究组合的历史收益率与各种投资风格之间的联系。某种投资风格可以被想象成某种投资方法，甚至是被想象成某种比较基准。例如，主要投资于小盘成长股的组合投资经理可以被认为具有小盘成长投资风格。其他的投资风格还包括大盘价值投资风格、政府债券投资风格等[⊖]。当然，一个组合可能混有多种投资风格。例如，富达麦哲伦基金曾被归类为53％的大盘成长、34％的大盘价值、10％的小盘成长以及3％的外国股票。通过风格分析我们可以确定组合或基金的投资策略是否偏离了其所陈述的投资目标。风格分析度量的是组合相对于其"真正的"比较基准的表现，而不是相对于随意选择的某个比较基准，如标普500指数。最后，通过风格分析我们能够了解组合（在各风格上）的真实暴露，以及投资于该组合是否适合于投资者的整体资产配置。风格分析是一种将组合收益率分解成一组特定风格基准的统计方法。在不同的研究中所使用的风格基准可能不同，同样地，不同的绩效分析师也可能会选择不同的风格基准。传统的风格指数包括现金（国库券指数）、政府债券指数、公司债券指数、外国债券指数、大盘价值指数、大盘成长指数、小盘价值指数、小盘成长指数以及外国股票指数。一旦选定了相关的指数，并获得了组合与相关指数的历史收益率数据，我们就可以使用二次优化的方法来找出组合的"风格"。

因此，假设我们能将组合或基金的收益率表示为其他主要资产（如大盘股、价值股、固定收益类等）收益率的线性组合。那么我们有：

$$r_{P,t} = w_1 r_{1,t} + w_2 r_{2,t} + \cdots + w_N r_{N,t} + \epsilon_t \tag{15A-1}$$

其中，$r_{P,t}$ 为组合的月度收益率，$r_{i,t}$ 表示特定风格指数 i 的月度收益率，w_i 表示组合在风格指数 i 上的权重，ϵ_t 表示误差项。我们调整 ϵ_t 来重写该式，即风格分析的目标是在特定的约束下使得误差项的方差最小[⊖]。因此，风格分析就是求解组合在风格指数上的权重，即：

$$\min_{\mathbf{w}}[V(\epsilon_t)] = \min_{\mathbf{w}}[V(r_{P,t} - w_1 r_{1,t} - w_2 r_{2,t} - \cdots - w_N r_{N,t})]$$

$$使得 \quad \sum_{i=1}^{N} w_i = 1, \quad 0 \leqslant w_i \leqslant 1, \quad i = 1, \cdots, N \tag{15A-2}$$

最优权重 w_i^* 乘以相应风格指数的收益率可以被看作该组合或基金在这组风格指数上的"复制"（mimicking）组合的收益率。也就是说，我们以 $\mathbf{w}^*$ 的权重投资于各风格指数的

[⊖] 即使我们关注的是股票投资经理，但某些股票组合的表现与政府债券组合的表现非常相似，因此我们可以略带嘲讽地描述某位股票投资经理具有债券投资风格。

[⊖] 这与最小化投资组合相对于风格基准的线性组合的跟踪误差非常类似。

线性组合，就能够使得其与原始组合的跟踪误差最为接近。因此，原始组合的风格基准就是按估计出的 w^* 为权重的风格指数组合⊖。

因此，为了在风格分析中求解**风格权重**（style weight），我们可以先求解带约束的线性回归的权重（即回归系数）然后再将权重之和归一，或者使用附录 9A 中所介绍的二次规划的方法。我们需要计算二次优化所需的输入参数⊜。矩阵 **Q** 为风格基准与组合收益率之间的方差-协方差矩阵。该方差-协方差矩阵可以通过历史数据计算得到。x 的元素为各类风格指数上的权重（即 w）以及组合的权重。各风格指数的权重需要通过最优化的方法来求解。于是，权重 x 即为包含了 N 个风格权重以及组合权重的 $(N+1) \times 1$ 矩阵。优化的约束条件为：组合权重等于 -1，其他所有风格权重的取值范围为 0 至 1⊜。因此，优化问题的各输入矩阵为：

$$
x = \begin{bmatrix} w_1 \\ w_2 \\ \vdots \\ w_N \\ w_P \end{bmatrix} \tag{15A-3}
$$

$$
Q = \begin{bmatrix} \sigma_1^2 & \sigma_{1,2} & \cdots & \sigma_{1,P} \\ \sigma_{2,1} & \sigma_2^2 & \cdots & \sigma_{2,P} \\ \cdots & \cdots & \cdots & \cdots \\ \sigma_{N,1} & \sigma_{N,2} & \cdots & \sigma_{N,P} \\ \sigma_{P,1} & \sigma_{P,2} & \cdots & \sigma_P^2 \end{bmatrix} \tag{15A-4}
$$

⊖ 这种表述等价于包含常数项的回归。令 a 为常数项，b 为回归变量的系数，即代表组合在风格基准上的权重。考虑下列回归：

$$\min_{a,b} \sum (y_t - a - b'x_t)^2$$

使得 $0 \leqslant b \leqslant 1$。回归系数之和等于 1 的约束并不重要，因为在估计完回归方程后可以重新定义自变量，因此该约束被隐含在了二次优化中。该最小化问题的目标函数可以改写为：

$$\sum [(y_t - b'x_t - \bar{y} + b'\bar{x})^2 + (\bar{y} - a - b'\bar{x})^2]$$

注意 a 并没有在第 1 项中出现。因此，我们可以求解使得第 1 项（满足约束条件）最小化的 b 的值，并求解使得第 2 项为 0 的 a 的值。因此，可以通过下式来求解 b：

$$\min \sum (y_t - b'x_t - \bar{y} + b'\bar{x})^2$$

使得 $0 \leqslant b \leqslant 1$。这就证明了我们的说法。

⊜ 该优化问题是带有不等式约束的优化问题，任何标准的二次优化器均能快速地求解这类优化问题。

⊜ 一些从业者可能会更进一步，为组合相对于风格基准的超额收益率添加约束。这只用简单地添加约束条件即可。

$$\mathbf{A}=\begin{bmatrix} 1 & 1 & \cdots & 1 & 0 \\ 0 & 0 & \cdots & 0 & 1 \\ 1 & 0 & \cdots & 0 & 0 \\ 0 & 1 & \cdots & 0 & 0 \\ & & \ddots & & \\ 0 & 0 & \cdots & 1 & 0 \end{bmatrix} \tag{15A-5}$$

$$\mathbf{b}=\begin{bmatrix} 1 \\ -1 \\ 1 \\ \vdots \\ 1 \end{bmatrix} \tag{15A-6}$$

风格分析的另一个重要方面是计算回归的 $\bar{R}^2$。该指标衡量的是风格基准真正代表标的组合的程度。与回归分析类似，$\bar{R}^2$ 接近 1 意味着风格基准准确地代表了组合收益率的特性，而 $\bar{R}^2$ 接近 0 则意味着风格基准无法代表组合收益率的特性。由于在各 w_i 上添加了约束条件，或者由于某些人使用二次优化的方法来求解最优权重，因此我们需要重新构建一个 $\bar{R}^2$。一种方法是：根据二次优化所得的最优化参数来构建风格基准的收益率时间序列，然后用组合的收益率序列减去该收益率序列并得到残差项。由此，$\bar{R}^2$ 的计算公式为：

$$\bar{R}^2 = \frac{V(\epsilon_t)}{V(r_{P,t})} \tag{15A-7}$$

举个简单的例子可能会更有帮助。取 3 个我们知之甚少的量化投资组合，并使用 9 个风格指数来进行风格分析。结果如表 15A-1 所示。我们从各类投资组合中选择了 3 个虚拟组合来进行风格分析，这 3 个虚拟组合分别是公用事业行业组合（utility portfolio）、机会组合（opportunity portfolio）以及拉丁组合（Latin portfolio）。风格分析的结果能够帮助我们更好地了解组合的构建。首先，公用事业行业组合的 $\bar{R}^2$ 太低了，以至于根据这一结果我们根本无法做出任何重要的推断。虽然该结果确实表明公用事业行业组合对利率非常敏感（即对债券指数的暴露较高）。机会组合的 $\bar{R}^2$ 非常高。通过风格分析，我们能够推断：该组合的投资风格犹如投资了 27% 的大盘价值指数、58% 的大盘成长指数以及 11% 的非美元债券指数。因此，该组合非常类似于大盘股票组合。对于需要确定如何将该量化组合加入其资产配置的投资者而言，他可以将该量化组合当作一个大盘股组合，或者更准确地说，一个持仓中大约 85％ 的权重是大盘股的组合。拉丁组合的风格主要是美国大盘股组合（75％），但同时对美国小盘股也有显著的暴露（22％）。奇怪的是，该组合收益率的风格更像美国市场的股票，而非外国股票（4％）。这就是风格分析的作用。正常情况下，我们会将拉丁组合归类为外国股票组合，但是正如归因分析所显示的，该组合的收益率特性更像是美国股票组合。当然，56 的 $\bar{R}^2$ 表明，在做出结论之前可能还需要进一步的分析。

表 15A-1　精选量化组合的风格分析

组 合 名 称	股票风格基准					债券风格基准				$\bar{R}^2$
	LCV	LCG	SCV	SCG	World Ex-USA	TBills	U. S. Govt	U. S. Corp.	Non-U. S.	
公用事业行业组合	40	0	0	0	1	59	0	0	0	13
机会组合	27	58	0	0	1	1	0	0	13	89
拉丁组合	30	45	11	11	4	0	0	0	0	56

注：所有变量均以百分数表示。因此 40 表示的是 40％。在本例中我们选择了以上不同的风格指数。风格指数所对应的实际指数在下文的括号中给出，但是绩效分析师可以选择他所认为的最合适的风格指数。LCV 表示大盘价值（罗素 1000 价值指数），LCG 表示大盘成长（罗素 1000 成长指数），SCV 表示小盘价值（罗素 2000 价值指数），SCG 表示小盘成长（罗素 2000 成长指数），World Ex-USA 表示非美国股票指数（MSCI EAFE），T Bills 表示美国国库券指数，U. S. Govt 表示美国政府债券指数，U. S. Corp 表示美国公司债券指数，Non-U. S. 表示外国债券指数。

我们将通过提出一些其他的问题来结束有关风格分析的讨论。首先，当估计组合的风格时，很重要的一点是考虑使用多长时间的历史数据。我们称之为**时间区间**（time period）或**度量区间**（measurement period）。为了能够及时地捕捉组合风格的变换，时间区间不能取得太长，但是为了减少噪声的影响，时间区间又不能取得太短。从业者需要评估具体所需的历史数据。通常而言，有 3 年的月度数据就能较好地进行风格分析了。其次，一些从业者希望能够动态估计组合的风格，即用 3 年期窗口的数据来估计组合风格，然后沿着时间序列滚动时间窗口来不断地估计组合的风格。这也就是**滚动窗口**（rolling window）的含义。完成上述工作之后，就可以将组合风格的变化描绘出来。该结果被称为**风格漂移**（style drift），即组合风格随着时间的变化所产生的变化。再次，对对冲基金的组合投资经理使用风格分析是非常棘手的，因为这些组合投资经理会使用杠杆、衍生品以及其他一些神奇的工具。因此 Fung 与 Hsieh（1998）提出：怎样修正风格分析的方法才能使之适用于投资技术更复杂的投资经理，如趋势跟踪的商品交易顾问（CTAs）。我们建议读者参考他们的方法。

最后，尽管只是要求共同基金经理每年两次延期公告其组合的具体持仓，但是我们相信聪明的分析师将结合风格分析、原始的股票持仓与权重以及共同基金的每日收益率来了解低换手率的共同基金经理的真实持仓。对于有雄心壮志的绩效分析师而言，这是个值得研究的领域。

附录 15B　机会的度量

在每月的投资会议上，组合投资经理会看到其组合在刚刚过去的 1 个月或 1 个季度的绩效情况。通常，他们看到的是经典的归因分析或者风险模型归因分析。他们会看到哪只股票表现得不错，哪只股票表现得不好。在会议中，有可能会提到一个问题：股票池中的投资**机会**如何？此处提到的机会是指通过量化组合管理所能创造超额收益率的概率。有许多度量机会的方法。例如，给定业绩度量期间，股票池中所有股票收益率的横截面标准差就是一种度量机会的指标。标准差越大，说明有更多的机会选中具有超额收益率的股票。另一种度量机会的方法是：业绩度量期间，表现最好的前 10％的等权股票组合的收益率减去表现最差的前 10％的等权股票组合的收益率。该值越高，说明在业绩度量期间，股票池中的机会越大。尽管这些度量方法肯定在某种程度上代表了业绩度量期间股票池中机会的大小，但是这些方法在跨期上的比较（即相同的股票池在不同的业绩度量期间上的对比）或在跨行业上的比较（如在业绩度量期间，股票池中各行业上的机会对比）会更加有用。这些方法对于组合投资经理真实业绩的作用要大于对每月投资会议的作用。尽管机会的度量需要做一些额外的工作，但是在事后构建一系列具有不同的预测能力的参考投资组合是有意义的。有多种方法能够实现该目的，但是在此我们只介绍一种可行的方法。

我们所介绍的方法主要是利用股票的事后收益率数据来构建一系列基于各种预测能力（50％～100％）的投资组合。组合的构建方法与投资经理构建实际组合的方法类似，即使用带约束条件的最优化方法。这样一来就可以拿组合投资经理的收益率与多个模拟组合的平均收益率来进行对比了。由于这些模拟组合是用相同的方式构建的，只是在预测能力上有所差异，因此这些模拟组合对组合投资经理所能获得的机会给予了更准确的评价。下面介绍绩效分析师构建这些模拟组合所需的步骤。

第 1 步：绩效分析师需要确定其想要构建的模拟组合所对应的预测能力水平。例如，一个合理的预测能力水平的分布可能是 50%、60%、70%、80%、90% 以及 100%。

第 2 步：对每一个预测能力水平，使用一个随机数生成器来产生一些服从 [0，1] 均匀分布的随机数。

第 3 步：根据预测能力水平来确定随机数的临界点。例如，如果能力水平为 60%，那么从 [0，0.6] 区间中所生成的任意一个数值均反映了对股票池中某只股票的已实现收益率的正确预测。如果随机抽取的数在 [0.6，1] 区间（或者一般地，[临界值，1] 区间），那么则反映了对股票池中某只股票预期收益率的错误预测。

第 4 步：从生成的均匀分布中随机抽取 N 个数。其中，数值小于临界值的个数记为 n_g，数值大于临界值的个数记为 n_b。这两个符号分别表示正确预测的数量与错误预测的数量。

第 5 步：绩效分析师先处理正确的预测。首先，将股票池中的每一只股票与数值 1 至 N 一一对应起来。对于每一个 n_g 值，我们都随机抽取另一个服从均匀分布的数值，并将该值乘以 N 得到一个 1 到 N 之间的整数⊖。抽取出的整数所对应的股票就是预测者对其已实现收益率做出正确预测的股票。移除该股票及其已实现收益率，然后取值 $N-1$，$N-2$ 等，并重复上述实验。

第 6 步：一旦移除了上述预测正确的 n_g 个股票后，就可以将剩余的收益率数值随机分配给剩余的股票了。换言之，每只 n_b 的股票在该期间均有一个已实现收益率，将这些已实现收益率与这些剩余的股票随机配对（并非使用每只股票自身真实的已实现收益率）。这可以通过对每只股票再进行一次服从均匀分布的随机抽样，并根据所抽取的随机数的大小将股票排序，然后将已实现收益率按大小顺序排列，并与股票排序一一对应。该做法保持了全部股票在该期间真实的已实现收益率，但是又使得那些预测错误的股票的收益率是被随机分配的。

第 7 步：绩效分析师将其所得到的股票的已实现收益率向量代入风险模型，并加入构建原始组合时所附加的约束条件。求解所得到的组合即为预测能力水平为 p 的预测者所构建的组合，p 为第 1 步中所选取的预测能力水平。

第 8 步：计算该组合的模拟绩效。

第 9 步：对于每一个预测能力水平，绩效分析师都应当重复上述全部步骤 100 次，

⊖　即抽取的数将变为 $N \cdot \text{uniform}(0，1)$。

并记录收益率的均值与标准差。

第 10 步：对比不同预测能力水平之间的平均收益率，以及其相对于组合投资经理所管理的真实组合的超额收益率，并将结果制成表格。

以公司内部风险优化器以及当前电脑的运行速度，该方法会花费一些时间，但整体上是可行的。该方法比较了组合投资经理的股票池的真实机会，因为其不仅设定了组合投资经理预测的准确度，而且在构建组合时所使用的比较基准及约束条件均是组合投资经理所真实面对的。这是一种度量组合投资经理真实机会的方法。

附录 15C 空头头寸收益率

当一个投资组合持有空头头寸时，不论是真实组合还是模拟组合，绩效分析师为了计算整个组合的业绩就需要计算空头头寸的收益率。尽管这算不上是一个复杂的任务，但是这与纯多头头寸的收益率计算方式还是有些差异。例如，假设组合在时间区间 t 至 $t+k$ 持有股票 A 的空头头寸。每日的空头头寸收益率为其每日多头头寸收益率的**负数**。这些收益率数据可以被用于计算各种统计量，如平均收益率、与其他指数之间的相关系数以及其他的一些基础统计量。因此，如果股票 A 的日收益率为 $r_{t,t+1}$，$r_{t+1,t+2}$ 等，那么股票 A 的卖空收益率为 $r_{S,t,t+1}=-r_{t,t+1}$，$r_{S,t+1,t+2}=-r_{t+1,t+2}$ 等。可以使用这些数据来计算整个空头头寸的每日市值，并且将其与多头头寸的市值相加，就得到整个组合的市值。

但是，为了计算组合在更长一段时间的业绩，例如 t 至 $t+k$ 时间区间的业绩，我们不能如多头头寸那样将收益率几何相连。即：

$$r_{S,t,t+k} \neq \prod_{i=0}^{k-1}(1+r_{S,t+i,t+i+1})-1 \qquad (15C\text{-}1)$$

相反，使用 $r_{S,t,t+k}=-r_{t,t+k}$ 的方式能够得到正确的结果。如果绩效分析师要计算多空组合或任何持有空头头寸的组合的模拟收益率，其可以使用相同的方式获得空头头寸的每日权重，即：$w_{i,t+k}^{P}=w_{i,t}^{P}(1+r_{i,t,t+k})/\sum_{j=1}^{N}w_{j,t}^{P}(1+r_{j,t,t+k})$，其中空头头寸的权重是使用股票多头（股票卖空前）的收益率来计算得到的。当然，空头头寸的权重需要乘以 -1，因此空头头寸的权重为负数。我们将上面获得的空头头寸的新权重用于下一日组合整体收益率的计算过程中。读者可能会注意到，不同于多头头寸，空头头寸所获得的正收益将导致其在整个组合中的权重越来越小。组合的日收益率数据对于计算有关组合波动的各种统计量都非常有帮助；但是，绩效分析师应当记住，将这些空头头寸的日收益率数据几何连接是无法得到空头头寸的期间收益率的。在这种情况下，应当计算所有空头头寸在此期间的多头收益率，然后取该值的负数。权重取持有期初的初始权重。

尽管大多数从业者都应该非常熟悉这些概念了，但是我们认为上面的这些论述对于投资领域的新人还是比较有价值的。

附录 15D　市场择时能力的度量

尽管市场择时并非量化组合投资经理的强项，但是通过业绩度量方法可以发现组合投资经理是否具有市场**择时能力**（timing ability），而不仅仅是选股能力。通常而言，上述两种能力可以通过下面的任意一种回归方法来区分开。

$$r_{P,t} - r_{f,t} = \alpha + \beta(r_{M,t} - r_{f,t}) + \gamma(r_{M,t} - r_{f,t})^2 + \epsilon_t \tag{15D-1}$$

$$r_{P,t} - r_{f,t} = \alpha + \beta(r_{M,t} - r_{f,t}) + \gamma \max[0, -(r_{M,t} - r_{f,t})] + \epsilon_t \tag{15D-2}$$

α 度量的还是组合的选股能力，β 还是代表投资组合的市场暴露，正的 γ 代表市场择时的能力。第 1 种回归方法源于 Treynor 与 Mazuy（1966），而第 2 种回归方法源于 Henriksson 与 Merton（1981）。在完美的市场择时条件下，有 $\beta = 1$ 且 $\gamma = 1$。这对于通过判断市场的涨跌而选择买入/卖空 100% 的市场组合的择时者而言尤为正确。大部分组合投资经理不会如此极端，即使拥有完美的择时能力，他们一般也会选择在这两者之间取得一定的平衡。这种市场择时的度量方法所存在的潜在偏差引起了一些争论（Grinblatt 与 Titman（1989），Jaganathan 与 Korajczyk（1986）以及 Chance 与 Hemler（2001））。原因在于该方法是使用月度看跌期权来作为度量市场择时者能力的一个代理，然而组合投资经理每日都可能进行交易。那么上面的回归方程就是错误的。当交易频率与估计频率之间的差距变大时，该问题会变得更加严峻（即如果使用季度数据来度量每日都进行择时决策的组合投资经理的择时能力，那么结果会更糟糕）。

由于获取日度收益率存在一定的困难，Goetzmann 等（2001）提出了另一种估计方法：

$$r_{p,t} - r_{f,t} = \alpha + \beta(r_{M,t} - r_{f,t}) + \gamma \left\{ \left(\left[\prod_{d \in t} \max(1 + r_{M,d}, 1 + r_{f,d}) \right] - 1 \right) - r_{M,t} \right\}_t + \epsilon_t \tag{15D-3}$$

其中，d 用来对第 t 个时间周期内的每一个时间单位编号，新加入项模拟的是：如果日频交易的择时者每天都择对市场涨跌所能获得的月度涨幅。这一项与股票市场指数的日看跌期权的价值相关（不考虑看跌期权的期权费）。如果业绩评估是根据月度数据来计算的，那么 d 代表的就是该月内的天数。在这种情况下，γ 后面的大括号所表示的是该月内日频择时者能够获得的最大超额收益率（即假设股市上涨的日子都满仓股指，股市下跌的日子都持有无风险资产）。这样一来，每个时期 t 我们都能得到一个这样的表达式，并可以将其用于回归中。初步的模拟结果表明当组合投资经理的交易频率比业绩度量所使用的数据频率更高时，这种度量方法能够修正一些偏误。

· 习 题 ·

15.1　业绩归因与业绩度量之间的差异是什么？应当用哪一个来确定投资经理的奖金？

15.2　为什么当组合发生现金流入或现金流出时计算实际组合的收益率会变得特别困难？

15.3　(a)为什么投资管理与研究协会的业绩呈现标准(AIMR-PPS)以及其他协会的指引均要求使用时间加权收益率来作为实际组合业绩的计算方法？

　　　(b)当计算独立账户的收益率时，客户通常对时间加权收益率感到非常困惑，因此常常会要求使用内部收益率(IRR)来计算组合的业绩。为什么？

15.4　什么是修正的 Dietz 方法？

15.5　假设组合 X 在第 1 天收盘后的市值为 5 000 万美元。第 2 天从组合中取出总计 4 500 万美元的现金。根据会计部门的核算，组合在第 2 天收盘后的市值为 600 万美元。绩效分析师使用 Dietz 方法所计算的组合第 2 天的收益率是多少？该计算结果有意义吗？

15.6　(a)作为风险度量的指标，标准差与半标准差哪个更好？

　　　(b)在什么条件下，标准差与半标准差对风险的度量等价？

　　　(c)哪一个指标在实践中使用得更多？为什么？

15.7　根据下表中组合与比较基准的月度收益率数据回答下列问题。

　　　(a)组合与比较基准的标准差是多少？

　　　(b)组合的月度跟踪误差是多少？年化跟踪误差呢？

　　　(c)为什么从业者使用跟踪误差来度量组合相对于比较基准的风险会让你感到一些疑虑？

日 期	组 合	比 较 基 准	日 期	组 合	比 较 基 准
2003-11	0.95	0.86	2004-09	11.42	10.83
2003-12	2.01	1.90	2004-10	12.96	12.35
2004-01	3.14	2.94	2004-11	0.86	0.85
2004-02	5.34	5.10	2004-12	1.88	1.80
2004-03	6.11	5.80	2005-01	2.08	2.00
2004-04	6.35	6.02	2005-02	0.98	0.90
2004-05	6.83	6.50	2005-03	1.35	1.23
2004-06	8.01	7.57	2005-04	1.33	1.22
2004-07	9.30	8.82	2005-05	1.51	1.38
2004-08	10.56	10.00	2005-06	1.70	1.53

15.8 在计算组合相对于比较基准的 β_P 时, 下面哪种计算方法更准确: ①用组合中所有股票的 β 的加权平均; ②通过组合与比较基准历史收益率之间的回归来计算 β_P。为什么?

15.9 假设你经营着一个结构复杂的对冲基金。该对冲基金的一个基本理念是投资 n 种类型的策略。任意两个策略之间的相关系数为 ρ(你可以认为是策略之间的平均相关系数), 每个策略的方差均为 σ^2, 平均收益率为 μ_i。

(a) 当每个策略的权重都相等时, 请写出整个组合期望收益率与方差的计算公式。

(b) 当组合中每个策略都等比例地加了杠杆时(杠杆为 l), 请写出组合期望收益率与风险的计算公式(**提示**: 杠杆是通过按无风险利率 r_f 借入资金来实现的)。

15.10 在前面一个问题中, 假设 $n=50$, $\rho=0$, $\mu_i=\mu=0.0057$, $\sigma=0.04$, $r_f=0.0048$, 要求的置信水平为 95%(即, $k=1.65$)。以上数据均是使用月度收益率来计算的, 并且不是以百分数的形式表示的。假设组合的市值为 41 亿美元。

(a) 假设杠杆为 1(即, $l=1$), 那么每月的 VaR 为多少?

(b) 如果杠杆为 30 倍, 那么组合每月的 VaR 为多少?

(c) 假设量化组合投资经理对策略之间的相关系数估计错误, 即事后的相关系数要比估计值高一些, 比如说事后的相关系数 $\rho=0.2$。那么此时该 41 亿美元组合的 VaR 是多少?

(d) 这说明使用 VaR 的风险是什么?

(e) 风险分析可以做出哪些简单的修正来使得 VaR 的度量更加准确?

15.11 相关系数为 1 是否暗示着 β 为 1?

15.12 哪一个事后 α 指标被量化组合投资经理使用得最多？哪一个事后 α 指标能最准确地描述组合投资经理是否获得了超额收益率？

15.13 一个量化股票组合管理部门想要招聘一个新的组合投资经理。一位候选者声称其在担任组合投资经理的上一段任期内表现非常优异。部门获得了该候选者组合、比较基准以及无风险利率的历史月度收益率数据。

(a)使用这些数据，计算比较基准与组合的夏普比率。计算组合的事后 α^B 以及相应的 t 统计量。

(b)分别使用普遍但错误的方法与正确的方法计算组合的信息比率。

(c)从计算的结果与候选者的声称中你能得出什么结论？

(d)如果你的公司聘用了该组合投资经理，你预期他的表现会与之前一样吗？

日 期	r_P	r_B	r_f	日 期	r_P	r_B	r_f
1990-01	2.04	0.85	0.69	1991-05	−5.87	−4.79	0.50
1990-02	2.56	2.43	0.70	1991-06	6.24	4.49	0.51
1990-03	−2.54	−2.69	0.70	1991-07	3.06	1.96	0.49
1990-04	8.94	9.20	0.71	1991-08	−0.39	−1.91	0.47
1990-05	0.47	−0.89	0.69	1991-09	1.35	1.18	0.45
1990-06	−1.15	−0.52	0.70	1991-10	−4.94	−4.39	0.43
1990-07	−9.81	−9.43	0.67	1991-11	11.87	11.16	0.40
1990-08	−6.30	−5.12	0.67	1991-12	0.03	−1.99	0.39
1990-09	−1.27	−0.67	0.69	1992-01	2.04	0.96	0.35
1990-10	7.58	5.99	0.67	1992-02	−2.71	−2.18	0.35
1990-11	3.07	2.48	0.73	1992-03	1.49	2.79	0.35
1990-12	6.98	4.15	0.64	1992-04	0.95	0.10	0.33
1991-01	8.70	6.73	0.58	1992-05	−1.78	−1.74	0.33
1991-02	3.40	2.22	0.58	1992-06	2.80	3.94	0.33
1991-03	0.39	0.03	0.53	1992-07	−2.15	−2.40	0.28
1991-04	5.66	3.86	0.50				

注：所有的月度收益率数据均为百分数的形式。

15.14 一位绩效分析师收集了下列组合与多因子业绩度量中常用的 3 个因子的月度收益率数据。使用这些数据构建一个线性回归方程来评估该组合的业绩。

(a)在该业绩度量期间，关于组合投资经理你能得出一些什么结论？

(b)该组合投资经理最可能管理的组合类型是怎么样的？

日　　期	r_P-r_f	r_M-r_f	SMB_t	HML_t
1994-01	−0.52	2.82	0.85	1.24
1994-02	0.24	−2.52	2.55	−1.46
1994-03	−0.24	−4.72	−0.74	1.3
1994-04	0.25	0.69	−1.51	1.91
1994-05	−0.11	0.59	−1.54	0.8
1994-06	0.7	−3.03	0.12	2.66
1994-07	−1	2.75	−1.57	1.1
1994-08	−0.99	4.05	1.66	−3.17
1994-09	−0.94	−2.33	2.85	−2.23
1994-10	−0.37	1.29	−2.33	−1.86
1994-11	−0.3	−4.06	−0.23	0.25
1994-12	1.27	0.9	0.31	−0.85
1995-01	0.47	1.72	−2.74	3.24
1995-02	0.94	3.74	−0.32	0
1995-03	2.92	2.18	−0.2	−2.86
1995-04	2.27	2.19	−0.14	1.44
1995-05	0.41	2.89	−2.55	1.72
1995-06	1.52	2.63	2.93	−3.23
1995-07	0.55	3.65	2.37	−3.17
1995-08	0.68	0.54	1.71	1.58
1995-09	−0.57	3.29	−1.71	−1.27
1995-10	0.28	−1.52	−3.93	−0.83
1995-11	0.29	3.91	−0.83	−0.46
1995-12	0.81	1.08	0.34	1.01
1996-01	2.1	2.29	−2.27	0.04
1996-02	1.59	1.23	2.02	−2.37
1996-03	1.65	0.79	1.33	1.35
1996-04	1.29	2.05	5.05	−4.72
1996-05	1.14	2.35	2.7	−2.18
1996-06	0.24	−1	−3.73	2.61
1996-07	0.6	−5.95	−3.56	4.27

注：所有的月度收益率数据均为百分数的形式。

15.15　假设一个量化股票组合管理部门要招聘一位新的量化股票组合投资经理来管理该部门的一个投资组合。假设组合投资经理的比较基准为标普 500 指数（夏普比率为 0.25）。1 年后，组合投资经理的信息比率（IR）为 0.5。那么基于这一信息比率，该部门的负责人应当支付该投资经理奖金吗？

15.16　一位绩效分析师担忧组合投资经理所构建的量化模型会偏好于挑选金融行业与

公用事业行业中的股票。组合投资经理构建了一个股票收益率模型,并将其用于一个很大的股票池中,然后使用优化器来控制跟踪误差。绩效分析师决定通过将股票池分为三类行业——金融行业、公用事业行业以及其他行业来弄清楚投资经理的量化模型是否具有行业偏好。在将股票池分类之后,绩效分析师进行了经典的归因分析。她计算了组合与比较基准在这些行业上的收益率及权重。请使用下表来回答下列问题。

行　业	组　合		基　准	
	w_j^P	r_j^P	w_j^B	r_j^B
金融	40	10	30	8
公用事业	30	12	10	10
其他	30	20	60	18
	100		100	

(a) 根据上表,绩效分析师的直觉对吗?

(b) 使用上表中的数据,计算组合与比较基准的收益率 r_P 与 r_B。

(c) 计算组合投资经理的行业配置效应(AE)与股票选择效应(SSE)。你能从中推断出关于组合投资经理的股票收益率模型的哪些信息?

(d) 给定(b)中的计算结果,你会对组合投资经理和/或投委会的投资流程提出哪些建议?

15.17　假设一位组合投资经理使用股指期货来为他的投资组合加杠杆。他当前管理的投资组合的规模为 1 亿美元,其中 10% 的持仓为现金,90% 的持仓为一个股票组合,该股票组合相对于比较基准的 β 值为 1.6(即 $\beta_s=1.6$)。他所使用的股指期货的标的为其股票组合的比较基准,即 $\beta_f=1$。他的目标为 $\beta^*=3$。该股票指数的起点为 1000 点。假设 1 个月后,股指期货从 1005 点下跌至 854.25 点,股票组合的收益率为 -24%。该时期整个组合的投资收益率为多少?(**提示**:在本例中忽略现金的收益率,或者假设现金的收益率接近于 1。)

15.18　一位绩效分析师需要计算回测的一个市场中性组合的历史收益率。从 t 期至 $t+k$ 期,她获得了下列信息:多头组合的初始市值为 6 500 万美元,空头组合的初始市值为 4 000 万美元,且需要 400 万美元的流动性缓冲,流动性缓冲的收益率为 2%,现金的收益率为 2.5%,多头组合的收益率为 7%,空头组合的(卖空前)收益率为 6%。

（a）该市场中性组合的整体收益率是多少？

（b）该组合真的是市场中性的吗？为什么？

15.19　一位绩效分析师对计算一个量化组合于 2005 年 12 月的多因子归因分析非常感兴趣。比较基准是一个包含 10 只股票的等权组合。组合投资经理使用股票收益率的三因子模型。绩效分析师收集的信息均在下表中，包括月初每只股票在组合与比较基准中的权重，比较基准中每只股票在 12 月份的收益率，比较基准中每只股票在 12 月初的因子暴露。分析师同样计算了 12 月的因子溢价（或因子收益），因子 1、因子 2、因子 3 的因子溢价分别为 0.47%、0.29% 和 0.46%。请计算 12 月份组合收益率的多因子归因。（**提示：**与表 15-3 的上半部分相似。）

股票代码	$r_{i,t}$	$w_{i,t}^P$	$w_{i,t}^B$	$\beta_{1,i,t}$	$\beta_{2,i,t}$	$\beta_{3,i,t}$	$V(\epsilon_i)$[1]
AA	0.013 1	0.15	0.1	1.199 6	0.200 7	0.401 1	0.004 9
ALOG	0.010 5	0.15	0.1	0.565 2	1.123 6	−0.094 7	0.004 0
BDX	0.006 4	0.15	0.1	0.686 7	−0.172 4	−0.293	0.004 9
FRX	0.010 4	0.15	0.1	1.053 4	0.101 6	−0.031 1	0.005 6
GPC	0.009 3	0.1	0.1	0.723 8	−0.114 2	0.265 2	0.005 6
GR	0.011 8	0.1	0.1	1.530 4	0.220 5	0.638 6	0.006 1
INTC	0.008 0	0.1	0.1	1.507 7	0.246 5	−0.18	0.005 8
JNJ	0.001 2	0.1	0.1	0.713 5	−0.683 1	−0.244 8	0.005 0
KAMNA	−0.002 8	0	0.1	0.838 4	0.705 4	0.259 1	0.004 2
LAWS	−0.004 5	0	0.1	0.767 2	0.275 4	0.240 1	0.003 8

① 从历史数据中估计。

15.20　接上题，假设该绩效分析师意欲进行多因子风险归因分析。特别地，该分析师想要了解组合构建时使用的每个因子所带来的风险。3 个因子的标准差分别为 4.43%、2.89% 以及 2.59%。因子 1 与因子 2 之间的相关系数为 0.35，因子 1 与因子 3 之间的相关系数为 −0.37，因子 2 与因子 3 之间的相关系数为 0.10。残差项的方差使用历史数据估计，如表中所示。构建一个与表 15-3 的下部分相似的表格，并将组合的先验风险分解到各因子上。为什么一些组合投资经理声称这并非真正的风险归因？

QUANTITATIVE EQUITY PORTFOLIO MANAGEMENT

实 践 应 用

在本书的第二部分至第四部分中，我们介绍了量化股票组合管理（QEPM）的基本方法。在第五部分，我们将把这些方法应用于实践当中。我们将使用基本面因子模型、经济因子模型以及加总Z值模型分别构建一个模拟组合，然后使用近10年的数据来检验这些投资组合。检验结果本身是具有启发性的，但是本部分实践的重点并非仅仅是评估这些策略的相对优点，而是通过对构建与检验模拟组合各个步骤的回顾来展现投资经理在实践应用中所面临的抉择与潜在的障碍。对于那些刚刚接触QEPM的读者而言，这一回顾可能是非常有帮助的一个指引。

本部分关于组合业绩的章节可以作为一些绩效分析统计，或全球投资表现标准（GIPS）风格分析报告的参考。GIPS由投资管理与研究协会（即现在的CFA协会）于1999年建立，并于2006年进行了修订，要求投资业绩的报告具有清晰、实事求是的标准。GIPS建议业绩报告应当包含说明组合（收益率的）波动率的指标，以及组合与比较基准的累积收益率数据（目的是为了相互比较）。GIPS建议业绩报告应包含比较基准收益率这一做法与QEPM所强调的参照某个比较基准来进行投资管理的原则相符。不论对于试图战胜比较基准的主动投资管理，还是对于试图跟踪比较基准的被动投资管理，组合收益率与比较基准收益率的对比会将量化投资经理置于有利的境地，只要其遵循的是一个有效的策略。

第 16 章

回 测 流 程

耳闻之不如目见之， 目见之不如足践之。

——本杰明·富兰克林

16.1 引言

本章我们将使用历史数据来构建股票收益率模型，并对基于该模型的模拟组合的绩效进行检验。通过历史数据来构建、检验模型的方法被称为**回测**（backtesting）。回测在量化股票组合管理（QEPM）中被广泛使用，通常是作为评估新的投资想法是否有效的第一步。回测的结果将展示一个策略是否在过去一段相当长的时期内有效，从中我们可能会看到一些迹象，并以此来判断该策略在不久的将来是否依然有效。

在回测的过程中，需要做出一系列的抉择，包括：

(1)所使用的历史数据集与软件；

(2)策略检验的时间区间与所使用的数据的频率；

(3)投资范围与比较基准；⊖

(4)股票收益率的量化模型中所使用的因子；

(5)用于选股的股票收益率模型与用于管理组合风险的风险模型的类型；⊜

(6)再平衡的频率；

⊖ 一般地，对投资经理而言，比较基准是已知的。投资范围是指组合所能投资的股票的集合。

⊜ 尽管可以使用不同的收益率与风险模型，但是最好还是使用相同的模型。

(7)如何呈现回测的绩效表现。

为了对策略在真实历史数据上的表现进行回测，组合投资经理必须做出上述抉择。本章我们将介绍前面 6 个关于回测的问题。在第 17 章中我们将介绍最后一个问题，即绩效表现的呈现。

16.2　数据与软件

回测中数据的选择很大程度上取决于组合投资经理在其股票收益率模型中所使用的因子[⊖]。在我们的回测中，我们收集了 5 个主要类别的数据：基本面数据、价格与收益率、分析师预期、社会问题以及宏观经济指标。基本面数据来自标准普尔公司发布的 Compustat 工业数据库，包括公司的资产负债表、利润表以及现金流量表中的科目。价格与收益率数据来自芝加哥大学发布的证券价格研究中心（CRSP）数据库以及 Compustat 的价格、股利以及盈利（PDE）数据库。PDE 数据库包括与股票价格相关的基本信息，如月末收盘价、总股本、每月的每股股息以及每股盈利（EPS），而 CRSP 数据库包括每日的股票价格与成交量。分析师预期数据来自机构经纪人预测系统（IBES）数据库，社会问题数据来自 KLD 研究与分析公司，宏观经济数据与股指期货数据均来自彭博（Bloomberg）。

对这 5 类数据，我们收集了 1976 年（如果数据是在 1976 年之后才有记录，那么就从起始年开始收集）至 2003 年之间的数据。该时间区间给予了我们足够多的历史数据来检验我们的投资策略在一个相对较长的投资期限中的业绩表现。有一部分的分析师数据从 1993 年才开始有记录，社会问题数据从 1991 年才开始有记录。股指期货数据从 1982 年才开始有记录。我们所使用的行业分类代码，即全球行业分类系统（GICS），于 1994 年才开始有记录。

我们尽可能地收集月度数据，但是大多数基本面数据与社会问题数据都只有年度数据[⊖]。基本面数据记录在公司财政年度结束的月份。所有的社会问题数据均记录在 12 月。某些宏观经济数据是按季度公布的，我们将相应的数据记录在该季的最后一个

⊖　详见第 4 章中关于因子的讨论。关于数据库及其供应商的信息，见附送 CD 中的附录 D。

⊖　尽管 Compustat 工业数据库也包含了季度数据，但是我们仅选用其中的年度变量。

月。某些技术因子，其月度数据是通过股票每日的价格与成交量数据加工而成的。

股票的投资范围选自 Compustat 工业数据库与 Compustat PDE 数据库。首先，我们将 Compustat 数据库中的公司按市值排序，即从 1976 年 1 月至 2003 年 12 月的每个月末，我们选取市值排名在前 3000 的美国国内股票，并储存相应的数据，同样，我们选取市值排名在前 300 的外国股票（如美国存托凭证（ADR）），并储存相应的数据。另外，如果标普 500、标普 600、标普 400 的成分股数据未被包括在上述数据中，那么月末我们也会储存相应的成分股数据[⊖]。为了计算方便，一旦某只股票在某个月被选入了股票的投资范围，那么我们就会储存这只股票所有的历史数据。

下一步是将这 5 个相互独立的数据库中的数据合并。股票可以由美国证券 CUSIP 代码或交易代码来进行标识，但是这些标识会随着时间的推移发生变化，更糟糕的是，这些标识会被重复使用。出于以上原因，金融数据库一般使用它们自定义的、永久的、包含字母与数字的符号作为股票的标识。然而，要将这些永久的标识相互匹配起来也算得上是个不小的挑战了。

对于 Compustat 数据库与 IBES 数据库，第一阶段我们使用 8 位 CUSIP 代码[⊜]、交易代码以及公司名称的前 8 位字母来匹配这两个数据库中的公司。未能匹配的公司我们依照下面三个步骤的顺序进行第二阶段的匹配。首先仅使用 8 位 CUSIP 代码与交易代码来进行匹配，其次仅使用 8 位 CUSIP 代码与公司名称的前 8 位字母来进行匹配，最后仅使用交易代码与公司名称的前 8 位字母来进行匹配。除了第一阶段的匹配，后面的每一次匹配，我们都会手工进行检查以确保数据的匹配是恰当的。CRSP 数据库与 Compustat 数据库的合并也使用相似的方法进行[⊜]。

对于 KLD 数据库，第一阶段我们使用交易代码与公司名称的前 8 位字母将 KLD 数据匹配到合并后的数据库中。未能匹配的公司我们依照下面二个步骤进行第二阶段的匹配。首先使用交易代码与公司名称的前 7 位字母来匹配，然后使用交易代码与公司名称的前 6 位字母来匹配。对于第二阶段的匹配，每一次匹配，我们都会手工进行检查。

⊖ 标普 400 始于 1992 年，标普 600 始于 1995 年。

⊜ CUSIP（美国统一证券辨认委员会）代码是一个 9 位标识符，用来标识美国的股票、债券以及加拿大的股票。CUSIP 代码的前 6 位代表公司，接下来的 2 位表示证券的类型。本书中提到的 6 位、8 位 CUSIP 是指 CUSIP 代码的前 6 位或前 8 位。

⊜ 尽管 CRSP 与 Compustat 数据库提供了二者合并后的数据，但是我们并没有访问权限。

　　并非所有的数据集都能与 Compustat 中的数据完美匹配上，因为 Compustat 数据库所覆盖的证券数量要多于其他数据库。Compustat 数据库与其他数据库数据的匹配率如表 16-1 所示。1990 年我们从 Compustat 中所得到的投资范围包括 4 879 家公司。当我们将 Compustat 与 CRSP 合并后，我们发现 CRSP 的数据在我们的投资范围中只匹配了 87.48%，即 4 268 家公司。IBES 只匹配了原始投资范围的 79.77%，即 3 892 家公司。当与 KLD 数据进行合并时，相匹配的数据进一步大幅下降。尽管如此，我们还是将所有得到的数据保留在我们的主数据集中，虽然每年都有许多公司会缺失某些数据。

表 16-1　历史数据集所涵盖的公司数量

时 期	公 司 数 量						
	Compustat	CRSP	百分比	IBES	百分比	KLD	百分比
1976 年 1 月	2 744	2 177	79.34	1 727	62.94	0	0.00
1980 年 12 月	2 611	2 066	79.13	1 856	71.08	0	0.00
1985 年 12 月	4 600	3 755	81.63	3 419	74.33	0	0.00
1990 年 12 月	4 879	4 268	87.48	3 892	79.77	0	0.00
1995 年 12 月	6 338	5 570	87.88	5 310	83.78	492	7.76
2000 年 12 月	6 461	5 674	87.82	5 522	85.47	484	7.49
2003 年 12 月	5 421	4 819	88.90	4 660	85.96	2 200	40.58
整个时期	4 789.69	4 100.40	85.61	3 786.41	79.05	619.85	12.94

注：Compustat 列给出了每个特定时期在我们投资范围的历史数据集中所包含的股票数量。其他列所描述的是其他数据库中能与我们的投资范围的历史数据集所匹配的股票数量或股票的百分比。例如，1976 年 1 月，CRSP⊖ 数据库与 Compustat 数据库中的投资范围数据的匹配率为 79.34%。整个时期的数据表示的是我们每年所使用的公司的平均数量。

　　除了匹配率，我们还收集了历史样本时期内各变量每月的统计信息，如表 16-2 所示。于 2003 年 12 月的数据中，有 3 036 家公司拥有有效的 P/E 值，其平均 P/E 为 44.69⊖。最小的 P/E 值为 0.001，最大 P/E 值的公司为费雪科技（FSH），其 P/E 值为 5 115。该月的平均市值为 35.69 亿美元。市值最大的公司是 GE，其市值高达 3 120 亿美元，市值最小的公司是 PGI 公司（PGAI），其市值仅 5 000 美元。该月 4 629 家公司的平均净利率为 −3.57%，其中净利率最高的公司为 Hawker 能源公司（3HKRRF），其净利润率为 35%，净利率最低的公司为 EnDEVCO 公司（3ENDE），其净利润率为 −4 150%。

⊖　原文为 IBES，应为笔误。——译者注
⊜　依照行业惯例，我们在计算 P/E 时剔除了亏损的公司。

我们选择使用 2 个软件来完成本章及下一章的所有计算。我们使用 STATA 来完成数据管理与模型的估计，而在组合优化、交易成本与税务管理以及杠杆与市场中性等方面的计算，我们使用 MATLAB。STATA 在数据管理方面非常优秀，特别是当数据不完全由数值组成时，正如我们在实践中所遇到的一样。MATLAB 在处理矩阵代数方面非常优秀。

表 16-2　历史数据集的相关统计

因　子	时　期	观察值数量	平均值	标准差	最小值	最大值
市盈率 （P/E）	1989 年 12 月	3 016	25.773	79.818	0.414	2 500.000
	1994 年 12 月	3 735	30.347	107.848	0.279	3 637.500
	1999 年 12 月	3 454	44.251	188.304	0.008	7 838.542
	2003 年 12 月	3 036	44.692	174.816	0.001	5 115.000
	总体	1 030 677	29.026	119.119	0.001	17 801.721
市值 （SIZE）	1989 年 12 月	4 838	780.979	2 987.932	0.124	62 514.250
	1994 年 12 月	6 012	1 000.871	3 810.607	0.067	87 004.313
	1999 年 12 月	6 552	3 488.819	19 260.914	0.025	604 414.750
	2003 年 12 月	5 421	3 569.013	14 950.951	0.001	311 755.469
	总体	1 609 337	1 274.469	8 002.380	0.000	640 139.313
现金比率 （CR）	1989 年 12 月	3 420	1.313	5.087	0.000	103.200
	1994 年 12 月	3 919	1.707	6.624	0.000	266.625
	1999 年 12 月	4 184	1.454	4.517	0.000	109.457
	2003 年 12 月	3 886	1.844	6.926	0.000	297.667
	总体	1 158 828	1.522	13.250	0.000	2 564.167
存货周转率 （IT）	1989 年 12 月	3 051	13.914	46.279	0.019	1 601.200
	1994 年 12 月	3 669	14.798	96.860	0.006	5 443.176
	1999 年 12 月	3 550	19.088	59.179	0.012	1 061.778
	2003 年 12 月	2 422	27.669	222.506	0.004	9 767.500
	总体	1 000 694	15.514	80.617	0.000	10 070.800
净利润率 （NPM）	1989 年 12 月	3 914	−1.265	42.432	−2 479.000	213.971
	1994 年 12 月	4 818	−1.692	73.444	−4 609.364	1 861.000
	1999 年 12 月	5 038	−2.795	85.026	−5 637.437	26.737
	2003 年 12 月	4 629	−3.571	85.086	−4 148.000	35.059
	总体	1 338 476	−1.750	65.117	−9 473.000	1 861.000
债务股本比 （D/E）	1989 年 12 月	3 900	3.569	20.257	0.000	1 049.556
	1994 年 12 月	4 771	4.549	84.306	0.000	5 721.753
	1999 年 12 月	4 880	3.725	45.434	0.000	3 114.006
	2003 年 12 月	4 451	24.073	1 316.321	0.000	87 701.500
	总体	1 317 729	3.983	243.195	0.000	87 701.500

（续）

因　子	时　期	观察值数量	平均值	标准差	最小值	最大值
1个月动量 （M1M）	1989 年 12 月	4 634	−0.002	0.156	−0.801	4.032
	1994 年 12 月	5 680	0.010	0.869	−0.665	63.516
	1999 年 12 月	5 934	0.104	0.446	−0.800	17.364
	2003 年 12 月	5 248	0.286	16.801	−0.980	1 214.686
	总体	1 583 004	0.073	17.909	−1.000	13 123.999
GDP 增长率暴露 （GDPG）	1989 年 12 月	4 077	0.022	0.069	−0.799	1.307
	1994 年 12 月	4 625	−0.020	0.196	−2.871	12.274
	1999 年 12 月	5 134	0.026	2.632	−65.191	173.853
	2003 年 12 月	4 979	0.063	6.531	−122.828	407.611
	总体	101 754	0.012	2.647	−122.828	658.269
通货膨胀率暴露 （CPIG）	1989 年 12 月	477	−0.010	0.134	−1.053	3.796
	1994 年 12 月	4 625	0.058	0.677	−21.731	33.120
	1999 年 12 月	5 134	−0.053	2.342	−144.747	35.752
	2003 年 12 月	4 979	−0.365	35.712	−2 257.276	802.666
	总体	101 754	−0.009	15.120	−2 257.276	4 050.406
消费者信心暴露 （CCG）	1989 年 12 月	4 077	0.001	0.006	−0.058	0.088
	1994 年 12 月	4 625	−0.000	0.006	−0.172	0.233
	1999 年 12 月	5 134	0.001	0.191	−10.742	1.767
	2003 年 12 月	4 979	−0.003	0.431	−21.334	13.247
	总体	99 289	0.001	0.239	−21.334	58.016
期限溢价暴露 （TP3M）	1989 年 12 月	4 077	−0.011	0.027	−1.053	0.267
	1994 年 12 月	4 590	−0.016	0.206	−9.475	3.355
	1999 年 12 月	5 097	0.006	0.813	−52.030	11.630
	2003 年 12 月	4 972	0.082	3.172	−129.719	112.243
	总体	89 760	0.001	2.382	−626.061	197.222
市场暴露 （MMF）	1989 年 12 月	4 077	0.010	0.006	−0.042	0.130
	1994 年 12 月	4 625	0.010	0.061	−3.001	2.692
	1999 年 12 月	5 134	0.011	0.094	−1.562	6.175
	2003 年 12 月	4 979	0.017	0.986	−28.823	45.008
	总体	101 754	0.010	0.274	−32.568	45.008
标准化的未预期盈利 （SUE）	1989 年 12 月	849	−1.257	8.856	−128.333	146.361
	1994 年 12 月	1 173	−0.006	3.435	−30.000	31.500
	1999 年 12 月	2 110	0.021	8.108	−196.500	38.000
	2003 年 12 月	1 991	0.086	10.932	−305.000	56.000
	总体	272 850	−0.238	8.703	−1 003.262	653.000
股票回购 （SB）	1989 年 12 月	3 349	15.662	121.938	−616.500	4 052.000
	1994 年 12 月	3 659	10.696	182.555	−1 800.000	9 886.000
	1999 年 12 月	3 869	48.552	299.693	−1 765.839	7 515.000
	2003 年 12 月	3 691	45.532	327.961	−3 895.975	6 538.000
	总体	1 033 525	19.660	179.536	−5 568.000	9 886.000

（续）

因　子	时　　期	观察值数量	平均值	标准差	最小值	最大值
多样性指标 （DIV）	1989 年 12 月	0	N. A.	N. A.	N. A.	N. A.
	1994 年 12 月	264	0.117	1.092	−2.000	4.000
	1999 年 12 月	474	0.700	1.292	−1.000	6.000
	2003 年 12 月	2 200	0.184	1.037	−2.000	6.000
	总体	71 491	0.436	1.130	−2.000	6.000

注：表中的数据均为特定时期的横截面统计数据。观察值数量是指用于计算样本统计值的观察值的数量，平均值是指特定时期投资范围中的股票在某个因子上的暴露的平均值，标准差是指特定时期投资范围中的股票在某个因子上的暴露的标准差，最小值与最大值是指特定时期投资范围中的股票在某个因子上暴露的最小值与最大值。每个因子的详细描述请见附录 16A。符号索引表中列出了相关字母的缩写。

16.3　时间区间

如果组合投资经理考虑在未来若干年实施一个投资想法，那么可以做**实时检验**（real-time testing）而不仅仅是回测检验。实时检验是指根据策略想法基于实时数据构建一个纸面组合，并记录该策略在未来一段时间的表现情况。这类检验需要收集数年的实时数据，更像是一项长期研究。因此，这与回测完全不同，回测更多的是意味着对一个策略进行快速评估。正如我们所提到的，回测需要的是成熟的商业数据库、已经清洗好的历史数据以及编程工具。

对于不同的检验结构，回测方法均具有一定的灵活性，并且通常都会附加一些实时检验。一般地，回测包括三部分数据，正如图 16-1 所示。前两部分数据包含了 T_0 至 T_2 的时间区间，其中 T_0 代表的是历史数据的起始点，T_2 代表的是

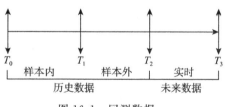

图 16-1　回测数据

当前时间。这两部分围绕着股票、因子以及评估投资策略所需的其他变量的历史数据而展开。第三部分数据包含了 T_2 至 T_3 的时间区间，代表着未来的某段时间。因此，第三部分的数据是未来数据，需要实时收集。

前两部分的历史数据，分别被称为**样本内数据**（即 T_0 至 T_1 的时间区间）与**样本外数据**（即 T_1 至 T_2 的时间区间）。组合投资经理或者分析师通常会逐步检验一系列股票收益率模型，即在每次检验中增加或剔除一个因子。正如我们在第 2 章中所述，一个一个地对模型进行检验、废弃直至发现一个"有效"的模型是一种数据挖掘的行为。尽

管最初的模型可能具备可靠的经济理论基础，但是经过数据挖掘最终演化而成的模型可能就并非如此了。因此，分析师应当限制在样本内数据中进行逐步检验的次数，一旦找到了满意的模型，就应当使用样本外数据对该模型进行检验。该方法减轻了数据挖掘的问题，因为我们并未使用样本外数据对那些废弃的模型进行检验，所以自由度被保持了下来⊖，检验统计量也能被正常解释。如果股票收益率模型在样本外数据中也表现良好，那么这在一定程度上说明了该模型有可能被用于真实的投资组合。当然，如果该模型未能通过样本外数据的检验，那么我们使用同样的数据再次开始检验流程将可能会导致数据挖掘。每一位在 QEPM 研究部门工作的人员，不管是投资经理还是分析师，都应当精通回测检验过程中正确使用数据的方法。

回测检验的时间区间的选择还应当考虑到参数的稳定性，我们在第 2 章中对参数的稳定性进行了讨论。如果股票收益率与因子之间的关系并不随着时间的推移而改变，那么使用样本内数据对股票收益率模型估计一次就足够了，之后将这些数据代入模型中使用即可。不幸的是，让组合投资经理感到最沮丧的是金融市场中的各种关系似乎总是在变化。因子与股票收益率之间的许多关系都是变化的。但是，QEPM 的目标就是找到那些随着时间的推移也能够保持相对稳定的因子与股票收益率之间的关系（正如 QEPM 的第 6 条准则所述），这正是需要通过寻找具有参数稳定性的模型才能够实现的。如果模型的参数会随着时间的推移而发生变化，那么我们可以使用**滚动窗口**（rolling windows）数据来保持模型的稳定性。正如图 16-2 所示，分析师应当构建**样本内滚动窗口**，并且随着时间窗口的滚动不断地对模型参数进行动态地估计⊖，而不仅仅是使用某个特定的样本内数据来对模型的参数进行估计。例如，假设一位分析师有 5 年的数据。样本内数据从 1980 年 1 月至 1981 年 1 月。样本外数据从 1981 年 2 月至 1985 年 1 月。样本内滚动窗口为 1 年。分析师的第一步是使用第 1 年的样本内数据（1980 年 1 月至 1981 年 1 月）来估计模型的参数，然后使用这些参数的估计值来预测 1981 年 2 月的股票收益率，并检查

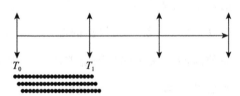

图 16-2 利用滚动样本内窗口进行回测
（注：图中每行点列代表一个滚动窗口样本）

⊖ 自由度度量的是：给定模型变量参数的数量，数据集是否足够大到使统计检验有意义。自由度被保持了下来是因为还剩余了足够多的从未使用过的数据。

⊖ 有些人也称之为**行进检验**（walk-forward testing）。

模型的表现。下一步是将样本内数据向前移动 1 个月，即使用 1980 年 2 月至 1981 年 2 月的数据再次估计模型的参数，然后使用这些参数的估计值来预测 1981 年 3 月的股票收益率，并检查模型的表现。继续以上步骤直至 1985 年 1 月，即样本外数据的终点。这样一来样本内滚动窗口就进入了样本外的时间区间，但是这并不违背使用样本外数据来检验的目的。

该动态估计方法与静态样本内数据估计方法最主要的区别是前者会持续更新模型的参数以反映因子与股票收益率之间关系的变化（假如存在变化）。尽管如此，分析师还是应当仔细确认模型的重新估计所反映的是标的参数的真实变化，而不仅仅是捕捉到统计噪声。

对我们前面所提到的历史回测的例子，我们有 1976 年（$T_0 = 1976$）至 2003 年（$T_2 = 2003$）之间的数据。然而，由于全球行业分类系统（GICS）只能回溯到 1994 年，因此我们选择从 1995 年开始进行样本外测试。这为我们提供了近 10 年的样本外数据来检验我们的量化模型。综上，样本内数据的时间区间是从 1976 年至 1994 年，而样本外数据的时间区间是从 1995 年至 2003 年。

我们使用样本内数据的一个子集——1989～1994 年的数据来检验各个因子，并且构建我们的股票收益率模型[⊖]。我们还使用了一个动态的滚动样本内窗口数据来持续更新我们的股票收益率模型，直至 2003 年。我们将在 16.7 节再平衡部分进一步对滚动样本进行讨论。

我们选择月度数据集，即月末的因子值与月度的股票收益率数据来进行分析。正如我们之前提到的，我们会将各种年度数据记录在一个特定的月份。对于季度数据，例如国内生产总值（GDP），我们将面临一个抉择。一种方法是在该季的 3 个月中均填入这一数据。这可能会使得因子与股票收益率之间的关系存在一定的偏误，因为这种做法将一个静态的因子值与变动的月度股票收益率数据联系了起来。另一种处理方法是仅研究季度 GDP 与季度股票收益率数据之间的关系。这种方法严重地减少了数据样本的大小，使得我们很难对两者之间的统计关系做出推断，同时也违背了我们使用月度数据的初衷。出于以上各方面的考虑，我们选择将季度数据填入该季度的各月份中。

⊖　尽管我们仅选择使用了样本内数据的一个子集，但是我们在附送 CD 的附录 16B 中提供了其他时间区间的因子检验，供感兴趣的读者参考。

最后，我们不用去关心该方法所导致的各种潜在的偏误，因为实际上没有任何的季度因子入选了我们的股票收益率模型。

16.4 投资范围与比较基准

通过勾勒投资范围，组合投资经理初步地将模型与组合限定在了某个特定的股票池中。可以使用一些标准来定义投资范围，或者使用筛选机制来刻画投资范围。投资范围同样也可以作为组合的比较基准。如果可以从更广泛的范围来选择股票，投资组合超越比较基准的机会将可能更大。投资范围同样也会受到交易流动性的约束。当投资经理需要进行股票交易时，相应的股票应当具备充足的流动性。就本书中的回测而言，我们选择的投资范围包含了美国上市的市值排名前3000的股票⊖。

比较基准的选取需要考虑几个方面的因素。一个好的比较基准应当能够**代表**潜在的投资范围。因此，美国的股票组合投资经理应当选择一个能够代表美国股票市场的指数来作为比较基准。比较基准应当具备**可投资性**与**可复制性**。也就是说，组合投资经理应当能够很容易地复制比较基准的业绩表现，同时比较基准中只能包含少量无法交易或流动性极差的股票。比较基准应当具备**准确性**与**可靠性**，其相关信息应当具备**及时性**，从而使得我们能够容易地开展业绩比较与分析工作。比较基准应当是**透明的**，其成分股应当是能够通过公开信息获得的。以比较基准为标的的**股指期货应当具备良好的流动性**，从而使得我们可以通过股指期货合约来证券化组合的现金流。最后，比较基准成分股的**调整频率不应过高**。过高的调整频率会产生过高的交易成本并拖累组合的收益率。我们下面将要讨论的大部分指数均符合这些基本的标准，尽管其中的某些指数相对更好一些(基本的标准如表16-3所示)。

表 16-3 股票比较基准的重要特征

特 征	解 释
1. 代表性	比较基准应当能够代表组合投资经理倾向于买入的股票的风格
2. 可投资性与可复制性	组合投资经理应当能够依据比较基准中成分股的权重相对容易地复制出比较基准
3. 准确性与可靠性	发布的指数收益率与其成分股的报价应当是准确可靠的

⊖ 出于因子检验的目的，我们还选取了市值排名前300的外国股票。

（续）

特　　征	解　　释
4. 及时性	指数收益率应当在比较小的、有规律的时间间隔内能够被获取到，理想情况下是每分钟能够获取一次。最差的情况也应当一天能够获取一次指数的收益率
5. 透明性	比较基准成分股及成分股权重应当是公开信息，组合投资经理应当随时都能够获取该信息
6. 流动性良好的期货	以比较基准为标的的股指期货应具备良好的流动性，从而使其能够成为现金证券化与加杠杆的工具
7. 低调整频率	比较基准成分股的调整频率应当比较低，当比较基准调整成分股时，对交易成本与交易税负的影响会比较小

16.4.1　美国股票比较基准

美国股票组合投资经理的主要比较基准有：标普 500、标普 400、标普 600、标普 1500 指数，罗素 3000、罗素 2000 以及罗素 1000 指数，标普 500Barra 价值与成长指数；罗素价值与成长指数；纳斯达克 100 指数；道琼斯指数；威尔逊 5000 指数。这些比较基准都是由某个委员会所构建的纸上指数。

大盘股指数标普 500 可能是最知名的比较基准了。标普 400 是一个中盘股指数，标普 600 是一个小盘股指数。标普 1500 指数是一个简单的市值或流通市值加权指数，由标普 400、标普 500 以及标普 600 指数构成。标普 400、标普 500 以及标普 600 指数的成分股由标准普尔指数委员会选取，他们会定期确定将哪些股票调入指数，将哪些股票调出指数。他们所考虑的重要事项包括：股票退市、公司发生了如并购重组等行为以及股票不再满足基本的纳入标准[⊖]。委员会所确定的将一只股票纳入指数的标准如下：股票必须在二级市场至少交易了 12 个月，其自由流通的股份数必须达到总股份数的某个比例（标普 500 要求的是 50%，标普 600 和标普 400 要求的是 40%）。指数成分股还必须连续 4 个季度盈利。2005 年之前标准普尔指数使用的是市值加权，而在此之后使用的是流通市值加权。由于股票是从各个行业中选取的，因此其所构成的指数能够代表广阔的股票市场。标准普尔指数是非常透明的；其成分股列表会定期公布，成分股的变动也会提前公告。

以弗兰克·罗素公司所编制的罗素指数来作为美国股票组合投资经理的比较基准同样非常流行。罗素 3000 指数包含了市值排名前 3000 的公开交易的美国股票。罗素 1000（即罗素大盘股指数）选取的是罗素 3000 中市值排名前 1000 的股票，而罗素 2000

⊖　关于选择标准更多的信息，请参考 www.standardandpoors.com。

（即罗素小盘股指数）选取的是罗素 3000 中市值排名后 2000 的股票。罗素指数比标准普尔指数的选股标准少一些主观的判断。每年一次的指数调整日，弗兰克·罗素公司会将美国上市的所有普通股按市值排序，并从中剔除一些特定的股票，包括剔除：股价在 1.00 美元之下的股票、粉单市场或布告栏市场中的股票、非美国公司股票、外国股票以及美国存托凭证（ADR）。在指数的两个调整日之间，如果有少数股票被调出指数了，那么要等到下一个指数调整日才会添加新的股票来替代这些被调出的股票。拆分与其他公司行为所产生的新股会被允许留在指数中。罗素指数使用的是流通市值加权而非市值加权。2006 年这些指数的调整日为 5 月 31 日，而指数中调入与调出的股票会在 6 月份公布，新的指数会在 6 月 30 日生效⊖。

Barra 编制了标普 500Barra 价值与成长指数，其将标普 500 分成了不同的两组，一组股票为成长股，另一组股票为价值股。价值指数与成长指数不重叠，即不会包含同一个成分股。将标普 500 的成分股按 P/B 排序，然后将其分成市值相近的两组。高 P/B 组合即为标普 500/Barra 成长指数，低 P/B 组合即为标普 500/Barra 价值指数。指数成分股为市值加权。这些指数每半年，即每年的 1 月 1 日与 7 月 1 日，调整一次⊖。

罗素 1000 与罗素 2000 价值与成长指数由另一套筛选方法确定。罗素 1000 与罗素 2000 中的成分股按两个指标排序——P/B 与 IBES 数据库中分析师预期的长期成长的平均值，然后将其合并成一个分数。之后再通过一个专门的算法来评估股票的得分，大约有 70% 的股票被划分入价值组或者成长组之中的一个，剩余约 30% 的股票被同时划分入价值组与成长组。划分的结果会得到 4 个指数：罗素 1000 价值、罗素 1000 成长、罗素 2000 价值以及罗素 2000 成长。这些指数会同罗素 1000、罗素 2000 和罗素 3000 指数一起每年调整一次。

纳斯达克 100 指数包含了在纳斯达克上市交易的最大的 100 家公司。每年的 12 月，将纳斯达克上市交易的股票按市值排序。排名前 100 的股票被纳入指数，为了避免权重过于偏向大市值的股票，该指数使用的是修正后市值的加权方式。如果下一个调整日，股票的排名从前 100 滑落至 101 至 150 名之间，那么该股票将依旧保留在指数中；若排名滑落至 150 名之外，则用新的股票来替代。所有的股票必须满足基本的入选要求⊜。该指数每季度调整一次。

道琼斯工业平均指数（DJIA）在个人投资者中非常流行，但专业组合投资经理较少使

⊖ 更多的信息请参考 www. russell. com/us/indexes/us/methodology. asp。

⊖ 更多的信息请参考 www. barra. com。

⊜ 更多的信息请参考纳斯达克的网站：http：//dynamic. nasdaq. com/dynamic/nasdaq100 _ activity. stm。

用其作为比较基准。DJIA 由道琼斯公司所选取的 30 只代表美国经济的股票编制而成。该指数使用股票价格加权，而不是流通市值或市值加权，这使得该指数对股票拆分及其他公司行为所导致的股价的显著变化非常敏感，而该类公司行为对组合的收益并无影响。这也是以 DJIA 为比较基准的做法在组合投资经理中不流行的原因之一。

威尔逊 5000 指数是最能代表美国股票市场的指数。虽然其名叫威尔逊 5000 指数，但它包含了 8 000 只股票。该指数创建于 1974 年，代表了所有公开交易的美国公司的股价表现。指数中所有公司的总部必须在美国。该指数的加权方式是市值加权。威尔逊 5000 指数通常被称为**全市场指数**（total market index）[⊖]。

16.4.2　主要美国股票比较基准的对比

这些主要的美国股票指数业绩的相互比较是怎样的呢？表 16-4 列出了这些指数 1995～2004 年的收益率统计。除了纳斯达克 100 指数与标普 1500 指数外，其余指数的收益率统计均考虑了股利再投资的影响。该时间段几何收益率最高的指数是标普 400，其年化收益率为 16.12%。紧随其后的是罗素 2000 价值指数（15.36%）与纳斯达克 100 指数（15%）。罗素 2000 成长指数垫底，年化收益率仅为 7.4%。

在风险方面，纳斯达克 100（NDX）的年化标准差最高（32.83%），罗素 2000 成长指数排名第二（26.41%）。罗素 3000 价值指数的标准差最低（14.32%）。

所有的主要股票指数均呈现出负偏。它们的收益率分布相对于正态分布是左偏的，这意味着在任意一年其收益率小于收益率均值的概率小于 50%。所有指数还呈现出正的超额峰度。这说明相对于正态分布而言，这些指数收益率的分布具有肥尾的特征，因此这就意味着其极端收益率事件出现的概率要大于根据正态分布所预测的。这些指数偏度与峰度的特性并非只表现在我们所选取的 1995～2004 年的数据期间，还体现在其他时间段的历史数据中。表中最后一列给出了 Jarque-Bera 检验的计算结果，该检验是根据收益率分布的偏度、峰度与正态分布的比较结果来判断收益率分布是否服从正态性。除了纳斯达克 100（NDX），该检验几乎拒绝了全部比较基准收益率分布的正态性假设。

观察不同的股票比较基准收益率之间的相关性通常是件有趣的事。相关系数的取值范围从 -1（两组序列完全反向运动）至 1（两组序列完全正向运动）。表 16-5 与表 16-6 给出了主要的比较基准 1995～2004 年间收益率的相关系数。

⊖　更多的信息请参考 www.wilshire.com/Indices。

表 16-4 1995~2004 年常见比较基准的统计

彭博代码	基准名称	算术平均	标准差	几何平均	中值	最大值	最小值	偏度	超额峰度	J.B.
SPTR	标普500	12.52	15.7	11.89	16.68	9.78	-14.46	-0.64	0.45	9.12
SPTRMDCP	标普400	16.57	17.46	16.12	20.82	12.09	-18.61	-0.65	1.42	18.42
SPTRSMCP	标普600	15.46	18.7	14.58	22.95	13.39	-19.3	-0.75	1.46	21.84
SPR①	标普1500	11.14	15.57	10.39	16.02	9.14	-15.12	-0.69	0.63	11.37
SPTRSVX	标普500 Barra 价值	12.69	15.8	12.05	18.09	10.43	-16.08	-0.69	1.17	16.22
SPTRSGX	标普500 Barra 成长	12.23	17.33	11.26	17.77	9.25	-13.01	-0.57	-0.06	6.53
RU30INTR	罗素3000	12.52	15.74	11.87	19.6	8.17	-15.32	-0.75	0.68	13.46
RU20INTR	罗素2000	13.2	20	11.78	21.43	16.51	-19.42	-0.55	0.94	10.49
RU10INTR	罗素1000	12.62	15.78	11.98	17.31	9.11	-14.95	-0.69	0.59	11.29
RU30VATR	罗素3000价值	13.9	14.32	13.66	16.99	11.31	-14.95	-0.67	1.61	21.69
RU30GRTR	罗素3000成长	10.81	19.77	9.19	16.95	12.62	-16.75	-0.7	0.49	11.03
RU10VATR	罗素1000价值	13.88	14.56	13.6	16.28	12.2	-14.88	-0.61	1.51	18.53
RU10GRTR	罗素1000成长	11.02	19.66	9.44	18.71	12.65	-16.98	-0.7	0.49	10.83
RU20VATR	罗素2000价值	15.56	15.34	15.36	19.05	10.74	-15.66	-0.94	2.51	48.95
RU20GRTR	罗素2000成长	10.67	26.41	7.4	23.73	23.27	-23.08	-0.31	0.49	3.13
NDX①	纳斯达克100	19.49	32.83	15	26.66	24.98	-26.4	-0.31	0.27	2.31
DWCT	威尔逊5000	12.47	15.96	11.78	21.37	8.23	-15.57	-0.79	0.64	14.4
DJITR	道琼斯工业指数	13.7	15.99	13.15	18.84	10.84	-14.91	-0.59	0.89	10.74

注：表中的统计基于 1995 年 1 月至 2004 年 12 月指数的总收益率。数据与代码取自彭博。最大值与最小值代表本期样本期间最大与最小的月度收益率。偏度根据第 15 章介绍的公式计算得到，超额峰度表示的是指数收益率减去正态去正态分布的峰度，J.B. 代表 Jarque-Bera 正态性检验。所有的均值与标准差均经过年化。

① 这些指数的收益率并非总收益率，而是价格收益率。

表 16-5 1995～2004 年常见比较基准之间的相关系数

	SPTR	SPTRMDCP	SPTRSMCP	SPTRSVX	SPTRSGX	RU30INTR	RU20INTR	RU10INTR	RU30VATR
SPTR	1	0.856	0.712	0.936	0.955	0.99	0.709	0.996	0.896
SPTRMDCP	0.856	1	0.898	0.855	0.772	0.907	0.876	0.888	0.841
SPTRSMCP	0.712	0.898	1	0.705	0.644	0.789	0.972	0.75	0.683
SPTRSVX	0.936	0.855	0.705	1	0.79	0.929	0.678	0.932	0.981
SPTRSGX	0.955	0.772	0.644	0.79	1	0.944	0.66	0.952	0.737
RU30INTR	0.99	0.907	0.789	0.929	0.944	1	0.791	0.998	0.889
RU20INTR	0.709	0.876	0.972	0.678	0.66	0.791	1	0.748	0.644
RU10INTR	0.996	0.888	0.75	0.932	0.952	0.998	0.748	1	0.893
RU30VATR	0.896	0.841	0.683	0.981	0.737	0.889	0.644	0.893	1
RU30GRTR	0.936	0.839	0.751	0.788	0.968	0.953	0.776	0.949	0.713
RU10VATR	0.897	0.822	0.648	0.98	0.74	0.884	0.608	0.892	0.998
RU10GRTR	0.943	0.821	0.714	0.791	0.978	0.952	0.736	0.952	0.715
RU20VATR	0.666	0.849	0.917	0.748	0.529	0.728	0.899	0.691	0.765
RU20GRTR	0.704	0.839	0.928	0.619	0.702	0.786	0.972	0.746	0.559
NDX[1]	0.806	0.738	0.69	0.628	0.876	0.835	0.742	0.825	0.532
DWCT	0.98	0.91	0.814	0.907	0.943	0.996	0.823	0.99	0.862
DJITR	0.925	0.791	0.635	0.93	0.83	0.905	0.612	0.914	0.908
SPR[1]	0.997	0.89	0.757	0.94	0.947	0.996	0.75	0.998	0.902

注：比较基准的统计指标基于 1995 年 1 月至 2004 年 12 月之间的比较基准总收益率。数据与代码均来自于彭博。

① 这些指数的收益率并非总收益率，而是价格收益率。

表 16-6 1995～2004 年常见比较基准之间的相关系数

	RU30GRTR	RU10VATR	RU10GRTR	RU20VATR	RU20GRTR	NDX	DWCT	DJITR	SPR
SPTR	0.936	0.897	0.943	0.666	0.704	0.806	0.98	0.925	0.997
SPTRMDCP	0.839	0.822	0.821	0.849	0.839	0.738	0.91	0.791	0.89
SPTRSMCP	0.751	0.648	0.714	0.917	0.928	0.69	0.814	0.635	0.757
SPTRSVX	0.788	0.98	0.791	0.748	0.619	0.628	0.907	0.93	0.94
SPTRSGX	0.968	0.74	0.978	0.529	0.702	0.876	0.943	0.83	0.947
RU30INTR	0.953	0.884	0.952	0.728	0.786	0.835	0.996	0.905	0.996
RU20INTR	0.776	0.608	0.736	0.899	0.972	0.742	0.823	0.612	0.75
RU10INTR	0.949	0.892	0.952	0.691	0.746	0.825	0.99	0.914	0.998
RU30VATR	0.713	0.998	0.715	0.765	0.559	0.532	0.862	0.908	0.902
RU30GRTR	1	0.707	0.998	0.602	0.828	0.934	0.963	0.798	0.941
RU10VATR	0.707	1	0.713	0.728	0.527	0.524	0.855	0.912	0.9
RU10GRTR	0.998	0.713	1	0.569	0.79	0.927	0.958	0.807	0.943
RU20VATR	0.602	0.728	0.569	1	0.779	0.503	0.736	0.648	0.707
RU20GRTR	0.828	0.527	0.79	0.779	1	0.823	0.825	0.572	0.741
NDX[1]	0.934	0.524	0.927	0.503	0.823	1	0.855	0.648	0.813
DWCT	0.963	0.855	0.958	0.736	0.825	0.855	1	0.887	0.988
DJITR	0.798	0.912	0.807	0.648	0.572	0.648	0.887	1	0.921
SPR[1]	0.941	0.9	0.943	0.707	0.741	0.813	0.988	0.921	1

注：比较基准的统计指标基于 1995 年 1 月至 2004 年 12 月之间的比较基准总收益率。数据与代码均来自于彭博。

① 这些指数的收益率并非总收益率，而是价格收益率。

表中结果显示标普 500 与某些指数之间的相关性非常高，其与罗素 1000 的相关系数为 0.996，与罗素 3000 的相关系数为 0.99，与标普 1500 的相关系数为 0.997，与威尔逊 5000 的相关系数为 0.98；而与其他指数之间的相关系数要小一些，其与纳斯达克 100 的相关系数为 0.81，与标普 400、标普 600 的相关系数分别为 0.856、0.712，与道琼斯工业指数的相关系数为 0.93。

通过观察指数的一些基本面因子或财务比率可以对指数做进一步的比较。表 16-7 给出了 2003 年年底不同指数的一些重要的统计指标或基本面比率[⊖]。

表 16-7 2003 年 12 月常见比较基准的重要统计指标

	S_t	D/P	EPS	P/S	P/B	Size	P/E	P/CF	P/EDITDA
SPTR	1 111.92	1.50	48.50	1.58	3.05	10 140 000	22.93	10.14	11.74
SPTRMDCP	576.01	0.99	24.66	1.14	2.36	954 209	23.36	10.07	9.84
SPTRSMCP	270.42	0.72	9.18	0.95	2.22	438 533	29.45	10.21	9.47
SPTRSVX	551.93	1.78	28.46	1.15	2.12	5 100 000	19.40	7.58	9.97
SPTRSGX	555.89	1.21	19.78	2.50	5.49	5 050 000	28.11	15.42	14.29
RU30INTR	630.13	1.49	25.77	1.51	2.91	12 680 000	24.45	10.24	11.45
RU20INTR	556.91	1.24	6.26	1.00	2.22	1 120 000	88.95	10.54	9.91
RU10INTR	594.56	1.51	25.77	1.57	2.98	11 560 000	23.08	10.21	11.60
RU30VATR	756.45	2.08	2.18	15.91	37.35	8 100 000	20.25	7.85	9.33
RU30GRTR	378.12	0.90	4.37	19.62	12.28	8 440 000	30.79	14.68	14.81
RU10VATR	577.67	2.11	2.23	15.42	30.19	7 380 000	19.13	7.83	9.51
RU10GRTR	468.90	0.91	4.49	19.14	16.17	7 700 000	29.01	14.62	14.84
RU20VATR	799.62	1.72	1.70	25.89	11.78	724 380	67.85	8.04	7.60
RU20GRTR	297.33	0.76	3.23	28.52	2.28	740 798	130.53	15.45	14.39
NDX	1 467.92	0.16	4.37	26.62	24.78	1 780 000	59.23	22.06	20.61
DWCT	10 799.63	N. A.	N. A.	N. A.	N. A.	N. A.	N. A.	N. A.	N. A.
DJITR	10 453.92	1.95	3.50	15.73	510.51	3 160 000	20.48	11.68	8.81
SPR	247.31	1.42	16.96	1.49	10.68	11 540 000	23.16	10.14	11.45

注：表格中的统计指标是依据 2003 年 12 月的历史数据计算得到。数据、代码以及计算结果均来自于彭博。S_t 为指数于 2003 年年底的点位。D/P 为过去 12 个月成分股股息总额除以当前的指数市值（取百分数）。EPS（扣除非经常性损益后）为指数的综合盈利，计算方法为：指数成分股过去 12 个月的盈利总额（扣除非经常性损益后）除以指数成分股股份发行数之和。P/S 为指数市值除以指数营业收入。指数营业收入的计算方法为：指数成分股过去 12 个月营业收入总额。P/B 为指数市值除以指数成分股净资产总额。Size 为指数成分股的市值（单位为百万美元）之和，个股市值的计算方法：年底成分股的总股份数与其股价之乘积。P/E 表示的是股价与每股盈利之间的关系，计算方法为：指数市值除以指数成分股盈利总额。若数据可得，则指数成分股盈利基于过去 12 个月（最近 4 个季度的财务报表）的数据；否则基于最近年度财务报表或者最近两个半年度财务报表的数据。通常，P/E 的计算使用的是过去 12 个月的稀释后的持续经营性盈利。P/CF 为股价与每股现金流之比率。若数据可得，则成分股现金流的计算基于过去 12 个月的财报数据，即为最近 4 个季度 CF 之和。P/EBITDA 为股价除以每股 EBITDA。EBITDA 等于营业利润加折旧与摊销。若数据可得，则成分股的 EBITDA 的计算基于过去 12 个月的财报数据，即为最近 4 个季度 EBITDA 之和。

⊖ 这些比率来源于彭博，可能会受到缺失数据的影响。

表中突显出一些规律。罗素 2000 成长指数的 P/S 与 P/E 最高。这是可以预料到的，因为罗素成长指数是由高 P/B 的股票所组成，而高 P/B 往往与高 P/S、高 P/E 的联系紧密。2003 年年底 P/E 最低的指数是罗素 2000 价值指数。毫无疑问，最大总市值的指数为罗素 3000，其股票总市值高达 126 800 亿美元。市值最小的比较基准是标普 600 指数，其市值为 4 385.33 亿美元。

16.4.3　最受欢迎的比较基准与我们选用的比较基准

比较基准的选择常常受到组合投资经理的投资风格以及相应的股指期货流动性的影响。表 16-8 表明最受欢迎的比较基准为标普 500 指数。

表 16-8　2005 年最受美国股票投资经理欢迎的比较基准

比 较 基 准	美国股票产品所占比例	美国股票资产所占比例	比 较 基 准	美国股票产品所占比例	美国股票资产所占比例
标普 500	35.02	42.03	威尔逊 5000	0.47	1.22
罗素 2000	25.03	13.63	纳斯达克综合指数	0.39	0.12
罗素 1000	19.82	28.23	道琼斯工业指数	0.12	0.01
罗素 3000	2.08	2.74	MSCI(明晟)指数	0.04	0.00
标普 400	2.29	1.22	其他	13.60	10.31
标普 600	0.54	0.48	总计	100	100

注：这些数据来自罗素投资集团的研究(见 Smith 和 Durham，2005)与作者自己的计算。罗素的研究基于 Nelson 市场网络数据库。根据晨星的数据显示，在美国的股票型共同基金中，大约 5% 的基金产品是被动管理的，而 95% 的基金产品是主动管理的。

标普 500 是第 1 个被投资者接受的比较基准，该指数迄今仍然倍受追捧。原因在于：①标普 500 的成分股及其股指期货都极具流动性；②相比包含了几千只股票的指数，标普 500 作为比较基准更易于管理；③品牌认知度，这给投资经理们的感觉就是他们与其同行都使用同样的比较基准来度量业绩。标普 500 的主要缺点在于：拿一个倍受追捧的指数作为比较基准可能会造成其收益率的扭曲。假如存在足够多的指数投资经理，他们为了复制指数，会依据指数成分股的调整而进行交易，那么股票的价格就容易受到其调进/调出指数的影响。

与许多其他的组合投资经理一样，我们也选择标普 500 指数作为我们回测的比较基准。我们选择该比较基准的部分原因在于数据的可得性。事实上，多选择几个比较基准我们就能够将组合的业绩与各种类型的指数(大盘股、小盘股、价值、成长)进行比较了，但为了进行多重比较，我们需要获取足够的数据，而这极其困难。最终我们仅选择了一个比较基准。选用标普 500 作为比较基准是合理的。原因有以下几点：①作为最受组合投资经理欢迎的比较基准，它被读者所熟知；②它与其他主要的股票比较基准的相关性很高；③以它为标的的期货是最具流动性的交易品种，当我们想要加杠杆时这非常有帮助；④从实践的角度而言，Compustat 数据库对标普 500 的成分股均给出了标识，因此我们使用月度历史数据就能很方便地构建出各历史时点上的比较基准，以供我们在组合的优化及其他分析上使用；⑤尽管我们使用标普 500 作为比较基准，但是我们的投资范围是美国市场中市值排名前 3000 的股票⊖。

16.5　因子

我们已经在第 4 章详细地讨论了因子的选择。本节中我们列出的因子是我们认为对于解释股票的收益率非常重要并且能够产生 α^B 的因子。我们同样给出了各因子显著水平的统计。

在进行因子检验之前，需要对数据进行整理与清洗。所有的研究人员都知道数据的整理与清洗存在着极大的挑战⊜。检验所需数据的准备工作可以分为 3 个步骤。第 1 步是检查数据总体的一致性与准确性。每只股票的各财务变量的计算是正确的吗？或者数据存在一些明显的错误吗？错误包括比率明显地偏大或偏小（如 P/E 值为 180 000），或者在计算比率时输入的数据有误，但是这类错误比较难以察觉。第 2 步是检查数据与其记录日期是否正确匹配。一些数据提供商会将每股盈利（EPS）记录在其实现的财报季度，即使该数据是在几个月之后才公布的。这会导致**前视偏误**（look-ahead bias）。任何以这种方法记录的数据都需要将记录数据的时间推移至真正向公众披露该数据的

⊖　我们考虑过使用罗素 3000 作为我们的比较基准，因为其代表了更大的市场。但是，我们的数据源并没有给历史上的罗素 3000 的成分股进行标识，并且其代码与 CUSIP 还是循环使用的。即使我们获得了历史上的罗素 3000 的不同成分股的代码，但当我们在我们的数据集中对这些代码进行查找时，很可能无法找到它们。

　　我们下一个比较基准的选择自然就是标普 1500 指数了。该指数包含了标普 500、标普 400 以及标普 600 指数。我们所使用的 Compustat 数据库包含了这些指数成分股的标识，因为 Compustat 是属于标准普尔公司的。该指数的问题在于历史数据的起始时点。标普 400 指数最初构建于 1992 年，而标普 600 指数最初构建于 1995 年。如果使用它们，那么将会极大地缩短历史回测数据，从而就会影响到相关的参数估计，最终在计算组合的样本外业绩方面也会造成一定的影响。

　　另外，我们也可以构建一个与罗素 3000 密切相关的自定义的比较基准。即对于每一年的数据，我们都可以将美国市场的股票按市值排序，然后将这组股票定义为我们的比较基准。与罗素公司一样，我们将使用每一年的数据重新计算这一排名，并构建一个与罗素 3000 指数相近的自定义比较基准。

⊜　我们研究组的一个前成员曾经说过，构建量化模型中最困难的部分就是整理数据，其余的部分都相对简单。

月份。数据准备工作的第 3 步是最艰难的一步——数据**整理**，即通过任何有必要的数据处理方法将数据整理成合适的形式，使之能够被构建模型与组合的软件所读取。在这一步会遇到的一个问题，即**生存偏误**（survivorship bias）问题。由于兼并、收购、摘牌、破产及其他事件，某些过去存在的股票现在可能消失了。如果回测仅仅使用当前还存在的股票的数据，那么检验的结果就是有偏的，而且通常偏误都是向上的。在回测的每个时点都应当包含当时满足投资范围标准的所有股票的全部数据。某些数据库，如 CRSP，会提供这类"消失股票"的收益率，其收益率的计算基于股票停止交易时可能的卖出价格，卖出价格的估计方式包括：最后的交易价格，或者实际上投资者绕过股票交易所直接将股票回售给公司或债权人的价格。如果组合投资经理没能从相关的数据库中获得这类股票的估计收益率数据，那么在回测中他们需要制定出合理的规则来处理这类"消失股票"。

在回测过程中，开始进行因子检验之前，我们考虑了一些可能与股票收益率相关的最为重要的因子。我们初始的因子选择，即从第 4 章的因子描述中所选取的因子，是基于理论分析。在表 16-9 与表 16-10 中，我们列出了所选因子的名称、选取理由以及我们对因子与股票收益率横截面数据之间关系的事前认知。

表 16-9　初始因子选择

因　　子	理　　由	事 前 符 号
基本面——估值		
1. 股利收益率（D/P）	其依据是高股利收益率的股票可能是因为其最近股价大跌，而这可能是因为投资者的过度反应。从估值的标准来看，这类股票的交易价格偏低	＋
2. 市净率（P/B）	同上	－
3. 市现率（P/CF）	同上	－
4. 市盈率（P/E）	同上	－
5. 市盈率与历史盈利增长比（PEGH）	同上	－
6. 市盈率与预期盈利增长比（PEGF）	同上	－
7. 市销率（P/S）	同上	－
8. 市值（Size）	小市值公司可能会获得更高的收益率，因为跟踪分析它们的投资者比较少，所以其股价相对于大市值公司而言，有效性偏弱	－
9. 研发与销售收入比（RNDS）	这可能意味着公司正在为将来的成长做准备，可能会被短期投资者所忽视	＋
10. 研发与销售收入比的变化（RNDSD）	同上	＋

（续）

因　　子	理　　由	事前符号
基本面——偿债能力		
11. 现金比率（CR）	公司短期偿债能力指标。这一指标较强意味着公司在艰难时期不会破产	＋
12. 现金比率的年度变化（CRD）	现金比率的改善可能预示着公司有良好的前景	＋
13. 流动比率（CUR）	同上	＋
14. 流动比率的年度变化（CURD）	同上	＋
15. 速动比率（QR）	同上	＋
16. 速动比率的年度变化（QRD）	同上	＋
基本面——营运效率		
17. 存货周转率（IT）	较高的存货周转率通常意味着公司在分销产品上更有效率。但这也要看行业，并非所有的行业都是存货周转率越高越好	＋
18. 存货周转率减去行业平均（ITX）	同上	＋
19. 存货周转率的年度变化（ITD）	同上	＋
20. 总资产周转率（TAT）	度量公司管理总资产的效率。对这些数据进行筛选可能会发现被其他投资者所忽视的公司	＋
21. 总资产周转率减去行业平均（TATX）	同上	＋
22. 总资产周转率的年度变化（TATD）	同上	＋
基本面——盈利能力		
23. 毛利率（GPM）	利润最终会产生投资回报。最终，我们想要识别出那些未被其他投资者预料到的现在及将来都具有高利润率的公司	＋
24. 毛利率的年度变化（GPMD）	同上	＋
25. 净利率（NPM）	同上	＋
26. 净利率的年度变化（NPMD）	同上	＋
27. 营业利润率（OPM）	同上	＋
28. 营业利润率的年度变化（OPMD）	同上	＋
29. 总资产收益率（ROA）	同上	＋
30. 普通股权收益率（ROCE）	同上	＋
基本面——财务风险		
31. 债务股本比（D/E）	更高的债务/利息支出会给公司的股东带来更高的风险，而且可能会使得一个好公司在艰难的时期也无法坚持下去	－
32. 债务股本比减去行业平均（DEX）	同上	－
33. 债务股本比的年度变化（DED）	同上	－
34. 利息覆盖率（ICR）	同上	＋
35. 利息覆盖率减去行业平均（ICRX）	同上	＋
36. 利息覆盖率的年度变化（ICRD）	同上	＋
37. 现金流覆盖率（CFCR）	同上	＋
38. 现金流覆盖率减去行业平均（CFCRX）	同上	＋
39. 现金流覆盖率的年度变化（CFCRD）	同上	＋

注："＋"表示我们认为该变量的值越大股票的收益率越高。"－"表示我们认为该变量的值越大股票的收益率越低。"～"表示事前我们不知道该变量对股票收益率的影响是怎样的。

表 16-10　初始因子选择

因　子	理　由	事 前 符 号
技术面——基于股票价格		
40. 布林带（BB）	技术指标可能能够帮助月度再平衡的策略，因为它们能够比基本面数据更快地捕捉到信息扩散。而且，如果有足够多的交易者使用这些指标，那么在短期内会使得这些指标的预测能力自我实现	－
41. 1 个月动量（M1M）	同上	＋
42. 3 个月动量（M3M）	同上	＋
43. 12 个月动量（M12M）	同上	＋
44. 股票价格（P）	同上	～
45. 相对强弱指数（RSI）	同上	－
技术面——基于股票成交量		
46. 成交量（V）	同上	＋
宏 观 经 济		
47. GDP 增长暴露（GDPG）	宏观变量是初始的 APT（套利定价理论）因子，以及整个经济的潜在的风险来源。相比实际的经济数据，调研预测的变化可能会更快地捕捉信息	＋
48. GDP 修正暴露（GDPFR）	同上	│
49. GDP 超预期暴露（GDPFS）	同上	＋
50. 工业生产总值暴露（IPG）	同上	＋
51. IPG 修正暴露（IPR）	同上	＋
52. 消费增长暴露（PCG）	同上	＋
53. PCG 修正暴露（PCGR）	同上	＋
54. 失业暴露（UR）	同上	＋
55. 失业变化的暴露（URD）	同上	＋
56. 通货膨胀暴露（CPIG）	同上	＋
57. 商品指数变化的暴露（CIG）	同上	＋
58. 消费者信心暴露（CCG）	同上	＋
59. 消费者情绪暴露（CSG）	同上	＋
60. 商业信心暴露（BSG）	同上	＋
61. 互换价差暴露（SS）	同上	＋
62. 互换价差变化的暴露（SSD）	同上	＋
63. 期限溢价暴露（TP2Y）	同上	＋
64. 期限溢价暴露（TP3M）	同上	＋
65. 市场暴露（MMF）	同上	＋
66. 小盘股暴露（SML）	同上	＋
67. 净市率暴露（HML）	同上	＋

（续）

因　子	理　由	事前符号
其他——分析师		
68. 分析师覆盖数（EPSFN）	分析师会仔细研究公司，其观点包含了关于股票价格的有价值的信息	－
69. 分析师预期 EPS 的标准差（EPSFSD）	同上	～
70. 下调每股盈利预测的分析师百分比（EPSFD）	同上	－
71. 上调每股盈利预测的分析师百分比（EPSFU）	同上	＋
72. 标准化的超预期盈利（SUE）	同上	＋
73. 建议买入的分析师百分比（RECB）	同上	＋
74. 建议卖出的分析师百分比（RECS）	同上	－
75. 分析师推荐的标准差（RECSD）	同上	～
76. 上调股票评级的分析师百分比（RECU）	同上	＋
77. 下调股票评级的分析师百分比（RECD）	同上	－
78. 分析师推荐中位数的变化（RECMD）	同上	＋
其他——公司金融		
79. 股票回购（SB）	管理层看好公司，或对超额现金负责	＋
其他——社会责任		
80. 公司治理（CG）	通过一些社会标准来洞察公司的运作情况如何	＋
81. CG 减去行业平均（CGX）	同上	＋
82. 多样性指标（DIV）	同上	＋
83. 多样性指标减去行业平均（DIVX）	同上	＋
84. 劳资关系（ER）	同上	～
85. ER 减去行业平均（ERX）	同上	＋

注："＋"表示我们认为该变量的值越大股票的收益率越高。"－"表示我们认为该变量的值越大股票的收益率越低。"～"表示事前我们不知道该变量对股票收益率的影响是怎样的。

为了检验因子，我们首先编写程序来计算数据库中每只股票的因子暴露的历史数据。我们每个月都运行这些程序，这样一来我们就构建了每只股票历史上的月度因子暴露序列，在这一过程中，需要对前视偏误始终保持警惕。例如，历史 P/B 值，我们的计算方法是用股票的价格乘以发行的总股份数，然后再除以总的普通股权益。对于普通股权益，我们会考虑 3 个月的财报滞后期，即我们在计算 P/B 时，会从本月向前推 3 个月来寻找相应财报期的公司普通股权益值。关于因子计算公式更详细的描述，请参见附录 16A 中的表 16A-1～表 16A-3。

对于宏观经济因子的暴露，计算会稍微复杂一些。我们首先构建所有的宏观经济因子，再次提醒，为了避免前视偏误，我们需要考虑指标的滞后期。例如，为了计算给定月份的月度通货膨胀值，我们用上月的消费者价格指数(CPI)除以两个月之前的消费者价格指数，然后再减 1。这就避免了前视偏误，因为我们对 CPI 的公布期考虑了 1 个月的滞后。这种逻辑被应用到所有的宏观经济因子中，如此一来我们就构建了一个月度的宏观经济因子序列。然后，我们将个股的月度收益率序列与月度经济因子序列进行回归，回归的时间区间不少于 2 年，同时也不多于 4 年。如果股票的收益率数据少于 2 年，那么我们就不估计该股票对宏观经济因子的暴露；如果股票的收益率数据在 2 年与 4 年之间，那么我们就使用全部的收益率数据来估计该股票对宏观经济因子的暴露。为了保持估计值的新鲜度，我们在每个月都使用最多过去 4 年的数据来滚动估计因子暴露。

因子暴露让我们了解到因子值与股票收益率之间的直接关系。例如，安海斯-布希(百威)公司每年对 GDP 增长的暴露几乎是负的。1979 年 12 月的估计值为 0.000 44，如果 1979 年 12 月之前的一个季度的 GDP 增长率为 5%，那么预期的股票收益率即为 -0.002 2%。类似地，如果前一季度的 GDP 增长率为 -5%，那么我们预期股票的价格会上涨 0.002 2%。小的负向暴露符合我们的直觉，即百威是一个轻微的防御性股票。因子暴露的估计值中可能存在着一些异常值。某些从业者会小心地剔除这些异常值，但是我们的做法是在回测中不剔除这些极值[⊖]。数据中一个显眼的异常值来自 AWGI，这是一家殡仪馆服务公司。该股票对 GDP 增长率的暴露显著为负，主要是因为在 2002 年与 2003 年该公司经历了极度的衰退(不一定是因为在好的经济环境下死亡人数少)。在此期间，AWGI 的股价暴跌，而 GDP 保持温和的增长。

一旦我们得到了每只股票在各个月份的因子暴露，我们就可以运行程序来进行因子检验，正如第 4 章所介绍的，使用简单的单因子回归或者一维零投资组合的收益率检验即可。表 16-11 与表 16-12 展示了这些因子的检验结果。由于样本外时间区间为 1995～2003 年，因此我们仅使用 1976～1995 年的数据来完成初始因子的检验。

⊖ 不管怎样，一些计量经济学家认为所有的信息都在异常值中。

表 16-11　1989～1994 年因子分析的结果

因　　子	观察值数量	起始日期	结束日期	$\hat{\beta}$	t 值	r_{Z1}	t 值
基本面——估值							
1. 股利收益率（D/P）	60	1989-12	1994-11	−9.932	−1.964	−1.189	−2.167
2. 市净率（P/B）	60	1989-12	1994-11	−0.002	−1.164	−1.081	−2.604
3. 市现率（P/CF）	60	1989-12	1994-11	−0.000	−0.058	−2.255	−3.131
4. 市盈率（P/E）	60	1989-12	1994-11	−0.001	−1.424	−0.805	−2.710
5. 市盈率与历史盈利增长比（PEGH）	60	1989-12	1994-11	−0.000	−0.840	−0.326	−0.896
6. 市盈率与预期盈利增长比（PEGF）	60	1989-12	1994-11	−0.000	−0.849	−0.167	−0.700
7. 市销率（P/S）	60	1989-12	1994-11	−0.000	−0.577	−2.004	−3.247
8. 市值（Size）	60	1989-12	1994-11	−0.000	−1.888	−2.224	−2.993
9. 研发与销售收入比（RNDS）	60	1989-12	1994-11	−0.007	−0.428	−0.051	−0.074
10. 研发与销售收入比的变化（RND-SD）	60	1989-12	1994-11	−0.005	−0.317	−1.635	−1.218
基本面——偿债能力							
11. 现金比率（CR）	60	1989-12	1994-11	−0.007	−0.767	−0.022	−0.056
12. 现金比率的年度变化（CRD）	60	1989-12	1994-11	0.005	0.401	0.800	1.241
13. 流动比率（CUR）	60	1989-12	1994-11	−0.023	−1.517	−0.543	−0.935
14. 流动比率的年度变化（CURD）	60	1989-12	1994-11	−0.001	−0.083	−0.136	−0.207
15. 速动比率（QR）	60	1989-12	1994-11	−0.002	−0.899	−0.643	−1.115
16. 速动比率的年度变化（QRD）	60	1989-12	1994-11	0.004	0.674	0.375	0.575
基本面——营运效率							
17. 存货周转率（IT）	60	1989-12	1994-11	−0.001	−1.384	0.373	0.615
19. 存货周转率的年度变化（ITD）	60	1989-12	1994-11	0.001	1.293	−1.067	−1.571
20. 总资产周转率（TAT）	60	1989-12	1994-11	0.434	2.259	1.066	1.969
22. 总资产周转率的年度变化（TA-TD）	60	1989-12	1994-11	1.028	3.400	0.856	1.702
基本面——盈利能力							
23. 毛利率（GPM）	60	1989-12	1994-11	−0.004	−0.799	−0.409	−0.842
24. 毛利率的年度变化（GPMD）	60	1989-12	1994-11	0.004	0.576	0.316	0.592
25. 净利率（NPM）	60	1989-12	1994-11	−0.001	−0.498	−1.609	−2.283
26. 净利率的年度变化（NPMD）	60	1989-12	1994-11	0.004	0.768	0.966	1.865
27. 营业利润率（OPM）	60	1989-12	1994-11	−0.001	−0.215	−1.132	−1.934
28. 营业利润率的年度变化（OPMD）	60	1989-12	1994-11	0.002	0.571	0.393	0.701
29. 总资产收益率（ROA）	60	1989-12	1994-11	−2.013	−1.984	−1.439	−2.108
30. 普通股权收益率（ROCE）	60	1989-12	1994-11	0.040	0.826	−0.216	−0.544
基本面——财务风险							
31. 债务股本比（D/E）	60	1989-12	1994-11	−0.003	−0.819	−0.033	−0.131
33. 债务股本比的年度变化（DED）	60	1989-12	1994-11	−0.001	−0.487	−0.019	−0.117
34. 利息覆盖率（ICR）	60	1989-12	1994-11	0.000	0.345	−0.100	−0.405
36. 利息覆盖率的年度变化（ICRD）	60	1989-12	1994-11	0.000	0.239	0.162	1.135

（续）

因　子	观察值数量	起始日期	结束日期	$\hat{\beta}$	t 值	r_{Z1}	t 值
基本面——财务风险							
37. 现金流覆盖率（CFCR）	60	1989-12	1994-11	−0.000	−1.465	−1.124	−1.602
39. 现金流覆盖率的年度变化（CF-CRD）	60	1989-12	1994-11	0.000	0.364	0.315	1.571

注：$\hat{\beta}$ 表示的是回归系数，回归方程的自变量为因子，因变量为股票收益率。t 值表示的是回归系数估计值不等于 0 的 t 统计量。r_{Z1} 表示的是高因子值组合与低因子值组合的收益率之差（单位百分比）。紧接着的 t 值表示的是该收益率不等于 0 的 t 统计量。更详细的内容，请参考第 4 章。

表 16-12　1989～1994 年因子分析的结果

因　子	观察值数量	起始日期	结束日期	$\hat{\beta}$	t 值	r_{Z1}	t 值
技术面——基于股票价格							
40. 布林带（BB）	60	1989-12	1994-11	−1.404	−4.310	−0.599	−2.633
41. 1 个月动量（M1M）	60	1989-12	1994-11	−7.259	−3.945	−1.265	−2.541
42. 3 个月动量（M3M）	60	1989-12	1994-11	−2.332	−2.635	−0.752	−1.343
43. 12 个月动量（M12M）	60	1989-12	1994-11	−0.083	−0.375	0.173	0.263
44. 股票价格（P）	60	1989-12	1994-11	0.000	0.260	−3.460	−5.489
45. 相对强弱指数（RSI）	60	1989-12	1994-11	−0.015	−1.935	−0.581	−2.865
技术面——基于股票成交量							
46. 成交量（V）	60	1989-12	1994-11	−0.000	−2.382	−0.919	−4.801
宏 观 经 济							
47. GDP 增长暴露（GDPG）	60	1989-12	1994-11	−10.491	−1.122	−0.773	−1.362
48. GDP 修正暴露（GDPFR）	60	1989-12	1994-11	−4.962	−1.188	−0.800	−1.443
49. GDP 超预期暴露（GDPFS）	60	1989-12	1994-11	−10.543	−1.070	−0.514	−0.941
50. 工业生产总值暴露（IPG）	60	1989-12	1994-11	−4.515	−0.828	−0.736	−1.312
51. IPG 修正暴露（IPR）	60	1989-12	1994-11	−107.477	−1.085	−0.221	−0.436
52. 消费增长暴露（PCG）	60	1989-12	1994-11	−4.962	−0.968	−0.887	−1.527
53. PCG 修正暴露（PCGR）	60	1989-12	1994-11	45.869	0.835	−0.276	−0.537
54. 失业暴露（UR）	60	1989-12	1994-11	−2.897	−1.742	−0.237	−0.501
55. 失业变化的暴露（URD）	60	1989-12	1994-11	−2.003	−1.220	−0.671	−1.431
56. 通货膨胀暴露（CPIG）	60	1989-12	1994-11	2.101	0.735	−0.004	−0.007
57. 商品指数变化的暴露（CIG）	60	1989-12	1994-11	27.882	1.021	1.264	2.274
58. 消费者信心暴露（CCG）	60	1989-12	1994-11	74.221	1.004	0.139	0.235
59. 消费者情绪暴露（CSG）	60	1989-12	1994-11	55.301	1.451	0.379	0.599
60. 商业信心暴露（BSG）	60	1989-12	1994-11	−98.408	−1.047	−1.368	−2.275
61. 互换价差暴露（SS）	60	1989-12	1994-11	−1.075	−0.940	−0.568	−1.141
62. 互换价差变化的暴露（SSD）	60	1989-12	1994-11	−1.437	−1.155	−1.425	−2.179
63. 期限溢价暴露（TP2Y）	60	1989-12	1994-11	−3.263	−1.948	−0.500	−1.068
64. 期限溢价暴露（TP3M）	60	1989-12	1994-11	−7.715	−1.659	−0.099	−0.199
65. 市场暴露（MMF）	60	1989-12	1994-11	4.152	0.146	−0.022	−0.035

（续）

因 子	观察值数量	起始日期	结束日期	$\hat{\beta}$	t 值	r_{Z1}	t 值
其他——分析师							
66. 分析师覆盖数（EPSFN）	60	1989-12	1994-11	0.006	0.203	0.010	0.038
67. 分析师预期 EPS 的标准差（EPS-FSD）	60	1989-12	1994-11	−0.101	−1.323	−0.614	−2.646
68. 下调每股盈利预测的分析师百分比（EPSFD）	60	1989-12	1994-11	−1.447	−7.366	−1.334	−7.174
69. 上调每股盈利预测的分析师百分比（EPSFU）	60	1989-12	1994-11	1.447	7.366	1.334	7.174
70. 标准化的超预期盈利（SUE）	60	1989-12	1994-11	0.006	0.467	0.989	5.138
71. 建议买入的分析师百分比（RE-CB）	13	1989-12	1994-11	0.001	0.361	1.101	0.319
72. 建议卖出的分析师百分比（RE-CS）	13	1989-12	1994-11	0.007	1.186	0.039	0.885
73. 分析师推荐的标准差（RECSD）	13	1989-12	1994-11	0.038	0.155	0.058	0.208
74. 上调股票评级的分析师百分比（RECU）	13	1989-12	1994-11	−1.031	−1.041	−0.026	−1.010
75. 下调股票评级的分析师百分比（RECD）	13	1989-12	1994-11	0.855	1.252	0.023	1.212
76. 分析师推荐中位数的变化（REC-MD）	12	1989-12	1994-11	−0.239	−1.552	−0.009	−0.268
其他——公司金融							
77. 股票回购（SB）	60	1989-12	1994-11	−0.002	−2.309	−0.968	−2.259
其他——社会责任							
80. 多样性指标（DIV）	36	1989-12	1994-11	−0.108	−1.053	−0.027	−0.439
82. 劳资关系（ER）	36	1989-12	1994-11	0.109	0.880	0.064	1.066

注：$\hat{\beta}$ 表示的是回归系数，回归方程的自变量为因子，因变量为股票收益率。t 值表示的是回归系数估计值不等于 0 的 t 统计量。r_{Z1} 表示的是高因子值组合与低因子值组合的收益率之差（单位百分比）。紧接着的 t 值表示的是该收益率不等于 0 的 t 统计量。更详细的内容，请参考第 4 章。

　　敏锐的读者可能注意到许多因子的观察值较少，甚至一些因子都没有列出最后的结果。原因在于直至 20 世纪 90 年代分析师相关的因子及社会因子才开始记录数据。某些行业相关的因子也缺失数据，因为我们所使用的全球行业分类系统（GICS）直到 1994 年才开始记录数据。由于量化组合投资经理可能会对那些缺失值较多的因子特别感兴趣，我们在附送 CD 的附录 16B 中提供了下一时期的各因子的检验数据。然而，我们并不能使用那些检验数据来构建我们的组合，因为它们来自样本外时间区间。

　　运用表 16-11 与表 16-12 的结果，我们接着挑选因子来构建我们的股票收益率模型。我们的目标是构建一个 Z 值模型，一个基本面因子模型，一个经济因子模型。我们的因子的挑选流程如下。

首先，我们设定 β 系数或零投资组合平均收益率的 t 统计量的最小值为 1.65。当观察值样本足够大时，1.65 的 t 统计量对应 90% 的置信区间。我们剔除 t 统计量达不到该最小值的所有因子。对于基本面因子模型的因子选择，我们以 β 系数的 t 统计量为准，而对于经济因子模型的因子选择，我们以零投资组合平均收益率的 t 统计量为准。对于基本面因子模型，经过筛选，在 64 个非宏观经济因子中有 12 个潜在的因子被保留了下来。切记，基本面因子模型不能使用经济变量，因此在建模时这些经济变量不在我们的考虑范围内。对于经济因子模型，经过筛选后，在 83 个因子中留下了 23 个潜在的因子[⊖]。

然后，我们要判断系数的符号是否符合理论预期。如果系数与我们事前的理论认知不相符，那么我们会将该因子剔除。对于基本面因子模型，有 4 个变量与我们的事前判断不相符。因此剩余下列 8 个因子：市值（Size），总资产周转率（TAT），总资产周转率的年度变化（TATD），布林带（BB），1 个月动量（M1M），3 个月动量（M3M），相对强弱指数（RSI）以及上调每股盈利预测的分析师百分比（EPSFU）。对于经济因子模型，有 8 个变量被剔除，剩余的 15 个变量为：P/B，P/CF，P/E，P/S，Size，TAT，TATD，净利润率的年度变化（NPMD），BB，M1M，RSI，商品指数变化的暴露（CIG），商业信心暴露（BSG），EPSFU 以及标准化的超预期盈利（SUE）[⊜]。

上面我们进行的都是单因子检验，所以有可能某些因子之间具有较强的相关性。为了检查这种可能性，我们计算了各因子组内两两因子之间的相关性与秩相关性[⊜]。我们确认了任意两组变量之间的相关性或秩相关性都小于 0.75。

最后，我们进行多因子分析。对于基本面因子模型，我们将股票收益率与 8 个潜在的因子进行回归，并选取其中最显著的 5 个因子。对于经济因子模型，我们将股票

⊖ 互换价差变化的暴露（SSD）并未入选，因为该序列始于 1990 年 12 月。注意下调每股盈利预测的分析师百分比与上调每股盈利预测的分析师百分比包含着同样的信息，因此我们选择仅使用上调每股盈利预测的分析师百分比。

⊜ 在筛选经济因子时，其中有 2 个经济因子是显著的，但由于我们不确定它们的理论符号是正或是负，因此我们也将它们剔除。注意，我们并没有考虑 SSD 因子。

⊜ 对于秩相关性，我们计算的是 Kendall 统计量。Kendall 统计量接近 100% 说明股票在两个变量上的排序完全相同，而 Kendall 统计量接近 −100% 说明股票在两个变量上的排序完全相反。Kendall 统计量是一个比值。分子等于两个因子的同序样本对（即 $(x_i - x_j)(y_i - y_j) > 0$）的数目减去异序样本对（即 $(x_i - x_j)(y_i - y_j) < 0$）的数目。分母等于总的样本对数。我们根据数据的面板结构对 Kendall 统计量进行了修正。即我们分别计算每一期的分子与分母，然后将整个时间区间各期的分子与分母加总。对于相关性的计算我们也做出同样的修正。

收益率与由 15 个潜在因子所构建的虚拟变量进行回归。如果股票在因子上的值很高，那么虚拟变量就为 1；如果股票在因子上的值很低，那么虚拟变量就为 0。该回归等价于检验由这 15 个潜在因子所构建的零投资组合的收益率。同样，我们选取最显著的 5 个因子。基本面因子模型与经济因子模型的最终因子选择如表 16-13 所示。对于加总 Z 值模型，我们使用与基本面因子模型相同的因子。

表 16-13 　股票收益率模型的最终因子

因 子 类 别	基本面因子模型所选因子	经济因子模型所选因子
基本面	TAT	TATD
	TATD	
技术面	BB	M1M
	RSI	RSI
宏观经济		CIG
其他	EPSFU	SUE

注：因子简称在本书刚开始的符号部分可以找到，也可以在附录 16A 中找到。

16.6　股票收益率与风险模型

随着因子列表的确定，我们就可以构建股票收益率模型与风险模型了，通过模型我们最终将会得到我们所期望的组合。正如我们在信息准则中强调的，最好是使用同一个模型进行股票收益率的预测与风险的计算。我们将 3 个模型——基本面因子模型、经济因子模型以及加总 Z 值模型运行到历史数据中。除加总 Z 值模型外，基本面因子模型与经济因子模型均能够计算出投资范围内全部股票的预期收益率及风险。我们选择使用的加总 Z 值模型的版本是将 Z 值变为因子暴露，即：

$$r_{i,t} = \gamma_i + \delta_1 z_{i,1,t-1} + \cdots + \delta_K z_{i,K,t-1} + \epsilon_{i,t} \tag{16-1}$$

其中 γ_i 为常数项，δ_k 为 Z 值与股票收益率之间的回归系数，$\epsilon_{i,t}$ 为残差项。

对于每月的历史数据，我们在构建最优组合时，仅考虑我们作为指数增强型的主动投资经理的情况。在任何情况下，我们都设定标普 500 指数为我们的比较基准，我们的目标是在跟踪误差的约束下，最大化组合相对于比较基准的超额收益率。

我们进行了各种回测与优化，在优化中均遵守下列标准约束条件。跟踪误差的约束为 5%，但我们还考虑跟踪误差约束在 2% 及 10% 的情况（即：TE≤2%、5% 或 10%）。除市场中性策略之外，我们不允许卖空（即不允许：w≤0）。组合必须是满仓

的（即：$\mathbf{w'\iota}=1$）。我们还加入了分散化的约束，即组合中单只股票的权重不超过 5%
（即：$\mathbf{w}\leqslant 0.05$）。最后，我们加入交易方面的流动性约束：假设我们管理的是一个 5
亿美元的组合，我们限制每只股票的持仓市值小于其日均成交额的 33%，即 $w_t\leqslant$
$0.33\mathrm{ADV}_t/\mathrm{V}_t$。我们每月会更新一次各只股票的 ADV，但是我们并不会相应地调整个
股在组合中的权重。

我们在标准约束条件的基础上还考虑了引入一些新的约束，例如我们的组合中包
含一个行业中性（相对于比较基准）的投资组合。另外我们的组合中还包括因子暴露中
性的投资组合⊖。

16.7　参数的稳定性与再平衡的频率

在构建股票收益率模型之前，对参数的稳定性进行检验是非常有价值的。量化股
票组合管理（QEPM）的准则 6 要求量化模型应当反映持续与稳定的模式。为了维持股
票收益率模型的持续性与稳定性，参数的稳定性检验决定了我们重新估计模型的频率。
回忆一下，在因子选择阶段我们每个月都会对股票收益率与因子暴露进行回归。将月
度回归数据归集起来，我们就能够检验因子溢价在一段时间内的稳定性了。以股票收
益率与总资产周转率之间的回归为例：

$$r_{i,t+1} = \alpha_{t+1} + f_{t+1}\mathrm{TAT}_{i,t} + \epsilon_{i,t+1} \tag{16-2}$$

上式中，$\mathrm{TAT}_{i,t}$ 为股票 i 在 t 月的总资产周转率，f_{t+1} 为 $t+1$ 月的因子溢价。从 1980
年 1 月至 1994 年 12 月，我们每个月都对上式进行一次估计。完成上述估计之后，我
们就能够得到 180 组 α 与 f 的估计值，每组估计值都对应一个月的回归。

通过将 180 期的回归数据混合起来做一次混合回归（pooled regression），我们可以
检验 f 在一段时间内是否稳定。注意，在混合回归中，我们并没有对 α 施加约束；我
们仍然估计出 180 个 f 与 180 个 α。其估计结果与我们从逐月回归中所得到的完全相
同。当不施加任何约束时，混合回归使得假设检验变得更加容易。

一旦我们完成了混合回归的估计，我们就可以检验因子溢价在一个季度内是否稳
定了。首先，我们检验 1980 年 1 月、1980 年 2 月、1980 年 3 月的因子溢价 f 是否相

⊖　这让我们完全聚焦于超额收益率 α^{MF} 而非 α^B。

等。原假设为这 3 个 f 相等；备择假设为这 3 个 f 不相等。如果该检验的 p 值很高，那么我们就对原假设更有信心。如果 p 值很低，那么备择假设为真的可能性就更高。我们一般使用 5% 的临界值。对于 5% 的临界值，如果 p 值高于 5%，那么就接受原假设。如果 p 值低于 5%，那么就拒绝原假设。

我们使用同样的方法来检验下一季度的因子溢价（即 1980 年 4 月、1980 年 5 月以及 1980 年 6 月的 f），并且重复以上过程直至我们完成全部 60 个季度的数据（即 1980~1994 年）⊖。60 个检验完成后，我们拒绝原假设 31 次，因此拒绝率为 0.52（＝31/60）。该拒绝率说明总资产周转率的因子溢价在一个季度内比较稳定。

同样的检验可以扩展到任意的时间长度。除了对季度外，我们还对 6 个月、1 年以及 2 年分别进行了参数的稳定性分析。由于我们在检验中不使用重叠数据，所以我们对 30 个 6 个月期（1980 年 1 月至 1980 年 6 月、1980 年 7 月至 1980 年 12 月，……，1994 年 7 月至 1994 年 12 月）；15 个 1 年期（1980 年 1 月至 1980 年 12 月，1981 年 1 月至 1981 年 12 月，……，1994 年 1 月至 1994 年 12 月）；7 个 2 年期（1980 年 1 月至 1981 年 12 月，……，1992 年 1 月至 1993 年 12 月）进行了检验。

表 16-14 总结了所选因子的拒绝率。该拒绝率表明：总资产周转率的年度变化在两年内都比较稳定；而动量因子则经常变化。

表 16-14 所选因子参数稳定性检验的拒绝率

假 设 检 验	总资产周转率	总资产周转率的年度变化	1 个月动量	RSI
在 1 个季度内稳定	0.52	0.2	0.85	0.47
在 2 个季度内稳定	0.77	0.2	0.97	0.67
在 1 年内稳定	0.73	0.47	0.94	0.8
在 2 年内稳定	0.86	0.43	0.86	1

注：拒绝率表示的是在所选时间区间参数具备稳定性的假设检验被拒绝的百分比。数据以小数的形式给出，因此 0.52 代表的是 52% 的拒绝率。

由于参数稳定性的证据并不一致，因此模型再估计的时间间隔不能太短。为了估计个股的风险——特别是个股的非系统性风险，模型再估计的时间间隔不能太短。

为了构建组合，我们采用下面的策略。对于基本面因子模型，我们使用 12 个月的数据来估计因子溢价（即从 t 年的 1 月至 12 月）。然后，我们使用因子溢价的估计值与

⊖ 我们并没有重复使用同一个月的数据，因此并不存在重叠数据。如果我们使用了重叠数据，那么 p 值的解释就会比较复杂。

t 年 12 月的股票因子暴露来构建 $t+1$ 年 1 月的投资组合。每年我们会再估计一次参数，即将因子溢价的估计向前滚动 1 年。

对于经济因子模型，我们使用前 5 年的数据来估计股票的因子暴露。然后，我们同样使用这 5 年的历史数据来预测下一期的因子溢价。我们使用 VAR（向量自回归）方法来预测因子溢价[一]。最后，我们基于这些因子暴露以及预测的因子溢价来构建组合。每年年初我们都重复一次以上过程，即将估计窗口向前滚动 1 年。

下面我们使用一个实际的日期序列来说明上述过程。假设我们将要构建 1995 年 1 月的组合。对于基本面因子模型，我们使用 1994 年 1 月至 1994 年 12 月的股票收益率数据以及 1993 年 12 月至 1994 年 11 月的因子暴露数据（如 P/B）来估计 1995 年 1 月的因子溢价。然后，我们使用 1995 年 1 月因子溢价的估计值与 1994 年 12 月的因子暴露来计算股票的预期收益率、标准差以及投资范围中各股票间的相关系数，并基于这些数据来构建 1995 年 1 月初的投资组合。

对于经济因子模型，我们使用 1990 年 1 月至 1994 年 12 月的因子与股票收益率数据来估计 1995 年 1 月所有股票的因子暴露。我们同样使用这 5 年的因子溢价数据来预测 1995 年 1 月的因子溢价。然后，我们使用因子暴露的估计值以及 1995 年 1 月的因子溢价来计算股票的预期收益率、标准差以及投资范围中各股票间的相关系数，并基于这些数据来构建 1995 年 1 月初的投资组合。每年重复一次上述过程。

相对于每年再平衡一次组合，某些投资经理可能更愿意每月再平衡一次组合。我们选择每年再平衡一次组合仅仅是因为我们想要节省计算时间，并重点讨论相关的概念及结果。然而，如果组合中的某些股票从投资范围中剔除了，我们也会按月再平衡一次组合。只是在这种情况下，我们的做法是维持剩余股票的相对权重[二]。

同样，我们并不会在样本外的时间区间重新选择因子。某些量化组合投资经理可能希望每隔一定的时间段再重新选择标的因子，比如，每 5 年重选一次。为了简化起见，我们并没有这么做。

[一] 见第 8 章中 VAR 的介绍。

[二] 该过程可能会扭曲一些收益率数据。如果一只股票仅仅从我们的投资范围中剔除，而并没有从股票交易所摘牌，那么我们计算的完整性就不受影响。然而，如果月中股票从股票交易所摘牌了，我们的计算就假设了我们事先已经知道了哪只股票将会被摘牌。由于股票的摘牌原因不同，我们的收益率计算可能被高估了也可能被低估了。然而，这一类事件并不常见，而且不论在何种情况下组合相对于比较基准的表现均不受影响，因为我们对待二者的方法是一样的。

16.8 标准组合的变形

我们 3 个模型的标准组合是附加了 4 个约束条件的跟踪组合，4 个约束分别是跟踪误差约束、非卖空约束、满额投资约束以及成交额约束。另外，为了便于说明，我们给经济因子模型的标准组合增加了额外的约束条件，并由此产生了标准组合的 6 个变形。

第 1 个变形，我们增加了行业权重约束，即要求组合相对于比较基准行业中性。我们使用全球行业分类系统(GICS)确定了 10 个主要的行业，然后约束我们的组合与比较基准在这 10 个行业中的权重完全相同。

第 2 个变形，我们增加了因子暴露的约束，即要求组合与比较基准在各因子上的暴露完全相同。由于我们有 5 个因子，所以因子暴露约束就相当于增加了 5 个约束条件。

第 3 个与第 4 个变形是在标准组合的基础上分别加入了交易成本管理与税务管理。我们要求跟踪组合在考虑到交易成本或税负的情况下最大化预期超额收益率，同时仍然保留了标准组合的其他约束条件。

第 5 个变形是对标准组合加杠杆，最后一个变形是市场中性组合。我们将在下面的章节进一步描述这些变化。

16.8.1 交易成本

组合投资经理在回测时常常没有考虑到交易成本，而忽略交易成本会使得回测检验不切实际。在回测中投资策略忽略交易成本而表现出好的结果可能是因为高换手率，而这在实际投资中会蚕食投资经理的 α^B。忽略交易成本还可能导致投资经理更偏向于选择小盘股，而事实上小盘股要比相似业务的大盘股的交易成本高。一个合理的回测必须在某种程度上对交易成本进行处理。

我们回测的时间区间为 1995~2003 年。通过与交易员的交流，我们发现大家的主流观点是 1995 年的佣金大约是每股 5~7 美分，而 2003 的佣金大约是每股 2 美分。投资经理可以将此经验数据用于回测中，但是我们决定在这方面做进一步的研究。

Plexus Group 记录了美国股票的机构交易成本$^{\ominus}$。Plexus Group 将交易成本分为几

$\ominus$ 我们在此感谢 Plexus Group 的 Wayne Wagner 为我们的回测提供了交易成本的数据。除了 Plexus Group，其他的一些组织，如 Abelhoser，也提供交易成本的估计。

类，包括**佣金**、**市场冲击**（market impact）、**延迟（交易）**以及**机会成本**。佣金是在进行交易时支付给经纪商的明确的费用。市场冲击是任何由交易引起的供给/需求不平衡而导致的股票市场价格的变动。市场冲击由经纪商所收到的报单价格与执行价格之间的差异来衡量。延迟（交易）是指由于缺乏流动性或者操作不利而导致报单没有在当日完成所产生的跨日的股票价差成本。机会成本等于未完成交易的百分比乘以未完成交易的 30 日累积收益率。机会成本是为了降低市场冲击而延迟交易所产生的，可能是因为根本无法完成交易，或者是因为市场变得对投资策略不利而放弃了部分交易。如果一位投资经理的策略计划买入 100 000 股，但实际上仅仅买到了 50 000 股，那么未买到部分的潜在收益率损失就是机会成本。Plexus Group 使用机构投资者的每笔交易的平均成本来推测机会成本。

这些交易成本是可加总的。例如，根据 Plexus 的数据，2005 年第 1 季度，总交易成本中佣金贡献了 11 个基点，市场冲击贡献了 13 个基点，延迟交易贡献了 29 个基点，机会成本贡献了 6 个基点。加总后，每笔交易所需的交易成本为 60 个基点。因此模型的 α^B 最好足够高以抵消交易成本的影响。表 16-15 给出了分解后的交易成本，我们所获得的数据只记录了 1994 年、1996 年、1997 年以及 2001 年第 1 季度之后的交易成本。对于 1997～2001 年，我们仅获得了总交易成本的数据，但是我们使用插值法，即假设每一类成本占总成本的比重保持不变，来获得各类成本。

表 16-15　所选期间的交易成本

年	大盘股（市值≥50 亿美元）			小盘股（市值＜50 亿美元）		
	较高的成本	较低的成本	佣金	较高的成本	较低的成本	佣金
1994	−86	−34	−10	−148	−51	−15
1995	−107	−33	−10	−183	−49	−15
1996	−103	−36	−13	−213	−53	−19
1997	−92	−40	−14	−155	−59	−21
1998	−114	−49	−17	−139	−53	−19
1999	−94	−40	−14	−193	−74	−26
2000	−108	−47	−16	−157	−60	−21
2001	−130	−49	−12	−211	−77	−14
2002	−126	−46	−17	−207	−67	−25
2003	−63	−30	−13	−99	−47	−20
2004	−58	−27	−11	−101	−38	−17

注：以上数据是从 Plexus Group 获得并由作者自己计算得到。较高的成本代表的是延迟（交易）加上市场冲击加上佣金；较低的成本代表的是市场冲击加上佣金。佣金指的是每笔交易的佣金。所有的数据单位均为基点。在构建组合时，大盘股的交易成本适用于当时市值大于或等于 50 亿美元的大盘股。小盘股的交易成本适用于当时市值小于 50 亿美元的小盘股。所有的成本数据均代表的是单边交易成本。

为了得到附加交易成本约束的标准组合的变形，我们需要确定哪些成本会造成影响。对于 25 000 股以上的交易，Plexus 建议投资经理将平均交易成本定义为佣金加上市场冲击加上延迟交易，而对于 10 000 股以下的交易，使用佣金加上市场冲击就够了。为了更保守一些，我们选择使用更具包容性的交易成本的定义。我们计算的整体交易成本为 80% 的大盘股交易成本加上 20% 的小盘股交易成本$^{\ominus}$。由于我们的组合是根据每年年初的数据来构建的，因此 t 年 1 月份使用的交易成本数据来自 $t-1$ 年。

16.8.2 税务

回测时若没有考虑税务的影响，则同样会严重扭曲策略的检验结果。正如我们在第 11 章中强调的，投资者最关心的是税后收益率，而税后收益率与税前收益率之间可能有极大的差异。由于税务管理的需要，组合投资经理面临着两项任务。第一是计算并报告组合的税前收益率与税后收益率。第二是考虑组合的主动税务管理，并通过合理避税来产生额外的收益。

计算税后收益率原则上非常简单，但是在实践中要求苛刻。不同投资者之间的税率不同，因此到底是适用于长期资本利得税率、短期资本利得税率还是股利税并不是那么显而易见的。持续跟踪计税单位需要付出额外的精力。在我们的回测中，我们假设 15% 的长期资本利得税率。由于我们绝大多数的模拟交易是一年一次的，因此我们很少发生短期资本利得或损失，我们也就不对它们进行单独处理了。不同类型的投资者在股利收入税率上的差异巨大，因此在回测中我们忽略股利税。我们会持续跟踪计税单位，并且运用第 11 章中介绍的计税单位选择法来最小化税负。在该方法下，我们在交易之前会计算每一个计税单位的潜在税负，因此最先交易的是具有最小潜在税负的计税单位。

对于组合的主动税务管理，我们使用的是亏损收割法。亏损收割是指卖出当前的交易价格低于买入价格的股份，产生资本亏损，并以此来降低组合整体的税负。虽然对单个亏损的股份进行亏损收割能够最大化税务利益，但这也会产生不良的影响，即增加组合相对于比较基准的跟踪误差。我们通过以下两步来构建税务管理的组

$\ominus$ 这增加了大盘股的交易成本，并且略微降低了小盘股的交易成本。我们没有选择依据某个临界值来区分大盘股与小盘股，以区分这两类股票的交易成本。许多股票虽然被分类到小盘股或者大盘股，但是它们可能非常接近于临界值。另一种方法是在区分大盘股与小盘股的临界点附近使用插值法来确定交易成本。

合。第 1 步，我们在不考虑税务的情况下确定买卖的股票列表。第 2 步，运用亏损收割法来确定股票买卖的数量。这两步能够确保亏损收割不会造成组合跟踪误差的大幅上升。

在第 1 步中，我们在不考虑税务的情况下确定标准跟踪组合。将该跟踪组合与当前组合进行比较就能够得到股票的买卖列表。我们记再平衡之前股票 i 在当前组合中的权重为 w_i^b，在最优跟踪组合中的权重为 w_i^* [一]。如果股票 i 在最优跟踪组合中的权重大于当前组合（即 $w_i^* > w_i^b$），那么我们就需要进一步买入该股票。另一方面，如果股票 i 在最优跟踪组合中的权重小于当前组合（即 $w_i^* < w_i^b$），那么我们就需要卖出该股票。

在第 2 步中，我们要从亏损收割的角度来确定买卖股票的数量。对于当前组合中的每只股票，我们计算其充分亏损收割后所占组合的权重，即我们兑现该股票全部潜在亏损的股份后其所占组合的权重。我们记经过充分亏损收割后的股票 i 所占组合的权重为 w_i^{**}。不用说，股票 i 在新组合中的权重越接近充分亏损收割后的权重，税务利益就越大。任何未充分亏损收割的权重都会使得组合损失部分潜在的税务优惠，这些损失跟新组合与充分亏损收割后权重之间的偏离成比例。因此，我们在股票 i 的收益率中加上或减去税率的影响来表明潜在税务收益的损失 [二]。具体的买卖数量由优化来确定，即在优化中使用修正后的预期收益率，并设置与跟踪组合权重、充分亏损收割后权重相关的约束条件。

额外的约束条件以及对该优化必要的修改归纳如下，记 w_i^a 为股票 i 在新组合中的权重。同样，依据上文所述分别定义 w_i^b，w_i^* 以及 w_i^{**}。我们记税率的影响为 τ。那么：

（1）如果 $w_i^* \geqslant w_i^b$，那么加入新约束条件（$w_i^a \geqslant w_i^b$）。

（2）如果 $w_i^* < w_i^b < w_i^{**}$，那么加入新约束条件（$w_i^a < w_i^b$），并且将预期收益率 μ_i 替换为 $\mu_i + \tau$。

（3）如果 $w_i^{**} < w_i^* < w_i^b$，那么加入新约束条件（$w_i^{**} < w_i^a < w_i^*$），并且将预期收

㊀ 上角标 b 表示是的再平衡之前。依照惯例，上角标 $*$ 表示的是最优组合中的股票权重。

㊁ 如果股票在新组合中的权重低于充分亏损收割后的权重，那么我们就在预期收益率中加上税率。如果股票在新组合中的权重高于充分亏损收割后的权重，那么我们就在预期收益率中减去税率。

益率 μ_i 替换为 $\mu_i - \tau$。

（4）如果 $w_i^* < w_i^{**} < w_i^b$，那么加入新约束条件（$w_i^* < w_i^a < w_i^{**}$），并且将预期收益率 μ_i 替换为 $\mu_i + \tau$。

在该优化中，标准组合其余的约束条件均保持不变。

16.8.3 杠杆

对于杠杆组合，我们将标准跟踪组合与标普 500 指数期货结合起来。给定标准组合的资本资产定价模型（CAPM）β，我们买入足够的标普 500 指数期货并使得组合相对于标普 500 的 β 达到 2。标准组合的 β 是通过组合中个股的 β 计算得到的[⊖]。使得组合的整体 β 达到 2 所需买入的期货数量可以由下式计算得到[⊖]：

$$N_f = \frac{(\beta^* - \beta_S)V_t}{qS_t} \tag{16-3}$$

其中 β^* 为目标 β（在本例中是 2），β_S 为股票组合的 β，V_t 为标准组合在时间 t 的市值，S_t 为期货合约标的指数的点位（在本例中是标普 500 指数的点位），q 为期货合约乘数（250）。

在第 15 章中我们介绍了计算杠杆组合收益率的公式。在回测中，我们使用式（15-10）来计算杠杆组合的收益率：

$$r_{P,t,t+k} = (1 - \xi_t)r_{s,t,t+k} + \xi_t(I_{t,t+k} - 1) + \left[\frac{\beta^* + (\xi_t - 1)\beta_{s,t}}{\beta_{f,t}S_t}\right](F_{t+k} - F_t) \tag{16-4}$$

代入具体参数，$\xi_t = 0$，$\beta_f = 1$，$\beta^* = 2$，杠杆组合的收益率计算公式就变为：

$$r_{P,t,t+k} = r_{s,t,t+k} + \left(\frac{2 - \beta_{s,t}}{S_t}\right)(F_{t+k} - F_t) \tag{16-5}$$

16.8.4 市场中性

为了检验市场中性策略，我们构建了一个在经济因子模型的各因子上都是 β 中性的金额中性组合。由于我们已经建立了因子暴露中性的跟踪组合，因此，我们只用简单地买入该最优跟踪组合并卖空同等市值的比较基准即可。通过该方法得到的组合是

⊖ 组合 β 等于组合中个股 β 的简单加权平均，加权的权重是个股在组合中的权重。
⊖ 该式来自于第 12 章的式（12-13）。

金额中性的，因为多头持仓与空头持仓的市值是相等的，与此同时该组合还是 β 中性的，因为跟踪组合与比较基准在各因子上的暴露也是相等的。

除此之外，我们还构建了一个金额中性、行业中性的组合，即跟踪组合与比较基准在各行业中的权重是相等。我们只用买入行业中性的最优跟踪组合并卖空同等市值的比较基准即可。通过该方法得到的组合就是行业中性与金额中性的。

最后，我们直接通过优化的方法构建了第 3 个市场中性组合，即在优化中，我们加入金额中性约束（即组合中个股的权重之和为 0）以及因子中性约束（即组合在各因子上的暴露为 0）。除了剔除 5% 的目标跟踪误差，优化中其他的约束条件均被保留。我们还放松了个股权重大于或等于 0 的约束条件，从而使得股票可以被卖空。

16.9　结论

在本章中我们使用了美国股票数据进行了回测检验，并以此展现了整个回测的流程。量化股票组合投资经理经常会使用回测来了解一个策略的历史表现如何。如果我们预期与模型相关的过去及当前的条件保持到未来的概率比较大，那么回测就在一定程度上给出了模拟组合在未来的表现。投资经理如何设置及运行整个回测将会影响到策略的检验结果。在本章特定的检验中我们展现了我们的决策流程，并以此说明了在回测检验的每个阶段常见实际问题的合理解决方法。我们讨论了关于数据与软件、时间区间与数据集的频率、投资范围与比较基准、股票收益率模型中所包含的因子、模型类型的选择以及组合再平衡的频率。我们在本章中简要地描述了每一个步骤，而在本书前面的章节对这些步骤有更加全面的介绍。

第 17 章展示了我们实施并回测的投资策略在模拟组合上的真实绩效统计。我们检验了 3 个不同的模型——基本面因子模型、经济因子模型以及加总 Z 值模型。对每一个模型我们都构建多个组合，包括一个标准组合以及对该标准组合进行各种变形后所得到的各种组合，例如附加不同的约束（股票权重、因子暴露、交易成本或税务管理），或不同的特征（杠杆、市场中性）。某些组合的绩效统计令人兴奋，而另一些则表现平平。我们举例的目的并非鼓吹某个特定的策略，而是想说明如何检验、实施以及评价这些策略。至于某个策略是否值得使用则留给读者来判断了。

附录 16A 因子公式

表 16A-1 因子公式

因 子	公 式	备 注
基本面——估值		
1. 股利收益率(D/P)	$\dfrac{d_t}{p_t}$	其中 d_t 为年化的每股股利$\ominus$
2. 市净率(P/B)	$\dfrac{p_t \cdot n_t}{CE_{t-3}}$	其中 $CE_{t-3}>0$，CE 表示的是总普通股权益(数据 60)
3. 市现率(P/CF)	$\dfrac{p_t \cdot n_t}{OCF_{t-3}}$	仅当 $OCF_{t-3}>0$ 时适用，其中 OCF 为经营活动的现金流净额
4. 市盈率(P/E)	$\dfrac{p_t}{\bar{e}_{t-3}}$	仅当 $\bar{e}_{t-3}>0$ 时适用，其中 $\bar{e}$ 为扣除非经常性损益后的基本每股盈利
5. 市盈率与历史盈利增长比(PEGH)	$\dfrac{p_t}{\bar{e}_{t-3} \cdot g^h}$	仅当 $\bar{e}_{t-3}$ 以及 g^h 为正时适用，其中 g^h 为过去 5 年每股盈利的增长率
6. 市盈率与预期盈利增长比(PEGF)	$\dfrac{p_t}{\bar{e}_{t-3} \cdot g^f}$	仅当 $\bar{e}_{t-3}$ 以及 g^f 为正时适用，其中 g^f 为分析师预期增长率的均值
7. 市销率(P/S)	$\dfrac{p_t \cdot n_t}{s_{t-3}}$	仅当 $s_{t-3}>0$ 时适用，其中 s 为净销售额(数据 12)
8. 市值(Size)	$p_t \cdot n_t$	其中 n_t 为已发行的总股本
9. 研发与销售收入比(RNDS)	$\dfrac{rnd_{t-3}}{s_{t-3}}$	仅当 rnd 为正时适用，其中 rnd(数据 46)为净研发费用
10. 研发与销售收入比的变化(RNDSD)	$\dfrac{rnd_{t-3}}{s_{t-3}} - \dfrac{rnd_{t-15}}{s_{t-15}}$	
基本面——偿债能力		
11. 现金比率(CR)	$\dfrac{c_{t-3}}{CL_{t-3}}$	仅当 c 以及 CL 为正时适用，其中 c(数据 1)为现金及短期投资，CL(数据 5)为流动负债
12. 现金比率的年度变化(CRD)	$\dfrac{c_{t-3}}{CL_{t-3}} - \dfrac{c_{t-15}}{CL_{t-15}}$	
13. 流动比率(CUR)	$\dfrac{CA_{t-3}}{CL_{t-3}}$	仅当 CA 以及 CL 为正时适用，其中 CA(数据 4)为流动资产
14. 流动比率的年度变化(CURD)	$\dfrac{CA_{t-3}}{CL_{t-3}} - \dfrac{CA_{t-15}}{CL_{t-15}}$	
15. 速动比率(QR)	$\dfrac{c_{t-3}+re_{t-3}}{CL_{t-3}}$	仅当 c、re 以及 CL 为正时适用，其中 re(数据 2)为总的应收款项
16. 速动比率的年度变化(QRD)	$\dfrac{c_{t-3}+re_{t-3}}{CL_{t-3}} - \dfrac{c_{t-15}+re_{t-15}}{CL_{t-15}}$	
基本面——营运效率		
17. 存货周转率(IT)	$\dfrac{2\times(COGS)_{t-3}}{I_{t-3}+I_{t-15}}$	仅当 $COGS$ 以及 I 为正时适用，其中 $COGS$(数据 41)为销售成本，I(数据 3)为总的存货

$\ominus$ 原文此处为股利率，根据公式的表述，应为笔误。——译者注

（续）

因　子	公　式	备　注
基本面——营运效率		
18. 存货周转率减去行业平均（ITX）	$IT - \overline{IT}$	其中 IT 为存货周转率，$\overline{IT}$ 为行业平均值（行业分类使用 $GICS$ 一级行业（即代码为两位数的行业））
19. 存货周转率的年度变化（ITD）	$IT_t - IT_{t-12}$	
20. 总资产周转率（TAT）	$\dfrac{s_{t-3}}{TA_{t-3}}$	仅当 s 以及 TA 为正时适用，其中 TA（数据 6）为总资产
21. 总资产周转率减去行业平均（TATX）	$TAT_t - \overline{TAT}$	其中 TAT 为总资产周转率，$\overline{TAT}$ 为行业平均值（行业分类使用 $GICS$ 一级行业（即代码为两位数的行业））
22. 总资产周转率的年度变化（TATD）	$TAT_t - TAT_{t-12}$	
基本面——盈利能力		
23. 毛利率（GPM）	$1 - \dfrac{(COGS)_{t-3}}{s_{t-3}}$	
24. 毛利率的年度变化（GPMD）	$GPM_t - GPM_{t-12}$	其中 GPM 为毛利率
25. 净利率（NPM）	$\dfrac{NI_{t-3}}{s_{t-3}}$	其中 NI（数据 18）为扣除非经常性损益前的净利润
26. 净利率的年度变化（NPMD）	$NPM_t - NPM_{t-12}$	其中 NPM 为净利率
27. 营业利润率（OPM）	$\dfrac{OI_{t-3}}{s_{t-3}}$	其中 OI（数据 13）为折旧前的营业利润
28. 营业利润率的年度变化（OPMD）	$OPM_t - OPM_{t-12}$	其中 OPM 为营业利润率
29. 总资产收益率（ROA）	$\dfrac{(NI_{t-3} + IE_{t-3})(1 - \tau_{t-3})}{TA_{t-3}}$	其中 τ 为所得税税率，计算方法为总的所得税（数据 16）除以税前所得（数据 170）。如果所得税税率的计算值大于 1，那么记该值为 1。IE（数据 15）为利息支出
30. 普通股权收益率（ROCE）	$\dfrac{NI_{t-3} - PD_{t-3}}{CE_{t-3}}$	如果计算值为负，那么记该值缺失。其中 PD 为优先股股利（数据 19）

注：该表包括了各个因子的计算公式。当适用时，我们使用了变量的 Compustat 代码（如数据 12 为净销售额的 Compustat 代码）。

表 16A-2　因子公式

因　子	公　式	备　注
基本面——财务风险		
31. 债务股本比（D/E）	$\dfrac{TL_{t-3}}{SE_{t-3}}$	其中 TL（数据 181）为总负债，SE（数据 216）为股东权益
32. 债务股本比减去行业平均（DEX）	$DE_t - \overline{DE_t}$	其中 DE 为债务股本比，$\overline{DE}$ 为行业平均值（行业分类使用 GIC 一级行业（即代码为两位数的行业））

（续）

因　子	公　式	备　注
基本面——财务风险		
33. 债务股本比的年度变化（DED）	$DE_t - DE_{t-12}$	
34. 利息覆盖率（ICR）	$\dfrac{(PI)_{t-3}}{IE_{t-3}}$	其中 PI（数据 170）为税前利润
35. 利息覆盖率减去行业平均（ICRX）	$ICR_t - \overline{ICR}_t$	其中 ICR 为利息覆盖率，$\overline{ICR}$ 为利息覆盖率的行业平均值（行业分类使用 $GICS$ 一级行业（即代码为两位数的行业））
36. 利息覆盖率的年度变化（ICRD）	$ICR_t - ICR_{t-12}$	
37. 现金流覆盖率（CFCR）	$1 + \dfrac{(OCF)_{t-3}}{IE_{t-3}}$	其中 OCF 为经营活动的现金流净额
38. 现金流覆盖率减去行业平均（CFCRX）	$CFCR_t - \overline{CFCR}_t$	其中 $CFCR$ 为现金流覆盖率
39. 现金流覆盖率的年度变化（CFCRD）	$CFCR_t - CFCR_{t-12}$	
技术面——基于股票价格		
40. 布林带（BB）	$I(p_t > [\bar{p} + \sigma]) - I(p_t < [\bar{p} - \sigma])$	其中 I 为运算符，即如果条件为真则为 1，否则为 0，$\bar{p}$ 为该月每日股价的平均值，σ 为该月每日股价的标准差
41. 1 个月动量（M1M）	$\dfrac{p_t + d_t + ce_t}{p_{t-1}}$	其中 d 为每股股利，ce 为每股现金等价物
42. 3 个月动量（M3M）	$e^{\left[\sum\limits_{i=0}^{2} \log(1 + r_{t-i})\right]}$	其中 r_t 为股票月度收益率
43. 12 个月动量（M12M）	$e^{\left[\sum\limits_{i=0}^{11} \log(1 + r_{t-i})\right]}$	
44. 股票价格（P）	p_t	
45. 相对强弱指数（RSI）	$100 - \left[\dfrac{100}{1 - U/D}\right]$	其中 U 为股价上涨时的每日平均涨幅（取正值），D 为股价下跌时的每日平均跌幅（取负值）。均值的计算使用 1 个月内的所有日数据
技术面——基于股票成交量		
46. 成交量（V）	$\bar{V}_t$ ⊖	其中 $\bar{V}_t$ 为该月的日均成交量
宏观经济		
47. GDP 增长暴露（GDPG）	$100\left(\dfrac{[gdpchwg]_{t-1}}{[gdpchwg]_{t-4}} - 1\right)$	经济变量的定义见表 16A-4 及表 16A-5
48. GDP 修正暴露（GDPFR）	$100\left(\dfrac{[gdpsfqm0]_t - [gdpsfqp1]_{t-3}}{[gdpsfqp1]_{t-3}}\right)$	其中 $gdpsfqm0$ 为当季 GDP 的预期值，$gdpsfqp1$ 为下季 GDP 的预期值
49. GDP 超预期暴露（GDP-FS）	$100\left(\dfrac{[gdpcur]_{t-1} - [gdpsfqm0]_{t-1}}{[gdpsfqm0]_{t-1}}\right)$	见表 16A-4
50. 工业生产总值暴露（IPG）	$100\left(\dfrac{[ip]_{t-1}}{[ip]_{t-2}} - 1\right)$	见表 16A-4

⊖　原著为 $-(V_t - \bar{V}_t)r_t$。——译者注

（续）

因　子	公　式	备　注
宏 观 经 济		
51. IPG 修正暴露（IPR）	$100\left(\dfrac{[ipsfm0]_t-[ipsfp1]_{t-3}}{[ipsfp1]_{t-3}}\right)$	其中 $ipsfm0$ 为当季 ip 的预期值，$ipsfp1$ 为下季 ip 的预期值
52. 消费增长暴露（PCG）	$100\left(\dfrac{[gdpctot]_{t-1}}{[gdpctot]_{t-4}}-1\right)$	见表 16A-4
53. PCG 修正暴露（PCGR）	$100\left(\dfrac{[rconm0]_t-[rconp1]_{t-3}}{[rconp1]_{t-3}}\right)$	其中 $rconm0$ 为当季真实消费的预期值，$rconp1$ 为下季消费的预期值
54. 失业暴露（UR）	$[usurtot]_{t-1}$	见表 16A-4
55. 失业变化的暴露（URD）	$[usurtot]_{t-1}-[usurtot]_{t-2}$	见表 16A-4
56. 通货膨胀暴露（CPIG）	$100\left(\dfrac{[cpi]_{t-1}}{[cpi]_{t-2}}-1\right)$	见表 16A-4
57. 商品指数变化的暴露（CIG）	$100\left(\dfrac{[crbcmdt]_t}{[crbcmdt]_{t-1}}-1\right)$	见表 16A-4

注：该表包括了各个因子的计算公式。当适用时，我们使用了变量的 Compustat 代码（如数据 12 为净销售额的 Compustat 代码）。表 16A-4 及表 16A-5 中介绍了原始的经济变量。

表 16A-3　因子公式

因　子	公　式	备　注
宏 观 经 济		
58. 消费者信心暴露（CCG）	$100\left(\dfrac{[consconf]_t}{[consconf]_{t-2}}-1\right)$	见表 16A-5
59. 消费者情绪暴露（CSG）	$100\left(\dfrac{[conssent]_t}{[conssent]_{t-1}}-1\right)$	见表 16A-5
60. 商业信心暴露（BSG）	$100\left(\dfrac{[busconf]_{t-1}}{[busconf]_{t-4}}-1\right)$	见表 16A-5
61. 互换价差暴露（SS）	$yswap\text{-}yc10$	见表 16A-4
62. 互换价差变化的暴露（SSD）	$yswap_t\text{-}yswap_{t-1}$	见表 16A-4
63. 期限溢价暴露（TP2Y）	$yc10\text{-}yc2$	见表 16A-4
64. 期限溢价暴露（TP3M）	$yc10\text{-}yc3m$	见表 16A-4
65. 市场暴露（MMF）	RMRF	通过 Kenneth French 网页可以获得
66. 小盘股暴露（SML）	SML	通过 Kenneth French 网页可以获得
67. 净市率暴露（HML）	HML	通过 Kenneth French 网页可以获得
其他——分析师		
68. 分析师覆盖数（EPSFN）	分析师覆盖数	
69. 分析师预期 EPS 的标准差（EPSFSD）	$SD(EPS)/|Average(EPS)|$	经 EPS 均值绝对值标准化后的 EPS 标准差
70. 下调每股盈利预测的分析师百分比（EPSFD）	下调每股盈利预测的分析师百分比	
71. 上调每股盈利预测的分析师百分比（EPSFU）	上调每股盈利预测的分析师百分比	

（续）

因 子	公 式	备 注
其他——分析师		
72. 标准化的超预期盈利（SUE）	$\dfrac{EPS-\overline{EPS}}{SD(EPS)}$	
73. 建议买入的分析师百分比（RECB）	建议买入的分析师百分比	
74. 建议卖出的分析师百分比（RECS）	建议卖出的分析师百分比	
75. 分析师推荐的标准差（RECSD）	分析师推荐的标准差	
76. 上调股票评级的分析师百分比（RECU）	上调股票评级的分析师百分比	
77. 下调股票评级的分析师百分比（RECD）	下调股票评级的分析师百分比	
78. 分析师推荐中位数的变化（RECMD）	$RECM_t-RECM_{t-1}$	
其他——公司金融		
79. 股票回购（SB）	数据 $115_{t-3}-$（数据 $56_{t-3}-$ 数据 56_{t-15}）	其中数据 115 为回购的普通股及优先股数量，数据 56 为优先股的赎回数量
其他——社会责任		
80. 公司治理（CG）	$cgovstr-cgovcon$	KLD 对每个公司都构建了一个优势指数及关注指数。我们的变量为优势指数（$cgovstr$）减去关注指数（$cgovcon$）
81. CG 减去行业平均（CGX）	$CG-\overline{CG}$	
82. 多样性指标（DIV）	$divstr-divcon$	类似
83. 多样性指标减去行业平均（DIVX）	$DIV-\overline{DIV}$	
84. 劳资关系（ER）	$empstr-empcon$	类似
85. ER 减去行业平均（ERX）	$ER-\overline{ER}$	

注：该表包括了各个因子的计算公式。当适用时，我们使用了变量的 Compustat 代码（如数据 12 为净销售额的 Compustat 代码）。表 16A-4 及表 16A-5 中介绍了原始的经济变量。

表 16A-4　原始经济数据

宏观变量	描　述	数 据 源	开始日期	频率	首 次 发 布
ylibor	美国 LIBOR 隔夜利率	英国银行家协会	2001-01	D	当日
yg3m	3 个月期政府债券	彭博	1983-06	D	当日
yc3m	3 个月期国库券	圣路易斯 FRB（FRED）	1982-01	D	当日
yg2	2 年期政府债券	彭博	1977-01	D	当日
yc2	2 年期国债	圣路易斯 FRB（FRED）	1976-06	D	当日
yg5	5 年期政府债券	彭博	1975-01	D	当日
yc5	5 年期国债	圣路易斯 FRB（FRED）	1975-01	D	当日
yg10	10 年期政府债券	彭博	1975-01	D	当日
yc10	10 年期国债	圣路易斯 FRB（FRED）	1975-01	D	当日

（续）

宏观变量	描　述	数　据　源	开始日期	频率	首　次　发　布
fft	联邦基金目标利率	彭博	1975-01	D	当日
eff	联邦基金有效利率	彭博	1975-01	D	当日
uscrwtic	原油价格指数	彭博	1983-05	D	当日
crbcmdt	商品研究局（期货）指数	彭博	1981-05	D	当日
yswap	10 年期互换利率	BIS	2000-01	D	当日
gdpcur	当前国内生产总值（单位：美元）	BEA	1975-03	Q	预算数据（季度结束后 1 个月内），初值（季度结束后 2 个月内），终值（季度结束后 3 个月内）
gdpchwg	连锁加权法（chain-linked）国内生产总值	BEA	1975-03	Q	见 gdpcur
gdpdefl	GDP 平减指数	BEA	1975-03	Q	见 gdpcur
gnpcur	当前国民生产总值（单位：美元）	BEA	1975-03	Q	见 gdpcur
gdpctot	GDP 中的个人消费部分	BEA	1975-03	Q	见 gdpcur
ip	工业生产总值	圣路易斯 FRB（FRED）	1975-01	M	当月月中公布上月数据
usurtot	失业率（季节性调整）	BLS	1975-01	M	当月第 1 周公布上月数据（即 5 月 6 日公布 4 月份的数据）
usurtotn	失业率（非季节性调整）	BLS	1975-01	M	当月第 1 周公布上月数据（即 5 月 6 日公布 4 月份的数据）
cpi	消费者价格指数	BLS	1975-01	M	当月第 3 周公布上月数据（即 5 月 17 日公布 4 月份的数据）
ppi	生产者价格指数	BLS	1975-01	M	当月第 3 周公布上月数据（即 5 月 17 日公布 4 月份的数据）

注：BLS＝劳工统计局（Bureau of Labor Statistics）；BEA＝经济分析局（Bureau of Economic Analysis）；BIS＝国际清算银行（Bank for international settlements）；FRB＝联邦储备银行（Federal Reserve Bank）；FRED＝联邦储备经济数据库（Federal Reserve Economic Data）；D＝每日；M＝每月；Q＝每季。

表 16A-5　原始经济数据

宏观变量	描　述	数　据　源	开始日期	频率	首　次　发　布
busconf	商业情绪指数，基于对经营状况方面的 4 个调查问题持正面反馈的百分比	世界大型企业联合会	1976-06	Q	当季第 1 个月的第 2 周公布上季度的数据（即 7 月中公布第 2 季度数据）
consconf	消费者信心指数，基于一组调查问卷（其问题的设置与密歇根大学指数有略微的差异）来反映消费者对当前及未来的消费态度	世界大型企业联合会	1978-01	M	当月最后一个星期二公布当月的数据

（续）

宏观变量	描述	数据源	开始日期	频率	首次发布
conssent	消费者信心指数，基于对 500 人的一组调查问卷来反映消费者对当前及未来的消费态度	密歇根大学调研	1978-01	M	通常是当月最后一个星期五公布当月的数据
conscurr	消费者信心当前情绪，基于消费者信心指数调查问卷的子集，反映的是消费者当前的信心	密歇根大学调研	1978-01	M	通常是当月最后一个星期五公布当月的数据
consexp	消费者信心预期情绪，基于消费者信心指数调查问卷的子集，反映的是消费者对不久将来的信心	密歇根大学调研	1978-01	M	通常是当月最后一个星期五公布当月的数据
gdpsf	专业预测者调查数据——GDP 中值	费城 FRB	1968-01	Q	包含对上季、当季以及未来几个季度的预测
unempsf	专业预测者调查数据——失业率中值	费城 FRB	1968-01	Q	包含对上季、当季以及未来几个季度的预测
ipsf	专业预测者调查数据——工业生产总值中值	费城 FRB	1968-01	Q	包含对上季、当季以及未来几个季度的预测
cpisf	专业预测者调查数据——cpi 中值	费城 FRB	1968-01	Q	包含对上季、当季以及未来几个季度的预测
tbillsf	专业预测者调查数据——短期国库券(T-Bill)中值	费城 FRB	1968-01	Q	包含对上季、当季以及未来几个季度的预测
10yrsf	专业预测者调查数据——10 年期国债收益率中值	费城 FRB	1968-01	Q	包含对上季、当季以及未来几个季度的预测
rcon	专业预测者调查数据——真实消费中值	费城 FRB	1968-01	Q	包含对上季、当季以及未来几个季度的预测
rgdp	专业预测者调查数据——真实 GDP 中值	费城 FRB	1968-01	Q	包含对上季、当季以及未来几个季度的预测

注：BLS＝劳工统计局(Bureau of Labor Statistics)；BEA＝经济分析局(Bureau of Economic Analysis)；FRB＝联邦储备银行(Federal Reserve Bank)；FRED＝联邦储备经济数据库(Federal Reserve Economic Data)。

· 习 题 ·

16.1 什么是回测？

16.2 当构建股票因子的历史数据集时，分析师可能会遇到什么问题？

16.3 (a)什么是实时检验？

(b)作为一名局外人或组合管理团队的首席投资官，你会对哪种检验方式更有信心，回测还是实时检验？

16.4 (a)量化组合投资经理应该怎样划分历史样本数据？

(b)请解释样本内数据与样本外数据之间的差异。

(c)什么是样本内滚动窗口？什么时候可以适当地使用它？

16.5 列举 7 个在选择股票比较基准时需要重点考虑的问题。

16.6 对于下列比较基准，请说明各指数是怎样选择成分股的、各指数中成分股正常的数量、各指数多久调整一次以及各指数的股票加权方式。

(a)标普 500。

(b)罗素 1000。

(c)道琼斯工业指数。

(d)威尔逊 5000。

(e)标普 600。

(f) 罗素 2000。

(g) Barra 标普 500 价值。

16.7 根据表 16-4 的比较基准统计数据，哪个比较基准的风险最高？哪个比较基准的风险最低？

16.8 哪三个指数与标普 500 的相关性最高？

16.9 (a)什么是前视偏误？

(b)当进行策略回测时，组合投资经理应当如何避免前视偏误？

(c)前视偏误会使策略的表现向上偏还是向下偏？

16.10 (a)什么是生存偏误？

(b)当进行组合策略的回测时，生存偏误为何是偏误的一个潜在来源？

(c)生存偏误会使策略的表现向上偏还是向下偏？

16.11 表 16-11 与表 16-12 包含了 1989~1994 年因子检验的结果。设想一位量化组合投资经理正在为其基本面因子模型寻找因子。

(a)如果我们考虑一个 90% 的置信区间(自由度为 60，t 值为 1.65 的双尾 t 检验)，哪些基本面估值因子与基本面营运效率因子是显著的？

(b)如果我们将置信区间增加至 95% 呢？(t 值为 2 的双尾 t 检验。)

(c)如果我们将置信区间增加至 98% 呢？(t 值为 2.39 的双尾 t 检验。)

(d)重复(c)，假设一位组合投资经理要构建经济因子模型并仅考虑基于股票价格的技术面因子及基本面估值因子。

16.12 请介绍检验参数稳定性的一种简单方法。

16.13 回测检验应当总是考虑到交易成本吗？特别是对高换手率的策略。

16.14 许多交易员会告诉你 2005 年绝大多数股票的交易成本为 2 美分/股。为什么在回测中使用该交易成本是具有误导性的？

16.15 描述下列成本：

(a)佣金。

(b)市场冲击。

(c)延迟(交易)。

(d)机会成本。

16.16 该问题关于本章及附送 CD 中的因子检验表。

(a)在 1979~1984 年、1984~1989 年和 1989~1994 年三个时段,分析师评级上调因子是否能够显著地解释横截面股票收益率?

(b)在 1999~2003 年,该因子与横截面股票收益率的关系是否发生了改变?如果是,那么发生了怎样的改变?

(c)哪些外部事件可能引起上述关系的改变?

投资组合业绩

仍不够好，但足以称得上伟大。

——托马斯·格雷

17.1 引言

在本章中，我们将呈现在第 16 章中所挑选的组合策略的历史业绩。我们的标准组合是一个通过优化得到的跟踪组合，即在跟踪误差的约束下使得组合的超额收益率最大化。除了跟踪误差的约束，我们还加入了另外 3 个约束条件：全额投资约束、禁止卖空约束以及股票的成交额约束。我们分别使用经济因子模型、基本面因子模型以及加总 Z 值模型来构建标准组合。对于每一个模型，在求解最优组合时，我们均使用 3 个不同程度的跟踪误差：2%、5% 以及 10%。因此，我们得到 9 个标准组合。

除了这 9 个标准组合，我们还使用经济因子模型构建了另外 6 个组合，并对其进行了回测。这些组合分别为行业中性组合、因子中性组合、交易成本控制组合、税务控制组合、杠杆组合以及市场中性组合。因此，我们将展现共计 15 个组合的历史回测结果。组合的绩效统计将让读者了解到与量化股票组合管理（QEPM）相关的各类统计量，以及如何对这些统计量进行合理的解释。当然，读者也许还会对这些组合在特定的历史数据集上的表现感兴趣。本章的第二节讨论了 9 个标准组合以及行业中性组合、因子暴露中性组合的回测结果，其中还包括一个组合详细的业绩归因。本章的剩余 4 节讨论了剩下的 4 个投资组合。

17.2 标准组合的业绩

在本节中，我们呈现了 9 个标准组合以及行业中性组合、因子暴露中性组合的绩效统计。

17.2.1 基本面因子模型的业绩

表 17-1 给出了基于基本面因子模型的跟踪组合的历史业绩。我们使用了 108 个月的历史数据(即 1995 年 1 月至 2003 年 12 月)构建了 3 个组合。3 个组合均来自使用相同因子的同一个模型，但是在组合的优化过程中使用了不同的目标跟踪误差(年化跟踪误差 2%、5%、10%)。

表 17-1 基本面因子模型的历史业绩

	跟踪组合			
	$TE=2$	$TE=5$	$TE=10$	比较基准
平均收益率	16.995	21.871	24.963	13.475
SD	16.955	19.699	22.979	16.105
最大收益率	11.182	16.208	19.773	10.105
最小收益率	-16.458	-20.350	-20.988	-13.638
平均超额收益率	3.520	8.396	11.488	
事后 TE	4.515	9.461	12.773	
最大超额收益率	4.163	9.702	14.141	
最小超额收益率	-2.820	-6.712	-7.350	
$\hat{\alpha}^B$	0.282	0.641	0.799	
$t(\hat{\alpha}^B)$	2.209	2.415	2.287	
$\hat{\beta}^B$	1.015	1.075	1.203	
IR	0.216	0.236	0.223	
$\hat{\alpha}^{MF}$	0.668	0.988	1.274	0.426
SR	0.219	0.260	0.262	0.168

注：在所有的组合最优中，我们均不允许卖空(即要求 $\mathbf{w} \geqslant 0$)。组合进行再平衡时总是确保是全额投资的(即 $\mathbf{w}'\mathbf{1}=1$)。我们还引入了分散化约束，即组合中单只股票的权重不超过 5%(即 $\mathbf{w} \leqslant 0.05$)。对于各组合，我们还附加了交易约束意在反映在进行再平衡时，组合中单只股票的购买量不超过该股票 33% 的 ADV (平均日成交额)，假设组合的投资金额为 5 亿美元，那么该约束即为 $\mathbf{w} \leqslant (0.33 \cdot ADV)/500\,000\,000$。平均收益率与平均超额收益率均为年化数据。$TE$ 为年化跟踪误差，SD 为整个期间月度收益率的年化标准差，最大收益率与最小收益率是指月度收益率的最大值与最小值。其余的数值均未年化(即为月度数值)。超额收益率为组合相对于比较基准的超额收益。$\hat{\alpha}^B$ 与 $\hat{\beta}^B$ 为事后的比较基准 α 及 β(即通过组合收益率与比较基准收益率之间的回归估计得到)。$\hat{\alpha}^{MF}$ 为事后多因子 α(即通过组合收益率与多个因子之间的回归估计得到)。IR 为组合月度收益率的信息比率(简单乘以 $\sqrt{12}$ 即能得到 IR 的年化值)，SR 为基于组合月度收益率的事后夏普比率，无风险利率使用的是 3 个月期国库券利率。

表中的第 1 行给出了每个组合的平均收益率。其收益率为月度收益率的年化值。例如，目标跟踪误差为 2% 的组合每年的月度收益率均值为 1.416 25%，那么将其转化为平均月度收益率的年化值即为 16.995%。也就是说，如果投资者在回测期初投资于该组合，那么其每年能获得 16.995% 的平均收益率。正如预期的那样，我们可以发现随着目标跟踪误差的增大，组合的平均收益率也在增大，这源于我们在构建组合时承担了更多的风险。

第 5 行给出了各组合的平均超额收益率。在所有情况下，平均超额收益率均为正，这是令人欣慰的，因为我们的目标就是在跟踪误差的约束下构建出具有最高超额收益率的组合。在 2% 的跟踪误差的约束下，平均超额收益率最小，数值为 3.520%，而其他组合的超额收益率会更高一些。

第 2 行和第 6 行分别给出了组合收益率的标准差以及组合事后的（即已实现的）跟踪误差。所有的标准差数据均为年化数据，即 16.955% 的（年化）标准差意味着月度收益率的标准差为 4.894%（即 $16.955/\sqrt{12}$）。粗略地说，组合年化收益率小于 -17% 的概率小于 2.5%。读者还应当注意到，组合平均收益率的增加同样伴随着收益率标准差的增加，这也反映了金融理论的基本思想，即风险与收益率是正相关的。对于量化组合投资经理而言，度量风险最重要的方式是度量组合相对于比较基准的风险，即跟踪误差。尽管我们为组合设定的事前跟踪误差分别为 2%、5% 以及 10%，但是其事后的跟踪误差分别为 4.515%、9.461% 以及 12.773%。虽然由于模型无法完全准确地描述股票的未来收益率而导致二者之间存在着一些差异，但是随着事前跟踪误差的增加，事后跟踪误差也跟着增加。因此，我们在一定程度上还是控制了最优组合的事后跟踪误差。

表中还给出了各组合在整个回测检验期间月度收益率的最小值与最大值。这些统计量可以作为标准差之外的风险度量指标，并且使用这些统计量向非量化投资者解释组合的总风险时更有利。

$\hat{\alpha}^B$ 与 $\hat{\beta}^B$ 行给出了跟踪组合相对于比较基准的 α 与 β 的估计值，即跟踪组合收益率与比较基准收益率之间回归的常数项（α）与回归系数（β）。组合投资经理所关心的关键变量是组合相对于比较基准的 α，即 α^B。在所有情况下，组合均获得了正的 α^B。跟踪误差为 2% 的组合，其 β^B 接近 1，因此该组合相对于比较基准的超额收益率的绝大部分来自于选股，而非来自于组合相对于比较基准承担了更多的风险。量化投资经理同样还关注信息比率(IR)，该比率的计算方法是用组合的超额收益率 α^B 除以组合的残差风险。所有组合的信息比率均非常接近，尽管它们的 α^B 各不相同。

正的比较基准 α 的来源有许多种。其中的一种来源为多因子 α，$\hat{\alpha}^{MF}$，即不被多因子股票收益率模型所解释的收益率中的一部分。在本书特定时期的回测中，每个组合的多因子 α 均大于比较基准 α。

最后一行给出了夏普比率——另一个度量风险调整后收益率的指标。我们所有优化跟踪组合的夏普比率均高于比较基准，这表明这些组合均比比较基准更有效。根据夏普比率，5%与10%的跟踪误差组合最有效。

总的来看，根据历史回测结果可以得出以下结论。

(1)优化跟踪组合相对于比较基准均能够获得超额收益率，其超额收益率的范围为年化 3.52%至 11.5%。

(2)使用多因子股票收益率模型并在进行组合最优化时设定事前目标跟踪误差的约束能够在一定程度上控制事后跟踪误差。

(3)组合相对于比较基准所获得的超额收益率大部分来源于比较基准 α。

(4)所有组合的信息比率均为正且年化值均大于 0.7，即组合相对于比较基准每年多承担 1%的风险，就能获得额外 0.7%的超额收益率。

(5)所有组合的夏普比率均高于比较基准，这表明使用我们的选股方法所构建的组合的风险调整后收益率高于比较基准。

17.2.2 加总 Z 值模型的业绩

表 17-2 展示了基于加总 Z 值模型的跟踪组合的历史业绩。该表的格式与前表相同，因此我们仅对相关的重要结论简单地评价一下。

第一，在平均收益率与平均超额收益率方面，基于加总 Z 值模型的组合并不比基于基本面因子模型的组合表现好。平均超额收益率的范围为年化 3.762%至 11.369%，这与我们从基本面因子模型中所得到的结果差异不大。

第二，收益率的标准差还能够保持在同一水平，但是事后跟踪误差就比基本面因子模型要大一些了。这表明加总 Z 值模型并不善长于估计股票间的相关性。跟踪误差在很大程度上取决于模型是否能预测哪些股票是同向运动的，哪些股票是反向运动的。

表 17-2 加总 Z 值模型的历史业绩

	跟 踪 组 合			
	TE = 2	**TE = 5**	**TE = 10**	**比 较 基 准**
平均收益率	17.237	21.324	24.844	13.475
SD	16.861	19.367	22.237	16.105
最大收益率	11.703	16.204	18.984	10.105
最小收益率	−16.246	−17.403	−19.184	−13.638
平均超额收益率	3.762	7.850	11.369	
事后 *TE*	5.392	11.087	12.903	
最大超额收益率	6.059	11.159	11.101	
最小超额收益率	−4.434	−9.185	−11.163	
$\hat{\alpha}^B$	0.320	0.666	0.844	
$t(\hat{\alpha}^B)$	2.099	2.214	2.345	
$\hat{\beta}^B$	0.991	0.984	1.132	
IR	0.205	0.207	0.229	
$\hat{\alpha}^{MF}$	0.724	1.016	1.317	0.426
SR	0.225	0.257	0.269	0.168

注：在所有的组合最优中，我们均不允许卖空（即要求 **w**≥0）。组合进行再平衡时总是确保是全额投资的（即 **w**′**ι**=1）。我们还引入了分散化约束，即组合中单只股票的权重不超过 5%（即 **w**≤0.05）。对于各组合，我们还附加了交易约束意在反映在进行再平衡时，组合中单只股票的购买量不超过该股票 33% 的 ADV（平均日成交额），假设组合的投资金额为 5 亿美元，那么该约束即为 **w**≤(0.33·ADV)/500 000 000。平均收益率与平均超额收益率均为年化数据。TE 为年化跟踪误差，SD 为整个期间月度收益率的年化标准差，最大收益率与最小收益率是指月度收益率的最大值与最小值。其余的数值均未年化（即为月度数值）。超额收益率为组合相对于比较基准的超额收益。$\hat{\alpha}^B$ 与 $\hat{\beta}^B$ 为事后的比较基准 α 及 β（即通过组合收益率与比较基准收益率之间的回归估计得到）。$\hat{\alpha}^{MF}$ 为事后多因子 α（即通过组合收益率与多个因子之间的回归估计得到）。IR 为组合月度收益率的信息比率（简单乘以 $\sqrt{12}$ 即能得到 IR 的年化值），SR 为基于组合月度收益率的事后夏普比率，无风险利率使用的是 3 个月期国库券利率。

与前面一样，组合相对于比较基准所获得的超额收益率大部分来源于比较基准 α，而非比较基准 β。与前表不同的地方在于比较基准 β 略小于 1。由于 β 值偏离 1 的程度非常小，因此并不能认为该偏离很显著。

由于 Z 值组合的跟踪误差大于基本面因子组合，所以 Z 值组合的信息比率（IR）会低一些，但还是相当高的。Z 值模型与基本面因子模型的夏普比率（SR）基本一样，因为夏普比率受总收益率的影响，而不受超额收益率的影响。

17.2.3 经济因子模型的业绩

表 17-3 给出了基于经济因子模型的跟踪组合的历史业绩，以及行业中性组合、因子暴露中性组合的历史业绩。

表 17-3　经济因子模型的历史业绩

| | 跟 踪 组 合 | | | 行 业 中 性 | 因子暴露中性 | |
	TE = 2	TE = 5	TE = 10	TE = 5	TE = 5	比较基准
平均收益率	14.068	14.739	15.181	13.657	15.545	13.475
SD	18.042	21.852	26.304	19.165	22.503	16.105
最大收益率	11.763	17.881	20.780	11.665	17.946	10.105
最小收益率	−17.836	−21.595	−23.301	−19.500	−22.683	−13.638
平均超额收益率	0.593	1.264	1.707	0.183	2.070	
事后 TE	5.196	10.838	15.890	6.948	12.090	
最大超额收益率	4.055	9.997	13.416	5.774	11.433	
最小超额收益率	−4.198	−7.957	−9.663	−5.862	−9.045	
$\hat{\alpha}^B$	−0.010	−0.048	−0.130	−0.076	0.019	
$t(\hat{\alpha}^B)$	−0.073	−0.163	−0.309	−0.401	0.057	
$\hat{\beta}^B$	1.077	1.197	1.350	1.117	1.198	
IR	−0.007	−0.016	−0.030	−0.039	0.006	
$\hat{\alpha}^{MF}$	0.342	0.306	0.330	0.254	0.253	0.426
SR	0.159	0.140	0.121	0.143	0.146	0.168

注: 在所有的组合最优中, 我们均不允许卖空(即要求 $\mathbf{w} \geqslant 0$)。组合进行再平衡时总是确保是全额投资的(即 $\mathbf{w}'\mathbf{\imath} = 1$)。我们还引入了分散化约束, 即组合中单只股票的权重不超过 5%(即 $\mathbf{w} \leqslant 0.05$)。对于各组合, 我们还附加了交易约束意在反映在进行再平衡时, 组合中单只股票的购买量不超过该股票 33% 的 ADV(平均日成交额), 假设组合的投资金额为 5 亿美元, 那么该约束即为 $\mathbf{w} \leqslant (0.33 \cdot ADV)/500\,000\,000$。对于行业中性组合, 我们加入约束条件使得组合与比较基准在各行业中的权重完全相等(即 $w_j^B = w_j^P$)。对于因子暴露中性组合, 我们加入约束条件使得组合在股票收益率模型中各因子上的加权暴露与比较基准完全相同。平均收益率与平均超额收益率均为年化数据。 TE 为年化跟踪误差, SD 为整个期间月度收益率的年化标准差, 最大收益率与最小收益率是指月度收益率的最大值与最小值。其余的数值均未年化(即为月度数值)。超额收益率为组合相对于比较基准的超额收益。 $\hat{\alpha}^B$ 与 $\hat{\beta}^B$ 为事后的比较基准 α 及 β(即通过组合收益率与比较基准收益率之间的回归估计得到)。 $\hat{\alpha}^{MF}$ 为事后多因子 α(即通过组合收益率与多个因子之间的回归估计得到)。 IR 为组合月度收益率的信息比率(简单乘以 $\sqrt{12}$ 即能得到 IR 的年化值), SR 为基于组合月度收益率的事后夏普比率, 无风险利率使用的是 3 个月期国库券利率。

行业中性组合即意味着跟踪组合与比较基准在各行业上的权重完全相等。行业中性确保了跟踪组合与比较基准在各行业上的风险暴露处于相同的水平[⊖]。类似地, 因子暴露中性组合即意味着跟踪组合与比较基准在各因子上的暴露完全相同。

与基本面因子模型及加总 Z 值模型所构建的组合相比, 基于经济因子模型的组合业绩显得有些令人失望。例如, 以约束为 2% 的跟踪误差组合为例。使用经济因子模型, 组合的平均超额收益率非常小, 每年仅 0.593%, 而组合的事后跟踪误差为 5.196%, 这

⊖　对许多量化组合投资经理而言, 对组合施加行业约束是一种标准的做法。然而, 由于我们已经控制了组合相对于比较基准的事前跟踪误差(从这方面来看我们的建模过程是合理的), 因此我们不应当期望在加入这一额外的约束条件后事后跟踪误差会进一步减小。

并不比另外两个模型小多少。所有经济因子模型组合的 α^B 均为负，这表明组合策略在选股方面的实际表现非常不好。所有组合的信息比率均为负，而夏普比率也要低于比较基准。总而言之，经济因子模型的组合在回测期间的风险调整后业绩不如比较基准。

17.2.4　业绩报告的发布

除了前面所介绍的生成每个模型的原始业绩之外，组合管理部门可能还希望生成其他的对内或对外的业绩报告⊖。下面就基于我们的回测组合来生成这类报告。表 17-4 比较了 3 个跟踪组合在 5% 的目标跟踪误差的约束下的不同期限的收益率、年化收益率以及风险。

表 17-4　组合业绩归总

跟踪组合 $TE=0.05$			
收益率（%）	基本面因子	Z 值	经济因子	比较基准
1 年	39.280	39.169	40.674	28.560
3 年	4.788	5.721	−2.091	−3.397
5 年	8.478	10.277	2.705	0.213
9 年	21.880	21.301	13.065	12.881
2003	39.280	39.169	40.674	28.560
2002	−13.738	−15.275	−18.288	−21.068
2001	−4.230	0.216	−18.347	−11.158
2000	15.606	26.797	−5.341	−6.824
1999	12.923	8.851	28.622	20.321
1998	51.310	33.713	29.490	29.604
1997	47.865	46.210	24.909	33.753
1996	28.169	29.494	27.425	23.218
1995	37.781	37.702	28.213	37.834
风险（%）	基本面因子	Z 值	经济因子	比较基准
SD	19.699	19.367	21.852	16.105
$\hat\beta^{CAPM}$	1.075	0.984	1.197	1.000
事后 TE	9.461	11.087	10.838	

注：期间收益率反映的是期间的年化几何收益率。例如，3 年即为过去 3 年的年化收益率。SD 为整个期间内月度收益率的年化标准差。$\hat\beta^{CAPM}$ 为事后 CAPM β，通过组合与标普 500 收益率之间的回归方程估计得到。事后 TE 为事后的年化跟踪误差。

我们由近向远计算了回测期间的收益率。因此，1 年收益率即为 2003 年的收益率，3 年收益率为 2001～2003 年的收益率，依此类推。对于全部所选期间，3 个跟踪

⊖　这些报告所提供的信息基于美国投资管理与研究协会全球投资业绩标准（AIMR-GIPS）的建议。

组合的收益率均高于比较基准。这是一个非常重要的结论。我们已经了解到所有的优化组合都获得了正的平均超额收益率，但是更令人印象深刻的是在不同的时间区间内这些组合相对于比较基准均获得了更高的收益率（如 1 年期、3 年期、5 年期以及 9 年期）。虽然在某些年份投资组合并没有击败比较基准，但这些只是例外而非一般规律。在很多年份每一个跟踪组合都战胜了比较基准。基于基本面因子模型与 Z 值模型的组合在 9 年中有 7 年战胜了比较基准。基于经济因子模型的组合在 9 年中有 5 年战胜了比较基准。

表中的最后 3 行给出了 3 个风险度量指标。从总风险（以收益率的标准差来度量）及系统性风险（即 $\hat{\beta}^{CAPM}$）来看，基于经济因子模型的组合风险最高。然而，从跟踪误差来看，Z 值模型组合的风险最高。

尽管我们已经考虑了事前与事后跟踪误差，我们还是制作了一个表格专门检验我们的模型对事后跟踪误差的控制情况如何（见表 17-5）。正如前面所述，事前与事后跟踪误差并不会完全相同，因为模型无法精准地预测收益率。事后跟踪误差比我们预期的要高一些。但是事前跟踪误差与事后跟踪误差是相关的，即通过降低事前跟踪误差，我们能够降低事后跟踪误差。

表 17-5 跟踪误差分析

	基本面因子	Z 值	经济因子		基本面因子	Z 值	经济因子
平均超额收益率	8.396	7.850	1.264	最大超额收益率	9.702	11.159	9.997
事后 TE	9.461	11.087	10.838	最小超额收益率	-6.712	-9.185	-7.957

注：平均超额收益率与事后跟踪误差是通过事前跟踪误差为 5% 的标准组合来计算得到的。为了便于比较，事后跟踪误差均是年化数据。

通过比较 3 个优化跟踪组合的业绩，我们能够得到以下结论。

(1)在我们的检验期间，跟踪组合均获得了超越比较基准的平均超额收益率。同样，跟踪组合在过去 1 年期、3 年期、5 年期以及 9 年期均获得了超越比较基准的收益率。

(2)组合正的平均超额收益率的绝大部分来源是比较基准 α，而非比较基准 β。

(3)在我们的检验期间，基于基本面因子模型与 Z 值模型的跟踪组合的业绩要优于基于经济因子模型的跟踪组合的业绩。

(4)基于基本面因子模型的组合的事后跟踪误差最接近于其事前跟踪误差。

(5)虽然事后跟踪误差为正，但是跟踪比较基准的投资经理所面临的真实风险要小于事后跟踪误差所表现出来的风险，因为在各时期跟踪组合的超额收益率均为正。

17.2.5 经济因子模型标准组合的业绩归因

在本节，我们将运用第 15 章中所介绍的业绩归因方法来对基于经济因子模型的组合于 2003 年 6 月的业绩进行详细分析。表 17-6 展示了经典的业绩归因分析，该表给出了组合在各个行业上的收益率，并将超额收益率分解成两部分：源于行业权重的部分与源于行业内个股权重的部分。我们使用标准普尔全球行业分类标准（GICS）中的一级行业分类（即代码为两位数的行业）来对行业进行划分。

表 17-6 2003 年 6 月组合的经典业绩归因

GICS 行业	组　　合		比　较　基　准	
	w_j^P	r_j^P	w_j^B	r_j^B
能源（10）	0.040	-3.266	0.062	-1.056
原材料（15）	0.019	-3.095	0.027	0.820
工业（20）	0.112	1.787	0.108	1.961
耐用消费品（25）	0.245	5.071	0.098	1.180
日常消费品（30）	0.038	5.077	0.122	0.997
健康护理（35）	0.158	5.237	0.140	4.145
金融（40）	0.116	3.065	0.203	0.663
信息技术（45）	0.246	-0.474	0.170	-0.014
电信服务（50）	0.009	3.982	0.039	3.575
公用事业（55）	0.017	11.365	0.031	1.081

$r_P = 2.741$

$r_B = 1.293$

$r_P - r_B = 1.448$

$AE = 0.007$

$SSE = 1.441$

注：收益率数据为月度百分比数据。AE 代表行业配置效应，SSE 代表股票选择效应。使用标准普尔全球行业分类标准（GICS）的一级行业分类（即代码为两位数的行业）来对行业进行划分。括号内为 GICS 代码。

通过表中的数据，我们发现耐用消费品行业在我们组合中的权重最高，不管是从相对权重还是绝对权重的角度来看均是如此（该行业在组合中的权重为 24.5%，而在比较基准中的权重为 9.8%）。耐用消费品行业在比较基准中的收益率为正，但是并没有比其他行业的收益率高多少，因此初步来看，我们超配耐用消费品行业是否是一个明智的选择还并不清晰。在我们的组合中耐用消费品行业个股的收益率（5.071%）要远高于比较基准中该行业个股的收益率（1.180%）。这表明我们的量化模型于 2003 年 6 月能够在耐用消费品行业中挑选出更优的个股。当然，跟踪组合有时也会选择"错误"的行业与"错误"的个股。例如，相对于比较基准，跟踪组合超配了信息技术行业，但是该行业的表现是在全部行业中最差的。总的来说，我们优化的跟踪组合于 2003 年 6 月跑赢比较基准 1.448%。表中还计算了总体的行业配置效应（AE）与股票选择效应（SSE）。前者为 0.007%，这表明我们的模型在股市中的行业配置方面比较一般，但是后者为 1.441%，这表明我们的模型在给定行业内的选股方面表现非常优秀。

相对于经典归因分析，量化股票组合投资经理可能更加关注我们在第 15 章中所介绍的多因子业绩归因分析。我们在表 17-7 中展示了多因子业绩归因分析。2003 年 6 月，组合相对于比较基准的总超额收益率主要来源于正的**归因 α**。归因 α 为该月残差项之和（即收益率中不能被因子所解释的部分）[⊖]。2003 年 6 月，相对于比较基准，组合获得了 1.448% 的超额收益率，其中 1.958% 来自于归因 α。因此，该月组合在特定因子上的超额暴露实际上降低了组合相对于比较基准的收益率。组合的绝大部分风险归因于可分散风险，而非来自对特定因子的暴露。

一些量化组合投资经理可能想要将组合的业绩归因至组合中个股的收益率上。表 17-8 与表 17-9 中我们分别给出了组合相对于比较基准超配最多的 10 只个股的权重与收益率，以及低配最多的 10 只个股的权重与收益率，所有数据均截至 2003 年 6 月[⊖]。例如，NVR 在跟踪组合中的权重为 0.017，但在比较基准的成分股中并不包含该股，这样一来，组合在 NVR 上的超配权重就为 0.017。另一方面，GE 在跟踪组合中的权重为 0.001，

表 17-7　2003 年 6 月组合的多因子业绩归因

收益率分解	
来　源	值
TATD	−0.085
M1M	−0.077
RSI	−0.132
SUE	−0.060
CIG	−0.155
α	1.958
风 险 分 解	
TATD	0.133
M1M	0.003
RSI	0.454
SUE	0.234
CIG	0.448
ω^2	112.054
因子相关性的调整	1.889

注：收益率分解中的所有数值的单位均为百分数，风险分解中的所有数值的单位均为百分数的平方（方差的量纲）。TATD 表示总资产周转率的变化，M1M 表示 1 个月动量，RSI 表示相对强弱指数，SUE 表示标准化的超预期盈利，CIG 表示商品指数的变化。α 为归因 α，即已实现残差之和。ω^2 为残差收益率的方差。组合与比较基准的收益率见表 17-6。2003 年 6 月表中 5 个因子的因子溢价分别为 31.85，−197.65，0.68，−0.37，−0.57。

[⊖] 由于归因 α 为股票收益率模型的已实现误差，因此我们就不在本书的其他地方对此下定义了。某些从业者可能更倾向于称之为**未被解释的超额收益率**。

[⊖] 对于不清楚表中各指标含义的读者，请参考第 15 章。

而在比较基准中的权重为 0.034。因此，组合在 GE 上的超配权重为 −0.033。对于组合中超配前 10 的个股，大多数都获得了正的收益率。另一方面，对于组合中低配前 10 的个股，在许多情况下其收益率是负的。这也证实了我们之前得到的一些结论，即总体而言，跟踪组合成功地超配了"正确"的股票。例如，我们的量化组合超配了股票 CECO 1.2%，而其在 2003 年 6 月的收益率为 11.256%。因此，超配 CECO 为组合提供了 0.137% 的超额收益率（相对于比较基准的收益率而言）。

表 17-8 2003 年 6 月的组合相关信息

代 码	r_i	w_i^P	w_i^B	x_i	α^{MF}	因子暴露				
						TATD	M1M	RSI	SUE	CIG
超配最多										
NVR	0.797	0.017	0.000	0.014	4.758	−0.024	−0.018	−0.736	0.331	−0.177
CHS	−1.636	0.014	0.000	−0.023	4.752	−0.025	−0.043	−2.530	1.040	1.163
CECO	11.256	0.012	0.000	0.137	3.974	−0.011	−0.031	0.487	0.796	0.731
FRX	8.416	0.014	0.002	0.102	3.549	−0.015	−0.012	−0.353	0.084	−0.347
AGN	6.920	0.012	0.001	0.075	2.704	−0.011	0.008	−0.131	−0.075	0.345
PNRA	14.679	0.010	0.000	0.145	3.810	0.021	0.034	−0.701	0.053	0.834
EXPD	1.543	0.010	0.000	−0.016	1.617	0.042	0.057	−0.659	0.222	0.038
DGX	0.694	0.010	0.001	0.006	2.881	0.031	0.010	−0.152	0.657	0.088
HOTT	1.125	0.009	0.000	0.010	4.212	−0.048	−0.021	−2.238	−0.580	1.096
BBBY	−7.107	0.010	0.001	−0.059	2.368	−0.010	−0.004	−0.721	0.879	1.706
低配最多										
CSCO	2.316	0.008	0.014	−0.015	1.545	−0.020	−0.027	0.077	1.764	0.275
VIA. B	−4.086	0.002	0.009	0.030	1.718	−0.040	−0.037	−0.146	0.868	0.809
WFC	4.348	0.002	0.010	−0.033	0.173	0.002	−0.004	−0.420	−0.035	0.864
VZ	4.227	0.005	0.012	−0.033	−0.214	−0.001	0.016	−0.894	−0.558	−0.020
BAC	7.372	0.004	0.013	−0.066	0.167	−0.005	−0.015	−0.470	−0.015	0.540
INTC	−0.048	0.006	0.016	0.000	1.035	−0.064	−0.071	−0.278	0.793	0.215
AIG	−4.584	0.005	0.018	0.059	0.184	0.014	0.015	−0.378	0.218	−0.087
JNJ	−4.876	0.001	0.019	0.090	0.898	−0.030	−0.020	−0.515	0.017	−0.166
PFE	10.090	0.003	0.023	−0.194	0.364	−0.023	−0.007	−0.690	0.266	0.348
GE	0.592	0.001	0.034	−0.019	0.316	−0.027	−0.030	−0.055	0.839	0.801

注：除因子暴露外，所有数值的单位均为百分数。x_i 为归因于个股的超额收益率，即 $x_i = r_i(w_i^P - w_i^B)$。组合中股票的数量为 750 只，比较基准中股票的数量为 477 只。表中列出了组合中超配最多的 10 只股票与低配最多的 10 只股票。组合与比较基准的个股权重差异的最值分别为 NVR 的 1.7% 以及 GE 的 −3.3%。股票在比较基准及组合中的权重数据均为月初权重。该月的事前跟踪误差设定为年化 5%。

该表还给出了 2003 年 6 月每只股票的因子暴露。CECO 在 RSI 因子、SUE 因子以及 CIG 因子上均有正的暴露，在 TATD 因子及 MIM 因子上有负的暴露。通过表 17-9，我们就能够了解在 2003 年 6 月个股在各个因子上所实现的收益率。我们发现按照给定的因子暴露与因子收益率数据来计算，CECO 在该月的预期收益率应当为 9.37％[⊖]。在该计算中，我们使用的是因子已实现的收益率乘以股票的因子暴露估计值，然后加上事前多因子 α。事实上，该股票的真实收益率为 11.256％。在 2003 年 6 月，该股票真实收益率与预期收益率之间的差异来自于未被模型所解释的残差收益率[⊖]。

表 17-9　2003 年 6 月的组合个股的多因子归因

代　码	r_i	w_i^P	w_i^B	x_i	α	收益率贡献					MR
						TATD	M1M	RSI	SUE	CIG	
超　配　最　多											
NVR	0.797	0.017	0.000	0.014	−0.024	−0.013	0.060	−0.009	−0.002	0.002	1.760
CHS	−1.636	0.014	0.000	−0.023	−0.092	−0.011	0.119	−0.024	−0.005	−0.009	3.410
CECO	11.256	0.012	0.000	0.137	0.071	−0.004	0.076	0.004	−0.004	−0.005	1.108
FRX	8.416	0.014	0.002	0.102	0.080	−0.006	0.029	−0.003	−0.000	0.002	0.438
AGN	6.920	0.012	0.001	0.075	0.097	−0.004	−0.016	−0.001	0.000	−0.002	1.086
PNRA	14.679	0.010	0.000	0.145	0.213	0.007	−0.065	−0.005	−0.004	−0.005	3.224
EXPD	−1.543	0.010	0.000	−0.015	0.088	0.013	−0.111	−0.004	−0.001	−0.004	3.629
DGX	0.694	0.010	0.001	0.006	0.018	0.009	−0.017	0.001	−0.002	−0.000	2.337
HOTT	1.125	0.009	0.000	0.010	0.003	−0.013	0.036	−0.013	0.002	−0.005	2.246
BBBY	−7.107	0.010	0.001	−0.059	−0.049	−0.003	0.007	−0.004	−0.003	−0.008	2.721
低　配　最　多											
CSCO	2.316	0.008	0.014	−0.015	0.010	0.004	−0.033	−0.000	0.004	0.001	−0.038
VIA. B	−4.086	0.002	0.009	0.030	0.069	−0.002	−0.055	−0.000	0.003	0.003	−0.684
WFC	4.348	0.002	0.010	−0.033	−0.033	−0.001	−0.005	0.002	−0.000	0.004	−0.078
VZ	4.227	0.005	0.012	−0.033	−0.060	0.000	0.024	0.005	−0.002	−0.000	−0.287
BAC	7.372	0.004	0.013	−0.066	−0.047	0.001	−0.026	0.003	−0.000	0.003	−0.814
INTC	−0.048	0.006	0.016	0.000	0.109	0.019	−0.134	0.004	0.003	0.001	−3.510
AIG	−4.584	0.005	0.018	0.059	0.022	−0.006	0.038	0.003	0.001	−0.001	0.360
JNJ	−4.876	0.001	0.019	0.090	0.139	0.018	−0.072	0.007	0.000	−0.002	−1.381
PFE	10.090	0.003	0.023	−0.194	−0.195	0.014	−0.028	0.006	0.002	0.004	−0.382
GE	0.592	0.001	0.034	−0.019	0.117	0.028	−0.191	0.001	0.010	0.015	−1.253

注：所有数值的单位均为百分数。x_i 为归因子个股的超额收益率，即 $x_i = r_i(w_i^P - w_i^B)$。α 为归因 α，即已实现的残差之和。MR 表示的是边际风险。组合中股票的数量为 750 只，比较基准中股票的数量为 477 只。表中列出了组合中超配最多的 10 只股票与低配最多的 10 只股票。组合与比较基准的个股权重差异的最值分别为 NVR 的 1.7％以及 GE 的 −3.3％。股票在比较基准及组合中的权重数据均为月初权重。该月的事前跟踪误差设定定为年化 5％。2003 年 6 月表中 5 个因子的因子溢价分别为 31.85, −197.65, 0.68, −0.37, −0.57。

[⊖] $E(r_{\text{CECO}}) = 3.974 + (−0.011) \times (31.85) + (−0.031) \times (−197.55) + (0.487) \times (0.68) + (0.796) \times (−0.37) + (0.731) \times (−0.57)$。

[⊖] 这可能是因为模型的噪声，或者是因为模型不够准确，又或者是因为历史估计不够精确。无论如何，绝大部分股票收益率模型都存在着一些误差。

17.3　进行交易成本管理的组合的业绩

到目前为止，分析师均忽略了买卖股票的交易成本。那么，在我们的分析中引入实际的交易成本将会改变组合的业绩。我们每年会再平衡一次这些组合，因此对交易成本的管理也是一年一次。根据第 16 章的介绍，我们使用 Plexus Group 的数据来计算再平衡时所需要的交易成本。我们用组合的收益率减去交易成本就得到了扣减交易成本后的组合收益率[⊖]。

我们在表 17-10 中给出了考虑到交易成本后的组合的业绩统计。优化跟踪组合基于经济因子模型，且目标跟踪误差为 5%。在考虑到交易成本后，跟踪组合仍然能够战胜比较基准，但每年的平均超额收益率显著下降至 0.120%，而当我们忽略交易成本时每年的平均超额收益率为 1.26%。

表 17-10　考虑到交易成本的历史业绩

	跟踪组合	进行交易成本管理的组合	比较基准		跟踪组合	进行交易成本管理的组合	比较基准
平均收益率	13.344	17.905	13.224	最小超额收益率	−7.957	−7.136	
SD	21.882	21.883	16.101	$\hat{\alpha}^B$	−0.140	0.211	
最大收益率	17.881	15.456	10.105	$t(\hat{\alpha}^B)$	−0.476	0.817	
最小收益率	−21.595	−20.774	−13.638	$\hat{\beta}^B$	1.198	1.236	
平均超额收益率	0.120	4.681		IR	−0.046	0.080	
事后 TE	10.878	9.905		$\hat{\alpha}^{MF}$	0.193	0.626	0.405
最大超额收益率	9.997	8.160		SR	0.121	0.182	0.163

注：在所有的组合优化中，我们均不允许卖空（即要求 w⩾0）。组合进行再平衡时总是确保是全额投资的（即 w′ι＝1）。我们还引入了分散化约束，即组合中单只股票的权重不超过 5%（即 w⩽0.05）。对于各组合，我们还附加了交易约束以反映在进行再平衡时，组合中单只股票的购买量不超过该股票 33% 的 ADV（平均日成交额），假设组合的投资金额为 5 亿美元，那么该约束即为 w⩽(0.33・ADV)/500 000 000。跟踪组合并没有在组合的优化问题中考虑交易成本，而进行交易成本管理的组合在组合的优化问题中考虑了交易成本。平均收益率与平均超额收益率均为年化数据。TE 为年化跟踪误差，SD 为整个期间月度收益率的年化标准差，最大收益率与最小收益率是指月度收益率的最大值与最小值。其余的数值均未年化（即为月度数值）。超额收益率为组合相对于比较基准的超额收益。$\hat{\alpha}^B$ 与 $\hat{\beta}^B$ 为事后的比较基准 α 及 β（即通过组合收益率与比较基准收益率之间的回归估计得到）。$\hat{\alpha}^{MF}$ 为事后多因子 α（即通过组合收益率与多个因子之间的回归估计得到）。IR 为组合月度收益率的信息比率（简单乘以 √12 即能得到 IR 的年化值），SR 为基于组合月度收益率的事后夏普比率，无风险利率使用的是 3 个月期国库券利率。

该表还给出了进行交易成本管理的最优组合的业绩，即我们使用经济因子模型，并在最优化问题中考虑交易成本的影响，如第 10 章及第 16 章所述。进行交易成本管理的

⊖　我们忽略了每年其他月份的交易成本，因为由于并购、摘牌或其他公司行为所导致的买卖交易非常少。

优化组合平均每年可以增加超过 4％ 的收益率，并且组合的标准差基本上没有增大。事实上，进行交易成本管理的优化组合的事后跟踪误差变小了。其他的统计数据均得到改善，包括信息比率（IR）及夏普比率（SR）。从业者应当将交易成本加入到回测模型中，否则通过模型所得到的组合可能会因为高换手而使得业绩不达预期。

17.4　进行税务管理的组合的业绩

表 17-11 给出了跟踪组合的税后业绩，以及进行税务管理的组合的业绩。我们调整了资本利得/亏损的税务影响，但没有调整股利税的影响，因为不同类型投资者的股利税税率都各不相同⊖。首先，我们在再平衡时（每年的 1 月初）会检查交易清单；然后，我们将根据交易清单来计算已实现的资本利得/亏损，并计算税负（假设 15％ 的资本利得税税率）；最后，我们将税负的影响从收益率中减去⊖。

表 17-11　考虑到交易成本的历史业绩

	跟踪组合	进行税务成本管理的组合	比较基准		跟踪组合	进行税务成本管理的组合	比较基准
平均收益率	14.658	14.578	13.494	最小超额收益率	−7.957	−7.979	
SD	21.840	21.814	16.105	$\hat{\alpha}^B$	−0.056	−0.065	
最大收益率	17.881	17.529	10.105	$t(\hat{\alpha}^B)$	−0.190	−0.225	
最小收益率	−21.595	−21.617	−13.638	$\hat{\beta}^B$	1.196	1.199	
平均超额收益率	1.164	1.084		IR	−0.019	−0.022	
事后 TE	10.840	10.709		$\hat{\alpha}^{MF}$	0.299	0.287	0.427
最大超额收益率	9.997	9.646		SR	0.139	0.138	0.168

注：在所有的组合最优中，我们均不允许卖空（即要求 $\mathbf{w} \geqslant 0$）。组合进行再平衡时总是确保是全额投资的（即 $\mathbf{w}'\mathbf{1}=1$）。我们还引入了分散化约束，即组合中单只股票的权重不超过 5％（即 $\mathbf{w} \leqslant 0.05$）。对于各组合，我们还附加了交易约束意在反映在进行再平衡时，组合中单只股票的购买量不超过该股票 33％ 的 ADV（平均日成交额），假设组合的投资金额为 5 亿美元，那么该约束即为 $\mathbf{w} \leqslant (0.33 \cdot ADV)/500\,000\,000$。跟踪组合并没有在组合的优化问题中考虑税务的影响，而进行税务管理的组合在组合的优化问题中考虑了税务的影响。平均收益率与平均超额收益率均为年化数据。TE 为年化跟踪误差，SD 为整个期间月度收益率的年化标准差，最大收益率与最小收益率是指月度收益率的最大值与最小值。其余的数值均未年化（即为月度数值）。超额收益率为组合相对于比较基准的超额收益。$\hat{\alpha}^B$ 与 $\hat{\beta}^B$ 为事后的比较基准 α 及 β（即通过组合收益率与比较基准收益率之间的回归估计得到）。$\hat{\alpha}^{MF}$ 为事后多因子 α（即通过组合收益率与多个因子之间的回归估计得到）。IR 为组合月度收益率的信息比率（简单乘以 $\sqrt{12}$ 即能得到 IR 的年化值），SR 为基于组合月度收益率的事后夏普比率，无风险利率使用的是 3 个月期国库券利率。

⊖　不同投资者之间的短期资本利得税税率也各不相同，但由于我们是每年再平衡一次，因此，我们只用考虑长期资本利得税。

⊖　我们忽略了每月再平衡所造成的税负影响，因为在其他月份交易的规模非常小。同样，尽管我们知道 2003 年之前与之后的长期资本利得税税率不同，我们选择使用的是 2006 年的长期资本利得税税率，对收入达到 28 400 美元的投资者征收。

　　跟踪组合的平均收益率下降了，但是下降的幅度非常小。进行税务管理的组合与跟踪组合的业绩之间差异不大。造成这种情况的一个原因可能是亏损收割策略对平均收益率有负面影响，而这抵消了税负下降所带来的好处。亏损收割策略倾向于加仓近期的"赢家"（那些股价上涨的股票），而减仓近期的"输家"。由于股价表现出负的自相关性，那么着眼未来，过去的输家将战胜过去的赢家，从而使得亏损收割策略对收益率有负面影响。然而，这并不能保证股价在未来仍然会表现出负的自相关性，因此读者不应当认为亏损收割策略在未来仍然会降低组合的收益率。

17.5　杠杆组合的业绩

　　有些量化组合投资经理会选择使用杠杆来增强其组合的收益率，这方面的内容请参考我们在第 12 章及第 16 章中的介绍。为了增强平均收益率，我们通过购买标普 500 指数期货来为组合加杠杆。期货合约的张数是根据目标 β 来计算的——即为了使每月月初组合相对于标普 500 指数的 β 为 2，我们所需要购头的期货合约张数。如果组合的 α 较高，股票市场总体向上，那么增加整体组合的 β 将会使组合获得更高的收益率。

　　表 17-12 给出了杠杆组合、跟踪组合以及比较基准的业绩。本节及下节，我们所呈现的标普 500 的收益率均来自 Compustat。该数据与前面章节我们自己计算的标普 500 的收益率数据存在着一定的差异，主要是因为在指数成分股上存在着一些差异。杠杆组合的平均收益率每年要比跟踪组合高出 6%。由于平均收益率的提升来源于高 β，所以风险（标准差）也从年化 22% 增加至 34%。同样的原因，信息比率下降至 0 以下，夏普比率也下降了。

　　为了使得事前 β 为 2，该杠杆组合每月再平衡一次。我们组合的事后 β 为 1.994，非常接近 2 $\ominus$。杠杆组合的 α^{CAPM} 也下降了，因为我们并没有对其进行直接地控制 $\ominus$。

$\ominus$　β^{CAPM} 不准确地等于 2 是因为该值是通过组合收益率来计算的，而非通过个股 β^{CAPM} 及其权重来计算。同样地，该值也只有在每月月初等于 2，随着时间的推移该值会出现偏离，因为我们并没有每日再平衡。

$\ominus$　理想的情况下，杠杆组合的 α 应当与跟踪组合的 α 完全相同。但现实中，它们并不相等。标普 500 指数期货相对于标普 500 指数的 α 与 β 并不准确地等于 0 与 1，这与我们通常的假设是有差异的。同样，无风险利率也并非与标普 500 指数完全独立。

表 17-12　杠杆组合的历史业绩

	跟踪组合	杠杆组合	比较基准		跟踪组合	杠杆组合	比较基准
平均收益率	14.739	20.381	12.908	$t(\hat{a}^B)$	0.063	−0.358	
SD	21.852	34.106	16.331	$\hat{\beta}^B$	1.184	1.994	
最大收益率	17.881	22.378	9.782	IR	0.006	−0.035	
最小收益率	−21.595	−33.992	−14.458	$\hat{a}^{MF}$	0.306	0.533	
$\hat{a}^B$	0.018	−0.104		SR	0.140	0.138	0.155

注：杠杆组合的构建流程是：计算优化组合每月的 β，然后买入相应数据的标普 500 指数期货，使得组合的 β 达到目标值，即 $\beta^* = 2$。组合进行再平衡时总是确保是全额投资的（即 $w'1 = 1$）。我们还引入了分散化约束，即组合中单只股票的权重不超过 5%（即 $w \leqslant 0.05$）。对于各组合，我们还附加了交易约束意在反映在进行再平衡时，组合中单只股票的购买量不超过该股票 33% 的 ADV（平均日成交额），假设组合的投资金额为 5 亿美元，那么该约束即为 $w \leqslant (0.33 \cdot ADV)/500\ 000\ 000$。跟踪组合并没有加杠杆，而杠杆组合是加了杠杆的，从而整个组合的 $\beta^* = 2$。平均收益率为年化数据。SD 为整个期间月度收益率的年化标准差，最大收益率与最小收益率是指月度收益率的最大值与最小值。其余的数值均未年化（即为月度数值）。$\hat{a}^B$ 与 $\hat{\beta}^B$ 为事后的比较基准 α 及 β（即通过组合收益率与比较基准收益率之间的回归估计得到）。$\hat{a}^{MF}$ 为事后多因子 α（即通过组合收益率与多个因子之间的回归估计得到）。IR 为组合月度收益率的信息比率（简单乘以 $\sqrt{12}$ 即能得到 IR 的年化值），SR 为基于组合月度收益率的事后夏普比率，无风险利率使用的是 3 个月期国库券利率。

17.6　市场中性组合的业绩

表 17-13 给出了两个市场中性组合、现金收益率（3 个月国库券的收益率）以及标普 500 指数的业绩。其中的一个市场中性组合——行业中性组合，其多头头寸是行业中性的跟踪组合，空头头寸是比较基准。因子中性组合的多头头寸是因子中性的跟踪组合，空头头寸是比较基准。

对于市场中性组合而言，适当的比较基准并不是清晰可见的。从某种意义上来讲，无风险利率是一个合适的比较基准，因为我们构建这类组合的本意就是为了去对冲市场风险。从另一个角度来看，市场收益率也是一个合适的比较基准，因为我们希望组合与股票市场之间的相关性很低。因此，我们在表中分别给出了这两个比较基准的相关数据。行业中性组合与因子中性组合均是金额中性的，其收益率的计算方式是：行业/因子中性跟踪组合的收益率减去相应的比较基准的收益率再加上无风险利率。这两个组合的平均收益率均高于现金收益率——无风险利率。收益率的标准差也显著下降了，表明市场中性组合对股票市场的暴露很低。

市场中性组合与标普 500 指数之间的相关系数 ρ^B 非常低，这就是市场中性的目的。两个市场中性组合的 β^B 都相对比较低。我们并没有设定约束条件要求组合的 β^B 中性。但是，行业中性或因子中性同样影响了 β^B。

表 17-13 市场中性组合的历史业绩

	行 业 中 性	因 子 中 性	标普 500	现 金
平均收益率	4.322	6.209	12.908	4.139
SD	6.903	12.044	16.331	0.486
最大收益率	6.204	11.813	9.782	0.560
最小收益率	-5.432	-8.615	-14.458	0.070
ρ^B	0.273	0.263		
$\hat{\alpha}^B$	-0.076	0.019		
$t(\hat{\alpha}^B)$	-0.401	0.057		
$\hat{\beta}^B$	0.117	0.198		
IR	-0.039	0.006		
$\hat{\alpha}^{MF}$	-0.172	-0.173		
SR	0.008	0.049	0.155	

注：行业中性组合是通过买入行业中性的跟踪组合并且卖空等额的比较基准，从而达到市场中性的目的。因子中性组合是通过买入因子中性的跟踪组合并且卖空等额的比较基准，从而达到市场中性的目的。现金为 3 个月国库券的收益率。平均收益率为年化数据。SD 为整个期间月度收益率的年化标准差，最大收益率与最小收益率是指月度收益率的最大值与最小值。其余的数值均未年化（即为月度数值）。ρ^B 为组合收益率与比较基准收益率之间的相关系数。$\hat{\alpha}^B$ 与 $\hat{\beta}^B$ 为事后的比较基准 α 及 β（即通过组合收益率与比较基准收益率之间的回归估计得到），$\hat{\alpha}^{MF}$ 为事后多因子 α（即通过组合收益率与多个因子之间的回归估计得到），IR 为组合月度收益率的信息比率（简单乘以 $\sqrt{12}$ 即能得到 IR 的年化值），SR 为基于组合月度收益率的事后夏普比率，无风险利率使用的是 3 个月期国库券利率。

表 17-14 给出了第 3 个市场中性组合的业绩。该组合是通过最优化的方法直接构建的，即在最优化问题中引入两个新的约束条件：金额中性约束，要求组合中个股的权重之和为 0，同时要求组合中多头头寸的个股权重之和为 1，空头头寸的个股权重之和也为 1；因子中性约束，要求组合对模型中每个因子的暴露均为 0。除了目标跟踪误差为 5%，以及所有股票的权重均为正（为了卖空，我们需要放松该约束）这两个约束条件之外，原有的其他约束条件均保持不变。另外，我们选择在超额收益率 2%（相对于现金收益率）的目标水平上最小化组合的风险。一旦市场中性组合构建完成，我们就将其分解为一个多头组合（组合中股票的权重为正）与一个空头组合（组合中股票的权重为负）。空头组合数据的呈现方式是假设投资者持有该空头组合的多仓。

表 17-14 所呈现的市场中性组合的业绩与我们的预期有些冲突。空头组合的收益率比多头组合的收益率更高，从而使得市场中性组合的收益率接近 0[⊖]。这表明该模型在寻找"好"股票方面还算成功，但在确定"坏"股票方面就不那么出色了。

⊖ 市场中性组合的收益率包含了现金收益率。这也是为什么在空头组合的收益率要高于多头组合的收益率的情况下，市场中性组合的收益率还是正的。

表 17-14　市场中性组合的历史业绩

	市场中性优化组合	多头组合	空头组合	标准普尔 500	现　金
平均收益率	0.184	14.338	18.293	12.908	4.139
SD	7.759	15.495	16.029	16.331	0.486
最大收益率	5.642	8.643	13.059	9.782	0.560
最小收益率	−12.105	−16.491	−13.353	−14.458	0.070
ρ^B	0.218	0.878	0.745		
$\hat{\alpha}^B$	−0.404	0.240	0.645		
$t(\hat{\alpha}^B)$	−1.887	1.145	2.134		
$\hat{\beta}^B$	0.102	0.834	0.732		
IR	−0.184	0.111	0.208		
$\hat{\alpha}^{MF}$	−0.484	0.551	1.035		
SR	−0.147	0.190	0.255	0.155	

注：市场中性组合使用优化算法每年再平衡一次。每月我们会优化一次市场中性组合，使得其预期收益率等于无风险利率(过去 1 个月的法玛-弗伦奇无风险利率)加上 2%。在我们的组合优化中，允许卖空。因此，我们会构建一个多头组合和一个空头组合。我们在优化问题中加入金额中性的约束，即多头组合的权重与空头组合的权重相等 $\left(\sum_{i=1}^{N_L} w_i^L = \sum_{j=1}^{N_S} w_j^S = 1\right)$。我们还要求组合的加权平均 β 等于 0 $\left(\sum_{i=1}^{N_L} w_i^L \beta_i = \sum_{j=1}^{N_S} w_j^S \beta_j\right)$。我们还加入了行业中性约束，即多头组合与空头组合在各行业上的权重相等。多头组合与空头组合结合起来就构成了市场中性组合。平均收益率为年化数据。SD 为整个期间月度收益率的年化标准差，最大收益率与最小收益率是指月度收益率的最大值与最小值。其余的数值均未年化(即为月度数值)。ρ^B 为组合收益率与比较基准收益率之间的相关系数。$\hat{\alpha}^B$ 与 $\hat{\beta}^B$ 为事后的比较基准 α 及 β(即通过组合收益率与比较基准收益率之间的回归估计得到)。$\hat{\alpha}^{MF}$ 为事后多因子 α(即通过组合收益率与多个因子之间的回归估计得到)。IR 为组合月度收益率的信息比率(简单乘以 $\sqrt{12}$ 即能得到 IR 的年化值)，SR 为基于组合月度收益率的事后夏普比率，无风险利率使用的是 3 个月期国库券利率。

17.7　结论

在本章中，我们检验了本书中所介绍的各种组合的回测结果。从回测的角度来看，我们主要关心的是组合的平均超额收益率与事后跟踪误差。许多股票组合投资经理聚焦这两个统计指标是因为他们在管理组合时需要参考比较基准。对于我们所检验的时间区间，从这两个统计指标上来看，基于基本面因子模型的组合的业绩表现要好于基于经济因子模型的组合。当然，这并不能当作"基本面因子模型总体上更优"的证据。我们的统计结果所代表的是 1995～2003 年特定组合所可能获得的业绩。模型的选取需要综合考虑到各类模型的理论基础以及各类模型在当前环境及未来环境的适用性。整体而言，我们对模型的业绩非常满意。通过将跟踪误差控制在某个范围内，我们的组合相对于比较基准获得了正的超额收益率。在大多数情况下，我们获得了正的 α^B 以及相对较高的信息比率。

对剔除交易成本/税负成本后组合业绩的分析表明量化组合投资经理除了为投资者选择"好"的股票之外，还可以有更多的作为。对交易成本及税务的量化管理在某种程度上来看要比挑选到"好"股票的确定性更高。组合投资经理可以也应当充分利用交易成本与税务管理所带来的好处。我们进行交易成本管理的优化组合的表现不仅在平均收益率方面，更是在事后跟踪误差方面也优于标准跟踪组合⊖。在我们回测的时间区间，进行税务管理的优化组合相对于标准跟踪组合其业绩并没有显著的提高，但是我们相信在其他的时间区间，进行税务管理非常可能获得额外的超额收益。一般而言，尽可能最大化组合的税收优惠是非常有意义的。

我们发现当市场上涨时，杠杆组合会获得更高的收益率，当然也承担了更大的风险。我们还指出了使用多种策略来构建市场中性组合（与标普 500 指数的相关性非常低）是非常实际的，并且相对于现金收益率而言，这些组合也获得了一定的超额收益率。希望我们的案例对刚刚进入量化这一领域的投资者有所帮助，也希望这些案例能够引起该领域专家们的兴趣。

· 习 题 ·

17.1 (a)最优化方法在构建具有理想跟踪误差的组合上的效果如何？

(b)这在风险控制的实际运用上表明了什么？

17.2 讨论下列在实际的组合优化问题中所运用的约束条件。特别地，用非专业人士也能理解的语言来解释每一个约束所代表的含意，以及为什么组合投资经理可能会使用该约束。

(a)$\mathbf{w} \geq 0$。

(b)$\mathbf{w}'\boldsymbol{\iota} = 1$。

(c)$\mathbf{w} \leq 0.05$。

(d)$\mathbf{w} \leq \dfrac{0.33 \cdot ADV_t}{V_t}$。

17.3 标准组合达到下列目标了吗？

⊖ 当然，我们所使用的是一套统一的交易成本假设。读者可以根据实际的交易情况来设定合适的交易成本假设。

(a)正的 α^B。

(b)高于比较基准的夏普比率。

(c)理想的跟踪误差。

17.4   在本章的回测中,哪个模型的事前跟踪误差与事后跟踪误差的差异最小?

17.5   请参考 2003 年 6 月的经济因子模型的归因分析来回应以下陈述。

(a)组合策略在行业配置方面表现良好。

(b)组合策略在股票选择方面表现良好。

(c)组合策略在行业配置方面的表现优于在股票选择方面的表现。

17.6   下列问题与多因子归因分析相关(见表 17-7～表 17-9)。

(a)在表 17-7 中,哪个因子贡献的超额收益率最高?

(b)在表 17-7 中,哪个因子贡献的超额风险最高?

(c)在表 17-8～表 17-9 中,哪只股票贡献的超额收益率最高?是多少?该股票对收益率的贡献的最主要来源是什么?

(d)在表 17-8～表 17-9 中,哪只股票贡献的超额收益率最低?是多少?该股票对收益率的贡献的最主要来源是什么?

17.7   在进行交易成本管理的优化组合的回测中,

(a)在最优化问题中直接考虑交易成本使得组合的平均收益率高了多少?

(b)组合的风险变大了吗?

17.8   下列问题针对进行税务管理的优化组合的回测业绩以及没有在最优化问题中直接考虑税负的标准组合的回测业绩。

(a)这两个组合在平均收益率上有什么差异?

(b)我们在本章中所给出的哪点说明可能可以解释该差异?

(c)是否还有关于我们所使用的特定的税务优化方法方面的其他原因可能会导致这一结果?

(d)怎么做可以使得回测的结果更好?

17.9   下列问题有关杠杆组合的结果。

(a)将杠杆组合的收益率分解为以下 3 个部分:α^B,归因于标普 500 指数的部分 $\beta^B r_B$ 以及归因于无风险利率的部分。

(b)加杠杆使得组合的收益率增加了多少?使得组合的风险增加了多少?使得组合的夏普比率增加了多少?

(c)即使标准股票组合的 α^B 为正,为什么使用股指期货加杠杆之后会使得组合整体的 α 为负?

17.10   市场中性组合最适合的比较基准是什么?

17.11　下列问题有关市场中性组合(见表17-13)。

(a)行业中性组合达到其目的了吗?

(b)因子中性组合达到其目的了吗?

(c)仅使用该表中的信息,可以构建出一个更好的投资组合吗? 如果可以,请说明如何构建?

17.12　下列问题有关市场中性的优化组合(见表17-14)。

(a)市场中性的优化组合达到其目的了吗?

(b)你会购买这个投资组合吗? 为什么?

(c)组合的事后平均收益率的主要来源是什么?

17.13　根据我们回测的实证结果回应下列陈述。

(a)市场中性组合毫无意义。投资于持有现金及股票的组合业绩会更好。

(b)税务管理策略并不会提高组合的税后收益率,因为税务管理方面所获得的正收益被投资方面所获得的负收益所抵消。

(c)交易成本(包括佣金、市场冲击以及延迟交易)不会影响组合的平均收益率。因为投资经理要买、卖股票,所以总的来说,不会产生交易成本。

(d)杠杆如同魔法,会提高组合的平均收益率。

附送 CD 的内容

1. **习题与解答**

- 包含各章习题和解答

2. **各章附录**

- 附录 2A：主动管理基本法则和信息准则
- 附录 8A：用向量自回归模型预测
- 附录 14A：后验估计的推导
- 附录 15E：个股 CAPM β 的计算
- 附录 16B：其他时期上的因子分析

3. **通用附录**

- 附录 A：金融理论简史
- 附录 B：股票收益率的 3 个基本模型
- 附录 C：数学与统计概念基础回顾
- 附录 D：量化股票组合管理部门的组织架构
- 附录 E：掷骰子游戏的量化分析

术 语 表

A

active portfolio management　主动投资组合管理
以战胜某个比较基准或最大化某个风险调整后
收益为目标的投资组合管理方式。

aggregate Z-score　加总 Z 值　在多因子视角下分
析一只股票时，多个因子 Z 值的加权平均值。

anomaly　异象　在标准金融理论框架下不应出现
的股价模式。

autoregression model　自回归模型　股票收益率或
其他时间序列变量的一种模型。在这种模型
下，变量当期值是其若干个历史值的线性函数
与一个随机误差项之和。

B

backtesting　回测/历史回测　利用历史数据测试
某种投资策略在过去表现如何的过程。

Bayes' rule　贝叶斯法则　描述"事件 A 在事件 B
下的条件概率"与"事件 B 在事件 A 下的条件概
率"二者关系的数学定理。

Bayesian α　贝叶斯 α　股票预期收益率中，通
过使用贝叶斯理论将关于股票的定性信息数量
化的部分。

Bayesian theory　贝叶斯理论　整合研究者的主观
观点与定量数据以获得对风险的最优评估的统
计理论。

behavioral finance theory　行为金融理论　以投资
者心理和行为模式来解释股价变动的理论。

benchmark α　比较基准 α　股票预期收益率中
与比较基准不相关的部分。

benchmark portfolio　比较基准组合　预先指定的
一个由股票及其他可投资资产所构成的组合，
用来衡量组合投资经理的业绩（通过横向比
较）。组合投资经理在构建组合时，对比较基
准组合的偏离不能超过预设的阈值。

beta neutrality　β 中性　描述投资组合对市场或
其他因子的净暴露为零的一种状态。

bid-ask spread　买卖价差　在某个时刻，能够买
到一只证券的最低价格与能够卖出同一证券的
最高价格的差值。

breadth　宽度　预测股票收益率时用到的独立因
子或独立信号个数。

C

**capital asset pricing model(CAPM)　资本资产定价
模型**　一种经典的股票收益率模型。在 CAPM
下，股票收益率等于市场组合收益率与股票对
市场组合的暴露度的乘积，再叠加一个随机误
差项。

capital gain and loss management　**资本利得/亏损管理**　根据潜在的资本利得和资本亏损，以最小化组合税负为目标，对股票进行买入和卖出的操作。

CAPM α　股票预期收益率中与市场组合不相关的部分。

CAPM β　股票对市场组合的暴露度。它正比于股票收益率与市场组合收益率之间的相关系数。

characteristic matching　**特征匹配**　用因子暴露相同或相近的另一只股票替换原有股票的技术。

conditional expectation　**条件期望**　在已知另一随机变量的条件下，一个随机变量的期望值。

conditional probability　**条件概率**　在另一事件已发生的条件下，一个事件的发生概率。

cross-sectional data　**横截面数据**　由同一时点许多个体构成的一组样本集，例如一组公司或一系列国家。

D

data mining　**数据挖掘**　在股票和因子收益率的历史数据上，采用大量不同的模型反复测试，直到找出一种能够最佳"预测"或解释历史股票收益率的模型的做法。

data snooping　**数据探察**　仅仅因为读到或听说某种模型或策略有效就使用该模型的做法。

delay cost　**延迟交易成本**　交易者因为经纪商无法及时处理其交易指令而付出的代价。这通常发生在大额交易指令时。

diversifiable risk　**非系统性风险**　组合风险中可以通过分散化投资而减少的部分。

diversification　**分散化**　保持预期收益率不变的同时降低投资风险的操作，主要通过持有大量差异化的股票（它们的价格波动在时间和方向上均不相同）而实现。

dividend management　**股利管理**　根据股票的预期股利率，对股票进行买入和卖出，以使组合达到目标股利水平并最小化组合税负的操作。

dollar neutrality　**金额中性**　使多头组合与空头组合市值相等的组合状态。

E

economic factor　**经济因子**　任何对解释或预测股票收益率有帮助的经济指标，例如价格水平、利率、收入或生产率。

economic factor model　**经济因子模型**　一种股票收益率因子模型，其中股票收益率主要由经济因子驱动。在这个模型中，股票预期收益率等于因子溢价与股票对这些因子的暴露的乘积。

efficient-market hypothesis　**有效市场假说**　证券价格反映了所有信息并且无法预测的假说。

exchange-traded fund　**交易所交易基金（ETF）**　一种可以在交易所像单只证券那样交易的投资组合（由股票和其他可投资资产构成）。交易一只ETF与交易任何其他上市股票非常相似。

expected return　**预期收益率**　股票收益率作为一个随机变量的期望值。

F

factor exposure　**因子暴露**　股票或投资组合对一个因子溢价的敏感度。

factor exposure targeting　**目标因子暴露法**　调整组合，使其对各个因子的暴露度达到设定的目标值。目标值通常设为比较基准组合的因子暴露。

factor premium　**因子溢价**　股票暴露于某个风险因子所获得的预期回报，也是股票收益率模型中该因子的收益率。

factor tilting　**因子倾斜**　朝着某个方向调整投资组合的因子暴露，典型的做法是增加组合投资经理看好的因子的暴露度。

forecasting rule of thumb　**预测的经验法则**　将基于预测因子的条件预期收益率分解为信息系数、股票收益率的波动率和 Z 值的数学公式。

fundamental factor　**基本面因子**　任何对解释或预测股票收益率有帮助的可观测的公司属性，例如财务报表中的条目、分析师报告中的条目或其他来源中涉及上市公司的指标。

fundamental factor model　**基本面因子模型**　一种股票收益率因子模型，其中股票收益率主要由基本面因子驱动。在这个模型中，股票预期收益率等于因子溢价与股票对这些因子的暴露的乘积。

fundamental law　**主动管理基本法则**　信息比率等

于信息系数与宽度平方根的乘积。该公式帮助
组合投资经理了解怎样获得超越比较基准的
收益。

G

generalized least-square estimation　广义最小二乘估计　在已知不同样本的随机误差项具有异方差或者它们之间存在相关性的条件下，对于模型参数的有效估计量。[一]

goodness of fit　拟合优度　回归直线对原始数据的拟合程度的度量。

I

information coefficient　信息系数　一个预测因子或信号对于股票收益率预测的平均贡献。[二]

information criterion　信息准则　为了构建最优的投资组合，你必须利用所有可得信息，并且要避免对同一信息的重复使用。

information loss　信息损失　实际组合与可能构建的最优组合的夏普比率之差。

information ratio　信息比率　比较基准α与残差波动率的比值。该比率是对组合投资经理的风险调整后超额收益（相对于无风险资产）或主动收益（相对于比较基准）的度量。

initial margin　初始保证金　进行卖空操作或期货交易前，经纪商要求投资者存入的作为抵押的资金。其数额一般表述为交易市值的一个固定比例。

investment universe　投资范围　组合投资经理选择股票的约定范围。

L

leverage　杠杆　同时使用自有资金与借入的资金买入资产或构建组合的操作。例如买入期货合约以构建一个超过权益资本的组合头寸。

leveraged short　杠杆卖空　同时使用自有证券组合与借入的证券组合进行卖空的操作。例如卖出期货合约。

liquidity buffer　流动性缓冲　控制下行风险以维持组合流动性的措施。买入价外看跌期权是建立流动性缓冲的一种方法。

look-ahead bias　前视偏误　由于错误地假设某种实际上不可得的信息能被获得而产生的估计偏误。

loss harvesting　亏损收割　卖出具有潜在资本亏损的股票以最小化组合税负的操作。

M

maintenance margin　维持保证金　使用证券账户进行融资交易（即借入资金）过程中，账户内需要保持的最小资金数额。

market impact　市场冲击　大额交易指令对股票价格的影响。市场冲击是当交易者交易股票时，价格朝不利方向变动产生的成本。

market neutrality　市场中性　使组合对市场波动的敏感性为零的组合状态。市场中性可以通过金额中性或β中性达到。

mean-variance optimization　均值-方差优化　在给定预期收益率下最小化风险，或在给定风险水平下最大化预期收益率的技术。

minimum absolute deviation estimation　最小绝对离差估计　最小化因变量与回归直线之间距离之和的估计技术。该估计给出的预测值是给定解释变量数值的条件下因变量的中位数。

model periodicity　模型（重估）周期　模型参数需要被重估的时间间隔（例如每日、每周、每月、每季度或每年）。

momentum　动量　历史收益率为正的股票也具有正的未来收益率的价格模式；正的序列相关性。

multifactor α　多因子α　股票预期收益率中与多因子模型中的任何因子都不相关的部分。

multifactor model　多因子模型　使用多个因子解释股票收益率的模型。

multiple regression　多元回归　估计一个因变量对多个解释变量的线性依赖关系的统计技术。

multivariate regression　多变量回归　估计多个因变量对多个解释变量的线性依赖关系的统计

─────────

[一]　可简单理解为对不同样本设置不同权重的最小二乘法。——译者注

[二]　预测变量与实现的股票收益率之间的相关系数。——译者注

技术。

N

nondiversifiable risk　**系统性风险**　组合风险中无法通过分散化降低的部分。

normal distribution　**正态分布**　一种仅由均值和方差决定的对称的钟形分布。

O

omitted-factor bias　**因子缺失偏误**　由于在估计中缺失相关因子所致的估计偏误。

optimal portfolio　**最优组合**　通过均值-方差最小化或跟踪误差最小化技术构建的组合。给定一种风险度量，最优组合会在满足其他约束条件（例如某个指定预期收益率水平）的前提下，达到最低的风险水平。

ordinary least-square estimation　**普通最小二乘估计**　最小化因变量与回归直线的距离平方和的估计技术。该估计给出的预测值是给定解释变量数值的条件下因变量的均值。

outlier　**异常值**　距离回归直线非常远的数据点。

P

panel data　**面板数据**　多个个体（例如公司或国家）多个时点的观测数据构成的一组样本。

parameter stability　**参数稳定性**　参数对用于估计它的数据时段的稳定性。参数稳定性是可靠估计的必要条件。

parameter uncertainty　**参数不确定性**　参数估计的不确定性，通常以标准误差衡量。如果投资决策基于某个参数估计，那么后者的参数稳定性将尤其重要。

passive portfolio management　**被动组合管理**　以被动复制比较基准的收益（不做任何试图超越比较基准的尝试）为目标的组合管理方式。

performance attribution　**业绩归因**　将投资组合业绩分解为各个部分的过程。例如基于股票收益率模型将组合收益归因于各个因子。

portable α　**可移植 α**　这是一种理念，它认为一个组合的 α 能够被移植到另一种资产或资产子类之上。可移植 α 的概念使退休计划（plan sponsor）、养老基金和其他投资者能够将 α 从其资产配置决策中分离出来。它也允许组合投资经理将组合的 α 与组合的 β 分离。

portfolio weight　**组合权重**　股票或证券在投资组合中的权重（按其相对市值计算）。

posterior　**后验估计**　经过贝叶斯分析后得到的参数分布。

predictive distribution　**预测分布**　拟合出的模型给出的随机变量的分布。通常在拟合出一个预测模型后，你需要绘制这样一个分布图以图形化地展示预测的结果。

price impact　**价格冲击**　市场冲击的另一种说法。大额交易指令对股票价格的影响。价格冲击是当交易者交易股票时，价格朝不利方向变动产生的成本。

principal-component analysis　**主成分分析**　从一组数目众多的给定变量中，重组出少数几个因子，使后者能够解释原始变量组大部分波动的数学技术。重组出的因子是原始给定变量的线性组合。

prior　**先验估计**　反映对模型参数的主观观点的分布。

probability density function　**概率密度函数**　将随机变量的一个潜在取值映射到其概率密度的数学函数。通过对概率密度函数进行积分，你可以得到随机变量取得指定数值的概率。

pure arbitrage opportunity　**纯套利机会**　从错误定价中获利而无须承担任何风险的机会。

Q

quadratic programming　**二次规划**　求解目标函数为二次、约束为线性的优化问题的数学技术。

qualitative portfolio management　**定性组合管理**　主要基于非量化研究或组合投资经理主观观点的组合管理方式。

quantitative portfolio management　**量化组合管理**　主要基于对财务、经济或其他可量化数据的量化分析的组合管理方式。典型的量化组合管理会构建基于大量数据估计的股票收益率模型。

R

random error　**随机误差**　随机变量中无法观测、无法预测的部分，通常无法被模型所解释。通常假设随机误差项与模型中其他解释变量或因子均不相关。

rebalancing　再平衡　为了调整或恢复组合构成而进行的股票交易。

residual return　残差收益率　股票收益率中无法被模型解释的部分。残差收益率可以被简单理解为随机误差项的实现值。有时它也会包含 α 的估计值或模型中的常数项。

risk　风险　单只证券或投资组合价值中不可预测的变动性，通常用证券或组合的标准差来衡量。

risk-free rate　无风险收益率　价值可以完全精确预测的证券（无风险资产）的收益率。

robustness of estimation　估计的稳健性　即使某些情况发生了变化（例如改变数据集或模型设定），估计值也不会发生大的变化。

rolling window　滚动窗口　使用一系列重叠的时间区间上的数据样本估计模型，以获得连续变化的模型参数估计。

S

scenario analysis　情景分析　通过分析变量在不同情景下的概率分布来预测股票收益率或任何随机变量的技术。

semi-standard deviation　半标准差　仅关注均值下方偏离的波动率度量。

semistrong-form efficiency　半强式有效　市场有效性的一种水平。在半强式有效市场中，证券价格反映了所有公开可得的信息。

serial correlation　序列相关性　时间序列的当期值与前期值之间存在相关性的模式。

short sale　卖空　借券卖出。空头头寸的平仓操作为买回还券。

standard error　标准误差　估计量的标准差。标准误差是对估计量精确度和可信度的一种度量。标准误差越高，表示精确度越低。

statistical arbitrage opportunity　统计套利机会　从错误定价中获利而只需承担较小的、可度量的风险的机会。

stratification　分层抽样　从总体中抽取一组代表性样本的方式：先对总体分类，之后在每类中抽取预定数量的样本。在组合构建中，可以首先将所有可投股票分类（例如按行业划分），之

后在每类中抽取预定数量的股票，添加到组合中。

strong-form efficiency　强式有效　市场有效性的一种水平。在强式有效市场中，证券价格反映了所有信息，包括公开信息和私有信息。

surviorship bias　生存偏误　由于仅使用在整个测试期间存活下来的公司数据来估计模型所导致的估计偏误。存活下来的公司与未存活下来的公司在模型关心的领域差异越大，生存偏误就越严重。

T

tax lot　计税单位　同一股票在同一时点买入的全部份额构成一个计税单位。同一计税单位内的所有股票份额都具有相同的潜在资本利得和资本亏损。

tax-lot management　计税单位管理　基于潜在资本利得或资本亏损而卖出某些计税单位的操作，以最小化组合税负为目的。

technical analysis　技术分析　以识别股票价格、收益率或成交量序列中有规律的模式为目标的分析。

technical factor　技术因子　对解释股票收益率有帮助的任何基于价格、收益率和成交量数据的股票特征指标。

time-series data　时间序列数据　同一对象（例如公司或国家）不同时点的一组观测样本。

tracking error　跟踪误差　组合收益率与比较基准收益率之差的标准差。

tracking-error minimization　跟踪误差最小化　在满足其他条件的前提下，最小化组合的跟踪误差。

tracking portfolio　跟踪组合　通过跟踪误差最小化技术构建的投资组合。

transaction cost　交易成本　交易证券的总成本，包括直接成本（交易佣金）和间接成本（市场冲击）。

trimming　截尾法　将样本中的异常值剔除以避免异常值过度影响统计估计。

***t*-statistic　*t*-统计量**　参数估计值与其标准误差的比值。如果参数真值为零，那么其 *t*-统计量服从 *t* 分布。也可以构建 *t*-统计量来检验参数

是否等于其他数值。

V

value at risk　在险价值　在不利的投资环境下，组合价值可能损失的比例。通常以剔除最坏5％的情形之后的最大潜在损失来衡量。

variance-covariance matrix　方差-协方差矩阵　对角线元素是各个变量的方差，非对角线元素是所有可能的变量对之间的协方差的矩阵。

vector autoregression model　向量自回归模型　多元时间序列变量的一种模型。在这种模型下，多个变量的当期值是它们的若干个历史值的线性函数与一组随机误差项之和。

volatility　波动率　价格或收益率波动的程度或不可预测性。通常用标准差或方差衡量。

W

weak-form efficiency　弱式有效　市场有效性的一种水平。在弱式有效市场中，证券价格反映了历史价格中的所有信息。在弱式有效市场下，技术分析是无效的。

winsorization　缩尾法　将样本中的异常值替换为其他数值以避免异常值过度影响统计估计。

Z

zero-investment portfolio　零投资组合　通过持有市值相等的多头组合和空头组合而构建的净权益资本为零的组合。

Z-score　Z值　通过在变量原始值上减去均值再除以标准差得到的标准化变量。在 QEPM 中，Z 值指的是因子暴露的标准化值。

参 考 文 献

Abarbanell, Jeffrey S., and Brian J. Bushee. "Abnormal Returns to a Fundamental Analysis Strategy." *Accounting Review*, **v. 73**, 1998, pp. 19–45.

Achelis, Stephen B. *Technical Analysis from A–Z*. New York: McGraw-Hill, 2001.

Alexander, John C., and James S. Ang. "Do Equity Markets Respond to Earnings Paths?" *Financial Analysts Journal*, **v. 54**, July–August 1998, pp. 81–94.

Altman, E. "Financial Ratios, Discriminant Analysis, and the Prediction of Corporate Bankruptcy." *Journal of Finance*, **v. 23**, September 1968, pp. 589–609.

Angel, James J., and Pietra Rivoli. "Does Ethical Investing Impose a Cost on the Firm? A Theoretical Examination." *Journal of Investing*, Winter 1997, pp. 57–61.

Anton, Howard. *Elementary Linear Algebra*. New York: Wiley, 1991.

Arbel, A. "Generic Stocks: An Old Product in a New Package." *Journal of Portfolio Management*, **v. 11**, Summer 1985, pp. 4–13.

Arbel, A., S. Carvell, and P. Strebel. "Giraffes, Institutions, and Neglected Firms." *Financial Analysts Journal*, **v. 39**, May/June 1983, pp. 57–62.

Arbel, A., and P. Strebel. "The Neglected and Small Firm Effects." *Financial Review*, 1982, pp. 201–218.

Arbel, A., and P. Strebel. "Pay Attention to Neglected Firms." *Journal of Portfolio Management*, **v. 9**, Winter 1983, pp. 37–42.

Ariel, R.A. "A Monthly Effect in Stock Returns." *Journal of Financial Economics*, **v. 18**, March 1987, pp. 161–174.

Arnott, Robert D. "The Use and Misuse of Consensus Earnings." *Journal of Portfolio Management*, **v. 11**, Spring 1985, pp. 18–27.

Arnott, Robert D., Andrew L. Berkin, and Jia Ye. "How Well Have Taxable Investors Been Served in the 1980s and 1990s?" *Journal of Portfolio Management*, **v. 26**, Summer 2000, pp. 84–93.

Arnott, Robert D., Andrew L. Berkin, and Jia Ye. "The Management and Mismanagement of Taxable Assets." *Journal of Investing*, Spring 2001, pp. 15–21.

Asness, Cliff. "Fight the Fed Model." *Journal of Portfolio Management*, **v. 30**, Fall 2003, pp. 11–24.

Bachelier, L. "Theory of Speculation." In *The Random Character of Stock Prices*. Cambridge, MIT Press, 1964.

Ball, R. "Anomalies in Relationships Between Securities' Yields and Yield-Surrogates." *Journal of Financial Economics*, **v. 6**, 1978, pp. 103–126.

Banerjee, A., R. L. Lumsdaine, and James Stock. "Recursive and Sequential Tests of the Unit-Root and Trend-Break Hypotheses: Theory and International Evidence." *Journal of Business and Economic Statistics*, **v. 10**, 1992, pp. 271–287.

Banz, R. "The Relationship between Return and Market Value of Common Stocks." *Journal of Financial Economics*, **v. 9**, March 1981, pp. 3–18.

Barber, Brad, and Terrance Odean. "All that Glitters: The Effect of Attention and News on the Buying Behavior of Individual and Institutional Investors." University of Berkeley Working Paper, 2005.

Barberis, Nicholas. "Investors Seek Lessons in Thinking." *Financial Times Mastering Investment*, 2002, pp. 246–251.

Barberis, N., and Andrei Shleifer. "Style Investing." *Journal of Financial Economics*, **v. 68**, May 2003, pp. 161–199.

Barnett, Vic, and Toby Lewis. *Outliers in Statistical Data*. New York: Wiley, 1994.

Barron, Orie E., and Pamela S. Stuerke. "Dispersion of Analysts' Earnings Forecasts as a Measure of Uncertainty." *Journal of Accounting, Auditing, and Finance*, **v. 13**, Summer 1998, pp. 245–270.

Bartov, E., S. Radhakrishnan, and I. Krinsky. "Investor Sophistication and Patterns in Stock Returns after Earnings Announcements." *Accounting Review*, **v. 75**, 2000, pp. 43–63.

Basu, S. "Investment Performance of Common Stocks in Relation to their Price-Earnings Ratios: A Test of the Efficient Market Hypothesis." *Journal of Finance*, **v. 31**, June, 1977, pp. 663–682.

Basu, S. "The Relationship between Earnings' Yield, Market Value and Return for NYSE Common Stocks: Further Evidence." *Journal of Financial Economics*, **v. 12**, 1983, pp. 129–156.

Bauman, Scott W., Iskander-Datta Sudip, and E. Mai. "Investment Analyst Recommendations: A Test of 'The Announcement Effect' and 'The Valuable Information Effect.'" *Journal of Business Finance and Accounting*, **v. 22**, July 1995, pp. 659–670.

Beard, Craig, and Richard Sias. "Is There a Neglected-Firm Effect?" *Financial Analysts Journal*, **v. 53**, September–October 1997, pp. 19–23.

Bello, Zakri Y., and Vahan Janjigian. "A Reexamination of the Market- Timing and Security-Selection Performance of Mutual Funds." *Financial Analysts Journal*, **v. 53**, September/October 1997, pp. 24–30.

Berger, James O. *Statistical Decision Theory and Bayesian Analysis*. New York: Springer, 1993.

Berkin, Andrew L., and Jia Ye. "Tax Management, Loss Harvesting, and HIFO Accounting." *Financial Analysts Journal*, **v. 59**, 2003, pp. 91–102.

Bernard, V., and J. Thomas. "Post-Earnings Annoucement Drift: Delayed Price Response or Risk Premium?" *Journal of Accounting Research*, **v. 27**, 1989, pp. 1–36.

Bernstein, Peter L. *Capital Ideas: The Impropable Origins of Modern Wall Street*. New York: Free Press 1992.

Berry, Michael A., Edwin Burmeister, and Marjorie B. McElroy. "Sorting Out Risks Using Known APT Factors." *Financial Analysts Journal*, **v. 44**, March/April 1988, pp. 29–42.

Bhandari, Laxmi Chand. "Debt/Equity Ratio and Expected Common Stock Returns: Empirical Evidence." *Journal of Finance*, **v. 43**, June 1988, pp. 507–528.

Bieri, David S., and Ludwig B. Chincarini. "Riding the Yield Curve: A Variety of Strategies." *Journal of Fixed Income*, September 2005.

Black, Fischer, "How We Came Up with the Option Formula." *Journal of Portfolio Management*, **v. 15**, Winter 1989, pp. 4–8.

Black, Fischer, Michael C., Jensen, and Myron Scholes. "The Capital Asset Pricing Model: Some Empirical Tests." In *Studies in the Theories of Capital Markets*, 1972, pp. 79–121.

Black, Fischer, and Myron Scholes. "The Pricing of Options and Corporate Liabilities." *Journal of Political Economy*, **v. 81**, May 1973, pp. 637–654.

Blume, M., and R. Stambaugh. "Biases in Computed Returns: An Application of the Size Effect." *Journal of Financial Economics*, **v. 12**, October 1983, pp. 387–404.

Bogle, John C. *Common Sense on Mutual Funds*. New York: Wiley, 1999.

Bouman, S., and Ben Jacobsen. "The Halloween Indicator, 'Sell in May and Go Away': Another Puzzle." *American Economic Review*, **v. 92**, December 2002, pp. 1618–1635.

Braitsch, Raymond J., Jr. "A Computer Comparison of Four Quadratic Programming Algorithms." *Management Science*, **v. 18**, July 1972, pp. 632–643.

Breen, William, Ravi Jagannathan, and Aharon R. Ofer. "Correcting for Heteroscedasticity in Tests for Market Timing Ability." *Journal of Business*, **v. 59**, October 1986, pp. 585–598.

Brock, William, Josef Lakonishok, and Blake LeBaron. "Simple Technical Trading Rules and the Stochastic Properties of Stock Returns." *Journal of Finance* **v. 47**, December 1992, pp. 1731–1764.

Brown, Lawrence D., and David M. Chen. "Composite Analyst Earnings Forecasts: The Next Generation." *Journal of Business Forecasting*, **v. 9**, Summer 1990, pp. 11–15.

Brown, Lawrence D., and David M. Chen. "How Good Is the All-America Research Team in Forecastings Earnings?" *Journal of Business Forecasting*, **v. 9**, Winter 1990–1991, pp. 14–18.

Brown, Keith C., W. V. Harlow and Laura T. Starks. "Of Tournaments and Temptations: An Analysis of Managerial Incentives in the Mutual Fund Industry." *Journal of Finance*, **v. 51**, March 1996, pp. 85–110.

Brown, Lawrence D., and Michael S. Rozeff. "Analysts Can Forecast Accurately!" *Journal of Portfolio Management*, **v. 6**, Spring 1980, pp. 31–34.

Brown, Lawrence D., and Michael S. Rozeff. "The Superiority of Analyst Forecasts as Measures of Expectations: Evidence from Earnings." *Journal of Finance*, March 1978, pp. 1–16.

Buffett, Warren E. "An Owner's Manual." In *Berkshire Hathaway Annual Report*, 1996.

Buffett, Warren E. "Chairman's Letter to Shareholders." *Berkshire Hathaway Annual Report*, 2003.

Busse, Jeffrey A. "Another Look at Mutual Fund Tournaments." *Journal of Financial and Quantitative Analysis*, **v. 36**, March 2001, pp. 53–73.

Campbell, John Y., Andrew W. Lo, and A. Craig MacKinlay. *The Econometrics of Financial Markets*. Princeton, NJ: Princeton University Press, 1997.

Carhart, Mark. "On Persistence in Mutual Fund Performance." *Journal of Finance*, **v. 52**, March 1997, pp. 57–82.

Carter, Richard B., Frederick Dark, and Ajai Singh. "Underwriter Reputation, Initial Returns, and the Long-Run Performance of IPO Stocks." *Journal of Finance*, **v. 53**, February 1998, pp. 285–311.

Chance, Don M., and Michael L. Hemler. "The Performance of Professional Market Timers: Daily Evidence from Executed Strategies." *Journal of Financial Economics*, **v. 62**, November 2001, pp. 377–411.

Chance, Robin B., Susan Hirshman, and Gordon B. Fowler, Jr. "Is Tax-Loss Harvesting Worth it? Greater After-tax Returns through Active Selection." *Journal of Financial Planning*, November 2003, pp. 78–84.

Chan, Kalok, Allaudeen Hameed, and Wilson Tong. "Profitability of Momentum Strategies in the International Equity Markets." *Journal of Financial & Quantitative Analysis*, **v. 35**, June 2000, pp. 153–172.

Chan, Louis K. C., Jason Karceski, and Josef Lakonishok. "On Portfolio Optimization: Forecasting Covariances and Choosing the Risk Model."

Review of Financial Studies, **v. 12**, Winter 1999, pp. 937–974.

Chan, Louis K. C., Jegadeesh, Narasimhan, and Josef Lakonishok. "Momentum Strategies." *Journal of Finance*, **v. 51**, December 1996, pp. 1681–1713.

Chen, Nai-Fu, Richard Roll, and Stephen A. Ross. "Economic Forces and the Stock Market." *Journal of Business*, **v. 59**, July 1986, pp. 383–403.

Chincarini, Ludwig B. "Managing Cash Flow in Sector Portfolios: A Hedging Approach." *Derivatives Use, Trading, and Regulation*, **v. 10**, March 2004, pp. 27–45.

Chincarini, Ludwig B., and Daehwan Kim. "The Advantages of Tax-Managed Investing." *Journal of Portfolio Management*, **v. 28**, Fall 2001, pp. 56–72.

Chincarini, Ludwig B., and Guillermo Llorente. "Volume and Return Information on Individual Stocks." University of Madrid Working Paper, 1999.

Choi, Dosoung, and Chen Sheng-Syan. "The Differential Information Conveyed by Share Repurchase Tender Offers and Dividend Increases." *Journal of Financial Research*, **v. 20**, Winter 1997, pp. 529–543.

Chopra, N., J. Lakonishok, and J. Ritter. "Measuring Abnormal Performance: Do Stocks Overreact?" *Journal of Financial Economics*, **v. 31**, April 1992, pp. 235–268.

Chopra, N., and Vijay Kumar. "Why So Much Error in Analysts' Earnings Forecasts?" *Financial Analysts Journal*, November–December **v. 54**, 1998, pp. 35–42.

Chow, G. "Tests of Equality between Sets of Coefficients in Two Linear Regressions." *Econometrica*, **v. 28**, July 1960, pp. 591–605.

Chu, C. S. J., K. Hornik, and C. M. Kuan. "The Moving Estimates Test for Parameter Stability." *Econometric Theory*, **v. 11**, October 1995, pp. 699–720.

Clement, Michael B. "Analyst Forecast Accuracy: Do Ability, Resources, and Portfolio Complexity Matter?" *Journal of Accounting and Economics*, **v. 27**, June 1999, pp. 285–303.

Cohen, M. A. "Environmental and Financial Performance: Are They Related?" Owen Graduate School of Management Working Paper, 1995.

Connor, Gregory. "The Three Types of Factor Models: A Comparison of Their Explanatory Power." *Financial Analyst Journal*, **v. 51**, May 1995, pp. 42–46.

Connor, Gregory, and Robert Korajczyk. "A Test for the Number of Factors in an Approximate Factor Model." *Journal of Finance*, **v. 48**, September 1993, pp. 1263–1291.

Conrad, J., and G. Kaul. "Long-Term Overreaction or Biases in Computed Returns?" *Journal of Financial Economics*, **v. 48**, March 1993, pp. 39–64.

Conrad, J., M. Cooper, and G. Kaul. "Value versus Glamour." *Journal of Finance*, **v. 58**, October 2003, pp. 1969–1995.

Constantinides, George. "Optimal Stock Trading with Personal Taxes: Implications for Prices and the Abnormal January Returns." *Journal of Financial Economics*, **v. 13**, March 1984, pp. 65–89.

Cook, T., and M. Rozeff. "Size and Earnings-Price Ratio Anomalies: One Effect or Two?" *Journal of Financial and Quantitative Analysis*, **v. 19**, December 1984, pp. 449–466.

Cornell, Bradford, and Wayne R. Landsman. "Security Price Response to Quarterly Earnings Announcements and Analysts' Forecast Revisions." *Accounting Review*, **v. 64**, October 1989, pp. 680–692.

Coughenhour, Jay F., and Lawrence Harris. "Specialist Profits and the Minimum Price Increment." http://ssrn.com/abstract=537785, April 2004.

Cowles, A. "Can Stock Market Forecasters Forecast?" *Econometrica*, **v. 1**, July 1933, pp. 309–324.

Cox, John C., and Mark Rubinstein. *Options Markets*. Englewood Cliffs, NJ: Prentice-Hall, 1985.

Cross, F. "The Behavior of Stock Prices on Fridays and Mondays." *Financial Analysts Journal*, **v. 29**, November–December 1973, pp. 67–69.

Cusatis, Patrick J., James A. Miles, and Randall Woolridge. "Restructuring through

Spinoffs: The Stock Market Evidence." *Journal of Financial Economics*, **v. 33**, June 1993, pp. 293–311.

Daniel, K., and S. Titman. "Evidence on the Characteristics of Cross Sectional Variation in Stock Returns." *Journal of Finance*, **v. 52**, March 1997, pp. 1–33.

Daniel, K., D. Hirshleifer, and A. Subrahmanyam. "Investor Psychology and Security Market Under- and Overreactions." *Journal of Finance*, **v. 53**, December 1998, pp. 1839–1885.

Debondt, W., and R. Thaler. "Does the Stock Market Overreact?" *Journal of Finance*, **v. 40**, July 1985, pp. 793–805.

Debondt, W., and R. Thaler. "Further Evidence on Investor Overreaction and Stock Market Seasonality." *Journal of Finance*, **v. 42**, July 1987, pp. 557–581.

DeGroot, Morris H. *Probability and Statistics*. Reading, MA: Addison-Wesley, 1986.

Derwall, Jeroen, Nadja Guenster, Rob Bauer, and Kees Koedijk. "The Eco-Efficiency Premium Puzzle." *Financial Analysts Journal*, **v. 61**, March–April 1995, pp. 51–63.

Desai, H., and P. Jain. "Firm Performance and Focus: Long-Run Stock Market Performance Following SpinOffs." *Journal of Financial Economics*, **v. 54**, October 1999, pp. 75–101.

Desai, H., and P. Jain. "Long-Run Common Stock Returns Following Stock Splits and Reverse Splits." *Journal of Business*, **v. 70**, July 1997, pp. 409–433.

Desai, H., Shivaram Rajgopal, and Mohan Venkatachalam. "Value- Glamour and Accruals Mispricing: One Anomaly or Two?" *Accounting Review*, **v. 79**, 2004, pp. 355–385.

Dewynne, Jeff, Sam, Howison, and Paul Wilmott. *Option Pricing: Mathematical Models, and Computation*. New York: Oxford Financial Press, 1993.

Dharan, Bala, and David Ikenberry. "The Long-Run Negative Drift of Post- Listing Stock Returns." *Journal of Finance*, **v. 50**, December 1995, pp. 1547–1574.

Dhillon, U., and H. Johnson. "Changes in the Standard & Poor's 500 List." *Journal of Business*, **v. 64**, January 1991, pp. 75–85.

DiBartolomeo, Dan. "Just Because We Can Doesn't Mean We Should." *Journal of Performance Measurement*, **v. 7**, Spring 2003.

Dietz, Peter O. "Pension Fund Investment Performance—What Method to Use When." *Financial Analysts Journal*, **v. 22**, January/February 1966, pp. 83–86.

Diltz, J. David. "Does Social Screening Affect Portfolio Performance?" *Journal of Investing*, Spring 1995, pp. 64–69.

Donaldson, William H. "Testimony Concerning Investor Protection Issues Regarding the Regulation of the Mutual Fund Industry." Testimony before the U.S. Senate Committee on Banking, Housing and Urban Affairs, April 8 2004.

Doran, David T. "Stock Splits: Tests of the Earnings Signalling and Attention Directing Hypotheses Using Analysts Forecasts and Revisions." *Journal of Accounting, Auditing, and Finance*, **v. 9**, Summer 1994, pp. 411–422.

Dowd, Kevin. *Beyond Value at Risk: The New Science of Risk Management*. New York: Wiley, 1998.

Dowen, Richard J. "The Stock Split and Dividend Effect: Information or Price Pressure?" *Applied Economics*, **v. 22**, July 1990, pp. 927–932.

Dowen, R., and S. Bauman. "The Relative Importance of Size, P/E, and Neglect." *Journal of Portfolio Management*, 1986, pp. 30–34.

Down, R., and S. Bauman. "A Test of the Relative Importance of Popularity and Price-Earnings Ratio in Determining Abnormal Returns." *Journal of the Midwest Finance Association*, 1984, pp. 34–47.

Dreman, David. *Contrarian Investment Strategies: The Next Generation*. New York: Simon and Schuster, 1998.

Dreman, David. *Psychology and the Stock Market: Investment Strategy beyond Random Walk*. New York: AMACOM, 1977.

Dreman, David N., and Michael A. Berry. "Overreaction, Underreaction, and the Low P/E Effect." *Financial Analysts Journal*, **v. 51**, July–August 1995, pp. 21–30.

Elton, Edwin J., and Martin J. Gruber. "A Multi-Index Risk Model of Japanese Stock Market." *Japan and the World Economy*, **v. 1**, October 1988, pp. 21–44.

Elton, Edwin J., Martin J. Gruber, and Jeffrey A. Busse. "Do Investors Care about Sentiment?" *Journal of Business*, **v. 71**, October 1988, pp. 477–500.

Engerman, Mark. "Using Fundamental and Economic Factors to Explain Stock Returns." *BARRA Newsletter*, Fall 1993.

Fama, Eugene F. "Efficient Capital Markets: A Review of Theory and Empirical Work." *Journal of Finance*, **v. 25**, May 1970, pp. 383–417.

Fama, Eugene F. "Efficient Capital Markets: II." *Journal of Finance*, **v. 46**, December 1991, pp. 1575–1617.

Fama, Eugene F., and Kenneth R. French. "Common Risk Factors in the Returns on Bonds and Stocks." *Journal of Financial Economics*, **v. 33**, February 1993, pp. 3–53.

Fama, Eugene F., and Kenneth R. French. "The Cross-Section of Expected Stock Returns." *Journal of Finance*, **v. 47**, June 1992, pp. 427–465.

Ferris, S., R. D'Mello, and C. Y. Hwang. "The Tax-Loss Selling Hypothesis, Market Liquidity, and Price Pressure around the Turn-of-the-Year." *Journal of Financial Markets*, **v. 6**, January 2003, pp. 73–98.

Ferson, W., and C. Harvey. "Conditioning Variables and the Cross-Section of Stock Returns." *Journal of Finance*, **v. 54**, August 1999, pp. 1325–1360.

Fishe, Raymond P. H., and Michael A. Robe. "The Impact of Illegal Insider Trading in Dealer and Specialist Markets." *Journal of Financial Economics*, **v. 71**, March 2004, pp. 461–488.

Fisher, Philip A. *Common Stocks and Uncommon Profits*. New York: Harper & Brothers, 1958.

Fisher, Philip A. *Common Stocks and Uncommon Profits and Other Writings by Philip A. Fisher*. New York: Wiley, 1996.

Fisher, Philip A. *Conservative Investors Sleep Well*. New York: Harper & Row, 1975.

Fisher, Philip A. *Developing an Investment Philosophy*. New York: Business Classics, 1980.

Friend, Irwin, and Marhsall Blume. "Measurement of Portfolio Performance under Uncertainty." *American Economic Review*, **v. 60**, September 1970, pp. 561–575.

Fung, William, and David A. Hsieh. "A Risk Neutral Approach to Valuing Trend Following Trading Strategies." Duke University Working Paper, 1998.

Garland, James R. "The Attraction of Tax-Managed Index Funds." *Journal of Investing*, **v. 6**, Spring 1997, pp. 13–20.

Gervais, Simon, and Terrance Odean. "The Perils for Investors of Human Nature." *Financial Times Mastering Investment*, 2002, pp. 257–260.

Gibbons, R. D. *Statistical Methods for Groundwater Monitoring*. New York: Wiley, 1984.

Gill, P. E., W. Murray, and M. H. Wright. *Practical Optimization*. New York: Academic Press, 1981.

Givoly, Dan, and Josef Lakonishok. "Financial Analysts' Forecast of Earnings: Their Value to Investors." *Journal of Banking and Finance*, **v. 4**, September 1980, pp. 221–233.

Givoly, D., and A. Ovadia. "Year-End Tax-Induced Sales and Stock Market Seasonality." *Journal of Finance*, **v. 38**, March 1983, pp. 171–185.

Givoly, Dan, and Dan Palmon. "Insider Trading and Exploitation of Inside Information: Some Empirical Evidence." *Journal of Business*, **v. 58**, January 1985, pp. 69–87.

Glosten, Lawrence R. "Components of the Bid-Ask Spread and the Statistical Properties of Transaction Prices." *Journal of Finance*, **v. 42**, December 1987, pp. 1293–1307.

Glosten, Lawrence R., and Lawrence E. Harris. "Estimating the Components of the Bid-Ask Spread." *Journal of Financial Economics*, **v. 21**, May 1988, pp. 123–142.

Goetzmann, William N., Jonathan Ingersoll Jr., and Zoran Ivkovic. "Monthly Measurement of Daily Timers." *Journal of Financial and Quantitative Analysis*, **v. 35**, September 2000, pp. 257–290.

Goetzmann, W. N., and M. Garry. "Does Delisting from the S&P 500 Affect Stock Price?" *Financial Analysts Journal*, **v. 42**, March–April 1986, pp. 64–69.

Goodman, D., and J. Peavy. "The Interaction of Firm Size and Price- Earnings Ratio on Portfolio Performance." *Financial Analysts Journal*, **v. 42**, January 1986, pp. 9–12.

Graham, Benjamin. *The Intelligent Investor*. New York: Harper Business, 1934.

Granger, Clive, and Paul Newbold. *Forecasting Economic Time Series*. New York: Academic Press, 1986.

Greene, William H. *Econometric Analysis*. Englewood Cliffs, NJ: Prentice-Hall, 2002.

Grinblatt, M., and S. Titman. "Portfolio Performance Evaluation: Old Issues, New Insights." *Review of Financial Studies*, **v. 2**, 1989, pp. 393–421.

Grinold, Richard. "The APT, the CAPM, and the BARRA Model." *BARRA Newsletter*, 1991.

Grinold, Richard C., and Ronald N. Kahn. *Active Portfolio Management*. New York: McGraw-Hill, 1995.

Grubbs, Frank. "Procedures for Detecting Outlying Observations in Samples." *Technometrics*, **v. 11**, February 1969, pp. 1–21.

Grundy, Bruce, and J. Spencer Martin. "Understanding the Nature of the Risks and the Source of the Rewards to Momentum Investing." *Review of Financial Studies*, **v. 14**, Spring 2001, pp. 29–78.

Guerard, John B., Jr., "Is There a Cost to Being Socially Responsible in Investing? It Costs Nothing to Be Good." *Journal of Forecasting*, **v. 16**, December 1997, pp. 475–490.

Guerard John B., Jr., and Bernell K. Stone. "Social Screening Does Not Harm Performance." *Pensions and Investments*, September 2002.

Hagstrom, Robert G., Jr. *The Warren Buffett Way: Investment Strategies of the World's Greatest Investor*. New York: Wiley, 1994.

Hamilton, James Douglas. *Time-Series Analysis*. Princeton, NJ: Princeton University Press, 1994.

Harris, Lawrence. "How to Profit from Intradaily Stock Returns." *Journal of Portfolio Management*, **v. 12**, Winter 1986, pp. 61–64.

Harris, Lawrence. "A Transaction Data Study of Weekly and Intradaily Patterns in Stock Returns." *Journal of Financial Economics*, **v. 16**, May 1986, pp. 99–117.

Harris, Lawrence, and Eitan Gurel. "Price and Volume Effects Associated with Changes in the S&P 500 List: New Evidence for the Existence of Price Pressures." *Journal of Finance*, **v. 41**, September 1986, pp. 815–829.

Haugen, Robert, and Philippe Jorion. "The January Effect: Still There after All These Years." *Financial Analysts Journal*, **v. 52**, January–February 1996, pp. 27–31.

Henriksson, Roy D., and Robert C. Merton. "On Market Timing and Investment Performance II: Statistical Procedures for Evaluating Forecasting Skills." *Journal of Business*, **v. 54**, 1981, pp. 513–533.

Hensel, Chris R., and William T. Ziemba. "Investment Results from Exploiting Turn-of-the-Month Effects." *Journal of Portfolio Management*, **v. 22**, Spring 1996, pp. 17–23.

Hirshleifer, D., and T. Shumway. "Good Day Sunshine: Stock Returns and the Weather." *Journal of Finance*, **v. 58**, June 2003, pp. 1009–1032.

Hong, Harrison, and Jeremy Stein. "A Unified Theory of Underreaction, Momentum Trading, and Overreaction in Asset Markets." *Journal of Finance*, **v. 54**, December 1999, pp. 2143–2184.

Hong, Heng, and Jeremy Stein. "Bad News Travels Slowly: Size, Analyst Coverage, and the Profitability of Momentum Strategies." *Journal of Finance*, **v. 55**, February 2000, pp. 265–295.

Hoyo, J. and Guillermo Llorente. "Stability Analysis and Forecasting Implications." *Proceedings of the Fifth Conference in Computational Finance*, 1997.

Hull, John. *Options, Futures, and other Derivative Securities*. Englewood Cliffs, NJ: Prentice-Hall, 2005.

Iglewicz, B., and D. C. Hoaglin. *How to Detect and Handle Outliers*. New York: American Society of Quality Control, 1993.

Ikenberry, David, Josef Lakonishok, and Theo Vermaelen. "Market Underreaction to Open Market Share Repurchases." *Journal of Financial Economics*, **v. 39**, October 1995, pp. 181–208.

Ikenberry, David L., Graeme, Rankine, and Earl K. Stice. "What do Stock Splits Really Signal?" *Journal of Financial and Quantitative Analysis*, **v. 31**, September 1996, pp. 357–375.

Ingersoll, Jonathan E., Jr. "Some Results in the Theory of Arbitrage Pricing." *Journal of Finance*, **v. 39**, September 1984, 1021–1039.

Jacobs, Bruce I., and Kenneth Levy. "Alpha Transport with Derivatives." *Journal of Portfolio Management*, **v. 25**, May 1999, pp. 55–60.

Jacobs, Bruce I., and Kenneth Levy. "The Long and Short of Long-Short." *Journal of Investing*, **v. 6**, 1997, pp. 73–86.

Jacobs, Bruce I., and Kenneth Levy. "20 Myths about Long-Short." *Financial Analysts Journal*, **v. 52**, September 1996, pp. 81–85.

Jaffe, J., and R. Westerfield. "The Week-End Effect in Common Stock Returns: The International Evidence." *Journal of Finance*, **v. 40**, 1985, pp. 433–454.

Jaffe, Jeffrey F. "Special Information and Insider Trading." *Journal of Business*, **v. 47**, July 1974, pp. 410–428.

Jagannathan, Ravi, and Robert A. Korajczyk. "Assessing the Market Timing Performance of Managed Portfolios." *Journal of Business*, **v. 59**, April 1986, pp. 217–235.

Jain, Prem. "The Effect on Stock Price of Inclusions in or Exclusions from the S&P 500." *Financial Analyst Journal*, 1987, pp. 58–65.

Jegadeesh, Narasimhan. "Evidence of Predictable Behavior of Security Returns." *Journal of Finance*, **v. 45**, July 1990, pp. 881–898.

Jegadeesh, Narasimhan, and Sheridan Titman. "Profitability of Momentum Strategies—An Evaluation of Alternative Explanations." *Journal of Finance*, **v. 56**, April 2001, pp. 699–720.

Jegadeesh, Narasimhan, and Sheridan Titman. "Returns to Buying Winners and Selling Losers: Implications for Stock Market Efficiency." *Journal of Finance*, **v. 48**, March 1993, pp. 65–91.

Jensen, Michael C. "The Performance of Mutual Funds in the Period 1945–1964." *Journal of Finance*, **v. 23**, May 1968, pp. 389–416.

Jones, Charles P., Richard J., Rendleman, and Henry A. Latane. "Stock Returns and SUEs during the 1970s." *Journal of Portfolio Management*, **v. 1**, Winter 1984, pp. 18–22.

Jorion, Philippe. *Value at Risk*. Burr Ridge, Illinois: Irwin, 1997.

Kamstra, Mark J., Lisa A. Kramer, and Maurice D. Levi. "Losing Sleep at the Market: The Daylight Saving Anomaly." *American Economic Review*, **v. 90**,

September 2000, pp. 1005–1011.

Kamstra, Mark J., Lisa A. Kramer, and Maurice D. Levi. "Winter Blues: A SAD Stock Market Cycle." *American Economic Review*, **v. 93**, March 2003, pp. 324–343.

Keim, D. "Dividend Yields and the January Effect." *Journal of Portfolio Management*, **v. 12**, Winter 1986, pp. 54–60.

Keim, D. "Dividend Yields and Stock Returns: Implications of Abnormal January Returns." *Journal of Financial Economics*, **v. 14**, September 1985, pp. 473–489.

Keim, Marc R. "Size-Related Anomalies and Stock Return Seasonality: Further Empirical Evidence." *Journal of Financial Economics*, **v. 12**, June 1983, pp. 13–32.

Kennedy, Peter. *A Guide to Econometrics*. Boston: Blackwell, 1992.

Kim, D., and M. Kim. "A Multifactor Explanation of Post-Earnings Announcement Drift." *Journal of Financial and Quantitative Analysis*, **v. 38**, June 2003, pp. 383–398.

Kim, Moon K., and David A. Burnie. "The Firm Size Effect and the Economic Cycle." *Journal of Financial Research*, **v. 25**, Spring 2002, pp. 111–124.

Kirschman, Jeannette, and Peter Dietz. "Evaluating Portfolio Performance." *Managing Investment Portfolios*, January 1983.

Koop, Gary. *Bayesian Econometrics*. New York: Wiley-Interscience, 2003.

Kung, Edward, and Larry Pohlman. "Portable Alpha: Philosophy, Process, and Performance." *Journal of Portfolio Management*, **v. 30**, Spring 2004, pp. 78–87.

Kurtz, Lloyd, and Dan DiBartolomeo. "Socially Screened Portfolios: An Attribution Analysis of Relative Performance." *Journal of Investing*, Fall 1996, pp. 35–41.

Kwan, Clarence C. Y. "Portfolio Analysis Using Single-Index, Multi-Index and Constant Correlation Models: A Unified Treatment." *Journal of Finance*, **v. 39**, December 1984, pp. 1469–1483.

Lakonishok, Josef, Andrei Shleifer, and Robert W. Vishny. "Contrarian Investment, Extrapolation, and Risk." *Journal of Finance*, **v. 49**, December 1994, pp. 1541–1578.

Lakonishok, J., and S. Smidt. "Trading Bargains in Small Firms at Year-end." *Journal of Portfolio Management*, **v. 12**, Spring 1986, pp. 24–29.

Lakonishok, J., and S. Smidt. "Volume and Turn-of-the-Year Behavior." *Journal of Financial Economics*, **v. 13**, September 1984, pp. 435–455.

Lamont, Owen A. "The Curious Case of Palm and 3COM." *Financial Times Mastering Investment*, 2002, pp. 261–266.

LaPorta, Rafael. "Expectations and the Cross-Section of Stock Returns." *Journal of Finance*, **v. 51**, December 1996, pp. 1715–1742.

Latane, Henry A., and Charles P. Jones. "Standardized Unexpected Earnings—A Progress Report." *Journal of Finance*, **v. 32**, December 1977, pp. 1457–1465.

Lehmann, Bruce N., and David M. Modest. "The Empirical Foundations of the Arbitrage Pricing Theory." *Journal of Financial Economics*, **v. 21**, September 1988, pp. 213–254.

Lintner, John. "The Valuation of Risky Assets and the Selection of Risky Investments in Stock Portfolios and Capital Budgets." *Review of Economics and Statistics*, **v. 47**, February 1965, pp. 13–37.

Lo, Andrew, and Craig MacKinlay. *A Non-Random Walk Down Wall Street*. Princeton, NJ: Princeton University Press, 1999.

Lo, Andrew, and Craig MacKinlay. "When Are Contrarian Profits Due to Stock Market Overreaction?" *Review of Financial Studies*, **v. 3**, 1990, pp. 175–205.

Loughran, Timothy, and Jay Ritter. "The New Issues Puzzle." *Journal of Finance*, **v. 50**, March 1995, pp. 23–51.

Luck, Christopher. "Factor Tilting." *BARRA Newsletter*, July/August 1991.

Luenberger, David G. *Linear and Non-Linear Programming*. Reading, MA: Addison-Wesley, 1989.

Lynch, Peter, and John Rothchild. *Beating the Street*. New York: Fireside, 1993.

Lynch, Peter, and John Rothchild. *One Up on Wall Street: How to Use What You*

Already Know to Make Money in the Market. New York: Penguin Books, 1989.

Markowitz, Harry. "Market Efficiency: A Theoretical Distinction and So What?" *Financial Analysts Journal,* **v. 61**, September–October 2005, pp. 17–30.

Markowitz, Harry. "Portfolio Selection." *Journal of Finance,* **v. 7**, March 1952, pp. 77–91.

Markowitz, Harry M., and Andre F. Perold. "Portfolio Analysis with Factors and Scenarios." *The Journal of Finance,* **v. 36**, September 1981, pp. 871–877.

Martinez, Isabelle. "Fundamental and Macroeconomic Valuation for the Security Prices Valuation: The French Case." *Managerial Finance,* 1999, pp. 17–30.

Mazuy, K. K., and Jack L. Treynor. "Can Mutual Funds Outguess the Market?" *Harvard Business Review,* **v. 44**, 1966, pp. 131–136.

McDonald, Bill D., and Richard R. Mendenhall. "Implementing the Earnings Surprise Strategy." *CRSP Seminar on the Analysis of Security Prices,* May 1994.

McDonald, Robert L. *Derivatives Markets.* Reading, MA: Addison- Wesley, 2003.

Mendenhall, R. "Arbitrage Risk and Post-Earnings-Announcement Drift." *Journal of Business,* **v. 77**, October 2004, pp. 875–894.

Merton, Robert C. "A Simple Model of Capital Market Equilibrium with Incomplete Information." *Journal of Finance,* **v. 42**, July 1987, pp. 483–510.

Mezrich, Ben. *Bringing Down the House.* New York: Free Press, 2002.

Michaud, Richard O. "Are Long-Short Equity Strategies Superior?" *Financial Analysts Journal,* **v. 49**, December 1993, pp. 44–49.

Morgenson, Gretchen. *Forbes Great Minds of Business: A Companion to the Public Television Series.* New York: Wiley, 1997.

Moskowitz, Tobias J., and Mark Grinblatt. "Do Industries Explain Momentum?" *Journal of Finance,* **v. 54**, August 1999, pp. 1249–1290.

Mossin, J. "Equilibrium in a Capital Asset Market." *Econometrica,* **v. 34**, October 1966, pp. 768–783.

Murphy, John J. *Technical Analysis of Financial Markets.* New York: Prentice-Hall Press, 1999.

Neff, John, and S. L. Mintz. *John Neff on Investing.* New York: Wiley, 1999.

Nicholas, Joseph G. *Market Neutral Investing. Long-Short Hedge Fund Strategies.* Princeton, New Jersey: Bloomberg Press, 2000.

O'Neal, Edward S. "Industry Momentum and Sector Mutual Funds." *Financial Analysts Journal,* **v. 56**, July–August 2000, pp. 37–46.

O'Shaughnessy, James P. *What Works on Wall Street: A Guide to the Best-Performing Investment Strategies of All Time.* New York: McGraw-Hill, 1998.

Patel, Nitin R., and Marti G. Subrahmanya. "A Simple Algorithm for Optimal Portfolio Selection with Fixed Transaction Costs." *Management Science,* **v. 28**, March 1982, pp. 303–314.

Patton, Andrew. "Are 'Market-Neutral' Hedge Funds Really Market Neutral?" *FMG Discussion Paper,* dp522, 2004.

Perold, Andre. "Large-Scale Portfolio Optimization." *Management Science,* **v. 30**, October 1984, pp. 1143–1160.

Peters, Donald J. "Are Earnings Surprises Predictable?" *Journal of Investing,* Summer 1993, pp. 47–51.

Peters, Donald J. "Valuing a Growth Stock." *Journal of Portfolio Management,* **v. 17**, Spring 1991, pp. 49–51.

Piotroski, Joseph D. "Value Investing: The Use of Historical Financial Statement Information to Separate Winners from Losers." *Journal of Accounting Research,* **v. 38**, December 2000, pp. 1–41.

PlexusGroup. "How Manager Style Influences Cost." *Commentary,* May 1998.

PlexusGroup. "The Official Icebergs of Transaction Costs." *Commentary*, January 1998.

PlexusGroup. "Sneaking an Elephant Across a Putting Green: A Transaction Case Study." *Commentary*, April 2002.

PlexusGroup. "Time of Day Effects on Trading Costs." *Commentary*, January 2002.

Ploberger, W., W. Kramer, and K. Kontrus. "A New Test for Structural Stability in the Linear Regression Model." *Journal of Econometrics*, **v. 40**, February 1989, pp. 307–318.

Pogue, G. A. "An Extension of the Markowitz Portfolio Selection Model to Include Variable Transactions' Costs, Short Sales, Leverage Policies, and Taxes." *Journal of Finance*, **v. 25**, December 1970, pp. 1005–1027.

Recht, Peter. "Identifying Non-Active Restriction in Convex Quadratic Programming." *Mathematical Methods of Operations Research*, 2001, pp. 53–61.

Reilly, Frank, and Dominic R. Marshall. "Using P/E/Growth Ratios to Select Stocks." Financial Management Association Meeting, October 1999.

Reinganum, Marc R. "The Anomalous Stock Market Behavior of Small Firms in January: Empirical Tests for Tax-Loss Selling Effects." *Journal of Financial Economics*, **v. 12**, June 1983, pp. 89–104.

Reinganum, M. "Misspecification of Capital Asset Pricing: Empirical Anomalies Based on Earnings' Yields and Market Values." *Journal of Financial Economics*, **v. 9**, March 1981, pp. 19–46.

Reinganum, Marc R. "The Size Effect: Evidence and Potential Explanations." *In AIMR: Investing in Small-Cap and Micro-Cap Securities*. 1997.

Rendleman, Richard J., Charles P. Jones, and Henry A. Latane. "Empirical Anomalies Based on Unexpected Earnings and the Importance of Risk Adjustments." *Journal of Financial Economics*, **v. 10**, November 1982, pp. 269–287.

Ritter, Jay. "The Buying and Selling Behavior of Investors at the Turn of the Year." *Journal of Finance*, **v. 43**, July 1988, pp. 701–717.

Ritter, Jay R. "The Long-Run Performance of Initial Public Offerings." *Journal of Finance*, **v. 46**, March 1991, pp. 3–27.

Roll, Richard. "A Mean/Variance Analysis of Tracking Error." *Journal of Portfolio Management*, **v. 18**, Summer 1992, pp. 13–22.

Roll, Richard. "A Simple Implicit Measure of the Effective Bid-Ask Spread in an Efficient Market." *Journal of Finance*, **v. 39**, September 1984, pp. 1127–1140.

Roll, Richard. "Vas Ist Das? The Turn-of-the-Year Effect and the Return Premia of Small Firms." *Journal of Portfolio Management*, **v. 9**, Winter 1983, pp. 18–28.

Rosenberg, Barr, Kenneth Raid, and Ronald Lanstein. "Persuasive Evidence of Market Inefficiency." *Journal of Portfolio Management*, **v. 11**, Spring 1985, pp. 9–17.

Ross, Nikki. *Lessons from the Legends of Wall Street: How Warren Buffett, Benjamin Graham, Phil Fisher, T. Rowe Price, and John Templeton Can Help You Grow Rich.* Dearborn, Financial Publishing 2000 Chicago, Illinois.

Ross, Stephen. "The Arbitrage Theory of Capital Asset Pricing." *Journal of Economic Theory*, **v. 13**, December 1976, pp. 341–360.

Ross, Stephen. "Neoclassical Finance, Alternative Finance, and the Closed End Fund Puzzle." *European Financial Management*, **v. 8**, June 2002, pp. 129–137.

Rouwenhorst, K. Geert. "International Momentum Strategies." *Journal of Finance*, **v. 53**, February 1998, pp. 267–284.

Roy, A. D. "Safety First and the Holding of Assets." *Econometrica*, **v. 20**, July 1952, pp. 431–449.

Samuelson, Paul. "Proof that Properly Anticipated Prices Fluctuate Randomly." *Industrial Management Review*, **v. 6**, 1965, pp. 41–49.

Schimdt, P., and R. Sickles. "Some Further Evidence on the Use of the Chow Test under Heteroskedasticity." *Econometrica*, **v. 45**, July 1977, pp. 1293–1298.

Shleifer, Andrei. "Do Demand Curves for Stocks Slope Down?" *Journal of Finance*, **v. 41**, July 1986, pp. 579–590.

Schultz, Joseph J., Sandra G., Gustavson, and Frank K. Reilly. "Factors Influencing the NYSE Specialists' Price-Setting Behavior: An Experiment." *Journal of Financial Research*, **v. 8**, Summer 1985, pp. 137–144.

Schultz, P. "Personal Income Taxes and the January Effect: Small Firm Stock Returns before the War Revenue Act of 1917: A Note." *Journal of Finance*, **v. 40**, March 1985, pp. 333–343.

Senchack, A., and J. Martin. "The Relative Importance of the PSR and PER Investment Strategies." *Financial Analysts Journal*, **v. 43**, March/April 1987, pp. 46–56.

Seyhun, H. Nejat. "Insiders' Profits, Costs of Trading, and Market Efficiency." *Journal of Financial Economics*, **v. 16**, June 1986, pp. 189–212.

Seyhun, H. Nejat. "The January Effect and Aggregate Insider Trading." *Journal of Finance*, **v. 43**, March 1988, pp. 129–141.

Shahabuddin, Syed. "Why Forecasts Are Wrong?" *Journal of Business Forecasting Methods and Systems*, **v. 6**, Fall 1987, pp. 16–18.

Sharpe, William F. "An Algorithm for Portfolio Improvement." *Mathematical Program Sciences*, 1987.

Sharpe, William F. "Asset Allocation: Management Style and Performance Measurement." *Journal of Portfolio Management*, **v. 18**, Winter 1992, pp. 7–19.

Sharpe, William F. "Capital Asset Prices: A Theory of Market Equilibrium under Conditions of Risk." *Journal of Finance*, **v. 19**, September 1964, pp. 425–442.

Sloan, R. "Do Stock Prices Fully Reflect Information in Accruals and Cash Flows about Future Earnings?" *Accounting Review*, **v. 71**, July 1996, pp. 289–315.

Smirlock, M., and L. Starks. "Day-of-the-Week and Intraday Effects in Stock Returns." *Journal of Financial Economics*, **v. 17**, September 1986, pp. 197–210.

Smith, Matthew T., and Elizabeth Durham. "U.S. Equity Index Benchmark Usage." *Russell Publication*, 2005, pp. 1–5.

Sortino, Frank, and Robert Van der Meer. "Downside Risk." *Journal of Portfolio Management*, **v. 17**, July 1991, pp. 27–31.

Spaulding, David. *Measuring Investment Performance: Calculating and Evaluating Investment Risk and Return*. New York: McGraw-Hill, 1997.

Stambaugh, Robert F. "On the Exclusion of Assets from Tests of the Two-Parameter Model: A Sensitivity Analysis." *Journal of Financial Economics*, **v. 10**, November 1982, pp. 237–268.

Stein, David M. "Equity Portfolio Structure and Design in the Presence of Taxes." *Journal of Wealth Management*, 2001.

Stein, David M., and Greg McIntire. "Overlay Portfolio Management in a Multi-Manager Account." *Journal of Wealth Management*, Spring 2003.

Stein, David M., and James P. Garland. "Investment Management for Taxable Investors." *Handbook of Portfolio Management*. 1998.

Stein, David M., and Premkumar Naramsimhan. "Of Passive and Active Equity Portfolios in the Presence of Taxes." *Journal of Private Portfolio Management*, 1999.

Steiner, Robert. *Mastering Financial Calculations: A Step-by-Step Guide to the Mathematics of Financial Market Instruments*, London, England: Pitman Publishing, 1998.

Stock, James. "Unit Roots, Structural Breaks, and Trends." *Handbook of Econometrics*. **v. 4**, Chapter 46, 1994, pp. 2739–2839.

Stone, Bernell K. "A Linear Programming Formulation of the General Portfolio Selection Problem." *The Journal of Financial and Quantitative Analysis*, **v. 8**, September 1973, pp. 621–636.

Studenmund, A. H., and Henry J. Cassidy. *Using Econometrics. A Practical Guide*. New York:Harper Collins, 1987.

Sullivan, R., A. Timmermann, and H. White. "Dangers of Data Mining: The Case of Calender Effects in Stock Returns." *Journal of Econometrics*, **v. 105**, November 2001, pp. 249–286.

Swinkels, L. "International Industry Momentum." *Journal of Asset Management*, **v. 3**, September 2002, pp. 124–141.

Tanous, Peter J. *Investment Gurus: A Road Map to Wealth from the World's Best Money Managers*. New York: New York Institute of Finance, 1997.

Taylor, Jonathan. "Risk-Taking Behavior in Mutual Fund Tournaments." *Journal of Economic Behavior and Organization*, **v. 50**, March 2003, pp. 373–383.

Thaler, Richard. "Seasonal Movements in Security Prices: I. The January Effect." *Journal of Economic Perspectives*, **v. 1**, Summer 1987, pp. 197–201.

Thaler, Richard. "Seasonal Movements in Security Prices: II. Holidays, Turn-of-the-Month, and Intraday Effects." *Journal of Economic Perspectives*, **v. 1**, Summer 1987, pp. 169–177.

Theil, H., and C. van de Panne. "Quadratic Programming as an Extension of Classical Quadratic Maximization." *Management Science*, **v. 7**, October 1960, pp. 1–20.

Toyoda, T. "Use of the Chow Test under Heteroscedasticity." *Econometrica*, **v. 42**, May 1974, pp. 601–608.

Toyoda, T., and K. Ohtani. "Testing Equality between Sets of Coefficients after a Preliminary Test for Equality of Disturbance Variances in Two Linear Regressions." *Journal of Econometrics*, **v. 31**, February 1986, pp. 67–80.

Train, John. *Money Masters of Our Time*. New York: HarperCollins, 2000.

Treynor, Jack. "Toward a Theory of Market Value of Risky Assets." Unpublished Manuscript, 1961.

Vanderbei, Robert J. *Linear Programming: Foundations and Extensions*. New York: Springer, 2001.

Veronesi, P. "Stock Market Overreaction to Bad News in Good Times: A Rational Expectations Equilibrium Model." *Review of Financial Studies*, **v. 12**, Winter 1999, pp. 975–1007.

Vijh, A. "S&P 500 Trading Strategies and Stock Betas." *Review of Financial Studies*, **v. 7**, Spring 1994, pp. 215–251.

Wallace, T. Dudley, and J. Lew Silver. *Econometrics: An Introduction*. Reading MA: Addison-Wesley, 1988.

Wang, K., Y. Li, and J. Erickson. "A New Look at the Monday Effect." *Journal of Finance*, **v. 52**, December 1997, pp. 2171–2187.

White, Gerald I., Ashwinpaul C. Sondhi, and Dov Fried. *The Analysis and Use of Financial Statements*. New York: Wiley, 1997.

Womack, Kent L. "Do Brokerage Analysts' Recommendations Have Investment Value?" *Journal of Finance*, **v. 51**, March 1996, pp. 137–167.

Wurgler, J., and E. Zhuravskaya. "Does Arbitrage Flatten Demand Curves for Stocks?" *Journal of Business*, **v. 75**, October 2002, pp. 583–608.

Ye, Jia. "Excess Returns, Stock Splits, and Analyst Earnings Forecasts." *Journal of Portfolio Management*, **v. 25**, Winter 1999, pp. 70–76.

Zellner, Arnold. *An Introduction to Bayesian Inference in Econometrics*. New York: Wiley-Interscience, 1996.

推荐阅读

金融、数学、物理、计算机及其他理工背景人士进军量化投资领域的必读之书
量化投资领域里程碑之作

主动投资组合管理：创造高收益并控制风险的量化投资方法（原书第2版）

华尔街人手一部的量化组合投资圣经
每一个打算在量化投资之路上出发的探索者都应配备这本书

量化股票组合管理：积极型投资组合构建和管理的方法

将金融理论在真实世界付诸实践的全方位指南
组合投资经理与MBA学生的必读书籍

投资组合再平衡：应用量化分析增强投资组合收益

作者钱恩平因风险平价理论闻名于业界
本书揭示了量化分析工具在组合投资中的强大威力
为再平衡操作对投资组合的风险收益特征的影响提供了数学分析和实证分析
帮助量化研究人员更好地理解组合再平衡这一细节但重要的问题